国家社科基金
GUOJIA SHEKE JIJIN HOUQI ZIZHU XIANGMU
后期资助项目

唐五代
社会救助研究

Beneath the Ordinary:
Social Welfare
in the Tang and Five Dynasties Eras

盛会莲　著

天津出版传媒集团
天津人民出版社

图书在版编目（CIP）数据

唐五代社会救助研究 / 盛会莲著. -- 天津 : 天津
人民出版社, 2025.6. -- ISBN 978-7-201-20903-6

Ⅰ. D691.9

中国国家版本馆CIP数据核字第2024RC7408号

唐五代社会救助研究
TANG WUDAI SHEHUI JIUZHU YANJIU

出　　　版	天津人民出版社	
出 版 人	刘锦泉	
地　　　址	天津市和平区西康路35号康岳大厦	
邮政编码	300051	
邮购电话	（022）23332469	
电子信箱	reader@tjrmcbs.com	

策　　　划	沈海涛　金晓芸	
责任编辑	燕文青	
装帧设计	汤　磊	

印　　　刷	北京虎彩文化传播有限公司	
经　　　销	新华书店	
开　　　本	710毫米×1000毫米　1/16	
印　　　张	28.5	
字　　　数	500千字	
版次印次	2025年6月第1版　　2025年6月第1次印刷	
定　　　价	99.00元	

国家社科基金后期资助项目
出版说明

后期资助项目是国家社科基金设立的一类重要项目,旨在鼓励广大社科研究者潜心治学,支持基础研究多出优秀成果。它是经过严格评审,从接近完成的科研成果中遴选立项的。为扩大后期资助项目的影响,更好地推动学术发展,促进成果转化,全国哲学社会科学工作办公室按照"统一设计、统一标识、统一版式、形成系列"的总体要求,组织出版国家社科基金后期资助项目成果。

全国哲学社会科学工作办公室

目 录

绪 论

一、选题缘起

社会救助属于现代社会保障的范畴,也是个历史问题。从古至今,人们一直在为有效的灾害救助、养老恤孤、扶贫济困、救残疾、助鳏寡等而努力着,也很早就出现了"老有所终,幼有所长,矜寡孤独废疾者,皆有所养"①等救助老幼寡孤废疾者的思想。西周时期已开始了建立社会救助制度的尝试,周文王力行仁政,从中央到地方均设置专职官员,或由其他官员兼代,负责实施对老幼残弱、鳏寡孤独、贫穷疾病之人的救助。自西周以降,历代王朝都制定了相关的政策、措施,并逐步制度化。

20世纪以来,大部分国家和地区都在不断健全本国的社会保障制度。我国也致力于社会保障体系的改革与建设。特别是20世纪90年代以来,我国社会保障事业发展迅速,城镇社会保障制度逐步建立和完善,农村社会保障制度建设也在顺利向前推进。2004年6月20日,国务院公布施行《城市生活无着的流浪乞讨人员救助管理办法》,同时废除了1982年5月制定的《城市流浪乞讨人员收容遣送办法》。同年8月1日,民政部颁布的《〈城市生活无着的流浪乞讨人员救助管理办法〉实施细则》正式施行。至2012年,基本实现社会养老保险制度全覆盖,成为我国社会保障事业发展的重要里程碑。经过八年持续奋斗,2021年2月,在现行标准下,我国农村人口全部脱贫,贫困县全部摘帽,脱贫攻坚战取得了全面胜利。但是,毋庸讳言,直到今天,我国的社会保障制度仍不完善。因此,对历史上各个时期的社会救助政策和情况进行探讨和研究,总结其经验,吸取其教训,对我们今天建设、完善现代社会保障体系,建立和谐社会,有着十分重要的意义。

---

① 《礼记正义》卷二一《礼运》,〔唐〕孔颖达疏,收入〔清〕阮元校刻:《十三经注疏》(上),中华书局,1980年,第1414页。

现代社会保障学对社会保障历史的回顾,一般从新中国成立后,现代意义的社会保障体系的建立开始。在现代社会保障学的启发下,史学工作者对历史上的社会救助状况进行了考察和研究,取得了可喜的成绩。张文的《宋朝社会救济研究》对宋朝社会救济状况作了较为深入的探讨,指出宋朝政府性社会救济发达,直接开创了此后各朝中国社会救济的总体格局。[①]唐五代的社会救助,固然稍逊于宋朝,但作为宋朝社会救济兴盛的前奏,该时期社会救助的意义亦十分重要。但到目前为止,关于唐五代社会救助的研究,尚无专著问世,更谈不上系统研究。本书选取"唐五代社会救助研究"为题,旨在探讨该时期社会救助的状况,力求展现其本来面貌,并从中吸取历史的经验和教训。

二、相关概念的界定

本书所要讨论的主题,是唐五代时期政府和社会对生活存在困难和弱势人群所进行的救恤和帮助。在现代社会,这属于社会保障学的范畴,与此相关的概念有社会保障、社会救济、社会救助。在李晓林、王绪瑾主编的《社会保障学》一书中,对这些概念作了如下界定:"社会保障是国家通过立法和行政措施设立的保障社会成员基本生活安全项目的总和。它向公民提供各种形式的补贴、津贴和服务。"[②]社会保障"一般按保障对象分为社会保险、社会救助、社会福利和社会优抚四类"[③],其中社会救助是最低保障,是社会保障的萌芽,社会保险是基本保障,是社会保障的形成,社会福利是最高保障,是社会保障的发展。[④]在众多社会保障学的论著中,我们认为该书对这几个定义的分辨较为清晰。社会救助是最低限度的社会保障,符合历史时期生产力不发达情况下,国家和社会对百姓生活提供帮助状况的实际。

社会救助与社会救济意义基本接近,但也存在着差异。刘金章主编的《现代社会保障通论》一书,认为"社会救济远不能包含社会救助的全部内容和含义"[⑤]。该书虽未明确交代这两个概念所包含的不同内容,但在其具体论述中,还是能够看出二者的区别:社会救济只是对被救济者

---

① 参阅张文:《宋朝社会救济研究》,西南师范大学出版社,2001年,第370~374页。

② 李晓林、王绪瑾主编:《社会保障学》,中国财政经济出版社,1997年,第1页。

③ 李晓林、王绪瑾主编:《社会保障学》,第24页。

④ 参阅李晓林、王绪瑾主编:《社会保障学》,第8~13页。

⑤ 刘金章主编:《现代社会保障通论》,天津科学技术出版社,1996年,第368页。

的物质援助,而不包含信息、科技、思想等物质以外的其他援助。根据这一认识,就唐五代历史而言,在政府的社会救助行为中,政策支持占了很大比重,这是社会救济所无法涵盖的。因此本书选取"社会救助"这一概念作为研究对象。

关于社会救助的定义,《中国大百科全书·社会学卷》说:社会救济是"国家和社会对贫困者提供最低水平生活需求的物质援助,并增强他们适应社会生存能力的一种社会保障制度。又称社会救助"①。李晓林等对现代社会救助制度所下的定义是:"国家及各种社会群体运用掌握的资金、实物、服务手段,通过一定机构和专业人员,按照科学的工作方法,向无生活来源、丧失工作能力者,以及向生活在'贫困线'或最低生活标准以下的个人和家庭,向一时遭受严重自然灾害和不幸事故的遇难者,实施的一种社会保障措施,以使被救助者能继续生存下去。"②刘金章等对社会救助的定义是:"国家和社会在公民不能维持最低限度的生活水平时,向其提供的各种形式的援助,是公民的一项基本权利。"③

参照现代社会保障、社会救济及社会救助等概念,并结合唐五代时期的历史实际,现将本书所要讨论的社会救助定义如下:社会救助是指国家和社会对生活存在困难和问题的人们所给予的一切救恤和帮助,以此来缓解其压力,维持其生计,帮助其渡过难关。其中要素有四④:第一,救助主体是国家和社会,国家包括中央与地方政府,社会包括社会团体和社会个人。第二,救助对象是生活存在困难和问题的所有人,不存在阶级和阶层区分;当然,在阶级社会中,对不同阶级及阶层,统治者和社会的关注、救助力度存在着很大差别。第三,救助措施除了物质援助之外,还包括政策、法律、思想支持等。比如在古代社会,赋役征差是百姓的沉重负担,在很多时候,政府是通过蠲免赋役以帮助百姓摆脱生存困境,这是当时在物质援助之外,社会救助的重要方式。此外,在古代社会,政府还在政策和法令层面给贫弱人群以诸多救恤性保护,这应当也是物质之外的重要救助手段。第四,社会救助的目标是缓解被救助者的生存困难,保障其基本生存。因此,

① 中国大百科全书出版社编辑部:《中国大百科全书·社会学卷》,中国大百科全书出版社,1991年,第3100页。

② 李晓林、王绪瑾主编:《社会保障学》,第208页。

③ 刘金章主编:《现代社会保障通论》,第368页。

④ 本书中概念的解析受张文博士的启发,但具体认识与之存在差异。张文将其解析为六点,本书以四点界定。

本书中讨论的唐五代社会救助主要包括对受到突发性灾害影响人群的救助,对弱势人群和特殊人群的常态性、普遍性、具有社会保障意义的社会救助,以及对民众在日常生活中的疾病、婚丧等易致贫重大生活事项的社会救助等;其中包括政府的救助行为、民间社会组织的救助行为,以及民间个体的自救、互救行为等。

在本书中还有两个概念需要特别交代,一是弱势人群,二是特殊人群。

弱势人群,其实是借用了现代社会学的概念。因为本书在这一部分所要探讨的救助对象是老人、幼小、妇女和残疾者,这些人也是弱势群体中的主要成员,他们由于年龄、性别、生理等原因,在生存竞争中处于无法避免的不利地位,从古至今都是世人照顾和帮助的对象。唐五代时期,政府和社会也给予了这类人群多方面的救恤。在没有更准确合适的称谓之前,我们姑且借用现代通用的"弱势群体"或"弱势人群"来指代。

所谓特殊人群,主要包括皇族、官僚、学生和将士等。这部分人群在社会上有特殊的身份和地位,且从原则上讲,应该在救穷济困的社会救助对象之外。但由于社会、家庭及自身等种种因素,他们中的一部分人也有处境困窘之时,需要社会的救助,所以我们称之为社会救助中的特殊群体。

三、救助种类与救助对象

唐五代时期的社会救助种类,首先可按救助性质划分为灾害救助和常岁救助两大类。

灾害救助,顾名思义,是发生灾害时的救助,救助对象是发生灾害地区生活存在困难和问题的百姓。学界对唐代灾害救助的研究比较深入,已有三本专著和不少相关的博、硕学位论文[①],因此本书在避免重复,又不回避问题的前提下,对唐五代时期的灾害救助进行了概要式讨论,勾勒灾害救助流程,评估灾害救助效果,分析灾害救助与政局的关系。

常岁救助,即非灾荒年月的救助,救助对象是所有生活存在困难和问题的人群。

---

① 博士学位论文如:毛阳光:《唐代救灾研究》,首都师范大学2003年博士学位论文;李军:《灾害危机与唐代政治》,首都师范大学2004年博士学位论文。硕士学位论文如:张伟民:《唐前期因灾赋役蠲免与义仓赈贷制度探析》,首都师范大学1997年硕士学位论文;刘洋:《唐代黄河、长江流域的水患与蝗灾》,首都师范大学2004年硕士学位论文;张立波:《唐代调粟法研究——从调粟法看唐代救灾特点》,浙江大学2005年硕士学位论文。

此外,还包括对百姓生活中疾病、婚嫁及丧葬等重大事项所进行的有针对性的专门救助。由于古代社会生产力水平有限,大多数人的生活还很贫困,疾病、婚嫁及丧葬等往往给人们带来沉重负担,很多贫困家庭都无力承受。对这些问题,政府和社会也有相应的救助措施和应对方式,因此,有必要对其专章讨论。

由古代的社会性质决定,政府对百姓的救助是极其有限的,更多的还需要依靠民间互救。唐五代时期,起重要作用的民间救助主要有两类:一是血缘缔结的宗族姻亲之间的互助;二是地缘、信仰、职业归属的社邑组织之间的互助。唐五代时期的宗族组织虽然没有如春秋以前的宗法式家族那样严格,也没有宋以后的近代祠堂族长式家族那样组织严密,趋于制度化,但在组织族人和救助族人方面,所起的作用还是非常突出的。关于唐五代时期的社邑救助,敦煌文书中的社邑文书有较多具体的记载。

四、理论定位、研究方法及材料来源

前面已经多次强调,社会救助属社会学的范畴,而唐五代时期的社会救助,则是社会学和历史学的一个交叉课题;同时,学界又有社会史的提法。无疑,唐五代的社会救助,更准确地讲,应该归入社会史的范畴。所以,在本课题的研究中,我们尽量采用社会史的视角和方法。龚书铎先生主编的《中国社会通史》将社会史分为社会存在前提、社会构造、社会运行机制、社会运行状态与社会变迁四个方面,社会运行机制又分为社会生活方式、社会控制、社会保障、社会激励四个方面,社会保障是国家运行机制中的重要一环。[①]社会保障在中国古代也只能称作社会救助,如上文所论,在社会史的整体框架中,它属于社会运行机制,是"社会对其自身运行的安全进行防护和保卫的举措"[②],是社会正常运行的必要环节。国家和社会对社会成员提供社会救助,目的在于维护社会的安全运行。

国家和社会对生活存在困难和问题的社会成员进行救助,对国家安全和社会稳定具有重要意义。先秦时期的思想家已经认识到这个问题,特别是儒家思想体系中的仁政、民本思想,即"民为邦本,本固邦宁""民重君轻"等治国为政的思想,其本质即要统治者爱惜民力、轻徭薄赋,在施政次序上,要求以富民为首要任务。为了让统治者明了爱民的重要性,荀子还提

---

① 参阅龚书铎主编:《中国社会通史》总序,山西教育出版社,1996年,第4页。

② 龚书铎主编:《中国社会通史》作"社会保障",参阅该书总序,第13页。

出了生动的"君,舟也;人,水也;水能载舟,亦能覆舟"①理论。而儒家思想的代表作《礼记》中所描述的"大同""小康"社会,既是儒家的社会理想,也是其后历代有作为的明君贤臣施政的理论依据和目标。

唐初的统治者刚刚经历了隋末战乱,对"载舟覆舟"理论有更切身的体会,唐太宗君臣在论君道政体时,反复引用荀子"载舟覆舟"的理论,不断强调君民相依的关系,目的在于既要让百姓为国家的运转和统治阶层享乐所需而辛勤劳作,又要不致使其奋起反抗。因此统治者需要关注百姓疾苦,实行轻徭薄赋、减免租税等措施,会对受灾百姓、生活存在困难和问题的百姓进行救助,还不时在一些特别场合对弱势人群和生活困窘者以赏赐的方式予以救助,其出发点当然是为了本朝的长治久安,正合于今人所谓的社会治理的理论。

当然,唐五代时期的社会救助带有鲜明的被动色彩。我们不能因为当时实行了许多救助政策和措施,就得出其社会救助已相当完备的结论。但同时,在被动、不得已之下,政府又毕竟在社会救助方面作出了不少努力。救助政策对大多数老百姓来说,是有一定裨益的。尤其是在政治清明时期,对有关社会救助政策的推行力度还是可以肯定的。历史上享有盛誉的"贞观之治""开元盛世",在社会救助方面的表现当然也较为突出。

在研究方法上,因为本选题既属于历史学范畴,也属于社会学范畴,因此,在研究思路、模式及方法上,多沿用传统史学的归纳、考证、对比、分析与综合等方法;同时也适当借鉴社会学的研究方法,借用社会史的概念和理论定位。对相对集中丰富的材料,尽量使用一些统计数字及统计图表,进行量化统计及综合分析。

本书的材料来源可分为三部分:其一,有关唐五代史的传世文献。如《唐六典》《唐会要》《唐大诏令集》《通典》《旧唐书》《新唐书》《旧五代史》《新五代史》《资治通鉴》《五代会要》《册府元龟》《太平广记》《太平御览》《玉海》《文献通考》《全唐文》《文苑英华》《大唐开元礼》等,笔记小说如刘𫗧《隋唐嘉话》、裴庭裕《东观奏记》、段成式《酉阳杂俎》、张鷟《朝野佥载》、孙光宪《北梦琐言》、王谠《唐语林》,等等。其二,敦煌吐鲁番文书、墓志铭等出土材料。敦煌遗书中社邑类文书、契约类文书等,都较为集中地保存了唐五代社会救助方面的资料。本书最大限度地利用了敦煌吐鲁番文书中的相关资料。唐五代墓志铭也保留了不少宗族内相互救

①〔唐〕吴兢:《贞观政要》卷一,谢保成集校,中华书局,2003年,第34页。

6

助的资料。其三,唐以后史家之著述。唐以后史家著述及其读史札记,往往独辟蹊径,考证史实,钩沉发微,入木三分,如洪迈《容斋随笔》、顾炎武《日知录》、王夫之《读通鉴论》、赵翼《廿二史札记》、钱大昕《廿二史考证》、王鸣盛《十七史商榷》等,都涉及了对唐五代史事的考证与议论,对于研究唐五代社会救助也很有裨益。

五、唐五代社会救助研究的现状

有关唐五代社会救助的研究,始于20世纪20年代,迄今已有百余年的历史,其间呈现出明显的三个发展阶段:

第一阶段是20世纪20~40年代。这一时期,国内民生思潮正盛,这对学术研究也有不小的影响,史学家开始关注历史上的民生状况。唐五代史学界在这方面也有所表现,发表了不少论文,如周一良《隋唐时代的义仓》①探讨了救灾专仓——义仓的设置沿革及其管理体制和兴衰。日本学者今堀诚二的《支那中世的常平仓》指出元和元年(806)常平仓和义仓合并,主要发挥义仓的救灾作用。②常岁救助的研究成果主要有龚山友的《古代农村救济制度考》③、何兹全的《中古时代之佛教寺院》④、全汉昇的《中古佛教寺院的慈善事业》⑤、肖公权的《唐末五代的民生论》⑥、梁云谷的《中国救济事业之史的探讨》⑦、傅尚霖的《中国家庭制度及生活上的几个特点》⑧、刘定远的《中国家族制度的起源》⑨等。这些文章分别就中古时期对农村的救助制度、中古时期佛教寺院的济贫救灾活动、中国社会救助事业的历史及中国家族制度等进行了初步的探讨,都涉及了唐代的社会救助问题。但因其时代跨度大且篇幅有限,对唐代的社会救助的相关问题并没能进行深入研究。

第二阶段是20世纪50~70年代。当时在大陆,古代的社会救助一概被视为统治阶级的伪善行为,所以相关研究相对沉寂。但港台和国外有关中

---

① 《食货》2卷第6期,1935年8月。
② 《历史》第17卷,1942年;第18卷,1943年。
③ 《大道》1934年第6期。
④ 《中国经济》第2卷第9期,1934年。
⑤ 《食货》第1卷第4期,1935年。
⑥ 《民族》第4卷第1期,1936年。
⑦ 《仁爱月刊》第1卷第12期,1936年。
⑧ 《清华周刊》第35卷第4、5、6期,1931年。
⑨ 《厦大社会学刊》第1卷第1期,1933年。

国古代社会救助的研究未受影响,中国台湾地区对养老问题关注较多,梁坚的《中国古代的养老制度》①、黎圣伦的《我国历代敬老养老制度》②等论文,涉及了唐代的养老问题;黄福銮的《中国宗族的互助周济》③,涉及了唐代的宗族救助问题;严耕望的《唐代士人多读书山寺》④、《唐人习业山林寺院之风尚——兼论书院制度起源》⑤等文中,论及了士人群体读书的途径,为研究救助贫困学子读书问题提供了思路;陈国钧的《中国历代救济事业概述》⑥一文,对中国古代的救济事业作了概述性介绍。王寿南的《唐代灾荒的救济政策》⑦一文,较早较全面地概括论述了唐代的灾前预防措施,以及灾害救济时的赈恤、赈贷、蠲免、鼓励民间救济、虑囚、祈神、移民就食、放粥、施药、工赈等措施。日本学者对社邑问题的关注较多,主要文章有那波利贞的《论唐代的社邑》(上、中、下)⑧和《论中晚唐五代依佛教信仰组织的社邑》(上、下)⑨、山崎宏氏的《唐代の义邑法社と俗讲に就いて》⑩、竺沙雅章的《敦煌出土"社"文书研究》⑪等。对悲田养病坊的研究也有几篇重要文章:那波利贞的《唐朝政府の医疗机构と民庶の疾病に对する救济方法に就きての小考》⑫、善峰宪雄的《唐朝时代的悲田养病坊》⑬、道端良秀的《中国佛教社会事业の一问题——养病坊につしつ》⑭等。在士庶教育救助的研究方面,那波利贞的《唐钞本杂抄考——唐代庶民教育史研究之一资料》⑮一文认为,敦煌民众设立了乡学、里学、坊巷闾学、乡里私塾、寺院私学等,吸收庶民子弟学习。

------

① 《台湾省立博物馆科学年刊》1952年第6期。

② 《中山学术文化集刊》第2卷,1957年。

③ 《崇基学报》第2卷,1962年。

④ 《大陆杂志》第2卷第4期,1951年。

⑤ 《民主评论》第5卷第2期,1954年。

⑥ 《新社会》第15卷第6~7期,1951年。

⑦ 收入《庆祝朱建民先生七十华诞论文集》,台北正中书局,1978年,第645~682页。

⑧ 《史林》第23卷第2、3、4号,1938年,又收入〔日〕那波利贞:《唐代社会文化史研究》,创文社,1977年。

⑨ 《史林》第24卷第3、4号,1939年。

⑩ 《史学集志》第49卷第7号,1938年。

⑪ 《东方学报》第35册,1964年。

⑫ 《史窗》第17、18号,(《京都女子大学史学学科十周年纪念论集》),1960年。

⑬ 《龙谷大学论集》第389~390号,1969年。

⑭ 《印度佛学研究》第18卷第2号,1970年。

⑮ 收入〔日〕那波利贞:《唐代社会文化史研究》。

第三阶段是20世纪80年代迄今。这一时期,在国际上重视创建和完善社会保障制度风潮的影响下,经济史和社会史的研究逐渐受到我国史学界的重视,各个历史时期的社会救助也开始受到史学工作者的关注。发表论文的数量和质量都大大超过前两个时期。其中既有概述性的整体研究,也有相关的专题研究。

概述性研究主要有:曾一民所作《唐代的赈恤政策》较早介绍了唐代赈恤的政策,但内容比较简单。龚书铎先生主编的《中国社会通史》对社会安全及控制机制有专门章节进行讨论,其中隋唐五代卷中有"社会控制"一章,其"软调控机制"下有"社会保障"一节,涉及救灾、养老及致仕等内容。李斌城等的《隋唐五代社会生活史》(中国社会科学出版社1998年)中有关婚丧、教育及医疗等章节,对本书所要讨论的内容多有涉及,但侧重点相异。此外,孟昭华、王明寰的《中国民政史稿》(黑龙江人民出版社1986年)、日本学者星斌夫的《中国社会の福祉の历史》(山川出版社1988年)等论著中也涉及了唐五代的社会救助。

专题性研究主要集中在以下几个问题上:

关于灾害救助的研究。曾一民前揭文,从停不急之务、遣使宣慰、开仓赈恤、灾情善后等方面概述了唐代的灾害赈恤政策。潘孝伟发表了系列论文,分别从减灾思想、减灾行政管理、减灾与政治经济的关系,以及救荒措施的总体特征等方面论述了唐代的救灾问题。[①]张弓在《唐朝仓廪制度初探》(中华书局1986年)中探讨了唐代的仓储体系,涉及常平仓和义仓在救灾活动中的作用,以及其他仓廪参与赈济灾害的情况。陈明光深入分析了唐后期税制的变动对常平义仓的影响,认为唐后期常平义仓的运行由中央与地方共同负担,减轻了中央救灾的财政负担。[②]他还分析了唐代因灾蠲免赋税(即"损免")的前后期差异及特点。[③]张伟民对唐前期的蠲免与赈贷

---

① 参阅《唐代救荒措施的总体特征》,《安庆师范学院学报》1993年第3期;《唐代减灾思想和对策》,《中国农史》1995年第1期;《唐代减灾与当时经济政治之关系》,《安庆师院社会科学学报》1995年第4期;《唐代减灾行政管理体制初探》,《安庆师院社会科学学报》1996年第4期。

② 参阅陈明光:《唐朝的两税三分制与常平义仓制度》,《中国农史》1988年第3期。该文倾向于认为常平仓与义仓在唐后期实质上是同一种仓制,可统称"常平义仓"。

③ 参阅陈明光:《略论唐代的赋税"损免"》,《中国农史》1995年第1期;陈明光:《唐宋田赋的"损免"与"灾伤检放"论稿》,《中国史研究》2003年第2期。

制度进行了探讨。①日本学者船越泰次指出唐后期常平义仓在宪宗、文宗时期的使用效果最为显著,会昌以后很少用于救灾。②陈国生对唐代各类灾害发生的时间、地点和次数进行了较为详细的统计和分析。③靳强对灾害资料进行统计,分析了各重要区域和某一时段灾害的具体特征。④吴孔明以《资治通鉴》切入,简析了唐代自然灾害的主要类型及特点和影响。⑤2008年,唐代灾害史迎来两部专著:阎守诚主编《危机与应对:自然灾害与唐代社会》(人民出版社2008年)、闵祥鹏著《中国灾害通史·隋唐五代卷》(郑州大学出版社2008年)。2014年,么振华著《唐代自然灾害及其社会应对》(上海古籍出版社2014年),仍以唐代的自然灾害为研究对象,分析了灾害发生的原因、影响及社会各阶层的防灾、抗灾活动等。此外,刘俊文对水灾的分级评定进行了初步尝试,论述了唐代水灾的严重性及成因。⑥袁野的《唐代的洪涝灾害——两〈唐书·五行志〉有关记载研究》⑦分析了唐代各类洪涝灾害的数量、特点和发生的原因。甄尽忠的《论唐代的水灾与政府赈济》⑧、《论唐代的旱灾与政府赈济》⑨分别探讨了唐代水旱灾害的政府赈济情况。张剑光等的《唐代的蝗害及其防治》⑩考察了唐代的灭蝗运动,对唐人的治蝗思想进行了评价。阎守诚的《唐代的蝗灾》⑪论述了蝗灾及其对唐代农业、社会生活、政治、军事等各方面的影响。童圣江的《唐代地震

① 参阅张伟民:《唐前期因灾赋役蠲免与义仓赈贷制度探析》,首都师范大学1997年硕士学位论文。
② 参阅(日)船越泰次:《唐后期的常平义仓》,载(日)船越泰次:《唐代两税法研究》,汲古书院,1996年。参阅胡戟等主编:《二十世纪唐研究》,中国社会科学出版社,2002年,第399页。
③ 参阅陈国生:《唐代自然灾害初步研究》,《湖北大学学报(哲学社会科学版)》1995年第1期。
④ 参阅靳强:《唐代自然灾害问题述略——侧重于灾害资料的统计与分析》,《魏晋南北朝隋唐史资料》第二十辑,2003年;靳强:《唐代的自然灾害若干问题研究》,武汉大学2013年博士学位论文。
⑤ 参阅吴孔明:《浅议唐代的自然灾害——读〈资治通鉴〉札记》,《渝西学院学报》2004年第1期。
⑥ 参阅刘俊文:《唐代水害史论》,《北京大学学报》1988年第2期。
⑦《首都师范大学学报》2006年第1期。
⑧《农业考古》2012年第1期。
⑨《衡水学院学报》2012年第2期。
⑩《南都学坛》1997年第1期。
⑪《首都师范大学学报》2003年第2期。

灾害时空分布初探》①分析了唐代地震灾害的发生频率及时空分布。张剑光分析了唐代江南疫情种类、流传特点和防治措施。②李胜伟分析了唐代疫病流行的特点、影响及政府的应对措施,认为自然灾害是导致疫病发生的重要原因。③总之,此阶段的灾害研究成果相当丰硕。

关于唐代悲田养病坊的研究。悲田养病坊是唐代国家设立的专职救助机构,在日本学者研究的基础上,这一时期大陆学者也发表了不少文章,主要的有孙永如的《唐代"病坊"考》④、葛承雍的《唐代乞丐与病坊探讨》⑤、夏晓臻的《唐代病坊考述》⑥、王卫平的《唐宋时期慈善事业概说》⑦等。这些文章对唐代病坊的设置、职能及收容对象的变化等问题进行了考证。

关于养老问题的研究,主要成果有陈明光的《唐朝的侍老制度》⑧、李锦绣的《唐代制度史略论稿》第四部"交通、社会制度"之二"唐代的给侍制度——儒家学说的具体实现"、魏恤民的《试论〈唐律疏议〉中的有关养老敬老思想》⑨、刘松林的《浅谈我国古代的养老制度》⑩、夏炎的《论唐版授高年中的州级官员》⑪、张国刚的《关于唐朝的老人问题》⑫、王先进的《唐代的家庭养老》⑬、刘兴云的《浅议唐代的乡村养老》⑭、李穆的《从性别角度看唐代的养老政策》⑮等。对官吏养老的探讨集中在致仕制度上,主要的文章有王超的《古代官吏的退休制度》⑯、李汉桥的《唐代官吏致仕制度的兴废》⑰、李

---

① 《中国历史地理论丛》2002年第17卷第4期。

② 参阅张剑光:《唐代江南的疫病与户口》,《上海师范大学学报》2007年第5期。

③ 参阅张剑光:《唐代疫病流行与政府应对措施浅论》,《河南师范大学学报》2013年第1期。

④ 《中国史研究》1987年第4期。

⑤ 《人文杂志》1992年第6期。

⑥ 《阜阳师范学院学报》1997年第4期。

⑦ 《史学月刊》2000年第3期。

⑧ 《文史知识》1991年第11期。

⑨ 《咸宁师专学报》1995年第2期。

⑩ 《文史杂志》1999年第6期。

⑪ 《史学集刊》2005年第2期。

⑫ 《光明日报》2005年10月18日第7版。

⑬ 《固原师专学报》2006年第1期。

⑭ 《史学月刊》2007年第8期。

⑮ 《科技信息》2007年第1期。

⑯ 《人民日报》1981年11月3日第5版;《历史知识》1981年第5期。

⑰ 《党政干部论坛》1988年第3期。

翔的《唐代致仕制度初探》①、钟文的《古代官吏的退休制度》②、许正文的《唐代官吏退休制度述略》③等。

关于社邑的研究，是敦煌社邑文书发现之后的事，前期的研究基本在国外，主要的文章已如上述。20世纪80年代以后，国内也开始重视对社邑问题的研究，并出现了一批很有深度的高质量学术论文，如宁可的《述"社邑"》④、宁可、郝春文的《敦煌社邑的丧葬互助》⑤、郝春文的《敦煌私社的"义聚"》⑥、《中古时期儒佛文化对民间结社的影响及其变化》⑦、《〈唐末五代宋初敦煌社邑的几个问题〉商榷》⑧，杨际平的《唐末五代宋初敦煌社邑的几个问题》⑨，孟宪实的《敦煌社邑的分布》⑩、《论唐宋时期敦煌民间结社的组织形态》⑪，余欣的《唐宋敦煌妇女结社研究——以一件女人社社条文书考释为中心》⑫等文，均从不同角度对中古时期敦煌的社邑问题进行了深入研究。这些都对本书的研究有很大的参考价值。

进入21世纪后，社会史研究热度依旧，对历史时期社会救助状况的探讨有增无减，出现了一批相关的博、硕士学位论文，如柳敏的《论唐政府的救荒——唐代灾荒史料研究》⑬、王颜的《论唐宋时期社会救助机制的变化及特点》⑭、陈毅千的《唐代官方救灾研究》⑮、付爽的《唐代救助鳏寡孤独三疾人群研究》⑯、孙明霞的《唐代的社会救济政策探析》⑰、杨勇的《论唐代社

---

① 《中国史研究》1991年第1期。
② 《文史知识》1999年第2期。
③ 《陕西师范大学继续教育学报》2001年第11期。
④ 《北京师范学院学报》1985年第1期。
⑤ 《首都师范大学学报（社会科学版）》1995年第6期。
⑥ 《中国社会经济史研究》1989年第4期。
⑦ 收入郑学檬、冷敏述主编：《唐文化研究论文集》，上海人民出版社，1994年，第201~212页。
⑧ 《中国史研究》2003年第1期。
⑨ 《中国史研究》2001年第4期。
⑩ 收入郝春文主编：《敦煌文献论集：纪念敦煌藏经洞发现一百周年国际学术研讨会论文集》，辽宁人民出版社，2001年，第422~435页。
⑪ 《敦煌研究》2002年第1期。
⑫ 东京都立大学《人文学报》第325号，2002年。
⑬ 陕西师范大学2002年硕士学位论文。
⑭ 陕西师范大学2007年硕士学位论文。
⑮ 四川师范大学2008年硕士学位论文。
⑯ 暨南大学2008年硕士学位论文。
⑰ 山东师范大学2008年硕士学位论文。

会对家庭的救助研究》①、何子慧的《汉唐两代灾荒若干问题研究》②、刘娜的《唐代社会救助研究》③、张叶航的《唐代未成年人保护制度探析》④、马晓明的《〈天盛律令〉与〈唐律疏议〉中的矜恤政策比较》⑤、黄美的《论唐代社会救助问题》⑥、李少娜的《中国古代善待弱势群体制度的法理分析》⑦等，讨论的内容在本书中均有涉及，但其深度和广度都各存不足。

总的来说，对唐五代社会救助的研究虽已取得了一定成果，但尚存在以下问题：

首先，缺乏全面系统的研究。前已述及，在现代社会保障学的启发下，从20世纪80年代开始，国内对历史时期社会救助问题的研究渐受关注。到目前为止，对唐五代社会救助的研究已取得了许多可喜成果，尤其是对灾害救助、侍老制度、致仕制度、社邑等问题的研究已较为深入，但整体性、系统性的研究尚嫌不足。

其次，讨论的问题相对集中。以往学界侧重于荒政及日常社会救助的研究，也涉及诸如给侍、致仕、社邑等问题，对社会救助的其他方面则涉及较少。此外，对宗族内的救助、民间个体互救、民间乡里互助，以及民间社会救助组织与政府社会救助的关系等问题，研究都很薄弱，有待深入探讨。

基于以上认识，本书对于前人已论之较详的问题，尽量简明扼要，将重点放在前人研究较为薄弱的地方，进行尽可能全面、系统的论述，做到量化分析与史料记载相结合。

本书按救助性质将唐五代时期的社会救助分为灾害救助和日常救助，对灾害救助的探讨，尽量避免重复研究，着力勾勒灾害救助流程，评估灾害救助效果，分析灾害救助与政局的关系。在日常救助方面，首先按救助对象划分出弱势人群和特殊人群，并分别从政府和民间两个层面探讨唐五代时期对这些人的救助状况。其次，从人生的经历出发，选取了疾病、婚嫁、丧葬这三大需要救助的事项，从政府和民间两个层面进行探讨，以展现唐五代时期政府和社会对百姓生活大事的救助状况。就当时的历史实际而

① 曲阜师范大学2009年硕士学位论文。
② 河北师范大学2010年硕士学位论文。
③ 山西财经大学2011年硕士学位论文。
④ 复旦大学2012年硕士学位论文。
⑤ 陕西师范大学2013年硕士学位论文。
⑥ 安徽大学2014年硕士学位论文。
⑦ 浙江财经大学2017年硕士学位论文。

言,政府所提供的社会救助更多地集中在政策支持和赏赐、优恤方面,民间救助则是唐五代时期贫困穷弱百姓度艰克难的重要依赖,其中又以宗族姻亲和民间自发结成的社邑最为重要,所以本书分别设立专章,探讨其救助状况。

需要指出的是,唐五代社会救助史料呈部分主题材料相对集中丰富,而多样性不足的状况。如灾害救助部分材料相对集中丰富;社邑方面,因为敦煌文书(除样文外)基本是实用文书,真切地反映了当时社邑救助百姓的状况。唐五代时期的其他救助形式和种类,因文献体例或侧重,既有限且分散,较难梳理,难以做到穷尽;当然也存在对隐含材料没能剥离出来的情况。此外,有关唐五代社会救助的研究理论尚在摸索、总结之中,仍有进一步提升的空间。本书定稿时,笔者认真吸收了博士论文答辩评委、后期资助评审专家提出的宝贵意见,做了不少改进和补充。现在以此呈现给大家,仍有许多不尽如人意的地方,敬请方家批评指正。

第一章　灾害救助

灾害救助是一个社会问题,关乎受灾民众的生命财产安全、社会经济的发展,以及国家统治及社会的稳定。唐五代时期,政府和社会在灾害救助方面作出了很多努力,其中不乏一些创举,对唐朝盛世的形成和长治久安起到了重要作用。

长期以来,学界在这方面的研究进展相对缓慢。1998年"长江特大洪灾"之后,随着国家对灾害救助的重视,历史时期的灾害救助研究成为学界的热点问题。2001年起,首都师范大学阎守诚教授带领硕士、博士研究生开始了对唐代灾害的系列研究,如毛阳光的《唐代救灾研究》[1]从灾害管理体制、中央救灾政策、地方救灾三个方面系统论述了唐代的救灾状况。李军的《灾害危机与唐代政治》[2]从自然灾害与唐代危机的形成,灾害危机与皇帝自谴、弭灾行为,因灾言谏,灾害危机与唐代太子、宰相、地方官员,以及灾害危机与社会动荡等方面,论述了由灾害危机所引发的一系列统治集团内部不同层面的应对举措及其变动。阎守诚主编的《危机与应对:自然灾害与唐代社会》(人民出版社2008年)出版,该书是其与所指导学生研究成果的集结,也是唐代自然灾害研究的集大成之作(下文引用观点时统一以主编阎守诚代称)。该书多有创新,尤其是在仔细解读灾害史料的基础上,对灾害的种类划分、时空分布统计及等级评估等,有了很大的提升和突破。么振华的《唐代自然灾害及其社会应对》(上海古籍出版社2014年)仍以唐代的自然灾害为研究对象,分析了灾害发生的原因、影响,以及社会各阶层的防灾、抗灾活动等。本章将在前人研究的基础上,重点从社会救助的角度,分防灾、检灾、救灾三个层面,对唐五代时期的灾害救助进行概要性的梳理和探讨。

---

[1] 首都师范大学2003年博士学位论文。

[2] 首都师范大学2004年博士学位论文。

第一节　灾害预防

灾害严重的破坏性和不可避免性，决定了对其进行预防十分重要。我国很早就有了防灾、备灾的思想和理念，《周礼·地官司徒》曰：大司徒以荒政十有二聚万民，"一曰散利；二曰薄征；三曰缓刑；四曰弛力；五曰舍禁；六曰去几（饥）；七曰眚礼；八曰杀哀；九曰蕃乐；十曰多昏；十有一曰索鬼神；十有二曰除盗贼"。"大荒、大札，则令邦国移民通财，舍禁，弛力，薄征，缓刑"。大司徒下设的遗人"掌邦之委积，以待施惠……县都之委积，以待凶荒"①。经过漫长的历史发展，至唐五代时期，预防灾害的机制已渐趋成熟。

唐五代时期虽不是中国历史上的灾害高发期，但各种灾害的发生仍然不少。在生产力落后的社会，灾害就是百姓的灭顶之灾。因此，政府和社会在预防灾害方面做了许多努力，以最大程度降低灾害损失。太史局会根据变异天象占测灾害信息，唐五代政府已能根据太史局的灾害预报，安排祈禳弭灾之外的切实的备灾防范措施。为应对粮食物资短缺，唐代从中央至地方设立了义仓、常平仓等一整套仓储设施和相应的调配机制，对因灾害导致的口粮、种粮短缺等问题，也可在一定程度上实施救助，缓解灾情。唐五代政府组织人力开凿疏浚河道、修凿湖陂塘堰等措施，以泄洪排涝、灌溉抗旱，预防水、旱之灾；通过鼓励灾民开荒种地、劝课农桑增加粮食产量，以济困备荒；通过制定法律条规，为灾害预防提供法律保障。本节将在概述灾害特点和发生规律的基础上，对唐五代预防灾害的情况进行梳理和探讨。

一、灾害概述

关于唐五代时期灾害的总体情况。邓拓、陈国生、靳强、阎守诚、么振华等先后对唐代自然灾害的发生情况进行过统计。②据邓拓统计，唐代289年总计受灾493次，其中有旱灾125次，水灾115次，风灾63次，地震52次，雹灾37次，蝗灾34次，霜雪27次，歉饥24次，疫灾16次。③陈国生的统计

---

① 《周礼注疏》卷一三《地官司徒·大司徒·遗人》，（唐）贾公彦疏，（清）阮元校刻：《十三经注疏》（上），中华书局，1980年，第728页。

② 参阅靳强：《唐代自然灾害问题述略——侧重于灾害资料的统计分析》，《魏晋南北朝隋唐史资料》第二十辑，第97~109页。

③ 参阅邓拓：《中国救荒史》，北京出版社，1998年，第22页。

是:旱灾77次,水灾214次,风灾58次,地震62次,雹灾37次,蝗灾35次,霜灾15次。①阎守诚统计唐代总计受灾1063次,其中有水灾439次(包括河溢286次,雨涝118次,山洪23次,风暴潮灾13次等),旱灾197次,风雹灾107次(包括风70次,雹36次等),冷冻灾67次,蝗灾54次,虫灾9次(包括蚼蚄虫害5次,螟害3次,紫虫1次等),鼠害7次,兔灾2次,疫灾30次(人疫23次,牛疫8次等),地震76次,火灾63次。②么振华的统计为:总灾次729次,其中水灾170年次,旱灾173年次,蝗灾44年46次,地震75年次,疫灾39年42次,鼠灾7次,牛疫9次,兔灾3次。③据邓拓先生统计,五代54年灾害达48次,其中旱灾26次,水灾11次,蝗灾6次,雹灾3次,风灾2次。④这些统计结果存在一定差异(有些出入较大,这与各家所依据材料的全面程度和灾次的划分标准有关),可以大致反映唐五代时期的灾害情况,故本书不再对灾次做统计和订正。

关于唐五代时期的主要灾害种类,唐代地方官报送史馆的有"水、旱、虫、霜、风、雹及地震、流水泛溢"⑤。这些需上报朝廷且要史官记载备案的灾害,应视作当时的主要灾害。以下分别加以概述。

(一)水灾

水灾是指降雨积水、江河湖海泛溢、山洪暴发等水量超过人类控制,对社会造成的灾害,历史上又称作水患或水害,是唐五代时期最多发的灾害种类,因此史家的研究也比较集中⑥,特别是邓拓、陈国生、靳强、阎守诚、么振华等在统计唐代水灾灾次的基础上,对水灾的时空分布特点进行了探讨,基本一致的结论是:唐代的水灾秋季最多,夏季次之;地域分布呈南少北多。这种认识是符合我国地域气候特征和历史实际的。受纬度和海陆位置影响,我国大部分地区是典型的季风气候,冬季风寒冷干燥,南北温差

---

① 参阅陈国生:《唐代自然灾害初步研究》,《湖北大学学报(哲学社会科学版)》1995年第1期。

② 参阅阎守诚主编:《危机与应对:自然灾害与唐代社会》,第104页。

③ 参阅么振华:《唐代自然灾害及其社会应对》,第77~147页。

④ 参阅邓拓:《中国救荒史》,第25页。

⑤〔宋〕王溥:《唐会要》卷六三《诸司应送史馆事例》,上海古籍出版社,2006年,第1286页。

⑥ 参阅刘俊文:《唐代水害史论》,《北京大学学报》1988年第2期;陈可畏:《唐代河患频发之研究》,《史念海先生八十寿辰学术文集》,陕西师范大学出版社,1996年,第183~206页;袁野:《唐代的洪涝灾害——两〈唐书·五行志〉有关记载研究》,《首都师范大学学报》2006年第1期;甄尽忠:《论唐代的水灾与政府赈济》,《农业考古》2012年第1期;薛平拴:《唐代关中地区的自然灾害及其影响》,《陕西师范大学学报》1998年第12期等。

大；夏季风温暖潮湿，形成降水量集中的雨季(6~9月)。加上唐五代时期的气候处于温暖湿润期①，因此水灾频发。么振华按年次统计唐代水灾的发生频率约为1.71年一次，若年内不同地区、不同月份的水灾分别计次，则平均不到一年就发生一次。②阎守诚统计了唐代水灾的年度发生频率，指出元和五年(810)至开成四年(839)，平均每年发生水灾4.8次，是水灾最集中的时间段；其次是贞观四年(630)到显庆四年(659)，平均每年发生水灾2.2次。③

按唐五代史籍记载，当时的水灾分类有大水、大雨致河泛溢、江海泛溢等。从致灾水源看，则有降雨和海水泛溢两种。

降雨可致雨涝、河湖泛溢和山洪，在《新唐书·五行志》的记载体系中，称作"常雨"和"水不润下"。常雨即雨涝，有久雨、霖雨、大雨、连雨等称谓，通常降雨时间较长。《左传·隐公九年》曰："凡雨，自三日以往为霖。"④见于记载的唐代常雨，有的持续时间较长，如显庆元年(656)八月霖雨，"更九旬乃止"；上元二年(761)秋，"霖雨连月，渠窦生鱼"；贞元十年(794)春霖雨，"至闰四月，间止不过一二日"。⑤常雨甚至影响了太子册立，"元和四年四月，册皇太子宁，以雨沾服罢。十月，再择日册，又以雨沾服罢，近常雨也"⑥。因常雨多发于夏秋季节，且历时较长，往往会对庄稼和道路、城郭、宅舍等造成损害。如开元"十六年九月，关中久雨，害稼"；天宝十三载(754)秋，"大霖雨，害稼，六旬不止……坏京城垣屋殆尽，人亦乏食"；元和十五年(820)，"宋、沧、景等州大雨，自六月癸酉至于丁亥，庐舍漂没殆尽"；太和四年(830)夏，"郓、曹、濮等州雨，坏城郭庐舍殆尽"。⑦乾符五年(878)秋，"大霖雨，汾、浍及河溢流害稼"。

"水不润下"即暴雨导致的河湖泛溢、山洪类水灾和台风造成的海溢等风暴潮。暴雨又称大雨、澍雨，为害轻者往往积水数尺至数丈，有时会毁城郭、民居、苗稼。如总章二年(669)六月，"冀州大雨，水平地深一丈，坏民居万家"；大历十一年(776)"七月戊子，夜澍雨，京师平地水尺余，沟渠涨溢，坏民居千余家"；贞元十二年(796)四月，"岚州暴雨，水深二丈"；太和六年

---

① 参阅竺可桢：《中国近五千年来气候变迁的初步研究》，《中国科学》1973年第2期。

② 参阅么振华：《唐代自然灾害及其社会应对》，第109、97页。

③ 参阅阎守诚主编：《危机与应对：自然灾害与唐代社会》，第24页。

④ 〔战国〕左丘明：《左传·隐公九年》，〔晋〕杜预注，上海古籍出版社，2016年，第32页。

⑤⑥⑦ 〔宋〕欧阳修、〔宋〕宋祁：《新唐书》卷三四《五行志·常雨》，中华书局，1975年，第877页。

（832）六月，"徐州大雨，坏民居九百余家"。暴雨致灾重者，往往引发洪水，使河湖泛溢，山水暴出，这类水灾危害大，破坏性强，又以河流泛溢居多。①河流泛溢往往漂毁田稼、庐舍，溺死人畜，阻断交通。如贞观十一年（637）七月一日，"黄气竟天，大雨，谷水溢，入洛阳宫，深四尺，坏左掖门，毁宫寺一十九；洛水暴涨，漂六百余家"；九月，"黄河泛滥，坏陕州河北县及太原仓，毁河阳中潬"；永徽五年（654）六月，"恒州大雨，自二日至七日，滹沱河水泛溢，损五千三百家"；开元二十九年（741）七月，"伊、洛及支川皆溢，害稼，毁天津桥及东西漕、上阳宫仗舍，溺死千余人"；元和八年（813）六月辛卯，"渭水涨，绝济。时所在百川发溢，多不由故道"。洪水泛溢规模较大者如开元十四年秋，"天下州五十水，河南、河北尤甚，河及支川皆溢，怀、卫、郑、滑、汴、濮人或巢或舟以居，死者千计"；贞元八年秋，"自江淮及荆、襄、陈、宋至于河朔州四十余大水，害稼，溺死二万余人，漂没城郭庐舍；幽州平地水深二丈；徐、郑、涿、蓟、檀、平等州，皆深丈余"。从现存资料看，唐代水灾以河南道最多，其次是关内道，再次是江南道、山南道、河北道和淮南道。②

山洪暴发因其来势迅猛，危害较大。如永徽六年（655）六月辛丑，"商州山水漂坏居人庐舍，遣使存问之"③；显庆元年（656）七月，"宣州泾县山水暴出，平地四丈，溺死者二千余人"；咸亨四年（673）七月，"婺州大雨，山水暴涨，溺死五千余人"；建中元年（780），"幽、镇、魏、博大雨，易水、滹沱横流，自山而下，转石折树，水高丈余，苗稼荡尽"④；元和七年五月，"饶、抚、虔、吉、信五州山水暴涨，坏庐舍，虔州尤甚，水深处四丈余"⑤。据阎守诚统计，唐代山洪灾害共发生23次，危害大者达15次以上。⑥

海水泛溢是由于热带气旋所导致的风暴潮，主要发生在沿海地区。按

---

① 阎守诚以河流为单位，统计了唐代的河洪灾害情况，确定发生过泛滥的河流共38条，共发生河洪286次，分布于海河、黄河、淮河及长江流域。以黄河流域发生河洪最多，共130次，其中北洛河与汾河段共10次，渭河流域14次，灞水1次；都畿道黄河支流多，河溢频繁，洛水与瀍水是发生河溢最多的河流。长江流域发生过泛滥的河流共10条，其中明确为汉水泛滥的13次。淮河流域泛滥9次，海河流域仅滹沱河就泛溢10次。（参阅阎守诚主编：《危机与应对：自然灾害与唐代社会》，第29页。）

② 参阅阎守诚主编：《危机与应对：自然灾害与唐代社会》，第29页。

③〔宋〕王钦若等编：《册府元龟》（明本）卷一四七《帝王部·恤下第二》，中华书局，1960年，第1777页。

④《新唐书》卷三六《五行志》，第928、929、932页。

⑤〔后晋〕刘昫：《旧唐书》卷三七《五行志》，中华书局，1975年，第1360页。

⑥ 参阅阎守诚主编：《危机与应对：自然灾害与唐代社会》，第37页。

《唐六典·尚书户部》记载:河南道"海水在青、莱、登、密、海、泗六州之境";江南道"海水在苏、杭、越、台、温、括、泉、福八州之东";河北道"海在棣、沧、幽、平、营五州之东";淮南道"海在杨、楚二州东"。[①]以上21州临海或近海,是唐五代时期的海水泛溢之地。但唐五代海水泛溢的明确记载数量有限,共13次,其中括州、润州各2次,泉州、青州、扬州、沧州、广陵郡、杭州、越州、密州、容州各1次。[②]其中为害最大的是总章二年(669)六月的括州大风雨,"海水泛溢永嘉、安固二县城郭,漂百姓宅六千八百四十三区,溺杀人九千七十。牛五百头,损田苗四千一百五十顷"[③]。

(二)旱灾

旱灾与水灾的致灾原因正好相反,是指因降水减少等原因造成水资源短缺,对社会生产生活造成较大影响的灾害。旱灾会使农作物减产或歉收,旱灾后容易发生蝗灾,进而引发更严重的饥荒。[④]严重的旱灾还会使人畜因缺水而死,甚至引发人食人的惨剧。[⑤]唐五代时期,旱灾和水灾的发生频率不相上下。规模较大的旱灾如贞观十二年(638),"吴、楚、巴、蜀二十六州旱;冬,不雨,至于明年五月";高宗"显庆五年春,河北州二十二旱";顺宗永贞元年(805)秋,"江浙、淮南、荆南、湖南、鄂岳、陈许等州二十六,旱";宪宗元和三年(808),"淮南、江南、江西、湖南、广南、山南东西皆旱"。[⑥]

旱灾持续时间较长,有时甚至持续两三个季节。以两季连旱居多,如贞观三年(629)"春、夏,旱";永徽四年(653)"夏、秋,旱,光、婺、滁、颍等州尤甚"。三季连旱如贞元元年(785)"春,旱,无麦苗,至于八月,旱甚,灞浐将竭,井皆无水"[⑦]。一年四季连旱者如"咸通二年秋,淮南、河南不雨,至于明年六月"[⑧]。还有连年干旱的情况,如太和三年(829)至开成四年(839),连续11年每年都发生旱灾。太和八年和开成二年均发生了5次旱灾,是唐代旱灾发生最集中的年份。开元十八年(730)至乾元二年(759)的30年

① 〔唐〕李林甫等:《唐六典》卷三《尚书户部》,陈仲夫点校,中华书局,1992年,第65、70、69、67页。

② 参阅《新唐书》卷三六《五行志》,第927~935页。

③ 《旧唐书》卷五《高宗本纪下》,第93页。

④ 曾铁在《历代饥馑史》中认为历代因饥馑死亡者中四分之三是旱灾导致。(《东方杂志》10卷8号,1914年)

⑤ 郑麒来在《中国古代的食人:人吃人行为透视》中认为在自然灾害引发的人食人现象中,干旱是首恶,比洪水和虫灾更可怕……干旱是求生性食人的导因。(中国社会科学出版社,1993年,第75页)

⑥⑦⑧《新唐书》卷三五《五行志·常旸》,第915~917页。

中,只发生了9次旱灾,是唐代发生旱灾最少的时期。

经学者统计分析,相对一致的结论是:唐代的旱灾多发生在夏季,其次是春秋两季。地域上,关内道旱灾最多,其次是河南道,再次是江南道、淮南道。[①]旱灾的时空分布特点依然是由我国的季风气候所决定的,此外,降水量还受海陆分布、地形等因素影响。

(三)蝗灾

蝗灾是一种生物灾害,其发生却是地形、气候、植被、水文、地质等自然地理条件共同影响、作用的结果。明代徐光启说:"蝗之所生,必于大泽之涯……必也骤盈骤涸之处。"[②]清人陈崇砥说:"蝗为旱虫,故飞蝗之患,多在旱年,殊不知其萌蘖则多由于水,水继以旱,其蝗成矣。"[③]这些蝗灾成因的认识和论述可谓精到、允当。

相对于发生较多的水、旱灾害来说,蝗灾的发生频率相对较低,但蝗灾的危害不能小觑。蝗虫繁殖能力极强,很容易成群聚集,还能远距离迁飞,所到之处,草木皆被啃噬,对农业生产危害极大。大的蝗灾很难控制,往往造成大规模的农业歉收,如"永淳元年三月,京畿蝗,无麦苗"[④]。德宗贞元元年(785)夏,"蝗,东自海,西尽河、陇,群飞蔽天,旬日不息,所至草木叶及畜毛靡有孑遗,饿殍枕道,民蒸蝗,曝,扬去翅足而食之"。此次蝗灾"旬日不息",半个月从东海蔓延到河陇,横贯东西两千多里,可见其传播速度之快,规模之大,范围之广和破坏力之惊人。文宗开成元年(836)夏,"镇州、河中蝗,害稼。二年六月,魏博、昭义、淄青、沧州、兖海、河南蝗。三年秋,河南、河北镇定等州蝗,草木叶皆尽。五年夏,幽、魏、博、郓、曹、濮、沧、齐、德、淄、青、兖、海、河阳、淮南、虢、陈、许、汝等州螟蝗害稼……会昌元年(841)七月,关东、山南邓唐等州蝗"。咸通三年(862)六月,"淮南、河南蝗。六年八月,东都、同华陕虢等州蝗。七年夏,东都、同、华、陕、虢及京畿蝗。九年,江淮、关内及东都蝗。十年夏,陕、虢等州蝗"。乾符二年(875),"蝗自东而西蔽天"[⑤]。从以上史料可见蝗灾的地域性和传播速度,同一地区的连年蝗灾,说明了蝗虫产子来年复活所带来的治蝗困难等问题。

---

① 参阅陈国生:《唐代自然灾害初步研究》,第65页;阎守诚主编:《危机与应对:自然灾害与唐代社会》,第44页;么振华:《唐代自然灾害及其社会应对》,第80页;等等。

② 〔明〕徐光启:《农政全书校注》卷四四《备荒考中》,石声汉校注,上海古籍出版社,1979年,第1300页。

③ 〔清〕陈崇砥:《治蝗书》,清同治十三年(1874)刻本,第1页。

④⑤《新唐书》卷三六《五行志》,第939页。

唐五代时期的蝗灾有如下特点:其一,蝗灾多爆发在夏秋两季。因为蝗虫在土壤中产卵,其最适宜的产卵环境是含水量10%~20%的坚实土壤。夏秋两季气温偏高,尤其是干旱年份,河、湖水面缩小,低洼地裸露,土壤比较坚实,且地面植被稀疏,为蝗虫提供了更多适合产卵的场所,非常有利于蝗虫的繁殖。^①其二,蝗灾往往与旱灾相伴。干旱环境生长的植物含水量较低,草木脆弱,蝗虫以此为食,生长较快,繁殖力更高,产卵数大为增加,使得灾害尤为严重。其三,蝗虫往往连年暴发。如贞观二至四年(628~630)、贞观二十一年至永徽元年(647~650)、开元三年至四年(715~716)、兴元元年至贞元元年(784~785)、贞元二十一年至永贞元年(804~805)、开成元年至会昌元年(836~841)、咸通三年至十年(862~869)、乾符二年至五年(875~878),是蝗灾的八个暴发期。蝗灾连年暴发,主要是由蝗虫的繁殖特性决定的,蝗虫卵埋在土壤中可以存活数年,大的蝗灾之后,次年必然有大量遗存的蝗虫卵,若遇上干旱,蝗灾便会大规模暴发。其四,地域上以关内、河南、河北道河海湖沿岸及易涝地为蝗灾多发区。受季风气候影响,夏秋时间,这些地方正好为高温天气,若再受旱,很容易滋生蝗虫,而如果一开始得不到及时治理,就会形成大规模蝗灾。当然,蝗灾发生的原因较为复杂,与气候密切相关,也与战乱等人为因素有一定的关系。^②

(四)疾疫

疾疫或称瘟疫、传染病,是指由致病性微生物或病原体引发的传染性极强的生物灾害。在医学较发达的现代社会,各种传染病的肆虐给人们造成了巨大的伤害,在医疗条件有限的古代社会,疾疫所造成的危害更大。唐代也爆发过多次大规模疾疫,有史可考者如高宗永淳元年(682)冬,"大疫,两京死者相枕于路"^③;代宗宝应元年(762),"江东大疫,死者过半";宪宗元和元年(806)夏,"浙东大疫,死者太半"^④;昭宗大顺二年(891)春"淮南大饥,军中疫疠死者十三四"^⑤。疾疫不仅限于人,牲畜也会发生疾疫,后者

---

① 蝗虫的相关知识,可参阅郭郛等:《中国飞蝗生物学》,山东科技出版社,1991年;马世骏等:《中国东亚飞蝗蝗区的研究》,科学出版社,1965年。

② 参阅阎守诚:《唐代的蝗灾》,《首都师范大学学报(社会科学版)》2003年第2期;刘洋:《唐代黄河、长江流域的水患与蝗灾》,首都师范大学硕士学位论文,2004年。

③④《新唐书》卷三六《五行志·疫》,第957页。

⑤《旧唐书》卷二〇上《昭宗本纪》,第746页。

同样可以造成巨大的社会经济损失,如玄宗开元十五年(727)二月,"遣左监门将军黎敬仁往河北赈给贫乏,时河北牛畜大疫"①。

唐五代时期不是疫灾多发期②,《新唐书·五行志》记载了唐代的15次疫灾③,五代则有4次疫灾的记载④。据考证,唐五代时期主要的疫病有热黄病、腰脚病、疟病、天行病、赤痢病、白痢病、赤眼病、死产病、水痢病、风病、痘病、卒病、腹病、风黄病等。⑤此外,还有不少地方病,如武德年间,关中多患骨蒸病,得者多死。⑥

唐五代时期,疾疫多与水旱蝗灾相关联⑦,即大灾之后有大疫⑧。如高宗永淳元年(682)六月,"关中初雨,麦苗涝损,后旱,京兆、岐陇螟蝗食苗并尽,加以民多疫疠,死者枕藉于路,诏所在官司埋瘗"⑨。埋葬尸体是防止疫情传播的重要举措。水旱之后,疫情肆虐,对社会危害极大,如大中九年(855),江淮数道"因之以水旱,加之以疾疠,流亡转徙,十室九空"⑩。

---

①《旧唐书》卷八《玄宗本纪》,第190页。

② 参阅龚胜生:《中国疫灾的时空分布变迁规律》,《地理学报》2003年第6期;龚胜生:《隋唐五代时期疫灾地理研究》,《暨南史学》第3辑,2004年;孙关龙:《中国历史大疫的时空分布及其规律研究》,《地域研究与开发》2004年第6期;陈丽:《唐宋时期瘟疫发生的规律及特点》,《首都师范大学学报》2009年第6期。

③ 参阅《新唐书》卷三六《五行志》,第956~957页。么振华统计唐代疫灾为39年42次,参阅么振华:《唐代自然灾害及其社会应对》,第135页。

④《旧五代史》卷七《梁书·太祖本纪》载:乾化二年(912)五月丁亥梁太祖诏曰:"凡有疫之处,委长吏检寻医方,于要路晓示。"(中华书局,1976年,第108页)《旧五代史》卷六一《唐书三七·刘训传》载:天成中,荆南高季兴叛,王师进讨至荆渚,"荆渚地气卑湿,渐及霖潦,粮运不继,人多疾疫"(第821页);《旧五代史》卷一四一《五行志》载周广顺三年(953),"人疾疫死者甚众"(第1887页);《新五代史》卷六二《南唐世家·李昇传附子景传》载:南唐保大十二年(954),"大饥,民多疫死"。(中华书局,1974年,第773页)

⑤ 参阅(日)那波利贞:《唐朝政府の医疗机构と民庶の疾病に対する救济方法に就ての小考》,《史窗》第17、18号,1960年,第1~34页。

⑥ 参阅《唐会要》卷八二《医术》,第1802页。

⑦ 孙关龙《中国历史大疫的时空分布及其规律研究》将之称作"灾害链"。(《地域研究与开发》2004年第6期。)

⑧ 徐好民《地象概论:自然之谜新解》论气候异常引发疾疫说:"气候包括旱涝风雪寒热诸方面,不论人或动植物生长发育都对气候有一定的要求,超过限度就会造成某种程度的损害,损害的种类和程度将会随着致损原因的不同而不同,产生疾疫是其主要方面。"(北京图书馆出版社,1998年,第143~144页。)

⑨《旧唐书》卷五《高宗本纪》,第101页。

⑩(宋)李昉等:《文苑英华》卷四三六《德音三·赈恤江淮遭水旱疾疫百姓德音》,中华书局,1966年,第2208页;唐宣宗:《赈恤江淮百姓德音》,《全唐文》卷八一,第852页。

从时空分布看,唐五代疾疫多发于春夏季节的南方和中东部地区,以江南道居高,其次是河南、淮南、关内道。这些地区气候温暖湿润,病菌容易繁殖。[1]"伏以南方疠疾,多在夏中。"[2]唐代的疾疫以太宗朝后期和文宗朝比较严重,贞观十至二十二年(636~648)疾疫多发,疫区较广;文宗朝疾疫次数不多,但范围广,疫情严重,"大和六年春,自剑南至浙西大疫。开成五年夏,福、建、台、明四州疫"[3]。

唐五代时期,疾疫往往在军队等人口密集处发生传播。[4]如天宝十三载(754)六月,侍御史、剑南留后李宓率七万大军再征南诏,在大和城下,南诏闭城不战,"宓粮尽,士卒罹瘴疫及饥死什七八"[5]。贞元十六年(800),德宗派方镇兵讨淮西吴少诚叛乱,"天渐暑,士卒久屯沮洳之地,人有离心"[6]。元和十一年(816)裴行立讨黄洞蛮,转战两年未果,士众被杀伤及"疾疫死者十八以上"[7]。广明元年(880)春末,"贼(黄巢军)在信州疫疠,其徒多丧"[8]。景福元年(892),进讨淮南杨行密的蔡州秦宗权大将孙儒被切断粮道围困,"军适大疫,儒病痁"[9],"军中疫疠死者十三四"[10]。天复二年(902),梁军围太原,"(李)克用大惧,谋出奔云州,又欲奔匈奴,未决,梁军大疫,解去"[11]。天成中,荆南高季兴叛,王师进讨至荆渚,"荆渚地气卑湿,渐及霖潦,粮运不继,人多疾疫"[12]。究其主要原因:一是人口密集处,容易滋生细菌、病毒,为疾疫传播创造了条件;二是军队往往跨地域作战,将士容易水

---

① 参阅鲍智:《气温变暖致使全球疾病大流行》,《国外科技动态》,1992年第5期;张圣颖、王春玲:《气候与传染病发病的关系》,《中外健康文摘》,2010年第14期等。

② 《刘禹锡集》卷三九《谢上连州刺史表》,卞孝萱校点,中华书局,1990年,第583页;《全唐文》卷六○一题作"连州刺史谢上表",第6074页。刘禹锡于元和十年至十四年(815~819)任连州刺史。

③ 《新唐书》卷三六《五行志·疫》,第957页。

④ 参阅麹哲:《疾病与唐蕃战争》,《历史研究》2004年第5期。

⑤ 〔宋〕司马光编著:《资治通鉴》卷二一七"天宝十三载六月"条,〔元〕胡三省音注,中华书局,1956年,第6927页。

⑥ 《资治通鉴》卷二三五"唐德宗贞元十六年正月"条,第7588页。

⑦ 《新唐书》卷二二二下《南蛮传·西原蛮》,第6330页。

⑧ 《旧唐书》卷一九《僖宗本纪》,第708页。

⑨ 《新唐书》卷一八八《孙儒传》,第5468页。

⑩ 《旧唐书》卷二○上《昭宗本纪》,第746页。

⑪ 《新五代史》卷四《唐庄宗本纪上》,第38页。

⑫ 《旧五代史》卷六一《唐书三七·刘训传》,第821页。

土不服,造成疾疫流行;三是战争造成大量死亡,尸体得不到有效掩埋,容易导致疾疫流行。

(五)风、雹、霜灾

风、霜、雹灾均是气象灾害,受我国季风气候的影响,这些灾害的季节性和地域分布也很有特点。[①]《新唐书》记载,唐代发生风灾56次,《旧五代史》记载五代发生风灾2次。[②]风灾破坏性较大,它既可使百姓房产及人畜受损,还可使庄稼受损。如高宗永隆二年(681)七月,"雍州大风害稼,米价腾踊"[③];宪宗元和八年(813)六月,"京师大风雨,毁屋飘瓦,人多压死者,丙申,富平大风,拔枣木千余株"[④]。

霜灾为害往往冻杀庄稼,有时范围也很大,如玄宗开元十五年(727),"天下州十七霜杀稼";元和二年七月,"邠、宁等州霜杀稼"[⑤]。《新唐书》记载唐代发生霜灾15次,明言"杀稼"者达9次、"杀桑"者2次。五代有2次霜灾的记录。[⑥]阎守诚将霜灾和木冰、寒雾、雨雪、风雪、异常寒冻等归入气象类灾害中的冷冻灾害。[⑦]

雹灾往往来势迅猛,可直接损伤庄稼人畜,引发水涝灾害。如高宗永淳元年(682)五月,"定州大雨雹,害麦、禾及桑"[⑧];武后大足元年(701)秋九月,"京师大雨雹,人畜有冻死者"[⑨];玄宗开元二十二年(734)五月戊辰,"京畿渭南等六县大风雹,伤麦"[⑩];唐德宗贞元十七年(801)五月戊寅,"好畤县风雹,害麦"[⑪];宪宗元和十二年(817)夏四月,"渭南雨雹,中人有死者"[⑫];文宗开成五年(840)六月,"濮州雨雹如拳,杀人三十六,牛马甚众"[⑬]。《新唐

---

① 参阅陈国生:《唐代自然灾害初步研究》,《湖北大学学报(哲学社会科学版)》1995年第1期。

② 《旧五代史》卷一四一《五行志·水淹风雨》,第1881~1884页。

③ 《旧唐书》卷四《高宗本纪》,第108页。

④ 《新唐书》卷三五《五行志·常风》,第901页。

⑤ 《新唐书》卷三六《五行志·霜》,第943页。

⑥ 《旧五代史》卷一四一《五行志·草木石冰》:晋开运三年九月戊戌,"霜雾大降,草木皆如冰";《资治通鉴》卷二七三"后唐同光二年四月"条:四月庚辰翰林学士承旨、权知汴州卢质上言"今春霜害稼"(第8919页)。

⑦ 参阅阎守诚主编:《危机与应对:自然灾害与唐代社会》,第67~68页。

⑧⑩ 《新唐书》卷三六《五行志·雹》,第944页。

⑨ 《旧唐书》卷六《则天皇后本纪》,第131页。

⑪⑬ 《新唐书》卷三六《五行志·雹》,第945页。

⑫ 《旧唐书》卷一五《宪宗本纪》,第459页。

书》记载唐代雹灾37次;五代有3次雹灾的记录①。

(六)地震

地震是由地壳运动引发的突发性自然灾害。按五行之说,地震是"木火金水沴土";按阴阳之说,"阴盛而反常则地震,故其占为臣强,为后妃专恣,为夷犯华,为小人道长,为寇至,为叛臣"②。大的地震往往会造成房屋倒塌、人畜伤亡,有时还会引发水灾,如宪宗元和九年(814)三月丙辰,"巂州地震,昼夜八十震,压死者百余人"③。

《新唐书·五行志》记载唐代发生地震74次,山摧10次,山鸣2次。④《旧五代史·五行志》记载五代发生地震8次。⑤童圣江统计唐代有地震96次。⑥德宗建中元年(780)至贞元四年(788)是地震多发期,共发生11次地震,其中贞元四年共发生6次地震。文宗太和六年至开成二年(832~839),几乎每年都发生1次地震。唐代地震分布很广,以关内、河东等地发生最多。阎守诚通过空间分布图总结出唐代的地震分布呈现明显的三条线:河东道中部南北方向;贯穿河北河南两道南北方向;贯穿淮南与江南东道临海的南北方向。⑦

(七)火灾

火灾虽未被列入报送史馆的灾害之列,邓、陈、么氏亦未将火灾列入研究范围;但火灾在唐五代时期也较多发,《新唐书》记载了唐代的火灾52次⑧,阎守诚统计唐代的火灾为45年63次⑨。《旧五代史》记载五代火灾7次。⑩

火灾危害严重者如显庆元年(656)九月戊辰,"恩州、吉州火,焚仓廪、甲仗、民居二百余家。十一月己巳,饶州火";久视元年(700)八月壬子,"平

---

① 《新五代史》卷五九《司天考》:清泰元年九月"壬寅,雨、雹于京师"(第709页);《旧五代史》卷七九《晋书·高祖本纪》:天福六年五月庚午,"泾州奏,雨雹,川水大溢,坏州郡镇戍二十四城"(第1047页);《旧五代史》卷八四《晋书·少帝本纪》:开运二年夏五月丙辰,"定州奏,大风雹,北岳庙殿宇树木悉摧拔之"。(第1108页)

② 《新唐书》卷三五《五行志》,第906页。

③ 《旧唐书》卷一五《宪宗本纪》,第449页。

④ 参阅《新唐书》卷三五《五行志》,第906~911页。

⑤ 参阅《旧五代史》卷一一四《五行志》,第1884~1885页。

⑥ 参阅童圣江:《唐代地震灾害时空分布初探》,《中国历史地理论丛》2002年第4期。

⑦ 参阅阎守诚主编:《危机与应对:自然灾害与唐代社会》,第88页。

⑧ 参阅《新唐书》卷三四《五行志·火不炎上》,第884~887页。

⑨ 参阅阎守诚主编:《危机与应对:自然灾害与唐代社会》,第96页。

⑩ 参阅《旧五代史》卷一一四《五行志·火》,第1888页。

州火,燔千余家";广德元年(763)十二月二十五日夜,"鄂州失火,烧船三千艘,延及岸上居人二千余家,死者四五千人"①;太和四年(830)三月,"陈州、许州火,烧万余家";太和八年三月,"扬州火,皆燔民舍千区"②。

(八)其他灾种

鼠灾。唐五代时期,鼠患害稼的记载也不少,是为鼠灾。《新唐书》记载鼠害稼6次,如"贞观十三年,建州鼠害稼。二十一年,渝州鼠害稼……景龙元年,基州鼠害稼。开元二年,韶州鼠害稼,千万为群……开成四年,江西鼠害稼……乾符三年秋,河东诸州多鼠,穴屋、坏衣,三月止"③。

牛疫。牛是古代社会的主要耕作畜力,京房《易传》曰:"牛少者谷不成。"④所以牛疫对古代的百姓来说也是很大的灾难。唐五代时期,牛疫也见于史籍记载。《新唐书》记载大的牛疫6次,如"调露元年春,牛大疫……神龙元年春,牛疫。二年冬,牛大疫……开元十五年春,河北牛大疫……贞元二年,牛疫……(贞元)七年,关辅牛大疫,死者十五六"⑤。

农作物病虫害。除蝗灾外,见于史载的农作物病虫害还有螟、紫虫、黑虫、蚄蛉虫等,为害甚者如"广德元年秋,蚄蛉虫害稼,关中尤甚,米斗千钱"⑥。

以上只是对唐五代时期自然灾害的概略性介绍,详情可参考本书所引述的相关论著。

二、灾害预防

灾害预防是指在灾害来临前,政府、社会和个人积极采取各种防范和应对措施,以减轻危害乃至阻止灾害发生。唐五代时期的灾害预防措施主要有灾情预报、各种仓储建设,以及政府与民间所采取的各种积极的生产备灾措施等。

(一)灾情预报

我国古代先贤一直未曾中断过对灾害产生原因的探讨。在两汉之前,灾害基本上被视作"天人感应"的产物。此后,对"天人感应"说的批判逐渐增加,出现了阴阳五行说、天谴说、天体运行说、天道自然说等,可以说,人

---

① 《旧唐书》卷三七《五行志》,第1367页。

② 《新唐书》卷三四《五行志·火不炎上》,第886页。

③ 《新唐书》卷三四《五行志·鼠妖》,第882~883页。

④⑤ 《新唐书》卷三五《五行志·牛祸》,第905页。

⑥ 《新唐书》卷三五《五行志·赢虫之孽》,第904页。

们对灾害产生原因的认识在不断加深。①同时，早在先秦两汉时期，人们已经认识到灾异与"日月星辰之变，风云气色之异"之间存在一定的联系，并根据其变化，预测灾害。②南北朝时期，《颜氏家训》记载论历者的言论说："日月有迟速，以术求之，预知其度，无灾祥也。"③即可以通过测度日月运行的迟速，来规避灾害。唐五代时期，"天人感应"说、阴阳五行说、天谴说等灾害成因理论虽然仍有很大的影响，但人们对灾害产生的自然原因的认识已经有了较大进步，通过天文观测预报灾情的机制进一步发展，这为灾害的预防提供了一定的信息支持。

1. 唐五代的灾情预报机构

唐高祖建国后，因袭隋制，设立天文机构太史监。唐前期，其名称和隶属多有调整，如改为太史局、秘阁局等④，至乾元元年(758)，肃宗将天文机构从秘书省中独立出来，改称司天台，并调整了建置。⑤此后直至宋初，司天台的名称和建置再未作调整。

太史局(司天台)负责天文观测及灾祥的占候和报送，其所测得的变异天象可占得灾害，统治者往往据此进行祈禳弭灾，唐后期至五代，政府还据此下达切实有效的预防灾害的诏敕。因此，天文机构太史局(司天台)可以看作唐五代时期的灾情预报机构。史载：太史局(司天台)长官"掌观察天文，稽定历数。凡日月星辰之变，风云气色之异，率其属而占候之"⑥。《旧唐书·天文志》载："《易》曰：'观乎天文以察时变。'是故古之哲王，法垂象以施化，考庶征以致理，以授人时，以考物纪，修其德以顺其度，改其过以慎其灾，去危而就安，转祸而为福者也。"⑦天文观测的目的在于预测灾祥，其中的"灾"，包括自然灾害。预测灾害，意在预防和规避灾害。

唐前期，太史局下属的监候五人，掌候天文；天文观生九十人⑧，"掌昼

---

① 参阅陈业新：《灾害与两汉社会研究》，上海人民出版社，2004年，第152~195页。

② 参阅陈业新：《灾害与两汉社会研究》，第175~195页。

③《颜氏家训》卷五《省事第十二》，檀作文译注，中华书局，2007年，第190页。

④ 参阅王文锦、王永兴等点校：《通典》卷二六《职官典·太史局》，中华书局，1988年，第739页。

⑤ 参阅赵贞：《乾元元年(758)肃宗的天文机构改革》，《人文杂志》2007年第6期；王宝娟：《唐代的天文机构》，《中国天文学史文集》第五集，科学出版社，1989年，第277~287页。

⑥《旧唐书》卷四三《职官志》，第1855页。

⑦《旧唐书》卷三五《天文志》，第1293页。

⑧ 太史局灵台郎下属天文生六十人，职责同天文观生，年资深者可转补天文观生。参阅《唐六典》卷一〇《秘书省·太史局》，第304页。

夜在灵台伺候天文气色",但"观生不得读占书,所见征祥灾异,密封闻奏,漏泄有刑"。①太史局下属的灵台郎二人,负责占候天文灾祥,即对天文观生伺候所得的变异天象进行解释。《唐六典》载:灵台郎"掌观天文之变而占候之……凡占天文变异,日月薄蚀,五星陵犯,有石氏、甘氏、巫咸三家中外官占。凡瑞星、祅星、瑞气、祅气,有诸家杂占"②。肃宗乾元改革后,春、夏、秋、冬、中五官正和五官副正"掌司四时,各司其方(春东、夏南、秋西、冬北、季夏中)之变异"③,即"职配五方。上稽五纬"④,依据四时五方的时空对应关系,分掌天地各方的灾祥观测与占候。⑤

在负责天文观测、占候的同时,太史局(司天台)还需将所观测到的天文灾祥如实向皇帝、中书门下和史馆奏报。唐前期,向皇帝奏报的时间要求,限于史料不得而知。乾元改制后,司天台五官正需在"元日、冬至、朔望朝会及大礼,各奏方事,而服以朝见"⑥。元日、冬至及大礼是重大节日,朔望朝会是每月一日、十五日的定期例会,五官正需穿朝服奏本方事。可见乾元改制时,已确立了定期奏报的天文制度。向中书门下和史馆的奏报,《唐六典》载:"每季录所见灾祥送门下、中书省入起居注,岁终总录,封送史馆。"⑦《唐会要·诸司应送史馆事例》在"天文祥异"下注曰:"太史每季并所占候祥验同报。"⑧五代后唐时期,对灾祥报送做过进一步的要求,长兴二年(931)二月,明宗诏司天台:"除密奏留中外,应奏历象、云物、水旱,及十曜细行、诸州灾祥,宜并报史馆,以备编修。"⑨此诏反映出当时的天文灾祥有密奏之制,应奏的天文灾祥有历象、云物、水旱及十曜细行、诸州灾祥等,其中有些要被密留在中央,其余均需要报送史馆,以备修史。

显然,若按上述唐代的常规天文灾祥奏报机制,并不能体现太史局(司天台)观天文、察时变的真正价值。从天文观生"所见征祥灾异,密封闻奏,漏泄有刑"的职责描述可以推知,太史局(司天台)在观测并占候到灾异征

① 《唐六典》卷一〇《秘书省·太史局》,第303页。
② 《唐六典》卷一〇《秘书省·太史局》,第304页。
③ 《新唐书》卷四七《百官志》,第1216页。
④ 《唐会要》卷四四《太史局》,第933页。
⑤ 参阅赵贞:《唐代的天文观测与奏报》,《社会科学战线》2009年第5期。
⑥ 《新唐书》卷四七《百官志》,第1216页;《唐会要》卷四四《太史局》,第933页记载略同。
⑦ 《唐六典》卷十《秘书省·太史局》,第303页。《旧唐书》卷四三《职官志》,第1855页;《新唐书》卷四七《百官志》,第1216页记载略同。
⑧ 《唐会要》卷六三《诸司应送史馆事例》,第1285页。
⑨ 《旧五代史》卷四三《明宗本纪》,第589页。

祥等重要天象后,应该立即报送上奏。《资治通鉴》记载了两条太史局(司天台)奏报灾情的史事,能够说明这种重要异常天象的报送情况。武德九年(626)六月丁巳,"太白经天","己未,太白复经天。傅奕密奏:太白见秦分,秦王当有天下"。①太白经天是重要的变异天象,丁巳、己未相差两天,两日都有太史令奏报此变异天象及征占事项的记载。咸通五年(864)三月,"丁酉,彗星出于娄,长三尺。己亥,司天监奏:'按星经,是名含誉,瑞星也。'上大喜"②。丁酉、己亥也相差两天,可见,一些重要变异天象应该是在观测到后就立刻进行奏报的。对于那些祥风、紫气、庆云、寿星等祥瑞天象,太史局更是在所见当日即须上奏。如天宝元年(742)正月癸丑,太史上言:"今日卯时有红碧黄气数见,及紫赤云气润泽鲜明在日上。谨按《瑞星图》名曰庆云,太平之应。请编入史册。"③

两《唐书·天文志》记载了唐代太史局(司天台)所观测并报送的灾异种类。《旧唐书·天文志》对灾异的记载分作"灾异""灾异编年(至德以后)"两部分,"灾异"部分记载的主要是至德以前的灾异,内容以类相从,若按照《新唐书·天文志》的分类比照,其类别为:朔、孛彗、荧惑、星聚、流星、赤气等。朔82次(日蚀10次,其中合蚀不蚀者1次,阴云不见者3次,退蚀分数者1次;日亏1次,因阴云不见),孛彗17次(星孛9次,彗星8次),荧惑27次,星聚5次,流星6次,赤气2次。"灾异编年"是对唐肃宗至德以后灾异的记载,只作了编年式记录,没做分类。④《新唐书·天文志》对异常天象的记载分为日食、日变、月变、孛彗、星变、月五星凌犯及星变、五星聚合等。⑤《旧五代史·天文志》记载的五代时期变异天象种类有日食、月食、月晕、彗孛、五星凌犯、星昼见、流星、云气等。⑥《新五代史·司天考》对五代时期的变异天象作了纪年式编排,有地震、日食、雷、彗孛、星变等类型。⑦

2.灾征的占候与报灾

唐五代时期,太史局(司天台)专门负责观测变异天象,并用相关理论揭示了变异天象与灾异之间的不少规律,能比较成熟地利用天象预示灾

①《资治通鉴》卷一九一"武德九年六月"条,第6003、6009页。

②《资治通鉴》卷二五〇"咸通五年三月"条,第8108页。

③《册府元龟》卷二四"帝王部·符瑞",第263页。

④参阅《旧唐书》卷三六《天文志》,第1311~1336页。

⑤参阅《新唐书》卷三二《天文志》、卷三三《天文志》,第827~868页。

⑥参阅《旧五代史》卷一三九《天文志》,第1847~1857页。

⑦参阅《新五代史》卷五九《司天考》,第705~711页。

害。《新唐书·五行志》曰:"水,太阴之气也。若臣道颛,女谒行,夷狄强,小人道长,严刑以逼,下民不堪其忧,则阴类胜,其气应而水至;其谪见于天,月及辰星与列星之司水者为之变,若七曜循中道之北,皆水祥也。"①此条记载虽然充斥着天人感应等思想,但也揭示了水灾的发生与"月及辰星与列星之司水者"的变化有关。《新唐书·天文志》记载了天文观测中占得灾害的情况:占得旱灾者10次;占得水灾者3次;占得水旱不时者1次;占得饥者4次;占得饥旱者2次。如"万岁通天元年十一月乙丑,岁星犯司怪。占曰:'水旱不时。'"②"长庆二年二月甲戌,岁星、荧惑合于南斗。占曰:'饥、旱。'"③咸通十年(869)八月,"有彗星于大陵,东北指。占为外夷兵及水灾"④。《旧唐书·天文志》在灾异天象后录有灾害年景的记载也颇多,如代宗永泰二年(766),"六月丁未,日重轮,其夜月重轮,是年大水";代宗大历二年(767),"十一月辛酉夜,月去东井一尺。甲子夜,月去轩辕一尺。壬戌,京师地震,有声如雷,自东北来";大历"四年正月十五日,日有蚀之。二月丙午夜,荧惑有芒角,去房星二尺所。丙辰夜,地震,有声如雷者三。三月壬午,荧惑有芒角,入氐。癸未,月去氐一尺。戊子夜,镇星近舆鬼。五月丙戌,京师地震。七月,荧惑犯次相星。九月丁卯,荧惑犯郎位。是岁自四月霖雨,至秋末方息,京师米斗八百文"⑤;德宗贞元十三年(797)七月乙未,"司天监奏:'今日午时地震,从东来,须臾而止。'"⑥《旧五代史·天文志》记载以天文占得灾害者一条:"唐庄宗同光三年,四月癸亥朔,时有司奏:'日食在卯,主岁大旱。'"⑦《新五代史·司天考》载有荧惑、太白、月犯星后的8次地震⑧,这些记载可视作由变异天象占得灾害的记录,至少也暗示了这些灾害的发生与灾异天象间有某种联系。

太史局(司天台)占得灾情后,都需上奏中央。在得到灾情报告后,政府通常会采取祈禳等弭灾措施进行预防,包括皇帝的自谴、避正殿、减膳、改元、出宫人、虑囚、求言等,还有政府的祈雨、祭山川、禜城门、闭坊市门、疏理刑狱等。唐五代时期,日食、月食、月犯列宿、五星凌犯、五星聚合以及

① 《新唐书》卷三六《五行志·水不润下》,第927页。
② 《新唐书》卷三三《天文志·月五星凌犯及星变》,第854页。
③ 《新唐书》卷三三《天文志·五星聚合》,第867页。
④ 《新唐书》卷三二《天文志·彗孛》,第840页。
⑤ 《旧唐书》卷三六《天文志·灾异编年》,第1325~1326页。
⑥ 《唐会要》卷四二《地震》,第887页。
⑦ 《旧五代史》卷一三九《天文志·日食》,第1847页。
⑧ 《新五代史》卷五九《司天考》,第706~708页。

彗星、流星、大星等变异天象都可以占得灾害。①如元和十年（815）十二月壬寅夜，太白犯镇星，庚申"出宫人七十二人置京城寺观，有家者归之"②。太和八年（834）六月甲午，诏曰："近者咎征所集，阳亢成灾，靡神不宗，未获嘉应，岂刑政之尚乖其当，将狱狂之未察其冤，夙兴以思，庶答天谴，宜令尚书右仆射李逢吉、御史大夫郑覃，于尚书省疏理刑狱，轻系者咸从于决遣，重条者议所以矜宽，小大以情，必详必慎，致诚无怠，称朕意焉。"③此条诏书所言"咎征所集，阳亢成灾"，指司天台发现"阳亢成灾"的"咎征"后，上奏中央，文宗立即下令疏理刑狱，以化解灾征。又开成三年（838）五月庚午，"月犯天心大星"，六月辛酉，"出宫人四百八十，送两街寺观安置"④。显然，这里太白犯镇星、月犯天心大星等星象都预示着将有灾害发生，因此帝王采取了释放宫女、疏理刑狱等弭灾措施。日蚀出现时，通常要伐鼓于社以祈禳，据《旧唐书·天文志》云："德宗贞元三年八月辛巳朔，日蚀。有司奏，准礼请伐鼓于社，不许。太常卿董晋谏曰：'伐鼓所以责群阴，助阳德，宜从经义。'竟不报。"⑤此次日蚀最终并没按传统措施进行祈禳弭灾。

彗星是预示灾情的一个重要天象，一旦出现彗星，皇帝一般要罪己、避正殿、释放宫女，宰臣群官要待命延英，审理刑狱，停不急之务等，旨在预防大的灾害。如肃宗乾元三年（760）"闰四月辛酉朔，彗出西方，其长数丈……己卯，以星文变异，上御明凤门，大赦天下，改乾元为上元"⑥。开成二年（837）二月"丙午夜，彗出东方，长七尺，在危初，西指……辛酉夜，彗长丈余，直西行，稍南指，在虚九度半。壬戌夜，彗长二丈余，广三尺，在女九度，自是渐长阔。三月甲子朔，内出音声女妓四十八人，令归家。乙丑夜，彗星长五丈……丙寅，罢曲江宴。是夜，彗长六丈……敕尚食使，自今每一日御食料分为十日，停内修造。戊辰夜，彗长八丈有余……辛未，宣徽院《法曲》乐官放归"⑦。彗星两月内七见，从第四次开始，文宗先后采取了出音声女妓、罢曲江宴、减御食料、停内修造、放归乐官等措施进行祈禳。会昌元年

① 参阅盛会莲：《试析唐五代时期的报灾备灾机制》，《闽南师范大学学报（哲学社会科学版）》2023年第4期。

② 《旧唐书》卷一五《宪宗本纪》，第455页。

③ 《册府元龟》卷一四五《帝王部·弭灾》，第1757页。

④ 《旧唐书》卷一七《文宗本纪》，第574页；《册府元龟》卷四二《帝王部·仁慈》，第483页。

⑤ 《旧唐书》卷三六《天文志·灾异》，第1318页。

⑥ 《旧唐书》卷一〇《肃宗本纪》，第258~259页。

⑦ 《旧唐书》卷一七《文宗本纪》，第568页。

（841）十一月壬寅，有彗星出于营室，辛亥①，武宗云：

> 妖星谪见，既望未减，天乖常象，咎征昭然。观占次舍，寝兴愧惕，虽罪己之词，常申谢谴，而在予之责，更示深衷。是用侧己修身，以答天意，冀有感召，导迎休祥。自此未御正殿，宰臣与群官有司，且于延英听命。慎刑审狱，理滞申恩，冀绝冤结，以通和气。其天下见禁囚徒，京城内宜委宰臣一人，于尚书省详覆，如情状冤屈，疏理讫且录闻奏。诸州府各委长吏亲自覆问，不得信任官吏，令有冤诬。不急之务，或虑劳役，且令休罢，亦示恤人。应京城内及诸州府公廨寺观，如非要切，所有营缮，并勒权停。救患备灾，为政之本。言念黎庶，弥切忧勤。应今年诸道水灾蝗虫州县，或有存恤未及处，并委所在长吏，与盐铁度支巡院同访问闻奏。或恐明年又有水旱蝗虫，其近江州县，今正当农隙，各委本道加筑堤防，及劝课百姓种植五豆，以备灾患。其常平义仓先有收贮米足处，切令校料，不得信任所由欺隐。②

显然，此次彗星"既望未减"，司天台占测其"咎征昭然"，来年将有水旱蝗灾，武宗政府除了传统的祈禳弭灾措施外，还采取了令近江州县筑堤防、劝种植、备仓储等切实有效的积极备灾举措。天祐二年（905）三月："司天奏：'旬朔已前，星文变见，仰观垂象，特轸圣慈。自今月八日夜已后，连遇阴雨，测候不得。至十三日夜一更三点，天色暂晴，景纬分明，妖星不见于碧虚，灾沴潜消于天汉者。'敕曰：'上天谪见，下土震惊，致夙夜之沈忧，恐生灵之多难。不居正殿，尽辍常羞，益务斋虔，以申禳祷。果致玄穹覆佑，孛彗消除，岂罪己之感通，免贻人于灾沴。式观陈奏，深慰诚怀。'"③此次彗星至十三日夜消退，唐哀帝接到司天监的奏报后，甚感慰怀，认为是自己避正殿、辍常羞、斋虔禳祷的结果。

五代时，帝王下令就司天监占得之灾害天象进行备灾的记载更加多见。后梁高祖开平二年（908）五月壬辰夜，"火星犯月，太史奏灾分合在荆楚，乃令设武备、宽刑罚、恤人禁暴以禳之"④。在宽刑罚、禁暴祈禳之外，还

---

① 《新唐书》卷八《武宗本纪》，第241页。
② 《文苑英华》卷四四一《会昌元年彗星见避正殿德音》，第2229页；唐武宗：《彗星见避正殿德音》，《全唐文》卷七七，第808页。
③ 《旧唐书》卷二〇《哀帝本纪》，第795页。
④ 《册府元龟》卷一九三《闰位部·弭灾》，第2333页。

有"设武备"的预防措施,应该是因此星象被占为外敌入侵的先兆。乾化二年(912)二月癸丑,后梁太祖《备雨潦敕》曰:"今载春寒颇甚,雨泽仍愆。司天监占,以夏秋必多霖潦。宜令所在郡县,告喻百姓,备淫雨之患。"①这是后梁司天监占得夏秋将雨涝,并告喻百姓防备淫雨灾患的记载。后唐明宗"天成四年十一月,汝州火,烧羽林军营五百余间。先是,司天奏,荧惑入羽林,饬京师为火备,至是果应"②,此次汝州羽林的火灾已为司天监预占得知,也已"饬京师为火备",但从羽林被烧军营五百间可知,他们似乎并未很好地备灾。后唐长兴二年(931)四月辛丑,"汴州封禅寺门扉上欻然火起,延烧近舍。是月,卫州奏,黎阳大火。先是,下诏于诸道,令为火备,至是验之"③,政府也在事先下诏令诸道备火灾,但备灾效果似乎仍不理想。

当然,五代时期社会动荡,政府救助能力有限,故应对司天监的灾害奏报时,采用更多的依然是传统的祈禳弭灾方式。如《册府元龟》载:乾化二年"四月甲寅夕,月掩心大星,丙辰敕近者星辰违度,式在修禳,宜令两京及宋魏州,取此月至五月禁断屠宰,仍各于佛寺,开建道场,以迎福应。五月丁亥以彗星谪见,诏两京见禁囚徒、大辟罪以下,递减一等,限三日内疏理,讫闻奏"④,这两次诏敕均未言明在下诏之前有司天台的星象灾异奏报,但根据律令,只有司天台有观测和占候灾异的权力,因此在皇帝下诏敕之前,一定有司天台的奏报。又后唐明宗天成二年(927)正月,"司天奏今年岁日五鼓后,东方有青黑云,主岁多阴雨,宜行禳禜祷祠,从之"⑤;后唐长兴三年三月,明宗询问翰林参谋赵延文,自春以来频雨何故,奏曰:"缘火犯井,所以频雨兼雷声似夏,并不益时,乞宽刑狱。"⑥后唐同光元年(923)冬十月戊戌,"彗星见舆鬼,长丈余,蜀司天监言国有大灾。蜀主诏于玉局化设道场,右补阙张云上疏,以为:'百姓怨气上彻于天,故彗星见。此乃亡国之征,非祈禳可弭。'蜀主怒,流云黎州,卒于道"⑦。清泰元年(934)九月癸卯,司天监灵台郎李德舟"以霖雨为灾,献唐初太史令李淳风祈晴法,天皇大帝、北

---

① 《全唐文》卷一〇二,第1041页;《册府元龟》卷一九三《闰位部·弭灾》,第2334页记载略同。

②③《旧五代史》卷一四一《五行志·火》,第1887页。

④ 《册府元龟》卷一九三《闰位部·弭灾》,第2334页。

⑤ 《册府元龟》卷一四五《帝王部·弭灾》,第1762页。

⑥ 《册府元龟》卷一四五《帝王部·弭灾》,第1762~1763页。赵延文,据赵贞《唐五代星占与帝王政治》(首都师范大学历史系博士学位论文,2004年,第17页),疑为赵延义,应是。按:《新五代史》卷五七《赵延义传》云赵延义曾为后唐星官。

⑦ 《资治通鉴》卷二七二"后唐同光元年十月"条,第8903~8904页。

极、北斗、寿星、九曜、二十八宿、天地水三官、五岳神，又有陪位神五岳判官、五道将军、风伯、雨师、名山大川醮法用纸钱，驰马有差。诏曰：'李德舟显陈艺术，特贡封章，以霖雨之为灾，恐粢盛之不稔，请修祈醮，以示消禳，恭以天地星辰宗庙社稷雨师风伯，皆遵祀典，荐告不亏，名山大川屡行祈祷，今据德舟所陈，据祠祷不该者，所司严洁祠祭以表精虔。'"[1]

综合上述，唐五代时期，太史局(司天台)在预测到灾情后要申报相关部门，有时皇帝会以诏敕的形式，部署相关州县进行积极的备灾抗灾措施。更多的时候，政府仍采取疏决囚徒、禳崇祷祠、请寺院做道场、做醮法等传统弭灾措施。因篇幅所限，对于祈禳弭灾本书不再展开论述。

(二)仓储备灾

我国自古就非常重视仓储建设，并形成了一套仓储与治国相关的理论。《礼记·王制》曰："国无九年之蓄，曰不足；无六年之蓄，曰急；无三年之蓄，曰国非其国也。三年耕必有一年之食，九年耕必有三年之食，以三十年之通，虽有凶旱水溢，民无菜色，然后天子食，日举以乐。"[2]这应是按当时的耕作产量和国家运营所需，为统治者预算的安民富国、备荒蓄急的贮积方略。早在殷商时期，甲骨文中已有储藏粮食的记载。[3]自周以降，历代政府都非常重视中央和地方的仓储建设。汉宣帝时，耿寿昌倡立常平仓制度，成为后世沿用的主要仓储制度。[4]北齐时，出现了专门防备水旱的"义租"，是义仓制度的滥觞。[5]隋承北齐之制，创建义仓，是为后世沿用的救灾济资的专用仓储。

唐五代时期的统治者对积谷备灾的认识更为深刻，在汲取历代经验教训的基础上，对备灾仓储的建设和维护投入了大量精力，使仓储制度更加完善。当时的仓廪系统主要有正仓、太仓、转运仓、军仓、常平仓、义仓等。正仓、转运仓、太仓的粮食主要来源于正租、两税斛斗、和籴，军仓粮食来源于正租、屯田、和籴，常平仓粮食来源于和籴及太仓变造(即将太仓粮食挪作他用)，义仓粮食来源于地税、两税斛斗。[6]《通典》曰："凡天下仓廪，和籴

---

① 《册府元龟》卷一四五《帝王部·弭灾》，第1757页。

② 《礼记正义》卷一二《王制第五·冢宰制国用》，第1334页。

③ 参阅郭沫若主编：《甲骨文合集》，中华书局，1999年，第18664页。

④ 参阅邵鸿：《西汉仓制考》，《中国史研究》1998年第3期；邵正坤：《论汉代国家的仓储管理制度》，《史学集刊》2003年第4期。

⑤ 参阅(唐)魏徵等：《隋书》卷二四《食货志》，中华书局，1973年，第677~678页；杨钰侠：《试论南北朝时期的赈灾之政》，《中国农史》2000年第2期。

⑥ 参阅张弓：《唐朝仓廪制度初探》，中华书局，1986年，第1页。

者为常平仓,正租为正仓,地子为义仓。"①较完善的仓廪制度对灾害救助起到了非常重要的作用。其中与社会救助关系最密切的是义仓和常平仓,其他诸仓在特殊情况下也发挥一定的社会救助功能,作为义仓、常平仓的补充。如在唐初和唐末五代时期,因义仓、常平仓尚未建立或废坏而无法依赖时,正仓和太仓发挥了主要的赈灾作用。以下对唐五代时期与救灾最为相关的仓储,进行简要论述。

1.义仓

义仓是唐五代时期政府设立的赈灾、贷贫的专用仓储,相关研究颇多。②其思想源于《周礼》:"邦之委积,以待施惠;乡里之委积,以恤民之艰厄……县都之委积,以待凶荒。"③在《周礼》所描绘的理想社会中,邦国和乡里、县都的"委积"由地官司徒下属的遗人掌管,邦国的"委积"用于施惠赏赐,乡里的"委积"主要用于日常的扶危助困及恤民艰厄,县都的"委积"主要用于凶岁灾荒的赈济。可见,我国古代的统治者很早就有了一套储积粮食等物资以备灾荒的理念。但专门用作救灾的仓储却迟迟未出现。

义仓滥觞于北齐,创始于隋代。清河三年(564)北齐武成帝租调令(后称"清河令")曰:"率人一床……义租五斗。奴婢各准良人之半……(牛)五升。垦租送台,义租纳郡,以备水旱……租入台者,五百里内输粟,五百里外输米。入州镇者,输粟。"④按清河令规定,义租用于备水旱,按一床即一夫一妇征纳⑤,有定额,良人五斗,奴婢折半(即两斗五升),一头牛纳五升。义租按令输粟,贮纳于郡,具体仓储不详。

隋统一南北后,兼采前朝制度,开皇五年(585)五月,隋文帝采纳工部尚书长孙平奏请,"令诸州百姓及军人,劝课当社,共立义仓。收获之日,随其所得,劝课出粟及麦,于当社造仓窖贮之。即委社司,执帐检校,每年收

---

① 《通典》卷二六《职官典·太府卿》,第731页。
② 如周一良:《隋唐时代之义仓》,《食货》1935年第2卷第6期;王新野:《论唐代义仓地税兼及两税法的内容》,《文史哲》1958年第4期;陈守实:《我国历史上的义仓制度》,《解放日报》1961年7月7日;章权材:《义仓是公共性实物积累吗》,《学术月刊》1965年第11期;朱睿根:《隋唐时代的义仓及其演变》,《中国社会经济史研究》1984年第2期;潘孝伟:《唐代义仓研究》,《中国农史》1984年第4期;陈明光:《唐朝的两税三分制与常平义仓制度》,《中国农史》1988年第3期;潘孝伟:《唐代义仓制度补议》,《中国农史》1998年第3期;张弓:《唐朝仓廪制度初探》,第125~140页。
③ 《周礼注疏》卷一三《地官司徒·遗人》,第728页。
④ 《隋书》卷二四《食货志》,第677~678页。
⑤ 参阅《资治通鉴》卷一六九"天嘉五年二月"条,第5240页。

积,勿使损败。若时或不熟,当社有饥馑者,即以此谷赈给"①。显然,隋代继承了北齐的义租输纳,令百姓、军人以"社"为单位,建立义仓,专门课税,由社司执帐检校,粟麦俱藏。但初建时的义仓贮纳不属于定税,亦无定额,旨在结合民间的互助社邑组织②,是借助国家行政命令,要求诸州百姓、军人设置的互助仓储,突出了服务当社、社人共有的精神,即"当社共立""于当社造仓窖贮之"。也正因为"义仓"的粮食来自当社百姓、军人的课税,由社司执帐检校,"百姓之徒,不思久计,轻尔费损,于后乏绝",使义仓制度难以真正实现赈给"时或不熟"的防凶荒、备饥馑目的。于是,开皇十五年二月、十六年正月,隋文帝分次将义仓贮纳收归州县。开皇十六年二月,文帝又下诏,社仓贮纳"准上中下三等税,上户不过一石,中户不过七斗,下户不过四斗"③。通过如上改革,隋文帝不仅将义仓贮纳变成了国家的正式税收,且按户等分上中下三等征收不等税额以充实仓储,并设置了征纳上限。这一定程度上起到了让富户、上户帮扶救助中下户的作用,避免了世族豪强将税收转嫁至中下户身上,推动了社会救助的发展。

唐朝立国后,继承了隋朝的义仓制度。武德元年(618)九月四日,高祖下诏"置社仓"④,但限于史料,社仓详情不得而知。⑤贞观二年(628)四月,尚书左丞戴胄请建义仓奏曰:"为言义仓,若年谷不登,百姓饥馑,当所州县,随便取给。"太宗批复曰:"既为百姓预作储贮,官为举掌,以备凶年。"⑥遂"诏天下州县并置义仓"⑦,其贮纳方式为:"王公已下垦田,亩纳二升。其粟麦粳稻之属,各依土地。贮之州县,以备凶年。"⑧可知,唐代义仓设在州县,起初按每亩二升定额计税征纳,较按户等征税而言,操作性更强。但这对拥有大量土地的世家大族征收数额较大,很难执行。故永徽二年(651)闰九月六日,高宗下诏:"义仓据地收税,实是劳烦。宜令率

① 《隋书》卷二四《食货志》,第684页。
② 参阅宁可:《述"社邑"》,《北京师范学院学报(社会科学版)》1985年第1期。
③ 《隋书》卷二四《食货志》,第685页。
④ 《唐会要》卷八八《仓及常平仓》,第1911页。
⑤ 阎守诚主编的《危机与应对:自然灾害与唐代社会》认为,高祖的置社仓诏只是一纸具文,并没有真正得到实施(第313页);么振华的《唐代自然灾害及其社会应对》沿袭此说(第256页)。
⑥ 《旧唐书》卷四九《食货志》,第2123页;《唐会要》卷八八《仓及常平仓》,第1912页。
⑦ 《旧唐书》卷二《太宗本纪》,第34页。
⑧ 《旧唐书》卷四九《食货志》,第2123页。

户出粟，上上户五石，余各有差。"①将义仓贮纳改为按户等征收，恢复了隋制，并对士家大族的义仓税设了上限，对中下户而言，则相对增加了负担。此后，义仓在发展完善的道路上几经起落。②

唐代义仓初建后，"以至高宗、则天，数十年间，义仓不许杂用"③，"历高宗之代，五六十载，人赖其资"④，义仓很好地发挥了其救灾恤患的作用。至武则天统治后期，因政府开支费广，财政日益窘迫，义仓开始被支借以济困，"自中宗神龙之后，天下义仓费用向尽"⑤，义仓之制渐趋弛坏。但武后、中宗年间，义仓赈灾并未中断。⑥

玄宗即位后励精图治，开元二年（714）天下大熟，九月，玄宗下敕："以岁稔伤农，令诸州修常平仓法。"⑦义仓亦"渐复修崇"⑧。开元二十五年，玄宗进一步规范了义仓的征纳方式，"王公以下，每年户别据所种田，亩别税粟二升，以为义仓。其商贾户若无田及不足者，上上户税五石，上中以下递减各有差"⑨，即义仓征纳有田者据亩，无田者按户等，这从某种程度上扩大了义仓税的征收范围。同时，玄宗朝对义仓粮的变造和支用也不曾停止，天宝以后，随着玄宗怠慢朝政，李林甫专权，导致纲纪无度，费用日广，"自天宝之始，边境多功，宠锡既崇，给用殊广，出纳之职，支计屡空"⑩，天宝七载（748），杨国忠任给事中兼御史中丞，专判度支后，"悉天下义仓及丁租、地课易布帛，以充天子禁藏"⑪，义仓储纳被充为玄宗挥霍的专用库藏，义仓又复弛坏。

安史乱后，百废待兴。贞元元年（785），德宗曾下令重建义仓，但因兵革迭兴，财政拮据，未能奏效。直到元和元年（806）正月，宪宗下诏："应天下州府每年所税地子数内，宜十分取二分，均充常平仓及义仓，仍各逐稳便

---

① 《旧唐书》卷四九《食货志》，第2126页；《唐六典》卷三《仓部郎中》，第77页；《唐会要》卷八八《仓及常平仓》，第1912页记载略同。
② 参阅潘孝伟：《唐代义仓研究》，《中国农史》1984年第4期。
③ 《旧唐书》卷四九《食货志》，第2123页。
④ 《陆贽集》卷二二《均节赋税恤百姓》，王素点校，中华书局，2006年，第763页。
⑤ 《通典》卷一二《食货典·轻重》，第291页。
⑥ 参阅阎守诚主编：《危机与应对：自然灾害与唐代社会》，第320页。
⑦ 《资治通鉴》卷二一一"开元二年九月"条，第6705页。
⑧ 《陆贽集》卷二二《均节赋税恤百姓六条》，第763页。
⑨ 《通典》卷一二《食货典·轻重》，第291页。
⑩ 《通典》卷一二《食货典·轻重》，第294页。
⑪ 《新唐书》卷二〇六《杨国忠传》，第5847页。

收贮,以时出粜,务在救人,赈贷所宜。"①显然,宪宗在国家两税的地子税中,十分取二作为常平、义仓之用,这从制度层面有效地保证了常平仓、义仓的重建。需要指出的是,宪宗此诏在重建常平仓和义仓的同时,也使二者的功能趋同,即"以时出粜,务在救人,赈贷所宜",此后二者也常常被合称作常平义仓;而且二者的税入是地子数内十分取二分均充,实际上二者各得十分之一。大概是义仓的税入并不能满足赈贷之用,于是,开成元年(836)八月,文宗下诏,在常平义仓敛税定额外,"公私田亩,别纳粟一升,逐年添置义仓"。这虽扩大了义仓贮纳量,但客观上也增加了农民负担。会昌六年(846)五月,宣宗因百姓不堪重敛,遂取消了此项义仓敛税。②至咸通、乾符年间,朝廷政令不行,义仓形同虚设,官府无力恤民。黄巢起义爆发后,唐王朝遭重创,义仓彻底废弛,五代虽有义仓,但因政局动荡,亦形同虚设。

义仓的设置目的就是在州县贮积备灾粮食,"贮之州县,以备凶年"③。《唐六典》亦曰:"凡义仓之粟唯荒年给粮,不得杂用。"④唐五代时期,义仓赈灾的方式大致有三:一是凶年时出粟赈给百姓,二是贷口粮和粮种给百姓,三是兼行常平之职。在唐前期,太宗朝义仓初立、玄宗朝前期义仓重建后,因政局清明,农业生产情况较好,储粮丰足,义仓很好地发挥了备灾救荒的功用。太宗至玄宗朝,义仓赈灾共64次之多。⑤唐后期,宪宗重建常平义仓后,义仓赈灾共31次⑥,尤其是文宗朝,水、旱、蝗灾肆虐,义仓赈济更加频繁。

唐代义仓在设置、管理和改革中有以下几个特点:其一,唐代义仓在年景好的时候储粮很可观,为救助不时之需提供了坚实基础。据《通典》记载,天宝八载(749),天下诸色米共96062220石,全国正仓储粮仅42126184石,而当时义仓储粮总数竟达63177666石。⑦一度出现义仓储粮远远多于正仓的情况,占诸色米的3/5以上。其二,不是每年都发生大的灾害,而义仓之储纳则是每年都进行。义仓置以待用的大量储备往往成为政府财政拮据时垂涎的对象,进而被调拨他用。如开元四年(716)五月,玄宗诏曰:"近年以来,每三年一度,以百姓义仓糙米,远送京纳,仍勒百姓私出脚钱。

①③《旧唐书》卷四九《食货志》,第2123页。

②《册府元龟》卷五〇二《邦计部·常平》,第6024页。

④《唐六典》卷三《尚书户部·仓部郎中》,第84页。

⑤⑥参阅张弓:《唐朝仓廪制度初探》,第128页。

⑦参阅《通典》卷一二《食货典·轻重》,第293页。

自今以后,更不得以义仓变造。"①显然,开元四年以前,义仓的贮米被每三年一次变造后远途输送京畿的情况很常见,所以玄宗才颁布此道诏令加以禁止。其三,逐渐规范管理,由诸州录事参军专主勾当,并接受户部的垂直监督管理。长庆四年(824)三月,穆宗下制:"义仓之制,其来日久。近岁所在盗用没入,致使小有水旱,生民坐委沟壑。推言其弊,职此之由,宜令诸州录事参军专主勾当。苟为长吏迫制,即许驿表上闻。考满之日,户部差官交割。如无欠负,与减一选;如欠少者,量加一选;欠数过多,户部奏闻,节级科处。"②可见,唐后期连地方也开始"盗用没入"义仓粮储,穆宗不得不加强义仓的管理,由州录事参军专主勾当,且给予"驿表上闻"的特权,以避开所在州长官胁迫调用粮食的行为;同时对州录事参军勾当义仓的工作,在考满之日,由户部委派专任官员查核,查核结果与其考选直接关联,以实现户部对义仓的垂直管辖。其四,明确义仓粟米储藏时间与便贷制度。义仓所储既为粟米,就存在陈腐及保质期的问题,唐令规定粟米的储藏期限为:"粟藏九年,米藏五年,下湿之地,粟藏五年,米藏三年。"③开元十八年,宣州刺史裴耀卿上书曰:"其江淮义仓,下湿不堪久贮,若无船可运,三两年色变,即给贷费散,公私无益。"④义仓变造是解决义仓粟米陈腐问题的对策。随着玄宗朝以降费用渐广,义仓变造逐渐由解决陈粮问题变为政府补充国用和其他开支的手段。⑤

2.常平仓

常平仓是通过市场手段平抑粮价,以救恤百姓的专用仓储。《唐六典》曰:"凡常平仓所以均贵贱。"⑥其旨在"均天下之货""兼宣通壅滞"⑦,"权轻重以利疲人"⑧,"常使谷价如一,大丰不为之减,大俭不为之加。虽遇灾荒,人无菜色"⑨。常平仓在谷贵时减价出粜以济民,贱时加价和籴以利民,旨在防止百姓受高利贷盘剥,特别是在灾害之年,以较低的利息给百姓借贷口粮和粮种,起到了长效救恤百姓的作用。开元十三年(725)二月,玄宗处

①《唐会要》卷八八《仓及常平仓》,第1913页。

②《唐会要》卷八八《仓及常平仓》,第1917页。

③《新唐书》卷五一《食货志》,第1344页。

④《旧唐书》卷四九《食货志》,第2114页。

⑤ 详情请参阅潘孝伟《唐代义仓研究》与《唐代义仓制度补议》二文。

⑥《唐六典》卷三《户部尚书》,第84页。

⑦《册府元龟》卷五〇二《邦计部·常平》,第6020页。

⑧《册府元龟》卷五〇二《邦计部·常平》,第6022~6023页。

⑨《册府元龟》卷五〇二《邦计部·常平》,第6022页。

分常平仓曰："使敛散及时，务以矜恤。"①元和元年（806）宪宗重建常平仓及义仓，目的也是"以时粜籴，务在救乏，赈贷所宜"②。唐前期和五代时期，常平仓的出粜抑价救灾功能不是很明显，唐后期，常平仓和义仓的性质趋于一致，主要功用在于救乏赈贷方面，在救灾中发挥了重要的作用。

常平之义出现甚早，春秋时管仲有"准平"思想，战国时李悝作平籴法，按粮价贵粜贱籴，虽遇水旱而人不散。汉宣帝五凤（前57~前54）中，大司农中丞耿寿昌奏令边境置常平仓。此后，常平仓制度作为政府平抑粮价、救恤民众的惠政之一，时断时续。③北齐清河令中所说的富人仓④，实即常平仓。

唐立国之初，于武德元年（618）九月，高祖下诏"置常平监官，以均天下之货……至五年十二月，废常平监官"⑤。贞观十三年（639）十二月，太宗下诏"于洛、相、幽、徐、齐、并、秦、蒲等州并置常平仓"⑥。高宗永徽六年（655），"京东西二市置常平仓……显庆二年十二月三日，京常平仓置常平署官员"⑦。玄宗开元年间，常平仓得以较快发展，遍及诸州。如开元二年（714）九月二十五日，玄宗因"天下诸州，今年稍熟"，下令诸州行常平之法。开元七年六月，玄宗下敕："关内、陇右、河南、河北五道，及荆、扬、襄、夔、绵、益、彭、蜀、汉、剑、茂等州，并置常平仓。其本上州三千贯，中州二千贯，下州一千贯。"开元十六年十月二日，玄宗因"岁普熟"，下敕以常平本钱收籴。⑧开元二十四年，玄宗下敕："常平之法，其来自久。比者，州县虽存，所利非广；京师辐辏，浮食者多。今于京城内大置常平，贱则加价收籴，使远近奔委；贵则终年出粜，而永无匮乏也。"⑨

安史乱起，常平仓遭破坏。代宗广德二年（764）正月，诸道转运使专判

① 《旧唐书》卷一〇五《宇文融传》，第3220页。参阅唐玄宗：《置十道劝农判官制》，《全唐文》卷二五，第294页；（日）池田温编：《唐代诏敕目录》，三秦出版社，1991年，第174页。

② 《唐会要》卷八八《仓及常平义仓》，第1916页。

③ 参阅陈业新：《灾害与两汉社会研究》，第272~273页。

④ 《隋书》卷二四《食货志》，第677~678页。

⑤ 《唐会要》卷八八《仓及常平仓》，第1911页。张弓的《唐朝仓廪制度初探》（第107页）认为常平仓始于武德元年九月常平监官的设置。

⑥ 《旧唐书》卷三《太宗本纪》，第50页；《唐会要》卷八八《仓及常平仓》，第1912页。

⑦ 《唐会要》卷八八《仓及常平仓》，第1912页。

⑧ 参阅《唐会要》卷八八《仓及常平仓》，第1913页；《册府元龟》卷五〇二《邦计部·常平》，第6021页。

⑨ 《唐六典》卷三《户部尚书》，第84页。

度支户部侍郎第五琦奏:"每州置常平仓及库使,自商量置本钱。"①代宗采纳其建议,重建常平仓。德宗建中三年(782)九月,判度支赵赞上言,请为两都、江陵等州署常平轻重本钱;德宗虽采纳其奏请,但终因国用广而常赋不足,所税随尽而不能办。②直到元和元年(806)正月,常平仓得以重新确立,并逐渐与义仓合并为常平义仓。但有些边远州县的常平仓设置较晚,如大中十年(856)前后,韦宙为永州刺史,"始筑常平仓,收谷羡余以待乏"③。五代后唐、后汉时期,虽屡有人奏请复建常平仓,但均因国力不足,未能恢复。④

3. 正仓、太仓等其他仓储

正仓即国家设在州县地方以收贮正租税收的仓廪。《通典》曰:"凡天下仓廪,和籴者为常平仓,正租为正仓。"⑤武德初年,随着租庸调制的实行,唐高祖逐步建立了州县两级正仓,受纳正租。正仓的主要职能在于出给官禄、递粮、供军饷、供公厨等,并将剩余部分供给太仓。大灾之时,正仓也兼有和籴、赈济、出贷、出粜等救灾职能。

唐五代时期,正仓是义仓、常平仓之外的重要赈灾仓储。在贞观二年(628)义仓建立之前,正仓承担着主要赈灾任务,"每岁水旱,皆以正仓出给,无仓之处,就食他州"⑥。义仓建立后,遇严重灾害,义仓储粮不足赈济时,正仓的粮食也常常被用来救灾,如玄宗开元二年(714)正月戊寅敕:"如闻三辅近地,豳陇之间,顷缘水旱……灼然乏绝者,速以当处义仓,量事赈给。如不足,兼以正仓及永丰仓米充。"⑦义仓废坏之时,救灾赈贷也由正仓承担,如肃宗上元年间(760~762),李皋任温州长史摄行州事,开仓尽散官粟数十万斛救饥民。⑧

太仓为朝廷之仓,秦代以降,历代都有设置。唐初,在长安设太仓。武

① 《唐会要》卷八八《仓及常平仓》,第1914页;《旧唐书》卷一一《代宗本纪》第275页;《册府元龟》卷五〇二《邦计部·常平》,第6022页。
② 参阅《旧唐书》卷一二《德宗本纪》,第334页。
③ 《新唐书》卷一九七《循吏·韦丹传附韦宙传》第5631页。参阅郁贤皓:《唐刺史考全编》卷一七一《江南西道·永州》,江苏古籍出版社,1987年,第2483页。
④ 参阅《册府元龟》卷五〇二《邦计部·常平》,第6025页。
⑤ 《通典》卷二六《职官典·太府卿》,第731页。
⑥ 《旧唐书》卷七〇《戴胄传》,第2532~2533页。
⑦ 《册府元龟》卷一〇五《帝王部·惠民第一》,第1258页;唐玄宗:《赈岐华等州敕》,《全唐文》卷三四,第373页记载略同。
⑧ 参阅《旧唐书》卷一三一《李皋传》,第3637页。

则天统治时,又将东都洛阳含嘉仓作为太仓。太仓粮食主要来自正仓上供,以及少量的京官职田地子,还有岁稔谷贱时的和籴所得。太仓主要供皇室、京官俸禄及职田租、京官官厨、诸司公粮、军饷等。在谷贵粮荒时,太仓也进行出籴赈贷。太仓出籴是对常平仓的补充,赈贷是对义仓的补充。①开元二十一年(733),"关中久雨害稼,京师饥,诏出太仓米二百万石给之"②。据《册府元龟·惠民》记载,自高祖至文宗太和间的二百二十多年中,太仓共出籴赈贷十八次。③太仓赈贷的对象主要以京师、东都及京畿诸县的饥民、平民为主。五代时,太仓很少用于赈灾。

唐代的军仓系统可分为三级。军镇仓设在置军之处,是大型军仓;镇戍仓设在置镇、置戍之处,是中型军仓,也是唐代最初的军仓;烽铺粮储设在烽燧碉楼内,为小型军仓。军镇仓贮的贮纳主要来自正租、和籴、屯田收入;镇戍、烽燧仓贮纳主要来自正租,还有镇戍军的生产收入。④在唐五代大灾荒时期,皇帝可下诏调拨军仓,紧急赈济灾民,或低价出籴,救助贫弱。如元和四年(809)十一月,宪宗下诏以江西、湖南、鄂岳、荆南等使折籴米三十万石,赈贷淮南、浙西两道,"恐此米来迟不救所切,宜委淮南浙西观察使,且各以当道军粮米据数给旱损人户"⑤;太和八年(834)九月,文宗下诏曰:"江淮浙西等道仍岁水潦……宜委所在长吏,以军州自贮官仓米,减一半价出籴,务及贫弱,如无贮蓄处,即以常平义仓米籴。"⑥中晚唐时期,随着藩镇节度使势力的增强,节度使等地方长官动用军粮救灾的情况也不少。如武宗会昌五年(845),卢弘宣徙义武节度使,"诏赐其军粟三十万斛,贮飞狐,弘宣计挽费不能满直,敕吏守之。明年春,大旱,教民随力往取……至秋,悉收所贷,军食以饶"⑦,这是地方节度使临时权宜,以军粮充急救之资,既免军粮挽转之费,又救饥民以时。大中四年(850),李珏任检校尚书右仆射、淮南节度使,"江淮旱,发仓廪赈流民,以军羡储,杀半价与人"⑧;后梁开

---

① 参阅张弓:《唐朝仓廪制度初探》,第59~76页;葛承雍:《唐代太仓试探》,《人文杂志》1989年第4期。

② 《旧唐书》卷八《玄宗本纪》,第200页。

③ 参阅张弓:《唐朝仓廪制度初探》,第68页。

④ 参阅张弓:《唐朝仓廪制度初探》,第80页。

⑤ 《册府元龟》卷一〇六《帝王部·惠民》,第1265页。

⑥ 《册府元龟》卷五〇二《邦计部·常平》,第6023页。

⑦ 《新唐书》卷一九七《卢弘宣传》,第5632页。

⑧ 《新唐书》卷一八二《李珏传》,第5361页。参阅吴廷燮:《唐方镇年表》卷五《淮南》,中华书局,1980年,第732~733页。

平四年(910),袁象先权知宋州留后,"到任五月,改天平军两使留后。时郓境再饥,户民流散,象先即开仓赈恤,蒙赖者甚众"①。

唐五代时期,转运仓沿漕路而建,随漕运而运营、兴衰。②转运仓的设置、完善,在一定程度上解决了救灾物资的运输问题,为救灾过程中及时有效地转运粮食提供了保障。在灾情紧迫时,开转运仓救灾的记载也不少。如开元二年(714),以京畿诸州水旱,诏"速以当处义仓量事赈给。如不足,兼以正仓及永丰仓米充"③;开元八年四月,华州刺史窦思仁奏"乏绝户请以永丰仓赈给,从之"④;开元十二年八月,诏:"蒲同两州,自春偏旱,虑至来岁贫下少粮,宜令太原仓出十五万石米付蒲州,永丰仓出十五万石米付同州,减时价十钱粜与百姓。"⑤

唐五代时期,诸仓救灾的原则主要有二:一是根据灾害大小决定是赈给,还是借贷。如贞元年间宰相陆贽的《均节赋税恤百姓六条》中云:"每遇灾荒,即以赈给;小歉则随事借贷,大饥则录奏分颁,许从便宜,务使周济。循环敛散,遂以为常。"⑥二是依据贫富户等救助真正需要救助的贫困户。唐后期,宣宗于大中六年(852)四月丁酉下敕:"常平义仓斛斗,每年检勘,实水旱灾处,录事参军先勘人户多少,支给先贫下户,富户不在支给之限。"⑦

此外,政府还敦促百姓各家设窖储粮,以备不虞之灾。开元二年九月,玄宗在诏令全国兴建常平仓、义仓的同时,也要求县令促民积贮。诏曰:"县令亲人,风俗所系,随当处丰约,劝课百姓未办三载之粮,且贮一年之食,每家别为仓窖,非蚕忙农要之时,勿许破用,仍委刺史及按察使简校觉察,不得容其矫妄。"⑧实行两税法后,各州义仓斛斗归入两税,两税三分制也没有预留救灾支出,义仓储备枯竭。德宗试图在两税之外,"以理劝课",额外征收斛斗以为义仓,其贞元元年(785)十一月十一日制云:

① 《旧五代史》卷五九《唐书·袁象先传》,第797页。

② 参阅张弓:《唐朝仓廪制度初探》,第26~52页;任立鹏:《试析唐代转运仓布局变化的原因》,《湖南工业职业技术学院学报》2010年第6期。

③ 《册府元龟》卷一〇五《帝王部·惠民》,第1258页;唐玄宗:《赈岐华等州敕》,《全唐文》卷三四,第373页记载略同。

④⑤ 《册府元龟》卷一〇五《帝王部·惠民》,第1259页。

⑥ 《陆贽集》卷二二,第765~766页。

⑦ 《旧唐书》卷一八下《宣宗本纪》,第630页。

⑧ 《册府元龟》卷五〇二《邦计部·常平》,第6021页。

即宜准贞观故事：天下所垦见田，上自王公，下及百姓，每丰稔之岁，秋、夏两时，州县长官，以理劝课，据顷亩多少，随所种粟豆稻麦，逐便贮纳，以为义仓。如年谷不登，即量取赈给。官司但为立法劝谕，不得收管，仍各委本道观察使逐便宜处置闻奏。①

从制文可知，德宗是想把义仓的建设和管理权推给民间，让民间出资，由州县和观察使监督执行。但是，此制没能得到地方的响应。贞元九年(793)冬至大礼后，德宗大赦天下制云："应百姓自置义仓，仍准贞元元年十一月十一日制处分。"②说明劝课百姓自置义仓到贞元九年仍收效不大。大概与此同时，陆贽也提倡"俟人小休，渐劝私积，平籴之法斯在，社仓之制兼行，不出十年之中，必盈三岁之蓄，弘长不已，升平可期"③。贞元十二年至十四年，崔倰出任同州刺史时，"图歉于丰，量赈为籴，号里仓者三百所，而凶年备矣"④，说明德宗的诏令在部分州县得到了推行。德宗朝君臣提倡民办义仓，主要原因是两税法导致国家原来的仓储制度混乱，无救灾仓储。

总之，唐代建立了一套完整的公私仓储系统，贮积粮食，为积极、有效的灾害救助，提供了物质保障。高祖在武德元年一度"置社仓"，太宗效法隋代"当社共立"义仓制度，于贞观二年(628)进一步将义仓扩展到天下州县，经历了按户等和田亩课义仓税的变革，为义仓储备了大量备灾粮食。虽然存在粮储被挪为他用，以及受乱世影响而时常停废的情况，义仓仍在唐代灾害救助中居主导地位。唐代在建国之初，就仿效前代旧制，建立常平仓，其主要功用在于平抑物价，防止百姓受高利贷盘剥，在灾害之年，以较低利息给百姓借贷口粮和粮种，起到了长效救恤百姓的功能。唐后期，常平仓和义仓的性质趋于一致，主要功用在于救乏赈贷方面，在救灾中发挥了重要的作用。正仓、太仓是唐代国家最主要的粮储，一旦出现大灾大疫，义仓和常平仓无法满足赈灾任务时，在获得皇帝诏制许可后，或者刺史、节度使等地方长官在紧急情况下先放后奏，开正仓、太仓救济灾民，是

---

① 《陆贽集》卷二《冬至大礼大赦制》，第64页；〔宋〕宋敏求编：《唐大诏令集》卷六九《贞元元年南郊大赦天下制》，中华书局，2008年，第387页将"即宜准贞观故事"误作"宜即准贞元故事"，可校改。

② 《陆贽集》卷三《贞元九年冬至大礼大赦制》，第77页。

③ 《陆贽集》卷二二《均节赋税恤百姓六条》，第766页。

④ 〔唐〕吕温：《银青光禄大夫守工部尚书致仕上柱国中山郡开国公食邑二千户赠陕州大都督博陵崔公行状》，《全唐文》卷六三一，第6367页。参阅郁贤皓：《唐刺史考全编》卷四《京畿道·同州》，第128~129页。

仓储救灾的最后防线。晚唐五代时期,随着仓储系统的逐步破坏,仓储能为灾害提供的救助非常有限,无法保障社会经济的灾后重建,加剧了社会经济的恶化和社会的动荡。

(三)生产备灾

在积极开展农业生产、粮食丰足的情况下,仓储贮积备灾才可能实现。唐五代时期,政府在兴修水利以防洪、排涝、抗旱,开垦荒地以生产备灾方面也采取了积极措施,促生产,广积蓄,未雨绸缪,对水旱灾害加强防范,以提高百姓的抗灾、备灾能力。

1.兴修水利

水旱灾害一直是危害我国古代社会最频繁、最严重的自然灾害,而兴修水利是预防水旱之灾的最有效手段,深受历代统治者的重视。唐五代统治者更是将水利的维护和建设作为国家的重要工作,通过设官分职、制定法规管理等措施,加强水利设施的修筑、维护和管理。关于唐代的水利建设,学界已有很多研究成果①,以下着重从水利管理、泄洪利灌、防溢减灾、溉田抗旱等水利工程建设层面,探讨唐五代水利建设与灾害预防问题。

(1)健全水利设施管理

关于唐代水利管理制度,韩国磐《渠堰使和唐代水利灌溉的管理》②一文已做了详细研究。本书在此基础上对唐代水利管理与抗灾的相关内容进行梳理。

唐代,中央掌管水利的机构有设在尚书省工部下的水部司,还有三监之一的都水监。水部司置水部郎中、员外郎各一人,"掌天下川渎、陂池之政令,以导达沟洫,堰决河渠,凡舟楫、溉灌之利,咸总而举之"。仲春"命通沟渎,立堤防,孟冬而毕。若秋、夏霖潦,泛溢冲坏者,则不待其时而修葺"③。水部司总掌全国河渠水利相关的政令,并总管天下河渠的堤堰疏决、修葺及舟楫、溉灌之利。都水监下设都水使者二人,"掌川泽津梁之政

---

① 参阅韩国磐:《隋唐五代史纲》(修订本)第七章,人民出版社,1979年;宋锡民:《唐代的水利建设》,《山东大学文科论文集》1981年第2期;屈弓:《关于唐代水利工程的统计》,《西南师范大学学报》1994年第1期;王又怀:《论盛唐时期的水利建设》,《陕西师范大学学报》1995年第3期;王洪军:《唐代水利管理及其前后兴修中心的转移》,《齐鲁学刊》1999年第4期;等等。

② 《求索》1997年第4期。参阅韩国磐:《唐代灌溉业的发达》,《光明日报·史学33号》,1954年。

③ 《唐六典》卷七《尚书工部》,第225页;《旧唐书》卷四三《职官志》,第599页记载略同。

令,总舟楫、河渠二署之官属,凡虞衡之采捕,渠堰陂池之坏决,水田斗门灌溉,皆行其政令",都水监下设的河渠署,置河堤谒者六人,"掌修补堤堰渔钓之事"。①这种专人负责水利事务的机构设置和制度建设,有效地推动了水利设施的建设和维护,提高了水利灌溉事务的管理效率,对解决全国水旱灾害问题具有积极意义。

地方水利设施的维护与管理。京畿地区的河渠、堤堰管理由都水监负责,"凡京畿之内渠堰陂池之坏决,则下于所由,而后修之。每渠及斗门置长各一人,至溉田时,乃令节其水之多少,均其灌溉焉。每岁,府县差官一人以督察之。岁终,录其功以为考课"②。其他地方州县的水利事务由州县长官负责,即"诸州堤堰,刺史、县令以时检行,而莅其决筑"③。敦煌文书的《水部式(残卷)》载,地方的河渠、堤堰由"随近县官专知检校"④。从吐鲁番文书记载的情况来看,西州在每渠设若干堰,堰有堰头,负责灌溉和土地佃种事务。⑤唐前期,随着经济日益繁荣,开元年间又出现了沟渠堤堰使,简称渠堰使,以加强对河渠堤堰的监督管理。渠堰使和副使多由京兆尹、刺史及县令兼充。府尹、刺史、县令本有劝课农桑、兴修水利之责,兼任渠堰使之职后,兴修水利的任务更加明确,有效加强了其对水利灌溉的巡察监管,这对防范水旱灾害意义重大。同时,政府为发展水利,还表彰升迁兴修水利有功的官员,比如玄宗奖拔姜师度、文宗嘉奖高瑀等⑥,也给其他地方官员以激励,促使地方官积极在辖区内兴修水利。

唐代有关于水利设施管理和使用的专门令典——《水部式》,规定了有关河川津梁、舟楫灌溉等水利事务的办事细则,可惜此式已佚。《水部式(残卷)》保留了京兆府所辖泾、渭、白渠、蓝田新开渠等水道的管理情况,以及河西诸州、扬州等地方的河渠管理情况。就水利事务的具体管理工作来说,在渠、斗门设有渠长、斗门长,专门掌管灌溉用水的开闭,知节水多少,务使普均,不得偏并。雨季水位上涨时,需令水次州县相知检校疏决,勿使损田。年终录为功过附考;渠堰小有破坏时,用附近人员修理;如果有大的

① 《旧唐书》卷四四《职官志》,第1897页。

② 《唐六典》卷二三《将作都水监》,第599页。

③ 《新唐书》卷四六《百官志》,第1202页。

④ 唐耕耦、陆宏基:《敦煌社会经济文献真迹释录》第二辑,全国图书馆文献缩微复制中心,1990年,第577~586页。

⑤ 参阅中国文物研究所、新疆维吾尔自治区博物馆、武汉大学历史系编:《吐鲁番出土文书》第3册,文物出版社,1996年,第391~397页。

⑥ 参阅《新唐书》卷一〇〇《姜师度传》,第3946页;《旧唐书》卷一六二《高瑀传》,第4251页。

损坏，就由县申报到州，差人助修。州县长官每年都要巡视检查水利设施及使用情况，都水监也时常派官员与地方长官巡视检查。①《水部式》的详细管理与约束，客观上促进了水利设施的兴建和维护，对旱涝灾害的防范起到了积极作用。

唐代还将河渠、堤堰的维护和管理行之律令，相关规定较为细致，主要有以下几个方面：

堤堰要按时巡检营修，以防水患冲垮堤防。水部郎中、员外郎需在每年仲春下令"通沟渎，立堤防"②。唐《营缮令》曰："近河及大水有堤防之处，刺史、县令以时检校。若须修理，每秋收讫，量功多少，差人夫修理。若暴水泛溢，损坏堤防，交为人患者，先即修营，不拘时限。"③唐令将堤防检校任务交给了刺史、县令等地方长官，常规维修安排在秋季，水灾坏堤则需随时修理。天福七年（942）四月，后晋高祖下诏："凡居牧守，皆委山河，既已在封巡，所宜专切。起今后，宜令沿河广晋、开封府尹，逐处观察、防御使、刺史等，并兼河堤使名额，任便差选职员，分擘勾当，有堤堰薄怯，水势冲注处，预先计度，不得临时失于防护。"④对堤堰的管理责任到人，是保护堤堰安全、预防河流泛溢的有效措施。

对不修堤防和不及时修理堤防者，要依法惩处。《唐律疏议·失时不修堤防》云："诸不修堤防及修而失时者，主司杖七十；毁害人家、漂失财物者，坐赃论减五等；以故杀伤人者，减斗杀伤罪三等。（谓水流漂害于人。即人自涉而死者，非。）即水雨过常，非人力所防者，勿论。"⑤对河道堤防修造失职者，按对百姓生命财产造成危害的程度进行追责，给予不同程度的惩罚，损毁财物者以赃罪论，杀伤人者按斗杀伤罪处置，这对堤防和百姓生命财产的安全都起到了很好的保护作用。

对盗决堤防者，依法治罪，维护水利堤防的安全及合理使用。"诸盗决堤防者，杖一百（谓盗水以供私用。若为官检校，虽供官用，亦是）；若毁害人家及漂失财物，赃重者，坐赃论；以故杀伤人者，减斗杀伤罪一等。若通水入人家，致毁害者，亦如之。"⑥这是针对决堤盗水的行为，以及造成相关

---

① 释文见《敦煌社会经济文献真迹释录》第二辑，第577~586页。

②《唐六典》卷七《尚书工部·水部郎中员外郎》，第226页。

③⑤〔唐〕长孙无忌等：《唐律疏议》卷二七《杂律·失时不修堤防》，刘俊文点校，中华书局，1983年，第504~505页。

④《册府元龟》卷四九七《邦计部·河渠》，第5956页；《旧五代史》卷八〇《晋书·高祖本纪六》，第1059页。

⑥《唐律疏议》卷二七《杂律·盗决堤防》，第505页。

连带事故的追责制度,保护堤防等水利设施的安全,有利于抗击水旱灾害。

对因故决坏堤防者,唐律也有惩处:

> 其故决堤防者,徒三年;漂失赃重者,准盗论;以故杀伤人者,以故杀伤论。疏议曰:上文盗水因有杀伤,此云“故决堤防者”,谓非因盗水,或挟嫌隙,或恐水漂流自损之类,而故决之者,徒三年。漂失之赃重于徒三年,谓漂失人三十匹赃者,准盗论,合流二千里;若失众人之物,亦合倍论。以决堤防之故而杀伤人者,“以故杀伤论”,谓杀人者合斩,折人一支流二千里之类。上条:“杀伤人,减斗杀伤罪一等。有杀伤畜产,偿减价。余条准此。”今以故杀伤论,其杀伤畜产,明偿减价。下条“水火损败,故犯者,征偿”。①

此律进一步维护了堤防等水利设施的安全。

此外,水旱灾害之际,统治者也会在赈灾诏令中强调和部署水利堤防的维护事项。如开元十年(722)夏秋,河南、河北相继大水,玄宗诏令中指责当地官吏说:“多是政理无方,或是堤堰不修,或沟渠未泄。频已处分,竟无承禀,常破租庸,是何检校!”要求朝集使“至州之日,各宜劝勉。应合修塞开导,宜预施功。若不暂劳,何以获利⋯⋯宜励所职,勿犯常科”②。开元十四年七月,河南河北水潦,玄宗令黎敬仁前往宣慰,并下诏书特别要求“所在堤堰不稳便者简行,具利害奏闻”③。会昌元年(841)十一月,武宗下令:“近江州县,今正当农隙,各委本道加筑堤防。”④

以上律令对河渠堤防的安全和维护作了较为细致的规定,并有明确的惩处措施,是维护堤堰安全、预防水旱灾害的有效法律保障,反映了政府对河渠水利设施安全的高度重视。在律令的委派和惩戒作用下,唐五代时期的地方官都能积极从事水利工程的建设和维护工作,为防洪抗旱做出了诸多积极的贡献。

(2)疏浚河渠泄洪减灾

河水泛溢是水害的主要形式,给农业生产和百姓生活带来很大危害。疏浚河渠对预防水害具有重要意义,不仅可以有效防治河水泛滥,还能促

---

① 《唐律疏议》卷二七《杂律·盗决堤防》,第506页。
② 《唐大诏令集》卷一〇三《处分朝集使敕》,第527页。
③ 《册府元龟》卷一六二《帝王部·命使》,第1954页。
④ 《文苑英华》卷四四一《德音·会昌元年彗星见避正殿德音》,第2229页。

进农业生产,增加仓储储粮,带动漕运发展,加快物资流动,从而增强全民的抗灾能力。

唐五代时期,中央和地方官员很重视对河道的疏浚治理工作,通过疏浚河道以防治水害的记载很多。如资州盘石县"北七十里有百枝池,周六十里,贞观六年,将军薛万彻决东使流"①;永徽元年(650),薛大鼎为沧州刺史,"以州界卑下,遂决长芦及彰衡等三河,分泄夏潦,境内无复水灾"②;大中十二年(858),"大水泛徐、兖、青、郓,而沧地积卑",义武节度使杜中立亲自按行后,"引御水入之毛河,东注海,州无水灾"③;桂州临桂县"有相思埭,长寿元年筑,分相思水使东西流"④;蓟州渔阳县"有平虏渠傍海穿漕,以避海难,又其北涨水为沟,以拒契丹,皆神龙中沧州刺史姜师度开"⑤;岭南道邕州宣化县境"郁水自蛮境七源州流出,州民常苦之,景云中,司马吕仁引渠分流以杀水势,自是无没溺之害,民乃夹水而居"⑥;关内道华州华阴县"西二十四里有敷水渠,开元二年,姜师度凿,以泄水害,五年,刺史樊忱复凿之,使通渭漕"⑦;开元十六年(728)正月,河北大水,宇文融获诏"领宣抚使,俄兼检校汴州刺史、河南北沟渠堤堰决九河使"⑧,主持此次赈灾活动,从"河南北沟渠堤堰决九河使"的使职名称可知,宇文融的重要职责是负责九河的疏浚;开元十九年冬,"浚苑内洛水,六十余日而罢"⑨;赵州柏乡县"西有千金渠、万金堰,开元中,令王佐所浚筑,以疏积潦"⑩;"滑州城西距黄河二里,每岁常为水患"⑪,元和八年(813)十二月丙午,"以河溢,浸滑州羊马城之半,滑州薛平、魏博田弘正征役万人,于黎阳界开古黄河道,南北长

① 《新唐书》卷四二《地理志》,第1082页。
② 《册府元龟》卷四九七《邦计部·河渠》,第5950页;《旧唐书》卷一八五《良吏·薛大鼎传》,第4787页记载略同。
③ 《新唐书》卷一七二《杜中立传》,第5206页。
④ 《新唐书》卷四三《地理志》,第1105页。
⑤ 《新唐书》卷三九《地理志》,第1022页。
⑥ 《新唐书》卷四三《地理志》,第1101~1102页。
⑦ 《新唐书》卷三七《地理志》,第964页。
⑧ 《新唐书》卷一百三四《宇文融传》,第4557页。参阅《资治通鉴》卷二一三"开元十六年正月"条,第6782页。
⑨ 《旧唐书》卷八《玄宗本纪》,第197页。
⑩ 《新唐书》卷三九《地理志》,第1017页。
⑪ 《旧唐书》卷一二四《薛嵩传附子平传》,第3526页。

十四里,东西阔六十步,深一丈七尺,决旧河水势,滑人遂无水患"①;宝历元年(825)正月,李渤出任桂州刺史、桂管防御观察使②,桂州有漓水,为江水溃毁,渠浅废,"渤酾浚旧道,鄣泄有宜,舟楫利焉"③;咸通四年(863),萧仿出任滑州刺史,充义成军节度、郑滑颍观察处置等使;"滑临黄河,频年水潦,河流泛溢,壤西北堤,仿奏移河四里"④,"两月功毕,徙其流远去,树堤自固,人得以安"⑤。

唐五代时期,政府为了疏浚河道,还清除了不少阻塞河道的碾硙、房舍、旅店,成效显著。如广德二年(764)春三月,"敕工部侍郎李栖筠、京兆少尹崔泂拆公主水碾硙十所,通白渠支渠,溉公私田,岁收稻二百万斛,京城赖之"⑥;大历十三年(778)正月,"坏京畿白渠硙八十余所,以妨夺农业也"⑦;兴元元年(784),杜亚任淮南观察使,"扬州官河填淤,漕挽堙塞,又侨寄衣冠及工商等多侵街衢造屋,行旅拥蔽之,亚乃开拓疏启,公私悦赖焉"⑧。

(3)修筑堤堰防溢减灾

河溢型水灾往往是河渠决口、洪水泛滥,对灾民的房舍、田产和生命造成很大的威胁和破坏。唐五代的救灾诏令也一再强调及时修复堤防、河堰,玄宗曾有诏曰:"每因水潦方降,则使堤防必葺。"⑨即每次水灾伊始,政府都会下令修补堤防。开元十四年(726)秋,"天下州五十水,河南、河北尤甚。河及支川皆溢,怀、卫、郑、滑、汴、濮人或巢或舟以居,死者千计"⑩,七月,玄宗下诏曰:"顷秋夏之际,水潦不时,怀、郑、许、滑、卫等州,皆遭泛溢,苗稼潦渍,屋宇倾摧……宜令右监门卫将军知内侍省事黎敬仁,速往宣慰,如有遭损之处应须营助、赈给,并委使与州县相知,量事处置,及所在堤堰

---

① 《旧唐书》卷一五《宪宗本纪》,第448页;《新唐书》卷三九《地理志》,第1013页也记此河。

② 参阅《旧唐书》卷一七上《敬宗本纪》,第513页。

③ 《新唐书》卷一一八《李渤传》,第4286页。

④ 《旧唐书》卷一七二《萧俛传附萧仿传》,第4482页。

⑤ 《新唐书》卷一〇一《萧瑀传附萧仿传》,第3960页。

⑥ (宋)王谠:《唐语林校证》卷一《政事》,周勋初校证,中华书局,1987年,第59页。

⑦ 《册府元龟》卷七十《帝王部·务农》,第790~791页。

⑧ 《册府元龟》卷六七八《牧守部·兴利》,第8102页。

⑨ 《册府元龟》卷一〇五《帝王部·惠民》,第1206页;唐玄宗:《宣抚河南诏》,《全唐文》卷三〇,第340页。

⑩ 《新唐书》卷三六《五行志》,第931页。

不稳便者简行,具利害奏闻。"①水患对河道沿岸百姓的危害非常大,玄宗在遣使宣慰、营助、赈给之外,还特别要求简行、修复河南、河北诸州境内的河道堤堰,不稳便者需具利害奏闻,为修葺准备,这是对河水泛滥区百姓生命财产的最大保障,对沿岸百姓的救助作用不言而喻。及时修复堤防、河堰还可以控制灾情的进一步发展。

唐五代时期大量新修堤堰,对防止水患、提高农业生产起到了重要作用,从而提高了百姓抗灾自救的能力。沧州地势低洼,堤堰的修建工作比较突出,如沧州清池县"西北五十五里有永济堤二,永徽二年(651)筑。西四十五里有明沟河堤二,西五十里有李彪淀东堤及徒骇河西堤,皆三年筑。西四十里有衡漳堤二,显庆元年(656)筑。西北六十里有衡漳东堤,开元十年(722)筑。东南二十里有渠,注毛氏河,东南七十里有渠,注漳,并引浮水,皆刺史姜师度开。西南五十七里有无棣河,东南十五里有阳通河,皆开元十六年开。南十五里有浮河堤阳通河堤,又南三十里有永济北堤,亦是年筑"②;河南道莱州即墨县"东南有堰,贞观十年,令仇源筑,以防淮涉水"③;贞观二十三年(649),贾敦颐出任河北道瀛州刺史④,"州濒滹沱、滱二水,岁溢溢,坏室庐,浸洳数百里。敦颐为立堰庸,水不能暴,百姓利之"⑤;桂州临桂县"东南有回涛堤,以捍桂水,贞元十四年筑"⑥;中宗神龙元年至二年(705~706),张柬之任襄州刺史,"会汉水涨啮城郭,柬之因垒为堤,以遏湍怒,阖境赖之"⑦;会州会宁县"有黄河堰,开元七年,刺史安敬忠筑,以捍河流"⑧;开元二十四年,李适之出任陕州刺史、河南尹⑨,"玄宗患谷、洛岁暴耗徭力,诏适之以禁钱作三大防,曰上阳、积翠、月陂,自是水不能患"⑩;饶州鄱阳县"东有邵父堤,东北三里有李公堤,建中元年刺史李复筑,以捍

① 《册府元龟》卷一六三《帝王部·命使》,第1954页;唐玄宗:《遣使宣慰怀郑许滑卫等州诏》,《全唐文》卷二九,第332页。

② 《新唐书》卷三九《地理志》,第1017页。

③ 《新唐书》卷三八《地理志》,第995页。

④ 参阅郁贤皓:《唐刺史考全编》卷一一四《河北道·瀛州》,第1577页。

⑤ 《新唐书》卷一九七《循吏·贾敦颐传》,第5622页。

⑥ 《新唐书》卷四三《地理志》,第1105页。

⑦ 《新唐书》卷一二〇《张柬之传》,第4323页。

⑧ 《新唐书》卷三七《地理志》,第973页。

⑨ 参阅郁贤皓:《唐刺史考全编》卷四九《都畿道·河南府》,第590~591页;《唐六典》卷七《尚书工部》,第222页。

⑩ 《新唐书》卷一三一《李适之传》,第4503页。

江水。东北四里有马塘,北六里有土湖,皆刺史马植筑"①;贞元六至七年(787~788),路应任温州刺史②,"筑堤岳城横阳界中,二邑得上田,除水害"③;衢州龙丘县境内簿里溪长约百里,"每岁山水暴涨,凑于县郛,漂泛居人,人多悉苦",元和九年(814),衢州刺史徐放④"周视再三,乃建石堤,爰开水道,遏奔注,远邑居,度工计时,所费盖寡",使"千古之患,一朝而除"⑤;苏州海盐县"有古泾三百一,长庆中令李谔开,以御水旱。又西北六十里有汉塘,大和七年开"⑥;长庆二年(822),李渤任江州刺史时⑦,"治浸水,筑堤七百步,使人不病涉"⑧;江州浔阳县"南有甘棠湖,长庆二年(842)刺史李渤筑,立斗门以蓄泄水势。东有秋水堤,大和三年刺史韦珩筑;西有断洪堤,会昌二年刺史张又新筑,以室水害"⑨;江州都昌县"南一里有陈令塘,咸通元年令陈可夫筑,以阻潦水"⑩;洪州建昌县"南一里有捍水堤,会昌六年摄令何易于筑。西二里又有堤,咸通三年令孙永筑"⑪。以上新修堤坝都是为防水患,部分还有溉田抗旱、兴利的积极作用。

唐代滨海州县在修建捍海堤塘以预防风暴潮方面取得了很大成就。如河南道海州朐山县"东二十里有永安堤,北接山,环城长七里,以捍海潮,开元十四年,刺史杜令昭筑"⑫;大历年间,李承出任淮南西道黜陟使⑬,"奏置常丰堰于楚州,以御海潮,溉屯田瘠卤,收常十倍它岁"⑭;杭州盐官县"有捍海塘堤,长百二十四里,开元元年重筑"⑮;杭州富阳县"南六十步有堤,登封元年令李浚时筑,东自海,西至于苋浦,以捍水患。贞元七年,令郑旱又

---

① 《新唐书》卷四一《地理志》,第1069页。

② 参阅郁贤皓:《唐刺史考全编》卷一五〇《江南东道·温州》,第2145页。

③ 〔唐〕韩愈:《韩昌黎文集校注》卷六《唐银青光禄大夫守左散骑常侍致仕上柱国襄阳郡王平阳路公神道碑铭》,马其昶、马茂元整理,上海古籍出版社,1986年,第393页。

④ 参阅郁贤皓:《唐刺史考全编》卷一四六《江南东道·衢州》,第2084页。

⑤ 《唐故朝散大夫守衢州刺史上柱国徐府君(放)墓志铭并序》,《新中国出土墓志·河南三·千唐志斋一》下册,第200页。

⑥ 《新唐书》卷四一《地理志》,第1058页。

⑦ 参阅《旧唐书》卷一七一《李渤传》,第4440页。

⑧ 《新唐书》卷一一八《李渤传》,第4284~4285页;《资治通鉴》卷二四二"长庆二年四月"条云:李渤长庆二年四月为江州刺史(第7817页)。

⑨⑩⑪ 《新唐书》卷四一《地理志》,第1068页。

⑫ 《新唐书》卷三八《地理志》,第996页。

⑬ 参阅《新唐书》卷四一《地理志》,第1052页;郁贤皓:《唐刺史考全编》卷一五八《江南西道·江州》,第2278页。

⑭ 《新唐书》卷一四三《李承传》,第4686页。

⑮ 《新唐书》卷四一《地理志》,第1059页。

增修之"①；越州会稽县"东北四十里有防海塘，自上虞江抵山阴百余里，以畜水溉田，开元十年令李俊之增修，大历十年观察使皇甫温大和六年令李左次又增修之"②；福州闽县"东五里有海堤，大和二年令李茸筑。先是，每六月潮水咸卤，禾苗多死，堤成，潴溪水殖稻，其地三百户皆良田"③，福州长乐县"东十里有海堤，大和七年令李茸筑，立十斗门以御潮，旱则潴水，雨则泄水，遂成良田"④。大量沿海堤防设施的修建，对抵御台风等恶劣天气带来的破坏有着积极的意义，还可以防止海水倒灌，避免大量良田被盐碱化，提高了农业生产力及百姓的抗灾自救能力。

唐五代时期，地方官也能积极修建、改造旧有废弃堤堰，以防止水患。如中宗神龙年间（705~707），韦景骏任河北道洺州肥乡令，"县北濒漳，连年泛溢，人苦之。旧防迫漕渠，虽峭岸，随即坏决。景骏相地势，益南千步，因高筑鄣，水至堤趾辄去，其北燥为腴田"⑤。开元十四年至十八年（726~730）裴耀卿治宣州⑥，"前此大水，河防坏，诸州不敢擅兴役。耀卿曰：'非至公也。'乃躬护作役，未讫，有诏徙官。耀卿惧功不成，弗即宣，而抚巡饬厉愈急。堤成，发诏而去。济人为立碑颂德"⑦。贞元元年至三年（785~787），曹王李皋为荆南节度使⑧，"先，江陵东北有废田傍汉古堤二处，每夏则溢，皋始命塞之，广田五千顷，亩得一钟"⑨。太和元年（827）京兆府旱，六月文宗"命中使赴京兆府，宣令修高陵界白渠斗门，任百姓取水溉田"⑩。会昌元年（841）七月，"江南大水，汉水坏襄、均等州民居甚众"⑪。卢肇《汉堤诗并序》曰："汉水大溢，啮襄堤以入。既沈汉郛，遂来岘趾"⑫，武宗遣襄州刺史、山南东道节度使卢钧前往巡视，卢钧遂"因故堤之址，广倍之，高再倍之"，次

①《新唐书》卷四一《地理志》，第1059~1060页。

②《新唐书》卷四一《地理志》，第1061页。

③④《新唐书》卷四一《地理志》，第1064页。

⑤《新唐书》卷一九七《韦景骏传》，第5626页；《旧唐书》卷一八五上《韦机传附重孙景骏传》第4797页记载相同。

⑥ 参阅郁贤皓：《唐刺史考全编》卷一五六《江南西道·宣州》，第2219页。

⑦《新唐书》卷一二七《裴耀卿传》，第4452页。

⑧ 参阅吴廷燮：《唐方镇年表》卷五《荆南》，第685页。

⑨《旧唐书》卷一三一《李皋传》，第3640页；《新唐书》卷八〇《曹王明孙皋》，第3582页记载相同。

⑩《册府元龟》卷一〇六《帝王部·惠民》，第1267页。

⑪《新唐书》卷三六《五行志》，第934页。

⑫〔唐〕卢肇：《汉堤诗并序》，〔清〕曹寅等编：《全唐诗》卷五五一，王全校点，中华书局，1960年，第6381~6382页。

年成堤六千步,以障汉暴。①大中八年(854),李频擢进士第,后迁武功令,县内"有六门堰者,废废百五十年,方岁饥,频发官廥庸民浚渠,按故道厮水溉田,谷以大稔。懿宗嘉之,赐绯衣、银鱼"②。咸通十年(869),徐商出镇襄阳③,"汉南数郡,常患江水为灾,每至暑雨漂流,则邑居危垫。筑土环郡,大为之防,绕城堤四十三里。非独筑溺是惧,抑亦工役无时,岁多艰忧,人倦追集。公乃详究本末,寻访源流,遂加高沙堤,拥扼散流之地。于是豁其穴口,不使增修,合入蜀江,潴成云梦,是则江汉终古不得与襄人为患矣"④。唐代地方官对大量旧有堤堰的修复与改造,大大提高了抗洪和灌溉能力,在减少水患的同时,也能提高农业生产能力,为抗击水旱灾害做出了积极贡献。

(4)兴修水利溉田抗旱

疏浚河道、修筑堤堰是因河溢而被动地采取的防水灾措施,引水溉田则是积极有效的抗旱措施。贞观二年至五年(628~631),高士廉出任益州大都督府长史⑤,"于故汶江渠外别更疏决,蜀中大获其利"⑥;永徽中,裴行方检校幽州都督时,"引卢沟水,广开稻田数千顷,百姓赖以丰给"⑦。在彭州九陇县,"武后时,长史刘易从决唐昌沱江,凿川派流,合堋口堰歧水溉九陇、唐昌田,民为立祠"⑧;莫州任丘县"有通利渠,开元四年,令鱼思贤开,以泄陂淀,自县南五里至城西北入寇,得地二百余顷"⑨;华州郑县"西南二十三里有利俗渠,引乔谷水;东南十五里有罗文渠,引小敷谷水,支分溉田。皆开元四年诏陕州刺史姜师度疏故渠,又立堤以捍水害"⑩。玄宗时,强循累仕雍州司士参军,华原无泉,人畜多渴死,"循教人渠水以浸田,一方利之,号强公渠。诏书褒予甚厚"⑪。赵州宁晋县"地旱卤,西南有新渠,上元中,令程处默引洨水入城以溉田,经十余里,地用丰润,民食乃甘"⑫。永泰

① 参阅《新唐书》卷一八二《卢钧传》,第5367页。

② 《新唐书》卷二〇三《李频传》,第5794页。

③ 《旧唐书》卷一九上《懿宗本纪》,第665页。

④ 〔唐〕李骘:《徐襄州碑》,《全唐文》卷七二四,第7454页。

⑤ 参阅郁贤皓:《唐刺史考全编》卷二二二《剑南道·益州》,第2930页。

⑥⑦ 《册府元龟》卷六七八《牧守部·兴利》,第8101页。

⑧ 《新唐书》卷四二《地理志》,第1080页。

⑨ 《新唐书》卷三九《地理志》,第1021页。

⑩ 《新唐书》卷三七《地理志》,第964页。

⑪ 《新唐书》卷一〇〇《强循传》,第3946页。

⑫ 《新唐书》卷三九《地理志》,第1017页。

元年至大历三年（765~768），李栖筠为常州刺史时①，"寇乱之后，旱暵仍岁，编户转徙，庐井半空，乃浚河渠导江流，以资溉灌，是岁大稔流民毕复"②。大历二年，张延赏拜河南尹、诸道营田副使，时"河、洛当兵冲，邑里墟榛，延赏政简约，轻徭赋，疏河渠，筑宫庙。数年，流庸归附，都阙完雄，有诏褒美"③。大历十二年，京兆尹韩皋开决郑、白二渠支渠，及稻田碾硙，复秦汉水道，以溉陆田。④贞元元年（785），检校礼部尚书、东畿唐汝邓都观察使、河南尹崔纵，"引伊、洛水以通里闸，都中灌溉济不逮为十一二，人甚安之"⑤。长庆元年至三年（821~823），温造出任朗州刺史⑥，开后乡渠九十七里，溉田二千顷，郡人获利，名其渠为"右史渠"⑦。宝历元年（825），河阳节度使崔弘礼"治河内秦渠，溉田千顷，岁收八万斛"⑧。太和（827~835）中，薛仁贵曾孙薛从任汾州刺史，"堤文谷、滤河二水，引溉公私田，汾人利之"⑨。

唐五代时期还修复和兴建了许多湖陂塘堰，以灌溉农田。如润州金坛县"东南三十里有南、北谢塘，武德二年，刺史谢元超因故塘复置以溉田"⑩；晋州平阳郡临汾县"东北十里有高梁堰，武德中引高梁水溉田，入百金泊"⑪；沂州琅琊郡之丞县"有陂十三，畜水溉田，皆贞观以来筑"⑫；杭州富阳县"北十四里有阳陂湖，贞观十二年令郝某开"⑬。贞观八年至十三年（634~639），李袭誉任扬州大都督府长史、江南巡察大使⑭，"扬州，江、吴大都会，俗喜商贾，不事农；袭誉为引雷陂水，筑句城塘，溉田八百顷，以尽地利，民多归本"⑮；同州冯翊郡之朝邑县"北四里有通灵陂，开元七年，刺史姜师度

---

① 参阅郁贤皓：《唐刺史考全编》卷一三八《江南东道·常州》，第1884页。

② 《册府元龟》卷六七八《牧守部·兴利》，第8102页；《新唐书》卷一四六《李栖筠传》，第4736页。

③ 《新唐书》卷一二七《张嘉贞传》，第4444页；《旧唐书》卷一二九《张延赏传》，第3607页记载略同。

④ 参阅《唐会要》卷八九《疏凿利人》，第1921页。

⑤ 《旧唐书》卷一百八《崔涣传附子纵传》，第3282页。

⑥ 参阅郁贤皓：《唐刺史考全编》卷一七三《江南西道·朗州》，第2498页。

⑦ 《旧唐书》卷一六五《温造传》，第4315页。

⑧ 《新唐书》卷一六四《崔弘礼传》，第5051页。

⑨ 《新唐书》卷一一一《薛仁贵传附曾孙从传》，第4146页。

⑩ 《新唐书》卷四一《地理志》，第1057页。

⑪ 《新唐书》卷三九《地理志》，第1001页。

⑫ 《新唐书》卷三八《地理志》，第996页。

⑬ 《新唐书》卷四一《地理志》，第1059页。

⑭ 参阅郁贤皓：《唐刺史考全编》卷一二三《淮南道·扬州》，第1657页。

⑮ 《新唐书》卷九一《李袭志传附弟袭誉传》，第3790页。

引洛堰河以溉田百余顷"①。润州丹阳县"有练塘,周八十里,永泰中,刺史韦损因废唐复置,以溉丹杨、金坛、延陵之田,民刻石颂之"②。升州句容县"西南三十里有绛岩湖,麟德中,令杨延嘉因梁故堤置,后废,大历十二年,令王昕复置,周百里为塘,立二斗门以节旱暵,开田万顷"③。贞元七至十年(791~794),于頔为湖州刺史④,"因行县至长城方山,其下有水曰西湖,南朝疏凿,溉田三千顷,久堙废。頔命设堤塘以复之,岁获粳稻蒲鱼之利,人赖以济"⑤。洪州豫章郡南昌县"南有东湖,元和三年,刺史韦丹开南塘斗门以节江水,开陂塘以溉田"⑥,杜牧描述其功曰:"派湖入江,节以斗门,以走暴涨。辟开广衢,南北七里,荡溁污壅,筑堤三尺,长十二里。堤成明年,江与堤平。凿六百陂塘,灌田一万顷。"⑦元和初,江左允疠,叶侯倡议将"铜上之北,谷岭之阳,左峦右陇之内"的一眼泉水修浚成湖,元和二年(807)二月旬有二日,"下手筑捺,月才半而功毕",铜山湖"植户四十,溉田三顷,平深一丈已上,周回四百余步……既得东塘永固,而南亩无忧"⑧。元和三年至五年,李吉甫为淮南节度使⑨,"居三岁,奏蠲逋租数百万,筑富人、固本二塘,溉田且万顷。漕渠庳下不能居水,乃筑堤阃以防不足,泄有余,名曰平津堰"⑩。太和元年至六年(827~832),高瑀为许州刺史、忠武军节度使⑪,"比年水旱,人民荐饥,瑀召集州民,绕郭立堤塘,一百八十里,蓄泄既均,人无饥年"⑫。河北道孟州济源县"有枋口堰,大和五年,节度使温造浚古渠,

① 《新唐书》卷三七《地理志》,第965页。

② 《新唐书》卷四一《地理志》,第1057页;〔唐〕李华:《润州丹阳县复练塘颂并序》,《全唐文》卷三一四,第3193页。

③ 《新唐书》卷四一《地理志》,第1057页;〔唐〕樊绚:《绛岩湖记》,《全唐文》卷四四五,第4540页。

④ 参阅郁贤皓:《唐刺史考全编》卷一四〇《江南东道·湖州》,第1949~1950页。

⑤ 《旧唐书》卷一五六《于頔传》,第4129页;《新唐书》卷一七二《于頔传》,第5199页记载相同。

⑥ 《新唐书》卷四一《地理志》,第1068页。

⑦ 《杜牧集系年校注》樊川文集卷第七《唐故江西观察使武阳公韦公遗爱碑》,吴在庆校注,中华书局,2013年,第350~351页。

⑧ 〔唐〕张西岳:《铜山湖记》,《唐文拾遗》卷二六,收入《全唐文》第十一册,第10662页。

⑨ 参阅吴廷燮:《唐方镇年表》卷五《淮南道》,第725页。

⑩ 《新唐书》卷一四六《李栖筠传附子吉辅传》,第4740~4741页。

⑪ 郁贤皓:《唐刺史考全编》卷五九《河南道·许州》,第844页。

⑫ 《册府元龟》卷六七八《牧守部·兴利》,第8103页;《旧唐书》卷一六二《高瑀传》,第4250页;《新唐书》卷一七一《高瑀传》,第5193页记载略同。

溉济源河内温武陟田五千顷"①。太和七年(833)六月己卯,文宗"以右神策大将军李用为邠宁节度使。河阳修防口堰,役工四万,溉济源、河内、温县、武德、武陟五县田五千余顷"②。沂州界内"先(有)废陂,蓄积污潦,妨害农稼。公(徐德)相其高下,因命疏决。恭先畚锸,间极规摹。修复数十陂,开田千百顷"③。

此外,政府还通过调剂用水等措施,解决农田灌溉问题。如开成二年(837)七月,文宗下诏:"以时旱,减入内水十分之九,赐百姓灌田。"这是京兆尹崔珙奏请的结果。④唐代还通过推广水车等农业机械来灌溉田亩,以提高抗灾能力。据唐耕耦先生考证,武周以前,北方已有手推、牛拉立井式水车和脚踏式水车;文宗太和初年,江南已广泛使用手转、脚踏、手拉等水车。⑤太和二年(828)闰三月,"内出水车样,令京兆府造水车,散给缘郑白渠百姓,以溉水田"⑥。灌溉工具的推广能在一定程度上缓解旱情,收到了与天灾争收成的效果。

在唐代众多的水利建设工程中,以引水灌溉工程居多。阎守诚统计唐代水利工程总数为323项,其中引水灌溉工程有255项之多⑦,可以说大量水利工程的修建,对农业生产的增产保收起到了举足轻重的作用,并在客观上在抗旱泄洪等方面产生了生产抗灾的效果。

(5)修建水利设施的作用

唐五代时期,水利设施的修建对促进农业生产、防止水旱灾害具有非常重要的意义,这可从白居易修建钱塘湖水利的记载中得到具体入微的反映。长庆二至四年(822~824)白居易为杭州刺史时,修建钱塘湖水利,著有《钱塘湖石记》。白居易称,钱塘湖可溉田千余顷⑧,"大抵此州春多雨,夏秋多旱,若堤防如法,蓄泄及时,即溉湖千余顷田,无凶年矣"。可见钱塘湖在调节水量、预防旱涝灾害中的巨大作用。因此,为了使钱塘湖储存足够的水量,解决"往往旱甚,即湖水不充"的问题,白居易便主持"修筑湖堤,高加

① 《新唐书》卷三九《地理志》,第1010页。
② 《旧唐书》卷一七《文宗本纪》,第550页。
③ 《大唐故使持节沂果二州诸军事沂果二州刺史徐府君(德)墓志铭并序》,《大唐西市博物馆藏墓志》,第129页。
④ 参阅《册府元龟》卷一〇六《帝王部·惠民》,第1269页。
⑤ 参阅唐耕耦:《唐代水车的使用与推广》,《文史哲》1978年第4期。
⑥ 《旧唐书》卷一七《文宗本纪》,第528页。
⑦ 参阅阎守诚:《唐代的农田水利建设》,《晋阳学刊》1986年第2期。
⑧ 参阅《新唐书》卷一一九《白居易传》,第4303页。

数尺,水亦随加,即不啻足矣。脱或不足,即更决临平湖,添注官河,又有余矣"。为了防止湖水过高,出现险情,"若霖雨三日已上,即往往堤决。须所由巡守,预为之防。其笕之南,旧有缺岸,若水暴涨,即于缺岸泄之;又不减,兼于石函南笕泄之,防堤溃也"。此外,白居易还制定了一套管理钱塘湖灌溉和泻湖的制度,并由专人负责。灌田用水放水量是根据湖水储量和灌溉田亩计算所得,"凡放水溉田,每减一寸,可溉十五余顷,每一复时,可溉五十余顷"。农业灌溉贵在及时,白居易改变了农田灌溉先须"待状入司,符下县,县帖乡,乡差所由,动经旬日",造成"虽得水,而旱田苗无所及"的情况,"别选公勤军吏二人,立于田次,一人立于湖次,与本所由田户据顷亩,定日时,量尺寸,节限而放之。若岁旱,百姓请水,须令经州陈状,刺史自便押帖,所由即日与水"。以上对钱塘湖的修治和管理,取得了很好的成效,白居易在郡三年,"仍岁逢旱,湖之利害,尽究其由"[①],使钱塘湖起到兼治水旱的作用。

唐代修建的水利工程很多,包括不少大的水利工程,因所据统计材料的不同,学者们统计的数目也不相同,韩国磐统计为269项,宋锡民统计为275项,阎守诚统计为323项,屈弓统计为407项。[②]这些水利设施的修建对预防和抗击水旱灾害颇有成效,保障了农业生产,为国家粮储系统建设提供了坚实基础。

2.垦荒

唐五代时期,中央和地方长吏还采取积极措施,招募贫人开垦荒芜土地,课励耕种,减免赋税,"以备水旱及当处军粮",从而达到"野无荒田,灾有储备"的目的。[③]如开元十六年(728)十一月,玄宗下诏曰:"所在陂泽,元合官收,至于编氓,不合自占,然以为政之道,贵在利人,庶弘益下,俾无失业,前令检括入官者,除昆明池外,余并任百姓佃食。"[④]开元二十六年正月丁丑,玄宗下制云:"顷以栎阳等县地多咸卤,人力不及,便至荒废。近者开决皆生稻苗,亦既成功,岂专其利,京兆府界内应杂开稻田,并宜散给贫

---

①《白居易集》卷六八《钱塘湖石记》,顾学颉点校,中华书局,1979年,第1431~1433页。

② 参阅韩国磐:《隋唐五代史纲(修订本)》,人民出版社,1979年,第155页;宋锡民:《唐代的水利建设》,《山东大学文科论文集刊》1981年第2期;阎守诚:《唐代的农田水利建设》,《晋阳学刊》1986年第2期;屈弓:《关于唐代水利工程的统计》,《西南师范大学学报(哲学社会科学版)》1994年第1期。

③《册府元龟》卷七〇《帝王部·务农》,第792页;唐宣宗:《大中改元南郊赦文》,《全唐文》卷八二,第858页。

④《册府元龟》卷一〇五《帝王部·惠民》,第1260页。

者及逃还百姓,以为永业。"①贞元元年(785)十一月,德宗敕云:"天下应荒闲田,有肥沃堪置屯田处,委当管节度使,观察、都团练、都防御等使、刺史,审细检行,以诸色人及百姓情愿者,使之营佃。如部署精当,收获数多,本道使刺史特加褒升,屯田等节级优赏。"②会昌元年(841)正月,武宗下诏曰:"如有陂泽山原百姓,或力能垦辟耕种,州县不得辄问所收苗子。"③此条诏文意在鼓励百姓开垦荒芜土地,施惠于民。大中二年(848)正月,宣宗敕云:

> 如闻州府之内,皆有闲田,空长蒿莱,无人垦辟,与其虚弃,曷若济人。宜令所在长吏设法召募贫人,课励耕种,所收苗子,以备水旱及当处军粮。其初建置,或镇小力微,不办营备,任量常平义仓粟充粮食,种子及耕农具,仍各任本道自详军便条疏处分讫申奏。每年所收营田苗子,除给耕种人牛,量事填补所借常平义仓本物,所冀野无荒田,突有储备。④

州县长吏也能招募贫民和流民垦荒。如太宗贞观元年至四年(627~630),张俭为朔州刺史,"广营屯田,岁致谷十万斛,边粮益饶。及遭霜旱,劝百姓相赡,遂免饥馁,州境独安"⑤。景龙末,王晙出任桂州都督,"州有兵,旧常仰饷衡、永",王晙至任后,"开屯田数千顷,以息转漕,百姓赖之"。⑥贞元末,徐申迁韶州刺史,"按公田之废者,募人假牛犁垦发,以所收半畀之,田久不治,故肥美,岁入凡三万斛……始来韶,户止七千,比六年,倍而半之"⑦。这些措施增加了贫民收入和州县仓库储备,增强了抗灾能力。

此外,中央和地方长吏还通过劝课农桑,以增强百姓的抗灾能力,详见生产救灾一节。

(四)火灾防范措施

---

① 《册府元龟》卷一〇五《帝王部·惠民》,第1261页。
② 《陆贽集》卷二《冬至大礼大赦制》,第65页。
③ 《册府元龟》卷一〇六《帝王部·惠民》,第1269页。
④ 《册府元龟》卷七〇《帝王部·务农》,第792页;唐宣宗:《大中改元南郊赦文》,《全唐文》卷八二,第858页。
⑤ 《旧唐书》卷八三《张俭传》,第2775页。
⑥ 《新唐书》卷一一一《王晙传》,第4154页。
⑦ 《新唐书》卷一四三《徐申传》,第4694页。

火灾是唐五代时期的主要灾害种类之一,其成因有自然的,但以人为居多,因此,唐五代统治者对人为因素导致火灾的预防很重视,诉诸法律,惩处严格。

唐律中有不少预防人为火灾的法律规定。其一,不得在库仓内燃火。"诸库藏及仓内,皆不得燃火。违者,徒一年。疏议曰:凡官库藏及敖仓内,有舍者,皆不得燃火。违者,徒一年"①,这很好地杜绝了库藏仓储重地的火灾。其二,对官廨仓库内纵火者(失火者)的惩处规定:"诸于官府廨院及仓库内失火者,徒二年;在宫内,加二等。庙、社内亦同。损害赃重者,坐赃论;杀伤人者,减斗杀伤一等。延烧庙及宫阙者,绞;社,减一等。"②这是对失火后的追责,进一步加强了对库仓重地禁火的重视。其三,对官府及私家舍宅燃火的惩处规定:"诸故烧官府廨舍及私家舍宅,若财物者,徒三年;赃满五匹,流二千里;十匹,绞。杀伤人者,以故杀伤论。疏议曰:凡官府廨宇及私家舍宅,无问舍宇大小,并及财物多少,但故烧者,徒三年。计赃满五匹,流二千里;赃满十匹者,绞。"③其四,对山陵兆域内失火者的惩处规定:"诸于山陵兆域内失火者,徒二年;延烧林木者,流二千里;杀伤人者,减斗杀伤一等。其在外失火而延烧者,各减一等。"④其五,为防止火灾,对烧田野的时间有统一的规定,对失火及非时烧田野者的惩处规定:"诸失火及非时烧田野者,笞五十(非时,谓二月一日以后、十月三十日以前。若乡土异宜者,依乡法);延烧人舍宅及财物者,杖八十;赃重者,坐赃论减三等;杀伤人者,减斗杀伤二等……其行道燃火不灭,而致延烧者,各减一等。"⑤其六,对见火起不告救者也有惩处:

> 诸见火起,应告不告,应救不救,减失火罪二等。谓从本失罪减。其守卫宫殿、仓库及掌囚者,皆不得离所守救火,违者杖一百。疏议曰:见火起,烧公私廨宇、舍宅、财物者,并须告见在及邻近之人共救。若不告不救,"减失火罪二等",谓若于官府廨宇内及仓库,从徒二年上减二等,合徒一年;若于宫及庙、社内,从徒三年上减二等,徒二年;若于私家,从笞五十上减二等,笞三十。故注云"从本失罪减",明即不从

① 《唐律疏议》卷二七《杂律·库仓燃火》,第509页。

② 《唐律疏议》卷二七《杂律·官廨仓库失火》,第510~511页。

③ 《唐律疏议》卷二七《杂律·烧官府私家舍宅》,第511页。

④ 《唐律疏议》卷二七《杂律·山陵兆域内失火》,第508~509页。

⑤ 《唐律疏议》卷二七《杂律·失火及非时烧田野》,第509~510页。

延烧减之。其守卫宫殿、仓库及掌囚者,虽见火起,并不得离所守救火,违者杖一百。虽见火起,不告,亦不合罪。①

这是对火灾防范的进一步强化,见火起者有告救的义务,不告救者受惩治。其七,对水火灾的征赔规定:

> 诸水火有所损败,故犯者,征偿;误失者,不偿。疏议曰:"水火有所损败",谓上诸条称水火损败得罪之处。"故犯者,征偿",若"故决堤防""通水入人家",若"故烧官府、廨舍及私家舍宅、财物"有所损败之类,各征偿。其称"失火"之处及"不修堤防而致损害"之类,各不偿。②

唐五代时期,南方很多地方的人习惯以竹木造房,这就使火灾的隐患很大。为防范火灾,地方官都很重视教民改造瓦房。如开元初,宋璟徙广州都督,"广人以竹茅茨屋,多火。璟教之陶瓦筑堵,列邸肆,越俗始知栋宇利而无患灾"③。贞元五年(789)前后,李复为广州刺史,也劝导百姓,令变茅屋为瓦舍。④贞元七年至八年,李巽任湖南都团练观察处置使时,"以室庐苫盖之不固也,则教其陶瓦以易之"⑤。元和二年(807)二月,韦丹拜江西观察使,洪州"屋居以茅竹为俗,人火之余,烈日久风,竹夏自焚,小至百家,大至荡空。霖必江溢,燥必火作,水火夹攻,人无固志,倾摇懈怠,不为旬月生产计。公始至任,计口取俸,除去冗事,取公私钱,教人陶瓦,伐山取材,堆迭亿计。人能为屋,取官材瓦,免其半赋,徐责其直,自载酒食,以勉其劳,初若艰勤,日成月就,不二周岁,凡为瓦屋万四千间,楼四千二百间,县市营厩,名为栋宇,无不创为"⑥;韦丹对改变当地民房建造习惯的贡献和决心可谓大矣。元和初,杨于陵为岭南节度使,"撤去蒲葵,陶瓦覆屋,遂无火

---

① 《唐律疏议》卷二七《杂律·见火起不告救》,第511~512页。

② 《唐律疏议》卷二七《杂律·水火损败征偿》,第512页。

③ 《新唐书》卷一二四《宋璟传》,第4391页。

④ 参阅《册府元龟》卷六七八《牧守部·兴利》,第8102页。

⑤ 《权德舆文集》卷二《大唐湖南都团练观察处置等使朝散大夫检校左散骑常侍持节都督潭州诸军事兼潭州刺史御史中丞云骑尉赐紫金鱼袋李公遗爱碑铭(并序)》,霍旭东校点,甘肃人民出版社,1999年,第16页。参阅郁贤皓:《唐刺史考全编》卷一六六《江南西道·潭州》,第2416页。

⑥ 《杜牧集系年校注》樊川文集卷第七《唐故江西观察使武阳公韦公遗爱碑》,第350页。参阅《新唐书》卷一九七《韦丹传》,第5628页。

灾,民赖以安"①。元和年间,王仲舒为婺州刺史时,也曾"变屋瓦,绝火灾"②。《岭表录异》卷下曰:"瓦屋子,盖蚌蛤之类也。南中旧呼为'蚶子头'。因卢钧尚书作镇,遂改为瓦屋子,以其壳上有棱如瓦垄,故名焉。"③卢钧开成元年至五年(836~840)出任广州刺史,充岭南节度使。④可见,从开元初到开成年间,许多地方官员都为引导改变岭南地区的民屋习俗做了努力,也足见民俗改变之难。路应任虔州刺史,也教民"陶甓而城,罢人屡筑",改任庐州刺史后,"又甓其城,人不岁苦"⑤。此外,还有在城市附近引水,以便防火的。如《新唐书》载:朗州武陵郡武陵县,"北有永泰渠,光宅中,刺史胡处立开,通漕,且为火备"⑥。

地方官还会组织人力消灭当地为患的猛兽,为民除害,解决危及人民生命财产或给人民生活带来恐惧不安的因素。如元和十四年(819)二月韩愈至潮州,"既视事,询吏民疾苦,皆曰:'郡西湫水有鳄鱼,卵而化,长数丈,食民畜产将尽,以是民贫。'居数日,愈往视之,令判官秦济炮一豚一羊,投之湫水,祝之……祝之夕,有暴风雷起于湫中。数日,湫水尽涸,徙于旧湫西六十里。自是潮人无鳄患"⑦。《新唐书·地理志》载:舒州同安郡桐城县,"自开元中徙治山城,地多猛虎、毒虺,元和八年,令韩震焚薙草木,其害遂除"⑧。处州缙云郡丽水县东十里有恶溪,"多水怪,宣宗时刺史段成式有善政,水怪潜去,民谓之好溪"⑨。

此外,春夏之际禁止田猎。太和四年(830)三月,文宗《禁弋猎敕》云:"春夏之交,稼穑方茂,永念东作,其勤如伤……如闻京畿之内,及关辅近地,或有豪家,时务弋猎,放纵鹰犬,颇伤田苗。宜令长吏常切加禁察。有

---

① 〔唐〕李翱:《唐故金紫光禄大夫尚书右仆射致仕上柱国宏农郡开国公食邑二千户赠司空杨公墓志铭》,《全唐文》卷六三九,第6450页。

② 《新唐书》卷一六一《王仲舒传》,第4985页。

③ 〔唐〕刘恂:《岭表录异》卷下,中华书局,1985年,第20页。

④ 参阅郁贤皓:《唐刺史考全编》卷二五七《岭南道·广州》,第3174页。

⑤ 《韩昌黎文集校注》卷六《唐银青光禄大夫守左散骑常侍致仕上柱国襄阳郡王平阳路公神道碑铭》,第393页。

⑥ 《新唐书》卷四〇《地理志》,第1024页。

⑦ 《旧唐书》卷一六〇《韩愈传》,第4202~4203页;《新唐书》卷一七六《韩愈传》,第5262~5263页记载略同。

⑧ 《新唐书》卷四一《地理志》,第1051页。

⑨ 《新唐书》卷四一《地理志》,第1059页。

敢违令者,捕系以闻。"①

综合上述,唐五代时期,太史局(司天台)的天象观测和占候可以在一定程度上有效预报灾害,为政府预防灾害提供了信息支持;相对完善的仓廪制度对受灾百姓起到重要的救助作用;大量水利工程的修建在防水患、抗旱兴利方面都起了积极作用,提高了农业生产,提高了百姓的抗灾自救能力;中央和地方长吏采取有效措施,号召民众增加粮食生产,充实公私仓廪,增强了国家与民间抵御灾害的能力;对人为因素导致火灾、水患、疾疫等方面的预防也很重视,诉诸法律,惩处严厉。这些都是唐五代时期防范灾害的有效措施。

第二节　救灾决策机制

从地方发生灾害到国家层面决定救灾,一般要经历地方报灾和中央检灾的过程,中央明确灾损信息后,经过宰相与相关诸司讨论,进而形成救灾措施,奏报皇帝,由皇帝下诏救灾后,才能开展有效的灾害救助。唐五代时期正处在灾害赈济渐趋完善的阶段②,逐步形成了地方逐级申奏的报灾制度,并建立了相对完善的灾情检覆机制。以下对唐五代时期的灾害申报、检覆及部署赈灾机制进行探讨。

一、地方报灾

灾害发生后,如何将地方的灾害及时准确地向中央奏报,中央如何获知地方的灾情,关系着政府能否及时有效地进行赈灾。唐五代时期,在地方向中央奏报灾情、中央检灾和部署赈灾方面已经形成了一套相对完整的程序。阎守诚主编的《危机与应对》在"唐代防灾救灾制度"一章设"灾害的上奏制度与中央决策"一节,论述了唐代地方灾害申报的基本程序,并分别论述了前、后期的奏报制度,以及奏报体制的弊端。③么振华讨论了灾害奏报及损免等因灾蠲免程序问题。④以上都是对唐代报灾机制的深入探讨,

①《唐大诏令集》卷八〇,第463页;唐文宗:《禁弋猎伤田苗诏》,《全唐文》卷七一,第753页记载略同。

②参阅张文:《中国古代减灾制度述论》,《中国经济史研究》2004年第1期。

③参阅阎守诚主编:《危机与应对:自然灾害与唐代社会》,第261~273页。

④参阅么振华:《唐代自然灾害及其社会应对》,第330~335页。

以下就唐五代时期地方报灾的一般程序、中晚唐及五代报灾程序的调整、地方报灾状文等方面对这一问题进行补充讨论。

（一）地方报灾的一般程序

灾后损免是中国历代荒政的核心内容，损免取决于灾损程度，地方报灾是中央获知灾损程度的必要途径。《周礼·地官司徒》云：司稼掌“巡野观稼，以年之上下出敛法。掌均万民之食，而赒其急，而平其兴”①。湖北云梦睡虎地秦简之“田律”云：“旱及暴风雨、水潦螽蚰群它物伤稼者，亦辄言其顷数。近县令轻足行其书，远县令邮行之，尽八月□□之。”②可见，早在秦汉时期，灾情奏报的律条已具雏形。经汉魏南北朝的发展，至唐代，《唐律疏议·不言及妄言旱涝霜虫》云：“诸部内有旱涝霜雹虫蝗为害之处，主司应言。”疏议曰：“主司，谓里正以上。里正须言于县，县申州，州申省，多者奏闻。”③以律条为基础，唐五代时期，地方的受灾情况由下而上逐级上报。

乡里是唐五代时期地方最基层的行政单位，按唐制，“诸户以百户为里”，每里置正一人，“掌按比户口，课植农桑，检察非违，催驱赋役”。④里正负责“课植农桑”“催驱赋役”，乡里发生的灾害会影响其“催驱赋役”的工作，与其职责紧密相关，将乡里遭受的灾害奏报上级政府，自然是其责任。

县令是县级长官，不仅“掌导扬风化，抚字黎氓，敦四人之业，崇五土之利”，还“躬亲狱讼，务知百姓之疾苦”。县令直接负责本县三年一造籍的工作，“若五九、三疾及中、丁多少，贫富强弱，虫霜旱涝，年收耗实，过貌形状及差科簿；皆亲自注定，务均齐焉”⑤。对“虫霜旱涝，年收耗实”等灾害情形，县令需要“亲自注定”，即对里正所报灾情进行检覆，并确定受灾分数，再将灾情上报至州。

府州长官即都督、尹、刺史等，《唐六典》曰：“京兆、河南、太原牧及都督、刺史掌清肃邦畿，考核官吏，宣布德化，抚和齐人，劝课农桑，敦谕五教。每岁一巡属县，观风俗，问百姓，录囚徒，恤鳏寡，阅丁口，务知百姓之疾苦。”⑥府州长官职在检察闻奏，要“务知百姓疾苦”，受灾是百姓疾苦的一个

①《周礼注疏》卷一六《地官司徒·司稼》，第750页。

② 李均明：《秦汉简牍文书分类辑解》，文物出版社，2009年，第170页。

③《唐律疏议》卷十三《户婚律》，第247页。

④《通典》卷三《食货典·乡党》，第63页。

⑤《唐六典》卷三〇《三府都护州县官吏·京畿及天下诸县令》，第753页。

⑥《唐六典》卷三〇《三府都护州县官吏·京兆、河南、太原牧及都督、刺史》，第747页。

重要方面,府州长吏需对县令上报的灾情进一步检覆核定,并上报中央。

府州有负责检覆灾情的专任官员——府州司马。《唐六典》曰:"尹、少尹、别驾、长史、司马,掌贰府、州之事,以纪纲众务,通判列曹;岁终则更入奏计。"①《广异记》载:"李光远,开元中为馆陶令。时大旱,光远将为旱书,书就暴卒。卒后,县申州,州司马覆,破其旱。"②馆陶县报灾至州时,由州司马进行检覆,若灾情检覆无误,府州长吏需将灾情继续上申,"其常则申于尚书省"③。

有时府州也会派本州司法参军直接进京奏报灾情。如景龙至开元初,张廷珪任颍州刺史,其《请河北遭旱涝州准式折免表》曰:"谨因所部司法参军郑元亮奏涝损,谨附表以闻。"④张廷珪派本州司法参军郑元亮进京上奏涝损,并附了自己请皇帝准式折免的奏状,留下了上奏涝损官员的身份,此次颍州进京报灾的工作是由本州司法参军完成。

也存在地方官吏越级奏报灾情的情况。长寿元年(692),宰相狄仁杰被贬彭泽令⑤,就越过州刺史,直接上《乞免民租疏》曰:

> 彭泽九县,百姓齐营水田。臣方到县,已是秋月。百姓嚣嚣,营佃失时。今已不可改种,见在黄老草莱度日,旦暮之间,全无米粒。窃见彭泽地狭,山峻无田。百姓所营之田,一户不过十亩五亩。准例常年纵得全熟,纳官之外,半载无粮。今总不收,将何活路。自春徂夏,多草亡者。检有籍历,大半除名。里里乡乡,班班户绝。如此深弊,官吏不敢自裁,谨以奏闻,伏候敕旨。⑥

此道奏疏说明,唐前期还存在县令直接向中央报灾的情况。这种例子不多,狄仁杰能越级奏报应该与其曾为宰相,有上奏渠道有关。

贞观初,"遣大使十三人巡省天下诸州,水旱则遣使,有巡察、安抚、存抚之名"⑦,这些使职都是临时差遣。睿宗以降又有按察使,开元以后,随着地方观察使、节度使制度的普遍实行,特别是中晚唐地方藩镇势力增强,节

①③《唐六典》卷三〇《三府都护州县官吏·京兆、河南、太原牧及都督、刺史》,第747页。

②〔宋〕李昉等编:《太平广记》卷三三一《鬼十六·李光远》,中华书局,1961年,第2628页。

④《全唐文》卷二六九,第2734页。

⑤参阅《新唐书》卷四《则天皇后本纪》,第92页。

⑥《全唐文》卷一六九,第1728页。

⑦《新唐书》卷四九《百官志》,第1310页。

度使、观察使也肩负监察所辖诸州灾情,及时向中央上奏灾情的职责。玄宗前期曾多次派按察使巡行天下,其中就包含检查灾情及赈灾的任务。如开元二年(714),崔沔摄御史中丞兼都畿按察使①,"岁或不稔,公请发粟赈贷之,赖全活者以万数"②。开元十七年复置按察使,二十年改为采访处置使,分十五道,成为常驻地方的道级官职。肃宗乾元元年(758)改为观察处置使。③贞元十八年(802)七月,德宗下《恤水灾诏》曰:"其诸道应遭水损州县,令委本道观察使速具条疏闻奏,当有处分。"④从此诏文知,德宗曾让节度观察使"条疏闻奏"本道州县遭水损的情形。元和元年(806)杨于陵迁浙江东道团练观察使⑤,"越中大饥,人至相食,公奏请度支米三十万斛,又乞籴他道以赈救之,民得生全"⑥;元和三年李吉甫始为淮南节度使,"居三岁,奏蠲逋租数百万"⑦;太和六年(832)五月浙江西道都团练观察使丁公著"奏杭州八县灾疫,赈米七万石"⑧。

若地方灾情严峻,报灾后却得不到政府及时有效救助时,地方官往往派人"奔告于朝,日月相继",反复向中央奏报灾情,苦苦请求"降旨优矜"。即便如此,中央也往往找理由回避,不愿遣使巡视,徒使地方奏报官员"往来之浮说"⑨。太和六年五月二十八日,文宗《拯恤疾疫诏》云:"自诸道水旱害人,疫疾相继,宵旰罪己,兴寝疚怀,屡降诏书,俾副勤恤。发廪蠲赋,救患赈贫,亦谓至矣。今长吏申奏,札瘥犹甚……其州府长吏,各奉诏条,勉加拯恤。凡在中外,宜体朕怀。"⑩从诏文可知,这年春天的疾疫,有地方官

---

① 按:《新唐书》卷四十九《百官志》云:"开元二年,曰十道按察采访处置使,至四年罢,八年复置十道按察使,秋、冬巡视州县,十年又罢。十七年复置十道、京都、两畿按察使,二十年曰采访处置使,分十五道,天宝末,又兼黜陟使,乾元元年,改曰观察处置使。"(第1311页)崔沔做都畿按察使应该在开元二年。

② 〔唐〕颜真卿:《通议大夫守太子宾客东都副留守云骑尉赠尚书左仆射博陵崔孝公宅陋室铭记》,《全唐文》卷三三八,第3427页。

③ 参阅《新唐书》卷四九《百官志》,第1311页。

④ 《册府元龟》卷一四七《帝王部·恤下第二》,第1782页;《全唐文》卷五三,第575页。

⑤ 参阅吴廷燮:《唐方镇年表》卷五,第779页。

⑥ 〔唐〕李翱:《唐故金紫光禄大夫尚书右仆射致仕上柱国弘农郡开国公食邑二千户赠司空杨公墓志铭》,《全唐文》卷六三九,第6450页。

⑦ 《新唐书》卷一四六《李栖筠传附子吉辅传》,第4740页。参阅吴廷燮:《唐代方镇年表》,第725页。

⑧ 《旧唐书》卷一七《文宗本纪》,第545页;《旧唐书》卷一八八《丁公著传》,第4937页。

⑨ 《陆贽集》卷一七《请遣使臣宣抚诸道遭水州县状》,第555页。

⑩ 《全唐文》卷七二,第757页。

及时向中央申奏灾疫情况,政府也屡下诏书进行救灾部署,但因灾情严重,"长吏申奏,札瘥犹甚"。

在地方进行灾害申报后迟迟得不到中央答复的情况下,中央谏官往往上疏论奏灾情,促使政府及早采取救灾措施。如贞元八年(792)江淮发生水灾,左补阙权德舆"上疏请降诏恤隐,遂命奚陟等四人使"①,其《论江淮水灾上疏》曰:

> 八月日,将仕郎守左补阙臣权德舆,谨昧死顿首上疏皇帝陛下……臣伏见自去(年)六月已来,关东多雨,淮南、浙西、徐、蔡、襄、鄂等道,霖潦为灾者。二十余州,皆浸没田畴,毁败庐舍。而濒淮之地,为害特甚。因风鼓涛,人多垫溺。其所存者,生业半空。江东诸州,业在田亩,每一岁善熟,则旁资数道。春雨连夏,农功不开,人心既骇,亡者则众……伏望与元老台司定议,速下德音,遣使臣之有明识通方者,将恤隐之命……谨奏。②

权德舆从此次灾害波及的范围、经济损失的惨重、救灾的意义及不救灾的后果等方面进行了分析,督促德宗尽快下决心救灾。又如元和四年(809),"天子以旱甚,下诏有所蠲贷,振除灾沴",左拾遗白居易"见诏节未详,即建言乞尽免江淮两赋,以救流瘠,且多出宫人。宪宗颇采纳"。③中央谏官在救灾中起到了积极的监督作用。

(二)中晚唐及五代对地方报灾程序的调整

唐前期,由于地方发生灾害后,必须逐级申报至中央,中央经讨论、审批后方才决定是否给予赈济,即使下诏敕赈济,也往往用时靡久,耽误救灾时机,致使灾情恶化,给百姓和社会都造成很大损失。鉴于"其赈困乏,必在及时",开元末年,玄宗开始改革灾情申报制度,以提高救灾效率。针对"比来诸州,或有伤损处,所请赈给例逼春农,比及奏报,又淹时月。既无救于悬绝,亦何成于惠养"的情况,开元二十七年(739)二月,玄宗颁诏云:"自今已后,每年至秋收后,即宜遣使分道宣慰,仍与采访使及州县相知,巡检

---

① 《旧唐书》卷一四八《权德舆传》,第4002页。
② 《权德舆文集》卷三七《疏状·论江淮水灾上疏》,第597~598页。
③ 《新唐书》卷一一九《白居易传》,第4300页。参阅《白居易集》卷五八《奏请加德音中节目二件》,第1237~1238页。

百姓间,或有乏绝,不自支济者,应须蠲放及赈给,便量事处置讫,奏闻。"①此诏的意义在于,中央改变了坐等地方奏报灾情的做法,每年秋收后,中央主动遣使分道宣慰,积极获取各地受灾及伤损信息,凡是符合救济标准的,所遣使者与采访使、州县长官便可作主,先赈后奏。

此后,唐政府又将遣使分道宣慰、先赈后奏的部分权力,逐渐转移到州县长官和当道采访使或节度使、观察使手中,从而使地方获得一定的赈灾自主权。开元二十九年(741)正月,玄宗下制曰:

> 本制仓储,用防水旱,朕每念黎庶,常忧匮乏,承前有遭损之州,皆待奏报,然始赈给。近年亦分命使臣与州县相知处置,尚虑道路应远,往复淹滞,以此恤人,何救悬绝。自今已后,若有损处,应须赈给,宜令州县长官与采访使勘会,量事给讫奏闻。朕当重遣使臣宣慰按覆。②

此制对唐代赈灾制度影响深远,它改变了以前里、县、州、尚书省逐级申报,经中书省奏报批示后,再下诏敕赈灾的模式。而是改为先由州县长官与当道采访使共同勘会,量事给予赈济,然后上报中央,中央再派遣使臣宣慰按覆。这就一度将救灾的主动权下放至州县和当道采访使或节度使、观察使的手中,中央起监察作用。但随着政局形势的变化,这种制度似乎并未稳定下来。

实际上,开元二十九年之后,地方仍是层层向中央奏报灾情,等得到中央准奏后才进行救助。如元和十二年(817)六月乙酉,京师、河南、河北、河中、江陵、幽泽潞晋隰苏台越州水灾③,宪宗也是在收到诸道报灾后,才于九月五日下《赈诸道遭水人户制》,责令诸州以义仓斛斗赈恤,"据所损多少,量事赈给讫,具数奏闻"④。太和六年(832)正月十八日《雨雪赈济百姓敕》⑤、二月十五日《赈恤苏湖两州敕》⑥、太和七年正月二十四日《赈恤诸道旱灾敕》⑦等,均是在地方道州向中央申报灾情后,中央才颁下赈恤诏。这

---

① 《册府元龟》卷八六《帝王部·赦宥》,第1015页;〔唐〕孙逖:《开元二十七年册尊号大赦天下制》,《全唐文》卷三一〇,第3149页。

② 《册府元龟》卷五〇二《邦计部·平籴》,第6022页。

③ 参阅《新唐书》卷三六《五行志》,第933页。

④ 《册府元龟》卷一〇六《德音·惠民》,第1267页;《全唐文》卷五八,第628页。

⑤⑥ 《全唐文》卷七四,第775页。

⑦ 《全唐文》卷七四,第776页。

种先奏后赈的救灾模式,在唐代影响深远,为地方官吏所遵从。如白居易有判名云:"得丁为郡,岁凶,奏请赈给百姓。制未下,散之。本使科其专命,丁云:'恐人困。'"①这是一个奏报灾情后不待诏制而赈济的试判文,遭"本使科其专命",说明晚唐时,先奏后赈的救灾模式仍属常规。虽然白居易举邓攸未待制发仓未闻获罪的典故,拟判其无罪,目的在于旌表其先赈后奏的行为,亦不能改变其属于非正常申报程序的事实。

复杂的报灾程序会延误救灾时机,影响赈灾效果,唐后期,中央再度放宽地方的赈灾权限。太和九年(835)二月,中书门下奏:

> 常平义仓,本虞水旱,以时赈恤。州府不详文理,或申省取裁,或奏候进止。自今已后,应遭水旱处,先据贫下户及鳏寡茕独不济者,便开仓准元敕作等第赈贷讫,具数申报有司。如或水旱尤甚,米麦翔贵,亦任准元年敕,或减价出粜,熟时籴填,委诸道观察使各下诸州重令知悉。②

此条奏文说明,义仓赈灾因地方奏报程序复杂,不利于救灾,希望变通以前的做法,把救灾的管理权和义仓的开仓赈济权交给地方,中央政府的角色则转变为监督。但此后,义仓的赈济仍须经地方申报,中央批准后方可开仓赈济。如开成四年(839)秋,沧景、淄青大水,七月丙午文宗下诏曰:"本置义仓,只防水旱,先给后奏,敕有明文,刘约所奏,已为迟晚,宜速赈恤。"③从诏文看,虽自太和九年二月始,地方已有义仓先给后奏的权力,但至开成四年实际发生灾害时,刘约等地方官为了逃避责任,还是先奏报中央获取批准才开仓赈济。

直到大中六年(852)四月,户部奏:

> 诸道州府收管常平义仓斛斗,今后如有灾荒水旱处,请委所在长吏,差清强官勘审。如实,便任开仓。先从贫下不济户给贷讫,具数分析申奏,并报户部,不得妄有给与富豪人户。其斛斗仍仰本州录事参军至当年秋熟专勾当,据数追收。如州府妄有给使,其录事参军、本判

---

①《白居易集》卷六六,第1386~1387页。
②《册府元龟》卷五〇二《邦计部·常平》,第6023~6024页。
③《册府元龟》卷一〇六《帝王部·惠民》,第1269页。

官请重加殿罚,长吏具名申奏。

此条奏文得到批准。①这意味着地方真正拥有了义仓的管理权和开仓赈济权,中央仅保留对义仓管理和开仓的监督权。可惜此时的财政已经非常紧张,到黄巢起义后,先赈后报的权力已经失去了意义。五代天福二年(937)四月丁亥,后晋高祖《减放洛京魏府夏税敕》云:"朕见洛京内麦苗,今春稍似旱损,寻睹魏府奏报……比欲差官就检,又恐生事扰人。"②说明五代地方发生灾害后,仍是先奏报中央,经差官就检后,方才由宰相和皇帝决定是否下诏赈济,此次洛京受灾,因为后晋高祖亲眼所见,故由皇帝直接减放了夏税。

当然,晚唐也不乏诸道节度使、观察使在遇到大灾时先赈后奏的情况。如元和四年(809)白居易《与韦丹诏》云:

> 敕:韦丹:寀从直至,省所陈贺。并奏江、饶等四州旱损,其所欠供军留州钱米等,并已放免。又奏权减傜及修造陂堰,并劝课种荍粟麦等事宜。具悉……至如蠲逋以恤人隐,减傜以济军须;抑末业而移风,务兹菽麦;防旱年而歉雨,修利陂塘。皆合其宜,并依所奏。③

从白居易为宪宗起草的诏书来看,江南西道观察使韦丹在江、饶等州发生旱损的情况下,就擅自免去当州百姓应该交纳留州的钱米课税,事后才奏报宪宗说明。宝历初年至太和元年(825~827),狄兼谟为蕲、邓、郑三州刺史④,"岁旱饥,发粟赈济,民人不流徙"⑤,似乎也未经提前奏准。

(三)地方报灾文书

唐五代时期地方向中央层层申报灾情的全套公文书已难见其详,兹按所见资料进行大致梳理,尚可窥其大概。唐代乡里向县、县向州申报灾情的公文书在正史中均已无法找到。所幸吐鲁番文书中保存了一份州向都督府

① 参阅《唐会要》卷八八《仓及常平仓》,第1918页;《册府元龟》卷五○二《邦计部·常平》,第6024页记载略同。
②《全唐文》卷一一六,第1176页。
③《白居易集》卷五七,第1225~1226页;参阅《杜牧集系年校注》樊川文集卷第七《唐故江西观察使武阳公韦公遗爱碑》,第350~351页。
④ 参阅郁贤皓:《唐刺史考全编》卷一三一《淮南道·蕲州》,第1796页;卷一九○《山南东道·邓州》,第2615页;卷五三《都畿道·郑州》,第700页。
⑤《新唐书》卷一一五《狄仁杰传附孙兼谟传》,第4214页。

申报灾情的牒文，阿斯塔那五〇九号《唐府高思牒为申当州少雨事》云：

（前缺）

1.检案

2.牒检案连如前谨牒。

3.九月日府高思牒

4.当州先少雨泽，准符

5.不在申限，记谘。光载，白。

6.五日

7.依判，谘。示。

8.五日

9.（下缺）[①]

此件文书的时间是开元十二年（724）前后[②]。可惜前后均缺，申报灾情的主要内容无法看到。从文书中"检案""牒检案连如前谨牒"等语来看，应该是西州向都督府申报了"少雨泽"的灾情，都督府核实后，得出的结论是"准符不在申限"，驳回了灾害救助申请。

贞元二十一年（805）二月至十月，王权任京兆尹[③]，柳宗元曾替其作《为京兆府昭应等九县诉夏苗旱损状》，是为府州向中央申报灾害的奏状，其文曰：

右，臣谬领京畿，已逾两月，政术无取，诚恳莫申，遂使雨泽愆时，田苗微损，夙夜兢惧，寝食靡遑。今长安二十四县，并准常年例全征。其昭应等九县，臣各得状，并令详审，各绝隐欺，谨具别状封进。臣当府夏税，通计约二十九万石以上，据所损矜免，抵当三万石有余。恤人则深，减数非广。伏以圣慈宏贷，悯念蒸黎，臣忝职司，不敢不奏。无

① 中国文物研究所、新疆维吾尔自治区博物馆、武汉大学历史系编：《吐鲁番出土文书》第4册，文物出版社，1996年，第325页。

② 参阅郁贤皓：《唐刺史考全编》卷四五《陇右道·西州》，第513页；高某，开元十二年（724），吐鲁番文书大谷3786—3号《唐开元十二年西州官人差使录》："（上残）试西州刺史上柱国高：京兆府、长安县，开元十二年六月廿九日准格充使。"（〔日〕池田温：《中国古代籍帐研究》，东京，1979年，第351页。）

③ 参阅郁贤皓：《唐刺史考全编》卷一《京畿道·京兆府》，第40页。

任惭惧之至。谨录奏闻,伏听敕旨。①

从"其昭应等九县,臣各得状"可知,此前,京兆尹先得到昭应等九县的报灾状文,并对灾情进行了详审,且已"各绝隐欺",才向尚书省申报矜免,并将九县诉灾状"具别状封进"。从王权的诉灾状内容看,府州已经核算了请求免损的数目是共3万石有余,大概为原定29万多石的十分之一。

另外,贞元十二年(796)十月,德宗《给复奉先等八县诏》曰:"京兆府所奏,奉先等八县旱损秋苗一万顷,计三万六千二百石,青苗钱一万八千二百贯。比缘春夏少雨,秋稼或伤,顷亩虽损非多,黎庶犹虑艰食……其所奏损,特宜放免。"②从这份蠲免诏来看,京兆府需对境内的具体灾损情况进行"检案",据以评估免损的数目,进行灾损奏报。中书门下接到奏报后会派专人负责核损,德宗正是依据核损的相关奏报,下诏进行蠲免。

从上引京兆府诉昭应等九县旱损状可知,京兆尹王权收到了昭应等九县的旱损状。另据《太平广记》载:"李光远,开元中为馆陶令。时大旱,光远将为旱书,书就暴卒。"③可见,县级报旱灾文又可称作"旱书",此处馆陶县令李光远即亲自写旱书。

从府州报灾状文简略,并与县级报灾状文同封上申可知,县级报灾文应较为详备,因此才有必要将其附在府州向中央申报灾情的奏状之后。我们没有检得县级报灾状文的文样,但从史籍对灾害的记载来看,县级报灾状文至少要包括灾害种类、发灾原因、受灾地区、灾损情况及要求赈济的具体数目等。以水灾为例,《唐会要·水灾上》载:高宗总章二年(669)"九月十八日括州海水翻上,坏永嘉、安固二县百姓庐舍六千八百四十三家,溺死人九千七十、牛五百头,田四千一百五十顷"④;玄宗开元八年(720)"六月壬寅夜,东都暴雨,谷水泛涨。新安、渑池、河南、寿安、巩县等庐舍荡尽,共九百六十一户,溺死者八百一十五人。许、卫等州掌闲番兵溺者千一百四十八人"⑤。上引两次水灾的原因一是海水泛溢,一是暴雨。还要交代受灾地域,受灾较重者要特别指出,以及对灾损状况的统计,一般包括漂损庐舍、田地面积和溺死人数等。这几个方面应当都是由乡里及县统计并写入报

①《全唐文》卷五七二,第5781页。

②《全唐文》卷五三,第571页;《册府元龟》卷四九一《邦计部·蠲复》,第5870页。

③《太平广记》卷三三一《鬼十六·李光远》,第2628页。

④《唐会要》卷四三《水灾》,第913页。

⑤《旧唐书》卷八《玄宗本纪》,第181页;《新唐书》卷五《玄宗本纪》,第128页记载相同。

灾状文中,并被报送史馆备案,才得以被载入史册。再以旱灾为例,如高宗总章二年(669)秋七月,"剑南益、泸、嶲、茂、陵、邛、雅、绵、翼、维、始、简、资、荣、隆、果、梓、普、遂等一十九州旱,百姓乏绝,总三十六万七千六百九十户"①,这应当都是由乡里和县为报灾统计的。总之,乡里和县级报灾状文应当包括灾害发生时间、灾害原因、受灾范围及灾损程度等内容,在上级政府核实无误后,它便为政府制定救灾方略提供依据。

(四)地方报灾的隐患

唐五代时期,为了督促地方官履行报灾义务,律令对不报灾情和谎报灾情的行为有明确的惩处规定。《唐律疏议·不言及妄言旱涝霜虫》曰:

> 诸部内有旱涝霜雹虫蝗为害之处,主司应言而不言及妄言者,杖七十……若致枉有所征免,赃重者,坐赃论。疏议曰:……其应言而不言及妄言者,所由主司杖七十……若不以实言上,妄有增减,致枉有所征者,谓应损而征,不应损而免,计所枉征免,赃罪重于杖七十者,坐赃论,罪止徒三年。既是以赃致罪,皆合累倍而断。②

不报灾情或谎报灾情者,主管官吏要被处以杖七十的惩罚。因妄报及不报所致的"应征而免"或"应免而征",要根据所征收或损免之数额按赃罪处理,轻者杖七十,重者徒三年。其目的就是确保各级地方官各尽其责,真实地奏报灾情,以避免误报,耽误正常的灾害救助和税收。

但由于地方税收和供奉的好坏与地方长官的考课紧密相关,即便律令有惩处措施,地方官出于自身仕进和考课的考虑,也不乏妄报灾情或谎报升平者,大致有以下几种情况:

第一,地方官恶意侵抑灾情,不向中央报灾。如开元八年(720)二月十九日,《处分朝集使敕(五)》曰:

> 朝集使豫州刺史裴纲,分典荆、豫,为政烦苛,顷岁不登,合议蠲复,部人有诉,便致科绳,县长为言,仍遭留系。御史推按,遽以实闻,虐政弊人,一至于此。朕夙夜兢惕,匪遑宁居,寻遣使存问,其诸道有损处,已量加赈恤。水旱不时。实朕之过,惠养失所,分刺之由,是用

①《旧唐书》卷五《高宗本纪》,第93页。

②《唐律疏议》卷一三《户婚律》,第247页。

黜纲于岭裔,儆彼群岳。①

豫州刺史裴纲为自己政绩考虑,在当州发生灾情时,不仅自己不履行灾情上报之责,而且以"科绳"和"留系"等强制措施阻止部人、县长投诉灾情。最后在御史推按之下,灾情才能以实相闻,灾损得以赈恤。玄宗黜裴纲于岭南,以为惩戒,兼儆群僚。开元十一年(723),玄宗《幸河东推恩诏》曰:"河南河北,去岁水损,人或窃盗,吏或侵抑。不防害马,何以安人?或令御史,分道案行,量加赈给。"②从诏文可知,对河南河北的水损,地方官吏"侵抑"不报,影响赈济。为校此弊,玄宗专门派出御史进行了"案行"查核。再如德宗时期的京兆尹李实,史载:

> 贞元二十年旱,关辅饥,实方务聚敛以结恩,民诉府上,一不问。德宗访外疾苦,实诡曰:"岁虽旱,不害有秋。"乃峻责租调,人穷无告,至撤舍鬻苗输于官。优人成辅端为俳语讽帝,实怒,奏贱工谤国,帝为杀之。或言:"古者,瞽诵箴谏,虽恢谐托谕,何诛焉?"帝悔,然不罪实。③

京兆尹李实④故意隐瞒灾情,聚敛以邀皇帝恩宠,穷人上告无门,纵然有勇敢的优人讽谏,却反遭杀害。德宗在得知真相后,仍未处置李实。直到顺宗继位后,于贞元二十一年(805)二月辛酉"贬京兆尹李实为通州长史",并下诏数李实之罪。⑤像这样隐瞒灾情,聚敛赋税的情况,在唐五代时期并不少见。如大中二年(848)四月,宣宗《禁加征熟田敕》曰:

> 近闻州县长吏,掩其水旱伤损,务求办集。唯于熟苗上加征,将填欠数,致使黎元重困,惠养全乖。自今后州县百姓,有遭水旱苗稼不收处,简验不虚,便准前后敕文破免,不得加微熟田人户,令本配额外重

① 《唐大诏令集》卷一〇三,第526页;《全唐文》卷二五四,第2569页。

② 《全唐文》卷二九,第326页;《册府元龟》卷六三《帝王部·发号令》,第710页。

③ 《新唐书》卷一六七《李实传》,第5112页。

④ 任职时间在贞元十九年至二十一年(803~805),参阅郁贤皓:《唐刺史考全编》卷一《京畿道·京兆府》,第40页。

⑤ 参阅〔唐〕韩愈:《顺宗实录》卷一,中华书局,1985年,第4页。

出斛斗。^①

宣宗获知州县长吏掩灾损不报而加熟田以征敛赋税，遂下敕文，令遭水旱田损处准前后敕文破免，并重申州县长吏不得瞒灾不报。其背后隐藏的一个重要原因，就是地方州县长吏为了一己私利，突出自己的政绩，完成征收赋税任务，往往在灾害面前罔顾事实，肆意征加赋税。正如僖宗乾符（874~879）中，崔荛为陕虢观察使，"自恃清贵，不恤人之疾苦。百姓诉旱，荛指庭树曰：'此尚有叶，何旱之有？'乃笞之，吏民结怨"^②。

第二，地方官为了谄媚帝王权贵，隐瞒灾情。遇贼臣当道，欺下瞒上，地方官上报的灾情会被彻底阻绝。玄宗天宝末年，杨国忠当政，关中水旱相继，"上忧雨伤稼，国忠取禾之善者献之，曰：'雨虽多，不伤稼也。'上以为然。扶风太守房琯言所部水灾，国忠使御史推之。是岁，天下无敢言灾者"^③。贞元十一至十四年（795~798），韩皋任京兆尹^④，"奏署郑锋为仓曹参军。锋苛敛吏，乃说皋悉索府中杂钱，折籴粟麦三十万石献于帝，皋悦之，奏为兴平令。贞元十四年，大旱，民请蠲租赋，皋府帑已空，内忧恐，奏不敢实。会中人出入，百姓遮道诉之，事闻，贬抚州员外司马"^⑤。韩皋空竭府库以取悦皇帝，旱情发生后，既无以赈蠲，遂不以实奏。后来，灾情经中人诉于皇帝，韩皋被贬官。

第三，地方州县奏报灾情不实，妄加损失，欺骗中央，增加损免数目，从中获利。如开元十年（722）正月十一日，玄宗《处分朝集使敕（七）》曰：

> 往岁河南失稔，时属荐饥，州将贪名，不为检覆，致令贫弱，萍流外境，责在致理，有从贬黜。因兹以来，率多妄破，或式外奏免，或损中加数。至如密州去秋奏涝，管户二万八千八百，不损者两户而已，无田商贾之流，雷同入数。自余诸州，不损户即丁少，得损户即丁多，天灾流行，岂应偏并？皆是不度国用，取媚下人。^⑥

---

① 《全唐文》卷八一，第845页；《册府元龟》卷四八八《邦记部·赋税》，第5839页。

② 《旧唐书》卷一一七《崔宁传附孙荛传》，第3404页。

③ 《资治通鉴》卷二一七"天宝十三载七月"条，第6928页。

④ 郁贤皓：《唐刺史考全编》卷一《京畿道·京兆府》，第38页。

⑤ 《新唐书》卷一二六《韩皋传》，第4438页。

⑥ 《唐大诏令集》卷一〇三，第527页；《全唐文》卷二五四，第2570页。

从"管户二万八千八百,不损者两户而已"看,这位造假账者竟然忘了"无田商贾之流",地方官谎报灾情者可见一斑。

总之,唐五代时期,虽然国家制定了一套完备的灾害奏报制度,但在地方发生灾害之后,地方官为了政绩,完成征收赋税任务,或为讨好帝王等私利,往往不顾灾民疾苦,罔陈灾情或隐瞒事实,致使地方奏报灾情不准确和效率低下的情况时有发生。

二、政府检灾

虽然地方报灾已经过县令注定和府州长吏的检覆,但因为仍存在报灾不实的情形,中央在收到地方报灾文书后,在下诏制救灾前,通常还是要先派遣官员检灾,作为赈灾的主要依据。唐前期,中央往往会派朝廷信重之臣前往灾区巡察、安抚、宣慰,其中御史台官员在检灾中发挥了重要作用。唐后期,巡院也有检覆灾情的职责。在确认灾损情况后,中央会及时就救灾事宜作出安排,由皇帝以诏敕的形式,部署救灾。如贞观元年(627)九月十二日,太宗诏曰:

> 河北燕赵之际,山西并潞所管,及蒲虞之郊,豳延以北,或春逢亢旱,秋遇霖淫;或蟊贼成灾,严凝早降。有致饥馑,惭惕无忘,特宜矜恤,救其疾苦。可令中书侍郎温彦博、尚书右丞魏征、治书侍御史孙伏伽、检校中书舍人辛谞等,分往诸州,驰驿检行。其苗稼不熟之处,使知损耗多少,户口乏粮之家存问。若为支济,必须详细勘当,速以奏闻,待使人还京,量加赈济。①

太宗此次派信重大臣前往受灾地区,只行检覆之责,使臣还京之后,根据检覆所得的灾损情况再制定赈济方略。唐前期,政府派遣监察地方的使臣也有监察地方水旱的职责。

> 贞观初,遣大使十三人巡省天下诸州,水旱则遣使,有巡察、安抚、存抚之名。神龙二年,以五品以上二十人为十道巡察使,按举州县,再周而代。景云二年……置十道按察使,道各一人。开元二年,

---

① 《唐大诏令集》卷一一一《温彦博等检行诸州苗稼诏》,第576页;唐太宗:《赈关东等州诏》,《全唐文》卷四,第55~56页。

曰十道按察采访处置使,至四年罢。八年复置十道按察使,秋、冬巡视州县,十年又罢。十七年复置十道、京都、两畿按察使,二十年曰采访处置使,分十五道,天宝末,又兼黜陟使,乾元元年,改曰观察处置使。①

起初巡省使臣无定名,不常置。经反复废置后,观察处置使成为常驻地方,"掌察所部善恶,举大纲"的道级官职。

开元以后,御史台官员成为检覆灾情差遣官的常见候选者。如开元十四年(726)秋,"十五州言旱及霜,五十州言水,河南、河北尤甚,苏、同、常、福四州漂坏庐舍,遣御史中丞宇文融检覆赈给之"②。大概这次受灾范围比较广,故派御史中丞宇文融检覆灾情。御史中丞检覆灾情的情况不是很常见,多数情况下都是派遣御史巡行受灾州县。如开元十一年五月,玄宗《遣御史分巡诸道诏》曰:"顷因水旱,货食不足,或徭税征逸,多不折衷,或租调蠲除,事涉欺隐,皆吏之不称,政之不修。是用命兹使臣,委其详覆。"③前引豫州刺史裴纲瞒灾不报,即由御史推按,终以实上闻。又大历十二年(777)秋,韩滉以户部侍郎判度支,"大雨害稼什八,京兆尹黎干言状,滉恐有所蠲贷,固表不实。代宗命御史行视,实损田三万余顷。始,渭南令刘藻附滉,言部田无害,御史赵计按验如藻言,帝又遣御史朱敖覆实,害田三千顷。帝怒曰:'县令,所以养民,而田损不问,岂恤隐意邪?'贬南浦员外尉,计亦斥为丰州司户员外参军"④。此次京兆尹黎干奏大雨害稼,被怕有"蠲贷"的户部侍郎判度支韩滉"固表不实",又被攀附韩滉的渭南令刘藻奏言"部田无害",幸赖代宗先后三次派御史行视、按覆,终使真相大白,赈贷了灾害,惩治了报灾、检灾不实的官员。宪宗元和七年(812)五月庚申:

> (宪宗)谓宰臣曰:"卿等累言吴越去年水旱,昨有御史自江淮回,言不至为灾,人非甚困。"李绛对曰:"臣得两浙、淮南状,继言歉旱。方隅授任,皆朝廷信重之臣。御史非良,或容希媚,此正当奸佞之臣。况推诚之道,君人大本,任大臣以事,不可以小臣言间之。伏望

---

① 《新唐书》卷四九《百官志》,第1310~1311页。
② 《旧唐书》卷八《玄宗本纪》,第190页。
③ 《册府元龟》卷一六二《帝王部·命使》,第1953页。
④ 《新唐书》卷一二六《韩滉传》,第4434页;《旧唐书》卷一二九《韩滉传》,第3600页记载略同。

明示御史姓名,正之典刑。"上曰:"卿言是也。朝廷大体,以恤人为本,一方不稔,即宜赈救,济其饥寒,况可疑之也! 向者不思而有此问,朕言过矣。"①

可见,和宰相李绛等官员商议江淮水旱灾害赈济问题之前,宪宗已经收到御史检灾的奏报,只是此奏报不实。唐代选派御史台官员检覆灾情,与御史台"分察百僚,巡按郡县"的职掌有很大关系。②所派御史应该多为监察御史,盖为其"掌分察巡按郡县、屯田、铸钱、岭南选补、知太府、司农出纳,监决囚徒"的缘故。③

灾情检覆还可选派户部侍郎、中书舍人等清要官员负责。开元二十年(732)三月,河南数州水灾,玄宗下诏:"宜令户部侍郎张敬舆宣慰简覆,如实有损,贫下不支济百姓,量事赈给,务令忧恤,称朕意焉。"④派户部侍郎参与灾情检覆,与户部分管税收有大关系。贞元八年(792)江淮水灾,左补阙权德舆上疏请降诏恤隐,德宗"遂命奚陟等四人使"⑤,"其田苗所损,亦委宣抚使与观察使、刺史约所损多少,速具闻奏"⑥。此次选派中书舍人奚陟等四人与当道宣抚使、观察使、刺史一起检覆"所损",是因为中书舍人肩负监察事务⑦,常参与重要案件审理。

唐后期,盐铁转运使设在地方的巡院也负有监察地方灾情的职责。⑧代宗宝应元年(762),刘晏出任财臣,广设巡院,"诸道各置知院官(掌巡院者),每旬月,具州县雨雪丰歉之状白使司……知院官始见不稔之端,先申"⑨。巡院长官每月奏报的州县雨雪丰歉情况是由对州县地方的巡视监

① 《旧唐书》卷一五《宪宗本纪》,第442页。参阅《唐会要》卷五二《识量下》,第1055页。

② 参阅《唐六典》卷一三《御史台》,第273页。

③ 参阅《旧唐书》卷四四《职官志》,第1863页。

④ 《册府元龟》卷一○五《帝王部·惠民》,第1260页;唐玄宗:《宣抚河南诏》,《全唐文》卷三○,第340页。

⑤ 《旧唐书》卷一四八《权德舆传》,第4002页。

⑥ 《册府元龟》卷一六二《帝王部·命使》,第1953页。

⑦ 参阅宋靖:《唐宋中书舍人研究》,黑龙江大学出版社,2010年,第81页。

⑧ 参阅宁欣:《唐朝巡院及其在唐后期监察体系中的作用和地位》,《北京师范学院学报》1989年第6期;〔日〕高桥继男:《唐代后半期巡院的地方行政监察业务》,收入刘俊文主编:《日本中青年学者论中国史》(六朝隋唐卷),上海古籍出版社,1995年,第276~295页。

⑨ 《资治通鉴》卷二二六"建中元年七月"条,第7285页。

察所得,故能做到"民未及困而奏报已行矣"①。陆贽《请遣使臣宣抚诸道遭水州县状》曰:"频得盐铁转运及州县申报:霖雨为灾,弥月不止。或川渎泛涨,或溪谷奔流,淹没田苗,损坏庐舍。"②此处的盐铁转运申报灾情当是基于巡院监察地方的旬月奏报。会昌元年(841)十一月十五日,武宗《彗星见避正殿德音》曰:"应今年诸道水灾蝗虫州县,或有存恤未及处,并委所在长吏,与盐铁度支巡院同访问闻奏。"③这是让巡院监察救灾未及处。

通常情况下,中央在遣使核实灾情后,即下诏对灾民进行赋税减免或赈济。但偶有灾情严重时,在检覆未定的情况下,为避免不必要的往返劳扰,耽误救灾时机,也会免去灾情检覆环节,直接对灾民给予蠲免赈济。如元和六年(811)十月十七日,宪宗下诏曰:

> 重以经夏炎旱,自秋霖霪,南亩亏播植之功,西成失丰登之望……今年畿内田苗,应水旱损处有无,闻至今检覆未定,又属霖雨,所损转多,有妨农收,虑致劳扰,其诸县勘覆有未毕处,宜令所司,据元诉状便与破损,不必更令检覆。其未经申诉者,亦宜与类例处分。④

这是检覆未果,宪宗怕妨扰农收,遂直接按原诉灾状损免。天福二年(937)四月丁亥,后晋高祖下诏曰:"朕见洛京内麦苗,今春稍似旱损,寻睹魏府奏报,境内亦有微伤,须聊示于优饶,冀克谐于通济。比欲差官就检,又恐生事扰人,其洛京魏府管内,所有旱损夏苗县分,特于五分中减放一分苗子,其余四分,仍许将诸色斛,依仓式例与折纳。"⑤此次灾情发生在京畿地区,后晋高祖和朝臣已经耳闻目睹,再差官就检,显然有点生事扰民,故直接对灾民的赋税进行减免折纳。

五代后唐的灾害核检工作已下放至本道。天成二年(927)二月,后唐明宗下诏曰:"今岁岐华登莱,自夏稍旱……四州所管百姓,令长吏切加安恤。其所旱损田苗,宜令检行,诣实申奏,与蠲减税租,仍不得有差徭科

---

① 〔唐〕陈谏:《论刘晏》,《全唐文》卷六八四,第7001页。

② 《陆贽集》卷一七,第553页。

③ 《文苑英华》卷四四一《德音》,第2229页;《全唐文》卷七七,第808页。

④ 《册府元龟》卷四九一《邦计部·蠲复》,第5872~5873页;唐宪宗:《贷京畿义仓粟制》,《全唐文》卷五六,第614~615页。

⑤ 《册府元龟》卷四九二《邦计部·蠲复》,第5884页。参阅后晋高祖:《减放洛京魏府夏税敕》,《全唐文》卷一一六,第1176页。

配。"①此诏虽没明确记载为本道践行,但从"宜令检行,诣实申奏"的表述看,显然应该是由地方自行检行。后唐长兴四年(933)九月,明宗诏曰:"爰自今秋,偶愆时雨,郡县累陈于灾沴,关梁亦奏于逃移……据河中同华耀陕青齐淄绛莱等州,各申灾旱损田处,已令本道判官检行。"②此诏已明确声明由本道判官检行灾情。

后晋时出现了地方未奏,中央主动派人检覆灾情的情况。天福二年(937)四月,后晋高祖诏曰:"朕昨行至郑州荥阳县界,路旁见有虫食及旱损桑麦处,委所司差人检覆,量与蠲免租税。"③显然,此次检覆是皇帝路经荥阳县,亲见灾情,遂派人检覆核实情况,并直接给予"量与蠲免租税"的救助。据《旧五代史》记载:后晋天福六年九月,"河决于滑州,一概东流。居民登丘冢,为水所隔。诏所在发舟楫以救之。兖州、濮州界皆为水所漂溺,命鸿胪少卿魏玭、将作少监郭廷让、右领军卫将军安浚、右骁卫将军田峻于滑、濮、澶、郓四州,检河水所害稼,并抚问遭水百姓"④。这次黄河决堤,受灾民众被河水阻隔,无法奏报,故后晋高祖直接下诏发舟楫救助。但对被水淹较轻的诸州则是经过检覆之后,才给予租税的减免。后周时,还出现了检苗使,依据"羡苗"的情况减放税收。显德六年(959)二月丁亥,开封府上言:"旧额下税苗一十万二千余顷,今检到羡苗四万二千余顷。奉敕放三万八千顷。是时诸州检苗使率以所检到羡苗上奏帝,皆命减放其分数,大约如是。"⑤

三、救灾部署

政府在检覆灾情后,会对救灾事宜及时做出安排,由皇帝以诏敕的形式部署救灾。前引太宗《赈关东等州诏》仅仅是下令检覆灾情、细勘损耗,并存问乏粮户;真正对此次救灾的部署,还需皇帝和宰相等官员据所检覆

---

①《册府元龟》卷九二《帝王部·敕宥》,第1109页。参阅后唐明宗:《加恩汴州诏》,《全唐文》卷一〇七,第1094页。

②《册府元龟》卷四九二《邦计部·蠲复》,第5882页。参阅后唐明宗:《以灾旱蠲贷制》,《全唐文》卷一〇六,第1088页。

③《册府元龟》卷四九二《邦计部·蠲复》,第5884页。参阅后晋高祖:《幸汴州赦文》,《全唐文》卷一一七,第1189页。

④《旧五代史》卷一四一《五行志》,第1882页。

⑤《册府元龟》卷四九二《邦计部·蠲复》,第5889页。

的灾情进行商讨,做出决策,再颁下救灾诏敕。①

救灾诏敕对救灾的缘由、地域、方式都要说明。如开元六年(718)三月,玄宗《赈恤河南北诏》曰:

> 间者河北、河南,颇非善熟,人间粮食,固应乏少。顷虽分遣使臣,已令巡问,犹恐鳏独不能自存。凡立义仓,用为岁备,今旧谷向没。新谷未登,蚕月务殷,田家作苦,不有惠恤,其何以安?宜开彼仓储,时令贷给。②

从诏文可知,玄宗在下诏前,已经派遣使臣"巡问"(即检覆灾情)。此条诏书则是下令开义仓赈贷河南、河北等道的受灾人户。又元和十二年(817)九月五日,宪宗《赈诸道遭水人户制》云:

> 其诸道应遭水州府,河南、泽潞、河东、幽州、江陵府等管内,及郑、滑、沧、景、易、定、陈、许、晋、隰、苏、襄、复、台、越、唐、随、邓等州人户,宜令本州,厚加优恤。仍各以当处义仓斛斗,据所损多少,量事赈给讫,具数奏闻。③

此诏决定对诸道遭水灾人户进行救助,斛斗取自诸州义仓,救助原则是"据所损多少,量事赈给讫,具数奏闻"。

唐五代时期,国家的救灾任务是在皇帝颁诏后,由不同的机构和官员具体执行。由于救灾时段和任务不同,救灾的具体负责者也有不同。大致可分为府州主持救灾、本道观察使监督,中央遣使与州县配合救灾等方式,以下进行概要式讨论。

(一)诏敕州县负责赈灾

政府颁下救灾诏书,下令受灾地方据诏敕执行救灾任务,是唐五代时期比较常规的救灾模式。一般由受灾地方的府州长吏负责赈灾,如开元十

---

① 开元以前"诏敕文诰,悉由中书",开元末"始选朝官有词艺学识者,入居翰林,供奉敕旨",至开元二十六年诏敕逐渐由翰林学士起草。赈灾属于国家重大事件,一般均以诏诰制的形式下发。参阅《唐会要》卷五七《翰林院》,第1146页。

② 《全唐文》卷二七,第313页。参阅《册府元龟》卷一〇五《帝王部·惠民》,第1259页;〔日〕池田温编:《唐代诏敕目录》,第157页。

③ 《全唐文》卷五八,第628页;《册府元龟》卷一〇六《帝王部·惠民》,第1267页。

年(722)四月,玄宗《赈怀州诏》曰:"朕以怀州去年偏并不熟,宜令刺史崔子源察审问,贫下不支济者,量加赈贷。"①诏令怀州刺史崔子源亲自判定需要赈贷的贫困灾民。又太和二年(828)七月文宗《赈山东水灾诏》云:"应是诸州遭水损田苗坏庐舍处,宜委所在吏切加访恤,如不能自济者,宜发义仓赈给,普令均一,以副朕怀。"②"所在吏"当为诸州刺史等长官。大中九年(855)七月十三日,宣宗下诏云:"以前诸色应蠲免节目等,或已行敕令,或见勒条流,并委中书门下各令本州及本司速准此处分,仍具各分析闻奏。"③此诏说明,具体的救灾工作是由中书门下依据皇帝诏书进行部署,由本州及本司具体落实。又如开平四年(910)十二月己巳,后梁太祖诏曰:"滑、宋、辉、亳等州……其令本州分等级赈贷,所在长吏监临周给,务令存济。"④也明确令受灾诸州长官(即刺史)监临赈贷。

中晚唐时期,政府也常常选拔当州清干、清强官吏负责本州赈济的具体事务。如元和九年(814)二月二十九日,宪宗下诏曰:"应缘赈给百姓等,委京兆差择清干官,于每县界逐处给付,使无所弊,各得自资。"⑤又太和七年正月二十四日,因"河东关辅,亢旱为患,秋稼不收",文宗下敕京兆、河南、河东、河中等九州府赐粟共七十八万石,"委本州府官长明作等第,差清强官吏对面宣赐,先从贫下户起给"⑥。大中六年四月,户部奏:"诸州府常平、义仓斛斗,本防水旱,赈贷百姓。其有灾沴州府地远,申奏往复,已至流亡。自今已后,诸道遭灾旱,请委所在长吏,差清强官审勘,如实有水旱处,便任先从贫下不支济户给贷。"宣宗采纳了该奏。⑦

若赈赐粮食出自度支所储,度支将粮食转给该道节度观察使后,观察使再委清干官,分送州县,由县令和仓曹官一起分付人户。如贞元七年

---

①《册府元龟》卷一〇五《帝王部·惠民》,第1259页;《全唐文》卷二八,第324页记载略同。

②《全唐文》卷七一,第746页;《册府元龟》卷一〇六《帝王部·惠民》,第1267页记载略同。

③《文苑英华》卷四三六《德音·赈恤江淮遭水旱疾疫百姓德音》,第2209页;唐宣宗:《赈恤江淮百姓德音》,《全唐文》卷八一,第853页记载略同。

④《旧五代史》卷四《梁书·太祖本纪》,第92页;后梁太祖:《赈贷滑宋等州诏》,《全唐文》卷一〇一,第1037页记载略同。

⑤《册府元龟》卷一〇六《帝王部·惠民》,第1266页;唐宪宗:《赈给京畿百姓制》,《全唐文》卷五七,第620页。

⑥《文苑英华》卷四三六《德音·赈恤诸道遭旱百姓敕》,第2207页;唐文宗:《赈恤诸道旱灾敕》,《全唐文》卷七四,第776页记载略同。

⑦参阅《旧唐书》卷四九《食货志》,第2127页。

(791)十二月,德宗下诏云:

> 应诸道遭水漂荡家产淹损田苗乏绝户,宜共赐米三十万石,所司各据州府乏绝户多少,速分配每道合给米数闻奏,并以度支见贮米充。度支即与本道节度观察使计会,各随便近支付,委本使差清干官请受,分送合赈给州县,仍令县令及本曹官同付人户。务从简便,无至重扰,速分给讫,具状闻奏。①

在州县长官主持赈恤工作时,本道观察使和节度使负责监督。如天宝十四载(755)正月,以岁饥乏故,玄宗下诏出粜赈贷京兆府等郡,"应缘开场,差官分配,多少一时,各委府郡县长官处置,仍令采访使各自勾当";"京兆府及华阳冯翊扶风等郡……虽非损户,或有乏少种子者,亦仰每乡量宜准给,并委采访使与府郡长官计会,即与处置使及营农使"。②因吐蕃侵扰巴南诸州,大历十二年(777)十一月庚辰,代宗下诏曰:"光、通、开等州宜放二年租庸,及诸色征科亦宜蠲免,仍委本道观察使及刺史县令切加招抚。"③贞元六年二月,德宗《赈贷百姓制》曰:"所以赈赡优贷,思致乂安,方镇牧守,诚宜遵奉。如有违越,委御史台及出使郎官御史访察以闻。"④同光四年(926)正月,后唐庄宗下诏蠲免诸州水灾处赋税,"更委本道新除节度使已后,于管内一一检勘,细具闻奏,当与放免"⑤。

在操作方面,为了防止地方官吏赈灾舞弊,诏令还规定州县必须将救灾赈恤诏敕的放免事宜榜示乡里要道,以便民众知悉并监督。如大历四年四月至九月,雨⑥,十月二十九日,代宗下敕云:"比属秋霖,颇伤苗稼,百姓种麦,其数非多。如闻村间,不免流散。来年税麦,须有优矜。其大历五年夏麦所税,特宜与减常年税……令在必行,用明大信。仍委令长宣示百姓,并录敕榜示村坊要路,令知朕意。"⑦上引大中九年(855)七月十三日宣宗诏

---

① 《册府元龟》卷一〇六《帝王部·惠民》,第1264页。参阅唐德宗:《水灾赈恤敕》,《全唐文》卷五四,第582页。

② 《册府元龟》卷一〇五《帝王部·惠民》,第1261~1262页。

③ 《册府元龟》卷四九〇《邦计部·蠲复》,第5868页。

④ 《册府元龟》卷一五五《帝王部·督吏》,第1879页。参阅《全唐文》卷五〇,第549页。

⑤ 《册府元龟》卷四九一《邦计部·蠲复》,第5879页。

⑥ 参阅《新唐书》卷三四《五行志·常雨》,第876页。

⑦ 《册府元龟》卷四八七《邦计部·赋税》,第5832页。参阅唐代宗:《减次年麦税敕》,《全唐文》卷四八,第531~532页。

也要求将"所有诸道放免事例,宜委州县于乡村要路,一一榜示,遍令闾阎,分明知悉"。

(二)遣使赈灾

在地方报灾后,政府在检覆或赈灾环节中,根据不同情况,也会派遣使臣前往灾区,代表中央处理救灾事宜。[①]关于唐代的遣使救灾问题,潘孝伟、毛阳光等学人已进行了较为细致的梳理、研究[②],本书仅就遣使救灾的主要内容进行简单论述。

早在两汉时,遣使救灾就很普遍。[③]唐代宗《宣慰湖南百姓制》云:"自汉魏以来,水旱之处,必遣使巡问,以安集之。"[④]唐初就已实行遣使救灾之策,武德七年(624),关中、河东诸州发生旱灾,高祖遣使赈给之。[⑤]通常情况下,对于受灾范围较大、灾情较重,以及政治、经济等方面重要地区的水旱灾害,政府一般都会派遣使者亲临灾区,勘察灾情,并因地制宜地采取救灾措施。只是唐初都是差遣在职的职事官前往灾区主持救灾工作,尚未另加专门的救灾使名目。如贞观二年(628)三月己未,太宗遣中书侍郎温彦博往山东赈恤穷乏。[⑥]较早有赈灾名义的使职是巡抚使,垂拱四年(688)春二月,山东、河南甚饥乏,诏司属卿王及善、欧阳通和冬官侍郎狄仁杰巡抚赈给。[⑦]此后,逐渐出现了各种救灾使名目,如宣抚使、宣慰使、赈恤使、宣命使、巡察使、存问使、赏赐使、宣抚处置使、检校捕蝗使、蝗虫使,等等。这些使职的责任通常恰如其名,各有偏重,但救灾的目的是共同的。目前尚

---

① 《陆贽集》卷一七《请遣使臣宣抚诸道遭水州县状》云:"今水潦为败,绵数十州,奔告于朝,日月相继。若哀其疾苦,固宜降旨优矜,傥疑其诈欺,亦当遣使巡视,安可徇往来之浮说,忘惠恤之大猷? 失人得财,是将焉用?"

② 参阅潘孝伟:《论唐朝宣抚使》,《中国史研究》1999年第2期;毛阳光:《唐代救灾研究》,第27~39页。

③ 参阅陈业新:《灾害与两汉社会研究》,第299~300页。

④ 《唐大诏令集》卷一一六,第606页;《全唐文》卷二五,第294页。该诏成于常衮之手,又见(唐)常衮:《宣慰湖南百姓制》,《全唐文》卷四一四,第4242页。按:《全唐文》卷二五将该诏系于"元宗",误。该诏中的贺若察给事中在大历初年,可见于多书记载。《册府元龟》卷一六二《帝王部·命使第二》云"大历二年八月,以潭衡水灾,命给事中贺若察使于湖南宣慰"(第1957页);《资治通鉴》卷二二四"大历三年十月"条载颍州刺史李岵与滑亳节度使令狐彰不协,各自上表陈状,"上命给事中贺若察往按之"(第7203页);《册府元龟》卷六五三《奉使部·称旨》亦载"贺若察代宗大历四年为给事中"(第7825页);因此,此诏应系于"代宗",以下径订正之。

⑥⑦ 参阅《册府元龟》卷一〇五《帝王部·惠民》,第1256页。

⑦ 参阅《旧唐书》卷六《则天皇后本纪》,第118页。

未发现在同一次救灾活动中,分派不同名目救灾使职的情况,也说明这些使职名目只是根据灾情而定,实际上都是具体负责救灾工作的专员。唐代遣使救灾主要集中在唐前期,玄宗朝尤盛,唐后期逐渐减少。

　　救灾遣使均为中央清望官,以三省或御史台官员居多,如尚书省诸部尚书、侍郎、郎官、中书舍人、给事中、御史中丞、诸院御史等,甚至有时宰相也被派遣到地方救灾,以凸显中央对地方救灾工作的重视。仪凤元年(676)十二月戊午,高宗"遣使分道巡抚:宰相来恒河南道,薛元超河北道,左丞崔知悌等江南道"①。玄宗时期,一些受重用的高品宦官也被派遣充救灾使。如玄宗开元十四年(726)七月,右监门卫将军知内侍省事黎敬仁宣慰河南遭水灾州县②;开元十五年二月,"遣左监门将军黎敬仁往河北赈给贫乏"③;开元十六年九月,右监门卫大将军黎敬仁巡问河南道宋、亳、许、仙、徐、郓、濮、兖等旱损州;④咸通十年(869)六月,关中旱,懿宗诏称:"昨陕虢中使回,方知蝗旱有损处。"⑤

　　遣使在地方救灾中肩负着检覆、存恤、救灾、安置流民、减免租税、赈贷、赈给、回奏救灾情况等几乎全部的赈灾工作。如元和四年(809)正月壬午,宪宗下制曰:"近者江淮之间,水旱作沴……临遣使臣,分命巡行,将加存恤,往救灾患,冀安流庸,俾免其田租,赈以公廪,随便拯给,惠此困穷。"⑥此条制文比较全面地概述了救灾使在救灾过程中的各项工作,当然也少不了回京后汇报救灾具体情况的任务。为了开展工作,救灾使通常都带有自己的僚佐,如行参军等⑦,大历二年(767)给事中贺若察宣慰湖南时,请李公受为僚佐⑧。救灾使的僚佐一般"有一十六人"⑨,他们配合救灾使和地方官员办理具体的救灾事务。

　　为了更有效地落实救灾措施,唐五代统治者注重充分发挥地方官的作

　　①《旧唐书》卷五《高宗本纪》,第102页。

　　②参阅《册府元龟》卷一六二《帝王部·命使》,第1954页。

　　③《旧唐书》卷八《玄宗本纪》,第190页。

　　④参阅《册府元龟》卷一〇五《帝王部·惠民》,第1260页。

　　⑤《旧唐书》卷一九《懿宗本纪》,第668页。

　　⑥《册府元龟》卷一〇六《帝王部·惠民》,第1265页。

　　⑦参阅〔唐〕萧嵩等:《大唐开元礼》卷一三一《凶礼·赈抚诸州水旱虫灾》,民族出版社,2000年,第615~616页。

　　⑧参阅《梁肃文集》卷五《墓志铭·处州刺史李公墓志铭》,胡大浚、张春雯整理校点,甘肃人民出版社,2000年,第155页。

　　⑨〔唐〕刘思立:《谏农时出使表》,《全唐文》卷一五三,第1565页。

用,积极协调救灾使臣与地方官的关系。救灾诏敕一般都明确要求遣使与州县长官相互配合,共同处理救灾事宜。如开元十五年(727)八月玄宗《遣使宣抚河北诏》曰:"河北州县,水灾尤甚……宜令所司,量支东都租米二十万担赈给。仍令魏州刺史宇文融充宣抚使,便巡抚水损,应须优恤,及合折免,并存阎舍,一事已上,与州县相知,逐稳便处置,务从简易,勿致劳扰。"①安史之乱后,随着节度使、观察使等地方使职地位的提高,中央派遣的救灾使,往往要与本道观察使、节度使等地方长官配合。大历二年(767)八月,代宗《宣慰湖南百姓制》曰:"宜令中散大夫给事中贺若察往湖南宣慰处置,其百姓遭损不能自存者,应须赈给蠲免,宜与本道观察使商量,处置讫闻奏。"②当然,具体的事务性工作,需要与州县长官逐一落实。如遣使在救灾之前,还须与州县长吏一起编制簿书③,即依据州县"所损作分数等第"④。

遣使有代表皇帝亲临灾区赈灾之意,"苟副所任,则如亲临"⑤。可对地方奏报的灾情直接进行检覆,采取应急救灾措施。遣使一般都有皇帝特别批准的先赈后奏的权力。如开元二年正月戊寅,玄宗《赈岐华等州敕》曰:

> 如闻三辅近地,豳陇之间,顷缘水旱,素不储蓄,嗷嗷百姓,已有饥者……宜令兵部员外郎李怀让、主爵员外郎慕容珣,分道即驰驿往岐、华、同、豳、陇等州指宣朕意:灼然乏绝者,速以当处义仓,量事赈给。如不足,兼以正仓及永丰仓米充。仍令节减,务救悬绝者。还日奏闻。⑥

针对水旱所致的严重饥馑状况,玄宗遣使前往灾区指宣圣旨,授予使者就地开仓赈给的权力,足以说明使者在救灾过程中发挥了很大作用。开元二十一年(733)二月,玄宗《遣使宣慰江南淮南等州制》曰:"去年江南、淮南有微遭旱处,河南数州亦有水损百姓,皇甫翼等咸谓能贤,式将朕命,其间乏绝,应须赈贷,便量事处置,回日奏闻。"⑦皇甫翼为玄宗朝监察御史,作为使

① 《全唐文》卷二九,第334页;《册府元龟》卷一六二《帝王部·命使》,第1954页。
② 《唐大诏令集》卷一一六,第606页;《全唐文》卷二五,第294页;《全唐文》卷四一四,第4242页。
③ 参阅《旧唐书》卷一九〇中《文苑·刘宪传》,第5016页。
④ 《陆贽集》卷一七《请遣使臣宣抚诸道遭水州县状》,第555页。
⑤ 《陆贽集》卷五《奉天遣使宣慰诸道诏》,第130页。
⑥ 《全唐文》卷三四,第373页。参阅《册府元龟》卷一〇五《帝王部·惠民》,第1258页。
⑦ 《全唐文》卷二三,第271页。参阅《册府元龟》卷一六二《帝王部·命使》,第1955页。

者宣慰江南、淮南，"指宣朕意""式将朕命"，代表天子恩恤灾民。救灾使臣"赍诏书，体问周恤，宣示郡邑，令悉朕怀"，并被赋予"应须赈贷，便量事处置"的权力，他可以先赈恤后奏闻，突出了其应急的特点。

使臣代表皇帝到地方赈灾，往往是皇帝的亲信重臣，州县官员都非常重视。地方欢迎救灾使臣的仪式，在《大唐开元礼》中有详细的规定：

> 皇帝遣使赈抚诸州水旱虫灾，本司散下其礼，所司随职供办。使者未到之前，所在长官，预勒所部僚佐等及正长、老人。本司先于厅事大门外之右设使者，便次南向又于大门外之右设使者……参军引长官以下俱入，就庭中位立定。持节者脱节衣，持案者以案当使者前，使者取制书，持案者退复位，使者称有制。行参军赞再拜，长官及诸在位者皆再拜，使者宣制书讫。行参军又赞再拜，长官及诸在位者皆再拜，行参军引长官进诣使者前受制书，退复位讫。司功参军引使者以下出，复门外位，行参军引长官及诸在位者，各出就门外位如初，行参军赞拜长官及诸在位者皆再拜，司功参军引使者以下还，便次长官退，其正长老人等任散。①

这种救灾使手持使节、制书，地方州县长吏、僚佐、正长、老人俱官服，按仪规迎接、礼拜的场面，充分彰显了使者的地位和权威。但也因礼制过繁，使者烦扰州县过甚，破费颇多，浪费了大量资源，影响了赈灾效果，增大了地方和中央的救灾开支。因此，皇帝诏敕中也一再强调，使者须"务从简易，勿致劳扰"②，对受灾州县"事须存问，以尉其心"③，以免违背皇帝遣使救灾，彰显"皇心遍于四海"的初衷。

遣使救灾制度也不是尽善尽美，仍然不能有效解决紧迫的救灾问题，如仪凤二年（677）四月诏，以河南、河北旱俭，遣御史中丞崔谧等分道存问赈给，侍御史刘思立上《谏农时出使表》云：

> 臣伏见河南河北旱俭，敕遣御史中丞崔谧、给事中刘景先分道存

---

① 《大唐开元礼》卷一三一《凶礼·赈抚诸州水旱虫灾》，第615~616页。

② 唐玄宗：《遣使宣抚河北诏》，《全唐文》卷二九，第334页。参阅《册府元龟》卷一六二《帝王部·命使》，第1954页；《册府元龟》卷一四七《帝王部·恤下》，第1780页。

③ 《册府元龟》卷一〇五《帝王部·惠民》，第1269页；唐玄宗：《再赈河南河北诏》，《全唐文》卷二六，第303页。

问,兼量事赈贷……但谓圣人隔于九重,不知皇心遍于四海,所以分道出使,量使优矜,曲成赒给,特加存问……麦序方秋,蚕功未毕,三时之务,万姓所先。敕使巡抚,人皆悚忙,忘其家业,冀此天恩,踊跃来迎,必难抑止,集众既广,妨废亦多。加以途程往还,兼之晨夕停止,设遣物去,决不尽还。况宣问须见众人,赈给须作文簿,少处犹经两月,多处必更淹延。都计所历州县,烦扰不可胜纪。又一使之下,凡有一十六人,并驮所须,总来一马,无驿之处,须动公私,简弱取强,非五十匹不可。禁马之所,求觅甚难。使人欲求,必须预追简择。雨后农务,特切常情,暂废须臾,即亏岁计。每为一马,遂劳数家,从此相乘,恐更滋甚。又刺史县令,委任不轻,准敕即成。合称明旨,用仓给户,不足为难。且令赈贷,庶免饥乏,若须出使褒贬,请待秋后闲时。臣备位宪司,不敢不奏。①

刘思立劝阻此次遣使的理由有五:其一,虽然皇帝授予使者"兼量事赈贷"的权力,"所以分道出使,量使优矜,曲成赒给,特加存问",但因没能真正放手,赈济并不尽效,"然刍荛之情,尚有未达"。其二,出使时间正值"麦序方秋,蚕功未毕",这样会误导官民,耽误农业生产,损失更大。其三,救灾使臣往返,地方难免迎送,耗时费力,劳民伤财,反而增加了州县的负担。其四,救灾使宣问召见大量地方人士,还要做赈济文簿,耗时长达两月,对当地的烦扰很大。其五,宣使人马众多,沿途驿站、驿户难以承受。最后,他认为可由刺史县令准敕称旨,"用仓给户",进行赈贷,出使褒贬可待秋后闲时。刘思立奏文的确反映出遣使救灾的诸多弊病。

为了提高救灾效率,减少对地方的劳扰,唐后期至五代,政府逐渐放宽了地方救灾的权限,从而大大减少了遣使救灾的数量。唐后期救灾使的部分功能已经由地方的采访使、观察使所兼代,中央使者的职能逐步向"宣示藩方,喻兹诏命,使宽其徭役,禁其侵渔,多方辑绥"等象征性事务转换。②

(三)赈后的闻奏与检覆

唐五代时期,救灾结束后,救灾使和府州及本道观察使、节度使要向中央奏报具体的救灾情况,作为中央对救灾使和州县长官救灾情况的抽查依据。其实,在皇帝下达的救灾诏敕中,一般都明确要求使臣必须将救灾的

①《全唐文》卷一五三,第1565页。参阅《册府元龟》卷五四三《谏诤部·直谏》,第6514页。
②参阅毛阳光:《唐代救灾研究》,第35页。

具体情况回日奏闻。如大历二年(767)九月代宗《宣慰湖南百姓制》曰:"宜令中散大夫给事中贺若察往湖南宣慰处置。其百姓遭损不能自存者,应须赈给蠲免,宜与本道观察使商量处置讫闻奏。"①贞元七年(791)十二月,德宗《赈恤遭水灾百姓敕》曰:"度支即与本道节度观察使计会,各随便近支付,委本使差清干官请受,分送合赈给州县,仍令县令及本曹官同付人户。务从简便,无至重扰,速分给讫,具状闻奏。"②太和六年(832)五月庚申,文宗《太和六年德音》曰:"其疫未定处,并委长吏差官巡抚,量给医药,询问救疗之术,各加拯济,事毕条疏奏来……长吏劝其近亲收养,仍官中给两月粮,亦具数闻奏。"③这既可督促采取有效的救灾措施,也可对赈灾结果进行考评和监督。

"赈后闻奏"的内容主要包括救灾事项和开支情况。如长兴元年(930)三月,"陕州奏准诏赈贷贫民。五月青州奏,准诏赈贷贫民粮一万四百一十九石。二年二月汴州奏准诏赈贷遭水处贫民"④,可见"赈后闻奏"是由受灾州所上,进奏内容包括赈灾对象即受灾贫民,赈灾方式为赈贷,青州此次赈贷开支为粮一万四百一十九石。

若中央对救灾奏报有疑问,还会派使臣进一步检覆核实。如开元十四年(726)秋,"五十州言水,河南、河北尤甚……遣御史中丞宇文融检覆赈给之"⑤。从"检覆赈给"四字来看,此次宇文融应该是对此前河南、河北道诸州上奏灾情进行覆核。不过,值得注意的是,此次检覆仍有遗漏,对河北遭水处城傍及先令安置的诸蕃投降人和州县被差征行人家口,玄宗虽频遣使巡抚,强调对其倍加矜恤,但仍"不知并得安存与否"。故玄宗于翌年二月下诏,遣中使左监门卫将军李善才再次宣慰,"宜令州县简责,有乏绝者,准吏给粮,俾令安堵,以副朕意"⑥,在关注灾民之外,恐怕更主要的是"简责"救灾措施是否落实。又贞元六年(790)二月,德宗《赈贷百姓制》曰:"赈赡

---

① 《唐大诏令集》卷一一六,第606页;《全唐文》卷二五,第294页;《全唐文》卷四一四,第4242页。

② 《文苑英华》卷四三五《德音·赈恤遭水灾百姓敕》,第2207页;《全唐文》卷五四,第582页。

③ 《文苑英华》卷四四一《德音·太和六年德音》,第2230页;唐文宗:《拯恤疾疫诏》,《全唐文》卷七二,第757页。

④ 《册府元龟》卷一〇六《帝王部·惠民》,第1269页。

⑤ 《旧唐书》卷八《玄宗本纪》,第190页。

⑥ 《册府元龟》卷一六二《帝王部·命使》,第1954页;唐玄宗:《宣慰河北州县制》,《全唐文》卷二三,第266页。

优贷,思致乂安,方镇牧守,诚宜遵奉。如有违越,委御史台及出使郎官御史访察以闻。"①显然这次检覆也是中央发现方镇牧守救灾后奏报存在问题,才有针对性地再次委任御史台、尚书省郎官直接访察灾民,检覆赈赡优贷的落实情况。

皇帝下达赈灾诏制,救灾使和地方官赈济灾民并向中央奏报救灾情况后,地方官还要上表谢恩。如太和六年(832)二月,苏、湖二州大水②,文宗颁《赈恤苏湖两州敕》给予赈济,次年苏州刺史刘禹锡上《苏州谢赈赐表》云:

> 臣某言:伏奉去年二月十五日敕,苏州宜赐米一十二万石,委刺史据户均给者。恩降九天,泽流万姓。
>
> 伏以臣当州去年灾沴尤甚。水潦虽退,流庸尚多。臣前月到任,奉宣圣旨,阖境老幼,无不涕零。询访里闾,备知凋瘵。方具事实,便欲奏论。圣慈忧人,照烛幽远。特有赈恤,救其灾荒。苍生荷再造之恩,俭岁同有年之庆。臣忝为长吏,倍万常情。无任感激抃跃之至。③

从谢表可知,对太和六年二月苏、湖两州的大水,当月十五日文宗已下赈恤诏敕,苏州获赐米十二万石。刘禹锡上任后,在询访民间疾苦后准备上奏申请赈恤时,文宗又下达了赈恤救灾荒的诏敕,他遂上此谢表。再如开成元年(836)同州发生旱灾,文宗下诏:"特放开成元年夏青苗钱,并赐斛斗六万硕。"下诏书的当月,刺史刘禹锡上《谢恩赐粟麦表》歌颂皇恩浩大,其表曰:

> 臣某言:伏奉今月一日制书,以臣当州连年歉旱,特放开成元年夏青苗钱,并赐斛斗六万石,仰长吏逐急济用,不得非时量有抽敛于百姓者。恩降九天,泽周万姓。优诏才下,群情顿安。臣某诚欢诚喜,顿首顿首。
>
> 伏以灾沴流行,阴阳常数,物力既竭,人心匪遑。辄敢奏闻,本求

① 《册府元龟》卷一五五《帝王部·督吏》,第1879页;《全唐文》卷五〇,第549页。

② 参阅《新唐书》卷三六《五行志》,第934页。

③ 《刘禹锡集》卷一五,第187页。

贷借。皇恩广被,玄造曲成。既免在田之征,仍颁发廪之赐。臣谨宣
赦文节目,彰示兆人。鼓舞欢谣,自中徂外。臣初到所部,便遇俭时。
今蒙圣慈,特有赈恤。主恩及物,已为寿域之人,众意感天,必有丰年
之应。臣恪居官业,不获拜舞阙庭。无任感激。①

从谢表可知,刘禹锡将同州旱情上奏以求赈贷,文宗不仅免除了同州当年
的赋税,还下放了赈赐救灾。作为当州长官,刘禹锡遂上此谢表。

综合上述,自下而上报灾是唐律规定的地方官职责,对不报和谎报灾
情的行为也有惩处规定。但因地方税收和供奉的好坏与地方长官的考课
紧密相关,不报或谎报灾情的情况依然存在。因此在地方将灾情逐级上报
后,中央会对灾情进行进一步检覆。在准确掌握灾情后,中央会及时就救
灾事宜做出安排,由皇帝以诏敕的形式部署救灾。

第三节　灾害救助

唐五代时期,中央验明灾情后,往往以诏敕的形式部署救灾。具体的
救灾措施主要是给灾民提供衣食物资赈济和蠲免灾民的赋役负担,即"出
公粟以赈困穷,弛岁征以宽物力,救患之道,何莫由兹?"②有赈给、赈恤、赈
贷、赈粜、赈赐、移民就粟、调粟救民、蠲免等名目,这些救灾措施都是由中
央政府颁下并责令相关部门和人员执行。阎守诚按救灾主体分中央和地
方两个层面探讨了唐代的救灾状况③;么振华分灾前预防、灾中救援、灾后
恢复等阶段探讨了唐代荒政④。一般来讲,灾情发生后,随着时间的推移,
政府和社会的救灾侧重点,以及所采取的措施也相应有所变化。因此,下
文按灾情进程,分紧急救助、减控灾情、灾后恢复三个层面,来讨论唐五代
时期的灾害救助问题。

一、紧急救助

紧急救助是指在灾害发生后的短时间内,政府和社会向灾民提供的救

---

① 《刘禹锡集》卷一六,第196页;《全唐文》卷六〇二,第6080页。
② 唐德宗:《水灾赈恤敕》,《全唐文》卷五四,第582~583页。
③ 参阅阎守诚主编:《危机与应对:自然灾害与唐代社会》,第299~368页。
④ 参阅么振华:《唐代自然灾害及其社会应对》,第251~345页。

援,其特点是紧急保护百姓的生命和财产安全。唐五代时期,政府给灾民提供灾后紧急救助的相关记载很有限,从已掌握的资料看,主要是给灾民提供必需的口粮、布帛、盐、薪炭、药等生活物资,还有应急维护江河、水利灌溉工程等国家重大公共设施的安全措施。捕蝗埋瘗是紧急救助蝗灾的有效措施。以下将对这些紧急救助措施进行梳理探讨。

(一)提供紧急物资救助

在出现突发灾情时,贮无余粮的百姓往往会遇到衣食严重短缺的问题,唐五代政府主要通过赈赐粮物、劝民互济等方式为灾民提供紧急救助。

1.赈赐应急物资

给灾民赈赐粮物等应急物资,是唐五代政府紧急救助灾民的最主要方式。如贞观十一年(637)七月一日,洛阳"黄气竟天,大雨,谷水溢,入洛阳宫,深四尺,坏左掖门,毁宫寺十九,漂六百余家",十三日,太宗下诏赐遭水之家布帛有差①,标准为"赐遭水旱之家帛十五匹半,毁者八匹"②。高宗咸亨四年(673)七月辛巳,"婺州暴雨,山水泛涨,溺死者五千人,漂损居宅六百家,诏令赈给之"③。武后长安四年(704),"自九月至于是(十一月),日夜阴晦,大雨雪,都中人有饥冻死者,令官司开仓赈给"④。开元十五年(727)七月戊寅,"冀州、幽州、莫州大水,河水泛溢,漂损居人室宇及稼穑,并以仓粮赈给之。丙辰诏曰:'同州、鄜州近属霖雨稍多,水潦为害,念彼黎人,载怀忧惕,宜令侍御史刘彦回乘传宣慰,其有百姓屋宇田苗被漂损者,量加赈给。'"⑤贞元十八年(802)秋七月庚辰,"蔡、申、光三州春水夏旱,赐帛五万段,米十万石,盐三千石"⑥。梁开平四年(910)十月,"梁、宋、辉、亳水,诏令本州开仓赈贷"⑦,除紧急赈赐粮食布帛等物资外,还减免租税,以减轻百姓负担。太和五年(831)六月,"玄武江涨,高二丈,溢入梓州罗城"⑧,七月,文宗诏曰:"宜令户部郎中李践方,充西川宣抚使,应遭水人户,委与本道观察使计会,各量税额,所漂损多少等第分数,蠲放今年夏秋税钱

① 参阅《旧唐书》卷三七《五行志》,第1351~1352页。
②《册府元龟》卷一〇五《帝王部·惠民》,第1256页。
③《册府元龟》卷一〇五《帝王部·惠民》,第1258页。
④《旧唐书》卷六《则天皇后本纪》,第132页。
⑤《册府元龟》卷一〇五《帝王部·惠民》,第1260页。
⑥《旧唐书》卷一三《德宗本纪》,第396页。
⑦《旧五代史》卷一四一《五行志》,第1881页。
⑧《新唐书》卷三六《五行志》,第934页。

及租子等。"①这次特意减免夏秋税钱及租子,是因为灾害发生在七月,正值课税收租之时,紧急减免可使灾民得以苏息。太和六年春正月乙未朔,以久雪废元会,文宗下诏:"念兹庶氓,或罹冻馁,无所假贷,莫能自存……应京畿诸县,宜令以常平义仓斗赈恤。京城内鳏寡癃残无告不能自存者,委京兆尹量事济恤,具数以闻。"②后晋天福四年(939)冬,京师"大雪害民,五旬未止",十二月丁巳后晋高祖下令,"出薪炭米粟给军士贫民等"③。这两起大雪后,灾民能够得到紧急救助,一个重要原因是当地地处京畿,皇帝大臣目睹灾民的遭遇,故无检覆的必要。以上史料中的赈灾措施,都是在灾害发生后一个月左右部署的,反应较快,即属于紧急救助。

中央派遣使臣检覆地方灾情的同时,先给不支济者及时的赈济和蠲免,这也属于紧急救助。如开元六年(718)九月四日,玄宗诏曰:"今岁河南诸州,颇多水潦,稼穑不稔,闾阎阻饥……宜令工部尚书刘知柔驰驿充使,往河南道巡历简问,应免租庸及赈恤,并量事便处分。"④开元十一年正月,玄宗下诏:"河南府遭水百姓,前令量事赈济,如闻未能存活,春作方兴,恐乏粮用,宜令王怡检问,不支济者,更量赈给,务使安存。"⑤开元十四年秋,"十五州言旱及霜,五十州言水,河南、河北尤甚,苏、同、常、福四州漂坏庐舍,遣御史中丞宇文融检覆赈给之"⑥。开元十六年十月诏曰:"河南道宋亳许仙徐郓濮兖州奏旱损,宜令右监门卫大将军黎敬仁往彼巡问,如有不支济户,朕须赈给,与州县长官相知,量事处置讫,回日具状奏闻。"⑦开元二十年三月,河南数州水灾,玄宗下诏:"宜令户部侍郎张敬舆宣慰简覆,如实有损,贫下不支济百姓,量事赈给,务令忧恤,称朕意焉。"⑧以上实例说明,玄宗时所遣检灾使有一定的救灾权力,在检覆之时即可依据实际情况进行赈给,不必再待回京后决定。这种灾后紧急救助的有效实行,对遭受严重灾

---

①《唐大诏令集》卷一一七《令李践方充西州宣抚使敕》,第613页。

②《旧唐书》卷一七《文宗本纪》第544页。参阅唐文宗:《雨雪赈济百姓敕》,《全唐文》卷七四,第775页。

③《旧五代史》卷七八《晋书·高祖本纪》,第1034页。参阅《册府元龟》卷一○六《帝王部·惠民》,第1270页。

④《册府元龟》卷一六二《帝王部·命使》,第1952页;唐玄宗:《遣使赈恤河南道诏》,《全唐文》卷二八,第315页。

⑤《册府元龟》卷一○五《帝王部·惠民》,第1259页。参阅唐玄宗:《减东都禁囚等罪敕》,《全唐文》卷三四,第381页。

⑥《旧唐书》卷八《玄宗本纪》,第190页。

⑦《册府元龟》卷一○五《帝王部·惠民》,第1260页。

⑧唐玄宗:《宣抚河南诏》,《全唐文》卷三○,第340页。

害的百姓来讲,可解燃眉之急,十分有效。

在灾后粮食极度短缺的情况下,施粥赈饥民是最为直接的紧急救助方式。唐代这种记载不多,且基本是向贫民施粥。如肃宗乾元三年(760)二月,"以米贵斗至五百文,多饿死,令中使于西市煮粥以饲饿者"①。阳城为道州刺史,"月俸取足则已,官收其余。日炊米二斛,鱼一大鬵,置瓯杓道上,人共食之"②。五代时期,随着连年的战乱和自然灾害,灾民大量出现,国家已经无法实行有效的赈灾,只能局部限量供应粮食。如后周世宗显德四年(957)三月,供奉官田处嵩、梁希进等于寿州城内煮粥以救饥民。③显德六年三月壬戌,楚州上言,诏准煮粥以救饥民。④

2.劝民相济

唐五代时期,在发生大的自然灾害时,中央和地方政府也往往号召百姓相互救助,发动群众的力量,克服物资短缺的困难,作为常规紧急救助灾害的有益补充。如太宗贞观年间,张俭为朔州刺史,"广营屯田,岁致谷十万斛,边粮益饶。及遭霜旱,劝百姓相赡,遂免饥馁,州境独安"⑤。神龙中,韦景骏为肥乡令,"方河北饥,身巡闾里,劝人通有无,教导抚循,县民独免流散。及去,人立石著其功"⑥。太和三年(829)十一月,令狐楚进位检校右仆射、郓州刺史、天平军节度、郓曹濮观察等使,"属岁旱俭,人至相食,楚均富赡贫,而无流亡者"⑦。五代后晋天福八年(943)正月丁酉,"敕河南怀孟郑等州管内百姓,有积粟者,仰均分借便,以济贫下"⑧。

不只是地方官,中央政府在积极组织官方救助的同时,也积极倡导民间互济。如开元十三年(725)二月,玄宗《置十道劝农判官制》云:"且分灾恤患,州党之常情,损余济阙,亲邻之善贷……宜委使司与州县商量,劝作农社,贫富相恤,耕耘以时。"⑨敦煌文书中保留了不少民间社邑互助的文书,详

---

① 《册府元龟》卷一〇五《帝王部·惠民》,第1262页。

② 《新唐书》卷一九四《卓行·阳城传》,第5572页。

⑥⑦ 参阅《册府元龟》卷一〇六《帝王部·惠民》,第1271页。

⑤ 《旧唐书》卷八三《张俭传》,第2775页;参阅《册府元龟》卷六七八《牧守部·兴利》,第8101页。

⑥ 《新唐书》卷一九七《循吏·韦景骏传》,第5626页;《旧唐书》卷一八五《良吏·韦机传附重孙景骏传》记载相同,第4797页。

⑦ 《旧唐书》卷一七二《令狐楚传》,第4462页。

⑧ 《册府元龟》卷一〇六《帝王部·惠民》,第1270页。

⑨ 《全唐文》卷二五,第294页;参阅〔日〕池田温编:《唐代诏敕目录》,第174页;《旧唐书》卷一〇五《宇文融传》,第3220页。

情请参阅郝春文的《中古时期社邑研究》和本书第五章的相关论述。[①]

(二)抗洪抢险

洪水灾害往往来势凶猛,多导致河湖决堤,直接威胁百姓房舍、田地及生命安危。政府组织人力物力在第一时间抗洪抢险,便成了紧急救灾的关键。中宗神龙初年(705~706),张柬之任襄州刺史,"会汉水涨啮城郭,柬之因垒为堤,以遏湍怒,阖境赖之"[②],此次汉水涨溢危及襄州城,张柬之第一时间组织人力物力垒堤抗洪,成功地遏制住了湍急的洪水。开元十四年七月十四日,瀍水暴涨,流入洛漕,漂没诸州租船,溺死人众,漂失诸多租米并钱绢杂物等,"因开斗门决堰,引水南入洛,漕水燥竭,以搜漉官物"[③]。同年秋,五十州言水,"河堤坏决,诸郡有闻,皆俟诏到,莫敢兴役",济州刺史裴耀卿考虑到"害既滋甚,功无已时",遂"亦既成奏,因而发卒""俯临决河,躬自作护"[④],亲临抗洪一线,堵住了河堤缺口,取得了抗击洪灾的胜利。开元十八年六月,东都瀍、洛泛涨,坏天津、永济二桥及提象门外仗舍,损居人庐舍千余家,闰月己丑,玄宗"令范安及、韩朝宗就瀍、洛水源疏决,置门以节水势"[⑤]。开元二十年秋,"宋、滑、兖、郓等州大水"[⑥],黄河水患过大,宫闱令刘思贤"奉使与平卢等军截黄河而东注"[⑦],减弱了水势。开元年间,冀州暴雨致洪,河流泛溢,刺史柳儒"躬自相视,大为堤防……具兹舟楫,拯救非一"[⑧],是通过增高堤防抗洪减灾。贞元八年(792)六月,泗州大水,"周亘千里……山泖桐柏,发洪奔涌",刺史张坯"聚邑老以访古,搴薪楗石以御之"[⑨],加固堤防,取得了抗洪成功。后唐同光三年(925)七月,"邺都奏,御河涨于石灰窑口,开故河道以分水势"[⑩]。后晋天福六年(941)九月,河决于滑州,"兖州又奏,河水东流,阔七十里。至七年三月,命宋州节度使安彦威

---

① 参阅郝春文:《中古时期社邑研究》,上海古籍出版社,1997年,第220~237页。

②《新唐书》卷一二〇《张柬之传》,第4323页。

③《旧唐书》卷三七《五行志》,第1357~1358页。

④ 〔唐〕孙逖:《唐齐州刺史裴公德政颂》,《全唐文》卷三一二,第3171页。《旧唐书》卷九八《裴耀卿传》载开元十三年裴耀卿为济州刺史。(第3080页)

⑤《旧唐书》卷八《玄宗本纪》,第195页。

⑥《新唐书》卷三七《五行志》,第931页。

⑦《唐故太中大夫行内常侍赐紫金鱼袋上柱国刘府君(思贤)玄堂记》,胡戟、荣新江:《大唐西市博物馆藏墓志》,北京大学出版社,2012年,第553页。

⑧ 〔唐〕韩休:《大唐故银青光禄大夫薛王府长史上柱国河东县开国男柳府君墓志铭》,《全唐文补遗·千唐志斋新藏专辑》,三秦出版社,2006年,第165页。

⑨ 〔唐〕吕周任:《泗州大水记》,《文苑英华》卷八三三《灾祥》,第4392~4393页。

⑩《旧五代史》卷一四一《五行志·水淹风雨》,第1881页。

率丁夫塞之"①。

另外,由于水灾和火灾不断,紧急解救受困人员的情况应当很多,但见于记载的有限。后晋天福六年九月,"河决于滑州,一概东流。居民登丘冢,为水所隔。诏所在发舟楫以救之"②,可见很多这种工作是由政府组织实施的。

(三)捕蝗埋瘗

蝗灾是中国古代常见的重大灾害之一,往往来势凶猛。蝗虫所过之处几乎寸草不留,根茎并尽,对农牧生产破坏极大③,备受政府和百姓的忌惮。加之灾害天谴说的影响,蝗虫又被视为有谴告天职的神虫或虫王,为社会各阶层所敬畏。因此治理蝗灾就更加富有神秘色彩。唐五代时期,当发生蝗灾时,臣僚往往会劝谏国君,通过下诏疏决囚徒、祈神、避正殿减膳等宫政改革以祈禳弭灾,即所谓的"蝗虫是天灾,当修德以禳之"④。但同时,捕埋蝗虫也是较为常见的紧急救灾措施。

1.政府鼓励灭蝗

唐五代时期,捕埋蝗虫有赖于政府的组织和引导,皇帝带头消除对蝗虫的畏惧,身体力行着手灭蝗。贞观二年(628),京师旱,蝗虫大起,太宗看到蝗虫尽食百姓麦,遂生吞蝗虫以示灭蝗的决心⑤,借以消除朝野对蝗虫的畏惧心理,号召百姓消灭蝗虫。但直到玄宗朝时,朝野对蝗虫的畏惧心理依然存在。如开元三年(715)五月,"山东大蝗,民或于田旁,焚香膜拜设祭而不敢杀",宰相姚崇奏遣御史督州县捕而瘗之,但黄门监卢怀慎以杀蝗太多"恐伤和气",反对灭蝗,后来在姚崇的力谏下,玄宗才勉强从之。⑥

在政策方面,皇帝下诏委派州县长吏,责令百姓捕杀蝗虫。如开元四年(716),山东再度发生蝗灾,五月甲辰,玄宗下《捕蝗诏》云:

> 今年蝗虫暴起,乃是孳生……使人等至彼催督,其中犹有推诿,以此当委官员责实。若有勤劳用命,保护田苗,须有褒贬,以明得失。前后使人等审定功过,各具所縣州县长官等姓名闻。此虫若不尽除,今

---

① 《旧五代史》卷一四一《五行志·水淹风雨》,第1883页。

② 《旧五代史》卷一四一《五行志》,第1882页。

③ 参阅〔唐〕张鷟:《朝野佥载》补辑,赵守俨点校,中华书局,1979年,第169页。

④ 《旧唐书》卷一〇一《韩思复传》,第3149页。

⑤ 参阅《贞观政要》卷八《务农第三十》,第424页。

⑥ 参阅《资治通鉴》卷二一一"开元三年三月"条,第6710~6711页。

年还更生子，委使人分州县会计，勿使遗类。①

这是通过"审定功过"的措施，对官员的捕蝗护苗成果进行奖惩，督促地方官采取有效措施抵御蝗灾。

另外，效法西汉平帝以粟换蝗②，鼓励百姓积极捕杀蝗虫。开元四年，河南北发生蝗灾，"敕差使与州县相知驱逐，采得一石者与一石粟；一斗，粟亦如之，掘坑埋却。埋一石则十石生，卵大如黍米，厚半寸盖地"③。后晋天福七年（942）四月，"山东、河南、关西郡蝗害稼，至八年四月，天下诸州飞蝗害田，食草木叶皆尽。诏州县长吏捕蝗，华州节度使杨彦询、雍州节度使赵莹命百姓捕蝗一斗，以禄粟一斗偿之"④。后晋天福八年，赵莹"出为晋昌军节度使。是时，天下大蝗，境内捕蝗者获蝗一斗，给粟一斗，使饥者获济，远近嘉之"⑤。

加大力度遣使捕蝗。除上文所引开元三、四年玄宗遣使捕蝗外，后晋天福八年夏四月，"河南、河北、关西诸州旱蝗，分命使臣捕之"，六月庚戌，"以螟蝗为害，诏侍卫马步军都指挥使李守贞往皋门祭告，仍遣诸司使梁进超等七人分往开封府界捕之"。⑥后汉乾祐二年（949）六月癸酉朔，"兖州奏，捕蝗二万斛"，己卯"开封府滑、漕等州蝗甚，遣使捕之"；七月丙寅，"兖州奏，捕蝗二万斛"，戊辰，"兖州奏，捕蝗四万斛。"⑦

五代还出现派遣军队捕蝗的情况。如后晋天福八年三月蝗虫为害，夏四月庚午，"供奉官张福率威顺军捕蝗于陈州"⑧，六月壬戌，"宣供奉官朱彦威等七人，各部领奉国兵士一指挥于封丘、长垣、阳武、浚仪、酸枣、中牟、开封等县捕蝗"⑨，秋七月甲辰，"供奉官李汉超帅奉国军捕蝗于京畿"⑩。

---

①《册府元龟》卷一四四《帝王部·弭灾》，第1750页；《全唐文》卷二七，第308页。

②参阅《汉书》卷一二《平帝本纪》，第353页。

③《朝野佥载》补辑，第169页。

④《旧五代史》卷一四一《五行志·蝗》，第1886页；《旧五代史》卷八八《晋书·赵莹传》，第1170页记载相同。

⑤《旧五代史》卷八九《晋书·赵莹传》，第1170页。

⑥《旧五代史》卷八一《晋书·少帝本纪一》，第1076~1077页。

⑦《旧五代史》卷一〇二《汉书·隐帝本纪》，第1359页。

⑧《新五代史》卷九《晋出帝本纪》，第91页。

⑨《册府元龟》卷一四五《帝王部·弭灾》，第1764页。

⑩《新五代史》卷九《晋出帝本纪》，第92页。

2.消灭蝗虫的方法

中国古代消灭蝗虫的经验比较丰富,东汉就出现了开沟坎法。《论衡·顺鼓篇》云:"蝗虫时至,或飞或集。所集之地,谷草枯索。吏卒部民,堑道作坎,榜驱内于堑坎,杷蝗积聚以千斛数。"①至于唐代,又有新法。

①焚烧法。开元三年(715)山东蝗灾中,姚崇奏请差御史下诸道,"促官吏遣人驱扑焚瘗,以救秋稼"②。

②瘗埋法。如开元四年夏,"山东、河南、河北蝗虫大起,遣使分捕而瘗之"③。

③捕杀虫子。至五代时,这已是应对蝗灾的主要措施。后梁太祖开平二年(908)五月己丑,"令下诸州,去年有蝗虫下子处,盖前冬无雪,今春亢阳,致为灾渗,实伤垄亩。必虑今秋重困稼穑,自知多在荒陂榛芜之内,所在长吏各须分配地界,精加翦扑,以绝根本"④。

④保护食蝗鸟类。后汉乾祐元年(948)七月,"青、郓、兖、齐、濮、沂、密、邢、曹皆言蟓生。开封府奏,阳武、雍丘、襄邑等县蝗,开封尹侯益遣人以酒肴致祭,寻为鸲鹆食之皆尽。敕禁罗弋鸲鹆,以其有吞蝗之异也"⑤。

⑤鸣鼙鼓驱赶蝗虫。后晋赵在礼"在宋州日,值天下飞蝗为害,在礼使比户张幡帜,鸣鼙鼓,蝗皆越境而去,人亦服其智焉"⑥。

综上所述,唐五代时期发生蝗灾后,政府在修德祈禳弭灾之外,基本上能采取积极的焚烧、掩埋、驱赶等应对措施,消灭蝗虫,抵御蝗灾,这对保护农业、维护生产和社会稳定起了积极作用。

(四)紧急救助的局限

唐五代时期,灾害发生后,政府主动采取的有效紧急救助相对有限,更多的救灾往往是在地方履行层层奏报,经中央下达批复诏敕后方才实行,这就错过了救灾的最佳时机,往往造成灾情恶化、损失扩大等恶果。

1.唐前期地方官缺乏紧急开仓赈济的权限

在当时的交通状况下,层层奏报批复制度往往会拖延时日,长者达数

---

① 北京大学历史系《论衡》注小组:《论衡注释》卷一五《顺鼓篇》,中华书局,1979年,第897页。

② 《旧唐书》卷八《玄宗本纪》,第175页。

③ 《旧唐书》卷八《玄宗本纪》,第176页。

④ 《旧五代史》卷四《梁书·太祖本纪四》,第61页。

⑤ 《旧五代史》卷一四一《五行志·蝗》,第1887页;《旧五代史》卷一〇一《汉书·隐帝本纪上》,第1349页。

⑥ 《旧五代史》卷九〇《晋书·赵在礼传》,第1178页。

月,这就延误了救灾时机。①

当然也有一些清明地方官,在灾民生死关头,能不顾个人仕途和安危,擅自开仓赈济灾民。如高宗上元(674~676)初,员半千任武陟尉,"属频岁旱饥,劝县令殷子良开仓以赈贫馁,子良不从。会子良赴州,半千便发仓粟以给饥人。怀州刺史郭齐宗大惊,因而按之。时黄门侍郎薛元超为河北道存抚使,谓齐宗曰:'公百姓不能救之,而使惠归一尉,岂不愧也!'遽令释之"②。结果员半千作为县尉,违反救灾制度,越过县令紧急开仓救济灾民,可谓胆识超人。当州刺史察按此事,恰好当道存抚使黄门侍郎薛元超比较清明,结果员半千未被追责,被释放并获得嘉许。也正因为这种担当精神,员半千受到当时社会的赞誉,才被载入史册。

地方官擅自开仓赈济的例子在唐五代时期还是比较有限的,兹逐一列举如下。高宗时,韩思彦巡察剑南,"会蜀大饥,开仓赈民,然后以闻,玺书褒美"③,韩思彦为监察御史,救灾时处置权限,较普通地方官高一些④,还因此获得了高宗的褒美。高宗永淳(682~683)后,韩思复"调梁府仓曹参军,会大旱,辄开仓赈民,州劾责,对曰:'人穷则滥,不如因而活之,无趣为盗贼。'州不能诎"⑤,这是在灾情紧急时,地方仓曹参军明知违法,仍擅自开仓赈灾的事例,后来遭弹劾时,他也能以理相对,虽然大概是州刺史赞赏其义举而未做处罚,但此例足以说明地方官擅自开仓赈济是要承担风险的。肃宗上元(760~762)初,曹王李皋被"贬温州长史,俄摄州事。州大饥,发官廪数十万石赈饿者,僚史叩庭请先以闻,皋曰:'人日不再食且死,可俟命后发哉?苟杀我而活众,其利大矣!'既贷,乃自劾,优诏开许,就进少府监"⑥,李皋自知擅自发官廪罪可致死,但仍开仓赈济饥民,之后主动上奏皇帝弹劾自己。肃宗未治其罪,反而给予嘉奖,晋升他为少府监。又王珣在玄宗朝任许州长史时,"岁旱,珣时假刺史事,开廪赈民,即自劾,玄宗赦之"⑦。这两例中,府州长史擅自赈民,均违反了唐代的奏报制度,但玄、肃二帝都能从稳定国家和体恤灾民安危的大局着想,给予了赦免。后唐天成中,张虔

---

① 参阅么振华:《唐代自然灾害及其社会应对》,第262页。

② 《旧唐书》卷一九〇中《文苑·员半千传》,第5014页。

③ 《新唐书》卷一一二《韩思彦传》,第4163页。

④ 参阅《唐六典》卷一三《御史台》,第273页。

⑤ 《新唐书》卷一一八《韩思复传》,第4271~4272页。

⑥ 《新唐书》卷八〇《太宗子·曹王明孙皋传》,第3580页;《旧唐书》卷一三一《李皋传》第3637页记载相同。

⑦ 《新唐书》卷一一一《王方翼传附子珣传》,第4136页。

钊任沧州节度使①,《北梦琐言》载:张虔钊"镇沧州日,因亢旱民饥,发廪赈之。方上闻,帝甚嘉奖。他日秋成,倍斗征敛",朝论鄙之。②

这种擅自开仓赈济灾民的行为,需要有不顾个人安危、敢于承担责任的地方官,还得有开明君王和清明中央官员的支持,开仓官员才能免于被治罪。按唐代律令,地方官擅自开仓是要被削阶贬官的。如建中元年(780),萧复为同州刺史③,"州人阻饥,有京畿观察使储廪在境内,复辄以赈贷,为有司所劾,削阶。朋友唁之,复怡然曰:'苟利于人,敢惮薄罚。'"④相比之下,萧复就不像前面所举的官员那么幸运,而被削夺官阶,这可能与其所开仓廪为京畿观察使储廪有关,但他仍能以"苟利于人,敢惮薄罚"的态度处之。擅自开仓赈济灾民的风险,严重地阻碍了地方官在第一时间开仓赈济灾民的积极性,阻滞了灾害发生之初的紧急救助。

2.唐后期及五代地方官开仓权的逐渐放宽

中晚唐至五代,中央逐步放宽了地方赈灾的权限,将救灾的主动权下放到了州刺史和当道采访使、节度使、观察使手中,中央起监察作用,府州长官开仓赈济不再受罪责,这应与中唐财政制度变革有很大关系,即国家税收分为上供、留州、留使⑤,意味着刺史对地方仓廪的处置权相对扩大。如代宗时,孙成任信州刺史,"岁大旱,发仓以贱直售民,故饥而不亡"⑥。文宗时,狄兼谟历蕲邓郑三州刺史,"岁旱饥,发粟赈济,民人不流徙"⑦。大中四年(850)李珏始为检校尚书右仆射、淮南节度使,"江淮旱,发仓廪赈流民,以军羡储,杀半价与人"⑧。后梁开平四年(910),袁象先权知宋州留后,"到任五月,改天平军两使留后。时郓境再饥,户民流散,象先即开仓赈恤,蒙赖者甚众"⑨。大中六年四月,义仓的管理权和开仓赈济权归于地方,中央仅保留监督权。可惜宣宗以后,仓廪体系遭到极大破坏,国家的赈灾能

① 参阅《旧五代史》卷七四《唐书·张虔钊传》,第973页。

② 参阅〔五代〕孙光宪:《北梦琐言》卷一九,贾二强校点,中华书局,2002年,第350页。

③ 参阅郁贤皓:《唐刺史考全编》卷四《京畿道·同州》,第126页。

④《旧唐书》卷一二五《萧复传》,第3551页。

⑤ 参阅《新唐书》卷五二《食货志》云:"宪宗又罢除官受代进奉及诸道两税外榷率,分天下之赋以为三:一曰上供,二曰送使,三曰留州。"(第1359页)

⑥《新唐书》卷二〇二《文艺·孙逖传附子成传》,第5761页。

⑦《新唐书》卷一一五《狄仁杰传附孙兼谟传》,第4214页。

⑧《新唐书》卷一八二《李珏传》,第5361页。参阅吴廷燮:《唐方镇年表》卷五《淮南》,第732~733页。

⑨《旧五代史》卷五九《唐书·袁象先传》,第797页。

力非常有限,地方的赈灾权也就失去了意义。

总之,唐五代时期,由于有限的交通条件和灾害奏报、开仓申批等制度的约束,中央和地方政府在灾害的紧急救助方面所做的工作很有限,仅限于突发或较大灾情时政府赈赐应急物资、检灾使应急救灾、施粥赈饥民、抗洪抢险和号召灾民相互救助,以及地方官员强行开仓赈灾等方式。政府对灾害更多的救助主要在抗灾减灾和灾后恢复方面。

二、抗灾减灾

抗灾减灾是在紧急救助的基础上,政府和社会积极采取减缓灾情、掌控局面的措施,以防止灾情的进一步发展。唐五代时期,抗灾减灾的主要措施是对灾民的进一步物资救援,以及控制疾疫、兴修堤坝和疏浚河渠等措施。

(一)赈济灾民

灾害发生后,通过紧急救助,灾民衣食短缺的困境可以部分缓解。在灾情相对稳定之后,统治者仍需要进一步赈济灾民,以降低乃至最终消除灾害的影响。这在唐五代时期主要体现为政府赈济粮物、令民逐粮就食、调粮济民和平抑物价等方面。

1.赈济粮物

唐五代时期,社会生产力水平有限,在国家赋税和地主阶层的盘剥下,普通百姓往往衣食维艰。而在发生灾害时,国家的紧急赈恤又很有限,加之灾害多发生于夏秋季,到了相随而至的冬春季节,是灾民最为艰辛的时候,不仅口粮不及,春季更是无法下种,因此政府往往在冬春季节对灾民进行进一步的粮物赈济,来解决灾民生存和春种的需要,以达到减控灾情、赈济灾民的目的。①唐五代时期,冬春赈济主要集中在解决灾民最紧迫的口粮和春种问题上。以下先探讨对灾民口粮的赈济问题,春种赈贷将在灾后恢复一节进行探讨。

唐武德年间(618~626),灾民口粮的赈济主要依靠正仓。如"唐高祖武德元年十二月,开仓以赈贫乏;二年闰二月,出库物三万段以赈穷乏;七年,关中河东诸州旱,遣使赈给之"②。

---

① 如《册府元龟》卷一〇五《帝王部·惠民》载开元十一年正月诏:"河南府遭水百姓,前令量事赈济,如闻未能存活,春作将兴,恐乏粮用,宜令王怡简问不支济者,更赈给,务使安存。"(第1259页)

② 《册府元龟》卷一〇五《帝王部·惠民》,第1256页。

至贞观二年(628)太宗始建义仓,但贞观初义仓赈济灾民的效果并不显著,直到贞观十一年,洛州发水灾,发义仓赈济,为唐代义仓赈灾的最早记录,此后明确记载义仓赈济的情况逐渐增多[①],义仓逐渐代替正仓,成为赈灾的主要仓储。

义仓粮不足时,其他仓储也出粮赈济。[②]如开元元年(713)同、华等州遭水旱灾,开元二年正月戊寅,玄宗下敕:"灼然乏绝者,速以当处义仓,量事赈给。如不足,兼以正仓及永丰仓米充。"同年四月,华州刺史窦思仁奏"乏绝户请以永丰仓赈给,从之"。开元十年正月,"命有司收内外官职田以给逃还贫下户"。[③]开元十五年十二月,"以河北饥甚,转江淮租米百万余石赈给之"[④]。元和七年(812)二月壬辰,宪宗诏曰:"京畿百姓宜赈给粟三十万石,内八万石以京府常平义仓粟充之,其余用太仓支给。"[⑤]元和九年二月丁未,宪宗诏曰:"应京畿百姓所欠元和八年税斛斗青苗钱税草等,在百姓腹内者,并宜放免,仍以常平义仓斛斗三十万石,委京兆府条疏赈给,务及贫人。如常平义仓不足,即宜以元和七年诸县所贮折籴斛斗添给。"[⑥]五代时期,常平义仓已遭破坏,赈济又主要依靠正仓。

赈济物品主要是灾民急需的麦、粟、帛、米、盐等。[⑦]如贞元十八年(802)七月,"蔡、申、光三州春水夏旱,赐帛五万段,米十万石,盐三千石"[⑧]。赈济的原则一般是"据户均给"[⑨]和"逐急济用"[⑩],赈济的标准大概是每人给米三斗至一石之间,依据受灾的严重程度和政府的粮储情况发放。如开元二十二年(734)八月九日敕:"应给贷粮,本州录奏,敕到,三口以下,给米一石,六口以下,给两石,七口以下,给三石。如给粟,准米

① 参阅《册府元龟》卷一〇五《帝王部·惠民》,第1256~1262页。毛阳光《唐代救灾研究》第59页根据《册府元龟》的记载,将贞元二年后记载不明确的赈济归入义仓赈济,不确切,也未说明理由;他还将义仓赈济提前到贞观三年秋,此说尚待考证。

② 参阅张弓:《唐朝仓廪制度初探》,第15~17页。

③ 《册府元龟》卷一〇五《帝王部·惠民》,第1259页。

④ 《册府元龟》卷一〇五《帝王部·惠民》,第1260页。参阅唐玄宗:《赈岐华等州敕》,《全唐文》卷三四,第373页。

⑦⑧ 《册府元龟》卷一〇六《帝王部·惠民》,第1266页。

⑦ 参阅《册府元龟》卷一〇六《帝王部·惠民》,第1263~1271页。

⑧ 《旧唐书》卷一三《德宗本纪》,第396页。

⑨ 《刘禹锡集》卷一五《苏州谢赈赐表》,第187页。

⑩ 《刘禹锡集》卷一六《谢恩赐粟麦表》,第196页。

计折。"①一石正好为三口之家一个月的口粮。②太和四年(830)七月癸巳诏：许州遭水损百姓，"实水损，每人量给米一石，其当户人多，亦不得过五石，令度支以逐便支送"③。又永贞元年(805)九月丙子，宪宗诏曰："申光蔡及陈许两道将卒百姓等，比遭旱损……陈、许等州赐米五万石。"④据《元和郡县图志》记载，元和二年(807)时，陈州有4038户，许州为5291户，合计9329户，每户平均一石多一点。天福七年(942)八月，后晋少帝诏曰："襄州城内百姓等，久经围闭，例各饥贫，宜示颁宣，用明恩渥，大户各赐粟二石，小户各赐粟一石。"⑤

唐五代灾害赈济的具体名目有赈济、赈给、赈恤、赈赐、赈贷等，赈济、赈恤是对物资赈灾的统称，包含赈给、赈赐和赈贷。赈给和赈赐都是政府无偿地将救济物品发放给受灾者，赈贷则需要受赈者偿还。具体赈济方式根据灾害严重程度而定，如陆贽《均节赋税恤百姓六条》曰："每遇灾荒，即以赈给，小歉则随事借贷，大饥则录奏分颁。"⑥唐前期以赈给较多，而且主要集中在贞观前期；唐后期以赈给和赈贷兼多，赈赐主要出现在德宗至文宗朝等政治相对清明的时期，以及贞观及天福年间的少数赈灾诏中也有提及。⑦如太和九年(835)三月二十日文宗《赈恤诸道百姓德音》云："其魏博宜赐粟五万石，山南东道、陈许、郓曹濮等三道，各赐糙米三万石充赈给。委度支逐便支遣，仍各令本道据饥乏之处赈给。淮南、浙西两道，委长吏以常平义仓粟赈赐。"⑧

赈赐的物资一般数量比较大，故主要依靠正仓和常平义仓的储备。如太和三年五月，文宗下诏曰："去年以来水损处郓曹濮淄青德齐等三道，宜各赐米五万石，兖海三万石，并以入运米在侧近者逐便速与搬运。"⑨太和六年五月，苏州因"去年灾沴尤甚。水潦虽退，流庸尚多"，朝廷遂"赐米一十

---

①《唐会要》卷八八《仓及常平仓》，第1913~1914页。

②参阅李锦绣：《唐代财政史稿》(上卷)第三分册，北京大学出版社，1995年，第1079页。

③《册府元龟》卷一〇六《帝王部·惠民》，第1286页。

④《册府元龟》卷一〇六《帝王部·惠民》，第1264页。

⑤《册府元龟》卷一〇六《帝王部·惠民》，第1270页。《旧五代史》卷八一《晋书·少帝本纪》，第1071页"石"作"斛"。

⑥《陆贽集》卷二二《均节赋税恤百姓六条》，第765页。

⑦参阅《册府元龟》卷一〇五《帝王部·惠民》，第1256页；《册府元龟》卷一〇六《帝王部·惠民》，第1270页。

⑧《全唐文》卷七五，第786页。参阅《册府元龟》卷一〇六《帝王部·惠民》，第1269页。

⑨《册府元龟》卷一〇六《帝王部·惠民》，第1267页。

二万石,委刺史据户均给"①。开成元年(836),苏州因连年歉旱,文宗下敕"特放开成元年夏青苗钱,并赐斛斗六万石,仰长吏逐急济用"②。开成二年六月,"魏博、昭义、淄青、沧州、兖海、河南蝗"③,三年正月,文宗下诏:"京兆府、诸州府应有蝗虫米谷贵处,亦宜以常平义仓及侧近官中所贮斛斗量加赈赐。"④

赈贷主要是以低价或平价贷给灾民和饥民一定量的口粮和种子,使其度过粮荒,以达到稳定社会的目的。赈贷到秋季要还本,但不须交纳利息。⑤唐代赈贷最早出现于太宗朝,贞观二十一年(647)秋,"陕、绛、蒲、夔等州旱"⑥,十月,太宗下诏曰:"绛陕二州旱,诏令赈贷,湖州给贷种食。"⑦赈贷主要依靠义仓、常平仓、太仓、正仓,地域上主要集中在河南、河北、京畿、江南、淮南等道。⑧如贞观二十二年正月,"诏建州去秋蝗,以义仓赈贷;二月,诏泉州去秋蝗及海水泛溢,开义仓赈贷"⑨。前文已揭,上元初曹王李皋以正仓赈贷灾民。元和六年(811)二月癸巳,宪宗诏曰:

> 如闻京畿之内,缘旧谷已尽,粟麦未登,尚不足于食陈,岂有余于播种。劝其耕食,固在及时,念彼征求,尤资宽贷,京兆府宜以常平义仓粟二十四万石贷借百姓,其诸道州府有乏少粮种处,亦委所在官长用常平义仓粮借贷,淮南浙西宣歙等道,元和四年赈贷并宜停征,容至丰年然后填纳。⑩

元和九年五月,"以旱谷贵,出太仓粟七十万石,开六场粜之,并赈贷外县百姓,至秋熟征纳,便于外县收贮,以防水旱"⑪。五代时期,常平义仓被

① 《刘禹锡集》卷一五《苏州谢赈赐表》,第187页。

② 《刘禹锡集》卷一六《谢恩赐粟麦表》,第196页。

③ 《新唐书》卷三六《五行志》,第939页。

④ 《册府元龟》卷一四五《帝王部·弭灾》,第1758页。

⑤ 张弓在《唐朝仓廪制度初探》中认为义仓借贷无息,而正仓须纳子、常平仓借贷须纳利。实际上正仓、常平仓借贷须纳利的情况是在收成好的年份进行的,而灾害赈贷时,无明确记载收取利息的情况。(第130页)

⑥ 《新唐书》卷三五《五行志·常旸》,第915页。

⑦⑨ 《册府元龟》卷一〇五《帝王部·惠民》,第1257页。

⑧ 参阅张弓:《唐朝仓廪制度初探》,第128~129页。

⑩ 《册府元龟》卷一〇六《帝王部·惠民》,第1265页。

⑪ 《册府元龟》卷一〇六《帝王部·惠民》,第1266页。

破坏,赈贷基本靠正仓。如后唐庄宗同光四年(926)正月己卯,"明宗奏,深冀诸州县流亡饥馑户一千四百,乞邺都仓储借贷以济穷民"①;长兴元年(930)正月,"滑州上言,准诏赈贷贫民,以去年水灾故也"。后唐两次赈贷都在正月,明显是用于灾民的口粮。后晋天福六年(941)四月乙巳,"以齐鲁民饥,诏兖青郓三州,发管内仓粮赈贷"②;后周太祖广顺二年(952)二月庚申,"齐州言:'禹城县二年水,民饥流亡,今年见固河仓,有濮粮五万二千余斛欲赈贷。'敕诸邑留二三千斛给巡检职员,余并赈贷贫民"③。

2.逐粮就食

灾害发生后,政府救灾粮不足时,也常驱民到邻近州县就食。唐初,由于义仓和常平仓等仓储体系尚未完善,政府救灾主要依靠正仓、太仓等,加之方经战乱,仓储不足,一旦发生大的灾害,中央和地方政府往往责令灾民移至邻近州县就食。史载,唐初"每岁水旱,皆以正仓出给,无仓之处,就食他州",左丞戴胄遂于贞观二年(628)上言设义仓。④即使在义仓设立后,遇到连年水旱,义仓的粮储还是不够,于是政府便制定了"其凶荒则有社仓赈给,不足则徙民就食诸州"的原则⑤,即在仓储不足,当地与中央政府均无能为力时,中央一般会以皇帝下诏的形式,冒着流失编户的危险,允许灾民逐粮就食。⑥

这种情况主要集中在高祖、太宗、高宗及玄宗前期。⑦高宗总章二年(669)七月,"剑南益、泸、嶲、茂、陵、邛、雅、绵、翼、维、始、简、资、荣、隆、果、梓、普、遂等一十九州大旱,百姓乏绝,总三十六万七千六百九十户,遣司珍大夫路励行存问赈贷,许其往荆襄等州就谷"⑧。永隆二年(681)八月丁卯朔河南、河北大水,"诏百姓乏食者,任往江淮南就食"⑨。可见当出现大面积灾荒,地方无足够的赈济粮,大量从其他州县运送粮食成本很高,不如令民就食。⑩

①《册府元龟》卷一〇六《帝王部·惠民》,第1269页。

②③《册府元龟》卷一〇六《帝王部·惠民》,第1270页。

④参阅《旧唐书》卷七〇《戴胄传》,第2532页。

⑤参阅《新唐书》卷五一《食货志》,第1344页。

⑥参阅〔日〕铃木俊:《关于唐代户籍与税制的关系》,《东亚》7:9,1934年;宋家钰:《唐朝户籍法与均田制研究》,中州古籍出版社,1988年。

⑦参阅毛阳光:《唐代灾害研究》,第40页。

⑧《册府元龟》卷一〇五《帝王部·惠民》,第1257~1258页。

⑨《册府元龟》卷四九〇《邦计部·蠲复》,第5861~5862页。

⑩参阅唐高宗:《赐京城父老敕》,《全唐文》卷一四,第165页。

唐前期中央政府令灾民逐粮就食的同时,还积极表彰在安顿灾民方面表现突出的州县长官。贞观二年(628),邓州刺史陈君宾赈恤蒲、虞等州入境求食的流民有功,太宗特下诏表彰其"养户百姓",并敕免邓州当年的调,作为补偿。①太宗的表彰诏敕,对开化民众互济风气起到了很好的鼓励带动作用。又安史之乱前,李鄂为南华令,"大水,他县饥,人至相属,鄂为具餰鬻,及去,糇粮送之,吏为立碑"②,受到了民众的褒奖。

令灾民逐粮就食,必然会带来流民和逃户的问题,不利于政府控制劳动人口。唐初,中央对灾民就食他州不愿归者,采取任其留居他州的态度。如总章三年(670)二月,"遣使存问诸州逐粮百姓,渐令复业,仍令州县检校优恤之,其未情愿归者,听之"③。但大量灾民逐粮于其他州县后,影响了受灾县的户口、赋税及灾后重建工作,更不利于州县长吏的考课及迁转,引起了他们的不满。永淳(682~683)初,李琛为雍州长史,"时关辅大饥,诏贫人就食商、邓,义琛恐流徙不还,上疏固争。左迁黎州都督,终岐州刺史"④。后来,中央往往及时下诏敦促流民返乡,如开元十四年(726)十一月玄宗《安存流民诏》云:"近闻河南宋、沛等州百姓,多有沿流逐熟去者,须知所诣,有以安存。宜令本道劝农事与州县检责其所去及所到户数闻奏。"⑤武后以降出现的大量逃户⑥,也使统治者对令灾民就食于邻近州县更为慎重。玄宗以后,逐粮就食基本上是灾民的自发行为,政府不仅很少提倡,而且渐趋禁止。如大历六年(771)八月,张延赏出为淮南节度使⑦,"岁旱,民它迁,吏禁之"⑧。

令民逐粮就食是唐初仓储制度未完备时,政府实行的一种有效的减灾措施,由于国家仓储制度逐步完善和逐粮就食所引发的社会问题,到唐后期及五代,政府层面推动的逐粮就食基本停止。但灾民自发的流亡,政府

① 参阅唐太宗:《劳邓州刺史陈君宾诏》,《全唐文》卷九,第105页;《新唐书》卷一九七《循吏·陈君宾传》,第5617页。

② 《新唐书》卷一九四《卓行·元德秀传附李鄂传》,第5565页。

③ 《册府元龟》卷一六二《帝王部·命使》,第1948页。

④ 《新唐书》卷一〇五《李义琰传附从祖弟义琛传》,第4043页;《旧唐书》卷八一《李义琰附义琛传》,第2757页记载相同。

⑤ 《全唐文》卷二九,第333页;《册府元龟》卷一四七《帝王部·恤下》,第1779页。

⑥ 参阅傅安华:《唐代玄宗以前的户口逃亡》,《食货》第1卷第4期,第14~26页;翁俊雄:《开元、天宝之际的逃户》,《历史研究》1991年第4期;〔韩〕朴春泽:《唐代逃户的发生原因及其影响》,《中国史研究》(韩国)2,中国史学会,1997年。

⑦ 参阅《旧唐书》卷一一《代宗本纪》,第283页。

⑧ 《新唐书》卷一二七《张嘉贞传》,第4445页。

难以禁止。如后唐长兴三年(932),枢密使范延光、赵延寿奏曰:"今秋宋、亳、颍等州水灾甚,民户流亡,粟价暴贵。"①流亡背后就是就食他乡。后晋天福八年(943)春正月辛巳,河南府上言:"逃户凡五千三百八十七,饿死者兼之……时州郡蝗旱,百姓流亡,饿死者千万计。"②可见没有政府支持,流民往往很悲惨,大量死亡。后汉乾祐元年(948)七月"辛酉,沧州上言,自今年七月后,幽州界投来人口凡五千一百四十七,北土饥故也"③。周太祖广顺元年(951)四月诏曰:"是时淮甸累年灾旱,流民度淮就食者万计,不令止籴。"④灾民为逐粮而流亡,往往成为逃户、流民。五代政局动荡时期,各割据政权之间在灾荒时,借给粮吸引其他政权的人口,给予流民支持,在客观上起到了赈济灾民的作用。

3.调粮济民

在受灾州县粮食储存不足的情况下,中央政府还通过政令,积极从外地调运粮食,对灾区百姓进行救助,这是赈济灾民的又一有效措施。

首先,在受灾地义仓、正仓仓储不足的情况下,调运政府转运仓的粮食,以稳定粮价,赈济贫民。如开元二年(714)正月戊寅,玄宗下敕:"如闻三辅近地,豳陇之间,顷缘水旱……灼然乏绝者,速以当处义仓,量事赈给。如不足,兼以正仓及永丰仓米充。"⑤永丰仓即转运粮仓。开元十二年八月诏:"蒲同两州,自春偏旱,虑至来岁,贫下少粮,宜令太原仓出十五万石米付蒲州。永丰仓出十五万石米付同州,减时价十钱粜与百姓。"⑥可见当时永丰仓、太原仓等重要的转运仓在抗灾救灾中发挥了重要作用,补充了大量灾民急需的粮食,有效平抑了物价。

其次,中央通过政令从粮食较为充足的州县调粮食到灾区。如咸亨元年(670)八月,以天下四十余州旱及霜虫,百姓饥乏,关中尤甚,九月辛未诏:"赞善大夫崔承福、通事舍人韦太真、司卫承钳耳知正等使往江西南运粮,以济贫乏。"⑦此次关中蝗旱灾害,高宗遣使专门负责从江南丰收

---

① 《册府元龟》卷一〇六《帝王部·惠民》,第1270页。
② 《旧五代史》卷八一《晋书·少帝本纪》,第1074页。
③ 《旧五代史》卷一〇一《汉书·隐帝本纪》,第1348页。
④ 《册府元龟》卷四二《帝王部·仁慈》,第486页。
⑤ 唐玄宗:《赈岐华等州敕》,《全唐文》卷三四,第373页;《册府元龟》卷一〇五《帝王部·惠民》,第1258页。
⑥ 《册府元龟》卷一〇五《帝王部·惠民》,第1259页。
⑦ 《册府元龟》卷一〇五《帝王部·惠民》,第1258页。

州县长途调运粮食入关中。咸亨元年十一月乙卯,高宗下令"运剑南义仓米万石浮江西下以救饥人"①。开元十五年(727)八月,玄宗下诏:"河北州县,水灾尤甚……宜令所司,量支东都租米二十万担赈给。"②十二月,"以河北饥甚,转江淮租米百万余石赈给之"③。兴元元年(784)十月乙亥,德宗下诏:

> 历河朔而至太原,自淮沂而被雒汭,虫螟为害,雨泽愆时。然犹征赋未息,征役未宁,冻馁流离,寄命无所。其宋亳、淄青、泽潞、河东、恒冀、幽州、易定、魏博等八节度管内,各赐米五万石。河阳、东都畿二节度管内,各赐三万石。所司即般运于楚州,分付各委本道领受,赈给将士百姓。④

此类调入的粮食均为当州正仓和义仓的正租。

再次,从受灾州县的邻近州县紧急调拨粮食救济。贞元七年(791)十二月,德宗诏曰:"其州县遭水漂损乏绝户,宜共赐三十万石,度支即与本道节度观察使计度,各随所近支给,委本使择清干官送米给州县。"⑤从"随所近支给"看,应是从邻近州县的度支所辖粮仓调配粮食。太和二年(828)郓曹濮青淄德齐等三道水损,太和三年五月,宪宗下诏:"宜各赐米五万石,兖海三万石,并以入运米在侧近者逐便速与搬运。"⑥

最后,两税法实行后,还有地方截留上供中央的粟米以救灾者。如开成元年(836)十二月,盐铁转运使奏:"据江淮留后卢钢,以江淮诸州人将阻饥,请于来年运米数内,量留收贮,至春夏百姓饥乏之际,减价出粜。收其直,待熟偿之,无损于官,有利于人……帝嘉之。诏留常运米三十万石。"⑦

有时,中央还从邻近州县通过和籴调入粮食,以救灾后饥民。如兴

---

①《册府元龟》卷一〇五《帝王部·惠民》,第1258页。

②唐玄宗:《遣使宣抚河北诏》,《全唐文》卷二九,第334页。

③唐玄宗:《赈岐华等州敕》,《全唐文》卷三四,第373页;《册府元龟》卷一〇五《帝王部·惠民》,第1258页。

④《册府元龟》卷一〇五《帝王部·惠民》,第1263页。

⑤《册府元龟》卷一〇六《帝王部·惠民》,第1264页。

⑥《册府元龟》卷一〇六《帝王部·惠民》,第1267页。

⑦《册府元龟》卷五〇二《邦计部·常平》,第6024页。

元元年（784）十月乙亥，德宗下诏曰："宜令度支于淮南浙江东西道加价和籴米三五十万石，差官般运于诸道，减价出粜。"①又如元和四年（809）十一月，宪宗下诏："淮南扬楚滁三州、浙西润苏常三州，今年歉旱尤甚，米价殊高……宜以江西湖南鄂岳荆南等使折籴米三十万石，赈贷淮南道三州，三十万石贷浙西道三州……待江西等道折籴和籴米到，各处依数收管。"②五代时，还出现南唐饥民和商人自发到后周邻近州县和籴的情况。

> （后周）太祖广顺元年四月，沿淮州镇，上年淮南饥民过来籴物，从前通商，未敢止绝。诏曰："淮南虽是殊邦……天灾流行，分野代有，苟或闭籴，是岂爱人……宜令沿淮州县渡口镇铺不得止淮南人籴易。是时淮甸累年灾旱，流民度淮就食者万计，不令止籴。其后淮南立仓籴我粟畜之，商贾利其善价，以舟车辇运。太祖闻之，许其负担以供养者，禁止辇运。"③

和籴调粮是行政手段与商业手段并行，既可为灾民提供急需粮食，也保障了邻近州县的利益，从长远来讲，更有效，可持续。

此外，在紧急情况下，政府还挪用军粮赈贷，事后补充。如文宗开成年间，卢弘宣被徙义武节度使，"诏赐其军粟三十万斛，贮飞狐，弘宣计挽费不能满直，敕吏守之。明年春，大旱，教民随力往取……至秋，悉收所贷，军食以饶"④。这是地方节度使临时权宜，以军粮充急救之资，既免军粮挽转之费，又救饥民以时。元和四年十一月，诏以江西湖南鄂岳荆南等使折籴米三十万石，赈贷淮南、浙西两道，"恐此米来迟不救所切，宜委淮南浙西观察使，且各以当道军粮米据数给旱损人户"⑤。从这两条记载来看，挪用军粮主要发生在本道使府之内。中晚唐节度使、观察使对本道军事、财政的权限越来越大，在辖区内救助灾民时，可以做到统筹安排。当然，军队是稳定藩镇的主要力量，动用军粮，毕竟是件万不得已之事，实际中较为罕见。

---

①《册府元龟》卷一〇五《帝王部·惠民》，第1263页。

②⑤《册府元龟》卷一〇六《帝王部·惠民》，第1265页。

③《册府元龟》卷四二《帝王部·仁慈》，第486页。

④《新唐书》卷一九七《循吏·卢弘宣传》，第5632页。

4.平抑物价

一般来讲,发生灾害的歉收年景,往往会出现粮价暴涨[1],继而导致粮荒,使灾区百姓的生活更加艰难。唐五代时期,依据灾情的具体情况,政府在进行粮物赈济、调粮济民、允许灾民逐粮就食的同时,也会依靠常平仓、义仓、正仓、太仓等粮储,通过出粜等措施平抑物价,以保障灾民能获得基本的口粮,从而实现对灾民的救助,以防止灾情的进一步发展。

史书关于唐前期常平仓出粜的记载不多,毛阳光因此得出其在救灾中并不多见。[2]实则不然,唐前期的常平仓在灾害时出粜应该不少,甚至还实行过赊粜。天宝六载(747)三月二十二日,太府少卿张瑄奏:

> 准四载五月八日并五载三月十六日敕节文,至贵时贱价出粜,贱时加价收籴。若百姓未办钱物者,任准开元二十八年七月九日敕,量事赊粜,至粟麦熟时征纳。臣使司商量,且粜旧籴新,不同别用,其赊粜者,至纳钱日,若粟麦杂种等时价甚贱,恐更回易艰辛,诸(请)加价便与折纳。[3]

此条奏文说明常平仓在开元二十八年(740)七月九日敕中已经宣布实行赊粜,官府在有灾荒的年份将陈粮赊粜给无钱百姓,在秋天丰收百姓还赊账时,适当加价。这样不仅使常平仓免去陈粮回易新粮的损失,灾民也得到了价格较低的口粮。张弓将赊粜视作常平仓利用季节性差价对农民实行盘剥的一种手法[4],忽视了因灾荒导致粮食涨价对灾民生活带来的威胁。

唐后期,重建后的常平义仓赈贷和出粜日益普遍。如元和六年(811)二月,宪宗下制曰:"如闻京畿之内,旧谷已尽,宿麦未登,宜以常平义仓粟二十四万石,贷借百姓。诸道州府有乏少粮种处,亦委所在官长,用常平义仓米借贷,淮南、浙西、宣歙等道,准元和二年四月赈贷,并宜停征,容至丰年,然后征纳。"[5]元和十三年正月,户部侍郎孟简奏请天下州府常平义仓等

---

① 如《册府元龟》卷一〇六《帝王部·惠民》云:大历四年四月连雨至八月,"京城米斗八百文,官出米二万石减估而粜,以惠贫民"。(第1263页)

② 参阅阎守诚主编:《危机与应对:自然灾害与唐代社会》,第323页。

③《唐会要》卷八八《义仓及常平仓》,第1914页。

④ 参阅张弓:《唐朝仓廪制度初探》,第118页。

⑤《唐会要》卷八八《义仓及常平仓》,第1916页。

斛斗,请准旧例减估出粜,得到宪宗的采纳实行。①长庆二年(822)十月,穆宗下诏曰:"江淮诸州,旱损颇多,所在米价,不免踊贵。委淮南、浙西、浙东、宣歙、江西、福建等道观察使,各于本道有水旱处,取常平义仓斛斗,据时估减半价出粜,以惠贫民。"②五代时期,常平义仓已遭破坏,亦未见其与太仓出粜的记载。

平抑物价必须有足够的粮食物资,在常平仓储粮不足或寝废时,政府也通过太仓、正仓等的官米出粜。③如天宝十四载(755)正月,京兆等地岁饥,玄宗下诏曰:"宜于太仓出粜一百万石,分付京兆府与诸县粜,每升减于时价十文。河南府畿县出三十万石,太原府出三十万石,荥阳临汝等郡各出粟二十万石,河内郡出米十万石,陕郡出米二万石,并每斗减时价十文,粜与当处百姓。"④此次中央太仓出粜百万石,诸道以正仓粮食出粜九十二万石,共计一百九十二万石,均减时价十文出粜,对平抑粮价起了积极的作用。建中元年(780)七月,德宗下敕:"自今已后,忽米价贵时,宜量出官米十万石,麦十万石,每日量付两市行人,下价粜货。"⑤贞元十四年(798)六月,"以米价稍贵,令度支出官米十万石,于两街贱粜……九月,以岁饥,出太仓粟三十万出粜……十二月,以河南府谷贵人流,令以含嘉仓七万石出粜"⑥。长庆四年二月诏:"如闻京城米谷翔贵,百姓乏食者,多夏麦未登,须有救恤。宜出太仓陈粟四十万石,委度支京兆府类会,减时价于东西街置场出粜,其价钱仍司府收贮,至秋收籴。"⑦太和九年(835)三月,因遭水旱,淮南、浙西等诸道均给以赈赐外,"应诸道有饥疫处,军粮积蓄之外,其属度支户部杂谷,并令减价出粜,以济贫人"⑧。太仓出粜一般用于京畿地区的灾民赈贷,主要是出于政治考虑,统治者担心灾荒无救会导致社会动荡,因此赈贷数量较大、次数较多。正仓出

---

① 参阅《唐会要》卷八八《义仓及常平仓》,第1917页;《册府元龟》卷五〇二《邦计部·常平》,第6023页。

② 《唐会要》卷八八《义仓及常平仓》,第1917页。

③ 参阅张弓:《唐朝仓廪制度初探》,第6~68页。

④ 《册府元龟》卷一〇五《帝王部·惠民》,第1261页。

⑤ 《唐会要》卷八八《义仓及常平仓》,第1914页;《册府元龟》卷五〇二《邦计部·常平》,第6022页。

⑥ 《唐会要》卷八八《义仓及常平仓》,第1915页;《册府元龟》卷一〇六《帝王部·惠民》,第1264页。

⑦ 《册府元龟》卷一〇六《帝王部·惠民》,第1267页。

⑧ 《册府元龟》卷五〇二《邦计部·常平》,第6024页。

粜则主要用于赈贷地方的灾民，相比之下，赈贷的次数和力度都远远低于京畿地区。文宗时，还会出粜阙官的职田禄以济民，如太和六年二月户部侍郎庾敬休奏："两州米价腾贵，百姓流亡至多，请粜两州阙官职田禄米，以救贫人。"文宗采纳了他的建议。①

晚唐、五代时期，出粜以正仓、太仓为主，常平义仓的赈粜很有限。如太和八年九月，文宗诏曰："江淮浙西等道仍岁水潦……宜委所在长吏，以军州自贮官仓米，减一半价出粜，务及贫弱，如无贮蓄处，即以常平义仓米粜。"②此次即主要以地方仓储斛斗出粜赈济贫人，而以常平义仓出粜为补充。五代时，常平义仓已遭破坏，故也是以地方正仓出粜来平抑物价。如后唐长兴三年（823）七月，"诸州大水，宋、亳、颍尤甚。宰臣奏曰：'今秋宋州管界，水灾最盛，人户流亡，粟价暴贵。臣等商量，请于本州仓出斛斗，依时出粜，以救贫民。'从之"③。后周广顺三年（953）十一月辛卯，"敕膳部员外郎刘表微往兖州开仓减价粜粟，以水害稼救饥民也"。后周显德元年（954）正月乙酉，"分命朝臣杜晔等五人，往颍亳濮永城固河口开仓减价出粜，以济饥民"；显德六年正月，"命庐州开仓出陈麦以粜之，盖克复之后民多阻饥，故廉其价以惠之也"④。

唐五代时期，诸仓出粜粮食的主要目的是平抑粮价，因此出粜一般都低于时价。因灾害程度和国力不同，出粜的价格也不同。有明确规定减时价十文的，如开元十二年（724）"九月蒲、同等州旱"⑤，玄宗下诏："宜令太原仓出十五万石米付蒲州，永丰仓出十五万石米付同州，减时价十钱粜与百姓。"⑥又于天宝十四载（755）正月，以岁饥乏故，下诏太仓出粜一百万石，分付京兆府与诸县粜，每升减于时价十文。⑦有时则只言减时价出粜，如贞元十四年（798）春，"旱，无麦"⑧，六月庚寅，米价稍贵，德宗下诏"令度支出官

---

① 参阅《册府元龟》卷一〇六《帝王部·惠民》，第1286页。

② 《册府元龟》卷五〇二《邦计部·常平》，第6023页。

③ 《旧五代史》卷一四一《五行志》，第1883页。

④ 《册府元龟》卷一〇六《帝王部·惠民》，第1271页。

⑤ 《新唐书》卷三五《五行志·常旸》，第916页。《册府元龟》卷一〇五《帝王部·惠民》，第1259页记作八月。

⑥ 《册府元龟》卷一〇五《帝王部·惠民》，第1259页；唐玄宗：《令蒲同两州平粜诏》，《全唐文》卷二九，第329页。

⑦ 参阅《册府元龟》卷一〇五《帝王部·惠民》，第1261页。

⑧ 《新唐书》卷三五《五行志·常旸》，第917页。

米十万石于街,东西各五万石,每斗贱较时价粜与百姓"①。最低时可半价出粜,长庆二年(822)十月,因江淮诸州旱损颇多,所在米价踊贵,穆宗下诏:"各于本道有水旱处,取常平义仓斛斗,据时估减半价出粜,以惠贫民。"②可见,官方出粜赈济,一般都是减价乃至半价,这对赈济灾民、平抑物价、防止饥民陷于高利贷危险,都有积极意义。

地方长吏在辖区内自行和籴、出粜,以赈济平民。如贞元二十一年,路应迁至宣歙池观察使,进封襄阳郡王③,"至则出仓米,下其估半,以廪饿人……公之为州,逢水旱,喜贱出与人;岁稔,以其得收,常有赢利。故在所人不病饥,而官府蓄积"④。大中四年(850),江淮旱,检校尚书右仆射、淮南节度使李珏"发仓廪赈流民,以军羡储杀半价与人"⑤,这是地方节度使以军粮半价出粜以救灾民的记载。

总之,在唐代政局稳定时期,政府基本能通过常平仓等仓储出粜以平抑物价,这在灾害救助中发挥了重要作用;但在战乱动荡时期,政局混乱,民不聊生,一旦发生灾害,国家基本无力实行平抑物价的措施。

(二)控制疾疫

疾疫传染性强,往往使大量人口死亡。大的水旱灾害后,通常会引发疾疫。唐五代时期的统治者深知流行疾疫的严重危害,能及时采取措施防疫、救人。如武德九年(626)十月,唐太宗诏曰:"有遇疾疢,递加询问,为营医疗,知其增损,不幸物故,及遭忧恤,随事慰省,以申情好,务从笃实,各存周厚。"⑥要求全面掌握疾疫的详细情况,及时处置。灾荒发生后,控制疾疫是灾害救助的一项重要内容,宪宗时,福州刺史元锡⑦上表云:"自永贞以来,陛下每降恤隐之泽,则茕嫠保安,发赈救之仁,则疠灾不起。"⑧深刻概述了灾后赈恤与防范疠疫的关系。

---

① 《册府元龟》卷一〇五《帝王部·惠民》,第1264页;《旧唐书》卷四九《食货志》,第2126页;《唐会要》卷八八《仓及常平仓》,第1915页。

② 《册府元龟》卷五〇二《邦计部·常平》,第6023页。

③ 参阅《旧唐书》卷一五上《宪宗本纪》,第413页。

④ 《韩昌黎文集校注》卷六《唐银青光禄大夫守左散骑常侍致仕上柱国襄阳郡王平阳路公神道碑铭》,第393~394页。

⑤ 《新唐书》卷一八二《李珏传》,第5361页。

⑥ 〔宋〕王钦若等编:《册府元龟》(宋本)卷一五九,中华书局,1989年,第329页。

⑦ 元锡任福州刺史在元和十年至十四年(815~819),参阅郁贤皓:《唐刺史考全编》卷一五一《江南东道·福州》,第2162页。

⑧ 〔唐〕元锡:《福州刺史谢上表》,《全唐文》卷六九三,第7111页。

1.医疗救治

遣医就疗,主要指在大的疾疫发生后,中央政府组织医疗队到灾区进行医疗救治,以控制灾情。如贞观十五年(641)三月戊辰,"泽州疾疫,遣医就疗";贞观十六年夏,"谷、泾、徐、虢、戴五州疾疫,遣赐医药焉";贞观十七年闰六月,"潭、濠、庐三州疾疫,遣医疗焉";十八年自春及夏,"庐、濠、巴、普、彬疾疫,遣医往疗"。①

还有中央下诏,令地方州县进行医疗救治的。如贞观二十二年(648)九月邠州大疫,"诏医疗之"②;太和六年(832)五月二十八日,文宗《拯恤疾疫诏》曰:"其疫未定处,并委长吏差官巡抚,量给医药,询问救疗之术,各加拯济,事毕条疏奏来。"③

2.赈济、蠲免疾疫灾民

太和六年(832)五月二十八日文宗《拯恤疾疫诏》曰:"其诸道应灾荒处疾疫之家,有一门尽殁者,官给凶具,随事瘗藏。一家如有口累,疫死一半者,量事与本户税钱三分中减一分;死一半已上者,与减一半本户税。"④大中九年(855)七月十三日,宣宗《赈恤江淮百姓德音》云:近者江淮数道,"或今年合征两税钱物,量百姓疾疫处,各委逐州准分数于上供留州留使三色钱内均摊放免"⑤。赈济粮物、蠲减赋税是救灾、减灾的常规措施,对救助疾疫灾民同样有效。

3.掩埋尸体

政府组织人力掩埋尸体,可防止疾疫扩散。在大的水旱灾害后,往往有不少无人掩埋的逝者暴尸野外,容易引发疾疫;赐物助葬,是政府预防疾疫的有效手段。如高宗永徽元年(650)六月,"新丰南大雨,零口山水暴出,漂庐舍溺死者九十余人。诏给死者绢布三匹,仍给棺瘗埋之……宣、歙、饶、常等州,暴雨水漂,杀四百余人。诏为瘗埋,仍给贷之"⑥;显庆元年(656)十一月,饶州火焚州城廨宇,"诏给死者家布帛以葬之"⑦;永淳元年(682)六月,"关中初雨,麦苗涝损,后旱,京兆、岐、陇螟蝗,食苗并尽,加以民多疫疠,死者枕藉于路,诏所在官司埋瘗"⑧。

---

① ② ⑥ ⑦《册府元龟》卷一四七《帝王部·恤下》,第1777页。

③ ④《文苑英华》卷四四一《德音·太和六年德音》,第2230页;《全唐文》卷七二,第757页。

⑤《全唐文》卷八一,第853页。

⑧《旧唐书》卷五《高宗本纪》,第110页。

大的疾疫更是会导致暴尸无数。如太和六年（832）五月二十八日，文宗诏曰："其诸道应灾荒处疾疫之家，有一门尽殁者，官给凶具，随事瘗藏。"①

三、灾后恢复

灾后重建，恢复生产是赈灾的重要环节，不仅关乎百姓生计，也决定着各级政府的税收和国家的稳定。因此，历代中央和地方政府都能积极采取各种有效的灾后恢复措施，以下就唐五代的安置灾民、蠲免赋税、生产救灾等几个方面进行简单论述。

（一）安置灾民

"人惟邦本，本固邦宁。必在安人，方能固本"②是古代帝王的治国秘籍。灾害发生后，让灾民尽快安定下来，恢复生产，更是统治者应对灾害的关键，其措施主要有招抚流民复业、给灾民分配田地、提供工赈机会、帮助灾民修复宅舍等。

1. 招抚流民

灾害发生后，灾民为了活命，往往四处逃散，成为躲避战乱和繁苛赋役逃户之外的另一种逃户。③对待逃户流民，武后时期的政策是消极疏导，玄宗朝开始积极制止。自开元至唐末，对逃户政策的中心是摊逃禁令的变化④，这些逃户对策也适用于灾后流民，此处不再赘述。从灾后重建的角度看，将流民尽快收归原籍或编入新籍，使其稳定下来从事新的农业生产，是历代帝王和各级政府灾后恢复生产和经济的首要任务。

唐五代时期，中央非常重视灾后流民复业的问题，发布的赈灾诏书中，往往有防止饥民出逃的措施，通过赈贷粮食、蠲免赋役来稳定灾民，防止其流散。如太和五年（831）正月，文宗下诏曰："河东兵戈之后，亢旱

---

① 《文苑英华》卷四四一《德音·太和六年德音》，第2230页；唐文宗：《拯恤疾疫诏》，《全唐文》卷七二，第757页。

② 唐玄宗：《置十道劝农判官制》，《全唐文》卷二五，第293页。

③ 参阅翁俊雄：《武则天时期狭乡民户徙就宽乡问题》，《唐史学会论文集》，三秦出版社，1989年。唐代，民户逃亡渐盛于武后、中宗时期，至玄宗时期成为严重的社会问题（傅安华：《唐玄宗以前的户口逃亡》，《食货》1935年第4期）。

④ 参阅〔日〕中川学：《关于唐代逃户、浮客、客户的备忘录》，《一桥论丛》1963年50（3）；杨际平：《隋唐均田下的逃户问题——兼谈宇文融括户》，《中国社会经济史研究》，1986年第4期。

逾年,仓廪空虚,黎元困乏,若无救恤,恐至流亡,宜借便粟十万石。"①政府通过借贷并发放粮食防止灾民流亡,比起流亡后招抚,这是防患于未然。其他赈灾诏中部署的赈贷和蠲免等措施也都含有防止灾民进一步流亡的目的。

臣僚也往往以防止灾民流亡为理由,上疏要求减免租税。如贞元十九年(803)夏旱,给事中许孟容上疏曰:"臣伏冀陛下即日下令,全放免之;其次,三分放二。且使旱涝之际,免更流亡。"②德宗时,苏、虢二州刺史崔衍曾上陈:"臣所治多是山田,且当邮传冲要,属岁不登,颇甚流离。旧额赋租,特望蠲减。"③元和七年(812)五月,因有御史自淮、浙地区还,言去岁水旱不致为灾,李绛奏曰:"臣按淮南、浙西、浙东奏状,皆云水旱,人多流亡,求设法招抚,其意似恐朝廷罪之者,岂肯无灾而妄言有灾邪!此盖御史欲为奸谀以悦上意耳,愿得其主名,按致其法。"宪宗采纳了他的意见,"命速蠲其租赋"。④

对已经流亡的灾民,政府采用的比较多的招抚方式是向复业流民提供种子、借贷耕牛等,并适当免除其租赋,以吸引流民回乡复业或就地附籍复业。⑤如安史之乱平定后,至德三载(758)正月,肃宗下诏云:"其流亡户复业者,委本道使与刺史勾当赈给,并与种子、犁牛,仍免三年租赋。"⑥乾元二年(759)三月丁亥,肃宗"以旱降死罪,流以下原之;流民还者给复三年"⑦。大历元年(766)十一月甲子日,代宗《长至帝御含元殿改元制》云:"其逃户复者宜给复三年。"⑧贞元二年(786)四月,平定李希烈之乱后,德宗下诏:淮西百姓"除供当道军用之外,宜给复二年"⑨。

面对灾后州县人口流亡的现象,在灾害得到一定控制后,地方官也能

① 唐文宗:《借粟河东诏》,《全唐文》卷七二,第755页。参阅《册府元龟》卷一〇六《帝王部·惠民》,第1268页。
② 《旧唐书》卷一五四《许孟容传》,第4101页。
③ 《旧唐书》卷一八八《崔衍传》,第4935页。
④ 《资治通鉴》卷二三八"元和七年五月"条,第4839页。
⑤ 参阅唐长孺:《关于武则天统治末年的浮逃户》,《历史研究》1961年第6期;唐长孺:《唐代的客户》,收入氏著《山居存稿》,中华书局,1989年。
⑥ 唐肃宗:《册太上皇尊号赦文》,《全唐文》卷四五,第495页。参阅《册府元龟》卷四九〇《邦计部·蠲复》,第5865页。
⑦ 《新唐书》卷六《肃宗本纪》,第161页。
⑧ 《册府元龟》卷四九〇《邦计部·蠲复》,第5866页。
⑨ 《册府元龟》卷四九一《邦计部·蠲复》,第5869页。

在获得中央许可后,通过开仓赈济、蠲免、营舍给田等措施招抚流民复业,吸引灾民返乡。如开元末,李少康拜徐州刺史,"先是岁比大歉,人流者什五六,公条奏逋逃之名,削去其版,然后节用务本,薄征缓刑以来之,岁则大穰,人不患寡,浮游自占者至数千万"。玄宗"优诏嘉叹,赐帛二百匹"①。肃宗时,道州百姓被西原蛮掠去数万人,遗户仅四千人,元结出任刺史后,奏减赋税,"为民营舍给田,免徭役,流亡归者万余"②。广德二年(764),阎伯屿出任袁州刺史③,"袁州先已残破,伯屿专以惠化招抚,逃亡皆复。邻境慕德,襁负而来"④。大历中,张延赏为淮南节度使,岁旱,百姓外迁,延赏"敕吏为修室庐,已逋债,而归者更增于旧"⑤。元和中,洪州武宁县令于季文,"在官清慎,遏强抚弱,顷岁逋逃者复业数千户",被评为上下考。⑥长庆中,沔州刺史何抚始至任,"属旱歉,百姓艰食",于是"减租发廪,飞章上闻,免其征徭,削去繁冗"。⑦大中时,奉先县领崔翠"受代之日,计课尤殊,县吏请于君曰:'自明府清理,一境阜安,辟田增户,前后罕匹……'"⑧乾宁元年至天佑元年(894~904),审邽任泉州刺史⑨,"善吏治,流民还者假牛犁,兴完庐舍"⑩。

　　五代应对流民问题的主要手段是减免各类赋税。同光四年(926)正月壬戌,后唐庄宗下制云:"应同光三年经水灾处……人户流离,多未复业,固于租赋,须议矜蠲。"⑪长兴四年(933)八月戊申,后唐明宗大赦制云:"长兴三年正月一日已前诸道两税残欠物色,并宜除放,或有先曾经灾沴处,逃户却归业者,除见征正税外,不得诸杂科徭。"⑫清泰二年(935)

---

① 〔唐〕独孤及:《唐故睢阳太守赠秘书监李公神道碑铭》,《全唐文》卷三九○,第3969页。

② 《新唐书》卷一四三《元结传》,第4685~4686页。

③ 参阅郁贤皓:《唐刺史考全编》卷一六三《江南西道·袁州》,第2361页。

④ 《唐语林校证》卷一《政事》,第59页。

⑤ 《新唐书》卷一二七《张嘉贞传附子张延赏传》,第4444页。

⑥ 参阅《唐故洪州都督府武宁县令于府君墓志铭并序》,《唐代墓志汇编》元和078号,第2002~2003页。

⑦ 〔唐〕韦表微:《唐故沔州刺史庐江何公墓志铭并序》,桥栋、李献奇、史家珍:《洛阳新获墓志续编》,科学出版社,2008年,第463页。

⑧ 《□□□□□使持节曹州诸军事守曹州刺史赐紫金鱼袋清河崔府君墓志铭并序》,《唐代墓志汇编》大中090号,第2139页。

⑨ 参阅郁贤皓:《唐刺史考全编》卷一五一《江南东道·泉州》,第2199~2200页。

⑩ 《新唐书》卷一九○《审邽传》,第5492~5493页。

⑪ 《册府元龟》卷四九一《邦计部·蠲复》,第5879页。

⑫ 《册府元龟》卷四九二《邦计部·蠲复》,第5882页。

七月，沧州"续逃亡户八百五十九，诏魏府于税率内蠲减，旱故也"①。天福三年（938），后晋高祖赦敕云："天灾或降，地分所招，携老幼以流离，弃田园而芜没……逃移人户等，应逐户所欠，今年已前诸杂税物并特除放，宜令县州晓示招携，如有复业者，仍放一年秋夏税。"②乾祐元年（948）正月乙卯，后汉高祖《改元乾祐大赦文》云："自中原板荡，编户疮痍，凶歉荐臻，逋逃未复，加以征赋烦重，差配频仍，言念疲羸，宜伸抚恤……所有逐处户口，宜令观察使、刺史、县令，设法招辑，除宣省指挥外，不得非理差配。"③广顺元年（951）八月，契丹统治下的幽州发生饥荒，灾民流入沧景德州界内，后周太祖下《抚恤沿边流民敕》云：流民愿在沧景德界内居住者，可量力佃莳"河淤退滩之土，蒿莱无主之田""仍人给斗粟，委三司支给。候安泊定，取便耕种，放差税"④。

保护流亡人口的田舍，是招抚流民的重要方式。710七月十九日，睿宗《申劝礼俗敕》云："诸州百姓，多有逃亡，良由州县长官，抚字失所。或住居侧近，虚作逃在他州，横征邻保，逃人田宅，因被贼卖。宜令州县，招携复业。其逃人田宅，不得辄容卖买。其地在依乡原例租纳州县仓，不得令租地人代出租课。"⑤此条敕文虽然针对逃避赋税的逃亡户，但对因灾流亡者同样具有保护效益。又如贞元元年（785）十一月《冬至大礼大赦制》云："今年蝗旱损甚州府，开春之后，量给种子，使就农功……如是逃户田地，本主复业，即却给还。"⑥贞元二年正月，因连岁旱蝗，京畿近郊受灾尤甚，德宗下诏云："百姓有迫于荒馑，全家逐食者，其田宅、家具、树木、麦苗等，县司并明立簿书印记，令所由及近邻人同检校，勿容辄有毁损，及典卖填纳差科，本户却归，使令复业。"⑦长兴三年（932）七月丁未，后唐明宗出御札示百僚曰："今年州府遭水潦处……如户口流移，其户下田园屋宅，仰村邻节级长须主管，不得信令残毁，候本户归日，具元本桑枣根数及什物数目交付，不得致有欠少。本户未归，即许邻保请佃供输，若入

　①《册府元龟》卷四九二《邦计部·蠲复》，第5883页。

　②《册府元龟》卷四九二《邦计部·蠲复》，第5884~5885页。

　③《全唐文》卷一二〇，第1215~1216页；《册府元龟》卷九五《帝王部·赦宥》，第1135页。

　④《全唐文》卷一二三，第1237页。

　⑤《全唐文》卷一九，第223页。

　⑥《全唐文》卷四六一，第3708页。

　⑦《陆贽集》卷四《优恤畿内百姓并除十县令诏》，第111页。

务时归业,准例收秋后交付。贵示招携,永期康泰。"①长兴四年九月,《以灾旱蠲贷制》云:"河中同华耀陕青齐淄绛莱等州,各申灾旱损田处……其逃移户田产,仰村邻看守,不得残毁。"②清泰元年(934)七月,后唐末帝下诏云:"有逃户除曾经厘革外,所有后来逃移者,委所在观察司使、刺史速下本部,遍令招抚归业,除放八月后至五年八月,并得归业,所有房亲邻近,佃射桑田,不得辄取有占据。"③

2.工赈与给田

灾后,地方官通过招抚灾民开垦荒芜土地,达到以工代赈的目的。如开元十六年(728)正月,河北大水,汴州刺史、河南北沟渠堤堰决九河使宇文融奏请"开九河故地为稻田,权陆运本钱,收其子入官"④,这无疑为灾民提供了做工谋生的机会,可惜此举未能成功。元和四年至五年(809~810),卢坦为宣州刺史⑤,"当涂县有渚田久废,坦以为岁旱,苟贫人得食取佣,可易为功。于是渚田尽辟。藉佣以活者数千人"⑥,卢坦的工赈计划大获成功,在渚田尽辟的同时,数千灾民赖佣值而得活。太和五年(831)九月,温造任河阳怀节度观察等使,"以河内膏腴,民户凋瘵,奏开浚怀州古秦渠枋口堰;役工四万,溉济源、河内、温、武陟四县田五千余顷"⑦,使三县弃地悉为良田。⑧温造以工赈方式兴修水利工程,兴利济民,造福无穷。

此外,国家还拿出部分土地,分给灾后逃户流民。如贞观十一年(637),"以职田侵渔百姓,诏给逃还贫户"⑨。开元十年春正月戊申,"内外官职田,除公廨田园外,并官收,给还逃户及贫下户欠丁田"⑩。开元二十六年正月丁丑,玄宗诏曰:"顷以栎阳等县地多咸卤,人力不及,便至荒废。近

① 《册府元龟》卷一〇六《帝王部·惠民》,第1270页。参阅后唐明宗:《赈贷宋亳等州御札》,《全唐文》卷一一二,第1142页。
② 《全唐文》卷一〇六,第1088页。参阅《册府元龟》卷四九二《邦计部·蠲复》,第5882页。
③ 《册府元龟》卷四九二《邦计部·蠲复》,第5883页。
④ 《新唐书》卷一三四《宇文融传》,第4557页。参阅《资治通鉴》卷二一三"开元十六年正月"条,第6782页。
⑤ 参阅郁贤皓:《唐刺史考全编》卷一五六《江南西道·宣州》,第2228页。
⑥ 〔唐〕李翱:《故东川节度使卢公传》,《全唐文》卷六四〇,第6464页。
⑦ 《旧唐书》卷一六五《温造传》,第4318页;《新唐书》卷三九《地理志》,第1010页。
⑧ 参阅〔宋〕李昉等编:《太平御览》卷八二一《资产部·田》,中华书局,1960年,第3658页。
⑨ 《新唐书》卷五五《食货志》,第1395页。
⑩ 《旧唐书》卷八《玄宗本纪》,第183页。

者开决皆生稻苗,亦既成功,岂专其利,京兆府界内应杂开稻田,并宜散给贫者及逃还百姓,以为永业。"①后汉建国之初,大量人口死于战乱,政府遂采取了鼓励流民开垦荒地的政策。后汉高祖《改元乾祐大赦文》云:"丰阜之道,耕种为先,宜伸劝课之条,以重衣食之本。应天下户口,夏税见供输顷亩税赋外,一任人户开垦荒地,及无主田土,五年之内,不议纳税。"②后周太祖《抚恤沿边流民敕》亦云:"朕以沿边百姓,适因灾沴,遂至流亡……边界流移人户,差使臣与所在官吏抚恤安泊,其沧景德管内,甚有河淤退滩之土,蒿莱无主之田,颇是膏腴,少人耕种,可令新来百姓量力佃莳。只不得虚占土田,有妨别户居止。"③

3.助修民宅

对因灾毁屋的百姓,政府给予其专项赈恤或特别蠲免,以助其修葺屋舍。如贞观十一年(637)七月,太宗《量修洛阳宫诏》云:"自外材木,宜分赐洛州郭内贫民因水损居宅者。"④太宗令洛阳宫修葺"才充居处",而将剩余的材木分赐给洛州郭内受灾的贫民,作为他们修葺房屋的木料。显庆元年(656)七月己卯,宣州泾县山水暴涨,漂荡村落溺杀二千余人,"制赐死者物各五段,庐舍损坏者,量为营造,并赈给之"⑤。显庆四年七月,"连州山水暴涨,漂没七百余家,诏乡人为造宅宇,仍赈给之"⑥。永隆元年(680)秋,"河南北诸州大水,诏遣使分往存问,其漂溺死者各给棺槨,其家赐物七段,屋宇破坏者,劝课乡闾助其修葺"⑦。永隆二年八月丁卯朔,河南河北大水,诏"百姓乏食者任往江淮南就食,仍遣使分道赈给之。屋宇坏倒者给复一年"⑧。开元十年(722)八月,大水"漂坏河南府及许汝仙陈等州庐舍数千家,遣户部尚书陆象先存抚赈给"⑨。开元十四年九月诏曰:"顷秋夏之间,水潦方降,闾阎损坏,稼穑漂沦……若屋宇损坏,牛畜俱尽,及征人之家,不能自存立者,量事助其修葺,其有官吏纵舍赈

---

①《册府元龟》卷一〇五《帝王部·惠民》,第1261页。

②《全唐文》卷一二〇,第1215页。

③《全唐文》卷一二三,第1237页。

④《全唐文》卷六,第74页;《册府元龟》卷一四七《帝王部·恤下》,第1777页。

⑤⑥《册府元龟》卷一四七《帝王部·恤下》,第1777页。

⑦《册府元龟》卷一四七《帝王部·恤下》,第1778页。

⑧《册府元龟》卷四九〇《邦计部·蠲复》,第5861~5862页;《册府元龟》卷一四四《帝王部·弭灾》,第1749页;唐高宗:《减贡献并蠲贷诸州诏》,《全唐文》卷一三,第160~161页。

⑨《册府元龟》卷一〇五《帝王部·惠民》,第1259页。

给不均,亦须纠正,回日奏闻。"①开元十五年七月戊寅,冀州、幽州、莫州大水,河水泛溢,漂损居人室宇及稼穑,并以仓粮赈给之。②同州郿州水潦为害,丙辰玄宗"令侍御史刘彦回乘传宣慰,其有百姓屋宇田苗被漂损者,量加赈给"③。元和十二年(817)九月,宪宗下诏曰:"诸道遭水州府,其人户中有漂溺致死者,仍委所在收瘗;其屋宇摧倒,亦委长吏量事劝课修葺,使得安存。"④天福三年(938)八月癸未,定州奏境内旱,民多流散。后晋高祖下诏曰:"三十里外委逐县令佐专切点检,如实曾经砍伐桑柘,毁折屋宇者,分析申奏,尽与蠲放租税。"⑤蠲减租税也是缓民之力,以使其有能力修葺屋舍。

地方官也能为灾后流民修葺宅舍,招其复业。大历中,张延赏为淮南节度使,岁旱,百姓外迁,延赏"敕吏为修室庐,已逋债,而归者更增于旧"⑥。

(二)蠲免赋役

赈济是物资救助,蠲免是苏息缓民,属于间接性赈济⑦。通过减免其赋税负担,使受灾百姓得以苏息和恢复,是中国古代最常见的一种赈灾措施,在赈灾的各个阶段都有实施,前文在紧急救助、抗灾减灾等章节已有涉及。关于唐代的赋税蠲免,已有不少研究成果。⑧以下仅就唐五代时期因灾蠲免的情况作简要论述。

1.唐代蠲免令的发展变化与实行情况

赈济性的蠲免主要涉及租庸调、税、役及杂徭等。⑨唐令对因灾蠲免赋

① 《册府元龟》卷一六二《帝王部·命使》,第1954页。

② 参阅《册府元龟》卷一〇五《帝王部·惠民》,第1260页。

③ 《册府元龟》卷一〇五《帝王部·惠民》,第1260页。参阅唐玄宗:《赈给同郿等州诏》,《全唐文》卷二九,第333页;《册府元龟》卷一六二《帝王部·命使》,第1954页。

④ 《册府元龟》卷一四七《帝王部·恤下》,第1782页;《唐会要》卷八八《仓及常平仓》,第1916~1917页。

⑤ 《册府元龟》卷四九二《邦计部·蠲复》,第5885页。

⑥ 《新唐书》卷一二七《张嘉贞传附子张延赏传》,第4444页。

⑦ 参阅陈明光:《唐宋田赋的"损免"与"灾伤检放"论稿》,《中国史研究》2003年第2期。

⑧ 参阅张学锋:《唐代水旱赈恤、蠲免的实效与实质》,《中国农史》1993年第1期;陈明光:《略论唐朝的赋税"损免"》,《中国农史》1995年第1期;陈明光:《唐宋田赋的"损免"与"灾伤检放"论稿》;毛阳光:《唐代灾害研究》,第50~58页;张伟民:《唐前期因灾赋役蠲免与义仓赈贷制度探析》,首都师范大学硕士学位论文,1997年;么振华:《唐代自然灾害及其社会应对》,第321~345页;等等。

⑨ 参阅么振华:《唐代自然灾害及其社会应对》,第322~327页。

役做了明确规定。唐武德七年(624)《赋役令》规定:"凡水旱虫霜为灾,十分损四已上免租,损六已上免调,损七已上课役俱免。"①《唐六典》的记载更为具体:"凡水旱虫霜为灾害,则有分数:十分损四已上,免租;损六已上,免租、调;损七已上,课、役俱免。若桑、麻损尽者,各免调。若已役、已输者,听免其来年。"②《唐令拾遗》亦曰:"诸田有水旱虫霜为灾处,据见营田州县检实,具帐申省,十分损四分已上免租,损六已上免租调,七已上课役俱免。若桑麻损尽者,各免调,若已役已输者,听折来年,经两年后,不在折限。其应免者,通计麦田为分数。"③可见,唐代令典中灾民赋役的损免分四、六、七分共三等。

《唐六典》中关于义仓地税的损免规定曰:"凡王公已下,每年户别据已受田及借荒等,具所种苗顷亩,造青苗簿,诸州以七月已前申尚书省;至征收时,亩别纳粟二升,以为义仓。宽乡据见营田,狭乡据籍征。若遭损四已上,免半;七已上,全免。"④可见,义仓税的损免分四、七分共两等。

唐前期,在蠲免受灾百姓时,基本上按律令执行。如开元七年(719)十月二日,玄宗《处分朝集使敕(四)》处分旱涝蠲减云:"所在旱涝……下户给之,高户贷之,所须赈恤,并先处分。至于常赋,则著恒典,检据成损,蠲减有条。"⑤常赋蠲减有恒典,据检得的灾损情况依条执行。至于见于记载的蠲免诏敕较少却又优厚于令式的规定,是因为合乎令式的蠲免被史家略载,往往是较为优厚的令式外蠲免才见于记载。⑥

唐前期灾蠲制度存在过局部调整。如神龙年间,河北地区连续水旱为灾,张鷟留下一道判文:"沧、瀛等州申称:神龙元年百姓遭水,奉旨贷半租,供渔阳军,许折。明年,又遭涝,免,无租可折。至三年,百姓诉州,以去年

---

① 《旧唐书》卷四八《食货志》,第2089页。《新唐书》卷五一《食货志》,第1343页;《册府元龟》卷四八七,第5828~5829页;《唐会要》卷八三《租税》,第1813页;《通典》卷六《食货典·赋税》,第106页,记载相同。参阅〔日〕池田温:《唐令拾遗补》,第772页,东京大学出版会,1997年。

② 《唐六典》卷三《户部尚书·赋役之制》,第77页。参阅《唐律疏议》卷一三《户婚律·不言及妄言旱涝霜虫》,第247页。

③ 〔日〕仁井田升:《唐令拾遗·赋役令》,东方文化学院东京研究所刊,1933年,第676页。参阅〔日〕池田温:《唐令拾遗补》,东京大学出版会,1997年,第772页。

④ 《唐六典》卷三《尚书户部·仓部郎中员外郎》,第84页。《唐令拾遗·赋役令》第九条记载略同,并考订其是开元七年令。(第676页)

⑤ 《唐大诏令集》卷一〇三,第526页;《全唐文》卷二五四,第2569页。

⑥ 参阅阎守诚主编:《危机与应对:自然灾害与唐代社会》,第304~305页。

合折,不许。百姓不伏事。"最终,在律令准折来年和许折未折之间,按理折免了第三年的租。①按上引《赋役令》的规定,遭灾十分损四免租,已输者免来年。此判中免半租和免第三年租都是对蠲免令的调整和变通。又神龙二年(706),中书令李峤上书称:"今山东岁饥,糟糠不厌,而投艰厄之会,收庸、调之半,用吁嗟之物,以荣土木,恐怨结三灵,谤蒙四海。"②此奏中的"收庸调之半",亦是令文所无,所征庸调用于临时兴造之用。至景龙二年(708),因河南、河北连年水旱,利益受损的食封贵族武延秀等人"遂矫制命",故有三月十一日敕曰:"河南北桑蚕倍多,风土异宜,租庸须别。自今以后,河南、河北蚕熟,依限即输庸调,秋苗若损,唯令折租,乃为例程。"③这是在赋役蠲免令之外,专门针对河南、河北受灾蠲免的诏敕,其规定在后来成为例程。开元初,张廷珪曾奏请复旧,"伏愿陛下广天成之德,均子育之爱,式崇大体,追复旧章,许河南、河北有水旱处,依贞观、永徽故事,一准令式折免"④,被玄宗批准,河南、河北的蠲免制度又恢复如旧。⑤

唐后期实行两税法后,灾蠲令的具体情形难以确知,但仍可从史书记载中窥见相关的令式规定。贞元八年(792)十二月,德宗《水灾赈恤敕》曰:"其州府水损田苗及五六分者,今年税米及诸色官田种子并减放一半;损七分以上,一切全放……其两税钱,所司准旧例处分。"⑥可见,此次因灾蠲免分减两税钱与税米及诸色官田种子两种情况,两税钱放免准旧例由所司处分,此"旧例"是否为唐前期的则例,笔者不敢妄断;税米及诸色官田种子按受损分数折算,但受损分数节级出现了变化,此次是按五六分和七分的标准。元和四年(809)正月五日,宪宗诏曰:"其元和三年诸道应遭水旱所损,州府应合放两税钱米等,损四分以下,宜准式处分;四分已上者,并准元和元年六月十八日敕文放免。"⑦此诏中,减免物为两税钱米等,从"四分以下,宜准令式处分"一句看,唐后期应该有因灾蠲免之令式,且较唐前期细致,出现损四分以下的相关规定;从"四分已上准

① 参阅〔唐〕张鷟:《龙筋凤髓判》卷一《仓部》,中国政法大学出版社,1996年,第44~45页。

② 《新唐书》卷一二三《李峤传》,第4370页。

③ 〔唐〕张廷珪:《请河北遭旱涝州准式折免表》,《全唐文》卷二六九,第2733页。

④ 〔唐〕张廷珪:《请河北遭旱涝州准式折免表》,《全唐文》卷二六九,第2734页。

⑤ 参阅《新唐书》卷一一八《张延珪传》,第4264页。

⑥ 《全唐文》卷五四,第582~583页。

⑦ 唐宪宗:《赈诸道水旱灾制》,《全唐文》卷五六,第610页;《文苑英华》卷四三五《德音二》,第2203页。

元和元年六月十八日敕文放免"句可知,唐后期的因灾蠲免常会做式外蠲免。前引贞元八年(792)敕"七分以上一切全放",与唐前期因灾蠲免的标准一致。可见,唐后期的因灾蠲放制度应该发展得更加细致,在执行过程中又可随事另敕。

唐后期因灾蠲放的常规制度也是按灾损分数分等级执行的,蠲免非常普遍。[①]如元和二年正月,宪宗诏曰:"淮南江南去年已来水旱疾疫,其租税节级蠲放。"[②]长庆三年(823)浙东、浙西、江南、宣歙等道旱,穆宗下诏曰:"其淮南管内减放今年夏税钱二十万贯文,浙西道七万贯文,浙东道二万贯文,宣歙道一十万贯文,并委宣抚使与所在长吏计议,量管内诸道州县灾歉重轻,于上供及留使州内,均减作等级蠲放。其应合征者,亦须优容为理,与长吏商量,度其分数条奏。"[③]太和四年夏,江水溢,江淮之间大水害稼[④],十月文宗下诏曰:"江淮之间,润和两州,应水损县数,据所申奏,漂溺人户处,宜委本道观察使与本州刺史仔细检勘,全放今年秋税钱米,仍以义仓斛斗,逐便据淹损田苗、漂坏庐舍及虫螟所损,节级矜减……其京兆河南府所损县,即据顷亩依常例检覆,分数蠲减。"[⑤]太和五年(831)六月,"玄武江涨,高二丈,溢入梓州罗城"[⑥],七月文宗诏曰:"宜令户部郎中李践方,充西川宣抚使,应遭水人户,委与本道观察使计会,各量税额,所漂损多少等第分数,蠲放今年夏秋税钱及租子等。"[⑦]开成二年(837)三月,文宗诏曰:"扬州楚州浙西管内诸郡如闻去年稍旱……宜委本道观察使于两税户内不支济者量议矜减,今年夏税钱每贯作分数蠲放,分折速奏。"[⑧]大中九年(855)七月十三日,宣宗下诏,应扬润庐寿滁和宣楚濠泗光宿等州,"今年合征两税钱物,量百姓疾疫处,各委逐州准分数,于上供留州留使三色钱内均摊放免"[⑨]。广明元年(880)五月乙卯,僖宗下诏:"自广明已前诸色税赋,宜令十分减四

---

① 参阅李锦绣:《唐代财政史稿》(下卷)第二分册,北京大学出版社,2001年,第1134~1140页。

②《册府元龟》卷四九一《邦计部·蠲复》,第5872页。

③《唐大诏令集》卷一一七《遣使宣抚诸道诏》,第612页。

④ 参阅《新唐书》卷三六《五行志》,第934页。

⑤《册府元龟》卷一○六《帝王部·惠民》,第1268页。

⑥《新唐书》卷三六《五行志》,第934页。

⑦《唐大诏令集》卷一一七《令李践方充西川宣抚使敕》,第613页。

⑧《册府元龟》卷四九一《邦计部·蠲复》,第5876页;《册府元龟》卷九一《帝王部·赦宥》,第1089页记载略同。

⑨《文苑英华》卷四三六《德音·赈恤江淮遭水旱疾疫百姓德音》,第2208页。

分。其河中府太原府遭贼掠处,亦宜准此。"①

五代的赋税蠲放有很大变化,主要原因是兵连祸结,政权更替频繁,导致税收混乱。后唐同光元年(923)十月,后唐庄宗下诏曰:"应今年经雹旱所损田苗处,检覆不虚,据亩垄蠲免。兼北京及河北先为妖祲未平,配买征马,如有未请官本钱,及买马不迨者,可并放免。"②同光二年十一月,中书奏:"天下州府今秋多有水潦处,百姓所输秋税,请特减以慰贫民。"庄宗下敕曰:"俟来年蠲免。"③长兴四年(933)九月,后唐明宗《以灾旱蠲贷制》云:"据河中同华耀陕青齐淄绛莱等州各申灾旱损田处,已令本道判官检行,不敢额定顷亩……今许纳本色稗子,特与免税。前件遭旱州府,据检到见苗,仍恐输官不迨,今祇征一半税物,仍许于便近州府送纳,其余一半,放至来年。"④

唐前期蠲免的内容主要是当年租调及往年玄欠。如开元八年(720)二月,玄宗《给复被灾州县诏》云:"天下遭损州逋租悬调及勾征,特宜放免。"⑤唐后期蠲免的主要是当年两税斛斗、三司钱及往年玄欠、赈贷等。⑥如贞元十九年(803)冬,韩愈《御史台上论天旱人饥状》云:"伏乞特敕京兆府:应今年税钱及草粟等在百姓腹内征未得者,并且停征,容至来年,蚕麦庶得少有存立。"⑦元和九年(814)二月二十九日,宪宗《赈给京畿百姓制》云:"应京畿百姓所欠元和八年税斛斗青苗钱税草等,在百姓腹内者。并宜放免。"⑧大中九年(855)七月十三日,宣宗《赈恤江淮百姓德音》云:

> 减上供馈运,发诸道仓储,免积岁之逋租,蠲逐年之常贡……其间或贞元以来旧欠,逃移后阙额钱物,均摊见在人户,频年灾荒,无可征纳,宜特放三年,待稍完复却,即令依旧。或逋悬钱物斛斗数内,先已放免,度支却征收者,宜委本司细详元敕磨勘,如合放免,不得追征。或先因水旱赈贷,欠常平义仓斛斗,若终不可征收,亦宜放免……或收管诸色逋悬钱物等,年月深远,但挂簿书,空务追征,益生劳扰,宜委有

---

① ② ③《册府元龟》卷四九一《邦计部·蠲复》,第5877页。

④《全唐文》卷一〇六,第1088页;《册府元龟》卷四九二《邦计部·蠲复》,第5882页。

⑤《全唐文》卷二八,第318页;《册府元龟》卷四九〇《邦计部·蠲复》,第5862页。

⑥参阅唐宪宗:《赈贷京畿百姓制》,《全唐文》卷五七,第616页。

⑦《韩昌黎文集校注》卷八,第588~589页。参阅《资治通鉴》卷二三六"贞元十九年十二月"条,第7604页。

⑧《全唐文》卷五七,第620页。

126

司速勘会了绝蠲放,不得留为应在,以资奸蠹之徒。其濠、泗、宿三州大中六年以前所在逋悬,宜亦放免。①

该诏对放免以往玄欠的各种情况,记载得较为详细,很有代表性。此外,晚唐时期,有时还放免灾区的进奉等物。②五代蠲免的主要内容为两税及蚕、食盐、钱、屋租等诸色杂物。③

蠲免诏敕中有时甚至免除私人借贷。如开成三年(838)正月,文宗《优恤旱蝗诸州诏》云:"应遭蝗虫及旱损州县,乡村百姓,公私债负,一切停征。"④同光元年(923)十月,后唐庄宗下诏曰:"理国之道,莫若安民,劝课之规,宜从薄赋……应诸道户口,并宜罢其差役,各务营农,所系残欠赋税及诸务,悬欠积年课利及公私债负等,其汴州城内,自收复日已前,并不在征理之限。"⑤天福五年(940)正月丁卯朔,后晋高祖下制曰:"应天福元年终已前公私债欠,一切除放。"⑥

2.唐后期蠲免与地方、中央的关系

唐后期实行两税法后,税收实行上供、留使、留州三分制,出现了使府、州的财政收支定额分配制。因此,在两税的"损免"问题上,地方与中央承担的损免份额分配比较复杂,根据相关的记载,大致是地方拥有留州、留使部分的蠲免权,中央则有三分全部蠲免的权力。

通常情况下,中央和地方共同承担因灾蠲免的份额。上引德宗《水灾赈恤敕》中对蠲放的处置有:"其所减放米,如是支用数内,应令度支及本道以诸色钱物充填。"又如大中九年(855)七月十三日,宣宗《赈恤江淮百姓德音》云:近者江淮数道"或今年合征两税钱物,量百姓疾疫处,各委逐州准分数于上供留州留使三色钱内均摊放免"⑦。

有时中央下诏只放免上供部分。如贞元十八年(802)七月,"蔡、申、光三州言春大水夏大旱,诏其当道两税,除当军将士春冬衣赐及支用外,各供

---

① 《全唐文》卷八一,第852~853页;《文苑英华》卷四三六《德音》,第2208页。
② 参阅唐宣宗:《赈恤江淮百姓德音》,《全唐文》卷八一,第852~853页。
③ 《册府元龟》卷四九二《邦计部·蠲复》中关于此类记载很多,此处不一一列举。(第5880~5889页)
④ 《全唐文》卷七三,第766页。
⑤ 《册府元龟》卷四九一《邦计部·蠲复》,第5878页。
⑥ 《册府元龟》卷四九二《邦计部·蠲复》,第5885页。
⑦ 《全唐文》卷八一,第582~583页。

上都钱物已征及在百姓腹内量放二年"①。元和二年(807)二月壬申,宪宗下制:"以浙江西道水旱相乘,蠲放去年两税上供三十四万余贯。"

有时中央下诏蠲免留州、留使部分,但地方在蠲免后,必须奏报中央。如德宗《放免积欠诏》曰:"其贞元四年已征到及在路者,即依前送,其在百姓腹内者,并放免。五年已后每年合收一百万八十八贯石,亦宜放免,委本道观察使各具当管州所放,闻奏,并晓示百姓。"②有时,中央下诏敕全部蠲免三分赋税,通常只要"简验不虚,便准前后敕文破免"③。如贞元二年四月,德宗《李希烈平诏》云:"淮西百姓等久经沦陷……除供当道军用之外,宜给复二年。"④说明此次给复,是扣除当道军粮后的全部赋税,即三分全免。

在晚唐五代两税法的税收制度下,中央和地方往往相互推诿,不愿意蠲免自己的税收部分。唐后期财政日趋紧张,中央对地方灾害救助的力度也越来越小,即使地方发生灾害,中央一般也都要征收上供部分。在"假令不放,亦征不得"的情况下⑤,中央也只好下诏免除那些征收无望的欠缴上供及三司税收。如开成元年(836),扬州、楚州及浙西管内诸郡旱损,开成二年三月,文宗诏曰:"宜委本道观察使于两税户内不支济者,量议矜减,今年夏税钱物每贯作分数蠲放,分折速奏。仍于供上及留州使额内相均落下,务令苏息。"⑥开成二年秋旱蝗,三年正月文宗《优恤旱蝗诸州诏》曰:"淄青兖海郓曹濮去秋蝗虫害物偏甚,其三道有去年上供钱及斛斗在百姓腹内者,并宜放免。今年夏税上供钱及斛斗亦宜全放……京兆府今年夏青苗钱,宜量放一半……其天下州府贷种粮子在百姓腹内者,更不要征。"⑦乾符元年(874),卢携《乞蠲租赈给疏》曰:"臣窃见关东去年旱灾……今所在皆饥,无所依投,坐守乡闾,待尽沟壑。其蠲免余税,实无可征,而州县以有上供及三司钱,督趣甚急,动加捶挞。"⑧可见晚唐中央为了与地方争夺赋税,往往在州县上供及三司钱之外才行放免,实际上造成了"其蠲免余税,实无

①《册府元龟》卷四九一《邦计部·蠲复》,第5871页。

②《册府元龟》卷四九一《邦计部·蠲复》,第5870页;《全唐文》卷五二,第563页。

③ 唐宣宗:《禁加征熟田敕》,《全唐文》卷八一,第845页。

④《册府元龟》卷四九一《邦计部·蠲复》,第5869页。

⑤ 参阅《白居易集》卷五八《奏请加德音中节目二件》,第1238页。

⑥《册府元龟》卷四九一《邦计部·蠲复》,第5876页。

⑦《全唐文》卷七三,第766页。参阅《册府元龟》卷一四五《帝王部·弭灾》。

⑧《全唐文》卷七九二,第8303页。参阅《资治通鉴》卷二五二"乾符元年正月"条,第8169页。

可征"的情况。因此卢携上疏:"乞敕州县,应所欠钱税,并一切停征,以俟蚕麦,仍发所在义仓,亟加赈给。"①

晚唐至五代,蠲免制度的缺陷渐多,一方面,出现权豪荫复百姓,故意拖欠赋税,等待中央下诏敕免除玄欠,以逃避缴税的情况;另一方面出现胥吏敦迫贫弱、横加征敛、中饱私囊的情况。如元和十年(815)三月,京兆府《酌定放免两税奏》云:"恩敕蠲放百姓两税,及诸色逋悬等。伏以圣慈忧轸疲氓,屡蠲逋赋,将行久远,实在均平。有依倚权豪,因循观望;忽逢恩贷,全免征繇。至于孤弱贫人,里胥敦迫,及期输纳,不敢稽违。"为了改变"旷荡之恩,翻不沾及"百姓的情况,有人建议国家蠲免赋税,"请每贯每石内分数放免。输纳已毕者,准数折免来年租税……人知分限,自绝奸欺"。②清泰元年(934)七月庚午,后唐末帝诏曰:"连年灾沴,比户流亡,残租空系于簿书,计数莫资于经费。盖州县不公之吏,乡间无识之夫,乘便欺官,多端隐税,三司使患其侥幸,便欲推寻。"③可见蠲免赋税要正常运作,还需设法防止胥吏私自聚敛。

地方州县长吏通过减免赋税,给百姓以休养生息的时机,以增强百姓备灾抗灾的能力。如大历二年(767),张延赏为河南尹、诸道营田副使,时"河、洛当兵冲,邑里墟榛,延赏政简约,轻徭赋,疏河渠,筑宫庙。数年,流庸归附,都阙完雄,有诏褒美"④。大历四年,郑州刺史马燧"劝课农亩,总其户籍,岁一税之,州人以为便"⑤。贞元十年(794),崔衍出任虢州刺史,发现"州部多岩田,又邮传剧道,属岁无秋,民举流亡,赋数倍入",百姓负担太重,于是奏请赈贷,蠲革赋税;他在任期间,"啬用度,府库充衍。及穆赞代州,以钱四十万缗假民赋,故虽旱,人不流捐,由衍蓄积有素也"⑥。宪宗元和中,李吉辅为淮南节度使,"居三岁,奏蠲逋租数百万"⑦。

地方官也通过打击权豪,均赋税,减轻百姓负担,从而提高百姓的抗灾

---

① 〔唐〕卢携:《乞蠲租赈给疏》,《全唐文》卷七九二,第8303页。参阅《资治通鉴》卷二五二"乾符元年正月"条,第8169页。

② 《全唐文》卷九六五,第10021页。

③ 《册府元龟》卷四九二《邦计部·蠲复》,第5882页。

④ 《新唐书》卷一二七《张嘉贞传》,第4444页。

⑤ 《旧唐书》卷一百三四《马燧传》,第3690页;《新唐书》卷一五五《马燧传》,第4884页记载略同。

⑥ 《新唐书》卷一六四《崔衍传》,第5043页。参阅郁贤皓:《唐刺史考全编》卷五八《河南道·虢州》,第819页。

⑦ 《新唐书》卷一四六《李栖筠传附子吉辅传》,第4740页。

能力。如德宗时，韩滉出任镇海军节度使，他"绥辑百姓，均租调，不逾年，境内称治"①。宝历元年至太和元年（825~827），李翱出任庐州刺史时，州旱遂疫，"逋捐系路，亡籍口四万，权豪贱市田屋牟厚利，而娄户仍输赋。翱下教使以田占租，无得隐，收豪室税万二千缗，贫弱以安"②。平定李希烈后，曲环兼陈许二州刺史、陈许等州节度观察，"陈、蔡二州以希烈扰乱，遭剽劫颇甚，人多逃窜他邑以避祸。环勤身恭俭，赋税均平，政令宽简，不三二岁，襁负而归者相属，训农理戎，兵食皆丰羡"③。

唐代的赋税蠲免制度，虽然前后期变化较大，但在救灾中均发挥了重要作用。而五代时期，因国家政权的更替和丧乱，政府为争取民心，对受灾百姓蠲免的频率多于唐代，但基本是蠲免玄欠，其实际意义则远不及唐代。

（三）生产救灾

在安置灾民并蠲免其赋税后，通过组织和引导灾民补种作物，进行生产自救，是一种比较积极的救灾、减灾手段。唐五代时期，政府的生产救灾措施主要有鼓励灾民补种作物，提供种子、耕牛等生产物资劝灾民垦种，停不急之务以保农时等，以下分别简要介绍。

1. 补种作物

发动灾民在灾后积极补种易生、速生的多种生长期不同的作物，增加粮食产量，增强抗灾能力，主要是在春季作物遭损后补种秋季作物，早秋作物遭损后补种易生、速生作物，来减轻灾害造成的损失。这是古代行之有效的灾后恢复措施，在唐代较为普遍。

长寿元年（692），狄仁杰《乞免民租疏》曰："彭泽九县，百姓齐营水田。臣方到县，已是秋月，百姓嚣嚣，群然若歉。询其所自，皆云春夏以来，并无霖雨，救死不苏，营佃失时。今已不可改种，见在黄老草莱度日，旦暮之间，全无米粒。"④这次水灾发生在"已不可改种"的秋季月令，但此记载恰可说明，若灾害发生时令较早时，灾后补种庄稼的情况是比较普遍的。又如郑孝本出任雍州鄠县令后，"已而永淳大饥，关辅尤甚，能布其德而恤灾，人不离散，下无捐瘠，乃耕乃亩，嗣岁以登"⑤。"乃耕乃亩"，就是补种作物，结果当年仍有丰收。开元五年（717）五月，玄宗诏曰："河南、河北去年不熟，今

---

①《新唐书》卷一二六《韩滉传》，第4434页；《新唐书》卷一九〇《审邽传》，第5493页。

②《新唐书》卷一七七《李翱传》，第5282页。

③《旧唐书》卷一二二《曲环传》，第3502页。

④〔唐〕狄仁杰：《乞免民租疏》，《全唐文》卷一六九，第1728页。

⑤〔唐〕孙逖：《沧州刺史郑公墓志铭》，《全唐文》卷三一三，第3180页。

春亢旱,全无麦苗",饥弊特异,"令本道按察使安抚,其有不收麦处,更量赈恤,使及秋收。仍令劝课种粟稻及旱谷等,使得接粮"。①贞元六年(790)闰四月旱,德宗"诏京兆府诸县田合征夏税者,除水利地外,一切放免。其回种秋苗者,亦不在收税限"②,记录了旱损夏麦回种秋苗的信息。

会昌元年(841)十一月十五日,因彗星屡见,在天文机构的灾征奏报下,朝野认为很可能会发生灾害,武宗在下诏各委派本道加筑堤防外,还"劝课百姓种植五豆,以备灾患"③,说明唐代统治者能利用农作物不同的生长期,通过劝课百姓杂种五豆,降低其在同一次灾害中的损失,从而减轻灾情。

若是出现严重灾害,当季作物完全被毁,政府就会组织百姓补种应季速生作物,来弥补粮食产量。常见的补种作物有蜀、黍、稗等。如后唐明宗《以灾旱蠲贷制》云:

> 爰自今秋,偶愆时雨,郡县累陈于灾沴……据河中同华耀陕青齐淄绛莱等州各申灾旱损田处……其税子如阙本色,许纳诸杂斛斗蜀、黍充,每斗折粟八升。今许纳本色稗子,特与免税。前件遭旱州府,据检到见苗,仍恐输官不迨,今祇征一半税物。④

从此制可知,因为诸州秋季多雨,麦粟等本色作物受损,百姓即补种了蜀、黍、稗子等作物,才会出现用补种作物折纳税子的情况。此制特别强调"据检到见苗,今祇征一半税物",说明蜀、黍、稗是补种作物,产量较低,同时顾及受灾情况,故征收一半赋税。

唐五代时期,百姓已有丰富的补种抗灾作物的经验。

黍、稗等作物易生、生长期短、耐水旱,适合夏秋种植,是很好的抗灾作物。崔寔《四民月令》曰:"四月可种黍,谓之上时。"⑤《胜之书》曰:"黍者,暑也,种必待暑。先夏至二十日,此时有雨。强土可种黍,亩三升。黍心未

---

① 《册府元龟》卷一〇五《帝王部·惠民》,第1259页。

② 《册府元龟》卷四九一《邦计部·蠲复》,第5870页。

③ 唐武宗:《彗星见避正殿德音》,《全唐文》卷七七,第808页;《文苑英华》卷四四一《德音》第2229页。

④ 《全唐文》卷一〇六,第1088页。

⑤ 转引自《太平御览》卷八四二《百谷部·黍》,第3763页。

生,雨灌其心,心伤无实。"①"稗,水旱无不熟之时,又特滋盛,易得芜秽,良田亩得二三十斛,宜种之以备凶年。"②

此外,大豆也是很好的备灾、抗灾作物,《泛胜之书》曰:"大豆保岁易为,宜古之所备凶年也。"③陆贽《请依京兆所请折纳事状》云:"京兆府先奏:'当管虫食豌豆,全然不收,请据数折纳大豆。'"④前文也提及唐武宗"劝课百姓种植五豆",其中就包括大豆。

此外,宿麦比较能抗灾害气候,对灾后恢复有着重要意义。汉代在灾荒后已劝民种宿麦,取得了很好效果⑤,唐五代时期,黄河中下游地区广泛于灾后补种宿麦,如后唐长兴三年(932)七月,宋、亳、颍三州水灾尤甚,枢密使范延光、赵延寿奏曰:"大水之后,颇宜宿麦,穷民不便种子。亦望本州据民户等第支借麦种,自十石至三石,候来年收麦,据原借数纳官。"⑥明宗采纳了这一建议。

2.灾后春耕

灾后的春耕工作是恢复生产的关键,也是灾区百姓能否恢复正常生活的决定性因素。因此,唐五代时期的中央和地方都非常重视灾后的春耕工作,主要反映在向受灾百姓赈贷种子、假借耕牛、提供必要的口粮及停办不急之务等方面。

(1)赈贷种子

唐五代时期社会生产力有限,在国家赋税和地主阶层的盘剥之后,百姓生产所得往往所剩无几。发生灾害后,国家的赈恤也很有限,到了冬春季节,灾民通常是口粮不及,更无法播种。"劝其耕植,固在及时",做好灾民的春种救济工作,自然救灾的重中之重。春季的赈贷有时候明确规定是为了解决百姓口粮和种子不足的情况,关于赈贷口粮,前文已有详述,以下只讨论春季赈贷粮种的问题。

政府一般通过无偿赈给和有偿赈贷两种方式为灾民提供粮种,以保证春耕的顺利进行。贞观二十一年(647)十月,"绛陕二州旱,诏令赈贷,湖州

---

① 转引自《太平御览》卷八四二《百谷部·黍》,第3763页。《隋书》卷三四《经籍志·子》云:"《泛胜之书》二卷,汉议郎氾胜之撰。"(第1010页)

②《太平御览》卷八二三《资产部·种植》,第3667页。

③《太平御览》卷八二三《资产部·种植》,第3668页。

④《陆贽集》卷二〇,第643页。

⑤ 参阅陈业新:《灾害与两汉社会研究》,第285~285页。

⑥《册府元龟》卷一〇六《帝王部·惠民》,第1270页。

给贷种食"①。贞观二十二年，"泸州、交州、越州、渝州、徐州水，戎州鼠伤稼，开州、万州旱，通州秋蝗损稼，并赈贷种食"②。开元十一年（723）正月玄宗下诏："河南府遭水百姓，前令量事赈济，如闻未能存活，春作将兴，恐乏粮用，宜令王怡简问不支济者，更赈给，务使安存。"③开元二十二年春正月乙酉，玄宗下诏："怀、卫、邢、相等五州乏粮，遣中书舍人裴敦复巡问，量给种子。"④天宝中，李裕为义阳郡太守，"上言所部遭损户一万八百三户，请给两月粮充种子，许之"⑤。贞元元年（785）十一月陆贽《冬至大礼大赦制》云："今年蝗旱损甚州府，开春之后，量给种子，使就农功。"⑥贞元四年正月，德宗下诏曰："诸州遭水旱，委长吏贷种。"⑦贞元十四年七月，"赈给京畿麦种三万石"⑧。元和六年（811）二月二十八日，宪宗《赈恤百姓德音》云："如闻京畿之内，缘旧谷已尽，宿麦未登，尚不足于食陈，岂有余于播种。劝其耕植，固在及时，念彼征求，尤资宽贷。京兆府宜以常平义仓粟二十四万石贷借百姓，其诸道州府有乏少粮种处，亦委所在官长用常平仓米借贷。"⑨开成三年（838）正月，文宗《优恤旱蝗诸州诏》云："应遭蝗虫及旱损州县……其天下州府贷种粮子，在百姓腹内者，更不要征。"⑩会昌三年（843）九月二十一日，京兆府秋雨经旬，武宗下《雨灾减放税钱德音》云："如闻贫人未及种麦，仍委每县量人户所要，贷与种子，宽限至麦熟日填纳。如京兆府自无种子，即据数闻奏，太仓给付。"⑪

关于赈贷种子的数量和标准，天宝十四载（755）正月，玄宗下诏曰："其天下府县百姓，去载有灾损不支济者……仍便据籍地顷亩量与种子，京兆府及华阳冯翊扶风等郡……虽非损户，或有乏少种子者，亦仰每乡量宜准给……其种子既须好粟，仍取新地税分付京畿。"⑫可见有按灾民地亩计量的，而且会要求确保种子的质量较好。又如长兴三年（932）七月丁未，后唐

①②《册府元龟》卷一〇五《帝王部·惠民》，第1257页。

③《册府元龟》卷一〇五《帝王部·惠民》，第1259页。

④《旧唐书》卷八《玄宗本纪》，第200页。

⑤《册府元龟》卷六七五《牧守部·仁惠》，第8066页。

⑥《陆贽集》卷二，第65页。

⑦《册府元龟》卷一〇六《帝王部·惠民》，第1264页。

⑧《唐会要》卷八八《仓及常平仓》，第1915页。

⑨《全唐文》卷六二，第666页。

⑩《全唐文》卷七三，第766页。

⑪《全唐文》卷七七，第809页。

⑫《册府元龟》卷一〇五《帝王部·惠民》，第1262页。

明宗下诏曰:"今年州府遭水潦处,已下三司各指挥本州府支借麦种及等第赈贷斛食,仰逐处长吏切加安存,不得辄有差使。"此诏因枢密使范延光、赵延寿奏请而颁下,其奏请曰:"今秋宋亳颍等州水灾甚,民户流亡,粟价暴贵,臣等量欲与本州官仓斛斗依如今时估出粜以救贫民,兼大水之后颇宜宿麦,穷民不便种子,亦望本州据民户等第支借麦种,自十石至三石,候来年收麦,据原借数纳官。"①明宗采纳了这一建议,可见赈贷麦种的数量可能大致在三石至十石之间。

(2)给赐耕牛

耕牛是百姓的重要生产畜力,为促进灾民的灾后生产,政府也常常赐给百姓耕牛,令均给使用,以解决百姓耕作畜力不足的问题,以免耽误农时。宝历元年(825)十二月,敬宗下《令市耕牛诏》曰:"农功所切,实在耕牛,疲氓乏此,理须给赐。宜委度支于河东、振武、灵盐夏等州,分市耕牛万头,交付京兆尹,均给畿内贫下百姓,其价以户部绫绢充。"②太和三年(829)七月,齐德州奏:"百姓自用兵已来,流移十分只有二分,伏乞赐麦种耕牛等,敕量赐麦三千石,牛五百头,共给绫一万匹充价直,仍各委本州自以侧近市籴分给。"③

大中二年(848)正月,宣宗制云:"爱念农耕,是资牛力,绝其屠宰,须峻科条。天下诸州屠牛,访闻都不遵守,自今已后一切禁断。"当年二月,刑部上《请禁屠牛奏》曰:"牛者稼穑之资,邦家所重。虽加条约,多有违犯,今后请委州府县令并录事参军严加捉搦,如有牛主自杀及盗窃杀者,即请准乾元元年二月五日敕,先决六十,然后准法科罪,其本界官吏严加止绝。"④五年正月,宣宗又下敕:"畿甸及天下府州应屠牛,宜起大中五年五月一日后,三年内切加禁断,如郊庙享祀合使者,即以诸畜代之。"中书奏曰:

> 屠牛之禁,格令至重。此立条流,必令禁断。臣等商量,应天下诸州府,如有牛死,便于所在经官陈状,勘验无他故,然后使令就市解剥货卖,不得更将归私家。如有屠牛事发,不唯本主抵法,邻里保社并须痛加惩责,本县官吏委刺史节级科罚,仍委诸道观察使各逐所管州县

①《册府元龟》卷一〇六《帝王部·惠民》,第1270页。

②《全唐文》卷六八,第716页。参阅《册府元龟》卷一〇六《帝王部·惠民》,第1267页。

③《册府元龟》卷一〇六《帝王部·惠民》,第1267~1268页。

④《册府元龟》卷七〇《帝王部·务农》,第792页。

稳便,更别立条制,须极严峻,务令止绝。其行劳处亦准此禁断。[①]

宣宗采纳了这一建议。

后唐长兴三年(932)三月庚戌,"帝观稼于近郊。民有父子三人同挽犁耕者,帝闵之,赐耕牛三头"[②],"是时,帝哀贫民多无耕牛,斫地以种"[③]。

有时,灾后会发生牛疫,造成大量耕牛死亡,严重影响农业生产,更需要政府的耕牛赈赐。德宗在位时,京畿、关辅地区先后发生了严重的牛疫,赖诸道节度使进耕牛供给政府赈赐灾民,如兴元元年(784),京畿地区发生蝗旱之灾后,"牛多疫死,诸道节度韦皋、李叔明等咸进耕牛"[④]。贞元元年(785)二月十八日,德宗《给百姓耕牛诏》曰:"诸道节度观察使所进耕牛,委京兆府勘责有地无牛百姓,量其产业,以所进牛均平给赐。其有田五十亩已下人,不在给限。"[⑤]贞元二年,给事中袁高奏曰:"圣慈所忧,切在贫下。有田不满五十亩者尤是贫人,请量三两家共给牛一头,以济农事。"德宗采纳了他的建议。[⑥]贞元七年三月,"以关辅牛疫死者十五六,遣中使市以给之"[⑦],政府则派中使从市场购牛赈给灾民。

(3)停不急之务

灾害发生后必然会导致社会物资匮乏,灾民的生活非常困难,因此减少不必要的修建工程,或错开农时,保障农业生产时间,"令百姓专营农事",也是一项重要的缓民恤民措施。代宗《改元永泰赦文》云:"农政本也,食人天也。方春之首,重于东作,除军兴至急,余一切并停,令百姓专营农事。"[⑧]太和七年(833)正月二十四日,文宗《赈恤诸道旱灾救》云:"今方春之时,须务农事,若无赈救,恐至流亡……诸色工役,非灼然急切者,并勒停省。"[⑨]大中元年(847)正月戊申,宣宗诏曰:

差役不时,妨农为甚,古者用人之力,岁不过三日,盖为此也。如

---

①③《册府元龟》卷七〇《帝王部·务农》,第792页。

②《旧五代史》卷四三《唐书·明宗本纪》,第590页。

④《册府元龟》卷一〇六《帝王部·惠民》,第1263页。

⑤《全唐文》卷五一,第559页。参阅〔日〕池田温编:《唐代诏敕目录》,345页。

⑥参阅《旧唐书》卷一五三《袁高传》,第4088页;《册府元龟》卷一〇六《帝王部·惠民》,第1263页。

⑦《册府元龟》卷一〇六《帝王部·惠民》,第1264页。

⑧《全唐文》卷四九,第544页。

⑨《全唐文》卷七四,第776页。

闻所在修筑,动逾数月,事非甚切,所妨即多。自今已后,所在州县如要修理者,任和雇诸色人役使,仍须据时价给钱。(阙)方今就使农户,辄不得追扰,遇忙时五月六月九月,事非切时,屋宇城垒,不在修筑限。如违,官吏并节级贬责,仍令御史台及所在度支盐铁院检举,申中书门下。如涉隐蔽,本御史及本院官并准前处分。①

周太祖《放散诸州抽差敕》云:"近者遍询群议,兼采封章,具言前件抽差,于理不甚允当。一则碍州县之色役,一则妨春夏之耕耘。贫乏者困于供须,豪富者幸于影庇。既为烦扰,须至改更。况当东作之时,宜罢不急之务。其诸州所在差散从亲事官,并宜放散,自逐田农。"②

逢水旱灾害年份,朝臣往往上谏要求与民休息。如辛替否《谏造金仙玉真两观疏》曰:"顷自夏已来,淫雨不解……伏惟陛下爱两女,为造两观,烧瓦运木,载土填坑,道路流言,皆云计用钱百余万贯。"要求停兴建,与民休息。③又如韩覃《谏营建中都表》云:"但恐顷年已来,水旱不节,天下虚竭……料事度宜,岂应更建中都乎?"④其他恕不更举。

此外,组织灾民疏浚河道,修复水利设施,灌溉粮田,发展农业生产,也是灾后恢复的重要措施(详见本章生产备灾一目)。修筑水利设施,往往与工赈结合。韦丹为江南西道观察使,"岁中旱,募人就功,厚与直,给其食"⑤。咸通年间,李频为武功令,县内"有六门堰者,废百五十年,方岁饥,频发官廪庸民浚渠,按故道疏水溉田,谷以大稔。懿宗嘉之,赐绯衣、银鱼"⑥。饥岁之年"庸民浚渠",既可以收到引水溉田增加产量之效,且饥民也可因所得庸值而免于饥馁流离,一举两得,故得懿宗之嘉奖。

(4)劝课农桑

通过劝课农桑以提高粮食产量,是增强百姓抗灾能力的根本。唐五代时期,帝王在恩制诏敕中往往要求亲民官员劝课农桑。如开元十六年(728)正月,玄宗颁《兴庆宫成御朝德音》,在疏决囚徒、检放番兵丁匠营农、

---

① 唐宣宗:《大中改元南郊赦文》,《全唐文》卷八二,第857~858页。
②《全唐文》卷一二三,第1235页。
③ 参阅《全唐文》卷二七二,第2763页。
④《全唐文》卷二九六,第3001页。
⑤《新唐书》卷一九七《循吏·韦丹传》,第5628页。
⑥《新唐书》卷二〇三《文艺·李频传》,第5794页。

停一切不急之务的同时,还要求"仍加劝课,循(修)植农穑"①。开元二十九年,玄宗还专门颁下《委刺史县令劝课制》曰:"天下诸州,委刺史县令加意劝课。仍令采访使勾当,非灼然要切事,不得妄有追扰。其今月诸色当番人,有单贫老弱者,所司即拣择量放营农,至春末已来,并宜准此。"②陆贽所撰《赐京畿及同华等州百姓种子赈给贫人诏》中,在赐赈之外,还要求刺史县令"仍加劝课,勿失农时"③。

灾害发生后,地方官更需劝课农桑,组织灾民进行农业生产。如唐初,李大亮为土门令,岁饥,大亮招亡散,抚贫瘠,"劝垦田,岁大熟"④。高宗永隆中,王方翼出任夏州都督,"属牛疫,无以营农,方翼造人耕之法,施关键,使人推之,百姓赖焉"⑤。武后时,韦凑从孙韦维被徙内江令,"教民耕桑,县为刻颂"⑥。垂拱中,苏瑰从父兄苏干迁魏州刺史,"河朔饥,前刺史苛暴,百姓流徙,干检吏督奸,劝课农桑,由是流冗尽复,以治称"⑦。兴元元年(784)三月,德宗至梁州以图收复两京,任严震为梁州刺史,"梁、汉间刀耕火耨,民采稆为食,虽领十五郡,而赋入才比东方数大县。自安、史乱后,山贼剽掠,户口流散,震随宜劝课,鸠敛有法,民不烦扰,而行在供亿具焉"⑧。大历四年(769),怀州刺史马燧"乘乱兵之后,其夏大旱,人失耕稼;燧乃务修教化……去其烦苛,至秋,界中生稆谷,人颇赖之"⑨。太和四年(830),殷侑任义昌军节度使,"于时瘠荒之余,骸骨蔽野,墟里生荆棘,侑单身之官,安足粗淡,与下共劳苦,以仁惠为治。岁中,流户襁属而还,遂为营田,丐耕牛三万,诏度支赐帛四万匹佐其市……二岁则周用,乃奏罢度支所赐。户口滋饶,廥储盈腐,上下便安,请立石纪政"⑩。大中十年(856)前后,韦宙为永州刺史,"种植为生之宜,户给之"⑪。唐末梁初,张全义为河南尹,"善抚军民,虽贼寇充斥,而劝耕务农,由是仓储殷积……课部人披榛种艺,且耕且战,

①《册府元龟》卷一四七《帝王部·恤下》,第1780页。

②《册府元龟》卷七〇《帝王部·务农》,第790页;《全唐文》卷二四,第278~279页。

③《陆贽集》卷四,第121页。

④《新唐书》卷九九《李大亮传》,第3911页。

⑤《旧唐书》卷一八五上《良吏·王方翼传》,第4802页。

⑥《新唐书》卷一一八《韦凑传附从孙维传》,第4270页。

⑦《新唐书》卷一二五《苏颋传》,第4408页。

⑧《新唐书》卷一五八《严震传》,第4943页;《旧唐书》卷一一七《严震传》,第3406页。

⑨《旧唐书》卷一三四《马燧传》,第3690页;《新唐书》卷一五五《马燧传》,第4884页。

⑩《新唐书》卷一六四《殷侑传》,第5054页;《旧唐书》卷一六五《殷侑传》,第4321页。

⑪《新唐书》卷一九七《韦丹传附子宙传》,第5631页。参阅郁贤皓:《唐刺史考全编》卷一七一《江南西道·永州》,第2483页。

以粟易牛,岁滋垦辟,招复流散,待之如子。每农祥劝耕之始,全义必自立畎亩,饷以酒食,政宽事简,吏不敢欺。数年之间,京畿无闲田,编户五六万,乃筑垒于故市,建置府署,以防外寇"①。后唐时,李嗣昭为潞州节度使,被围历年,"城中士民饥死大半,廛里萧条,嗣昭缓法宽租,劝农务穑,一二年间,军城完集"②。同光二年(924)五月,后唐庄宗下敕:"其四京诸道百姓于麦察地内,种得秋苗,并不征税。"③后周显德三年(956)八月乙丑,"课民种木及韭"④。《续资治通鉴长编》载此诏曰:"申明周显德三年之令,课民种植,每县定民籍为五等。第一种杂木百,每等减二十为差,桑枣半之。男女十七以上,人种韭一畦,阔一步,长十步。乏井者,邻伍为凿之。令佐以春秋巡视其数,秩满赴调,有司第其课而为之殿最。"⑤刺史、县令乃字民之官,在帝王"申明旧章,勉思抚辑,罢雕弊之务,归淳厚之源,训导黎蒸,宣我朝化"⑥的号召下,能劝课农桑的良吏不在少数,这对增强百姓的抗灾能力意义重大。

此外,唐五代政府还采取祭祀、祈祷、宽刑狱、避正殿及宫政改革等多种措施来弥灾⑦,这些行为与直接的救灾活动还有些距离,本书暂且不作讨论。

综合上述,唐五代时期虽不是历史上的灾害高发期,但各类自然灾害仍此起彼伏,接连不断,造成农业减产乃至绝收,使得百姓无以为继,严重危及社会的稳定和政府的统治。因此,政府将救灾作为一项重要工作,投入了大量的人力、物力和财力,进行防灾、减灾和灾后重建等工作。在前代经验的基础上,唐五代时期已形成了一套相对完善的防灾、救灾、减灾机制,即灾情预报、仓储备灾、生产备灾及火灾防范等灾害预防机制,灾害申报、检覆和部署赈灾等救灾决策机制,灾害紧急救助、抗灾减灾及灾后恢复等救灾机制。在政治清明和政局稳定时期,政府在灾害的各个阶段都能积

① 《旧五代史》卷六三《唐书三九·张全义传》,第838~840页。

② 《册府元龟》卷六九二《牧守部·招辑》,第8256页。

③ 《册府元龟》卷四九一《邦计部·蠲复》,第5878页。

④ 《新五代史》卷一二《周世宗本纪》,第120页。

⑤ 〔宋〕李焘:《续资治通鉴长编》卷二"建隆二年闰三月"条,〔清〕黄以周等辑补,上海古籍出版社,1986年,第16页。

⑥ 唐睿宗:《申劝礼俗敕》,《全唐文》卷一九,第223页。

⑦ 雷闻的《祈雨与唐代社会研究》(《国学研究》第8辑,北京大学出版社2002年)、毛阳光的《唐代救灾研究》(第44~50页)、李军的《灾害危机与唐代政治》(第20~44页、85~91页)等文分别从不同角度对这个问题作了相关探讨。

极采取各种相应的救灾措施。

天文机构太史局(司天台)已能通过变异天象预报部分灾害,政府也开始根据太史局(司天台)的预报,下令相关方面提前进行切实有效的灾害预防工作。

完善的仓廪制度为灾民得到较好救助,起到了非常重要的作用,其中与救灾关系最密切的是义仓和常平仓。义仓在年景好的时候储粮很可观,为救灾提供了坚实的物资基础。唐前期太宗至玄宗朝,义仓很好地发挥了赈灾功能。唐后期宪宗重建常平义仓后,其赈灾功能在宪宗、文宗两朝较突出,尤其是文宗朝,水、旱、蝗灾肆虐,常平义仓的赈济较为频繁。其他仓储在义仓、常平仓不足或废坏的情况下,也发挥了社会救助的功能,作为义仓、常平仓的补充。尤其是在唐初和唐末五代社会动荡时期,正仓和太仓在赈灾中发挥了更大的作用。政府在兴修水利以防洪抗旱、垦荒拓地以生产备灾方面也采取了积极措施,以提高百姓的抗灾、备灾能力。唐五代统治者对人为因素导致的火灾预防也很重视,诉诸律令,惩处严格。

地方向中央奏报灾情的程序也诉诸律令,唐律规定,灾害奏报"里正须言于县,县申州,州申省,多者奏闻"。以律条为基础,地方的灾害奏报已经形成了一套相对完整的程序,由下而上逐级上奏。为了准确掌握灾情,杜绝地方报灾不实,以对灾害进行有效救助,政府在下诏救灾前,还要对灾情进行检覆。在中央明确灾损信息后,经过宰相与相关诸司讨论,形成救灾方略,由皇帝以诏敕的方式下达救灾指令。

赈济和蠲免是中古历代荒政的核心内容,即"出公粟以赈困穷,弛岁征以宽物力,救患之道,何莫由兹?"[1]唐五代时期的灾害救助亦是如此,赈济和蠲免是政府救灾的主要手段,从灾害发生到平息,政府所实行的切实有效的救灾措施就是相关赈济、蠲免诏令的颁布、重申和督促执行。

虽然记载有限,灾害发生后的紧急救助有迹可循,主要是在灾害发生后的短时间内,对受灾百姓的紧急物资赈赐,还有对水利设施的紧急抢险维修、捕蝗埋瘗的救蝗灾措施等。在灾害奏报和义仓开仓需申报的体制下,地方官无紧急开仓赈济权,主动采取的有效紧急救助相对有限。更主要的救灾措施往往是在地方层层奏报后,经中央商讨形成救灾决策、下达救灾诏敕后,方才实行的抗灾减灾措施,其中赈济粮物仍是主流措施,包括由政府提供粮物赈济、令民逐粮就食、调粮济民、平抑粮价等济民措施。医

---

① 唐德宗:《水灾赈恤敕》,《全唐文》卷五四,第582~583页。

疗救助是减控疾疫的特别救灾措施。

灾后恢复的重点是让灾民恢复生产,重建家园,主要通过招抚灾后流民、给灾民分配田地、帮助灾民修屋舍等措施安置灾民,蠲免灾民的赋役负担,以及引导灾民补种作物,通过给受灾百姓赈贷种子、假借耕牛、提供必要的口粮及停办不急之务等措施,督劝灾民的灾后春耕,劝课农桑,以帮助灾民恢复生产,真正走出灾害的阴霾。

当然,太史局(司天台)虽能预报灾情,但备灾效果未必理想。天成四年(929)汝州羽林的火灾已为司天监预占得知,长兴二年(931)四月卫州黎阳的火灾,政府也事先下诏令诸道备灾,但备灾效果并不理想。义仓虽为救灾专仓,但开仓需奏报仓部郎中审批,救灾的时效性就会受到制约。且义仓在唐五代时期三起三落,义仓废坏的时段,赈灾只能依靠其他仓储。报灾是载于律令的地方官职责,但出于考课等因素,瞒报、妄报的情形依然存在。灾后蠲免是诉诸律令的荒政措施,但在具体实践中,最终蠲免是基于报灾和检覆灾情之后的赈灾决策,由于存在滞后性,所以往往是中央下达蠲令时,地方赋役已征纳完毕,造成灾后蠲免有名无实的情况。

唐五代时期,灾害救助明显地表现出与政治、经济形势的紧密关联。唐前期,国家相对稳定,国力强盛,救灾活动较为密集且成效显著;唐后期至五代,政局动荡不安,中央财力困窘,救灾活动明显少于唐前期,实际效果也大不如前,灾害赈济无论从次数和数量上都少于唐前期;因灾蠲免时效性也较差,还多是无法征收的逋租悬调。

第二章　对弱势人群的社会救助

对弱势人群进行救助是我国的一个历史传统,《周礼·地官司徒》云:"以保息六养万民:一曰慈幼,二曰养老,三曰振穷,四曰恤贫,五曰宽疾,六曰安富。"[1]这里养万民的"保息"六方,前五项针对的是后世所谓弱势人群中的最主要部分,而"安富"是建立在对幼、老、穷、贫、疾等弱势人群的救助和关照基础之上的。《周礼》所倡导的治世养民之方,为后世统治者推行仁政、爱民政策提供了理论依据。唐德宗欲重振朝政,即位后遣黜陟使巡行天下,陆贽要求使者以六德"保罢癒",其六德曰:"敬老、慈幼、救疾、恤孤、赈贫穷、任失业。"[2]显然是继承了《周礼》"以保息六养万民"的思想,也是历代统治者惠养百姓时所急需解决的问题,即对老幼、鳏寡孤独、废疾、贫困等社会弱势人群的救助和优恤。"保息"六方和"保罢癒"之六德代表了中国古代深受儒家"仁者爱人"与"民本"思想熏陶的封建士大夫所向往的理想社会:使老幼孤弱有所养,贫穷疾病有所恤,百姓不失业,则国家也会因此保持长久的繁荣。在这种思想的影响下,唐五代时期,政府和社会各方都比较注意对社会弱势群体的救恤,出现了专门的救助机构——病坊,在救助机构、制度建设和思想发展方面都有很多值得肯定之处。

第一节　恤养老人

关于唐五代养老问题,学界的研究主要集中在侍老制、致仕制等方面。直到21世纪初,才开始有少量文章涉及家庭及乡村养老。[3]养老问题是一

---

① 《周礼注疏》卷一〇《地官司徒·大司徒》,第706页。

② 《新唐书》卷一五七《陆贽传》,第4912页。

③ 参阅王先进:《唐代的家庭养老》,《固原师专学报》2006年第1期;刘兴云:《浅议唐代的乡村养老》,《史学月刊》2007年第8期。

个突出的社会问题,特别是对古代社会的平民而言,养老更是沉重的负担,需要家庭、社会和政府共同承担。本节在爬梳文献资料的基础上,综合本人相关研究①,试图从多个层面探讨唐五代养老问题与社会救助的关系。唐五代统治者重视养老,大力宣扬孝道,劝诱天下百姓孝事父母;家庭在养老问题上承担主要责任,政府则通过制度建设、劝勉、奖励等方式作出了很多努力。

一、政府的养老政策

养老、恤老是古代帝王为政以德的重要内容。唐五代时期,统治者在继承前代经验的基础上,又有所发展,开创了给高年老人给配侍丁的给侍制度。政府养老、恤老的政策措施可以分为三个层面,一是养庶民之老,二是恤鳏寡茕独,三是养官吏之老。根据本书篇章结构的安排,官吏之养老将在第三章特殊人群的救助中进行探讨。

(一)养庶民之老

唐五代政府养老、恤老的政策措施在继承前代经验的基础上又有所发展,主要表现在以下几个方面。

1.给老人授田但免征其赋役

唐五代政府通过授田,为老人的养老提供一定的物质基础和保障。"老及笃疾、废疾者,人四十亩,寡妻妾三十亩,当户者增二十亩,皆以二十亩为永业,其余为口分。"②老人可获授四十亩土地。

"唐之始时,授人以口分、世业田,而取之以租、庸、调之法。"③有地就有赋役之征,但对老人等特殊人群,政府则免除其赋役负担。"若老及男废疾、笃疾、寡妻妾、部曲、客女、奴婢及视九品以上官,不课。"④老人为不课口之首,赋役全免。授地而不课税,这就为老人的养老提供了基本的物质保障。

不仅如此,政府对入老年龄多有调整,往往是将入老年龄提前,使更多老人提前免去课税之征,体现了养老恤老的用心。唐高祖武德二年(619),政府规定免役年龄为五十岁,即"百姓年五十者,皆免课役"⑤。立国之初,

① 参阅盛会莲:《试析唐五代时期政府之养老政策》,《浙江师范大学学报》2012年第1期(人大复印报刊资料《魏晋南北朝隋唐史》2012年第3期);盛会莲:《试析唐五代时期民间的养老状况》,《中国经济史研究》2014年第1期。

② ④ 《新唐书》卷五一《食货志》,第1343页。

③ 《新唐书》卷五一《食货志》,第1341页。

⑤ 《册府元龟》(明本)卷四八六《邦计部·户籍》,第5809页。

将免课役年龄提前到五十岁,意在笼络百姓,稳定民心。武德七年令以"六十为老"①,将入老年龄推迟了十年,是因为天下初定,遂将入老年龄恢复到常规。至开耀二年(682)十二月七日,高宗重新将入老年龄调整为五十,"百姓年五十者,皆免课役"②,但应该很快又恢复为六十,因为至神龙元年(705),"韦皇后求媚于人,上表,请天下百姓年二十二成丁,五十八免役"③,中宗应允了她的奏请。景云元年(710)七月二十一日,韦氏被诛,睿宗下诏取消了其所奏的成丁、入老年龄。④天宝九载(750)十二月二十九日,玄宗下诏"五十九者,任退团貌"⑤,即以五十九为入老年龄。至广德元年(763)代宗下诏:"五十五为老,以优民也。"⑥降低入老年龄,可使老人提前免于赋役征差,对老人的恤养很有裨益。

由于入老可免赋役,民间常出现假冒入老以逃税的情况。对此,朝廷也加强了惩治。延载元年(694)八月,武后下诏:"诸户口计年将入丁、老疾应免课役及给侍者,皆县亲貌形状,以为定簿。一定以后,不得更貌。疑有奸欺者,听随事貌定,以付手实。"⑦其主要目的是明确户口的入丁及入老疾状况,以确定可否免课役及给侍。造籍团貌制度,较好地保证了律令规定的入老年龄的落实,在一定程度上保护了老人享受课役蠲免的权利。

2.有关养老的各种法律规定

在授地免课役之外,政府还将赡养老人作为子孙义务诉诸律令。唐律规定,子孙应孝养父母、祖父母。唐律的"十恶"之罪中"七曰不孝。谓告言、诅詈祖父母父母,及祖父母父母在别籍、异财,若供养有阙"。疏议曰:"善事父母曰孝。既有违犯,是名'不孝'。"⑧不孝的定罪是非常重的。不孝的一种表现为"供养有阙",疏议曰:"《礼》云:'孝子之养亲也,乐其心,不违其志,以其饮食而忠养之。'其有堪供而阙者,祖父母、父母告乃坐。"⑨可见唐律中孝养父母的思想来源于周礼,唐代将子女对父母的孝养法制化,带有强制性,不是单纯的劝诱式说教,这为父母获得子女的赡养提供了法律依据,并使父母有权状告子女的不孝行为。

---

①《旧唐书》卷四八《食货志》,第2089页。

②⑦《唐会要》卷八五《团貌》,第1843页。

③《通典》卷七《食货典·丁中》,第155页。

④ 参阅《唐会要》卷八五《团貌》,第1843页。

⑤《唐会要》卷八五《团貌》,第1844页。

⑥《新唐书》卷五一《食货志》,第1347页。

⑧《唐律疏议》卷一《名例律·十恶》,第12页。

⑨《唐律疏议》卷一《名例律·十恶》,第13页。

不孝的另一种表现是父母、祖父母在，家庭成员别籍、异财，即父母、祖父母健在，儿女另立门户。为使子女能够更好地赡养父母，唐律规定："诸祖父母、父母在，而子孙别籍异财者，徒三年……若祖父母、父母令别籍及以子孙妄继人后者，徒二年；子孙不坐。"①即祖父母、父母在世，子孙不得分家另立门户过日子。唐律还规定，"祖父母、父母老疾无侍，委亲之官"者，其子孙要被"徒一年"。在祖父母、父母老病无人照顾的情况下，做官的子孙需辞官回家照顾，对解官充侍的官员，政府特"给半禄"。当然也有例外，即"其有才业灼然，要籍驭使者，令带官侍"②。

在法律约束的同时，唐五代政府也鼓励子女与父母同居，以便赡养父母。天宝元年(742)正月，玄宗下诏曰："如闻百姓之内，有户高丁多，苟为规避，父母见在，乃别籍异居，宜令州县勘会。其一家之中，有十丁已上者，放两丁征行赋役。五丁已上，放一丁。即令同籍共居，以敦风教。"③是以宽免赋役来鼓励子女与父母同居，敦劝子女赡养其父母。天宝三载，玄宗又下诏云："百姓间有孝勤过人、乡闾钦伏者，所由长官具以名荐。其有父兄见在别籍异居，亏败名教，莫斯为甚。特宜禁绝，勿使更然。并亲殁之后，亦不得令有分析。"④对天宝元年敕进行了补充和落实。乾元元年(758)，肃宗曾下诏惩处不孝者，说："百姓中有事亲不孝，别籍异财，点污风俗，亏败名教，先决六十，配隶碛西。有官品者，禁身奏闻。"⑤

唐五代时期，想出家为僧者必须征得父母、祖父母的同意，如果父母、祖父母没有其他子息侍养，不得出家。后周显德二年(955)夏五月甲戌，太祖下诏曰："男子女子如有志愿出家者，并取父母、祖父母处分，已孤者取同居伯叔兄处分，候听许方得出家……应男女有父母、祖父母在，别无儿息侍养，不听出家。"⑥《新五代史·周世宗本纪》载：后周显德二年五月"甲戌，大毁佛寺，禁民亲无侍养而为僧尼及私自度者"⑦。这种规定，对保证子女赡养父母具有积极的意义。

唐代政府通过以上律令，把对老人的孝养责任以法律的形式赋予其子

①《唐律疏议》卷十二《户婚律·子孙不得别籍》，第236页。

②《唐六典》卷三《尚书户部》，第84页。

③《旧唐书》卷四八《食货志》，第2091页。

④〔唐〕孙逖：《天宝三载亲祭九宫坛大赦天下制》，《全唐文》卷三一〇，第3150页。

⑤唐肃宗：《乾元元年南郊赦文》，《全唐文》卷四五，第496页。

⑥《旧五代史》卷一一五《周书·世宗本纪》，第1529~1530页。

⑦《新五代史》卷一二《周世宗本纪》，第119页。

孙,并有相应的惩处措施,从制度上保障了老有所养。

3.对老人宽免刑罚

《周礼》中有三赦之法:"一赦曰幼弱,再赦曰老旄,三赦曰蠢愚。"①受《周礼》影响,历代刑律都有对幼、老等特殊人群的宽免。唐五代法律对老人的刑罚宽免情形如下:

第一,唐律规定:"诸年七十以上、十五以下及废疾,犯流罪以下,收赎。(犯加役流、反逆缘坐流、会赦犹流者,不用此律;至配所,免居作。)"疏议曰:"今律:年七十以上、七十九以下,十五以下、十一以上及废疾,为矜老小及疾,故流罪以下收赎……至配所免居作者,矜其老小,不堪役身,故免居作。"②即七十至七十九岁的老人,被判处流罪以下刑罚者,可以收赎;不能收赎者,至配所仍免其居作之役。

第二,八十以上老人犯死罪者可上请敕裁。据《唐律疏议·名例律·老小及疾有犯》云:"八十以上、十岁以下及笃疾,犯反、逆、杀人应死者,上请。"疏议曰:"有不可赦者,年虽老小,情状难原,故反、逆及杀人,准律应合死者,曹司不断,依上请之式,奏听敕裁。"③上请,"谓条其所犯及应请之状,正其刑名,别奏请"④。

第三,共同犯罪以造意者为首。若家人共犯,止坐尊长;于法不坐者,归罪于其次尊长。疏议曰:"'于法不坐者',谓八十以上,十岁以下及笃疾……尊长老、疾,依律不坐。"⑤即家人共犯,若指挥、教唆者为年八十以上的老人,则不加刑,而归罪于其年不满八十的次尊长。

第四,八十岁老人死罪禁囚散禁,不加杻。《唐令拾遗·狱官令第三十》之第二十八条"开元七年""开元二十五年"令云:"诸禁囚,死罪枷杻,妇人及流罪以下去杻,其杖罪散禁。年八十及十岁,并废疾、怀孕、侏儒之类,虽犯死罪,亦散禁。"⑥这些都是对八十岁老人犯罪后的宽免。

第五,九十以上老人有死罪不加刑。据《唐律疏议·名例律·老小及疾有犯》云:"九十以上,七岁以下,虽有死罪,不加刑。"⑦

①《周礼注疏》卷三五《秋官司寇·司刺》,第880页。
②《唐律疏议》卷四《名例律》,第80~81页。
③《唐律疏议》卷四《名例律》,第82页。
④《唐律疏议》卷二《名例律》,第33页。
⑤《唐律疏议》卷五《名例律》,第116页。
⑥《唐令拾遗》,第781页。
⑦《唐律疏议》卷四《名例律》,第83页。

第六,诸谋反及大逆之家,按法当斩、绞、没官者,男年八十、妇人年六十者并免。《通典·刑制》云:"诸谋反及大逆者,皆斩……男夫年八十及笃疾,妇人年六十及废疾者,并免。"[①]《新唐书·百官志》曰:"凡反逆相坐,没其家配官曹,长役为官奴婢……六十以上及废疾者,为官户;七十为良人。"[②]

据以上律文可知,唐律上承《周礼》,依据犯罪老人年龄的高低,给予不同程度的宽免。这当然是唐王朝的一种统治手段,顺应民情,能收揽民心,但也确实在一定程度上体现了政府对老人的优恤。

4.对高年老人的特别侍养

政府对老人群体中的高年老人有更多的优恤政策。玄宗《赐高年几杖诏》云:"古之为政,先于尚老,居则致养,礼传三代;行则就见,制问百年。"[③]这概括了中国古代帝王在高年老人侍养问题上的基本思路。唐五代时期,政府对高年老人的恤养政策也主要体现在"居则致养"和"行则就见"两个层面。在"居则致养"方面,唐五代政府规定,给高年老人给配侍丁,即给侍制度;在"行则就见"方面,唐五代帝王每有巡幸,不忘"就见""制问"高年,并给高年老人以存恤和赏赐,体现了所谓的"古者天子省方,则问耆年,恤百姓,以颁庆赐,以茂勋劳,用弘布泽之恩,式慰来苏之望"[④]的思想。此外,给高龄老人授以官职,即版授高年,也是尊养老人政策。[⑤]

(1)给侍制度

关于唐代的给侍制度,在陈明光的《唐朝的侍老制度》[⑥]、李锦绣的《唐代制度史略论稿》之"唐代的给侍制度——儒家学说的具体实现"[⑦]等文中已有论述。陈明光将"侍老"作为一个群体,探讨了政府对其在徭役、服刑、任官、版授、颁赐等方面所给予的优待,以及执行中所存在的问题。李锦绣则专门就给高年老人给配侍丁这一制度进行了深入研究,认为给侍制度在唐初就已存在,唐代给侍制度具有普遍性和完备性等特点,是儒家学说的具体实现。本书采用李锦绣"给侍制度"的提法。从养老的角度看,可以说给侍制度是唐代政府解决养老问题的一种开创性举措。

---

① 《通典》卷一六五《刑法典·刑制》,第4246页。

② 《新唐书》卷四六《百官志》,第1200页。

③ 《全唐文》卷二六,第302页。

④ 《陆贽集》卷四《改梁州为兴元府升洋州为望州诏》,第127~128页。

⑤ 参阅李亮:《唐代版授高年问题发覆》,《史学月刊》2021年第4期。

⑥ 《文史知识》1991年第11期。

⑦ 李锦绣:《唐代制度史略论稿》,第357~376页。

政府给高龄老人配侍丁，助其养老。《唐律疏议·名例律·犯死罪应侍家无期亲成丁》疏议曰："祖父母、父母，通曾、高祖以来，年八十以上及笃疾，据令应侍。"充侍丁者，"免役，唯输调及租"①。从律文可知，唐代有给侍令，即给八十岁以上的老人给配侍丁以养其老，并免除充当侍丁者的差役，以充侍代役，目的在于保证其能更好地完成充侍任务。开元七年（719）户令规定："凡庶人年八十及笃疾给侍丁一人，九十给二人，百岁三人。"②这就使唐代高年老人的赡养从制度上得到了保证。唐代律令规定，祖父母、父母年八十以上及笃疾应侍者，若子弟无人充侍，"委亲之官"者，要"免所居官"③。家无期亲成丁之非十恶罪犯，"听亲终期年，然后居作"④。开元七年户令规定充侍者"皆先尽子孙，次取近亲，次取轻色丁"⑤，这些规定将充侍之责先归于子孙，在子孙之外，优先近亲，次及轻色丁。

终唐之世，给侍制度不断发展变化。贞观十一年（637）二月，太宗下诏"给民百岁以上侍五人"⑥。给侍五人，子孙不一定足够，这就为外侍及中男充侍提供了可能。乾封元年（666）五月敕云："音声人及乐户祖母老病应侍者，取家内中男及丁壮好手者充。若无所取中丁，其本司乐署博士，及别教子弟应充侍者，先取户内人及近新（亲）充。"⑦这为中男充侍开了先例。开元二十五年令规定："诸年八十及笃疾，给侍丁一人，九十二人，百岁五人，皆先尽子孙，次取近亲，皆先轻色。无近亲外取白丁者，人取家内中男者，并听。"⑧正式允许中男充侍。天宝八载（749），玄宗加尊号赦云："其天下百姓丈夫七十五已上，妇人七十已上，宜各给一人充侍，任自拣择。至八十已上，依常式处分。"⑨将给侍年龄提前，扩大了给侍范围。

以上是制度层面的规定，但在实际执行中，情况并不尽如人意。侍丁免役并未被很好地贯彻。例如武后时曾为宰相的崔元综"自御史得郎官，

①《唐律疏议》卷三《名例律》，第69~70页。

②《唐六典》卷三《尚书户部》，第79页。

③《唐律疏议》卷三《名例律·犯死罪应侍家无期亲成丁》，第56~57页。

④《唐律疏议》卷三《名例律·犯死罪应侍家无期亲成丁》，第71页。

⑤见《唐六典》卷三《尚书户部》，第79页。

⑥《新唐书》卷二《太宗本纪》，第37页。

⑦《唐会要》卷三四《杂录》，第733页。

⑧《通典》卷七《食货典·丁中》，第155页。

⑨唐玄宗：《加天地大宝尊号大赦文》，《全唐文》卷四〇，第432页。

累迁至中书侍郎,九十九矣。子侄并死,唯独一身,病卧在床。顾令奴婢取饭粥,奴婢欺之,皆笑而不动。崔公既不能责罚,奴婢皆不受处分,乃感愤不食,数日而死矣"①。贵为宰相的崔元综年届九十九岁,若按给侍制度,可以得到二至五名侍丁,这里的"奴婢"若非是对侍丁的异称,那么早在武后时期,给侍制度执行得就不是很好了。

玄宗天宝元年(742)正月《改元大赦文》云:"侍丁者令其养老,孝假者矜其在丧。比者王政优容,俾申情理,而官吏不依令式,多杂役使。自今已后,不得更然。"②可知在天宝元年以前,为"王政优容"的孝假在丧的侍丁,已被"不依令式"的官吏"多杂役使",为此玄宗下敕申明,"自今已后,不得更然"。但这一诏令的下达,并未能从根本上阻止地方官吏对孝假在丧侍丁的差役。天宝四载六月十四日,玄宗又下敕:"顷以乡间侍丁,优给孝假,官吏等仍科杂役,天宝初已遣优矜,如闻比来乃差征镇,岂有舍其轻而不恤其重,放其役而更苦其身?眷言及此,良用恤然。自今后,将侍丁孝假,不须差行。"③到唐后期,似乎连给侍制度也难以维持了。杨凭《唐庐州刺史本州团练使罗珦德政碑》云:"圣朝立制,高年者给侍丁,以遵前古养老之道,长吏不能遵行,令典以垂空文。公因班春行部,宣明诏旨,当侍白发者,舍其百役,龄齿知感,荷其生成。"④罗珦是代宗时人,可知至代宗时,长吏已不能很好地遵行高年给侍丁的养老之制。杜甫在谈到蜀地之旱时,也提到两川给侍制的实行情况说:"凡今征求无名数,又耆老合侍者,两川侍丁得异常丁乎?不殊常丁赋敛,是老男老女死日短促也。"⑤两川侍丁被征以常丁一样的赋敛,导致老男老女得不到妥善照顾而"死日短促"。

(2)赏赐高年老人

在唐五代史籍中,帝王赏赐高龄老人的记载连篇累牍,笔者将两《唐书》《册府元龟》及《全唐文》等文献中的相关记载进行汇总,制成"唐五代帝王赏赐高年表"(见本书附录表一),并据以制图如下:

---

①《太平广记》卷一四六《定数·崔元综》,第1053页。

②《全唐文》卷三九,第428页。

③《唐会要》卷八二《休假》,第1799页。

④《全唐文》卷四七八,第4885页。

⑤〔唐〕杜甫:《说旱》,《全唐文》卷三六〇,第3657页。

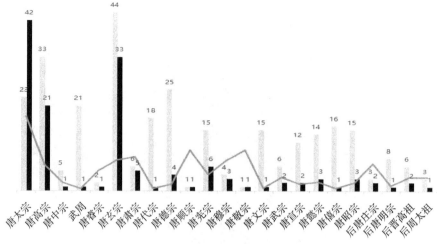

唐五代帝王在位时间与赏赐高年次数对比图

可见,唐五代帝王赏赐高年的行为总的来说有以下特点:其一,在唐五代总共343年中,共计赏赐高年140次,年均为0.41次,虽然总数可观,但平均数并不高。唐玄宗以前的137年中,共赏赐101次,占总数的72%,平均每年赏赐0.74次;唐后期及五代204年,仅赏赐39次,占总数的28%,平均每年仅赏赐0.19次。可见,无论从唐五代这个大的历史时段看,还是就某个帝王在位的时期看,都明显呈现出前期多、后期少的特点。其二,从示意图中可以看到太宗、高宗、玄宗三朝赏赐数最高,凡96次,占总次数的69%,三朝累计100年,几乎每年赏赐一次。这三朝也是唐代最为清明的时期。由此可见,对高年的赏赐与政治的清明与否及政府的财政状况紧密相关。

笔者根据"唐五代帝王赏赐高年表"所统计的内容制成"唐五代赏赐高年区域示意图",分析唐五代帝王赏赐高年与区域的关系。由于唐五代州县和方镇的辖区是经常变化的,这里以开元二十九年(741)设置的州县辖区为准,分别归入十五道,并与郁贤皓《唐刺史考全编》所列州、道保持一致。[1]

---

① 参阅郁贤皓:《唐刺史考全编·凡例》,第28页。

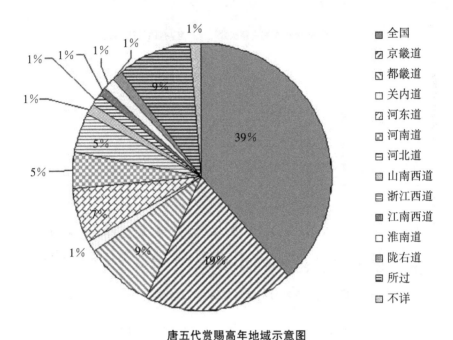

图例：
- 全国
- 京畿道
- 都畿道
- 关内道
- 河东道
- 河南道
- 河北道
- 山南西道
- 浙江西道
- 江南西道
- 淮南道
- 陇右道
- 所过
- 不详

唐五代赏赐高年地域示意图

从上图的情况来看，赏赐全国高年所占的比例最高，达39%。但在多数情况下，赏赐高年显示了区域性，其中京畿道赏赐比例达19%，都畿道占9%，二者相加共占28%，可见帝王的赏赐明显以京都地区为重心；此外，河东道占7%，河南、河北道各占5%；另有9%为皇帝出行、行幸所经历的州县，也主要在京都地区。从以上情况来看，唐五代对高年的赏赐首先集中在京都地区，主要原因是该地区为国家的政治、经济、文化及军事中心，朝廷借赏赐高年等政治行为以笼络民心，维护京都地区的稳定。而且，京都地区是皇帝行幸和巡狩的近便之地，古代帝王出行必有恤赏，这也是造成皇帝对该地区高年赏赐较多的重要原因。其次是环卫京都的外围地区——河东、河南等地区，特别是晚唐时期，河东、河南道是防范河北叛镇的重要屏障，在经济方面也有重要作用。因此，中央对这些地区非常重视，这在对该地区高年的赏赐问题上也表现得比较明显。再次是对河北道叛镇的赏赐，这是唐王朝为了安抚、招降河北叛镇，对归附中央的藩镇及时进行赏赐，借以达到招抚其他叛镇的目的。赏赐最少的为关内道、山南西道、浙江西道、江南西道、淮南道、陇右道等，从地域上讲，这些地区距离中央均相对较远，因此，对这些地区高年的赏赐也就比较少。

笔者再根据"唐五代帝王赏赐高年表"制成"唐五代赏赐高年原因分类

示意图"①,以分析唐五代帝王赏赐高年的原因。

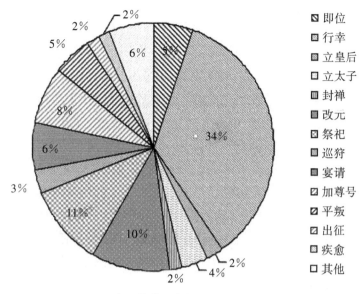

唐五代赏赐高年原因分类示意图

　　根据上图所示,赏赐高年的原因中,以行幸所占比例最高,达到34%;下面依次为:祭祀占11%,改元占10%,加尊号占8%,宴请占6%,即位占5%,平叛占5%,立太子占4%,巡狩占3%,封禅、疾愈、立皇后、出征各占2%,还有6%为其他。从总的情况来看,赏赐高年与帝王直接参与的国家重大政治活动有密切联系。如行幸是皇帝体察民情的一种象征,故皇帝在行幸之时往往要对当地高龄老人等进行赏赐,以显示皇恩浩大。而皇帝即位、祭祀、加尊号、改元都是封建社会帝王的重要政治生活,其间,在位皇帝向高龄老人等特殊人群赏赐,旨在扩大这些活动的影响,提高个人威望。封禅、立太子、册封皇后、疾愈等,是国家喜庆的大事,往往同时大赦天下,并实施赏赐高年等"惠政",以示举国欢庆、与民同乐。此外,每逢平叛、出征等国家重大政治活动,封建王朝对高龄老人等进行赏赐,是为了安抚叛镇,招揽民心,以巩固统治。

　　综合上述,唐五代政府养老的基本政策是给授一定的土地,同时免除其赋税,以解决老人的基本生存问题,并以法律的形式将养老的责任委派

---

　　① 说明:行幸包括皇帝行幸、至、如、次某地,同一次出行到不同州县,均视作一次行幸。祭祀包括南郊、朝献于太清宫、禅于社首、谒陵、祠后土、祀九宫贵神宫等。其他包括去尊号、并州父老诣阙、祥瑞、作兴庆宫、千秋节、德音诏、灾异、晋高祖入汴州等。

给其子孙。在刑罚方面,唐律给予老人以不同层次的宽赦。对高龄老人,有侍老制度和赏赐、就见等特别礼遇。这种礼遇有其地域及时间上的分配差异,以国家的重大政治活动为主要因由。

(二)恤鳏寡茕独之老

鳏寡茕独是老人群体中的特殊人群,也是古今中外公认的弱势人群,中国古代称之为"天民之穷而无告者"。恤鳏寡茕独是中国古代儒家经典宣扬的治国为政的重要思想。《礼记·王制》曰:"少而无父者谓之孤,老而无子者谓之独,老而无妻者谓之矜,老而无夫者谓之寡。此四者,天民之穷而无告者也,皆有常饩。"疏云:"无妻无夫谓之矜寡者,按《孝经》云:'男子六十无妻曰鳏,妇人五十无夫曰寡。'"①在《礼记》言及的四种穷而无告之民中,除幼孤外,其余皆为老者。《孝经》亦曰:"治国者,不敢侮于鳏寡。"②可见,养鳏寡茕独之老早在《礼记》中已被列为国家的经常性任务,被认为是当政者应当高度重视的问题。唐五代的统治者继承了这一思想和做法,并在此基础上有所发展。

在赋役制度方面,唐五代政府对鳏寡茕独之老给以宽免。据《新唐书·食货志》载:"凡主户内有课口者为课户。若老及男废疾、笃疾、寡妻妾、部曲、客女、奴婢及视九品以上官,不课。"③老及寡妻妾为不课户。唐代鳏寡茕独均为不课口,五代虽然记载不太明确,但其承袭唐典,应当大致相同。

但是,到开元年间出现了对鳏寡茕独等不课口征收税米等杂税的现象。如开元二十三年(735)八月戊子,玄宗下诏:"免鳏寡茕独今岁税米。"④玄宗《敕皇太子纳妃》诏中亦曰:"诸道征行人家及鳏寡茕独,委州县长官检校,矜放差科,使安其业;中间有不支济者,量事赈给,仍量助其营种。"⑤这两条诏令既说明当时社会对鳏寡茕独有税米之征,也反映了期间有临时性地对其放免税米的事实。随着唐中期税制的变化,新的两税法规定:"免鳏寡茕独不济者。敢有加敛,以枉法论。"⑥明确将不向鳏寡茕独者征税纳入

---

①《礼记正义》卷一三,第1347页。

②《孝经注疏》卷四《孝治章第八》,〔宋〕邢昺疏,〔清〕阮元校刻:《十三经注疏》(下),中华书局,1980年影印版,第2552页。

③《新唐书》卷五一《食货志》,第1343页。

④《新唐书》卷五《玄宗本纪》,第138页。

⑤《全唐文》卷二八三,第2876页。"玄宗",《全唐文》中原作"元宗",避帝王讳,以下径改为"玄宗"。

⑥《新唐书》卷五二《食货志》,第1351页。

新的税收法令,其目的就是要减轻他们的负担,体现了政府对鳏寡茕独不济者的养恤之意。

在宽免赋役之外,唐五代的最高统治者每遇庆典或行幸所至,一般都对鳏寡茕独者给予恤赏。笔者根据所阅史料中的相关记载,制成"唐五代帝王恤赏鳏寡茕独一览表"(见本书附录表二),并据此制成恤赏次数示意图如下:

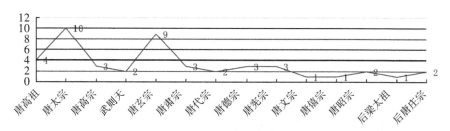

唐五代帝王恤赏鳏寡茕独次数示意图

根据表图统计,唐五代共有14个皇帝在颁发的诏令中专门针对鳏寡茕独实行过46次赈恤,占35个皇帝总数的40%。14个皇帝的46次赈济中,开元以前共有5个皇帝赈济了28次,占总数的61%,平均每个皇帝赈济5.6次;而唐后期至五代有9个皇帝赈济了共18次,占总数的39%,平均每个皇帝2次。说明唐王朝前期(共138年)比较重视对鳏寡茕独的赈恤,其中太宗和玄宗两朝较为突出,这与唐前期社会相对稳定、君臣以隋为鉴、与民苏息,以及经济渐趋繁荣有关;而唐后期至五代(共204年)统治者对鳏寡茕独赈济的总次数和平均每个王朝赈济的次数,较唐前期均大为减少,主要原因应当与社会的动荡和国家财政紧张有关。

从统计表可以看出,唐五代帝王赏恤鳏寡茕独之老有以下特点:首先,赏恤的主要原因是帝王即位、改元、平寇、南郊、东封、营宫殿、敕皇太子纳妃、立皇太子、冬至大礼、车驾还京师等国家重大庆典活动,以及个别全国性的自然灾害等。其次,皇帝行幸、巡狩,要对所过诸州县的鳏寡茕独进行赏恤,这是局部范围内的赏赐,有随意性,并且以京郊及周边居多。再次,唐后期在平定藩镇叛乱和招抚、宣慰藩镇时,也对当道州县鳏寡茕独进行恤赏。最后,给发生自然灾害州县的鳏寡茕独之老,赏恤优先。从赏恤方式看,有赈恤、赈济、赈贷、赐物、存问、优抚、惠养及免税放差科等,赈恤赏赐的物品一般为粟米布帛等。

唐五代政府也给鳏寡茕独提供医疗、送葬等救助。如开元二十四年(736)十月,玄宗下诏曰:"鳏寡茕独及征行之家,宜令州县长官亲自存问,如有疾患,量加医药。"①天复元年(901),昭宗改元诏亦曰:"天下高年鳏寡八十已上,委所在长吏切加安恤,其有不幸者,量与葬送。"②

此外,唐五代政府还因特殊原因对个别高年茕老进行救恤。如德宗朝邢士伦,因被诬与令狐建妻李氏通奸而遭鞭笞致死,其母闻之亦卒,后朝廷知其被诬,"其父既衰耄,至无所归,良深矜念,委京兆尹厚加存恤"③。

在上述恤养政策之外,唐五代政府还将对鳏寡茕独不能自存者之恤养,以律令的形式作了规定。《唐令拾遗·户令第九》之第三十七条"开元二十五年令"曰:

> 诸鳏寡孤独贫穷老疾,不能自存者,令近亲收养,若无近亲,付乡里安恤。如在路有疾患,不能自胜致者,当界官司收付村坊安养,仍加医疗,并勘问所由,具注贯属,患损之日,移送前所。④

从令文知,对鳏寡茕独不能自存者,优先考虑令其近亲侍养,无近亲者,由乡里安恤。在路患病者,由所在地收恤,病损之日,移送原籍。

应该承认,作为政策,唐令对鳏寡茕独不能自存者恤养的规定还是较为周全的,既考虑到了平时的恤养,也考虑到了出行路途中病患的恤养。但在实际生活中,这些人的生活还是与艰辛相伴。前引武后时宰相崔元综,年至九十九,孤老无子侄,病卧在床,有奴婢侍候,但不能尽心。崔元综贵为宰相,经济状况也并非到了饥寒交迫的境地,孤老患病后的情形尚且如此,普通百姓孤老无依的凄惨状况可想而知了。

综上所述,唐五代时期政府给鳏寡茕独之老以一定的授田,同时免除他们的赋税负担,这就使他们的生活有了一定的保障,对其中不能自存的老人,政府以律令的形式对他们的赡养问题做了具体的安排。唐中期以后,对鳏寡茕独之老的税米及差科之征,政府也时有诏敕予以豁免。帝王对他们的赏赐是唐五代政府恤养这部分老人、标榜仁政的重要措施和体现。

---

① 唐玄宗:《自东都还至陕州推恩敕》,《全唐文》卷三五,第390页。
② 唐昭宗:《改元天复赦文》,《全唐文》卷九二,第963页。
③《旧唐书》卷一二四《令狐彰传附子令狐建传》,第3531页。参阅《新唐书》卷一四八《令狐彰传附子令狐建传》,第4766页。
④《唐令拾遗》,第256页。

二、民间养老的考察

政府虽然在高年老人给侍、赏赐及给老人减免赋税、宽免刑罚等方面制定了许多律令，但对解决养老问题所起的作用毕竟有限。具体的养老问题还需由每个家庭自己解决。①因此，唐五代统治者也沿袭前代的做法，通过教化百姓侍养尊亲，来解决社会的养老问题。史载"周文王为西伯，制其田里，教之树畜，导其妻子，使养其老。五十非帛不暖，七十非肉不饱，不暖不饱，谓之冻馁。文王之民，无冻馁之老者，此之谓也"②。周文王"导其妻子，使养其老"的思想，开启了后世统治者强调子女侍养父母的做法。西汉文帝元年（前179）三月下诏曰："老者非帛不暖，非肉不饱。今岁首，不时使人存问长老，又无布帛酒肉之赐，将何以佐天下子孙孝养其亲？"③汉文帝岁首存问、赐布帛酒肉给老幼，目的在于教化风气，"使天下子孙孝养其亲"。孝文帝太和元年（477）十月下诏：百姓年龄在七十岁以上者，"一子不从役"④。即七十岁以上老人可有一个儿子免于劳役，目的在优待老人，使其能获得其不服役儿子更好的照顾。

唐五代统治者重视养老，提倡孝道。太宗认为"要道惟孝"，是"百行之本"⑤，即治国为政的根本。开天盛世时，玄宗对敬老、养老问题也多次下诏。开元二年（714）九月十三日诏云："古之为政，先于尚老。居则致养，礼传三代；行则就见，制问百年。"⑥开元五年十月十八日又下诏曰："养老乞言，人惟求旧，尊儒尚齿，风化攸先。"⑦玄宗也认识到，尊老养老是个社会问题，光靠政府提倡"崇德尚齿，三代丕义"之类，是不够的，还强调要"敦风劝俗，五教攸先"⑧，以形成一种尊老养老的社会风气。统治者也认识到，一方面要沿袭"古之为政，先于尚老"；另一方面也要"教黎庶之为子"⑨，让百姓

---

① 参阅盛会莲：《试析唐五代时期民间的养老状况》，《中国经济史研究》2014年第1期。
② 《册府元龟》卷五五《帝王部·养老》，第610页。
③ 《汉书》卷四《汉文帝本纪》，第113页。
④ 《册府元龟》卷五五《帝王部·养老》，第612页。
⑤ 唐太宗：《赐孝义高年粟帛诏》，《全唐文》卷五，第58页。
⑥ 唐玄宗：《赐高年几杖诏》，《全唐文》卷二六，第302页。参阅〔日〕池田温编：《唐代诏敕目录》，第144页。
⑦ 唐玄宗：《定致仕官俸诏》，《全唐文》卷二七，第312页。参阅〔日〕池田温编：《唐代诏敕目录》，第155页。
⑧ 唐玄宗：《推恩臣庶制》，《全唐文》卷二三，第274页。
⑨ 唐玄宗：《赐高年几杖诏》，《全唐文》卷二六，第302页。

尽到做子孙的责任,赡养好自己的父母、祖父母等老人。

唐五代政府还授予刺史敦劝风俗之职,要其每岁一巡属县,对"不孝悌,悖礼乱常,不率法令者",要依法惩治;对"孝子顺孙,义夫节妇,志行闻于乡闾者",要申奏上闻,由朝廷对其旌表门闾,以示褒奖。①政府每有重大庆典,也往往旌表孝悌之家。②唐廷还通过给孝养父母有行者授以官职,来鼓励世人孝养其亲。如宋思礼"事继母徐为闻孝,补萧县主簿"③;贾曾之父贾言忠"事母以孝闻,补万年主簿"④。此类因以孝事尊亲而补官的事例多不胜举,充分说明了政府鼓励百姓孝养父母的意图。

此外,佛教在唐五代时期盛行,其"因果报应""三世轮回""慈善悲悯"等核心理念对唐五代时期子女孝养父母也起了很大的促进作用。

(一)民间养老之诸面向

在政府的提倡和法律的约束下,士庶百姓的养老主要依靠子女,社会评价往往以孝事父母作为一种美德,如岑文本"事母以孝显"⑤;李素立曾孙畲"事母谨,累世同居,长幼有礼"⑥。也有为孝养父母而放弃做官机会者:韦绳"举孝廉,以母老不肯仕"⑦;何蕃"事父母孝。学太学,岁一归,父母不许。间二岁乃归,复不许。凡五岁,慨然以亲且老,不自安,揖诸生去"⑧。而那些因科举累年不第,久居京城未能省亲者,则遭到世人鄙视。如阳城下迁国子司业,"引诸生告之曰:'凡学者,所以学为忠与孝也。诸生有久不省亲者乎?'明日谒城还养者二十辈。有三年不归侍者斥之"⑨。这些史传记载的都是当时的社会名流,也是社会效法的榜样,能够反映当时孝养父母的价值观念。

为官者若逢父母年老,往往辞官、转迁,以侍养父母。褚无量曾"以母老请停官归侍"⑩;开元四年至六年(716~718),苏晋出任泗州刺史⑪,因其

① 参阅《唐六典》卷三〇《京兆河南太原三府官吏》,第747页。
② 参阅"唐五代帝王赏赐高年表"。
③ 《新唐书》卷一九五《宋思礼传》,第5581页。
④ 《新唐书》卷一一九《贾曾传》,第4297页。
⑤ 《新唐书》卷一〇二《岑文本传》,第3966页。
⑥ 《新唐书》卷一九七《李素立传附曾孙李畲传》,第5620~5621页。
⑦ 《新唐书》卷一一八《韦凑传附韦绳传》,第4270页。
⑧ 《新唐书》卷一九四《何蕃传》,第5572页。
⑨ 《新唐书》卷一九四《阳城传》,第5571页。
⑩ 《旧唐书》卷一〇二《褚无量传》,第3166页。
⑪ 参阅郁贤皓:《唐刺史考全编》卷六五《河南道·泗州》,第941页。

父苏珦年老，"请解职奉养"①；代宗朝刘滋，"杨绾荐其材堪谏官，累授左补阙。久之，去，养亲东都"②；大历三年（768）八月，崔涣被贬道州刺史③，其子崔纵"弃官就养"④。对于辞官归养者，政府一般都能从其所请，如卢袭秀之祖方庆，武德中为秦王所器重，"尝引与议建成事，方庆辞曰：'母老矣，丐身归养。'王不逼也"⑤。此说显属政治托词，但能以此脱身，也说明孝养尊亲乃礼之大义。贞观初，刘祎之的父亲刘子翼为朝廷所召，"辞以母老，诏许终养"⑥。长安四年（704），宰相姚崇以母老，"表请解职侍养，言甚哀切，则天难违其意，拜相王府长史，罢知政事，俾获其养"⑦。会昌六年（846）二月丁丑，左拾遗王龟以父兴元节度使王起年事已高，"乞休官侍养，从之"⑧。对不能应允其归养请求者，政府也要做相应的安排，天宝十载（751），张九龄"数乞归养，诏不许，以其弟九皋、九章为岭南刺史，岁时听给驿省家"⑨。

携父母至官所，是官吏奉养父母的方式之一，所以一些官吏因为任职地不适于侍养父母而煞费苦心。如高士廉被贬为朱鸢主簿，"以母老不可居瘴疠地，乃留妻鲜于奉养而行"⑩。元和六年（811），柳公绰出任湖南观察使，"湖南地气卑湿，公绰以母在京师，不可迎侍，致书宰相，乞分司洛阳，以便奉养，久不许。八年，移为鄂州刺史、鄂岳观察使，乃迎母至江夏"⑪。

还有的官吏因家贫，为养老而求兼外职。如德宗时，姜公辅为翰林学士，岁满当迁，"上书以母老赖禄而养，求兼京兆户曹参军事"⑫。许康佐，贞元中连中进士、宏辞，"家苦贫，母老，求为知院官，人讥其不择禄。及母丧已除，凡辟命皆不答，人乃知其为亲屈"⑬。湖州长史张荐，以艺文擢升朝

---

① 《新唐书》卷一二八《苏珦传附子苏晋传》，第4458页。
② 《新唐书》卷一三二《刘子玄传附孙刘滋传》，第4523页。《旧唐书》卷一一九《杨绾传》载：杨绾代宗时"迁吏部侍郎，历典举选，精核人物，以公平称"。（第3434页）
③ 参阅《旧唐书》卷一一《代宗本纪》，第290页。
④ 《旧唐书》卷一〇八《崔涣传附子崔纵传》，第3281页。
⑤ 《新唐书》卷一二〇《卢袭秀传》，第4313页。
⑥ 《新唐书》卷一一七《刘祎之传》，第4250页。
⑦ 《旧唐书》卷九六《姚崇传》，第3022页。
⑧ 《旧唐书》卷一八上《武宗本纪》，第609页。
⑨ 《新唐书》卷一二六《张九龄传》，第4428页。
⑩ 《新唐书》卷九五《高俭传》，第3839页。
⑪ 《旧唐书》卷一六五《柳公绰传》，第4302页。
⑫ 《新唐书》卷一五二《姜公辅传》，第4831页。
⑬ 《新唐书》卷二〇〇《许康佐传》，第5722页。

列，"尝求禄养，出署外官"①。白居易因家贫为养病母而求京兆户曹的事更被多方记载。②

不仅子女能孝事父母，儿媳也能善事舅姑。按唐代法律，不孝事舅姑是被丈夫休弃的原因之一。如果妻子能善事舅姑，并且曾"经持舅姑之丧"，则虽犯"七出"之条，仍归"三不去"之列。③妻妾不孝事舅姑者，要受法律的制裁，"妻妾詈夫之祖父母、父母者，徒三年；殴者，绞；伤者，皆斩；过失杀者徒三年，伤者徒二年半"④，这些规定对惩戒不孝、鼓励为妻者孝养舅姑很有意义。唐代即使公主下嫁后，仍须以礼事舅姑。太宗女襄城公主曾曰："妇人事舅姑如事父母，若居处不同，则定省多阙。"⑤成为史家称道之典范。王珪子敬直尚南平公主，王珪与其妻"就席而坐，令公主亲执笲行盥馈之道，礼成而退。是后公主下降有舅姑者，皆备妇礼，自珪始也"⑥。

士庶百姓之妻以礼侍奉舅姑更是礼所应当。《因话录·商部下》云：

> 崔吏部枢夫人，太尉西平王女也。西平生日，中堂大宴，方食，有小婢附崔氏妇耳语久之，崔氏妇颔之而去。有顷，复至，王问曰："何事？"女对曰："大家昨夜小不安适，使人往候。"王掷箸怒曰："我不幸有此女，大奇事！汝为人妇，岂有阿家体候不安，不检校汤药，而与父作生日，吾有此女，何用作生日为？"遽遣走檐子归，身亦续至崔氏家问疾，且拜谢教训子女不至。姻族闻之，无不愧叹。⑦

可见妇人孝养公婆，被当时士庶看作一种道德和家风的标准。又如杨三安妻李氏，"事舅姑以孝闻"⑧；樊会仁母敬氏，生会仁而夫丧，"事舅姑姊姒以

---

① 《白居易集》卷六四《张聿都水使者制》，第1161页。

② 参阅《新唐书》卷一一九《白居易传》，第4302页；《旧唐书》卷一六六《白居易传》，第4343页；《白居易集》卷五九《奏陈情状》，第1257页；〔唐〕李商隐：《刑部尚书致仕赠尚书右仆射太原白公墓碑铭（并序）》，《全唐文》卷七八〇，第8146页等都记载了白居易为家贫养病母而求京兆户曹的事。

③ 参阅《唐律疏议》卷一四《户婚律·诸妻无七出及义绝之状》，第267~268页。

④ 《唐律疏议》卷二二《斗讼律·诸妻妾詈夫之祖父母、父母者》，第415页。

⑤ 《旧唐书》卷六三《萧瑀传》，第2404页。

⑥ 《旧唐书》卷七〇《王珪传》，第2530页。

⑦ 〔唐〕赵璘：《因话录》卷三《商部》，上海古籍出版社，1957年，第87页。"大家"指妇称夫之母。

⑧ 《旧唐书》卷一九三《杨三安妻李氏传》，第5140页。

谨顺闻”①；郑义宗妻卢氏，范阳士族，“事舅姑恭顺”②。唐代妇女墓志中孝淑持家的事例更是多不胜举。

老人患病时，子女往往亲自侍奉。如隋末唐初的刘审礼，少丧母，为祖母元氏所养，“元氏若有疾，审礼必亲尝汤药”③。高宗时人元让，明经擢第，“以母病不肯调，侍膳不出闾数十年”④。神龙初，李日知为给事中，“母老病，取急调侍，数日须发辄白”⑤。李畲妻死时，正值母病，“恐悲伤，约家人无以哭闻母所，朝夕省侍无忧色”⑥；玄宗时人段秀实，性至孝，“六岁，母疾，水浆不入口七日，疾有间，然后饮食”⑦；德宗时人程异“尝侍父疾，乡里以孝悌称”⑧；刘寂妻夏侯，在其父失明后，“已生二女矣，求与刘绝，归侍父疾”⑨。更有甚者，如刘知几曾孙刘敦儒，“母病狂易，非笞掠人不能安，左右皆亡去，敦儒日侍疾，体常流血，母乃能下食，敦儒怡然不为痛隐”⑩；侍病母之情可谓至矣。

即使身逢乱世，士子也能以孝养父母为先。如安史之乱时，李华“母在邺，欲间行辇母以逃，为盗所得，伪署凤阁舍人。贼平，贬杭州司户参军。华自伤践危乱，不能完节，又不能安亲，欲终养而母亡，遂屏居江南。上元中，以左补阙、司封员外郎召之。华喟然曰：‘乌有隳节危亲，欲荷天子宠乎？’称疾不拜”⑪。权德舆父权皋，被安禄山署为从事，察知安禄山有谋逆之心，“欲潜去，又虑祸及老母”。天宝十一载（751），太宗之孙嗣曹王李皋，“事母太妃郑以孝闻。安禄山反，奉母逃民间，间走蜀，谒玄宗”⑫，天宝十四载，因使过福昌，与其从父妹婿福昌尉仲谟密以计相约，诈死以脱身免祸，“禄山不疑其诈死，许其母归。皋时微服匿迹，候母于淇门；既得侍其母，乃

①《旧唐书》卷一九三《樊会仁母敬氏传》，第5510~5511页。

②《新唐书》卷二〇五《郑义宗妻卢氏传》，第5815页。

③《旧唐书》卷七七《刘德威传附子刘审礼传》，第2677页。参阅《新唐书》卷一〇六《刘德威传附子刘审礼传》，第4054页。

④《新唐书》卷一九五《元让传》，第5581页。

⑤《新唐书》卷一一六《李日知传》，第4242页。

⑥《新唐书》卷一九七《李素立传附曾孙李畲传》，第5620~5621页。

⑦《旧唐书》卷一二八《段秀实传》，第3583页。

⑧《旧唐书》卷一三五《程异传》，第3737页。

⑨《新唐书》卷二〇五《刘寂妻夏侯碎金传》，第5819页。

⑩《新唐书》卷一三二《刘子玄传附刘敦儒传》，第4523页。

⑪《新唐书》卷二〇三《李华传》，第5776页。

⑫《新唐书》卷八〇《太宗诸子传·嗣曹王皋传》，第3580页。

奉母昼夜南去,及渡江,禄山已反矣"①。李鄘侍奉其母,"及怀光据蒲津叛,鄘与母、妻陷贼中。恐祸及亲,因伪白怀光曰:'兄病在洛,请母往视之。'怀光许焉,且戒妻子无得从。鄘皆遣行"②。郑还古天性孝友,"遇李师道渐阻王命,扶侍老亲归洛,与其弟自舁肩舆,晨暮奔迫,两肩皆疮"③。相反,子女未能尽到孝养父母的义务时,往往抱憾很深。李光弼病重,将吏问以后事,光弼曰:"吾久在军中,不得就养,既为不孝子,夫复何言!"④

子女不仅应善事亲生父母,还以善事继亲为美德。刘审礼"母郑氏早亡,事继母平寿县主,稍疾辄忧惧形于容色,终夕不寐"⑤。归登"雅实弘厚,事继母以孝称"⑥。柳公绰天资仁孝,"事继亲薛氏三十年,姻戚不知公绰非薛氏所生"⑦。韦承庆"性谨畏,事继母为笃孝"⑧。杜暹"尤恭谨,事继母孝"⑨。刘宪"事继母孝,奉禄不入私舍"⑩。刘寂妻夏侯与夫绝离,归侍失明的父亲,父卒后,"又事后母以孝称"⑪。崔纵父崔涣有宠妾郑氏,"纵以母事之。又郑氏性刚戾,待纵不以理,虽为大僚,每加笞诟。纵率妻子候颜,敬顺不懈,时以为难"⑫。

由于孝养父母已成为深入人心的重要理念,唐代还出现利用其孝心诱捕罪犯的事件。太和六年(832)五月己未,"兴平县人上官兴因醉杀人而亡窜,官捕其父因之,兴归,待罪有司。京兆尹杜悰、中丞宇文鼎以兴自首免父之囚,其孝可奖,请免死。诏两省参议,皆言杀人者死,古今共守,兴不可免。上竟从悰等议免死,决杖八十,配流灵州"⑬,文宗因其孝行可嘉而从轻发落,反映了文宗的开明和世人对孝行的重视。

(二)养子以养老

过继养子是一种社会现象,在先秦宗法制度下,逐渐形成以"继宗"为

①《旧唐书》卷一四八《权德舆传》,第4001页。

②《旧唐书》卷一五七《李鄘传》,第4147页。

③《因话录》卷三《商部》,第85页。

④《旧唐书》卷一一〇《李光弼传》,第3311页。

⑤《旧唐书》卷七七《刘德威传附子刘审礼传》,第2677页。

⑥《旧唐书》卷一四九《归崇敬传附子归登传》,第4019页。

⑦《旧唐书》卷一六五《柳公绰传》,第4304页。

⑧《新唐书》卷一一六《韦思谦传附子韦承庆传》,第4229页。

⑨《新唐书》卷一二六《杜暹传》,第4421页。

⑩《新唐书》卷二〇二《刘宪传》,第5753页。

⑪《新唐书》卷二〇五《刘寂妻夏侯碎金传》,第5819页。

⑫《旧唐书》卷一〇八《崔涣传附录子崔纵传》,第3282页。

⑬《旧唐书》卷一七《文宗本纪》,第545页。

目的、"异姓不养"的养子立嗣制度。秦汉以郡县制取代宗法分封制,承袭了"异姓不养"的原则,收养目的从单一的继承宗桃,开始并重家庭财产的继承。至多民族融合的鼎盛唐代,收养制度进一步发展,收养目的和方式更趋多样化,尤其是唐中后期宦官收养和藩镇假子的恶性发展,使唐代的养子制度表现出异于前朝后代的特色。以下仅讨论唐五代时期以养老为目的的养子情况。

民间收养子嗣以养老的情况比较普遍,主要是鳏寡茕独、膝下无子者,通过收养子女来养老送终,并延续"香火",传宗接代。唐五代与历史上各个时期一样,由于养老主要由家庭承担,所谓"养儿防老",有无子女对养老来说非常重要。

唐律认可无子女者收养同姓子的立嗣行为。唐《户令》规定:"无子者,听养同宗于昭穆相当者。"①《唐律疏议·名例律·称期亲祖父母》疏议亦曰:"'若养者',谓无儿,养同宗之子者。"②对收养异姓男者要处以刑罚制裁,但若是遗弃小儿,则不治罪。《唐律疏议·户婚律·养子舍去》曰:"即养异姓男者,徒一年;与者,笞五十。其遗弃小儿年三岁以下,虽异姓,听收养,即从其姓。"疏议曰:"异姓之男,本非族类,违法收养,故徒一年;违法与者,得笞五十。养女者不坐。其小儿年三岁以下,本生父母遗弃,若不听收养,即性命将绝,故虽异姓,仍听收养,即从其姓。如是父母遗失,于后来识认,合还本生;失儿之家,量酬乳哺之直。"③从引文知,唐代法律所规定的养男原则是:无儿者可养同宗之子,养异姓男者要受"徒一年"的刑法处罚;如果收养的是被遗弃的小儿,则不管异姓与否,都允许收养。唐五代养同宗子弟为子的现象比较普遍,如戴胄"无子,以兄子至德为后"④;白居易无子,"以侄孙阿新为之后"⑤;卢迈"再娶无子,或劝畜姬媵,对曰:'兄弟之子,犹子也,可以主后。'"⑥

从敦煌文书中保留的养男契来看,民间收养同宗子弟为子的情况较少,仅见两例,P.3443《壬戌年(962?)三月三日沙州龙勒乡百姓胡再成养男契》云:

<hr>

①③《唐律疏议》卷一二《户婚律》,第237页。

②《唐律疏议》卷六《名例律》,第137页。

④《旧唐书》卷七〇《戴胄传》,第2534页。

⑤《白居易集》卷七一《醉吟先生墓志铭(并序)》,第1504页。

⑥《新唐书》卷一五〇《卢迈传》,第4816页。

壬戌年三月三日,龙勒乡百姓胡再成,今则遂养同母弟兄王保住男清朵作为腹[生]子,共弟男□□▨二人同父儿子。自养已后,便须孝养二亲,尽终之日,不发逆心。①

《沙州文录补·宋乾德二年(964)九月史氾三养男立嗣契》云:

乾德二年甲子岁九月廿七日,弟史氾三前因不备,今无亲生之子,请屈叔侄亲枝姊妹兄弟团坐商量,□□欲议养兄史粉堆亲男愿寿,便作氾三覆(腹)生亲子。②

此两件文书形成于宋初,但对我们了解五代民间养男契约仍有重要的参考价值。

敦煌文书中的养男契,以收养外甥和其他异姓者较多。如ДХ.12012《后唐清泰二年(935)正月壹日敦煌乡百姓张富深收养何进成契样文》云:

敦煌乡百姓何保圆男进成年七岁。时清泰二年乙未岁正月壹日,外甥张富深为先因福尠种,[获]果不圆,感得孤独一身,全无影背。小时自家恩苦,衣食随时,忽至病疾老头,甚处得人侍养?所以寻思空本,情意不安,五亲商量,养外孙进成为男。张富深更无二意,应有庄田、屋舍、家资、活具,一物已上,分付养男。汝从已后恭谨六亲,温和邻里,上交下接,莫失儒风,恩苦力田,勤耕考夜,紧把基本,就上加添,省酒非行。只是报吾心愿,不许闲人构扇,腹心异意。吾若后更有男女出者,针草亭支,忽若不尽吾百年,左南直北,便招五逆之罪,空手趁出门外。两共对面及诸亲姻再三商量为定。准法不悔,如先悔者,罚上马一匹,充入不悔人。恐无信,故勒斯契,用为后凭,押字为记。

① 沙知录校:《敦煌契约文书辑校》,江苏古籍出版社,1998年,第357页;本书所引敦煌文献基本上直接从《英藏敦煌文献》《俄藏敦煌文献》《敦煌宝藏》《法藏敦煌西域文献》等已经出版的敦煌影印图册中直接释录。下文所引敦煌文献一般不再加注一一说明。若需参考前人的录文,再加注说明。以下"□",表示原卷残缺一字;"▨",表示原卷或模糊,或残泐,或潦草无法辨认;"☑",表示原卷或残缺字数不详,或残泐字数不详,或潦草无法辨认字数不详。
② 沙知录校:《敦煌契约文书辑校》,第358页。

S.5700《后唐清泰三年(936)抄养男契样文》云：

> 百姓厶专甲先世不种，获[果]不圆，今生孤独壹身，更无子息，忽至老头，无养人侍。所以五亲商量，养甥(外)甥某甲男，姓名为如。自后切须恭勤，孝顺父母，恭敬尊诸(知)，恳苦力作，侍奉六亲，成聚品本，莫信闲人构闪，左南直北。若不孝顺，仰诸亲情，当日趁却，更再看，两共对面平章为定，无改易。如若不凭言约，互生翻悔者，便招五逆之罪。恐人无信，故勒斯契，用为后凭¬。百姓厶甲。①

S.5647《养男为嗣契样文》云："百姓吴再昌先世不种，获果不圆。今生孤独一身，更无子息，忽至老头，无人侍养。所以五亲商量，养甥(外)甥某专甲男，姓名为如。②从所引文书来看，晚唐五代对养异姓男的限制执行得应该不怎么严格，因此才会出现较多收养异姓男为子的情况，而收养同宗子女的情况则相对少见。

从敦煌文书中的养男契来看，收养子女的主要原因都是膝下无子，恐老来无人照顾，希望通过收养子女来实现养老的目的。上引三件文书均收养外甥为子，主要是因为"孤独一身，更无子息""忽至病疾老头，甚处得人侍养"，所以将自己的外甥收为养子，也反映了当时人收养子女比较注重血缘亲情，认为这样收养后双方的感情会更为牢固。

当然，被收养者必须恳苦劳作，尽心侍奉养父母，即"切须恭勤，孝顺父母，恭敬尊诸，恳苦力作，侍奉六亲"，如不能孝顺养父母，则会被赶出家门，即"忽若不尽吾百年，左南直北，便招五逆之罪，空手趁出门外"。

子女善事父母是主流风尚，但不孝的情形仍然存在。世人对不孝子女非常蔑视，如隋末唐初人郑元璹，因其父郑译"事后母不谨，隋文帝尝赐《孝经》愧勖之；至元璹亦不以孝闻，士丑其行"③。景云元年(710)六月，崔湜始为吏部侍郎，"上主以湜父年老，瓜初熟，赐一颗，湜以瓜遗妾，不及其父，朝野讥之"④。肃宗上元初，"殿中侍御史李钧与其弟京兆法曹参军锷宦既遂，不肯还乡，母穷不自给。皋(嗣曹王)行县见之，叹曰：'入则孝，出则悌，有

---

① 沙知录校：《敦煌契约文书辑校》，第365页。
② 沙知录校：《敦煌契约文书辑校》，第362页。
③ 《新唐书》卷一〇〇《郑善果传附从父兄郑元璹传》，第3938页。
④ 《朝野佥载》卷四，第95页。

余力则学。若二子者可与事君乎哉?'举劾之,并锢死"①,李钥、李锷因不孝而被终身禁止入仕,可见当时对不孝的处罚还是相当严厉的。李钧不能养母,其子李渤引以为耻,"不肯仕,刻志于学,与仲兄涉偕隐庐山"②。于公异进士擢第,李晟表为招讨府掌书记,"世多言公异不能事后母,既仕不归省。及(陆)贽当政,乃奏其状,诏赐孝经,罢归田里"③。从郑元璹不孝士丑其行、李钧兄弟被终身禁仕、李渤以父不孝为耻而不肯仕、于公异不能善事后母被罢等情形来看,当时社会对不孝是强烈排斥的。即使子女对死去父母有不敬之处,也会被视作不孝。如白居易母亲因堕井死,白居易后来作了题为"新井篇"的诗,便被视为大不孝之举,他也因此被贬官。④

对由地方陋俗所致的不孝行为,政府和地方官能给予一定的正确引导和教化。如"蜀土俗薄,畏鬼而恶疾,父母病有危殆者,多不亲扶侍,杖头挂食,遥以哺之"⑤,益州大都督府长史高士廉针对蜀人陋俗,"为设条教,辩告督励,风俗翕然为变"⑥。"南方信机巫,虽父母疠疾,子弃不敢养",李德裕为浙西观察使时,针对这种陋俗,"择长老可语者,谕以孝慈大伦,患难相收不可弃之义,使归相晓敕,违约者显置以法。数年,恶俗大变"⑦。随、邓、复、郢、均、房之民,"父母骨肉有疾,以长竿遥致粥食而饷之,出嫁女,夫家不遣来省疾",后唐明宗于天成三年(928)八月下诏"委长吏严加禁察"。⑧"安州近淮,俗恶病者,父母有疾,置之佗室,以竹竿系饮食委之,至死不近",周知裕深患安州恶俗,"加以教道,由是稍革"。⑨以上所举,主要是因为这些地区相对偏远,文化比较落后,容易受巫蛊和地方陋习影响,其行为与中原正统的以孝养老的传统文化格格不入,当时的政府和地方官员为改变陋习作了不少努力。

①《新唐书》卷八〇《太宗诸子·嗣曹王皋传》,第3580页。

②《新唐书》卷一一八《李渤传》,第4281页。

③《新唐书》卷二〇三《于公异传》,第5784页。

④参阅《新唐书》卷一一九《白居易传》,第4302页。

⑤《旧唐书》卷六五《高士廉传》,第2442页。参阅《新唐书》卷九五《高俭传》,第3839页。

⑥《新唐书》卷九五《高俭传》,第3839页。参阅《旧唐书》卷六五《高士廉传》,第1662页。

⑦《新唐书》卷一八〇《李德裕传》,第5328页。

⑧《旧五代史》卷三九《唐书·明宗本纪》,第541页。

⑨《新五代史》卷四五《周知裕传》,第500页。

第二节　慈幼与恤孤

"慈幼,谓爱幼少也。"①在《周礼》的"保息"六方中,慈幼居首位。前文所揭陆贽之"保罢癃"的六德中,"慈幼""恤孤"居其二,足见中国古代政府对恤养幼儿和孤儿的重视。唐五代政府和社会在慈幼和恤孤方面也做了不少努力,以下分别进行讨论。

一、慈幼

慈幼主要是指对婴孩、幼儿的存恤、抚养,以使其得以存活、长大。唐五代政府的慈幼政策、措施主要表现在如下几个方面:

(一)法律保护胎儿、婴儿

唐代法律保护尚在母腹中的胎儿和刚出生的婴儿。《唐律疏议·断狱律·拷决孕妇》疏议曰:

> 诸妇人犯死罪,怀孕,当决者,听产后一百日乃行刑。若未产而决者,徒二年;产讫,限未满而决者,徒一年。失者,各减二等。……
> 诸妇人怀孕,犯罪应拷及决杖笞,若未产而拷、决者,杖一百;伤重者,依前人不合捶拷法;产后未满百日而拷决者,减一等。失者,各减二等。……
> 若堕胎者,合徒二年。"②

怀孕妇女触犯刑律,对其刑罚要待她产子百日以后。对犯死罪的怀孕妇女未待其生产而处决者,对孕妇拷、决、杖、笞致其堕胎者,执刑人员都要被徒二年;对死罪妇女产后未满百日限而处决者,执刑人员要被徒一年。这些规定无疑保护了胎儿的生命及婴儿出生后百日的哺乳,体现了唐代法律对胎儿、婴儿的优恤。《唐令拾遗·狱官令第三十》之第二十八条"开元七年""开元二十五年"令云:"诸禁囚,死罪枷杻,妇人及流罪以下去杻,其杖罪散禁。年八十及十岁,并废疾、怀孕、侏儒之类,虽犯死罪,亦散禁。"③对孕妇

---

① 《周礼注疏》卷一〇《地官司徒·大司徒》,第706页。
② 《唐律疏议》卷三〇《断狱律》,第570~571页。
③ 《唐令拾遗》,第781页。

散禁,当在于恤其所孕之子。

唐代还规定在妻子分娩之月,值宿文武官吏可免宿,方便其在家照料妻儿。太宗贞观五年(631)十二月二十日下敕:"文武官妻娩月,免宿直。"①这是对官员妻子分娩的优恤。

还有给产子者赐粮、免赋的情况。如贞观三年四月戊戌太宗下诏,赐"妇人正月以来产子者粟一斛"②。元和二年(807)正月,宪宗下诏:"令人有产子者复勿算三岁。令诸怀妊者,赐胎养谷人三斛,复其夫勿算一岁,著以为令。"③这些措施意在助养胎儿、婴儿,虽不多见,但对劝诱地方官和民间恤养新生儿具有一定的积极意义。

(二)刑罚宽免少儿犯罪

唐律对十五岁以下少儿的犯罪行为给予了一定程度的宽免。首先,唐律规定十一以上、十五以下的少儿,犯流以下罪者可以赎刑。《唐律疏议·老小及疾有犯》律文云:"诸年七十以上、十五以下及废疾,犯流罪以下,收赎。"疏议曰:"今律:年七十以上、七十九以下,十五以下、十一以上及废疾,为矜老小及疾,故流罪以下收赎。"④

其次,唐律规定十岁以下少儿犯死罪者可上请敕裁。《唐律疏议·老小及疾有犯》律文云:"八十以上、十岁以下及笃疾,犯反、逆、杀人应死者,上请。"疏议曰:"《周礼》'三赦'之法:一曰幼弱,二曰老耄,三曰戆愚。今十岁合于'幼弱',八十是为'老耄',笃疾'戆愚'之类,并合'三赦'之法。有不可赦者,年虽老小,情状难原,故反、逆及杀人,准律应合死者,曹司不断,依上请之式,奏听敕裁。"⑤

再次,唐律规定七岁以下小孩有死罪不加刑。《唐律疏议·老小及疾有犯》疏议云:"九十以上,七岁以下,虽有死罪,不加刑。"⑥《唐律疏议·共犯罪造意为首》疏议云:"'于法不坐者',谓八十以上,十岁以下及笃疾。"⑦

最后,唐律还规定若幼小时犯罪长大时事发,按犯罪年龄处理。《唐律疏议·犯时未老疾》曰:"犯罪时幼小,事发时长大,依幼小论。"疏议曰:"假

①《唐会要》卷八二《当直》,第1795页。

②《新唐书》卷二《太宗本纪》,第30页。《册府元龟》(宋本)卷四二《帝王部·仁慈》作"(贞观)三年四月,诏:妇人正月以来生男,赐粟一石"。(第45页)

③《册府元龟》(宋本)卷四九一《邦计部·蠲复》,第1218页。

④《唐律疏议》卷四《名例律》,第80~81页。

⑤《唐律疏议》卷四《名例律》,第82页。

⑥《唐律疏议》卷四《名例律》,第83页。

⑦《唐律疏议》卷五《名例律》,第116页。

有七岁犯死罪,八岁事发,死罪不论;十岁杀人,十一事发,仍得上请;十五时偷盗,十六事发,仍以赎论。此名'幼小时犯罪,长大事发,依幼小论'。"①

唐律对少儿的犯罪行为所给予的诸多宽免,主要原因是其尚未成人,缺乏判别是非的能力,这种宽免体现了保息安民的"慈幼"思想,客观上有利于少儿的存养和成长。

(三)收养子女的问题

前文已经论述了无子女家庭通过收养子女以解决养老问题的一面。对被收养人来说,则是养护人和养护状况的改变,尤其是孤儿和弃儿被收养,应该看作其生存危机的解决。

1.关于养子的相关规定

唐代律令和政策规定只准许收养同宗昭穆相合之子,收养异姓男者,要处以"徒一年"的刑罚。同时,从被收养人的角度出发,法律规定:若是被遗弃的小儿且年龄在三岁以下,不管异姓与否均许收养,律文已见前引。而对女孩,《唐律疏议·养子舍去》疏议曰:"养女者不坐。"②

唐律关于收养异姓男的限制,实际执行得不是很好。首先遭到割据势力、边将、宦官的破坏,如唐初高雅贤养苏定方为子③,李怀光养西域胡人石演芬为子④,杜伏威有养子三十人,其中"唯阚棱、王雄诞知名"⑤,高开道募壮士数百为养子⑥,张亮养假子五百⑦,李希烈有养子千余人⑧。唐末宦官杨复光,为内常侍杨玄价之养子,他又有"诸假子:守亮,兴元节度使;守宗,忠武节度使;守信,商州防御使;守忠,洋州节度使;其余以守为名者数十人,皆为牧守将帅"⑨。五代此类情况更多见,《新五代史·义儿传》载:

> 呜呼!世道衰,人伦坏,而亲疏之理反其常,干戈起于骨肉,异类合为父子。开平、显德五十年间,天下五代而实八姓,其三出于丐养。盖其大者取天下,其次立功名、位将相,岂非因时之隙,以利合而相资

---

①《唐律疏议》卷四《名例律》,第85~86页。

②《唐律疏议》卷一二《户婚律》,第237页。

③ 参阅《旧唐书》卷八三《苏定方传》,第2777页。

④ 参阅《旧唐书》卷一八七下《石演芬传》,第4907页。

⑤《新唐书》卷九二《杜伏威传》,第3801页。

⑥ 参阅《新唐书》卷八六《高开道传》,第3715页。

⑦ 参阅《新唐书》卷九四《张亮传》,第3829页。

⑧ 参阅《旧唐书》卷一二八《颜真卿传》,第3595页。

⑨《旧唐书》卷一八四《杨复光传》,第4774页。

者邪！唐自号沙陀，起代北，其所与俱皆一时雄杰虣武之士，往往养以为儿，号“义儿军”，至其有天下，多用以成功业，及其亡也亦由焉。太祖养子多矣，其可纪者九人：其一是为明宗，其次曰嗣昭、嗣本、嗣恩、存信、存孝、存进、存璋、存贤。[①]

需要说明的是，这种收养往往在于通过养子的名义培植亲信武装势力，与养子恤幼及养子以养老等救助性收养截然不同，故此处不做深入讨论。但他们收养异姓男为子的普遍，无疑冲击了唐律对限制收养异姓男的规定，使这种禁忌不再严格，这点在前引敦煌文书之养男契中也有证实。

民间收养孤儿弃儿的情形也较常见。如张守珪在“仙君山有茶园。每岁召采茶人力百余人，男女佣功者杂处园中。有一少年，自言无亲族，赁为摘茶，甚勤愿了慧。守珪怜之，以为义儿。又一女子，年二十，亦云无亲族，愿为义儿之妻，孝义端恪，守珪甚善之”[②]。又如“王锷之子故德州刺史王稷，在任有善政，郡人爱之。为李全略所杀，家无遗类。有男叔泰，年五岁，郡人宋忠献潜收养之，今已成长。臣察知其事，忠献已补军职，叔泰送归其宗”[③]。五代后梁人孔循，“不知其家世何人也。少孤，流落于汴州，富人李让阑得之，养以为子。梁太祖镇宣武，以李让为养子，循乃冒姓朱氏。稍长，给事太祖帐中，太祖诸儿乳母有爱之者，养循为子，乳母之夫姓赵，循又冒姓为赵氏，名殷衡……唐亡，事梁为汝州防御使、左卫大将军、租庸使，始改姓孔，名循”。[④]后梁人蒋殷，“不知何许人。幼孤，随其母适于河中节度使王重盈之家，重盈怜之，畜为己子”[⑤]。南唐人李升，“字正伦，徐州人也。世本微贱，父荣，遇唐末之乱，不知其所终。升少孤，流寓濠、泗间，杨行密攻濠州，得之，奇其状貌，养以为子。而杨氏诸子不能容，行密以乞徐温，乃冒姓徐氏，名知诰”。升元二年(938)，“徐氏诸子请升复姓，升谦抑不敢忘徐氏恩，下其议百官，百官皆请，然后复姓李氏，改名曰升”。[⑥]孤儿、弃儿被收养后，其生存危机即可得以缓解。

---

①《新五代史》卷三六《义儿传》，第385页。

②《太平广记》卷三七《神仙·阳平谪仙》，第235页。

③〔唐〕刘约：《请王叔泰归宗奏》，《全唐文》卷七六〇，第7893页。

④《新五代史》卷四三《杂传·孔循传》，第473~474页。

⑤《旧五代史》卷一三《梁书·蒋殷传》，第182页。

⑥《新五代史》卷六二《南唐世家·李升传》，第765、767页。

2.限制舍去养子

法律在规范百姓收养子女的同时,也注意保护被收养子女的利益,子女一旦被收养,便不能随意弃养。《唐律疏议·养子舍去》云:"诸养子,所养父母无子而舍去者,徒二年。若自生子及本生无子,欲还者,听之。"疏议曰:"既蒙收养,而辄舍去,徒二年。若所养父母自生子及本生父母无子,欲还本生者,并听。即两家并皆无子,去住亦任其情。若养处自生子及虽无子,不愿留养,欲遣还本生者,任其所养父母。"①据此条律文,能否舍去养子分多种情况:①养父母收养子女后自己生子,本生父母又别无子者,可以归还本生父母;②若养父母和生父母除所养子女外再无子女,该养子留养或遣还要视情况而定;③若收养人生子及虽无子但不愿意留养被收养者,想送还本生父母时,听从养父母的意愿。从法律规定看,遣还养子的条款更多地保护收养人的利益,但毕竟对收养人随意舍去被收养人起到了一定的限制作用,保护了被收养人权益。

在现实生活中,被收养者的利益也得到相应的保护,这在敦煌发现的养男契中有所反映。前揭敦煌文书ДХ.12012《后唐清泰二年(935)正月壹日敦煌乡百姓张富深收养何进成契样文》中,收养人需"更无二意,应有庄田、屋舍、家资、活具,一物已上,分付养男",被收养人需"从已后恭谨六亲,温和邻里,上交下接,莫失儒风,恳苦力田,勤耕考夜,紧把基本,就上加添,省酒非行。只是报吾心愿,不许闲人构扇,腹心异意……忽若不尽吾百年,左南直北,便招五逆之罪,空手趁出门外"。契约对收养双方的约束为"准法不悔,如先悔者,罚上马一匹,充入不悔人。恐无信,故勒斯契,用为后凭,押字为记"。可见,按收养契约定,除非被收养者出现不尽孝事收养人义务、不恳苦劳作、不恭谨六亲、不孝顺等情况,否则收养人不得无故弃养,悔约者要被"罚上马一匹,充入不悔人"。其他民间收养契大抵类此。

3.保护养子的继承权

养子若能孝事收养人,他就可以获得继承养父母财产的权利,若养父母收养子女后再生子息,养子也获得与亲生子女一样的被抚养权和财产继承权。前揭ДХ.12012号文书中,收养人张富深"若后更有男女出者,针草亭支"。《宋乾德二年(964)九月史氾三养男立嗣契》亦曰:收养人史氾三"不得二意三心,好须勾当,收新妇荣聘。所有[家]资地水活▨(业)什物等,便

①《唐律疏议》卷一二《户婚律》,第237页。

共汜三子息并及阿朵,准亭愿寿,各取一分,不令偏并"①。此件文书虽形成于宋初,但从文书的内容来看,应该是延续了唐五代养男契的基本特点。P.4075V《养子契样文》亦曰:"(上缺)家赀诸杂物色便共承分亭支,若也听人构猷(厌),左南直北,拗掠东西,不听者,当日▨手趁出门外,针草莫与。"②

从以上材料可知,若收养人别无子者,财产全归被收养者;若收养者再生子女者,被收养人拥有与亲生子女均分财产的继承权。

(四)帮助父母赎回典卖的子女

在中国古代,生产力水平有限,人们的生产和生活都很艰难,稍遇天灾人祸,更是生存维艰,被逼无奈者竟至于卖妻鬻子。一些有作为的帝王和官吏往往出钱或提供政策支持,帮助百姓赎回被典卖的子女,这是政府救助幼儿的重要举措。

唐太宗贞观元年(627),"关中饥,至有鬻男女者"③。贞观二年三月,太宗下诏"出金宝赎饥民鬻子者还之"④。同时,政府也鼓励民间收养灾区父母无力抚养的未成年子女,禁止将被收养者变为奴婢。唐高宗咸亨元年(670)冬十月大雪,平地三尺余,政府即下令:"雍、同、华州贫窭之家,有年十五已下不能存活者,听一切任人收养为男女,充驱使,皆不得将为奴婢。"⑤灾难过后,高宗又下诏准许灾民赎回因饥饿而舍养或出卖的子女,咸亨四年春正月甲午,高宗下诏曰:"咸亨初收养为男女及驱使者,听量酬衣食之直,放还本处。"⑥值得注意的是,诏令中特别强调灾民在赎回子女时,收养者不得漫天要价,只能"量酬衣食之直",这就减少了灾民赎回子女的费用。此后,唐政府在处理灾后赎回子女问题时,都贯彻了这一原则。甚至可不计衣食之费。如文宗太和五年(831),苏、湖大水⑦,百姓多出卖男女以济困,太和八年二月,文宗下诏云:

苏州大水饥歉之后,编户男女,多为诸道富家并虚契质钱,父母得钱数百米数斗而已。今江能力南虽丰稔,而凋残未复。委淮南、浙江东西等道,如苏、湖等州百姓愿赎男女者,官为详理,不得计衣食及虚契徵索。

---

① 沙知录校:《敦煌契约文书辑校》,第358页。

② 沙知录校:《敦煌契约文书辑校》,第370页。

③《旧唐书》卷二《太宗本纪》,第33页。

④《新唐书》卷二《太宗本纪》,第29页。 参阅《旧唐书》卷二《太宗本纪》,第33~34页。

⑤《旧唐书》卷五《高宗本纪》,第95页。

⑥《旧唐书》卷五《高宗本纪》,第97页。

⑦ 参阅《唐会要》卷四四《水灾》,第920页。

如父母已殁，任亲收赎；如父母无资，而自安于富家不厌为贱者亦听。①

开成元年(836)三月，文宗又下诏曰："比闻两河之间，频年旱灾，贫人得富家数百钱数斗粟，即以男女为之仆妾。委所在长吏察访，听其父母骨肉以所得婚购之，勿得以虚契为理。"②仅从这两道诏令内容看，明显地有利于灾民赎回子女。

在中国古代，人口买卖尤其是奴婢买卖在很多时候都属于合法交易③，一些贫困落后地区的百姓，有出卖子女来维持生存者。唐五代时期，福建、岭南、贵州等地的民间就有以子女质钱的习俗，对此政府多次严令禁止，如宪宗针对岭南诸道货卖男女的现象，下诏曰：

> 比闻岭南五管并福建、黔中等道，多以南口饷遗，及于诸处博易……自今岭南诸道，辄不得以口饷遗，及将诸处博易。又有求利之徒，以口博易，关镇人吏，容纵颇多。并勒所在长吏，严加捉搦，如更违犯，必重科惩。如长吏不存勾当，委御史台察访闻奏。④

宣宗也下诏曰：

> 如闻岭外诸州居人，与夷獠同俗，火耕水耨，昼乏暮饥，迫于征税，则货卖男女。奸人乘之，倍讨其利，以齿之幼壮，定估之高下，窘急求售，号哭逾时。为吏者谓南方之俗，凤习为常，适然不怪，因亦自利。遂使居人男女，与犀象杂物，俱为货财。……敕诸州刺史，各于界内，设法钤制，不得容奸，依前贩市。如敢更有假托事由，以贩卖为业，或虏劫溪洞，或典买平民，潜出券书，暗过州县，所在搜获，据赃状依强盗论，纵逢恩赦，不在原宥之限。⑤

但由于人口买卖是封建社会普遍存在的顽疾，唐王朝的这些禁令不可

---

① 唐文宗：《令百姓收赎男女诏》，《全唐文》卷七二，第759页。

② 《册府元龟》(宋本)卷四二《帝王部·仁慈》，第48页。

③ 参阅毛蕾、陈明光：《中国古代的"人牙子"与人口买卖》，《中国经济史研究》2000年第1期。

④ 唐宪宗：《禁饷遗人口诏》，《全唐文》卷六〇，第645页。

⑤ 唐宣宗：《禁岭南货卖男女敕》，《全唐文》卷八一，第848页。

能收到多少成效,只是在一定程度上遏制了人口买卖现象的发展蔓延,有利于儿童的抚养、生长。

二、恤孤

《礼记·王制》曰:"少而无父者谓之孤。"①对鳏寡孤独的恤养之策已如前文所述。此外,唐五代时期,政府和社会对孤幼的恤养还有一些具体的政策措施。

(一)政府之恤孤

首先,律令有关于孤儿恤养的规定。《唐令拾遗·户令第九》之第三十七条"开元二十五年令"曰:"诸鳏寡孤独贫穷老疾,不能自存者,令近亲收养,若无近亲,付乡里安恤。如在路有疾患,不能自胜致者,当界官司收付村坊安养,仍加医疗,并勘问所由,具注贯属,患损之日,移送前所。"②令文规定,不能自存的孤儿先令其近亲收养;无近亲的孤儿则由乡里安恤。

其次,政府的职能部门有抚恤孤幼的职责。唐代县令掌"抚字黎氓"、收"恤孤穷"之职。③太和六年(832)五月文宗《拯恤疾疫诏》曰:"其有一家长大者皆死,所余孩稚,十二至襁褓者,不能自活,必至夭伤。长吏劝其近亲收养,仍官中给两月粮,亦具数闻奏。"④此诏说明,地方官有劝说近亲收养孤儿的职责,还要求官府给收养孤幼者两个月的口粮,这是灾荒时期政府的特恩,还是对收恤孤幼者的惯例,不得而知。

县令的恤孤职掌受廉使(观察使)制约。《太平广记》记一孤女五六岁时,父母俱丧,"本乡县以孤女无主,申报廉使,廉使即养育之。一二年间,廉使怜其黠慧,育为己女,恩爱备至"⑤。女孩在父母双亡后无其他亲属可依的情况下,先由乡县逐级申报,最后至廉使。而此女被廉使收养,是因为其"黠慧"的个人因素。

五代后周时,张沆虽久居禄位,家无余财,死之日,"嗣子尚幼,亲友虑其耗散,上言于太祖,乃令三司差人主葬,余资市邸舍,以赡其孤焉"⑥。张沆之嗣子在父死之后,因其家无余财,亲友虑及耗散而上言,最终由三司差

① 《礼记正义》卷一三,第1347页。

② 《唐令拾遗》,第256页。

③ 参阅《旧唐书》卷四四《职官志》,第1921页。

④ 《全唐文》卷七二,第757页。

⑤ 《太平广记》卷一六〇《定数·灌园婴女》,第1151~1152页。

⑥ 《旧五代史》卷一三一《周书·张沆传》,第1723页。

人办理其丧事,并安排好其遗孤的养育之事。说明在五代时,官员孤遗的情况由相关人员上报后,有相关部门处理养恤事宜。此例中处理张沆遗孤者为三司,可知三司与恤孤之职也有一定的关系。

政府还会采取劝其近亲收养的办法安置孤儿,但有的近亲未必能收养孤儿,如上文所引张沆死后,因家无余财,其亲友即上言政府,由政府供给葬事,并赡养其孤子。

此外,唐五代政府的养子政策允许收养异姓的三岁以内的遗弃小儿,孤儿被收养后,其生存危机即可得以缓解。详参本书"养子以养老""收养子女问题"的讨论。

(二)民间之抚孤

同养老一样,抚孤问题更多的也是依靠社会与民间力量来解决。根据笔者所收集的材料,按民间抚孤主体的不同,可以将唐五代民间的抚孤分为宗族、姻亲、友朋及其他社会力量等。宗族、姻亲之抚孤将在本书第六章"宗族姻亲与民间救助"中着重讨论。

友朋抚孤是宗族、姻亲之外,民间抚养孤幼的重要补充。唐初李勣在故友单雄信被处死后,"为收养其子焉"[1]。南陈广州刺史欧阳纥因谋反被诛,子欧阳询获免,"陈尚书令江总与纥有旧,收养之,教以书计"[2]。卒于开元初年的卢藏用,与陈子昂、赵贞固友善,"二人并早卒,藏用厚抚其子,为时所称"[3]。苏晋与张仲之善,神龙(705~707)中,仲之"谋去武三思,为宋之愻等所发,死,晋厚抚其子渐,为营婚宦"[4]。安史之乱中,东都留守李憕十余子唯源、彭脱,"源八岁家覆,俘为奴,转侧民间。及史朝义败,故吏识源于洛阳者赎出之,归其宗属"[5]。卒于长庆三年(823)的孟简,性俊拔尚义,"早岁交友先殁者,视其孤,每厚于周恤"[6]。五代后唐人刘赞"与学士窦梦徵同年登第,邻居友善,梦徵卒,赞与同年杨凝式缌麻为位而哭,其家无嫡长,与视丧事,恤其孀稚,人士称之"[7]。

人们也往往将儿女托付给友朋故识。如韩弘弟韩充,原为河阳节度使

---

①《新唐书》卷九三《李勣传》,第3821页。

②《旧唐书》卷一八九上《欧阳询传》,第4947页。参阅《新唐书》卷一九八《欧阳询传》,第5645页。

③《旧唐书》卷九四《卢藏用传》,第3004页。参阅《新唐书》卷一二三《卢藏用传》,第4375页。

④《新唐书》卷一二八《苏珦传附子苏晋传》,第4458页。

⑤《新唐书》卷一九一《李憕传》,第5511页。

⑥《旧唐书》卷一六三《孟简传》,第4258页。参阅《新唐书》卷一六〇《孟简传》,第4969页。

⑦《旧五代史》卷六八《唐书·刘赞传》,第709页。

李元的牙将，贞元十五年（799），韩弘领宣武，召充主亲兵，李元对充曰："我知君旧矣，吾儿不才，无足累君者，二女方幼，以为托。"李元死后，韩充"为嫁二女，周其家"①。大中元年至二年（847~848），郑畋父郑亚任桂管观察使②，"时西门思恭为监军，有诏征赴阙。亚饯于北郊，自以衰年，因以畋托之，曰：'他日愿以桂儿（畋小字）为念。九泉之下，不敢忘之。'言讫，泣然流涕，思恭志之，及为神策军中尉，亚已卒。思恭使人召畋，馆之于第。年未及冠，甚爱之，如甥侄，因选师友教导之。畋后官至将相"③。

也不乏义士、清明官吏抚养遗孤的记载。如唐玄宗时期的元德秀，"所得奉禄，悉衣食人之孤遗者"④。又穆宗长庆时，"王稷为李全略所杀，家无遗类。稷男叔泰，时年五岁，郡人宋忠献匿之获免，乃收养之"⑤。后梁太祖朱温，"昆仲三人，俱未冠而孤，母携养寄于萧县人刘崇之家"⑥。常思曾为后唐、后晋之六军都御侯，后周太祖少孤无依，"衣食于思家，以思为叔"⑦。《太平广记·李泳子》载："蜀大理少卿李泳，尝归郫城别墅。过桥，见一婴儿，以蕉叶荐之，泳怜其形相貌异，收归，哺养为子。六七年，能书，善谭笑，父母钟爱之，过于亲子。"⑧以上史籍所载，不免有为传记主人溢美之辞，但基本史事还是可信的，这虽然是一些封建士大夫的个人"美德"，对于全社会需要救助的大量孤儿弃子来说，也是杯水车薪，但不管怎样，这些封建士大夫的行为反映了中华民族济贫救困、抚幼恤孤的优良传统，有一定的社会导向作用，是值得肯定和加以继承的。

综上所述，唐五代政府将孤遗的恤养问题诉诸律令，优先其近亲收养，无近亲者由乡里安恤。县令、廉使等官员有收"恤孤穷"之责，需督促孤遗的收养工作。在政策引导及官员的督导下，民间的孤遗收养主要依靠宗族、姻亲、友朋及其他社会力量。

---

① 《新唐书》卷一五八《韩弘传》，第4946~4947页。
② 参阅《旧唐书》卷一八下《宣宗本纪》，第617~619页；吴廷燮：《唐方镇年表》卷七《桂管》，第1104~1105页。
③ 《太平广记》卷一六八《气义·郑畋》，第1225页。
④ 《新唐书》卷一九四《元德秀传》，第5564页。
⑤ 《旧唐书》卷一五一《王锷传附子王稷传》，第4062页。
⑥ 《旧五代史》卷一《梁书·太祖本纪》，第2页。
⑦ 《新五代史》卷四九《常思传》，第559页。《新五代史》卷一一《周太祖本纪》亦载："子威少孤，依潞州人常氏。"（第109页）
⑧ 《太平广记》卷三一四《神》，第2482页。

第三节　救恤妇女

妇女体力不如男子,在农业社会的生存竞争中天然地处于弱势,因此,她们自古是社会救助、优恤的又一群体。唐五代时期,国家在赋税、刑罚等方面给妇女一定的宽免和优恤,在婚姻、生育方面对妇女也有一些保护性政策。对寡妇,政府和民间都给予了特别的救恤和帮助。

一、救恤妇女的政策措施

唐五代政府对妇女群体的救恤主要体现在赋税、刑罚的宽免,以及对妇女婚姻的保护性政策上。

（一）赋役制度对妇女的优恤

在西魏北周的均田制下,妇人受田只有丁男之半,而对一夫一妇所收的租则是单丁的一倍,所以造成"籍多无妻"的怪现象;隋炀帝大业年间,曾一度免除妇女的课役负担。[①]特别是隋末农民大起义,反对苛重徭役,这扫荡了妇人服役的苛法。[②]唐代则将妇女不服课役之法固定了下来。

唐代的均田制规定,普通妇女不受田,因此她们也不负担赋税。虽然赋税可通过其他形式转嫁到妇女身上,但毕竟唐代妇女不是直接的赋税征收对象。

唐代妇女不承担力役,地方官吏擅自征用妇女从事力役,要受处罚。景云初,韩琬上疏睿宗曰:"永淳时,雍丘令尹元贞坐妇女治道免官,今妇夫女役常不知怪。"[③]从韩琬的谏言中,我们可以得知,按赋役令规定,唐代妇女是不服役的,而且这一规定在唐前期执行得还很严格。高宗永淳年间,雍丘令尹元贞因为让妇女修路而遭免官,可见惩罚还是较为严厉的。但韩琬谏言也同时反映出,至睿宗在位时,妇女服役已成常事,以致人们都见怪不怪了。

（二）刑罚对妇女的宽免

唐律在刑罚上考虑了体质及生理特点[④],对妇女的救恤主要表现在以下几个方面:

---

① 参阅《隋书》卷二四《食货志》,第676页。

② 参阅韩国磐:《隋唐五代史纲》,人民出版社,1977年,第158~170页。

③ 《新唐书》卷一一二《韩思彦传附子琬传》,第4165页。

④ 参阅杨廷福:《唐律初探》,天津人民出版社,1985年,第139~143页。

首先，谋反及大逆之家，按法当斩、绞者，其家母女、妻妾、姊妹免死没官，妇人年六十并免。即"诸谋反及大逆者，皆斩……十五以下及母女、妻妾、祖孙、兄弟姊妹若部曲、资财、田宅，并没官……妇人年六十及废疾者，并免"①。同时，唐律规定，共同犯罪以造意者为首，但若是妇人则不坐，而以男夫独坐。《唐律疏议·共犯罪造意为首》疏议曰："假有妇人尊长，共男夫卑幼同犯，虽妇人造意，仍以男夫独坐。"②

其次，妇人犯死罪不加杻，孕妇散禁。《唐令拾遗·狱官令第三十》之第二十八条"开元七年""开元二十五年"令云："诸禁囚，死罪枷杻，妇人及流罪以下去杻，其杖罪散禁。年八十及十岁，并废疾、怀孕、侏儒之类，虽犯死罪，亦散禁。"③《唐六典·刑部郎中员外郎》亦曰："凡死罪枷而杻，妇人及徒、流枷而不杻。"④其他对孕妇的刑律宽免请参阅本书"法律保护胎、婴儿"部分。

再次，妇人犯流刑，其流法与男子不同。《唐律疏议·老小及疾有犯》疏议曰：

> 其妇人流法，与男子不同：虽是老小，犯加役流，亦合收赎，征铜一百斤；反逆缘坐流，依《贼盗律》："妇人年六十及废疾，并免。"不入此流。"即虽谋反，词理不能动众，威力不足率人者，亦皆斩，父子、母女、妻妾并流三千里。"其女及妻妾年十五以下、六十以上，亦免流配，征铜一百斤；妇人犯会赦犹流，唯造畜蛊毒，并同居家口仍配。⑤

最后，唐律还保护妇女不受性侵犯。《唐律疏议·奸》曰："诸奸者，徒一年半；有夫者，徒二年。部曲、杂户、官户奸良人者，各加一等。即奸官私婢者，杖九十；奴奸婢，亦同。奸他人部曲妻，杂户、官户妇女者，杖一百。强者，各加一等。折伤者，各加斗折伤罪一等。"⑥另外，《唐律疏议·杂律》中还有许多条目对各种侵犯女性的行为给予刑罚处置⑦，从法律上对妇女权益提供了保护。

---

① 《通典》卷一六五《刑法典·刑制》，第4246页。
② 《唐律疏议》卷五《名例律》，第116页。
③ 《唐令拾遗·狱官令第三十》，第781页。
④ 《唐六典》卷六《刑部郎中员外郎》，第188页。
⑤ 《唐律疏议》卷四《名例律》，第81~82页。
⑥ 《唐律疏议》卷二六《杂律》，第493页。
⑦ 参阅《唐律疏议》卷二六《杂律》，第403~417页。

（三）律令对妇女婚姻的保护

在中古社会,妇女在婚姻、家庭中处于劣势。唐五代时期,一沿前朝令典,国家在婚姻方面为妇女提供了一定的法律保护。《唐律》中有关婚姻的规定共二十一条,大多源于《礼记》和汉晋以来有关婚姻的法令。[①]其中,对妇女婚姻保护的律令如下:

其一,丈夫不得随意出妻。唐律有关婚姻的规定带有阶级性、宗法性,以及以夫权为中心的特点,男性在婚姻方面处于主导地位。[②]但男女婚聘后,男子不能随意出妻,则是对妇女婚姻的保护。唐代法令规定了出妻的条件,即七出及义绝之条。

> 七出者,依令:"一无子,二淫泆,三不事舅姑,四口舌,五盗窃,六妒忌,七恶疾。"义绝,谓"殴妻之祖父母、父母及杀妻外祖父母、伯叔父母、兄弟、姑、姊妹,若夫妻祖父母、父母、外祖父母、伯叔父母、兄弟、姑、姊妹自相杀及妻殴詈夫之祖父母、父母,杀伤夫外祖父母、伯叔父母、兄弟、姑、姊妹及与夫之缌麻以上亲、若妻母奸,及欲害夫者,虽会赦,皆为义绝"。[③]

若无七出和义绝之状而出妻者,要受法律制裁,即"诸妻无七出及义绝之状,而出之者,徒一年半"[④]。出妻必须符合法律规定的条件,这在一定程度上保护了妇女的婚姻权益。

以"七出"之条出妻者也见于记载。如刘君良累代义居,"兄弟虽至四从,皆如同气",后其妻用计谋教唆其与兄弟分家,刘君良得知真相后,立即出妻。[⑤]这里刘君良出妻是因为妻子犯了口舌之条。又如三史严灌夫娶妻十余年仍无胤嗣,便拾其过而出妻,其妻慎氏临别以诗相赠,严灌夫又被感动而收回成命。[⑥]此例出妻因为无子,合"七出"之首条,但严灌夫还为出妻另"拾其过",找理由。《资治通鉴》载:李迥秀"性至孝,其母本微贱,妻崔氏常叱媵婢,母闻之不悦,迥秀即时出之。或曰:'贤室虽不避嫌疑,然过非七

---

① 参阅牛志平:《唐代婚丧》,第12页。

② 参阅牛志平:《唐代婚丧》,第13页。

③ ④《唐律疏议》卷一四《户婚律》,第267页。

⑤ 参阅《旧唐书》卷一八八《刘君良传》,第4919页。

⑥ 参阅〔唐〕范摅:《云溪友议》卷上《毗陵出》,《唐五代笔记小说大观》,上海古籍出版社,
2000年,第1262~1263页。

出，何遽如是！'迥秀曰：'娶妻本以养亲，今乃违忤颜色，安敢留也！'竟出之"①。李迥身为宰相，为母出妻，有人以其妻行为不够"七出"之条而加以劝阻，而因李迥性至孝，为母出妻，似乎也得到了社会的赞誉。但通常情况下，若未犯"七出"之条而被出者，女方可以上告官府。如德宗时人李元素，其妻为石泉公王方庆之孙，"元素溺姬侍，王不见答。元素久疾，益昏惑，遂出之。王诉诸朝，诏免元素官，且令畀王赀五百万"②，惩罚不能谓之轻，也足见唐律对男子随意出妻的惩治力度。

唐代甚至出现欲出妻无据可循，遂诬陷妻子犯"七出"之条而出妻者。如建中年间的令狐建，其妻为李宝臣之女，"建恶，将弃之，乃诬与佣教生邢士伦奸通。建召士伦榜杀之，因逐其妻"③，通过诬陷妻子犯"七出"之淫逸条，达到了出妻的目的。后来，李氏奏请按劾，得以洗冤。此例既说明唐律对世人出妻行为的约束力，同时也说明唐五代妇女可以凭借法律规定保护自身的权益。

其二，出妻还需遵守"三不去"之条，否则亦是违法。《唐律疏议·妻无七出而出之》云："虽犯七出，有三不去，而出之者，杖一百。追还合。"疏议曰："三不去者，谓：一，经持舅姑之丧；二，娶时贱后贵；三，有所受无所归。"④从传世文献看，将"七出""三不去"列入法律条文者，唐律最早⑤，为保护妇女婚姻权益提供了法律依据。白居易有判文曰：

> 得景娶妻三年，无子，舅姑将出之。诉云："归无所从。"
>
> 承家不嗣，礼许仳离；去室无归，义难弃背。景将崇继代，是用娶妻；百两有行，既启飞凤之兆；三年无子，遂操别鹄之音。将去舅姑，终鲜亲族。虽配无生育，诚合比于断弦；而归靡适从，庶可同于束蕴。固难效于牧子，宜自哀于邓攸。无抑有辞，请从不去。⑥

景妻虽三年无子，合"七出"之条，但"归无所从"，又符合"三不去"之"有所受无所归"之条，故判请从不去，反映了唐律对妇女婚姻权益的保护。白居

---

① 《资治通鉴》卷二〇七"长安元年六月"条，第6555页。

② 《新唐书》卷一四七《李元素传》，第4763页。

③ 《旧唐书》卷一二四《令狐彰传附子令狐建传》，第3530页。

④ 《唐律疏议》卷一四《户婚律》，第268页。

⑤ 参阅向淑云：《唐代婚姻法与婚姻实态》，第119~122页。

⑥ 《白居易集》卷六七，第1411页。

易判虽为范文,但其依据是唐律和当时官吏判案的具体实际,因此该判所反映的内容具有一定的真实性。

敦煌文书中保存了十多件唐五代至宋初的放妻书样文残卷①,仅有一件似为实用文书,即 P.4525《年代不详留盈放妻书》。这些放妻书的放妻原因均为夫妻不和或妻子与家人不和,主要依据"七出"之口舌之条。兹附一件文书,以便了解唐代放妻书的内容和样貌。S.6417V《十世纪上半叶放妻书样文》云:

> 盖闻托盘上食,昔说梁鸿之妻;把笔画眉,今传张敞之妇。鲍永慊妻,叱猫(狗)非礼而弃之;太公恨妇,讥贫当贵而不▨(获?)。今▨(生)自从结为婚▨(聘),不曾喜面相看。猫鼠为雠(雔),参商结怨,二心有异,反目相慊(嫌),定互各自生情,终久难成活道。今再会两家亲眷,不要佞地亘天,莫道八卦无涉,五行相克。盖是前因不遂,今世相逢,覆水难收,冈(乾)沙不合。妻不论三年柴饭,夫休说六载衣粮。②

这里出妻是因为夫妻不和。文书未说明家产分割事宜,但强调一旦解除婚姻关系,此后双方不得再相互追究过往,还得请"亲姻村老"参与公证。此类放妻书本自唐代律令和社会惯例,说明唐律对妇女权益有一定的保护作用。

其三,唐律禁止男子重婚,《唐律疏议·有妻更娶》云:"诸有妻更娶妻者,徒一年;女家,减一等。若欺妄而娶者,徒一年半;女家不坐。各离之。"③这也有利于保护妇女在婚姻中的权益。

其四,唐律也禁止以妻为妾、以婢为妻,以保护妻子的权益,即"诸以妻为妾,以婢为妻者,徒二年。以妾及客女为妻,以婢为妾者,徒一年半。各还正之"④。这些律文,不一定得到很好贯彻,但它在一定程度上限制了男子在婚姻中的肆意妄为。

其五,如果丈夫纵容婢妾凌侮妻子,经举报后,也会受到处罚。牛僧孺

---

① 参阅沙知录校:《敦煌契约文书辑校》,第470~491页。
② 沙知录校:《敦煌契约文书辑校》,第123页。本件上接《孔员信女三子为分遗物事上司徒状》,底卷的正面有贞明六年题记、同光四年、长兴二年、清泰二年牒状等多件文书,因此,此件文书时间应该在10世纪上半叶。
③《唐律疏议》卷一三《户婚律》,第255页。
④《唐律疏议》卷一三《户婚律》,第256页。

《奏黄州录事参军张绍弃妻状》曰：

> 右，臣得张绍妻卢氏状，其张绍宠婢花子，每令无礼相陵，臣推问有实者。伏以张绍忝迹衣冠，幸陶德化，不敦二姓之好，敢渎三纲之经，嬖惑女奴，蔑侮妻室，非特衣服饮食，贵贱浑同，兼亦待遇等威，衽席颠倒，款招明白，愆尤至多。纵禀性庸愚，靡及于教义，而历官州县，合闻于宪章，逞其邪心，曾不惧法，顾兹丑行，恐玷大猷。臣职在观风，事先按俗，有关政理，敢不申闻？伏乞明示罪名，流窜远地，使人知家道，以诫士林。谨具奏闻，伏听敕旨。①

这里张绍"嬖惑女奴，蔑侮妻室"，使其妻子的合法权益遭到侵犯，牛僧孺虽然是从维护社会纲常名教的角度出发要求惩处张绍，实质上也维护了妇女的权益。

其六，严禁强嫁丧夫之孀妇，维护了寡妇的婚嫁自由。《唐律疏议·夫丧守志而强嫁》云："诸夫丧服除而欲守志，非女之祖父母、父母强嫁之者，徒一年；期亲嫁者，减二等。各离之。女追归前家，娶者不坐。"②

综合上述，唐五代政府在赋役和刑罚方面给妇女以一定宽免，以"七出""三不去"等法律条规保护妇女的婚姻权益，一定程度上体现了政府对妇女群体的政策性救恤。

二、救恤寡妇

寡妇是需要社会救助的弱势人群之一，历代官府和民间都为救助该群体做出了不少努力。张国刚通过墓志资料考察了唐代寡居妇女的生活世界。③上文"鳏寡茕独"之目中对老年寡妇的社会救助问题已有所论述。以下探讨唐五代时期政府和社会对寡妇群体的救恤政策和措施。

唐五代政府对寡妇的救恤主要反映在给寡妇受田、减免赋税等方面。唐令规定妇女不受田，但丧夫的寡妻妾可受田三十亩，若独立为户者可另给口分田二十亩，这保证了寡妻妾的生活来源。唐武德七年（624）三月二

---

① 《全唐文》卷六八二，第6969页。

② 《唐律疏议》卷一四《户婚律》，第265页。

③ 参阅张国刚：《唐代寡居妇女的生活世界》，《安徽师范大学学报（人文社会科学版）》2007年第3期；张国刚：《墓志所见唐代寡居妇女的生活世界》，收入《纪念西安碑林九百二十周年华诞学术研讨会论文集》，文物出版社，2008年。

十九日,始定均田赋税,"凡天下丁男给田一顷,笃疾、废疾给四十亩,寡妻妾三十亩,若为户者,加二十亩"①。开元二十五年(737)令在武德七年令的基础上,进一步明确了对寡妻妾为户主者的授田。《通典·田制》云:"大唐开元二十五年令……寡妻妾各给口分田三十亩,先永业者,通充口分之数。黄、小、中、丁男女及老男、笃疾、废疾、寡妻妾当户者,各给永业田二十亩,口分田二十亩。"②但吐鲁番文书中也存在寡母未受田的现象。③

唐初,租庸调制规定寡妻妾为不课口。《新唐书·食货志》载:"若老及男废疾、笃疾、寡妻妾、部曲、客女、奴婢及视九品以上官,不课。"④《通典·丁中》载:"按开元二十五年户令云:'诸户主皆以家长为之。户内有课口者为课户,无课口者为不课户。诸视流内九品以上官及男年二十以上、老男、废疾、寡妻妾、部曲、客女、奴婢,皆为不课户。'无夫者为寡妻妾。余准旧令。"⑤寡妻妾受田但不课,在保证其生活来源的同时,免除其生活负担,救恤之意明显。

政府虽然对寡妻妾有一定的救恤政策,但总的说来,寡妇的生活更多仍赖其家庭、宗族和社会的力量,主要的方式可分为依外家、依夫家,这部分内容将在第六章"宗族姻亲与民间救助"中论及。在宗亲之外,朋友故旧也能参与对寡居者的救恤。唐初,周齐王宪女婿居子立,李纲"自以齐王故吏,赡恤甚厚"⑥。高宗朝人王义方,素与张亮善,张亮之侄张皎自朱崖归依王义方,临终前,将归葬事及妻子相托,义方"以皎妻少,故与之誓于神,使奴负枢,辍马载皎妻,身步从之。既葬皎原武,归妻其家,而告亮墓乃去"⑦。玄宗时人严挺之,"素重交结,有许与,凡旧交先殁者,厚抚其妻子"⑧。五代后唐时人刘赞,天成中历知制诰、中书舍人,"与学士窦梦徵同年登第,邻居友善,梦徵卒,赞与同年杨凝式缌麻为位而哭,其家无嫡长,与视丧事,恤其孀稚,人士称之"⑨。

在政府的大力提倡下,唐代也不乏个人义务救助孤寡者的情况,如唐

①《唐会要》卷八三《租税》,第1813页。

②《通典》卷二《食货典·田制》,第29页。

③参阅卢向前:《唐代西州土地关系述论》,上海古籍出版社,2001年,第109、360~361页。

④《新唐书》卷五一,第1343页。

⑤《通典》卷七《食货典·丁中》,第155页。

⑥《旧唐书》卷六二《李纲传》,第2377页。

⑦《新唐书》卷一一二《王义方传》,第4160页。

⑧《旧唐书》卷九九《严挺之传》,第3106页。

⑨《旧五代史》卷六八《唐书·刘赞传》,第907页。

高祖时,夏侯端出为梓州刺史,"所得料钱,皆散施孤寡"①。代宗朝滁州刺史的郑驴②,"凡七佐军,四领郡,禄俸不积滞,衣食无常主。常叹曰:'以饱暖活孀幼,以清白贻子孙,是吾心也。'逮启手足,卒如其志"③。此类记载较多,恕不赘举。

不过,从总的情况来看,国家和民间对寡居妇女的救助非常有限,既无专门的机构,也无明确的法令保护寡居妇女的利益。寡居者无人相助的情况还很多,只能靠她们自己从事劳动以生产自救,如《太平广记》载:有板桥三娘子者,"寡居,年三十余,无男女,亦无亲属。有舍数间,以鬻餐为业,然而家甚富贵,多有驴畜。往来公私车乘,有不逮者,辄贱其估以济之"④。这虽为神鬼故事,反映的却是现实生活。又有康州悦城县孀妇温媪以"绩布为业"⑤。恐怕像三娘子、温媪这样的劳苦大众孀居后,仅靠自己劳动自救,应该才是更为普遍的情况。

第四节　救助三疾

在中国古代,残疾仅指轻度伤残者,现代意义的残疾被分为三等,即三疾(谓"残疾、笃疾、废疾"⑥)。三疾自古以来是儒家主张救恤的主要人群之一。《礼记正义·王制》曰:"废疾非人不养者,一人不从政。"⑦这是以"一人不从政"的方法来恤养废疾之人。《礼记正义·王制》曰:"喑、聋、跛躃、断者、侏儒,百工各以其器食之。"疏曰:

> 喑谓口不能言,聋谓耳不闻声,跛躃谓足不能行,断者谓支节解绝,侏儒谓容貌短小。百工谓有杂技艺,此等既非老无告,不可特与常饩。既有疾病,不可不养,以其病尚轻,不可虚费官物,故各以其器食之。器以自养,能也。因其各有所能,供官役,使以廪饩食之。⑧

---

① 《旧唐书》卷一八七上《夏侯端传》,第4865页。
② 参阅郁贤皓:《唐刺史考全编》卷一二五《淮南道·滁州》,第1708页。
③ 《白居易集》卷四二《故滁州刺史赠刑部尚书荥阳郑公墓志铭(并序)》,第923页。
④ 《太平广记》卷二八六《幻术·板桥三娘子》,第2279页。
⑤ 《太平广记》卷四二四《龙·温媪》,第3450页。
⑥ 《唐六典》卷三〇《京县畿县天下诸县官吏》,第753页。
⑦ 《礼记正义》卷一三,第1346页。
⑧ 《礼记正义》卷一三,第1347页。

这是让轻疾之残以供官役的方式自养。《礼记》所记载的这些恤养残疾者的思想，是后世救恤残疾的理论根据。北周赋役令规定："废疾非人不养者，一人不从役。"[①]便承自《礼记》的记载。唐五代政府对残废者的救恤政策既吸收了前代的经验，又有所发展，以下分别进行论述。

一、三疾的判定

唐五代在律法中将残废者分为三等，即"三疾"。三疾的具体判定标准，依《唐令拾遗·户令第九》"开元二十五年令"曰："诸一目盲、两耳聋、手无二指、足无三指、手足无大拇指、秃疮无发、久漏下重、大瘿瘇，如此之类，皆为残疾。痴、痖、侏儒、腰脊折、一肢废，如此之类，皆为废疾。恶疾、癫狂、两肢废、两目盲，如此之类，皆为笃疾。"[②]《唐律疏议·殴人折跌支体瞎目》疏议曰："假有旧瞎一目为残疾，更瞎一目成笃疾，或先折一脚为废疾，更折一脚为笃疾。"[③]一目瞎，尚能视物，为疾即轻，所以属残疾。一脚折，行走已不便，较一目瞎为重，所以属于废疾。损二事者即两目瞎或两脚折者，即为笃疾，需由侍丁助养。对残废等级明确的划分是唐代重视对三疾救助的结果和表现。

敦煌吐鲁番文书为我们展示了实际生活中的情况。吐鲁番文书《唐开元四年（716）西州柳中县高宁乡籍》记载，江义宣户有"叔母俎渠年伍拾柒岁，丁寡笃疾两目盲"，正好印证了唐代律令规定的三疾标准。按《唐令拾遗》的规定，两目盲为笃疾。敦煌文书S.514《沙州敦煌县悬泉乡宜禾里大历四年（769年）手实》载："亡叔男海宾年肆拾岁废疾（广德二年账后逃还附，患左眼瞎并风痴）"。按《唐令拾遗》的规定，患左眼瞎属残疾，但患痴病则属废疾，这里海宾二疾兼具取其重，所以文书中注记其为废疾。上引户籍、手实文书中对笃疾和废疾的注记与唐代律令规定的标准并无二致，这与户籍、手实作为征赋派役根据的功用和性质是相符的。在其他文献中，对三疾的称呼并不如此严格。《朝野佥载》载，空如禅师成丁后，被征庸课，禅师"遂以麻蜡裹臂，以火爇之，遂成废疾"[④]。这里，禅师爇几臂缺载，按唐代律令，禅师若废一肢即属废疾，但若废两臂，就是

---

① 《隋书》卷二四《食货志》，第679页。

② 《唐令拾遗》，第228页。

③ 《唐律疏议》卷二一《斗讼律》，第387页。

④ 《朝野佥载》卷六，第132页。

笃疾了。另,《唐摭言》载,孙泰操守贤良,其姨老,以二女托孙泰曰:"其长损一目,汝可娶其女弟。"姨死后,孙泰娶其长女,有人问他原因,孙泰曰:"其人有废疾,非泰不可适。"①此事在中和年间。按唐代律令,姨长女损一目,是残疾,但在孙泰口中,她却成了废疾。可见,在利益相关的律令、户籍及手实类文献中,对三疾的区别较为清晰,但在日常生活中,人们对三疾的称呼相对随意些。

二、政府对三疾的救恤

唐五代时期,政府对三疾者的救恤主要体现在田制、赋役的优恤和刑罚的宽免上。唐令规定笃疾、废疾可受田,但废疾免课役,庸力合减正丁,笃疾给配侍丁;残疾可就近在州、县城门及仓库门等处承担较轻的杂役。在刑罚方面刑罚三疾者也受到相应的宽免。

(一)田制保护三疾者的利益

三疾者是部分或完全丧失劳动能力的人,在"治本于农"的古代社会,获得土地对其生存至关重要。唐代田制规定,三疾者可以受田。《唐会要·租税上》载:"(武德)七年三月二十九日,始定均田赋税。凡天下丁男给田一顷,笃疾、废疾给四十亩,寡妻妾三十亩,若为户者,加二十亩。"②《唐六典·户部郎中员外郎》曰:"凡给田之制有差:丁男、中男以一顷;老男、笃疾、废疾以四十亩;寡妻妾以三十亩,若为户者则减丁之半。"③《通典·田制》云:

> 大唐开元二十五年令……丁男给永业田二十亩,口分田八十亩,其中男年十八以上亦依丁男给,老男、笃疾、废疾各给口分田四十亩,寡妻妾各给口分田三十亩,先永业者,通充口分之数。黄、小、中、丁男女及老男、笃疾、废疾、寡妻妾当户者,各给永业田二十亩,口分田二十亩。④

从以上记载来看,笃疾、废疾不当户者均可受口分田四十亩,笃疾、废疾当户者的受田情况,诸书记载不一,《唐会要》记载为六十亩,《唐六典》记作

---

① 〔五代〕王定保:《唐摭言校注》卷四《节操》,姜汉椿校注,上海社会科学院出版社,2003年,第86页。
② 《唐会要》卷八三《租税》,第1813页。
③ 《唐六典》卷三《户部郎员外郎》,第74页。
④ 《通典》卷二《食货典·田制》,第29页。

"减丁户之半",即五十亩,《通典》记作"永业田二十亩,口分田二十亩",合计也是四十亩,只是作了口分、永业的区别。

在上述规定中,均未见给残疾者授田的条文,这是因为三疾中以残疾最轻,其受田同于丁男,这可以出土文书为证。《唐开元四年(716)沙州敦煌县慈惠乡籍》载有董思勖一户的户籍:

（前略）

户主董思勖年二十二岁　白丁残疾。（转前籍,年廿,开元二年帐后,貌加就实,下上户。）课户见输

父　回通　年七十五岁老男（开元二年帐后死）

母　张年　五十六岁　寡

计　租　二　石

廿亩永业

二十八亩已受　八亩口分

合应受田一顷三十一亩。

（后略）①

根据这则文书的记载,董思勖一户,见在白丁残疾一人,寡妻一人,分别应受田百亩、三十亩,共计一顷三十亩,正符合唐令规定的受田数量。说明在唐贞观令和开元令中残疾者的受田和白丁一致。

(二)赋役制度对三疾者的优恤

唐代赋役令规定:废疾、笃疾者免征赋税。《通典·丁中》载开元二十五(737)年户令云:"诸视流内九品以上官及男年二十以上、老男、废疾、妻妾、部曲、客女、奴婢,皆为不课户。"②《新唐书·食货志》亦曰:"凡主户内有课口者为课户。若老及男废疾、笃疾、寡妻妾、部曲、客女、奴婢及视九品以上官,不课。"③

即使对犯罪应服徒役的废疾者,唐律亦规定其不必负担徒役,庸力亦合减正丁。《唐律疏议·役使所监临》疏议曰:"其十五以下、七十以上及废

① 唐耕耦、陆宏基:《敦煌社会经济文献真迹释录》第一辑,书目文献出版社,1986年,第140页。

②《通典》卷七《食货典·丁中》,第155页。

③《新唐书》卷五一《食货志》,第1343页。

疾,既不任徒役,庸力合减正丁,宜准当乡庸作之价。"①

唐代的残疾受田同于白丁,纳税也应同于白丁。但唐代赋役令规定,残疾者免丁役,且不计入兼丁。《唐律疏议·犯徒应役家无兼丁》疏议曰:"其残疾,既免丁役,亦非兼丁之限。"②

同时,唐五代也继承了《礼记》中让残疾者供官役以自养的做法。《唐六典·兵部郎中》勋官番第注曰:"上州及都督府番别各听留六十人,中州四十五人,下州三十五人,分配监当城门、仓库,亦量于数内通融配给。当州人少者,任取五十已上、五十九已下及轻疾丁充,并五番,上皆一月。"③《唐六典·职方郎中员外郎》载:"凡州、县城门及仓库门须守当者,取中男及残疾人均为番第以充,而免其徭赋焉。"④《通典·俸禄》云:"诸州县不配防人处,城及食库门各二人;须守护者,取年十八以上中男及残疾,据见在数,均为番第,勿得偏并。每番一旬……满五旬者,残疾免课调,中男免杂徭。"⑤从以上引文知,残疾者通过作城门或仓库门之看守,充作徭役,满五旬番役即可获免课调。同时,残疾与中男服同样的番役,对残疾的蠲免要优于中男。《唐六典·水部郎中员外郎》曰:"其大津无梁,皆给船人,量其大小难易,以定其差等。"注曰:"渭水冯渡船四艘,泾水合泾渡、韩渡、刘栎坂渡、眭城坂渡、覆篱渡船各一艘,济州津、平阴津、风陵津、兴德津船各两艘,洛水渡口船三艘,渡子皆取侧近残疾、中男解水者充。"⑥P.2507《唐开元二十五年(737)水部式残卷》云:"扬州扬子津斗门二所,宜于所管三府兵及轻疾内,量差分番守当,随须开闭。若毁坏,便令两处并功修理。"⑦也正好证明唐《水部式》对残疾、轻疾者在服役方面有所照顾。《通典·乡党》云:大唐令:"其村正取白丁充,无人处,里正等并通取十八以上中男、残疾等充。"⑧敦煌文书P.3559+P.2657+P.3018+P.2803V《唐天宝敦煌郡敦煌县差科簿》中载有"贾楚楚载卅六白丁残疾村正"⑨,可佐证《通典》的记载。从上引史料知,在唐代的职役部门,有专为残疾人提供的职位,以助其自养。开元二十四

———————

①《唐律疏议》卷一一《职制律》,第224页。

②《唐律疏议》卷三《名例律》,第72页。

③《唐六典》卷五《兵部郎中》,第154页。

④《唐六典》卷五《职官郎中员外郎》,第162页。

⑤《通典》卷三五《职官典·俸禄》,第967页。

⑥《唐六典》卷七《水部郎中员外郎》,第226页。

⑦参阅《敦煌社会经济文献真迹释录》第二辑,第579页。

⑧《通典》卷三《食货典·乡党》,第64页。

⑨《敦煌社会经济文献真迹释录》第一辑,第260页。

年后城门、仓门看守之任,改为资课。《新唐书·食货志》云:"先是州县无防人者,籍十八以上中男及残疾以守城门及仓库门,谓之门夫。番上不至者,闲月督课,为钱百七十,忙月二百。至是(开元二十四年)以门夫资课给州县官。"①又如阿斯塔那三七《唐大历三年(768)曹忠敏牒为请免差充子弟事》载:

> (前略)
> 牒忠敏身是残疾,复年老,今被乡司不委,差充子弟,渠水窟,经今一年已上,寸步不得东西,贫下交不支济,伏望商量处分,谨牒。
> 大历三年正月日百姓曹忠敏牒。
> 牒庭州。②

孙继民认为"子弟"是一种兵员,要承担差役。③据此文书所载,曹忠敏是残疾,理应不承担兵役,只承担较轻的差役,加之年老,所以请求免差充"子弟"。正好说明残疾在充差役时,理应享有一定的特殊关照,只不过法令在执行的过程中遭到地方官吏的扭曲。

帝王在遇到庆典或为弭灾而大赦天下时,有时会下诏减免残疾的差役。如肃宗《乾元元年南郊赦文》在各项宽赦条文中,便提及了对残疾者差役的优恤,其文曰:"其庸丁残疾人等,不须更差。"④

律令还规定,附贯州县之残疾俘隶若纳资代役者,只缴纳白丁之半。《新唐书·都官郎中员外郎》云:"附贯州县者,按比如平民,不番上,岁督丁资,为钱一千五百……侍丁、残疾半输。"⑤

(三)笃疾者配给侍丁

笃疾者不仅不负担赋役,而且给侍制度还规定为笃疾者给配侍丁。(详见前文)其实,作为养老和助残制度,给高年、笃疾者给配侍丁的给侍制度是唐代政府在解决养老、助残问题上的一种开创性举措,是儒家学说的具体实现。

---

①《新唐书》卷五五《食货志》,第1399页。
②《吐鲁番出土文书》第4册,第347页。参阅孙继民:《〈唐大历三年曹忠敏牒为请免差充子弟事〉书后》,《敦煌吐鲁番研究》第二卷,第231~247页。
③参阅孙继民:《〈唐大历三年曹忠敏牒为请免差充子弟事〉书后》。
④《全唐文》卷四五,第496页。
⑤《新唐书》卷四六《百官志》,第1200页。

至五代后唐时,有家长废疾者也可免一丁差役,其意义相当于给侍丁一人。《旧五代史》载,天成二年(927)十月,后唐明宗下诏曰:"应有民年八十已上及家长者有废疾者,免一丁差役。"①

(四)刑法对三疾者的宽免

唐律在刑法方面对三疾者的宽免,主要表现在以下几个方面:

首先,唐律规定笃疾者不连坐。《唐律疏议·共犯罪造意为首》疏议曰:"'于法不坐者',谓八十以上、十岁以下及笃疾。"②

其次,诸谋反及大逆之家,按法当斩、绞、没官者,男笃疾、女废疾者并免。《通典·刑制》云:"诸谋反及大逆者,皆斩……男夫年八十及笃疾,妇人年六十及废疾者,并免。"③

再次,笃疾犯反逆杀人应死者,可上请。《旧唐书·刑法志》云:"八十已上、十岁以下及笃疾,犯反逆杀人应死者,上请,盗及伤人,亦收赎,余皆勿论。"④

复次,唐律规定凡反逆相坐没官,若有废疾者,从轻发落。《新唐书·百官志》曰:"凡反逆相坐,没其家配官曹,长役为官奴婢……六十以上及废疾者,为官户;七十为良人。"⑤废疾犯罪者颂系以待断。《新唐书·刑法志》云:"轻罪及十岁以下至八十以上者、废疾、侏儒、怀妊皆颂系以待断。"⑥

最后,唐律规定废疾、笃疾者可纳财免刑。《旧唐书·刑法志》云:"年七十以上、十五以下及废疾,犯流罪以下,亦听赎。八十已上、十岁以下及笃疾,犯反逆杀人应死者,上请,盗及伤人,亦收赎,余皆勿论。"⑦《唐会要·左降官及流人》载:"乾符二年九月十六日敕:'应残疾笃废犯徒流罪,或是连累,即许徵赎,如身犯罪,不在免限。'"⑧若确实无财者,亦可直接放免。《唐律疏议·官户部曲官私奴婢有犯》云:"若老小及废疾,不合加杖,无财者放免。"疏议曰:"谓以上应征赎之人,若年七十以上、十五以下及废疾,依律不合加杖,勘检复无财者,并放免不征。"⑨

此外,唐律规定奴婢废疾者可免贱为良。显庆二年(657)十二月,高宗

---

①《旧五代史》卷三八《唐书·明宗本纪》,第529页。

②《唐律疏议》卷五《名例律》,第116页。

③《通典》卷一六五《刑法典·刑制》,第4246页。

④⑦《旧唐书》卷五〇《刑法志》,第2137~2138页。

⑤《新唐书》卷四六《百官志》,第1200页。

⑥《新唐书》卷五六《刑法志》,第1411页。

⑧《唐会要》卷四一《左降官及流人》,第865页。

⑨《唐律疏议》卷六《名例律》,第132页。

下诏："诸官奴婢年六十已上及废疾者并免贱。"①唐开元七年(719)令曰："凡反逆相坐,没其家为官奴婢。一免为番户,再免为杂户,三免为良人,皆因赦宥所及则免之。年六十及废疾,虽赦令不该,并免为番户;七十则免为良人,任所居乐处,而编附之。"开元二十五年令曰："今请诸司诸使,各勘官户、奴婢,有废疾及年近七十者,请准各令处分。"②《唐会要·奴婢》载:太和二年(828)十月,岭南、福建、桂管、邕管、安南等道"各差判官"奏:"当司应管诸司所有官户奴婢等,据要典及令文,有免贱从良条,近年虽赦敕,诸司皆不为论,致有终身不沾恩泽。今请诸司诸使,各勘官户奴婢,有废疾及年近七十者,请准各令处分。"文宗允诺了这一奏请。③唐五代没官奴婢中有废疾者也可逐步豁免,最高可放为良人。

(五)对废疾、笃疾者的赏赐

帝王在即位、加尊号、改元、行幸、封禅、祭祀、郊赦、立太子、出征、平叛等国家重大政治活动和庆典时,为显示皇恩浩大,赏赐天下各类人群时,笃疾、废疾者也是主要对象。

对笃疾者的赏赐,如贞观四年(630)十月,太宗"幸陇州,诏岐陇二州八十以上鳏寡、笃疾及旧任、二州杂职佐史以上,赐物各有差";贞观十三年正月,诏天下"鳏寡茕独有笃疾者,赐物各有差"。④武则天《改元光宅赦文》云:"鳏寡茕独笃疾之徒不能自存者,并加赈恤。"⑤肃宗《乾元元年南郊赦文》云:"鳏寡茕独,笃疾不能自存,及阵亡人家并捐免户,州县随事优恤赈给。"⑥

对废疾者的赏赐,如《新唐书·宪宗本纪》载:元和七年(812)"十一月辛酉,赦魏、博、贝、卫、澶、相六州,给复一年,赐高年、孤独、废疾粟帛,赏军士。"⑦《新唐书·田弘正传》载:"宪宗美其(田弘正)诚,诏检校工部尚书,充魏博节度使。又遣司封郎中知制诰裴度宣慰,赉其军钱百五十万缗,六州民给复一年,赦见囚,存问高年、茕独、废疾不能自存者。"⑧五代乾化二年(912)五月,梁太祖下《暑月施恩诏》云:"所在鳏寡孤独废疾不济者,委长吏

①《唐会要》卷八六《奴婢》,第1859页。

②《唐令拾遗·户令》,第256页。《旧唐书》卷四三《职官志》,第1838~1839页记载略同。

③ 参阅《唐会要》卷八六《奴婢》,第1862页。

④《册府元龟》卷八〇《帝王部·庆赐》,第923~924页。

⑤《全唐文》卷九六,第996页。

⑥《全唐文》卷四五,第496页。

⑦《新唐书》卷七《宪宗本纪》,第212页。

⑧《新唐书》卷一四八《田弘正传》,第4782页。

量加赈恤。"①关于唐五代时期对笃疾、废疾者的赏赐，史籍还有更多记载，详见附录"唐五代帝王赏赐高年表"。

此外，病坊是唐代开创的救助病残、乞丐及贫民的专门机构，三疾之人亦是其收养对象。（关于唐五代时期的病坊，将在医疗救助一节中进行探讨。）

如上所述，唐五代时期三疾者可享受授田、减免赋役和刑罚优免等方面的救恤和宽免，所以伪冒三疾的情况也较为常见。政府为防止白丁伪冒三疾逃避赋役，在编造户籍时对三疾的核查较为重视。唐代每三年一造籍帐，在造帐时，县令要对"五九、三疾及中、丁多少，贫富强弱，虫霜旱涝，年收耗实，过貌形状及差科簿"等亲自注定。②对三疾者，在籍帐中要特别注明。敦煌文书中此类记载颇多，如P.3559＋P.2657＋P.3018+P.2803V《唐天宝敦煌郡敦煌县差科簿》③、S.514V《唐大历四年(769)沙州敦煌县悬泉乡宜禾里手实》④、S.543《唐大历年代沙州敦煌县差科簿》⑤、P.3877《唐开元四年(716)沙州敦煌县慈惠乡籍》⑥等文书中，一些在籍人名的右侧即注明了残疾、废疾、笃疾等字样。

在严格户籍核查外，唐律也制定了相关条款来惩戒百姓稍有伤病即假冒三疾以减免赋役的情形。《唐律疏议·脱漏户口增减年状》云："脱口及增减年状(谓疾、老、中、小之类)以免课役者，一口徒一年，二口加一等，罪止徒三年。"疏议曰："谓脱口及增年入老，减年入中、小及增状入疾，其从残疾入废疾，从废疾入笃疾，废疾虽免课役，若入笃疾即得侍人，故云'之类'，罪止徒三年。"⑦《唐律疏议·诈疾病及故伤残》云："诸诈疾病，有所避者，杖一百。若故自伤残者，徒一年半。(有避、无避等。虽不足为疾残，而临时避事者，皆是。)"疏议曰："诈疾病，以避使役、求假之类，杖一百。若故自伤残，

---

① 《全唐文》卷一〇一，第1038页。

② 参阅《唐六典》卷三〇《京县畿县天下诸县官吏》，第753页。

③ 《敦煌社会经济文献真迹释录》第一辑，第208~262页。参阅〔日〕池田温：《中国古代籍帐制度研究——概观·录文》，第263~281页；王永兴：《唐天宝敦煌差科簿研究》，收入北京大学中国中古史研究中心编：《敦煌吐鲁番文献研究论集》，北京大学出版社，1983年，第63~166页。

④ 《敦煌社会经济文献真迹释录》第一辑，第189~207页。参阅〔日〕池田温：《中国古代籍帐制度研究——概观·录文》，第215~233页。

⑤ 《敦煌社会经济文献真迹释录》第一辑，第263~268页。

⑥ 《敦煌社会经济文献真迹释录》第一辑，第138~144页。参阅〔日〕池田温：《中国古代籍帐制度研究——概观·录文》，第173~178页。

⑦ 《唐律疏议》卷一二《户婚律》，第232页。

徒一年半。但伤残,有避、无避,得罪皆同。即无所避而故自伤,不成残疾以上者,从'不应为重'"。①从律疏可知,对谎称疾病而求假、避役者要处以杖一百的刑罚。对故意自残且成为三疾者,不论其有无避役、求假的目的,都要处以一年半的徒刑。对没有避役、求假之目的,且自残程度也没达到三疾标准的自残者,可从轻处罚。

唐律对诈称三疾以避赋役的现象给予严惩,但现实中,此类情况并不少见。阙名《对折指判》云:

> 甲缘木损折枝指,谓三疾数足。官不许事。
> 甲禀气陶形,偶华胥之代;轻躯弱质,谢都卢之人。不能凿井耕田,翻乃奔林缘木,损其枝指,盖是愚疣。虽折一枝,幸祛数外之累;即图三疾,便为非分之求。理不可依,宜从告免。②

从判文看,农夫甲在"缘木"时损折了枝指,于是请属三疾,官方判其达不到三疾标准。此判似是应试判文,而非实际情况,但判文以此类事例作为拟判内容,说明当时诈称三疾逃避赋税、徭役的现象还是较常见的。

虽然政府给三疾者以许多方面的优恤,但是这些人生活中受到最多的照顾,应该还是来自其家庭成员。如《旧唐书·刘邺传》云:"刘邺,字汉藩,润州句容人也。父三复,聪敏绝人,幼善属文。少孤贫,母有废疾,三复丐食供养,不离左右,久之不遂乡赋。"③此类例子很多,这里不一一列举。

---

①《唐律疏议》卷二五《诈伪律》,第471页。
②《全唐文》卷九八二,第10167页。
③《旧唐书》卷一七七《刘邺传》,第4616页。

第三章　对特殊人群的救助

特殊人群，是指地位和身份在社会上具有一定特殊性的人群，本章要探讨的特殊人群包括皇族、官僚、学生和将士等。皇族和官僚社会地位较高，但在其身陷困境时亦需救助；而学生和将士都是国家机器的重要组成力量，在特殊情形下，国家应加以救恤。他们都是社会救助中的特殊对象，是唐五代社会救助的组成部分。

第一节　对皇族的救恤

皇族宗亲在社会上处于特别尊崇的地位，是政治史、社会史关注和探讨的重要群体。[①]但皇权的争夺和变革也会给他们带来灭顶之灾，浩劫之后的皇族宗亲往往境遇凄惨，他们遂成为政府救助的对象。[②]后继的帝王主要通过子孙属籍、改葬遇害皇族、任用遇害皇族的子孙、封宗姓王爵等多种举措，对落难皇族宗亲进行救恤，以恢复其尊崇地位。此外，以时婚嫁皇族、对宗室皇族未出身者量材处分、搜求卑位有才行的皇族、允许家贫之皇族宗亲出任外职等，也是政府对没落疏属皇族的救恤政策。

---

① 参阅李志生：《论唐代公主政策的阶段性特点》，《中国史研究》1997年第4期；陈寒：《唐代公主的婚配特点及分析》，《人文杂志》1998年第3期；蒙曼：《公主婚姻与武周以后的政局》，《中国典籍与文化》2002年第4期；冉万里：《略论唐代公主的婚姻生活》，《西北大学学报》2002年第4期；郭海文：《唐代公主的择偶标准》，《河南师范大学学报》2010年第2期；焦杰：《中晚唐公主"难嫁"原因新探：从太和年间的公主入道现象说起》，《厦门大学学报（哲学社会科学版）》2013年第4期；介永强：《唐代宗室管理制度论略》，《陕西师范大学学报》2003年第1期；孙俊：《略论唐代宗室制度及其影响》，《北方论丛》2012年第4期；郭桂坤：《唐代宗室进士考》，《北京大学学报》2013年第4期；李彦群：《论唐代皇家教育失败的原因及影响》，《赤峰学院学报》2016年第3期；等等。
② 在上述相关论述中，对此问题虽偶有涉及，但不系统、不全面。

一、对皇族的管理

政府通过专门的管理机构、遴选精干官吏和规范属籍制度,来强化对皇族宗亲的管理。

唐五代时期,负责管理皇族国戚事务的机构是宗正寺,其名称几经变更,龙朔二年(662)改称司宗寺,咸亨元年(670)复旧,光宅元年(684)改为司属寺,神龙(705~707)初年复旧。宗正寺的主要职责是掌管皇族、外戚的簿籍及其邑司名帐,长官为宗正卿,职"掌皇九族、六亲之属籍,以别昭穆之序,纪亲疏之列"①,下设"少卿二员从四品上,丞二人从六品上,主簿一人从七品上,录事一人从九品上,府五人,史九人,亭长四人,掌固四人"②。

唐初,宗正卿之职多由皇族充任,玄宗开元二十年(732)七月七日曾下诏:"宗正寺官员,悉以宗子为之。"开元二十五年七月又下敕重申:"其宗正卿、丞及主簿,择宗室中才行者补授。"③宗正寺的主要官吏也要由宗室子弟中才德兼备者充任。《通典》亦云:"开元二十五年制,宗正等寺官属皆以皇族为之。"④此后成为制度。

宗正寺管理皇族的重要方式是属籍制度,皇族国戚需依据亲疏远近编入宗正寺的宗室属籍。昭穆清晰的五等皇亲及三等国戚,"皆先定于司封,宗正受而统焉",直接属籍宗正寺,"其籍如州县之法"。⑤《旧唐书·职官志》亦载:"凡皇家五等亲,及诸亲三等,存亡升降,皆立簿书籍,每三年一造。除附之制,并载于宗正寺。"⑥宗系不清的皇亲宗属请求属籍的,需经甄叙属实方可。天宝元年(742)七月二十三日,殿中侍御史李彦允等奏称与皇室同出凉武昭王,请求甄叙入籍。经考核,李彦允等与李唐王室源流相同,族缘谱牒清晰,玄宗下诏:此后"凉武昭王孙宝已下,绛郡、姑臧、敦煌、武阳等四公子孙,并宜隶入宗正寺,编入属籍"⑦。对那些族属疏远的皇族宗亲,则要清除其宗正寺籍。永徽二年(651)九月二十一日,高宗问宗正卿李博文曰:"比闻诸亲何以得有除属者?"对曰:"以属疏降尽故除。"⑧宗室属籍是明确皇亲族系的权威文献,厘清皇亲国戚的亲疏,修订、梳理宗室属籍是宗正

---

①《唐六典》卷十六《卫尉宗正寺》,第465页。

②《旧唐书》卷四四《职官志》,第1880页。

③⑦⑧《唐会要》卷六五《宗正寺》,第1349页。

④《通典》卷二五《职官典·诸卿·宗正卿》,第704页。

⑤《唐六典》卷十六《卫尉宗正寺》,第466页。

⑥《旧唐书》卷四三《职官志·司封郎中、员外郎》,第1822页。

寺的重要职责。

依据属籍制度，宗正寺对皇室宗亲给予分封爵位、食封邑户、蠲免赋役、提高职次与资荫，以及朝会、祭祀陪位等一系列优待措施及优遇条件①，以增强皇室宗亲的凝聚力，使皇室宗亲在社会上处于特别尊崇的地位。

二、对遭劫皇族的救恤政策

有唐一代，皇族经历了几次大的劫难，如武周革命、安史之乱、朱泚洗劫和唐末之乱，五代更迭，对皇族来说更是血雨腥风。在每次劫难中，都有部分皇族宗亲惨遭杀害或流徙。

武后在建周代唐时，对唐之宗室大加剪除，"太后自垂拱以来，任用酷吏，先诛唐宗室贵戚数百人，次及大臣数百家，其刺史、郎将以下，不可胜数"②。《新唐书·后妃上》记此事曰："宗姓侯王及它骨鲠臣将相骈颈就鈇，血丹狴户，家不能自保。太后操奁具坐重帏，而国命移矣。"③武后诛除唐宗室的顺序是先贤后不肖，"初，武后诛唐宗室，有才德者先死，惟吴王恪之子郁林侯千里，褊躁无才，又数献符瑞，故独得免"④，载初元年（689）正月乙未，郁林侯才"除唐宗室属籍"⑤。武后革命是唐宗室的灭顶之灾，"天授革命之际，宗室诛窜殆尽"⑥。"武后所诛唐诸王、妃、主、驸马等，皆无人葬埋，子孙或流窜岭表，或拘囚历年，或逃匿民间，为人佣保。"⑦

天宝十四载（755）十一月，安禄山在范阳起兵反唐，消息经七日传至唐廷，"帝方在华清宫，中外失色。车驾还京师，斩庆宗，赐其妻康死，荣义郡主亦死。下诏切责禄山，许自归"⑧。天宝十五载，安禄山至长安，"怨庆宗死，乃取帝近属自霍国长公主、诸王妃妾、子孙姻婿等百余人害之，以祭庆宗。群臣从天子者，诛灭其宗"⑨。

建中四年（783）九月，朱泚称大秦皇帝，改元应天，以姚令言为侍中、源

---

① 参阅《唐会要》卷六五《宗正寺》，第1347~1352页；《通典》卷三一《职官典·历代王侯封爵》，第866~872页。

② 《资治通鉴》卷二百五"长寿元年七月"条，第6485页。

③ 《新唐书》卷七六《则天皇后传》，第3481页。

④ 《资治通鉴》卷二百八"神龙元年二月"条，第6585~6586页。

⑤ 《新唐书》卷四《则天皇后本纪》，第89页。

⑥ 《资治通鉴》卷二百八"神龙元年三月"条，第6590页。

⑦ 《资治通鉴》卷二百八"神龙元年二月"条，第6586页。

⑧ 《新唐书》卷二二五上《安禄山传》，第6414页。

⑨ 《新唐书》卷二二五上《安禄山传》，第6417页。

休为中书侍郎，共掌朝政，"凡泚之谋画、迁除、军旅、资粮，皆禀于休。休劝泚诛翦宗室在京城者以绝人望，杀郡王、王子、王孙凡七十七人"①。

唐末咸通年间，连岁饥荒，乾符二年（875），王仙芝自长垣起兵反唐，黄巢募众数千人相应。贼众辗转以进，广明元年（880）十二月庚寅，"黄巢杀唐宗室在长安者无遗类"②。

五代政局动荡，皇族也频遭厄运，如后唐同光末年的宫廷政变中，"诸王多奔北京，沿路为部下所害"③。

这些劫难对地位优越的皇族来说，打击惨重，后继的帝王在稳定局势的同时，也积极救恤经历劫难的皇族。救恤的主要措施如下：

（一）为劫余皇族子孙属籍

前文已揭，宗正属籍以九族、六亲为范围，属籍子孙可以享受许多政治、经济优待，对皇族来说，属籍意义重大。所以在每次劫难之后，继位的皇帝在稳定国内局势的同时，首要大事就是令皇族子孙附属宗正籍，以救恤皇族。神龙元年（705）春正月丙午，中宗即皇帝位，其大赦天下诏曰："皇族先配没者，子孙皆复属籍，仍量叙官爵。"④景龙二年（708）闰九月，中宗又下敕："皇宗祖庙虽毁，其子孙皆于宗正附籍，自外悉依百姓例。"⑤安史乱后，肃宗即位伊始，曾下《甄叙皇属敕》曰：

> 五代则迁，以尊祖祢；三族之别，以辨亲疏。故《礼》曰："祖迁于上；宗易于下"；六代而亲属竭矣。先王所以叙昭穆，明等夷，不可得而变革也。应追赴山陵及先在城于西宫陪位同五等亲宗子等；系自本枝，分于天派，系之以姓而无别，约之以礼而有差。朕天祸所钟，哀缠罔极；嗟我公族，俨然来斯。远倍七月之期，俯就三年之制，降杀以等，存乎典彝。名位不同，礼亦异数。有司定仪，将从籍属之条，天下为家，用广孝慈之道，惇睦九族，其在兹乎……自天宝以来，阙造宗籍，宜令宗正等重申旧制，昭辨等序，即宜勘造图籍。宣示中外，知朕意焉。⑥

①《资治通鉴》卷二二八"建中四年九月"条，第7360页。
②《资治通鉴》卷二五四"广明元年十二月"条，第8241页。
③后唐明宗：《令礼葬被害诸王敕》，《全唐文》卷一一〇，第1123页。
④《资治通鉴》卷二〇七"神龙元年正月"条，第6581页。
⑤《唐会要》卷八五《籍帐》，第1848页。
⑥《全唐文》卷四三，第484页。

从敕文中"朕天祸所钟,哀缠罔极"之语看,这应是安史之乱后整顿皇族的举措,从"将从籍属之条"及"惇睦九族"之语来看,此次勘造图籍有附属零落皇族的目的。史籍未见朱泚之乱中遇害皇族子孙属籍宗正寺的记载,原因不敢妄断。黄巢起义中断了唐朝国祚,李唐宗室荣宠不再。后唐明宗《令河南府诸道津送诸王眷属教》亦曰:

> 寡人允副群情,方监国事,外安黎庶,内睦宗亲,庶谐敦叙之规,永保隆平之运。昨京师变起,祸难荐臻,至于戚属之闲,不测惊奔之所,虑因藏窜,滥被伤夷,言念于兹,自然流涕。宜令下河南府及诸道,应诸王眷属等,昨因变起出奔,所至即时津送赴阙,如不幸物故者,即量事收瘗以闻。①

津送赴阙之诸王眷属必然会属之宗正寺籍。

(二)改葬遇害皇族

改葬、厚葬遇害皇族是追复其荣崇的途径,也是救恤皇族的另一重要措施。前文已揭,武后所诛杀的唐室皇族宗亲,"诸王、妃、主、驸马等皆无人葬埋"。中宗继位后,神龙元年(705)二月,"制州县求访其柩,以礼改葬"②。对武周革命中遇难的皇族,中宗下令由州县搜求其棺柩,并按礼制进行了改葬。

对安史之乱中遇害的皇族,肃宗进行了两次收葬。乾元元年(758)二月五日,肃宗《册太上皇尊号赦文》曰:"公主并郡王、嗣王、郡主、县主及皇五等已上亲被逆贼杀害者,各与子孙一人官,使其瘗藏;亡失骸骨者,各招魂葬;身死者,三品已上各与追赠,仍各与一子官,五品已上一子出身,六品已下量事追赠。"③此次,肃宗对公主、郡王、嗣王、郡主、县主及皇五等以上亲被害者进行了收葬,方式是使被害者子孙一人任官,由其负责营葬。此后,肃宗还于上元元年(760)二月下《收葬遇害王妃诏》曰:

> 日者禄山作逆,窃据两都,涂炭我生灵,伤夷我骨肉。于礼院门遇

---

① 《全唐文》卷一〇六,第1079页。
② 《资治通鉴》卷二百八"神龙元年二月"条,第6586页。
③ 《全唐文》卷四五,第494页。

害王妃及男子等，或闺闱令德，妇道柔闲，或藩邸象贤，幼年聪慧。苍黄之际，陷没贼中，嗟其无辜，并遭非命。兴言及此，痛悼良深。宜令所司即择日收葬，一事已上，并令官供。其失骸骨者，亦令招魂，神而有感，庶从改卜之安。魂兮来归，将就新营之吉。①

对礼院门遇害的王妃及男子进行收葬，由所司负责，官供所需。这两次收葬，都对亡失骸骨的皇亲进行了招魂葬。

朱泚之乱，德宗在平叛的同时，也积极收葬遇害宗室，兴元元年（784）七月丁丑，德宗下诏："葬宗室遇害者。"②《旧唐书》记此事曰："朱泚害郡王、王子、王孙七十七人于马璘宅，丁丑，令所司具凶礼收瘗于净域寺。"③德宗将在朱泚之乱中遇害的皇族按凶礼收葬在了净域寺。

此外，五代后唐明宗也曾礼葬同光末年在宫廷政变中遇害的皇族，其敕文曰："先朝诸王，顷因同光末年宫门变起，诸王多奔北京，沿路为部下所害，宜于北京留守寻访，各依品秩礼葬讫奏闻。"④前文所揭后唐明宗《令河南府诸道津送诸王眷属教》，在要求津送诸王眷属外，也要求收藏遇害的皇族，"如不幸物故者，即量事收瘗以闻"。

（三）为劫余皇族子孙叙官爵

皇族子孙袭爵拜官后，即可以拥有食封邑户、蠲免赋役、提高职次、资荫子孙等经济、政治特权，因此为劫余皇族子孙叙官爵，是救恤皇族子孙的重要措施。前文已揭，神龙元年（705）正月，中宗即位大赦令中，在下令皇族子孙属籍的同时，对皇族子孙"仍量叙官爵"。同年二月，中宗下令州县改葬遇害皇族的制文中，也要求对遇害之皇亲国戚"追复官爵，召其子孙，使之承袭，无子孙者为择后置之。既而宗室子孙相继而至，皆召见，涕泣舞蹈，各以亲疏袭爵拜官有差"⑤。如长平王叔良孙思训，"高宗时累转江都令。属则天革命，宗室多见构陷，思训遂弃官潜匿。神龙初，中宗初复宗社，以思训旧齿，骤迁宗正卿，封陇西郡公，实封二百户"⑥。景龙元年（707）

① 《全唐文》卷四三，第479页。

② 《新唐书》卷七《德宗本纪》，第191页。

③ 《旧唐书》卷一二《德宗本纪》，第344页。

④ 后唐明宗：《令礼葬被害诸王敕》，《全唐文》卷一一〇，第1123页。

⑤ 《资治通鉴》卷二百八"神龙元年二月"条，第6586页。

⑥ 《旧唐书》卷六〇《宗室·长平王叔良传附孙思训传》，第2346页。

五月,唐中宗分封诸王,"各赐实封四百户"①。在中宗追封宗室官爵的过程中,还出现冒名顶替者。

> 神龙初,追复泽王上金官爵,求得庶子义珣于岭南,绍其故封。许王素节之子璀,利其爵邑,与弟璆谋,使人告义珣非上金子,妄冒袭封,复流岭南,以璆继上金后为嗣泽王。至是[开元十二年(724)春三月——引者注],玉真公主表义珣实上金子,为璀兄弟所摈。夏,四月,庚子,复立义珣为嗣泽王,削璆爵,贬璀鄂州别驾。②

肃宗于乾元元年《册太上皇尊号赦文》中,对安史之乱中的遇害皇族及皇五等已上亲,"各与子孙一人官"。在收复两京大赦天下时,肃宗分封诸王曰:"虽知人之明,惭于则哲,而睦亲之义,盖所随时。持盈尊师,仪王己下,各赐五百匹。诸长公主各与一子官,嗣王及郡县主各与一子六品官,皇五等己下及九庙子孙,及亲等人见在者,并与转改。"③

综上所述,在劫难之后,继任的皇帝主要通过为劫余子孙属籍、改葬遇害者、为劫余子孙量叙官爵等方式,对遭劫皇族进行救恤,以使他们恢复原有的荣宠。

三、婚配大龄皇室女

公主是皇帝的女儿、天生的金枝玉叶,似当集尊崇、富贵、娇宠于一身。自古有言:皇帝的女儿不愁嫁。但唐代皇室女的婚嫁状况却并非如此,而是存在阶段性差别。初唐时期,政局稳定,皇室女大多都能按时、以礼降嫁。开元时期,唐玄宗让皇族子孙居于十王宅、百孙院,并在崇仁里专设礼会院,全权负责皇族婚嫁,即皇族子孙纳妃嫁女"于崇仁里之礼院"④。此时皇室女的婚嫁自然由礼会院主持,按礼制进行。

自中唐以降,兵革迭起,政局混乱,礼会院"废而不修",公主、郡主和县主多不能按时降嫁,"至有华发而犹丱者"⑤。德宗即位后,建中元年(780)

---

① 《唐会要》卷四六《封建》,第956~957页。

② 《资治通鉴》卷二一二"开元十二年三月"条,第6758页。

③ 唐肃宗:《收复两京大赦文》,《全唐文》卷四四,第492页。

④ 《唐会要》卷五《诸王》,第60页。

⑤ 《旧唐书》卷一五〇《德宗诸子传·珍王諴传》,第4046页。丱,指古代儿童束的两只角辫,此处指代未嫁。

十二月,即下诏将大龄皇室女"以时婚嫁,公族老幼,莫不悲感"①。在德宗的优渥政策下,岳阳、信宁、宜芳、永顺、朗陵、阳安、襄城、德清、南华、元城、新乡等十一县主同月出嫁,德宗"敕所司大小之物,必周其用。至于栉、缅、笄、总,皆经于心,各给钱三百万,使中官主之,以买田业,不得侈用"②。这次县主集中婚嫁,朝廷用钱计七十万。

德宗虽嫁出了一批大龄县主,但礼会院并未修复。加上政治格局变化导致皇室女婚姻政策发生了改变,皇室女择婿的对象从功臣、勋戚子弟转向士族子弟。③至宪宗朝,皇室女择婿"初于文学后进中选择,皆辞疾不应"④,士族之家并不愿与皇室结姻。于是皇室女大龄不嫁再次成为社会问题。《资治通鉴》载:元和六年(811)十一月,"十六宅诸王既不出阁,其女嫁不以时,选尚者皆由宦官,率以厚赂自达。李吉甫上言:'自古尚主必择其人,独近世不然。'十二月,壬申,诏封恩王等六女为县主,委中书、门下、宗正、吏部选门地人才称可者嫁之"⑤。在李吉甫的建议下,宪宗下诏降嫁皇室女,其诏书曰:

> 王者教化,本于婚姻,由亲以理疏,自内而刑外,故《诗》称好合。所以成子姓也。礼有待年,明其必及时也。恭惟累圣之后,子孙众多,教于公宫,已知妇顺,而从人之义重,择配之才难。以兹兢兢,久旷嘉礼。况时方无事,年及有行。宜加禄邑之荣,以俟御轮之吉。言念于此,惕然兴怀。思宏厚恩,用协敦叙,恩王等女六人,可并封县主,仍委中书门下,与宗正卿及吏部尚书侍郎计会诸亲之内,及常选之中,精求其人,副我诚意。时十六王宅诸王女,久不降嫁,德音初下,人感叹焉。⑥

从诏书内容可知,当时的礼会院仍未恢复,所以宪宗责令中书门下、宗正卿及吏部尚书侍郎三方合作处理皇室女的出嫁事宜。

宪宗以降,社会与政治再次陷入动荡之中,皇室无暇顾及皇室女的婚

---

① 《唐会要》卷六《公主·杂录》,第80页。

② 《旧唐书》卷一五〇《德宗诸子传·珍王诚传》,第4046页。

③ 参阅李志生:《论唐代公主政策的阶段性特点》,《中国史研究》1997年第4期。

④ 《旧唐书》卷一四七《杜佑传附孙杜悰传》,第3985页。

⑤ 《资治通鉴》卷二三八"元和六年十一月"条,第7686~7687页。《新唐书》卷一四六《李吉甫传》,第4742页记载略同;《唐会要》卷六《公主·杂录》,第83页记事于元和七年。

⑥ 《唐会要》卷六《公主·杂录》,第83~84页。

嫁,皇室女大龄不嫁遂一直是个突出的社会问题。①安排大龄皇族女性择婿下嫁也就成为一种变相的救恤政策。

四、对没落皇族的救恤

唐前期,皇族宗亲被要求任官履职。在帝王的提挈和优待下,国子监、崇文馆、弘文馆是皇族任职的主要机构②,高宗上元元年(674),别驾(郡丞)也成为皇族出任的一个重要职位③。据《新唐书·宰相世系表》载,唐代任三师三公的宗室亲王达二十人。④但至唐后期,皇族为官的情形已不很理想,《旧唐书·李宗闵传》载:"自天宝艰难之后,宗室子弟,贤而立功者,唯郑王、曹王子孙耳。"⑤惋惜之情溢于言表。"历乾符、广明、中和、光启、文德、龙纪、大顺、景福、乾宁,悉无宗相,而宗室陵迟尤甚,居官者不过郡县长,处乡里者或为里胥。"⑥属于救助范畴的皇族任官是指对那些衰败零落皇族的提拔和任用。主要体现在以下几个方面:

(一)对陪位宗子未出身者量放出身

早在武后时期,就已开始对有资格出席国家礼仪活动的皇亲中未任官者者给予量材处分的优恤。载初元年(689)正月一日改元赦文曰:"皇亲诸陪位,未出身者量材处分,已出身者赐勋一转。"⑦武后革命,多所改易。

中宗反正,神龙二年(706)下诏:"宗室三等以下、五等以上未出身,愿宿卫及任国子生,听之。其家居业成而堪贡者,宗正寺试,送监举如常法。三卫番下日,愿入学者,听附国子学、太学及律馆习业。"⑧中宗对皇族宗亲未出身者的优恤分两个层面:愿宿卫或任国子生者,宿卫期满后,愿入学者,听附学习业;对皇族在家习业成,可以参加贡举者,由宗正寺考试后,送监举如常法。

长庆元年(821)三月,宗正寺奏:"贞元二十一年敕,宗子陪位,放五百七十人出身。今年敕放三百人,伏缘人数至多,不沾恩泽,白身之辈,将老

---

① 参阅焦杰:《中晚唐公主"难嫁"原因新探》,《厦门大学学报(哲学社会科学版)》2013年第4期。

② 参阅《通典》卷五三《礼典·大学》,第1468页。

③ 参阅《通典》卷三三《职官典·州郡·总论郡佐》,第911页。

④ 参阅《新唐书》卷七五《宰相世系表》,第3466页。

⑤ 《旧唐书》卷一七六《李宗闵传》,第4555页。

⑥ 《唐语林校正》卷七《补遗》,第680页。

⑦ 唐高宗、武后:《改元载初赦文》,《全唐文》卷九六,第997页。

⑧ 《新唐书》卷四四《选举志》,第1161页。

村间。乞降特恩,更放二百人出身。"穆宗采纳了这一建议。①从贞元到长庆的十八年间,宗子陪位者放出身人数减少了二百多人,在宗正寺的奏请下,又许放二百人,但仍不及贞元敕的人数。我们更应注意,宗正寺申请更放出身的理由是"白身之辈,将老村间","白身"当是对宗室族属较疏远者的称呼。放出身是疏远皇族宗亲脱离"以白身老村间"境地的方式之一。

文宗太和元年(827)四月,宗正寺奏:

> 赴御楼陪位宗子前资见任及尝选未出身宗子据状共三千二百八十九人……缘遇参选时,远方臻集,并京畿之内,人数至多。若据赦书节文,所放全少,始封王后止有四十八房,今请条流,从长庆元年、四年、宝历元年三度遇恩并未沾及者,伏请准宝历元年正月七日赦书节文,每户下放一人出身,其从宝历元年已前三度受恩,已曾放出身捡勘,三代名同者,并不在此限。伏冀沉翳,迳沾恩泽,远房孤弱,尽获出身。

文宗采纳了此建议。②可见,放出身是唐政府救恤远房孤弱沉翳宗室的途径之一。

(二)搜求任用卑位有才行的皇族

唐五代政府一直很重视搜求任用卑位皇族中有才行者。如李麟是唐太宗从孙,玄宗朝之皇室疏属。

> 开元二十二年,举宗室异能,转殿中侍御史,历户部、考功、吏部三员外郎……至德二年正月,拜同中书门下平章事。时扈从宰相韦见素、房琯、崔涣已赴凤翔,俄而崔圆继去,玄宗以麟宗室子,独留之,行在百司,麟总摄其事。其年十一月,从上皇还京,策勋行赏,加金紫光禄大夫、刑部尚书、同中书门下三品,进封褒国公。③

笔者就读史所见唐五代搜求任用皇族子孙的诏令制成"唐宗室搜求任用一览表"(见本书附录表三)。

由表可见,自玄宗朝开始,搜求任用皇族子孙成为大赦的一条事项。

---

① 参阅《唐会要》卷六五《宗正寺》,第1351页。

② 参阅《册府元龟》卷六二一《卿监部·司宗》,第7470页。

③ 《旧唐书》卷一一二《李麟传》,第3339页。

对皇族子孙的搜求任用多发布在即位、册尊号、立太子、改元、南郊和冬至大礼等诏敕中,其中南郊赦5次,即位赦3次,改元赦3次,册尊号赦2次,冬至礼、立太子礼各1次,大赦礼1次(《旧唐书·懿宗本纪》记这次大赦的原因为"以复安南故也"①,可见这是为平寇而大赦),这些场合都是国家的重大庆典。从任用皇族的范围来看,有两种情形,一是笼统地在宗子或宗室中选用,二是有明确任用范围,如文宗和宣宗两朝。

从任用条件看,也因任用皇族的范围不同而呈两种情况,在宗子(室)中选任者,往往要以"才术""才学""才行"或"行义"为选取根据,即被选宗子必得才用、才术突出,才行为众所称。而对有明确任用皇族等级范围者,往往没有其他任用条件的限制。不过,肃宗乾元元年(758)二月五日《册太上皇尊号赦文》中也明确了所要任用的皇族范围,但同时也有任用条件,赦文曰:"皇五等已上亲及九庙子孙,有才学政理,委宗正寺拣择闻荐。"②这应看作是对皇族任用较为慎重的表现,搜求卑位皇族任职必得以才。

从任用方式看,玄宗至代宗时,一般都只要求宗正寺具以名奏、拣择闻荐;德宗、顺宗时期,在闻奏之外,又处分作"当别奖任""量才叙用";宪宗以降,又处分作"委中书门下量才叙用"。

在搜求任用宗室皇族的过程中,对存在的所任不精的情形,政府也能予以限制。先天二年(713)二月,玄宗《诫励宗室诏》曰:"皇室子弟,未能称职。堂侄余庆、承煦、绍宗、行淹、祚洽,再从弟璿、志谦等,不能谨身奉法,而乃轻侮国章,摈斥边隅,未为塞责。""宗亲中有才行灼然为众推挹者,按察使具名以闻,朕当擢以不次。自今后有犯赃私违礼经者,准法科处,刑兹无舍。"武宗《加尊号后郊天赦文》在论及诸道县邑官吏之选时曰:"宗子每因恩泽,皆赐出身。自幼授官,多不求学,未详典法,颇有愆违。委宗正寺收补明经,每年许参三十人出身,同两馆例与补。"③武宗限制了皇族赐出身的人数,意在搜求真正有才行的宗室皇族任职。

(三)允许家贫的皇族自愿出任外职

唐前期国家财政充足,世人重京官,薄外官。由于中晚唐外官俸禄由税收"留州"部分充给,还可擅自征收补给④,在品级相同的情况下,外官俸禄要多于京官。京官求外任者随之增加,对因家贫而求外任的京官,政府

---

①《旧唐书》卷一九上《懿宗本纪》,第661页。

②《全唐文》卷四五,第495页。

③《全唐文》卷七八,第819页。

④ 参阅黄惠贤、陈锋主编:《中国俸禄制度史》,第211~214页。

往往予以许可。①苏颋所撰之《居大明宫德音》曰："其皇亲诸亲,及东宫承优任员外检试等官,近停令至冬处分者,有家道贫迫情愿外任者,亦令所司勘绩阙量才注拟。"②这一政策,目的即在于照顾家贫外任的皇室宗亲。

此外,开成二年(837)六月,宗正寺奏:

> 诸府州如有宗子寄寓,贫病不能自济者,有羁旅道途,栖迟丐食者,并请所在州县切加存恤,兼随事接借,不得令有侵欺,致使抑屈。如有违犯礼禁,自冒刑名,即任所在州县,子(仔)细勘问,仍先具罪状,申报宗正寺,待寺司闻奏,不得辄便科断,所冀远方宗子,平时无困辱之虞;守土诸侯,圣朝识敦睦之意。

文宗于是下诏:"今宗正寺散牒所在,搜访宗室无官、官贫无交不支济者,指实具名闻奏。"③可见,因宗正寺奏请,文宗对散居地方的无官、贫困的宗子进行了救恤。懿宗《大赦文》曰:"宗室子孙,不合凌替……如在郡县,年已蹉跎,士行可奖,困于寒馁,宜委所在长吏,随分驱策优假。"④

第二节　对官员的救恤

唐五代官员有俸有禄⑤,待遇和处境要远远优于平民百姓。但是,由于受家族、疾病、灾荒所累,以及政府缩减俸禄、裁减官员等因素的影响,一些官员也身处贫困,甚至衣食有忧。⑥如玄宗时,吴兢"以母丧去官,服除,自陈修史有绪,家贫不能具纸笔,愿得少禄以终余功"⑦。萧复"推主荫为宫门郎。广德中,岁大饥,家百口,不自振,议鬻昭应墅……曰:'鬻先人墅以济

---

① 参阅盛会莲:《试析唐五代时期政府对贫困官员的救恤政策》,《浙江师范大学学报(社会科学报)》2019年第1期。

②《全唐文》卷二五四,第2574页。

③《册府元龟》卷六二一《卿监部·司宗》,第7470页。

④《全唐文》卷八五,第899页。

⑤ 参阅黄惠贤、陈锋:《中国俸禄制度史》,第173~240页。

⑥ 参阅盛会莲:《试析唐五代时期政府对贫困官员的救恤政策》,《浙江师范大学学报(社会科学版)》2019年第1期。

⑦《新唐书》卷一三二《吴兢传》,第4528页。

媚单。'"①李揆"试秘书监,江淮养疾,家百口,贫无禄,丐食取给,牧守稍厌恩,则去之,流落凡十六年"②。韦贯之"及进士第,为校书郎,擢贤良方正异等,补伊阙、渭南尉……居贫,啖豆糜自给"③。杜牧描述堂兄杜憷的贫窶状况曰:"绝俸已是累年。孤外甥及侄女堪嫁者三人,仰食待衣者不啻百口,脱粟蒿藿,才及一餐。"④这些贫困官吏也就成为政府和社会救助的特殊人群之一。

一、恤养官员

为了"责以课效""励以奉公""责以洁己",也为了使官吏不至于沦为贫寒之人,政府对官员有诸多的救恤性举措,主要者如下。

(一)调整俸禄以救恤贫穷官吏

唐五代时期,官员的俸禄有俸钱、禄米、职田、禄力等。但这些俸禄并非常年发放,而是时有时停,加上年景及其他原因,低级官吏时常处境窘迫。因此,唐五代政府不时通过调整、增加官吏俸禄的方式,以恤养官吏,帮助缓解其困窘。

1.逐步完善官员的俸禄制

唐武德元年(618)十二月规定给文武官禄⑤,但外官无禄,"大唐武德中,外官无禄"⑥。贞观二年,外官得上考者,给一季禄⑦;贞观三年,太宗又下诏外官得上下考者给一年禄⑧;但仅限于考课合格者,而非面向全体外官,且只在指定时段,并非常给。贞观八年(634),中书舍人高冯《上太宗封事》曰:"仕以应务代耕,外官卑品,犹未得禄,既离乡家,理必贫匮。但妻子之恋,贤达犹累其怀;饥寒之切,夷惠罕全其行……今户口渐殷,仓禀已实,斟量给禄,使得养亲,然后督以严科,责其报效,则庶官卑力,物议斯允……伏愿一垂训诫,永循彝则。"⑨可见至贞观八年,京外官员尚未给禄,中下级外官普遍贫匮,不足以奉养父母,抚养妻儿。对无禄的外官,政府也做过一

① 《新唐书》卷一○一《萧瑀传附萧复传》,第3955页。参阅《旧唐书》卷一二五《萧复传》,第3551页。
② 《新唐书》卷一五○《李揆传》,第4808页。
③ 《新唐书》卷一六九《韦贯之传》,第5153页。
④ 《杜牧集系年校注》樊川文集卷第一六《为堂兄憷求澧州启》,第576页。
⑤⑦⑧⑩ 参阅《唐会要》卷九○《内外官禄》,第1955页。
⑥ 《通典》卷三五《职官典·禄秩》,第962页。
⑨ 《全唐文》卷一三五,第1370~1371页。参阅《唐会要》卷九○《内外官禄》,第1956页;《旧唐书》卷七八《高季辅传》,第1842页;《新唐书》卷一○四《高季辅传》,第4012页。

些救恤性规定，贞观二年六月，太宗下诏："出使官禀食其家。"①同年十二月，太宗又下诏："外官新任，多有匮乏，准品计日给粮。"②在贞观十一年以后，永徽元年（650）以前，在外的文武九品以上官也开始给禄③，一年两给，"皆降京官一等给"④。

职田是作为俸禄的田地，京官和外官均有。武德元年十二月就已设置⑤，开元十至十一年（722~723），玄宗对官员职田多有调整，开元十一年三月的《玄宗幸河东推恩诏》对这种调整及其原因有所反映⑥，其文略云：

> 内外官职田，恐侵百姓，先令官收，虑其禄薄家贫，所以别给地子。去岁缘有水旱，遂令总停，兹闻卑官颇难支济，事须优恤，使得自资，宜准元敕，给其地子。⑦

在开元十年正月，玄宗因怕官吏职田侵扰百姓，下令由官府统一收管；又害怕官员禄薄家贫，所以给官员发放职田地子，同年六月因遭水旱灾害，地子从九月起又一度停发，致使卑品官吏生活困顿，颇难支济，玄宗于是下发此诏，准开元十年正月的诏敕，给官员发放职田地子。至开元十八年，国家财政无法负担给官吏发放职田地子，于是政府又恢复了给官吏的职田，"十八年三月敕，京官职田，将令准令给受，复用旧制"⑧。

俸料也是官员俸禄的重要组成部分。武德元年，沿隋旧例，以各司公廨本钱取利支付京官俸料。贞观元年（627）前后，外官也已发放月料。此后，官员俸料来源在公廨本钱和课税之间多次反复。其间，对俸薄的官员，政府也有一些政策调整。武后光宅元年（684）九月，"以京官八品、九品俸料薄，诸八品每年给庶仆三人，九品二人"⑨。开元十一年，最终确定官员的俸料主要出自税钱，至二十四年，更简化统一为月俸。武宗时，承乏官给手力纸笔等料例，武宗《条流百官俸料制》曰："诸道承乏官等，虽支假摄，当责

　①《新唐书》卷二《太宗本纪》，第29页。
　③参阅李锦绣：《唐代财政史稿》（上卷）第三分册，第807~808页。
　④《通典》卷三五《职官典·禄秩》，第962页。
　⑤参阅《唐会要》卷九二《内外官职田》，第1979页。
　⑥"开元十一年"，《唐会要》卷九二《内外官职田》，第1980页原作"贞观十一年"。李锦绣
　　考订此诏在开元十年而非贞观十一年，参阅李锦绣《唐代财政史稿》（上卷）第三分册，
　　第821~823页。诏文见唐玄宗：《幸河东推恩诏》，《全唐文》卷二九，第326~327页。
　⑦⑧《唐会要》卷九二《内外官职田》，第1980页。
　⑨《唐会要》卷九一《内外官料钱》，第1961页。

课程。但沾一半料钱,不获杂给料例。自此手力纸笔,特委中书门下条流,贵在酌中,共为均济。"①

在完善官员俸禄制度,并给卑品官吏增加禄料使其免于贫困之外,政府还给边防战事较多州县的官员增加资课、俸料钱,以恤其艰辛与困乏。中晚唐至五代,河东、河中、凤翔、易定等北方、西北边镇战事不断,中央多次对该地区官员的俸禄进行调整。元和六年(811)闰十二月,宪宗下诏:"河东、河中、凤翔、易定四道,州县久破,俸给至微,吏曹注官,将同比远。在于理体,切要均融,宜以户部钱五万五千贯文,充加四道州县官课料。"②元和七年五月,又"加赐泽、潞、磁、邢、洺五州府县官料钱二万贯文。其年十二月,以麟、坊、邠三州官吏近边俸薄,各加赐其料钱"③。会昌二年(842)二月,李德裕上《论河东等道比远官加给俸料状》曰:

> 右,河东等道,或兴王旧邦,或陪京近地,州县之职,人合乐为。只缘俸禄寡薄,官同比远。元和六年闰十二月十二日及元和七年十二月二十四日敕,河中、凤翔、鄜坊、邠州、易定等道,令户部加给俸料钱,共当六万二千五百贯,吏曹出得平留官数百员,时议以为至当。自后访闻户部所给零碎,兼不及时,观察使以为虚折,皆别将破用,徒有加给,不及官人,近地好官,依前比远。伏望今日以后,户部却与实物,仍及时支遣诸道,并委观察判官专判此案,随月加给官人,不得别将破用。如有违越,观察判官远贬,观察使奏取进止。④

可知,虽有敕文,但由于户部所给不及时,观察使又有破用,官员未必能得实利,所以李德裕又上此奏状,而被武宗采纳。⑤宣宗也曾因夏州、灵武、振武、天德军等四道贫瘠,俸料赏设皆克官健衣粮,而加给四道节度使以下官俸,其《给夏州等四道节度以下官俸敕》曰:

> 夏州等四道,土无丝蚕,地绝征赋,自节度使以下,俸料赏设,皆克官健衣粮,所以兵占虚名,军无战士,缓急寇至,无以支敌。将欲责课,

① 《全唐文》卷七六,第789页。
② 唐宪宗:《以户部钱充州县官课料敕》,《全唐文》卷六一,第655页。
③ 《唐会要》卷九一《内外官料钱》,第1973~1974页。
④ 傅璇琮等:《李德裕文集校笺》文集卷一二,河北教育出版社,2000年,第218~219页。
⑤ 参阅《唐会要》卷九二《内外官料钱》,第1979页。

又皆有词,须有商量,用革前弊。夏州、灵武、振武节度使宜每月各给料钱、厨钱……如以后依前兵额不实,器仗不修,其本判官重加贬降,主帅别举处分。其所给料钱等,并以户部钱物充,起十月支给。①

与此同时,一些官员也上疏,奏请政府增加边远州县官员的俸料钱。元和十三年至十五年(818~820)孔戣为岭南东道节度使②,上《奏加岭南州县官课料钱状》曰:

> 右,伏以前件州县,或星布海壖,或云绝荒外,首领强黠,人户伤残,抚御缉绥,尤藉材干。刺史、县令皆非正员,使司相承,一例差摄,贞廉者悉不愿去,贪求者苟务狥私。臣自到州,深知其弊,必若责之以理,莫若加给料钱。今县分折(析)如前,并不破上供钱物。辄陈管见,务在远图,伏乞天恩,允臣所请。③

会昌六年(846)十二月,阙名《增诸州刺史俸料奏》亦曰:

> 应诸州刺史,既欲责其洁己,须令俸禄稍充。但以厚薄不同,等级无制,致使俸薄处无人愿去,禄厚处终日争先。应诸中下州司马军事俸料共不满一百千者,请添至一百千。其紧上州不满一百五十千者,请添至一百五十千。其雄望州不满二百千者,请添至二百千。其先已过者,即得仍旧,并任于军事杂钱中,方圆置本,收利充给。如别带使额者,并仍旧不在添限。④

后唐庄宗同光四年(926)二月,宰臣豆卢革上言:“请支州县官实俸,以责课效。”⑤以上加俸奏有无被采纳实行,记载不详。但这些奏请本身反映了晚唐五代边远州县低级官吏的俸禄不足,希望中央能够及时加俸的情况。

2.防止官员俸禄被挪用

唐五代的三百多年中,发生了不少战乱和灾难,尤其是唐中期以降,兵

---

① 《全唐文》卷八一,第843页。

② 参阅吴廷燮:《唐方镇年表》卷七,第1031页。

③ 《全唐文》卷六九三,第7110页。

④ 《全唐文》卷九六七,第10047页。

⑤ 《旧五代史》卷三四《唐书·庄宗本纪》,第469页。

连祸结,军费开支庞大,财政捉襟见肘,官俸常被充作军费。因此,保障官员俸禄不被挪用,也成了政府恤养官员的一个重要举措。

挪用官俸以助军粮,早在武后时就有人提及。长寿三年(694)三月,左相豆卢钦望就曾"请停京官九品以上两月俸助军兴",在左拾遗王求礼的反对下,武后没采纳这一建议。①安史乱后,平藩定叛,军费开支攀升,政府为筹措军费大伤脑筋,官俸遂被挪用来助军。据《唐会要》,"至德二年已后,内外官并不给料钱,郡府县官给半禄。乾元元年,外官给半料与职田,京官不给料……员外官一切无料"②。官吏的俸料被借以助军。代宗广德二年(764)十月,"宰臣等奏减百司职田租之半,以助军粮,从之。大历二年(767)正月诏:'京兆府及畿县官职田,宜令准外州府县官例,三分取一分。'至十月,减京官职田,一分充军粮,二分给本官"③,大历二年十一月"己丑,率百官京城士庶出钱以助军"④。建中三年(782)春正月,德宗下诏:"供御及太子诸王常膳有司宜减省之,于是宰臣上言,减堂厨百官月俸,请三分省一以助军,从之。"⑤贞元三年(787)三月,德宗欲遣刘玄佐复河、湟⑥,张延赏因建言:"今官繁费广,州县残困,宜并省其员,悉收禀料粮课输京师,赏战士。"德宗听从了他的建议。⑦贞元十四年六月,"判度支于頔请收百官阙职田,以赡军须,从之"⑧。

肃宗因为军兴费广,开挪用官俸之端,自此以降,政府若遇经费不充,即抽百官俸料。元和十五年(820)六月,穆宗下诏曰:"近者以每岁经费,量入不充,外官俸料,据数抽贯。"⑨在政府挪用之外,因时局维艰,官俸也往往难以及时发放,形成拖欠,如兴元元年(784)十二月德宗巡幸奉天,"转运路阻绝,百官俸料,或至阙绝"⑩。

对官俸的挪用和拖欠,是政府在不得已之下的做法,所以政府在条件允许时,较为重视对官俸的恢复和补给,这无形中也是政府恤养官员的重

---

① 参阅《新唐书》卷一一二《王求礼传》,第4172页。

② 《唐会要》卷九一《内外官料钱》,第1964页。

③ 《唐会要》卷九二《内外官职田》,第1981页。

④ 《旧唐书》卷一一《代宗本纪》,第288页。

⑤ 《旧唐书》卷一二《德宗本纪》,第331页。

⑥ 参阅《资治通鉴》卷二三二"贞元三年三月"条,第7486页。

⑦ 参阅《新唐书》卷一二七《张嘉贞传附子张延赏传》,第4446页。

⑧ 《唐会要》卷九二《内外官职田》,第1982页。

⑨ 唐穆宗:《停抽俸钱敕》,《全唐文》卷六六,第695页。

⑩ 《唐会要》卷九一《内外官料钱》,第1969页。

要举措。至德二载(757)四月,肃宗下诏曰:"天下郡府及县官禄,白直、品子等课,从今年正月一日以后,并量给一半,事平之后,当续支还。"①在抽取官俸的同时即承诺给还的期限。乾元元年,京官不给料,乾元二年(759)九月五日,肃宗下诏:"京官无俸料,桂玉之费,将何以堪?官取绛州新钱,给冬季料,即仰所由申请,计会支给。且艰难之际,国家是同,顷者急在军戎,所以久亏禄俸,眷言忧恤,常愧于怀。今甫及授衣,略为赒给,庶资时要,宜悉朕怀。"②大历十二年(777)四月二十八日,度支上奏加给在京百司文武官及京兆府县官每月料钱,代宗敕旨:"依,仍令所司,起五月一日支给。"③兴元元年(784)十二月,德宗也下诏将因避难奉天而阙给的百官俸料如数全给,"京百官及畿内官俸料,准元数支给"④。元和十五年(820)六月⑤,穆宗《停抽俸钱敕》曰:

> 念彼遐方,或从卑官,一家所给,三载言归。在公当甘于廉洁,受禄又苦于减克,待我庶吏,岂其然乎!虽忧国之诚,固须赡助,而恤人之虑,将起怨咨。必若水旱为虞,干戈未戢,事非获已,人亦何辞。今则幸遇丰登,又方宁谧,九州之内,永绝妖氛,三边之上,冀除烽警。自宜克己以足用,安可剥下而为谋,临轩载怀,实所增愧。其度支所准五月二日敕,应给用钱,每贯抽五十文,都计一百五十万贯文,并宜停抽。⑥

太和四年(830)七月,吏部奏:"应比远道州县官课料,请令依元额料计支给,不得更有欠折。"文宗敕旨:"依奏。"⑦

五代政权更迭频繁,新朝皇帝开国后,最为关心的问题之一就是如何处理好官员的俸料。后梁太祖《给百官俸料诏》曰:"秩俸所以养贤而励奉公也……其百官逐月俸料,委左藏库依前例全给。"⑧但因五代政府经济实力不足,官员全俸很难保证。开平三年(909)正月丙申,"以用度稍充,初给

---

① 《唐会要》卷九〇《内外官禄》,第1957页。

② 《唐会要》卷九一《内外官料钱》,第1964页。

③ 《唐会要》卷九一《内外官料钱》,第1964~1967页。

④ 《唐会要》卷九一《内外官料钱》,第1969页。

⑤ 参阅〔日〕池田温编:《唐代诏敕目录》,第419页。

⑥ 《唐会要》卷九一《内外官料钱》,第1975页。参阅《全唐文》卷六六,第695页。

⑦ 《唐会要》卷九二《内外官料钱》,第1977页。

⑧ 《全唐文》卷一〇一,第1035页。

百官全俸"①,说明后梁建国后至开平三年正月才给百官发放全俸。后唐同光四年(926)二月"乙未,宰臣豆卢革上言,请支州县官全俸,以责课效"②,说明后唐同光四年前州县官员尚未给全俸。

在战乱时期国力不足的情况下,官员俸禄难以及时并全额发放,唐五代统治者也注意对官员俸禄的平均发放。如永泰元年(765)十一月③,代宗《均济职田俸料诏》曰:"京诸司官等:自艰难已来,不请禄料,职田苗子,又充军粮,颇闻艰辛,须使均济。"④天祐二年(905)四月⑤,唐哀帝《均文武俸料敕》曰:"文武百官自一品以下,逐月所给料钱,并须均匀。数目多少,一般支给,兼差使诸道,亦依轮次差遣。既就公平,必期开泰,叶群情于天下,崇故事于国初。"⑥广顺元年(951)四月⑦,后周太祖《均禄敕》曰:"牧守之任,委遇非轻,分忧之务既同,制禄之数宜等。自前者富庶之郡,请给则优;或边远之州,俸料素薄。以至迁除之际,拟议亦难。既论资序之高卑,又患禄秩之升降。所宜分多益寡,均利同恩,冀无党偏,以劝勋效。"⑧从上引材料知,政府通过平衡不同品级及京内京外官员的俸禄,以克时艰,这既可以稳定国家统治秩序,又可以保障官员的基本生活。

3.其他调整俸禄的措施

给休假患病官吏俸料以养病,是政府救恤患病官吏的方式之一。元和十二年(817)十一月,宪宗下敕:"工部尚书邢士美以疾未任赴京,宜就东都将息,疾损日赴任,其料钱准上官例,令有司支给。"⑨长庆元年(821)二月,穆宗下敕:"司徒、兼中书令韩宏,疾未全平,尚须在假将息,其俸料宜从敕下日,便令所司支给。"⑩开成四年(839)二月,文宗诏曰:"司徒、兼中书令裴度,盛有勋业,累践台衡,比缘疾恙,仍未谢上,须加优异,用示恩荣,其本官俸料,所司起今日支给。"⑪如果说以上所举是对个体官吏的特恩的话,至后

---

① 《资治通鉴》卷二六七"开平三年正月"条,第8707页。

② 《旧五代史》卷三四《唐书·庄宗本纪》,第469页。

③ 参阅〔日〕池田温编:《唐代诏敕目录》,第296页。

④ 《全唐文》卷四六,第514页。

⑤ 参阅〔日〕池田温编:《唐代诏敕目录》,第609页。

⑥ 《全唐文》卷九四,第973页。

⑦ 参阅《册府元龟》卷五〇八《邦计部·俸禄》,第6100页。

⑧ 《全唐文》卷一二三,第1235页。

⑨ 《唐会要》卷九一《内外官料钱》,第1974页。

⑩ 《唐会要》卷九二《内外官料钱》,第1977页。

⑪ 《唐会要》卷五三《崇奖》,第1078页。

唐明宗时,对归宁官吏及卧病官吏支给本官料钱,已成为定制。长兴二年(931)闰五月①,后唐明宗《朝臣假内仍给俸敕》曰:"曹琛所奏文武官请归宁准式假及实卧病者,并许支给本官料钱,宜依。或有讬病不赴朝参,故涉旷怠者,慢于事君,何以食禄,如闻纠奏,当责尤违。"②可知在此之前,文武官归宁假和卧病之期,除特恩之外,本官料钱是不给的,经曹琛奏请明宗批准,此后若遇此类情形,官吏的料钱如数发放,并允许纠告,违约者要惩责。

对发生灾害地区的官吏,政府也能重新调整其俸禄以救助之。宪宗元和十三年(818)六月,"以德、棣、沧、景四州,顷遭水潦,给复一年,遂定四州官吏俸钱料,刺史每月一百五十千,望、紧、上县令,每月四十千,余有差"③。

恢复被裁减官员的职位以恤其困窘。前引贞元三年(787)夏四月庚申,德宗采纳了张延赏"悉收禀料粮课输京师,赏战士"的建议。④同年七月乙卯,德宗又下诏曰:"朕顷缘兴师备边,资用不给,遂权议减官,以务集事。近闻授官者皆已随牒之任,扶老携幼,尽室而行。俸禄未请,归还无所,衣冠之弊,流寓何依?其先敕所减官员,并宜仍旧。"⑤显然,这是因时因事而做的救恤举措,反映了政府财政的困窘和决策的欠周到,随后的改正措施,使先前因被裁减而陷入困弊流离的官吏生活状况有所改善。

对于流落到周边敌对地区的官吏,政府也能给予积极的救恤。懿宗咸通四年(863)七月制曰:"安南寇陷之初,流人多寄溪洞。其安南将吏官健走至海门者人数不少,宜令宋戎、李良玘察访人数,量事救恤。"⑥

总之,调整官吏俸禄的举措贯穿了唐五代历史的始终,其目的既在于使有限的国家财赋尽量保障官吏基本生活的需要,也在于使秩俸起到"养贤而励奉公"的作用。

(二)赏赐钱物以救恤贫穷官吏

在正常的俸料和因功绩奖赏外,以皇帝为首的唐五代政府还在许多场合以赏赐的方式救恤官僚阶层。

在灾害年份,政府对贫乏官吏以赏赐的方式进行救恤。贞元元年(785)十一月丁丑,德宗下诏:"文武常参官共赐钱七百万贯,以岁凶谷贵,

① 参阅《册府元龟》卷五〇八《邦计部·俸禄》,第6098页。

② 《全唐文》卷一一〇,第1168页。

③ 《唐会要》卷九一《内外官料钱》,第1974页。

④ 参阅《新唐书》卷一二七《张嘉贞传附子张延赏传》,第4446页。

⑤ 《旧唐书》卷一二《德宗本纪》,第357页。

⑥ 《旧唐书》卷一九《懿宗本纪》,第654页。

衣冠窘乏故也。"①贞元十五年四月庚寅,因久旱,德宗下诏:"应京城内外诸军县镇职员官,见共五万八千二百七十一人,宜令每人赐粟一石。"②天祐元年(904)八月二十五日③,哀帝《发内库银充文武常参官救接敕》亦曰:"百官事力多阙,且夕霜冷,深轸所怀。令于内库方圆银二千一百七十二两,充见任文武常参官救接,委御史台依品秩分俵。"④

有时新帝即位,也对贫困官员进行赏赐,这是笼络人心的政策,客观上也救恤了贫困官员。元和十五年(820)夏四月,穆宗即位伊始即下诏曰:"内侍省见管高品官白身,都四千六百一十八人,除官员一千六百九十六人外,其余单贫,无屋室居止,宜每人加衣粮半分。"⑤

此外,在衣食方面,政府也给官僚以救恤。天祐二年十二月丁酉,后梁太祖朱温"以唐朝百官服饰多阙,乃制造逐色衣服,请朝廷等第赐之"⑥。其《给宰臣餐钱敕》曰:"食人之食者,忧人之事,况丞相尊位,参决大政,而堂封未给,且无餐钱,朕甚愧之。宜令日食万钱之半。"⑦后唐明宗天成元年(926)冬十月甲申朔,"诏赐文武百僚冬服绵帛有差"⑧。

(三)对官吏个人的救恤

帝王有时以特恩的方式救恤个别贫困官吏,方式主要有赐钱、赐物和允许贫困官吏改任俸禄优厚的官职等。

1.对贫困官吏的赏赐

贞观二年(628),太宗以尚书左丞戴胄家贫,"赍钱十万"⑨。开元初,太子宾客薛登"以孽子悦千牛为宪司所劾,放归田里。朝廷以其家贫,又特给致仕禄"⑩。太和四年(830),因太子少师、侍讲王起家贫,文宗"特诏每月割仙韶院月料钱三百千添给。起富于文学,而理家无法,俸料入门,即为仆妾所有。帝以师友之恩,特加周给"⑪。长兴四年(933)三月丙戌,后唐明宗

---

①《旧唐书》卷一二《德宗本纪》,第351页。

②《旧唐书》卷一三《德宗本纪》,第390页。

③ 参阅〔日〕池田温编:《唐代诏敕目录》,第607页。

④《全唐文》卷九三,第972页。

⑤《旧唐书》卷一六《穆宗本纪》,第477页。

⑥《旧五代史》卷二《梁书·太祖本纪》,第39页。

⑦《全唐文》卷一〇二,第1041页。

⑧《旧五代史》卷三七《唐书·明宗本纪》,第511页。

⑨《旧唐书》卷七〇《戴胄传》,第2533页。

⑩《旧唐书》卷一〇一《薛登传》,第3141页。

⑪《旧唐书》卷一六四《王播传附弟王起传》,第4280页。

"赐宰相李愚绢百匹、钱十万、铺陈物一十三件。时愚病,帝令近臣翟光邺宣问,所居寝室,萧然四壁,病榻弊毡而已。光邺具言其事,故有是赐"①。这些都是帝王以赐钱赐物的方式救恤贫乏官吏的事例,虽然赏赐范围很有限,但仍不失为一种途径。

2. 允许贫困官员改官

唐前期国家财政充足,世人重京官,薄外官。玄宗开元四年(716),倪若水为汴州刺史②,"时天下久平,朝廷尊荣,人皆重内任,虽自冗官擢方面,皆自谓下迁。班景倩自扬州采访使入为大理少卿,过州,若水钱于郊,顾左右曰:'班公是行若登仙,吾恨不得为驺仆。'"③倪若水对班景倩由外职入迁京官的羡慕之情尽显无遗。安史之乱后,国家财政陷入窘迫,使官员的俸禄受到影响,地方州县官员及诸使的俸禄由税收"留州"部分充给,还可擅自征收补给。④因此出现外官俸禄厚,京官俸禄薄的现象。杜牧向宰相求杭州刺史之职时说:"杭州户十万,税钱五十万,刺史之重,可以杀生,而有厚禄。"⑤白居易亦说:"兵兴以来,诸道使府,或因权宜而置职,一置而不停……至使职多于郡县之吏,俸优于台省之官。"⑥可见在品级相同的情况下,外官俸禄要优于京官,于是京官求外任者随之增加,甚至有京官以贬为外官为幸事。天宝末,归崇敬对策高第,授左拾遗,"以家贫求为外职,历同州、润州长史"⑦。长庆元年(821)后,郑权为工部尚书,"以家人数多,俸入不足,求为镇守。旬月,检校右仆射、广州刺史、岭南节度使"⑧。穆宗朝礼部尚书薛放,"闺门之内,尤推孝睦,孤孀百口,家贫每不给赡,常苦俸薄。放因召对,恳求外任。其时偶以节制无阙,乃授以廉问"⑨。晚唐郑綮"以进士登第,历监察、殿中、仓、户二员外,金、刑、右司三郎中。家贫求郡,出为庐州刺史"⑩。五代时,后唐庄宗《许求外职敕》曰:"迩闻京百官俸钱至薄,

① 《旧五代史》卷四四《唐书·明宗本纪》,第603页。
② 参阅郁贤皓:《唐刺史考全编》卷五五《河南道·汴州》,第736页。
③ 《新唐书》卷一二八《倪若水传》,第4467页。
④ 参阅黄惠贤、陈锋主编:《中国俸禄制度史》,第211~214页。
⑤ 《杜牧集系年校注》樊川文集卷第七《上宰相求杭州启》,第574页。
⑥ 《白居易集》卷六四,第1338页。
⑦ 《旧唐书》卷一四九《归崇敬传》,第4015页。
⑧ 《旧唐书》卷一六二《郑权传》,第2446页。
⑨ 《旧唐书》卷一五五《薛戎传附弟薛放传》,第4127页。吴廷燮:《唐方镇年表》卷五《江西》,第836页载薛放长庆三年始镇江西。
⑩ 《旧唐书》卷一七九《郑綮传》,第4662页。

骨肉数多,支赡不充,朝夕难遣。伪庭时刻削严急,不敢披陈,今既混同,是行优恤。下御史台,在班行有欲求外职,或要分司,各许中书门下投状奏闻。"①

3.对患病官员的救恤

对患病的官吏,上文已论及,政府给以俸料以示恤养。此外,患病官吏享有养病的假期,唐开元七年(719)令规定:"诸职事官,身有疾病满百日,若所亲疾病满二百日,及当侍者,并解官,申省以闻。"②可见,职事官患病可享有一百日的休养假期,满一百日而不能恢复工作者需解官。家中亲人患病者,给假两百日,若需充侍,可暂时解官,以方便其侍养亲老及疾病。

帝王常赐药及药方给患病的官吏。如高宗曾"赐药物絮帛"给田游岩母。③李勣也受"帝及皇太子赐药即服"④。大唐故秋官尚书河间公晦,"疾弥留,迄于大敛,赐药及衣,中使相望于道"⑤。开元六年三月十日,马怀素遘疾,"中旨遣御医赐药,相望道路"⑥。敬宗时,刘宏规劳而生疾,"近臣挟医而骈至,中使赐药以交驰"⑦。天祐二年(905)三月,盖寓"病笃,武皇日幸其第,手赐药饵"⑧。除给病患官吏赐药外,帝王也给一些老年臣僚赐些常用药物,天宝初,张晞还乡拜扫,"中使中路追赐药物"⑨,这里所赐药物当是些老年人平日常服的药物。对帝王赐药,大臣们往往要上表谢恩,《全唐文》中保留有许多臣僚谢赐药物的表文。⑩虽然赐药及药方多带有抚慰性质,但它却是政府或帝王对病患官吏救恤的重要方面,不可忽视。

4.叙用前朝旧吏

叙用前朝旧吏,使其获得职位和官俸,对他们来说是最大的救恤。后

---

①《全唐文》卷一〇四,第1060页。

②《唐令拾遗》,第293页。

③参阅《新唐书》卷一九六《田游岩传》,第5598页。

④《新唐书》卷九三《李勣传》,第3821页。

⑤〔唐〕阙名:《大唐故秋官尚书河间公碑》,《全唐文》卷九九二,第10279页。

⑥〔唐〕阙名:《故银青光禄大夫秘书监兼昭文馆学士侍读上柱国常山县开国公赠润州刺史马公墓志铭》,《全唐文》卷九九五,第10305页。

⑦《李德裕文集校笺》别集卷六《唐故左神策军护军中尉兼左街功德使知内侍省事刘公神道碑铭》,第526页。

⑧《旧五代史》卷五五《唐书·盖寓传》,第746页。

⑨《旧唐书》卷一〇六《张晞传》,第3248页。

⑩参阅〔唐〕张说:《谢赐药状》,《全唐文》卷二二四,第2260页;〔唐〕令狐楚:《为人谢诏书问疾兼赐药方等状》,《全唐文》卷五四一,第5493页;〔唐〕符载:《谢赐药方表》,《全唐文》卷六八八,第7046页。

梁太祖《加恩前朝官僚诏》曰:"前朝官僚,谴逐南荒,积年未经昭雪。其间有怀抱材器,为时所嫉者,深负冤抑,仍令录其名姓,尽复官资,兼告谕诸道,令津致赴阙。如已亡殁,并许归葬,以明恩荡。"①后唐庄宗对前朝官员也进行了录用,其《搜访被害臣僚敕》曰:"朕祗膺大宝,虔奉鸿名,勉承夷夏之心,以副天人之望。虽德音寻降,赦宥近行,犹恐恩有所未孚,德有所未洽。自朱温劫迁昭宗至洛京已来,内外臣僚,有无辜妄遭刑戮者,更宜广令搜访,各与次第赠官,如有子孙,并委叙录。"②这是对被害之前朝臣僚的优恤。

(四)地方官对流贬当地官员的救恤

唐五代地方长官也比较重视对当地贫困官吏的救恤,记载比较集中的是对流贬官员的救恤。元和十三至十五年(818~820),孔戣为岭南东道节度使③,"士之斥南不能北归与有罪之后百余族,才可用用之,禀无告者,女子为嫁遣之"④。孔戣对流放岭南东道的官员及其后代的救恤,主要是授予可用之才以职官,给贫困无告者粮食,帮助流放官员的女儿出嫁等。又如开成元年(836),卢钧为广州刺史、御史大夫、岭南节度使,"又以自贞元已来,衣冠得罪流放岭表者,因而物故,子孙贫悴,虽遇赦不能自还。凡在封境者,钧减俸钱为营槥椟。其家疾病死丧,则为之医药殡殓,孤儿稚女,为之婚嫁,凡数百家"⑤,卢钧对流放岭表之官员及其家属进行了很有效的救恤,为已故者营葬,对疾病死丧者资以医药殡殓,孤儿稚女为之婚嫁。由其救恤者达数百家,可谓地方官对流放官员救恤的典型。

此外,一些地方官还能对已故官吏的后代进行救恤。

> 李德裕贬死,家无禄,不自振;及(柳仲郢)领盐铁⑥,遂取其(李德裕)兄子从质为推官,知苏州院。宰相令狐绹持不可,乃移书开谕绹,绹感悟,从之……(柳仲郢)父子更九镇,五为京兆,再为河南,皆不奏瑞,不度浮屠。急于摘贪吏,济单弱。每旱潦,必贷匮蠲负,里无逋家。衣冠孤女不能自归者,斥禀为婚嫁。

①《全唐文》卷一〇一,第1034页。

②《全唐文》卷一〇四,第1063页。

③参阅吴廷燮:《唐方镇年表》卷七《岭南东道》,第1301页。

④《新唐书》卷一六三《孔巢父传附从子孔戣传》,第5009页。

⑤《旧唐书》卷一七七《卢钧传》,第4592页。

⑥柳仲郢任诸道盐铁转运使在大中九年至十二年(855~858)。

柳仲郢尚义气,不但为恤前宰相李德裕家,特地写信给现任宰相令狐绹,可谓处心积虑,而且帮助士族孤女及时婚嫁。乾宁元年至天祐元年(814~904),审邽为泉州刺史①,善吏治,"中原乱,公卿多来依之,振赋以财,如杨承休、郑璘、韩偓、归传懿、杨赞图、郑戬等赖以免祸,审邽遣子延彬作招贤院以礼之"②,使一批官吏免于乱世之厄运。李白晚年好黄老之学,"度牛渚矶至姑孰,悦谢家青山,欲终焉。及卒,葬东麓。元和末,宣歙观察使范传正祭其冢,禁樵采。访后裔,惟二孙女嫁为民妻,进止仍有风范,因泣曰:'先祖志在青山,顷葬东麓,非本意。'传正为改葬,立二碑焉。告二女,将改妻士族,辞以孤穷失身,命也,不愿更嫁。传正嘉叹,复其夫徭役"③。范传正改葬李白,完成其葬于青山的愿望,又免去李白两位孙女婿的徭役,救恤衣冠之意尽表。又会昌四年(844),张褐进士擢第,释褐寿州防御判官,"于琮布衣时,客游寿春,郡守待之不厚。褐以于琮衣冠子,异礼遇之。琮将别,谓褐曰:'吾饷逆旅翁五十千,郡将之惠不登其数,如何?'褐方奉母,家贫,适得俸绢五十匹,尽以遗琮,约曰:'他时出处穷达,交相恤也。'"④张褐以全俸尽恤衣冠子弟,仅是相约"他时出处穷达,交相恤也",既体现了地方官对境内衣冠子弟的救恤,也反映了官吏之间的互助风气。

官员在家境贫困和患病的情况下,来自亲人和朋友的关怀和帮助往往更多,关于这方面的情况,参见本书"民间社邑组织与社会救助"与"宗族姻亲与民间救助"两章。

二、官吏的致仕与养老

关于致仕制度,钟文的《古代官吏的退休制度》⑤一文,就中国古代官吏致仕的由来、条件和待遇三个方面进行了探讨。李翔的《唐代致仕制度初探》⑥一文专就唐代的致仕情况,分致仕条件、致仕程序、致仕待遇三个方面进行了论述。两篇文章的重点都在致仕待遇上,应当说与本书较为接近。但两文的侧重点都在致仕制度本身,对致仕与养老的关系未作论述,下面试

---

① 参阅郁贤皓:《唐刺史考全编》卷一五三《江南东道·泉州》,第2199页。

② 《新唐书》卷一九〇《审邽传》,第5493页。

③ 《新唐书》卷二〇二《李白传》,第5763页。

④ 《旧唐书》卷一七八《张褐传》,第4623页。

⑤ 《文史知识》1999年第2期。

⑥ 《中国史研究》1991年第1期。

对唐五代的致仕与养老问题再作探讨。

（一）致仕资格

《礼记正义·曲礼上》所云"大夫七十而致事"①，是中国古代官吏致仕之年龄依据，自周以降，历代相沿。唐五代时期亦是如此，开元二十五年（737）的致仕令中说："大唐令，诸职事官，七十听致仕。五品以上上表，六品以下申省奏闻。诸文武选人，六品以下，有老病不堪公务、有劳考及勋绩情愿结阶授散官者，依。其五品以上，籍年虽少，形容衰老者，亦听致仕。"②从此令文我们可以得知：①唐代官员的致仕年龄是七十岁。②唐代的职事品官无论品级高低都可以致仕。③因品级不同，唐代官员致仕的审批不同，即"五品以上上表"，直接上呈皇帝，"六品以下申省奏闻"。④形容衰老、患有疾病的五品以上文武选人，虽年龄尚不足七十，亦可以提前致仕。

唐代致仕令多有增补，记载比较明确的有三次。一是显庆元年（656）四月，高宗下诏曰："文武官五品以上，老及病不因罪解，并五品以上散官，以礼停任者，听同致仕。"③这就将致仕资格扩大到了非因罪解职的老、病五品以上文武官和以礼停任的五品以上散官。二是开元二十五年正月，玄宗下制云："曾任五品以上清资官，以礼去职者，所司具录名奏；老病不堪鳌务者，与致仕官。"④这条制文又给予以礼去职的五品以上清资官中老病不堪鳌务者以致仕的资格。三是太和元年（827）九月，文宗敕云："请致仕官，近日不限品秩高卑，一例致仕。酌法循旧，颇越典章。自今以后，常参官五品、外官四品者，然后许致仕，余停。'"⑤从敕文可知，至太和元年前，官员申请致仕，不限其品秩高卑，一律获准。针对这一状况，文宗下此诏敕将致仕资格进行了限制，规定常参官五品以上、外官四品以上可致仕，其余品级一律不予致仕。从这些关于致仕的诏令可见，五品以上的官吏在致仕制度中具有明显的优越性，可以提前致仕，也可以延期致仕，因老病去职者可同于致仕，而且，对致仕的限制政策也不易损害他们的致仕资格。

---

① 《礼记正义》卷一，第1232页。

② 《通典》卷三三《职官典·致仕官》，第925页。

③ 参阅《唐会要》卷六七《致仕官》，第1387页。

④ 《通典》卷三三《职官典·致仕官》，第925页。《唐会要》卷六七《致仕官》，第1387页作"二十年"。该条制文在《旧唐书》卷九《玄宗本纪》亦有记载："开元二十五年春正月壬午，制：'……崇德尚齿，三代丕义；敦风劝俗，五教攸先。其曾任五品已上清资官以礼去职者，所司具录名奏，老疾不堪厘务者与致仕。'"（第207页）

⑤ 《唐会要》卷六七《致仕官》，第1389~1390页。

(二)致仕待遇与养老

致仕资格决定着官吏能否获得致仕后的待遇,这是其养老的根本保障。致仕待遇中最重要的一项是给禄料,其目的在于"惠养老臣也"①。总体来讲,唐前期实行致仕官半禄制,中晚唐实行半禄、半俸制。

"大唐令,诸职事官年七十、五品以上致仕者,各给半禄。"②这一令文对给禄的致仕者有三个限定,一是职事官,二是年七十,三是五品以上。所给禄是半禄,即本禄之半。同时,作为对致仕官的惠政,玄宗于开元五年(717)十月下诏:"致仕应请物,令所由送至宅。"③此后,随着官员致仕资格限制的放宽,致仕给禄的限制也自然随之放宽。

至于六品以下致仕官的情形,可从天宝九载(750)的敕文间接得知:"天宝九载三月敕,如闻六品以下致仕官,四载之后,准格并停。念其衰老,必藉安存,岂限高卑,而恩有差降。应六品以下致仕官,并终其余年,仍永为式。"④天宝四载以前,有格文规定:六品以下致仕官,四载之后并停。那么,在颁布这一格文之前,六品以下的官员是有致仕终身资格的。而在天宝九载,玄宗改变了这种因官品高卑而"恩有差降"的情况,主要原因是考虑到这些六品以下大臣年老体衰,"必藉安存",所以颁下此敕,令"终其余年",并"永为式"。这样一来,六品以下致仕官员的"安存"从制度上来说也得到了保障。但六品以下致仕官的禄料发放状况、"终其余年"的"安存"方式,因史料阙如,不得而知。同时,正如前引太和元年(827)九月的敕文,自太和元年九月以后,六品以下官吏又被取消了致仕资格。取消致仕资格的官吏,其养老当同于庶人。

唐初,致仕官之半禄由仓部发放,"仓部郎中、员外郎掌国之仓庾,受纳租税,出给禄廪之事……凡致仕之官五品已上及解官充侍者,各给半禄"⑤。德宗建中三年(782),曾一度将致仕官禄改为由本贯及寄住处州府支给,"建中三年九月十二日敕:'致仕官所请半禄料及赐物等,并宜从敕出日,于本贯及寄住处州府支给。'"⑥《唐会要·致仕官》载:

> 贞元四年四月,以前左散骑常侍致仕邱为复旧官。初,为致仕还乡,特给禄俸之半。既丁母丧,苏州疑所给,请于观察使韩滉,以为授

---

①⑥《唐会要》卷六七《致仕官》,第1388页。
②③《通典》卷三五《职官典·致仕官禄》,第968页。
④《通典》卷三三《职官典·致仕官》,第925页。
⑤《唐六典》卷三《尚书户部·仓部郎中》,第84页。

官致仕，令不理务，特给禄俸，惠养老臣也，不可以在丧为异，命仍旧给之，唯春秋二时羊酒之直则不给。虽程式无文，见称折衷。及是为服除，乃复之。①

长庆三年（823）四月，穆宗下敕："尚书左丞孔戣可守礼部尚书致仕，仍委所在长吏，岁时亲自存问，兼致羊酒。如至都，其刍米什器之类，委河南尹量事供送，务从优礼。"②从上引两条材料可以看到，建中三年九月敕的规定得到了执行，致仕官的禄料由所在州县供送。

同时，从前引建中三年（782）敕我们还可知，给致仕官的是"禄料"，多了"料"，如果不是记载疏误的话，此时很可能已开始给致仕官半禄料。《唐会要·致仕官》载："至贞元四年四月二十三日，致仕官给半禄料，其朝会及朔望朝参，并依常式。自今以后，宜准此。"③进一步证明此时的致仕官亦给半禄料，似乎还有常式可依。从上引邱为致仕的记载看，所得半禄俸是特恩。至贞元五年（789）三月，致仕官给半禄料正式成为定制，贞元"五年三月，以太子少傅兼吏部尚书萧昕为太子少师，右武卫上将军鲍防为工部尚书，前太子詹事韦建为秘书监，并致仕，仍给半禄及赐帛。其俸料悉绝，上念旧老，特命赐其半焉。致仕官给半禄料，自昕等始也"④。"朝廷致禄，本为职劳，衰病乞闲，自宜家食。而半给之俸，近古所行，义诚属于优贤，事亦兼于养老。"⑤

以上都是就致仕给禄料的政令性规定，在实际执行中，朝廷又每每以特恩待功臣，给致仕官以全禄料的情况也不绝于史书，如唐休璟于景云二年（711）上表请老，"给一品全禄"⑥。开元二十年（732），卢从愿"以年老抗表乞骸骨，乃拜吏部尚书，听致仕，给全禄"⑦。太和元年（827）四月，"以太子少傅杨于陵守右仆射致仕，俸料全给"⑧。其他诸例，不更一一列举。这些给全禄的特殊待遇，多具有抚慰和优待性质，亦不乏因贫困而给全禄致仕者，如上文已提及的薛登。再如开元年间的王丘：

虽历要职，固守清俭，未尝受人馈遗，第宅舆马，称为敝陋。致仕之

---

① ③ ④《唐会要》卷六七《致仕官》，第1388页。
② ⑤《唐会要》卷六七《致仕官》，第1389页。
⑥《新唐书》卷一一一《唐休璟传》，第4150页。
⑦《旧唐书》卷一〇〇《卢从愿传》，第3124~3125页。
⑧《旧唐书》卷一七《文宗本纪》，第525页。

后,药饵殆将不给。上(玄宗)闻而嘉叹,下制曰:"王丘夙负良材,累升茂秩,比缘疾疹,假以优闲。闻其家道屡空,医药靡给,久此从官,遂无余资。持操若斯,古人何远! 且优贤之义,方册所先,周急之宜,沮劝攸在。其体禄一事已上,并宜全给,式表殊常之泽,用旌贞白之吏。"①

是因致仕官贫困而给全禄,体现了政府对贫困致仕官员的救恤。

此外,帝王每有巡幸、庆典,赏赐所及,也往往不忘致仕官。这是官吏养老的又一物质来源。因巡幸、庆典对致仕官的赏赐情况,请参附录"唐五代帝王恤赏鳏寡茕独一览表"与"唐五代帝王赏赐高年表"。

(三)对致仕官养老的其他优恤措施

在给半禄料之外,致仕官还有朝参之优荣②,致仕官身亡后,择高计官品③,等等,这些是政治上的优待。除此之外,致仕官还享有一些具有救恤性的养老待遇。如致仕官年老体弱欲还乡者,以官驿马车送行。贞元九年(793)八月,"以太子右庶子、史馆修撰孔述睿为太子宾客,赐紫金鱼袋,致仕。述睿年未七十,以疾免,累表方许,赐帛五十匹,衣一袭。故事,致仕还乡,不给公乘。上宠儒者,命给公乘遣之"④。此时给公乘尚未制度化,是对孔述睿的特别优待。至元和三年(808)四月,宪宗因滕珦奏请,将给致仕官公乘制度化,"右庶子致仕滕珦奏:'伏蒙天恩致仕,今欲归家,乡在浙东,道途遥远。官参四品,伏乞特给婺州已来券,庶使衰羸获安,光荣乡里。'敕旨:'滕珦致仕还乡,家贫路远,宜假公乘,允其所请。自今以后,更有此类,便为定例。'"⑤

给致仕官以禄料,只能使其生活物资有所保障,而衰老、生病的致仕者更需要有人照料生活。对此,政府还规定致仕官若无在京任职的子弟,允许其在外任职的子弟停官侍养。开元五年(717)十一月玄宗下敕:"致仕官子弟无京官者,其在外者,听一人停官侍养。"⑥其实在正式下敕之前,政府已经开始这样对待致仕官员了。如高宗永徽二年(651),光禄大夫、行侍

① 《旧唐书》卷一〇〇《王丘传》,第3133页。
② 参阅《通典》卷三三《职官典·致仕官》,第925页;《唐会要》卷六七《致仕官》,第1173页;《旧唐书》卷二《太宗本纪》,第35~36页。
③ 参阅《唐会要》卷六七《致仕官》,第1387页。
④ 《唐会要》卷六七《致仕官》,第1388~1389页。参阅《新唐书》卷一九六《隐逸传·孙述睿传》,第5610页。
⑤ 《唐会要》卷六七《致仕官》,第1390页。
⑥ 《唐会要》卷六七《致仕官》,第1387页。

中、兼太子少保高季辅"以风疾废于家,乃召其兄虢州刺史季通为宗正少卿视其疾,又屡降中使观其进食,问其增损"①。又崔敦礼"以老疾屡陈乞请退,显庆元年,拜太子少师,仍同中书门下三品。敕召其子定襄都督府司马余庆使侍其疾"②。可见,在实际生活中,对因病请退的官员,一般是令其子弟、兄弟停官侍养,以使病退者获得良好的照顾。

至于致仕官有子弟任京官者,其侍养方式依侍养令。《唐律疏议·免所居官》载:"祖父母、父母老疾无侍,委亲之官"者,要免其所居官。疏议曰:"老谓八十以上,疾谓笃疾,并依令合侍。若不侍,委亲之官者。其有才业灼然,要藉驱使者,令带官侍,不拘此律。"③祖父母、父母年八十及笃疾应侍,"及先已任官,亲后老疾,不请解侍,并科违令之罪"④。唐五代请停官归侍者不在少数,会昌六年(846)二月丁丑,"左拾遗王龟以父兴元节度使起年高,乞休官侍养,从之"⑤。对停官侍养者,唐政府发给半禄,"凡致仕之官五品已上及解官充侍者,各给半禄"⑥。

律文允许"才业灼然"的官员带官侍养,还规定"将亲之任""理异委亲""科'违令'之罪"。⑦但对个别情况也予以允许,《旧唐书·李峤传》载:玄宗曾下制慰李峤曰:"矜其老疾,俾遂余生,宜听随子虔州刺史畅赴任。"⑧《旧唐书·玄宗本纪》也载曰:"特进致仕李峤先随子在袁州。"⑨这里特进李峤致仕后,先后由儿子在虔州及袁州官所侍养。

此外,政府还以授给官吏本乡职官的方式,方便子弟照顾,以达到优养老年官吏的目的。武德元年(618),讨平薛仁杲后,拜姜谟为秦州刺史,高祖曰:"衣锦还乡,古人所尚;今以本州相授,用答元功。凉州之路,近为荒梗,宜弘方略,有以静之。"⑩武德初年,丘和归国,"和时年已衰老,乃拜稷州刺史,以是本乡,令自怡养"⑪。

---

① 《旧唐书》卷七八《高季辅传》,第2703页。
② 《旧唐书》卷八一《崔敦礼传》,第2748页。
③④ 《唐律疏议》卷三《名例律》,第56页。
⑤ 《旧唐书》卷一八《宣宗本纪》,第609页。
⑥ 《唐六典》卷三《尚书户部·仓部郎中》,第84页。
⑦ 《唐律疏议》卷三《名例律》,第56~57页。
⑧ 《旧唐书》卷九四《李峤传》,第2995页。
⑨ 《旧唐书》卷八《玄宗本纪》,第173页。
⑩ 《旧唐书》卷五九《姜谟传》,第2333页。
⑪ 《旧唐书》卷五九《丘和传》,第2326页。

三、对官吏的恤葬

官员身亡后，政府按照其品级、功勋及受宠幸程度，赠给助葬物品。中央由鸿胪寺司仪署具体负责[1]，府州由功曹司功参军事具体负责[2]。

高品官员的葬事受到特别的优待，鸿胪寺司仪署要给已故的五品以上官吏发给修造坟墓的民夫、要给在京薨卒的高品官吏以少牢致祭[3]，还要借给五品以上合吊祭者布深衣、帻、素三梁六柱纛等物。吊祭时，甄官署要供给政府特赐的明器。[4]

政府按职位高低给已故官吏赐予多少不等的财物，叫作"赗赠"[5]或"赙赠"，但是，唐五代官吏所得的赗赠，与政令规定有较大的出入。[6]贞元十年（794）二月，德宗下诏："应文武朝官有薨卒者，自今已后，其月俸料宜皆全给，仍更准本官一月俸钱，以为赙赠。若诸司三品已上官，及尚书省四品官，仍令有司举旧令闻奏，行吊祭之礼，务从优备。"[7]其实，至少在唐大历七年（772）就有给死亡官吏赙赠的记载，据阿斯塔那五〇六号《唐大历七年（772）马寺尼法慈为父张无价身死请给墓夫赙赠事牒》载：

（上缺）

□▨（袋）上柱国张无价□廿七日不幸身亡，为家贫孑然，其父限先□比日收将，在寺安养□，准式身死，合有墓夫、赙赠。伏乞请处□多少，旧第人夫、葬送，贫尼女人，即得济办。

大历七年六月　日百姓马寺尼法慈牒[8]

有式文规定官吏死后有给墓夫及赙赠等有关葬事，由官府提供给官吏的送葬人夫和赙赠，需要丧家向相关部门申请。

在荣葬高官和对官吏丧葬的常规资助之外，政府对一些贫寒官吏也赐资助葬。唐前期，政府对官吏的助葬形式多样。有为营构正寝者，如贞观

---

① 参阅《新唐书》卷四八《百官志》，第1258~1259页。

② 参阅《新唐书》卷四九《百官志》，第1312页。

③ 参阅《唐六典》卷一八《鸿胪寺司仪署》，第507~508页。

④ 参阅《唐六典》卷二三《左校署》，第595~596页。

⑤ 《通典》卷八六《礼典·凶礼·赗赗》，第2333页。

⑥ 参阅李斌城等：《隋唐五代社会生活史》，第323~327页。

⑦ 《唐会要》卷九一《内外官料钱》，第1973页。

⑧ 《吐鲁番出土文书》第4册，第396页。

十一年（637），温彦博死后，"家贫无正寝，殡别室，帝命有司为构寝"①；贞观十七年，魏徵病重，其家"初无正寝，帝命辍小殿材为营构，五日毕，并赐素褥布被，以从其尚"②。太宗除为魏徵营构正寝外，还赐给其羽葆、鼓吹等。只不过魏徵家人秉承其遗言，只接受了素褥布被等。太宗诏"给羽葆、鼓吹、班剑四十人，陪葬昭陵。将葬，其妻裴辞曰：'徵素俭约，今假一品礼，仪物褒大，非徵志。'见许，乃用素车，白布幨帷，无涂车、刍灵"③。甚至还有帮助其家人为亡者立庙的，如贞观七年戴胄死后，太宗"以第舍陋不容祭，诏有司为立庙"④。有给灵舆递送还乡的如开元十四年（726）刑部尚书韦抗卒，"抗历职以清俭自守，不务产业，及终，丧事殆不能给。玄宗闻其贫，特令给灵舆，递送还乡。赠太子少傅，谥曰贞"⑤。有赠给秘器等丧葬物事的，如总章二年（669），李勣卒"帝（高宗）曰：'勣奉上忠，事亲孝，历三朝未尝有过，性廉慎，不立产业。今亡，当无赢赀。有司其厚赗恤之。'……给秘器，陪葬昭陵"⑥。也有赐以钱物者，如武德七年（624），薛收死后，太宗时为秦王，"遣使吊祭，赠帛三百段"⑦。

唐后期至五代，对贫寒官吏的助葬似乎多为赗赠和赐物。元和十五年（820）十一月郑余庆卒，余庆"四朝居将相之任，出入垂五十年，禄赐所得，分给亲党，其家颇类寒素……上（穆宗）以家素清贫，不办丧事，宜令所司特给一月俸料以充赗赠，用示褒荣"⑧。五代后晋户部尚书姚觊，卒之日，"家无余赀，尸不能敛，官为赗赠乃能敛，闻者哀怜之"⑨。开运初，后晋礼部尚书卢詹卒于洛阳，"詹家无长物，丧具不给，少帝闻之，赐布帛百段，粟麦百斛，方能襄其葬事，赠太子少保"⑩。

此外，官员死亡后，家人要求运送还乡者，政府还提供人力，护送还乡。唐律规定，诸官吏卒官者，若"家无手力不能胜致者，仰部送还乡，违而不送者，亦杖一百"。疏议曰："官人在任，以理身死，家道既贫，先无手力，不能

---

① 《新唐书》卷九一《温大雅传附弟温彦博传》，第3783页。
②③ 《新唐书》卷九七《魏徵传》，第3880页。
④ 《新唐书》卷九九《戴胄传》，第3916页。
⑤ 《旧唐书》卷九二《韦安石传附从孙韦抗传》，第2963页；《新唐书》卷一二二《韦安石传附从孙韦抗传》，第4360页记载相同。
⑥ 《新唐书》卷九三《李勣传》，第3820页。
⑦ 《新唐书》卷九八《薛收传》，第3891页。
⑧ 《旧唐书》卷一五八《郑余庆传》，第4166页。
⑨ 《新五代史》卷五五《姚觊传》，第631页。
⑩ 《旧五代史》卷九三《晋书·卢詹传》，第1231页。

自相运致以还故乡者，卒官之所，部送还乡。称'部送'者，差人部领，递送还乡。依令去官家口累弱，尚得送还；况乃身亡，明须准给手力部送。违而不送者，亦杖一百。"①

综合上述，唐五代时期"以应务代耕"的官员通过供职官位，获取职田、禄米、俸钱、禄力等俸禄，政府通过逐步完善俸禄制度恤养官员，以使其免于贫寒之境。政府会对一些处境窘迫的官员通过调整俸禄制度、赏赐钱物、允许官员改官等措施，以恤养贫困官员。岭南等边远地方官对流贬官员的救恤是政府恤养官员举措的重要补充。致仕资格及待遇使官员的养老有所保障，助葬对贫寒官员也是一种抚恤性举措。

第三节　对学子的救恤

学子，尤其举子，是以读书为业、以获取功名为目的的群体，举子是官僚群体的后备力量。因为专事读书及举业，学子几无收入，但读书、应举及日常生活所需则为数不少，这就使学子成为需要社会救助的又一特殊群体。

唐五代时期，科举制度逐渐成为社会各阶层入仕的首选途径，一些社会下层人士可以通过读书考取功名，这使得社会上的读书风气大盛。开元天宝以后出现了"太平君子唯门调户选，征文射策，以取禄位""五尺童子，耻不言文墨"的局面。②唐五代家境贫寒者致力于读书的现象比较普遍。马周"少孤，家婺狭。嗜学，善《诗》《春秋》"③。褚无量"幼孤贫，励志好学"④。崔圆"少孤贫，志尚闳博，好读兵书，有经济宇宙之心"⑤。鲍防"幼孤贫，笃志好学，善属文"⑥。崔日知"少孤贫，力学，以明经进至兵部员外郎"⑦。马总"少孤贫，好学"⑧。卢商"少孤贫力学，释褐秘书省校书郎"⑨。

---

　　①《唐律疏议》卷二六《杂律》，第491页。

　　② 参阅《通典》卷一五《选举典·历代制》，第358页。

　　③《新唐书》卷九八《马周传》，第3894页。

　　④《旧唐书》卷一〇二《褚无量传》，第3164页。

　　⑤《旧唐书》卷一〇八《崔圆传》，第3297页。

　　⑥《旧唐书》卷一四六《鲍防传》，第3956页。

　　⑦《新唐书》卷一二一《崔日用传附从父兄崔日知传》，第4331页。

　　⑧《旧唐书》卷一五七《马总传》，第4151页。

　　⑨《旧唐书》卷一七六《卢商传》，第4575页。

王彦威"少孤贫,苦学,尤通《三礼》"①。萧祐"少孤贫,耿介苦学"②。徐旷客(文远)居偃师,"贫不能自给,见文林鬻书于肆,文远日阅之,因博通《五经》,明《左氏春秋》"③。马怀素寓居江都,"家贫无灯烛,昼采薪苏,夜燃读书,遂博览经史,善属文"④。柳公绰"家甚贫,有书千卷,不读非圣之书"⑤。阳城"资好学,贫不能得书,求为吏隶集贤院,窃院书读之,昼夜不出户"⑥。崔从"少孤贫,与兄能偕隐太原山中。会岁饥,拾橡实以饭,讲学不废,擢进士第"⑦。毕諴"少孤贫,燃薪读书,刻苦自励"⑧。柳璨"少孤贫好学,僻居林泉。昼则采樵,夜则燃木叶以照书"⑨。五代后周人边蔚,"幼孤,笃学,有乡里誉"⑩。以上所举之人虽少时孤贫,仍恳苦力学,幸赖社会、政府及各方面力量的资助,终学有所成而名垂史册。这也更好地说明了唐五代社会和政府重视救助学子,并取得一定成效。

读书人还要负担沉重的读书、应举等费用。诸馆学、州县学学子入学之初都需交纳一定数量的绢作为"束脩之礼"。根据学校等级的不同,纳绢数量也不同,"国子、太学,各绢三匹,四门学,绢二匹,俊士及律书、算学,州县各绢一匹,皆有酒醑"⑪。虽然绢额不多,对庶民之家还是一笔不小的负担。而且,科举考试以进士和明经科最盛,但两科的登科人数有限,应举者往往数年、数十年不举,多数人更是终身不第。要是一家中有人常年从事举业,家人不仅要为其提供读书费用,还要准备足够的举资、与世人交通等各种费用,以致家境日贫,而陷入困境。如天宝初,"有范阳卢子,在都应举,频年不第,渐窘迫"⑫。明经科的赵瑜,因"累举不第,困厄甚",游泰山时

① 《旧唐书》卷一五七《王彦威传》,第4154页。参阅《新唐书》卷一六四《王彦威传》,第5056页。
② 《旧唐书》卷一六八《萧祐传》,第4380页。
③ 《新唐书》卷一九八《徐文远传》,第5637~5638页。
④ 《旧唐书》卷一〇二《马怀素传》,第3163页。参阅《新唐书》卷一九九《儒学·马怀素传》,第5680页。
⑤ 《旧唐书》卷一六五《柳公绰传》,第4300页。
⑥ 《新唐书》卷一九四《阳城传》,第5569页。
⑦ 《新唐书》卷一一四《崔融传附曾孙从传》,第4196页。
⑧ 《旧唐书》卷一七七《毕諴传》,第4609页。
⑨ 《旧唐书》卷一七九《柳璨传》,第4669页。
⑩ 《旧五代史》卷一二八《周书·边蔚传》,第1693页。
⑪ 《唐会要》卷三五《学校》,第740页。
⑫ 《太平广记》卷二八一《梦·樱桃青衣》,第2242页。

祈死于岳庙。①从事举业,即使士族、官僚子弟也有落魄者,庶民阶层的举子处境更是悲惨。如元和十年(815),举子廖有方落第东归,行至宝鸡西一家旅馆,见一贫困举子病危,对有方说:"辛勤数举,未遇知音。"此人随后死去,廖有方非常同情这位与自己境况相似的举子,将其埋葬。②举子贫困落魄的情况可见一斑。像这种不知名而落魄病死他乡的举子不在少数,需要社会各方力量的救助。

以下从国家、地方官和民间三个层面,具体考察对读书人的救恤状况。

一、国家对学子的救恤

国家对学子的救恤主要体现在完善学校教育体系、给学子提供食宿、给学生免除赋役等方面。

(一)完善学校教育体系

政府在中央及地方设立各级馆学,为官僚、庶民及各阶层学子提供良好的学习环境。在此过程中,国家投入了大量的资金,不仅要建造馆学校、给相关人员发放俸禄,还要给学子提供免费食宿,免除其徭役,集中体现了政府对各阶层学子教育的救恤。③

中央设国子监,下辖六学,即国子学、太学、四门学、律学、书学、算学。此外,门下省设弘文馆,东宫设崇文馆、广文馆,祠部设崇玄学,秘书省设小学,太医署设医学,宗正寺、太常寺亦设学馆,这些馆学校主要招收皇室、贵戚、高官子弟入学。④国子监在太宗时期达到鼎盛,出现了"国学之盛,近古未有"的局面。⑤贞观五年(631),太宗数幸国学,国学生员达到3260人。此后,馆学教育总体呈衰落趋势。⑥

地方州县设州学、县学、医学、道学、义学,是主要面向中下层官员及庶

---

① 参阅《太平广记》卷三一三《神·赵瑜》,第2476页。

② 参阅〔唐〕廖有方:《书胡倌板记》,《全唐文》卷七一三,第7323页。

③ 参阅《新唐书》卷四四《选举志》,第1159~1160页;刘海峰:《唐代教育与选举制度综论》,第53~58页。

④ 参阅《新唐书》卷四四《选举志》,第1159~1160页。

⑤ 参阅《通典》卷五三《礼典·大学》,第1468页。

⑥ 参阅《旧唐书》卷一八九《儒学列传》,第4942页;《旧唐书》卷八八《韦思谦传附韦嗣立传》,第2866~2867页;《唐摭言校注》卷一《两监》,第12~13页。

民子弟的教育。①诸州县馆学大概有生员六万三千多人。②

此外，民间创办的寺学、乡学、村学等私学，亦主要面向中下层官员及贫民子弟。中唐以后私学可寄读州县学授业。③开元二十一年（733）五月，玄宗下诏曰："许百姓任立私学，欲其寄州县受业者，亦听。"④开元二十六年正月玄宗下诏曰："其天下州县，每乡之内，各里置一学，仍择师资，令其教授。"⑤唐宰相窦易直，就曾因家贫，"就乡校授业"⑥。五代后唐人乌震，"冀州信都人也。少孤，自勤于乡校"⑦。乡学、村学、里学的设置，应该说是为贫穷百姓入学接受教育降低了门槛，对贫穷百姓子弟的读书和教育有较大的实际意义。

（二）供给食宿

政府给在中央诸馆读书的学生提供免费食宿。《唐会要·帖经条例》载，开元十七年三月，国子祭酒杨玚上言曰："伏闻承前之例，每年应举，常有千数，及第两监，不过一二十人。臣恐三千学徒，虚费官廪；两监博士，滥糜天禄。"⑧从"三千学徒，虚费官廪"一语可知，诸馆学生是由官府供给饮食的。《旧唐书·礼仪志》亦云："旧例，两京国子监生二千余人，弘文馆、崇文馆、崇玄馆学生，皆廪饲之。十五载，上都失守，此事废绝。"⑨可知天宝十四载（755）之前，国家是给馆学学生提供饮食的，安史之乱爆发后，馆学学生的饮食供应一度被停止。

永泰二年（766），国子学生的饮食供应又得以恢复。《旧唐书·礼仪志》载："自至德后，兵革未息，国学生不能廪食，生徒尽散，堂庑颓坏，常借兵健居止。"永泰二年正月，因国子祭酒萧昕建言："崇儒尚学，以正风教，乃王化之本也。"二十九日，代宗下敕在允许子弟习业、官员附学读书的同时，也整顿学校："学生员数多少，所习经业，考试等第，并所供粮料，及学馆破坏，要量事修理，各委本司作条件闻奏。务须详悉，称朕意焉。"至八月，以鱼朝恩

---

① 参阅《唐六典》卷三〇《京县畿县天下诸官吏》，第742~757页；李正宇：《唐宋时代的敦煌学校》，《敦煌研究》1986年第1期。

② 参阅《新唐书》卷四五《选举志》，第1180页。

③ 参阅《唐摭言校注》卷一《两监》，第12页。宋大川的《唐代教育体制研究》对唐代私学教育的类型及其特点已作了详细论述（第168~205页）。

④⑤《唐会要》卷三五《学校》，第741页。

⑥《太平广记》卷七六《方士·乡校叟》，第481页。

⑦《旧五代史》卷五九《唐书·乌震传》，第793页。

⑧《唐会要》卷七五《贡举》，第1630页。

⑨《旧唐书》卷二四《礼仪志》，第924页。

"任知学生粮料"，并"贷钱一万贯，五分收钱，以供监官学生之费。俄又请青苗地头取百文资课以供费同（用）"。①概括以上记载可得知，永泰二年馆学恢复给学生食宿的几项措施：首先，确立了国子学学生给食料的名额和考试定等第的原则。其次，给国子学提供一万贯本金，放利收钱，作为监官和学生的部分费用。最后，是"请青苗地头取百文资课以供费同（用）"。

馆学提供食宿，对读书人尤其是家境贫寒的子弟来说有很大吸引力，一些学子长期赖在馆学，甚至出现已被出监者复改名入监的现象。于是，国子监制定了相关政策，将不遵守制度的监生解退，在监学生给食宿和入监，均须参加国子监的考试。《唐会要·附学读书》云：

> （元和元年）四月，国子祭酒冯伉奏："应解学生等……其有艺业不勤，游处非类，樗蒱六博，酗酒喧争，凌慢有司，不修法度，有一于此，并请解退。又有文章帖义，不及格限，频经五年，不堪申送者，亦请解退。其礼部所补生，到日，亦请准格帖试，然后给厨役，每日一度。试经一年，等第不进者，停厨。庶以上功，示其激劝。又准格，九年不及第者，即出监。闻比来多改名却入，起今以后，如有此类，请退送法司，准式科处。"敕旨依奏。②

此后国子监生给食宿时，进一步严格了考试定等的激劝制度，对不符合条件的学生给予清退。国子监学生不愿出监，充分说明国子监学生享有的食宿优待。

长庆二年（822）闰十月，经国子监祭酒韦乾度奏请，进一步改革给学生提供食宿的制度。首先，"当监进士、明经等，待补署毕，关牒到监司，则重考试。其进士等若重试及格，当日便给厨房。其明经等考试及格后，待经监司牒送，则给厨房"；其次，"学生有及第出监者，仰馆子先通收纳房，待有新补学生公试毕后，便给令居住。当监承前并无专知馆博士，请起今已后，每馆众定一人知馆事"。③韦乾度的建议被朝廷采纳并推行。

显德元年（954）十一月，后周太祖下诏："国子监所解送广顺三年已前监生人数，宜令礼部贡院收纳文解，其今年内新收补监生只仰落下，今后须

---

① 《旧唐书》卷二四《礼仪志》，第922~924页。

② 《唐会要》卷六六《附学读书》，第1370~1371页。

③ 《唐会要》卷六六《东都国子监》，第1372~1373页。

是监中受业,方得准令式收补解送。"①学子取得入监资格后,也就取得了监生所享有的食宿待遇。五代南唐升元二年(938),以白鹿洞为国学,也给诸生提供食宿。陈舜俞《庐山记》云:"南唐升元中因洞建学馆,署田以给诸生,学者大集,以国子监九经李善道为洞主,以主教授。"②

地方州县学是否向学生供给餐食,目前尚未见明确记载。但韩愈《潮州请置乡校牒》云:"请摄海阳县尉,为衙推官,专勾当州学,以督生徒,兴恺悌之风。刺史出已(己)俸百千,以为举本,收其赢余,以给学生厨馔。"③从这一记载看,似乎州县学生也给厨,但为孤证,还需进一步证明。

(三)学生不负担课役

国子学、太学、四门学生皆免课役。《新唐书·食货志》云:"国子、太学、四门学生、俊士……皆免课役。"④唐前期国子学、太学、四门学生多为国亲及高、中级官吏子弟,其本身就有免课役的特权;俊士多为庶民之优异者,政府为其减轻赋税负担,有利于他们集中精力读书学习。弘文馆、崇文馆等馆学学生也均为皇室、后戚及当朝重臣子弟,他们本身就有免课役的特权。⑤另,开元二十一年(733)五月敕:"即诸州人省试不第,情愿入学者听入四门学。"⑥从而使乡贡落第的庶民举人,也可进入四门学,获得免课役的资格。⑦

唐五代举人及第后,可使其家庭免除课役。随着科举及第者所享有的经济特权不断扩大,至武宗朝,进士群体逐渐形成衣冠户⑧,他们享有很多经济特权,不仅广占田亩,自置田庄,而且还为他人影复、寄产,逃避赋役,害及疲民。⑨五代还有童子登童子科后,便"滥蠲徭役,虚占官名"的情况。⑩甚至出现了诸道州府官学生免其本户差役的现象。后唐天成三年(928)八月,宰相兼国子祭酒崔协奏:诸国子监生、太学生及各道州府官学

① 《册府元龟》(宋本)卷六四二《贡举部·条制》,第2118页。
② 〔宋〕陈舜俞:《庐山记》卷三,丛书集成初编本,中华书局,1985年,第27页。
③ 《韩昌黎文集校注》文外集卷上,第692页。
④ 《新唐书》卷五一《食货志》,第1343页。
⑤ 参阅《新唐书》卷四五《选举志》,第1160页。
⑥ 《唐会要》卷三五《学校》,第741页。
⑦ 杨际平先生认为唐代国子学、太学、四门学生免役,不免租调,但其说缺乏根据。见郑学檬主编:《中国赋役制度史》,第259页。
⑧ 参阅韩国磐:《科举制和衣冠户》,收入氏著《隋唐五代史论集》,第286~293页;张泽咸:《唐代的衣冠户和形势户》,《中华文史论丛》1980年第3期。
⑨ 参阅〔唐〕杨夔:《复宫阙后上执政书》,《全唐文》卷八六六,第9075页。
⑩ 参阅《旧五代史》卷一四八《选举志》,第1980页。

生,"但一身就业,不得影庇户门,兼大学书生亦依此例,不得因此便取公牒,辄免本户差役",此条奏文得以采纳并推行①,说明五代后唐天成三年八月之前,曾一度出现国子监、诸道州府官学生免其本户差役的现象,此条奏文便是要求对这种情况进行限制。后唐承唐制,可以推知,唐代诸道州府官学生也可能有过免其本户差役的情况。这些虽不在助学范围之内,却能体现唐五代对读书人的优恤。

政府还给落第举子发放归粮。武德五年(622)十一月敕:吏部省试"其下第人各赐绢五匹,充归粮,各勤修业"②。玄宗时,给落第举子的赐物有所增加,"宜各赐物十段。用成难进之美",并赐坐食,"食讫好去""仍依前给公乘还贯",对称疾不到者,"宜令本部取诸色官物。各赐二十段以充药物之资"③。这些政策集中体现了政府对落第举子的救恤。

二、地方官助学

地方官助学主要体现在其对地方学校的兴建和为地方举子提供举资等方面。

(一)地方官兴办学校

从广义上说,地方官重视教育,办好所在州县学校,为地方士庶子弟提供良好的读书环境,是其最重要的助学活动。中宗时,韦景骏先任肥乡令,后任赵州长史,他路过肥乡时,乡民老小争相奉迎,小儿曰:"耆老为我言,学庐、馆舍、桥鄣皆公所治。"后韦景骏迁房州刺史,"州穷险,有蛮夷风,无学校,好祀淫鬼,景骏为诸生贡举,通隘道,作传舍,罢祠房无名者"④。可见,韦景骏所到之处,都兴办学校,资助举人,深受学子及百姓的欢迎。代宗时,罗珦任庐州刺史时,也非常注重"修学官"⑤。韩愈被贬到潮州后,上《潮州请置乡校牒》云:

> 此州学废日久,进士、明经,百十年间,不闻有业成贡于王庭,试于有司者……今此州户万有余,岂无庶几者耶?刺史县令不躬为之师,里闾后生无所从学尔。赵德秀才,沉雅专静,颇通经,有文章,能知先

---

① 参阅《册府元龟》(宋本)卷六二〇《卿监部·举职》,第1970页。
② 《唐摭言校注》卷一五《杂记》,第293页。
③ 《庐山记》卷三,第27页。
④ 《新唐书》卷一九七《韦景骏传》,第5627页。
⑤ 《新唐书》卷一九七《罗珦传》,第5628页。

王之道,论说且排异端而宗孔氏,可以为师矣。请摄海阳县尉,为衙推官,专勾当州学,以督生徒,兴恺悌之风。刺史出已(己)俸百千,以为举本,收其赢余,以给学生厨馔。①

他上任后身体力行,采取了一系列重教助学措施。又贞元十七年至永贞元年,韦丹为容州刺史②,也"兴学校"③;大中十年(856)前后,韦丹子韦宙为永州刺史④,"立学官,取仕家子弟十五人充之"⑤。昭宗朝王潮为福建等州观察使时,也曾"作四门义学"⑥。

地方官还可以其职任之影响力,引导地方士人好尚读书。元和十年(815),柳宗元被贬柳州,"南方为进士者,走数千里从宗元游,经指授者,为文辞皆有法"⑦,其在柳州讲学,势必影响到当地的学风。元和十五年至长庆二年,曹华治兖州后⑧,以齐、鲁之地经李正己割据后,民俗"顽骜","乃躬礼儒士,习俎豆之容,春秋释奠于孔子庙,立学讲经,儒冠四集。出家财赒给,俾成名入仕,其往者如归"⑨,曹华在引导兖州地方好尚读书外,还直接对地方读书人进行经济救济。

有的地方官还通过奖励登科之人,以开化地方读书风气。《太平广记》载:"荆南解比号天荒。大中四年,刘蜕以是府解及第。时崔铉作镇,以破天荒钱七十万资蜕。蜕谢书略曰:'五十年来,自是人废;一千里外,岂曰天荒?'"⑩刘蜕进士登第,打破了荆南解"天荒"的状况,崔铉奖励其七十万钱,产生了极大的影响,也对当地重教好学风气的形成,起了积极的作用。

(二)资助应举费用

举子参加科考所需路费、书本费、行卷费、住宿费、游宴费等,加起来为数不小⑪,这对家境贫寒的举子来说便成了大问题。如韩愈形容自己应举

①《韩昌黎文集校注》文外集卷上,第691~692页。

②参阅郁贤皓:《唐刺史考全编》卷一七一《岭南道·容州》,第3319页。

③《新唐书》卷一九七《韦丹传》,第5628页。

④参阅郁贤皓:《唐刺史考全编》卷一七一《江南西道·永州》,第2483页。

⑤《新唐书》卷一九七《韦丹传附子韦宙传》,第5631页。

⑥《新唐书》卷一九〇《王潮传》,第5492页。

⑦《新唐书》卷一六八《柳宗元传》,第5142页。

⑧参阅郁贤皓:《唐刺史考全编》卷六九《河南道·兖州》,第1011页。

⑨《旧唐书》卷一六二《曹华传》,第4243页;《新唐书》卷一七一《曹华传》,第5192~5193页。

⑩《太平广记》卷一八二《贡举·刘蜕》,第1357页。

⑪参阅侯力:《科举制度与唐代社会》,岳麓书社,1998年,第211~230页。

的惨状云:"遑遑乎四海无所归,恤恤乎饥不得食,寒不得衣。"①孙樵曾"九试泽宫,九黜有司。十年辇下,与穷为期。一岁之间,几日晨炊。饥不饱菜,寒无袭衣"②。诸州向乡贡举子赠送部分举资,对举子尤其是其中的贫寒者来说,可以说是雪中送炭。

乡贡举人,在通过州县府试之后,州县为其举行"乡饮酒礼",然后在每年十月"随物入贡"③,"而与计偕"④。乡贡举子随物与州县计吏一同进京赶考,意味着乡贡举人可以得到州县提供的一定举资。对此《太平广记》载:

> 李丞相绛,先人为襄州督部,方赴举,求乡荐。时樊司空泽为节度使,张常侍正甫为判官,主乡荐。张公知绛有前途,启司空曰:"举人中悉不如李秀才,请只送一人,众人之资,以奉之。"欣然允诺。⑤

从"众人之资,以奉之"一句可以看出,诸州解送举人时,州府一般都要给每个举人一定的资助。只不过在这段记载中,由于张正甫的推荐,节度使樊泽将众人之资全给了李绛。又有卢延让,"薄游荆渚,贫无卷轴,未遑贽谒",侍御史吴融,"奇之",称之于府主成汭,"由是大获举粮"。⑥卢氏所获的举粮也是荆州府主成汭为其提供的。卢延让得此资助后,遂于光化三年(900)登第。

诸州乡贡举人所得举资还分解元、解副、海送(平等)三个等级。广明之乱后,天下大荒,江西观察使钟传以荐贤为急务,府试之后,解元赠钱三十万,解副二十万,海送亦不减十万,达三十年之久,以致举子有不远千里来求首荐。⑦

由于诸州必须向乡贡举人赠送举资,甚至出现一些举子嫌州府赠送举资少的现象,《唐语林·补遗》云:

> 安邑李相公吉甫,初自省郎为信州刺史。时(贞元末)吴武陵郎

---

① 《韩昌黎文集校注》卷三《上宰相书》,第155页。
② 〔唐〕孙樵:《骂僮志》,《全唐文》卷七九五,第8337页。
③ 《唐摭言校注》卷一《统序科第》,第1页。
④ 《通典》卷一五《选举典·历代制》,第353页。
⑤ 《太平广记》卷一七九《贡举·张正甫》,第1334页。
⑥ 《太平广记》卷一八四《贡举·卢延让》,第1374页。
⑦ 参阅《唐摭言校注》卷二《争解元》,第34页。

中，贵溪人也，将欲赴举，以哀情告州牧，赠布帛数端。吴以轻鲜，以书让焉。其词唐突，不存桑梓之分，并却其礼。李公不悦。妻谏曰："小儿方求成人，何得与举子相忤？"遂与米二百斛。①

吴武陵不仅嫌刺史赠送举资太少，而且公然取笑刺史李吉甫父为举子时，投谒受辱之事，李吉甫出于自保，竟不敢违逆举子，复厚赠吴武陵。

此外，还有举子执业投刺其他州府，并求得举资。贞元中，崔枢应进士举，遇一商人以万缗之珠相赠，崔曰："吾一进士，巡州邑以自给，奈何忽蓄异宝？"后一年，崔游丐亳州。②从此例可见，晚唐五代举子可以在赴举的沿途投刺诸州官员，以募得举资。③

还有举子依附显宦募得举资的情况。中和初，欧阳詹孙澥，出入科举场中已二十年，在汉南时，为宰相韦中令所知。韦中令"以私书令襄帅刘巨容俾澥计偕，巨容得书大喜，待以厚礼，首荐之外，资以千余缗"④。这一记载是个特例，也不排除刘巨容以巨资资助欧阳澥赴举以取悦宰相的因素，但所资给的千余缗钱对欧阳澥应举的重要性不必多言。

一些举子甚至能募得丰厚的举资，并用来资助家人。杜牧《送卢秀才赴举序》云：

> 卢生客居于饶，年十七八，即主一家骨肉之饥寒，常与一仆东泛沧海，北至单于府，丐得百钱尺帛，囊而聚之，使其仆负之以归……年未三十，尝三举进士，以业丐资家，近中辍之。⑤

像卢生这样家境贫寒的举子以习业投刺府州的情况还很多。举子丐资，并不是单纯的乞讨，而是以诗文向社会上有地位、权势的人投谒，以期获得资助，这与当时举子在社会上有一定的地位是分不开的。

在地方政府的倡导下，据说自元和年间始，天下津渡不收取举子的渡

①《唐语林校证》卷六《补遗》，第580页。
②参阅《唐语林校证》卷一《德行》，第21~22页。
③关于举子游丐以募举资，黄云鹤的《唐代举子游丐之风——〈太平广记〉所见唐代举子生活态之一》，以《太平广记》为基本素材，进行了探讨。该文刊于《古籍整理研究学刊》2004年第1期。
④《唐摭言校注》卷一〇《海叙不遇》，第200页。
⑤《全唐文》卷七五三，第7089页。

水费用,并成制度。《太平广记·文章二·周匡物》载,周匡物元和十二年(817)登第,此前家贫,"徒步应举,落魄风尘,怀刺不偶。路经钱塘江,乏僦船之资,久不得济,乃于公馆题诗云:'万里茫茫天堑遥,秦皇底事不安桥。钱塘江口无钱过,又阻西陵两信潮。'郡牧出见之,乃罪津吏。至今天下津渡,尚传此诗讽诵。舟子不敢取举选人钱者,自此始也"①。

总之,唐五代州府为举子提供举资以及举子丐资的现象很普遍,这是由当时的科举制度决定的。由于中晚唐科举出身者入仕的迅捷和社会地位的提高,特别是进士出身成为清望官的后备力量,进士举人在社会上备受尊敬。加之晚唐五代各地方镇为了增强势力,将资助举子作为笼络人才的手段,以博得爱才的美名,从而吸引已获得科名者及举子为其效力,地方官一般都很重视资助应举的举子。

三、民间对学子的救助

民间对学子的救助主要可以分为民间个人对学子的救助和寺院、书院等机构性组织对学子的救助。

(一)民间个人对学子的救助

民间个人对学子的救助主要是亲友、个别官僚、同乡里之人及商人等资助学子的个人行为,而不包括作为州县长官以国家费用赠送举资的行为,可分为以下多种情况。

①亲友救助。在家境贫寒的情况下,读书人想要专于举业,一心向学,是非常困难的。在这种时候,他们往往需要来自亲友的帮助。德宗时人李逊及弟李建的求学历程,很好地诠释了唐五代亲人对子弟求学的救助状况,"逊幼孤,寓居江陵。与其弟建,皆安贫苦,易衣并食,讲习不倦。逊兄造,知二弟贤,日为营丐,成其志业"②。李逊兄弟三人"于荆南躬耕致养",家境贫苦,长兄李造知二弟贤,营丐供给,遂成就二弟中举进士。开成二年(837),"越州有卢册者,举秀才,家贫,未及入京。在山阴县顾树村知堰,与表兄韩确同居"③。这是贫困秀才寄居表亲的事例。当然,寄人篱下的读书人处境也不尽如人意。如李固言元和七年(812)进士登第,应进士举时,"舍于亲表柳氏京第。诸柳昆仲,率多谑戏。以固言不闲人事,俾信趋揖之

---

①《太平广记》卷一九九《文章·周匡物》,第1494页。

②《旧唐书》卷一五五《李逊传》,第4125页。参阅《新唐书》卷一六二《李逊传》,第5005页。

③《太平广记》卷二八二《梦·韩确》,第2252页。

仪,候其磬折,密于头巾上贴文字云:'此处有屋僦赁。'固言不觉。及出,朝士见而笑之"①,故事滑稽辛酸,也反映出举子寄人篱下的苦楚。

②同乡救助。玄宗时人吕谭,"少力于学,志行整饬。孤贫不自业,里人程氏财雄于乡,以女妻谭,亦以谭才不久困,厚分赀赡济所欲,故称誉日广。开元末,入京师,第进士"②,这是同里之富豪救济里内孤贫读书人的事例。

③开明官僚救恤学子。武后长安年间,太常博士尹知章勤于讲授,"弟子贫者,赒给之"③。宪宗朝杨虞卿进士及第后,"来淮南就李郐亲情,遇前进士陈商,启户穷窘,公未相识,问之,倒囊以济"④。上文引曹华治兖州时,也曾出家财赠给前来读书的人。甚至有人还救济举子家人,以解除其后顾之忧,全力支持其应举。如"许棠久困名场,咸通末,马戴佐大同军幕,棠往谒之,一见如旧识。留连数月,但诗酒而已,未尝问所欲。忽一旦大会宾友,命使者以棠家书授之。棠惊愕,莫知其来。启缄,乃是戴潜遣一价,恤其家矣"⑤。

④商人救助举子。武德五年(622),李义琛与弟义琰、从弟上德三人同年应进士举,"随计至潼关,遇大雪,逆旅不容,有咸阳商人见而怜之,延与同寝处。居数日,雪霁而去。琛等议鬻驴,以一醉酬之。商人窃知,不辞而去。复先赠以稻粮"⑥。这是商人义助贫困进士的事迹。

⑤村舍老翁救助学子。《太平广记》载:一庐陵人应举,遇天黑,到一村舍求宿,"有老翁出见客曰:'吾舍窄人多。容一榻可矣。'因止其家……久之告饥。翁曰:'居家贫,所食唯野菜耳。'即以设。客食之。"⑦村舍老翁不仅提供了举子的住宿,还供给其饮食。

⑥举子互助。中唐时人熊执易,应举途中,遇同宿人"尧山令樊泽,将赴制举,驴劣不能进。执易乃辍所乘马,并囊中缣帛,悉与泽,以遂其往。诘朝,执易乃东归"⑧。熊执易是将自己准备的所有应考费用和所乘之马都无私地赠送给了赴制举考的樊泽。

① 《太平广记》卷一八〇《贡举·李固言》,第1343页。

② 《新唐书》卷一四〇《吕谭传》,第4648页。

③ 《新唐书》卷一九九《尹知章传》,第5671页。

④ 《唐摭言校注》卷四《气义》,第102页。参阅《太平广记》卷一八〇《贡举三·杨虞卿》,第1342页。

⑤ 《太平广记》卷二三五《交友·许棠》,第1805页。

⑥ 《太平广记》卷一七九《贡举·李义琛》,第1330页。

⑦ 《太平广记》卷四七九《昆虫·蜂余》,第3948页。

⑧ 〔唐〕李肇:《唐国史补》卷上,上海古籍出版社,1957年,第24页。

⑦贵族救助举子。唐中宗时,太平公主"进达朝士,多至大官,词人后进造其门者,或有贫窘,则遗之金帛,士亦翕然称之"①,这是公主以自己的地位和财势救济贫困士人的情形。

(二)佛道寺观之助学

唐中叶以后,中央馆学等学校教育系统逐渐衰落,而读书于山林寺院,论学会友蔚然成风。《唐摭言·慈恩寺题名游赏赋咏杂纪》云:"科第之设,沿革多矣……迩来林栖谷隐,栉比鳞差。"②可知当时学子"林栖谷隐",潜心读书以登科第的现象非常普遍。关于唐人尚读书山林的问题,严耕望《唐人习业山林寺院之风尚》③已经做过精细研究。以下从寺院救助学子的角度进行简要解析。

唐五代人读书于山林寺院,往往依赖寺院的食宿。王播少孤贫,"尝客扬州惠昭寺木兰院,随僧斋餐。诸僧厌怠,播至,已饭矣"。徐商"常于中条山万固寺泉入院读书。家庙碑云:'随僧洗钵。'"韦昭度"少贫窭,常依左街僧录净光大师,随僧斋粥。净光有人伦之鉴,常器重之"④。从这些记载看,中晚唐贫寒子弟寄食寺院,后登进士科,仅官至宰相者就有三人,可见贫寒子弟随僧斋饭的现象很是普遍。又《云溪友议》载:李绅"初贫,游无锡惠山寺,累以佛经为文稿,致主藏僧殴打,终身所憾焉。后之剡川天宫精舍,凭笈而昼寝……老僧知此客非常,延归本院。经数年而辞赴举,将行,赠以衣钵之资"⑤。李绅为衰落士族,六岁而孤,早年由其母卢氏教以经义。⑥李绅在无锡惠山寺以佛经为文稿,可见其贫窭,也因此遭僧人殴打,终身所憾,之所以不得不委屈在寺院读书,除寺院良好的读书环境外,还与其家境贫寒、衣食无着有密切关系。又《鉴戒录·衣锦归》云:罗向本庐州人,"常投福泉寺僧房寄足。每旦随僧一食,学业而已"⑦。另外,也有一些人在寺院读书时,以在寺院劳作而自给,如王绍宗"少贫侠,嗜学,工草隶,客居僧坊,写

---

① 《旧唐书》卷一八三《外戚·太平公主传》,第4739页。
② 《唐摭言校注》卷三《慈恩寺题名游赏赋咏杂纪》,第81页。
③ 收入严耕望:《唐史研究丛稿》,第367~424页。
④ 《唐摭言校注》卷七《起自寒苦》,第137~138页。
⑤ 《云溪友议》卷上《江都事》,第1268页。
⑥ 参阅《旧唐书》卷一七二《李绅传》,第4497页。
⑦ (后蜀)何光远:《鉴戒录》卷八,焦杰点校,新世纪万有文库《唐五代宋笔记十五种》
　(二),辽宁教育出版社,2000年,第48页。

书取庸自给,凡三十年"①。

另据陆元浩《仙居洞永安禅院记》载:唐乾宁中,高僧如义所建之永安院,"以诗礼而接儒俗,以衣食而求孤茕。来者安之,终者葬之。其间羁旅书生,咸成事业。告行之日,复遗资粮。登禄仕者甚多,荣朱紫者不一"②。永安禅院广纳儒士学子,给予他们衣食、丧葬等诸多方面的帮助,所依止者中,"登禄仕者甚多",是当时寺院助学的典型例证。通观整个唐五代历史,这绝不是个别现象,说明寺院是当时社会助学的一种重要力量。

读书人依宿寺院除了免费食宿外,还有其他一些原因。其一,寺院一般藏书丰富,除了佛教典籍外,还都藏有经史子集等书籍,这为举子提供了借阅书籍的方便。③其二,寺院人才汇聚,文化学术气氛浓厚,聚集了不少名士、名师,便利学子求学交友。④刘得仁的《送车涛罢举归山》云:"朝是暮还非,人情冷暖移……要路知无援,深山必遇师。"⑤读书人科场失意后,归隐山林,以期遇良师,不少学子习业山林,学成后便再赴科场。

任之良应进士举落第后,在一关东店小憩,遇一道士问其"合有身名称意,何不却入京"。任之良辞以无资粮,到京无居处,"道士遂资钱物,并与一帖,令向肃明观本院中停。之良至京,诣观安置"⑥。这是道士资助学子的记载。

(三)私学发展与助学的关系

私学是指朝野官员、有学识者开办私塾,聚徒讲学,可大致分为乡学、书院、聚徒讲学等形式。私学的发展为社会各界对各个层次的学子给予救助,提供了更多的途径和形式。

1. 乡学

关于唐代的乡学,刘海峰《唐代乡村学校与教育的普及》⑦,朱利民、王尚林《唐代乡学考》⑧,万军杰《试析唐代的乡里村学》⑨等文,已从不同角度

---

① 《新唐书》卷一九九《王绍宗传》,第5668页。参阅《旧唐书》卷一八九《王绍宗传》,第4964页。

② 《全唐文》卷八六九,第9101页。

③④ 参阅严耕望:《唐人习业山林寺院之风尚》;李正宇:《敦煌学郎题记辑注》,《敦煌学辑刊》1987年第1期。

⑤ 《全唐诗》卷五四四,第6293页。

⑥ 《太平广记》卷二二四《相·任之良》,第1724~1725页。

⑦ 《教育评论》1990年第2期。

⑧ 《人文杂志》1993年第3期。

⑨ 《史学月刊》2003年第5期。

进行了讨论。以下仅从私学发展与教育的普及对贫寒学子的救恤意义等方面试作探讨。

首先要说明的是,唐代有时将地方州县官学也称为乡学,如韩愈《潮州请置乡校牒》中就将当地的州县学称为乡校。①但一般情况下,文献中的"乡学"多指乡村学校。本书所谈的乡学主要是指乡里、乡村学校。

崇重学校可以敦劝风俗,唐朝建立之初,政府就着手乡学的设置。武德七年(624),高祖下诏,"诸州县及乡,并令置学"②。如唐初张士衡就曾"讲教乡里"③。此后乡学在全国范围内开始设置。开元十六年(728)④,玄宗《处分朝集使敕》云:"其百姓间事物,去冬敕书已处分讫,若人有疾苦,乡有奸豪,不劝农桑,不崇学校,并宜敦劝,以正风俗。"⑤玄宗把敦劝乡里学校作为朝集使的一项重要工作。开元二十六年正月,玄宗下诏:"古者乡有序,党有塾,将以弘长儒教,诱进学徒,化人成俗,率由于是。其天下州县,每一乡之内,里别各置一学,仍择师资,令其教授。"⑥将乡学的设置在政策上深入到基层组织里一级。天宝三载(744),玄宗亲祭九宫坛后下诏云:"乡学之中,倍增教授,郡县官长,明申劝课。"⑦此诏文中,玄宗又就乡学中的师资配备,要求郡县长官进行劝课。政府对乡学建设的重视,本身就是对乡村儿童受教育的一种帮助和保障。

乡里学校由政府提倡、资助,民间筹办。开元二十一年五月,玄宗下诏曰:"许百姓任立私学,欲其寄州县受业者,亦听。"⑧这里私学主要指乡学和个人讲学,此条规定允许私学寄州县受业,为乡学的发展提供了场所上的方便,旨在鼓励兴办乡学。天宝三载闰二月,河北采访处置使苗晋卿归乡里,以"俸钱三万为乡学本,以教授子弟"⑨。另据王维《魏郡太守河北采访处置使上党苗公德政碑》载:苗晋卿衣锦还乡后,散资财于乡里,临走时,又以余资"一乡置校,开说礼敦诗之本"⑩。苗晋卿的举动,在当时士大夫阶层

---

① 参阅《韩昌黎文集校注》文外集卷上《潮州请置乡校牒》,第691页。

②《通典》卷五三《礼典·大学》,第1476页。

③《新唐书》卷一九八《张士衡传》,第5649页。

④ 参阅〔日〕池田温编:《唐代诏敕目录》,第182页。

⑤《全唐文》卷二五四,第2570页。

⑥《通典》卷五三《礼典·大学》,第1468~1469页。

⑦〔唐〕孙逖:《天宝三载亲祭九宫坛大赦天下制》,《全唐文》卷三一〇,第3150页。

⑧《唐会要》卷三五《学校》,第741页。

⑨《旧唐书》卷一一三《苗晋卿传》,第3350页。

⑩《全唐文》卷三二六,第3310页。

中有一定的普遍性,也说明官僚阶层在兴办乡校的过程中起了积极作用。《新唐书·常衮传》载,建中初,杨炎辅政,常衮被起用为福建观察使,"始,闽人未知学,衮至,为设乡校,使作为文章,亲加讲导,与为客主钧礼,观游燕飨与焉,由是俗一变,岁贡士与内州等"①。《太平广记》亦云:"衮以辞进,乡县小民,有能读书作文辞者,亲与之为主客之礼。观游宴飨,必召与之。时未几,皆化翕然。"②可见常衮所设学校为乡里学校。常衮身为地方观察使,其好尚和引导,对闽越乡学的兴办和当地读书风气兴起起到了推动作用。李商隐《齐鲁二生》云:程骧"甚苦贫,就里中举负,给薪水洒扫之事,读书日数千言,里先生贤之,时与馈粮布帛,使供养其母。后渐通五经、历代史、诸子杂家,往往同学人去其师从骧讲授。又其为人宽厚滋茂,动静有绳墨,人不敢犯。乌重允为郓帅,喜闻骧,与之钱数十万,令市书籍。骧复以其余赍诸生"③。从"就里中举负""里先生贤之"两句来看,程骧曾在里学读书。而"里先生贤之,时与馈粮布帛,使供养其母"则说明,乡里学校有时会供给学业优秀的贫寒学子衣食。在程骧成为乡村学校先生后,还得到郓帅乌重允资助用以购书,程骧又将所剩的钱资助学生,说明乡里学校能在一定程度上得到地方官僚的经费支持,与此同时学校还对贫寒学生给予资助。

乡里学校非常普遍,即使在边远偏僻之地,也有乡里学校。元稹《白氏长庆集序》云:"予尝于平水市中,见村校诸童竞习诗,召而问之,皆对曰:'先生教我乐天、微之诗。'固亦不知予之为微之也。"④白居易《与元九书》云:"自长安抵江西三四千里,凡乡校、佛寺、逆旅、行舟之中,往往有题仆诗者。"⑤地处西北的敦煌,不仅在唐前期乡里学校已经很兴盛,而且在陷落吐蕃时期和归义军统治时期,乡里学校仍保持相当规模。⑥

当然,不少乡里学校入学是要收费的。如唐僖宗中和四年(884),淮浙荒乱,顾蒙"避地至广州,人不能知,困于旅食。以至书《千字文》授于聋俗,以换斗筲之资"⑦。

①《新唐书》卷一五〇《常衮传》,第4810页。

②《太平广记》卷一八〇《贡举·常衮》,第1338页。

③《全唐文》卷七八〇,第8150页。

④《元稹集》卷五一《白氏长庆集序》,冀勤点校,中华书局,1982年,第555页。

⑤《白居易集》卷四五,第963页。

⑥参阅李正宇:《唐宋时代的敦煌学校》,《敦煌研究》1986年第1期;李正宇:《敦煌学郎题记辑注》,《敦煌学辑刊》1987年第1期。

⑦《唐摭言校注》卷一〇《韦庄奏请追赠不及第人近代者》,第219页。

2.书院

书院最早只是世人读书、讲学的场所,它是私人办学的产物,到开元年间,经唐玄宗的提倡、赞助,建立了国家书院,成为国立"图书馆"和"古籍整理中心"。唐代最早设立的国家书院为乾元院,开元六年(718),"乾元院更号丽正修书院"①,开元十三年改称集贤书院②。此后,在国家书院的影响下,又逐渐出现了私人书院,私人书院有时还称为学院、书堂、书楼。③

关于私人书院的产生年代,朱熹《衡州石鼓书院记》载,石鼓书院"起自唐元和间,州人李宽之所为"④。盛朗西主张书院始于五代,章柳泉认为书院始于南唐升元四年(940);王夫之认为书院始于宋咸平四年(1001);杨荣春认为书院始于宋代;张正藩认为书院之名始见于唐,书院之制创于五代之南唐,而确立于宋代。⑤

唐代私人书院的名称应起源于贞元年间的张九宗书院⑥,其后影响比较大的有皇寮书院、松州书院、义门书院等。⑦唐代书院已包含藏书、传学、养士、教师著书、讲学等环节,产生了新的教学活动方式,为士子适应科举考试提供了良好的受教育和学习的环境。

此时书院多由宗族和私人创办,往往局限于子弟的培养,费用由宗族共同承担。关于书院对宗族子弟助学的情况,详见本书第六章"宗族姻亲与民间救助"。

此外,初唐和晚唐五代时期,由于国学的初建和衰落,聚徒讲学出现了两个高潮。⑧聚徒讲学是对政府学校教育的一个重要补充,对提高士庶子弟学业水平、救助贫寒学子有很大帮助。

晚唐还出现了社学。敦煌文书 P.2904《论语集解第二》末题:"未年(815)三月廿五日社学写记了。"关于社学的记载仅此一例,是否就是社邑办学,以供社人子弟读书,尚需进一步证实。若是社学,将对后世社学产生

---

① 《唐会要》卷六四《集贤院》,第1321页。

② 参阅《唐会要》卷六四《集贤院》,第1322页;《新唐书》卷四七《百官志》,第1212页。

③ 参阅李才栋:《唐代书院的创建与功能》,《江西教育学院学报(社会科学版)》2000年第1期。

④ 〔宋〕朱熹:《朱子全集》卷七九《晦庵先生朱文公集》,戴扬本、曾抗美校点,上海古籍出版社,2002年,第3782页。

⑤ 参阅李才栋:《唐代书院的创建与功能》。

⑥ 参阅〔明〕李贤等:《明一统志》卷七一《潼川州》,三秦出版社,1990年,第1099页上。

⑦ 参阅邓洪波:《唐代地方书院考》,《教育评论》1990年第2期。

⑧ 参阅宋大川:《唐代教育体制研究》,山西教育出版社,1998年,第180~187页。

的研究很有价值。

总之,唐五代私学在助学方面的积极作用主要表现在如下几个方面:第一,私学不仅是教育和教学机构,又兼是学术研究组织,往往由当时名师、大儒执教,保证了教育质量。第二,私学主要招收庶民子弟,注重学生的资质,打破了官学按生员的出身等级招收学生的限制,扩大了受教育的范围,增加了普通百姓受教育的机会。第三,私学不受时间、地域的限制,推动了国民教育的普及。第四,不少私学由官僚创办或资助,增加了贫寒子弟入学的机会。第五,私学收费较低,从某种程度上降低了庶民入学的门槛,使庶民阶层有更多的入学机会。第六,部分私学还为贫寒学子提供食宿,对救助学子读书更为有利。第七,私学面对各个年龄层,特别是乡里学校对儿童、青少年的教育,弥补了官学教育的不足。

第四节　对将士的救恤

军队是国家机器的重要组成部分,是国家赖以存立之根本。因此,古代帝王在努力掌控军队统帅权的同时,还十分注意对军队的管理。对将士的救恤是政府治理军队的一个重要方面,也是增强军队战斗力的重要措施。

一、对将士的优恤政策

《册府元龟·愍征役》曰:将士"蒙霜露冒锋镝,行有攻战之苦,居有徭戍之勤,而可不愍之者哉?是以历代帝王下蠲复之诏,降赈给之命,存者待以爵赏,没者敛以衣衾,故曰悦以使民,民忘其死。君子之于人,序其情而闵其劳"①。这是该书编撰者总结历史经验后,对统治者如何更好地驾驭军队和百姓的告诫,即要"怜悯"军民之劳。唐五代最高统治者也清楚地明白这一道理,比较重视对将士的养恤。在救恤伤病将士、安葬阵亡将士及抚恤将士家属等方面也有具体的政策和措施。

对将士的优恤,主要体现在赋役宽免、授田及养老优待、放还士兵待遇方面。

（一）赋役的宽免

唐前期府兵制下,府兵只服兵役,不负担租庸调及杂徭役。唐初,一沿

---

① 《册府元龟》（宋本）卷一三五《帝王部·愍征役》,第147页。

西魏、北周的府兵制,贞观十年置折冲府,分上、中、下三等,府置折冲都尉。府兵卫士"皆取六品已下子孙及白丁无职役者点充"①。征镇兵也免课役,《唐令拾遗》赋役令第二十三之第七条"岭南诸州税米"载"武德令""开元七年令"曰:"诸州高丽、百济应差征镇者,并令免课役。"②说明被差征镇者也可免于课役。

对提前放免的府兵卫士,在赋役负担上也给以宽免。唐初府兵制规定,诸府卫士,"成丁而入,六十而免"③。百姓被选入府兵后,到六十岁才获放免,放免之后又到入老蠲免的年龄,即不用负担租赋了。但若是提前放免的卫士,仍然要负担赋役。《通典·赋税》载:"龙朔三年秋七月制:卫士八等以下,每年五十八放令出军,仍免庸调。"④卫士八等以下五十八岁被放出后,获免庸调,但仍要纳租。放免卫士纳租的记载在敦煌文书中有所反映。《开元十年(722)沙州敦煌县悬泉乡籍》第34行载:"户主赵玄表年五十八岁,白丁,开元九年帐后奏,其年九月九日格,卫士十周已上间放出,下下户,课户见输。"⑤赵玄表五十八岁以卫士放免后,尚不到因老蠲免的年龄,又须纳租。

随着府兵法寝坏,至开元十一年,张说为兵部尚书,因简京兆、蒲、同、岐、华等州府兵及白丁共十二万人,号曰长从宿卫,一岁两番,令州县勿得杂役使。开元十三年,以彍骑分隶十二卫,"其制:皆择下户白丁、宗丁、品子强壮五尺七寸以上,不足则兼以户八等五尺以上,皆免征镇、赋役"⑥。可见,代府兵制而起的长从宿卫免杂役使,彍骑则免征镇、赋役,只行宿卫之责。

募兵制下,将士可以通过军功获取勋阶以免除赋役。勋官属于"不课户",但需获得蠲符以为凭证。阿斯塔那一九一号墓出土《唐永隆元年(680)军团牒为记注所属卫士征镇样人及勋官签府诸色事》,文书在勋官下有"签符到府"或"签府见到"等字样⑦,阿斯塔那一八七号墓出土《唐天宝元、二年间(742~743)前典魏孝立牒为某人授勋及蠲签事》载某勋官先未得蠲符,被所在征收其租,前典遂牒所由为改正征收事⑧,反映了勋官获蠲符

---

①③《唐六典》卷五《尚书兵部·兵部尚书》,第156页。

②《唐令拾遗》,第673页。

④《通典》卷六《食货典·赋税》,第107页。

⑤(日)池田温:《中国古代籍帐研究——概观·录文》,东京大学出版会,1979年,第184页。

⑥《新唐书》卷五〇《兵志》,第1327页。

⑦参阅《吐鲁番出土文书》第3册,第279~284页。

⑧参阅《吐鲁番出土文书》第4册,第214页。

以免赋役的执行情况。

(二)田制的优待

早在唐初,太原元从功臣中愿留宿卫者都得以受田。《新唐书·兵志》载:"初,高祖以义兵起太原,已定天下,悉罢遣归,其愿留宿卫者三万人。高祖以渭北白渠旁民弃腴田分给之。"[①]在均田制下,府兵卫士不仅可以受田,遇到特殊情况还可享有特别的优待。唐开元二十五年(737)田令规定:"诸因王事没落外藩不还,有亲属同居,其身分之地,六年乃追。身还之日,随便先给。即身死王事者,其子孙虽未成丁,身分地勿追。其因战伤及笃疾废疾者,亦不追减,听终其身也。"[②]据此,将士都受有身分地,若将士没落外藩,身分地保留六年。若身分地被追回,将士又得以还乡,在回还之日即先给授身分地。优待将士的用意较为明显。

唐代将士还可在战争中获取勋阶,以军功致位官品以入士流,"时人谓之'勋格'"[③]。唐代勋官从上柱国到武骑尉凡十二等,无实职、无禄[④],但卫士只要获得勋官,便可获勋田。勋田从三千亩到六十亩不等,俱为永业田。当然,从唐中期以后的户籍残卷看,勋田的给予和均田一样,一般不能足额,甚至实际未授的情况也存在。

(三)优恤士兵养父母之老

府兵制规定,卫士若遇祖父母、父母老疾,而家无兼丁,则免除其征行及番上之役,即"若祖父母、父母老疾,无兼丁,免征行及番上"[⑤]。募兵制也同样照顾将士养父母之老,天宝三载(744),玄宗下诏曰:"应差行人家,无兼丁不在取限。"[⑥]无兼丁不差征行,意在存恤将士父母年老需侍,这是对唐代养老给侍政策的贯彻。到唐后期,单身者也渐成为差征镇兵的对象,但单身百姓父母年老者仍不得差征,宪宗于元和元年(806)六月十三日敕曰:"单身百姓,父年七十以上,及无父其母年六十以上,并不得差征镇。"[⑦]

在募兵制下,"亲老孤独,致阙晨昏"是放免将士的理由。开元二十年四月[⑧],玄宗下诏曰:"其天下诸州镇兵募及健儿等,或年月已久,颇亦辛勤;

---

① 《新唐书》卷五〇《兵志》,第1330页。

② 《通典》卷二《食货典·田制》,第32页。

③ 《资治通鉴》卷二〇〇"显庆四年六月"条,第6316页。

④ 参阅《旧唐书》卷四二《职官志》,第1808页。

⑤ 《唐六典》卷五《尚书兵部·兵部尚书》,第156页。

⑥ 〔唐〕孙逖:《天宝三载亲祭九宫坛大赦天下制》,《全唐文》卷三一〇,第3150页。

⑦ 《唐会要》卷七二《军杂录》,第1541页。

⑧ 参阅〔日〕池田温编:《唐代诏敕目录》,第189页。

或老疾尪羸，或单弱贫窭，或亲老孤独，致阙晨昏。言念于斯，深用矜叹。宜委节度使及军州简择，有如此色，一切放还。咸宜精审，以称朕意。"①父母年老的征防兵也可获得遣放，开元二十三年（735）正月令："征防兵父母年七十者遣还。"②应该说这些措施都是对将士父母养老的照顾。

唐五代政府也照顾赡养父母的将士。肃宗朝元结所上的《请给将士父母粮状》曰：

> （当军将二千人，父随子者四人，母随子者二十八人。）
>
> 以前件如前。将士父母等，皆因丧乱，不知所归，在于军中，为日亦久。夫孝而仁者，可与言忠信；而忠信者，可以全义勇。岂有责其忠信，使之义勇，而不劝之孝慈，恤以仁惠？今军中有父母者，皆共分衣食，先其父母，寒馁日甚，未尝有辞。其将士父母等，伏望各量事给其衣食，则义有所存，恩有所及，俾人感劝，实在于此。谨录状上。③

据《新唐书·元结传》，这是元结任水部员外郎参山南东道来瑱府时给来瑱的奏状，来瑱采纳了这一建议。④（按：当时的兵制为募兵制，兵士家属随军与否采取自愿原则，愿意同去者，由国家给田宅安置。这里的父母应是随军家属，由于当时国家只提供田宅安置，而不提供口粮，所以元结有这样的奏请。）

长庆三年（823）三月十日⑤，穆宗还曾下诏优恤父母年九十以上的将士。诏书曰："孝本安亲，深惟养老，用敷恩惠，以慰耆年。应军将及官健，有父母年及九十已上，委本道本州，每至节岁，量与酒面优养。"⑥懿宗也曾在咸通七年（866）十一月十日的《大赦文》中，特别优恤赴安南、邕管、西川三道有亲老及妻子在家的行营兵，其文曰："其府赴三道行营兵，有亲老及妻子在家者，各委本道切加存恤，勿使冻馁恓惶，俾无回顾之忧，以励当锋之志。其诸将士……如血属单弱，不能自存者，即厚加给恤。"⑦光启三年

① 唐玄宗：《放诸镇兵募诏》，《全唐文》卷三一，第344页。

② 《新唐书》卷五《玄宗本纪》，第138页。

③ 《全唐文》卷三八一，第3867~3868页。

④ 参阅《新唐书》卷一四三《元结传》，第4684~4685页。

⑤ 参阅〔日〕池田温编：《唐代诏敕目录》，第455页。

⑥ 唐穆宗：《优恤将士德音》，《全唐文》卷六七，第706页。

⑦ 《全唐文》卷八五，第896~897页。

（887）七月，僖宗要求对行营将士父母无给养者要切加安存，其《车驾还京师德音》曰：“（行营将士）如有父母无给养者，切在安存，勿令冻馁，虽累有处分，可一切施行。”①

此外，唐代的府兵卫士可以不受番期约束地完成丧制。高宗永徽元年（650）四月敕：“卫士、掌闲，募士遭丧，合期年上者，宜听终制三年。”②府兵完成丧制的情况在出土文书中有所反映，大谷文书二八四九号《唐代役制（兵役）关系文书》载：“一人孝假　张信会。”③大谷文书三三九〇号《唐代兵役关系文书》载：“七人孝假　苏君信　翟武隆（下残）。”④孝假即服丧之假，从大谷文书中对卫士孝假的记载知，卫士在当时的确大都能够完成丧制。

（四）放还士兵的待遇

唐初，按府兵制的征行原则，卫士“成丁而入，六十而免”⑤。既入兵役，则免其本身之租庸调及杂役。至免除兵役时，已是百姓以老免役的年龄。龙朔三年（663）秋七月，高宗下诏：“卫士八等以下，每年五十八放令出军，仍免庸调。”⑥这一诏文既允许卫士八等以下提前两年放免出军，并给提前放免但仍在赋役征收范围内的放免卫士以免庸调的特许，这是对放还士兵的优免待遇。玄宗先天二年（713），曾令卫士取年二十五已上者充，十五年即放出，频经征镇者十年放出，但此令没被执行。⑦

永徽三年（652）十一月，高宗下敕：“折冲、果毅，老弱简退者，宜同致仕。”⑧给因老弱而简退的折冲督尉和果毅督尉以致仕官的待遇。按唐代官制，上府折冲都尉官品最高，为正四品上阶，中府折冲都尉从四品下阶，下府折冲都尉正五品下阶；上府果毅都尉为从五品下阶，中府果毅都尉为正六品上阶，下府果毅都尉从六品下阶。⑨从致仕制的角度看，对军将授予致仕资格，也遵循了高品致仕的原则。唐五代政府对致仕官有诸多的优待，这些简退的督尉自然也享有致仕官享有的一切特权。

对放还兵士，要给予程粮（归乡路途上的口粮）。开元十四年（726），玄

---

①《全唐文》卷八九，第962页。

②《唐会要》卷七二《军杂录》，第1539页。

③〔日〕小田义久：《大谷文书集成》第一卷，京都法藏馆，1983年，第114页。

④〔日〕小田义久：《大谷文书集成》第二卷，京都法藏馆，1990年，第89页。

⑤《唐六典》卷五《尚书兵部·兵部尚书》，第156页。

⑥《通典》卷六《食货典·赋税》，第107页。

⑦参阅《唐会要》卷七二《京城诸军》，第1531页。

⑧《唐会要》卷七二《府兵》，第1538页。

⑨参阅《旧唐书》卷四二《职官志》，第1793~1797页。

宗下诏曰：

> 至于兵募，尤令存恤。去给行赐，还给程粮，以此优矜，不合辛苦。如闻比来兵募年满者，皆食不充腹，衣不蔽形，馱幕什物，散落略尽。既不能致，便流浪不归，丁壮减耗，实繇于此。自今已后，诸镇兵募，每准额至交替时，所司预简勘，两月前奏闻。当差御史，分道简察，若涉欺隐，委御史弹奏。其有衣资尽者，量以逃死兵衣给三两军，使得支济。如病患者，递给驴乘，令及伴侣。①

在此以前，对放还的兵士只发放归乡途中的口粮，至开元十四年，因为存在年满放还兵士因饥寒交迫，流浪不归的情形，所以又下发此诏，在程粮之外，给衣资已尽的放还士兵以逃死士兵的衣装，患病者还要给予驴乘及伴侣。而"凡诸道回兵粮备之物，衣资之费，皆所在州县分而给之"②。

二、对伤病将士的救恤

有关伤病将士的救恤，杨德炳先生《关于唐代对患病兵士的处理与程粮等问题的初步探讨》③一文，结合吐鲁番文书，从行军途中患病兵士的处理和放归兵士的程粮问题两个方面进行了初步探讨。下面试就唐五代时期对伤病将士的救恤做一较全面的论述。

（一）兵法和律文有关伤病将士救治的规定

唐五代时期，对军队中及行军时的医药、医师配置，以及伤残将士的抚恤都有相关的兵法、律令条文的规定。

1. 军队的医疗配置

唐代在中央军队中，南衙兵的医药由太常寺提供④，北衙禁军的由殿中省尚药局负责。"尚药局，奉御二人，直长二人。掌和御药、诊视……太常每季阅送上药，而还其朽腐者。左右羽林军，给药；飞骑、万骑病者，颁焉。"⑤

地方诸军镇也配备医药，由仓曹具体负责。"仓曹掌仪式、仓库，饮膳、

---

① 唐玄宗：《给年满兵募程粮诏》，《全唐文》卷二九，第332页。
② 《唐六典》卷五《尚书兵部·兵部尚书》，第157页。
③ 收入唐长孺主编：《敦煌吐鲁番文书初探》，第486~499页。
④ 参阅唐玄宗：《恤犷骑诏》，《全唐文》卷三二，第355页。
⑤ 《新唐书》卷四七《百官志》，第1219页。

医药,付事勾稽,省署抄目,监印,给纸笔,市易、公廨之事。"①军镇还设有医坊,负责患病伤残将士的医疗救护,敦煌文书S.11453L《唐开元某年某月瀚海军请印历》云:"医坊状为兵强元进等患损事。_{杜言}。"②

诸军不仅配备有将士常用的药物,还给每位将士配发一定数量的行军打仗的常备药物。如《太白阴经·军装篇》云:"人药一分,三黄丸、水解散、疟痢药、金枪刀箭药等五十贴。"③以便对行军打仗中出现的上火、头痛、伤寒、疟痢、刀枪伤等常见、传染和创伤性疾病,进行及时有效的救治。

在军队行军出征时,还按将士人数由太常寺配给医师。《唐令拾遗》医疾令第二十七之第十一条"行军等处给医师"条曰:"行军及作役之处,五百人以上,太常给医师一人。"④

2.兵法对伤病将士的救恤规定

《通典·杂教令》引《大唐卫公李靖兵法》曰:

> 诸每营病儿,各定一官人,令检校煮羹粥养饲及领将行。其初得病及病损人,每朝通状,报总管,令医人巡营,将药救疗。如发,仰营主共检校病儿官,量病儿气力能行者,给傔一人;如重,不能行者,加给驴一头;如不能乘骑畜生,通前给驴二头,傔二人,缚舆将行。如弃掷病儿,不收拾者,不养饲者,检校病儿官及病儿傔人各杖一百;未死而埋者,斩。⑤

按李靖兵法,在军中每营设有一位检校病儿官,具体管理伤病士兵的饮食养护及随军行从等事宜。每天早上,检校病儿官须就新伤病士兵的情况及原伤病士兵病情的好转情况,向军队总管作汇报,总管据其所汇报的情况,派医生巡营开药,救疗伤病士兵。如果军队要行军出征,伤病士兵要随行,具体方法是:由营主和检校病儿官一起,查验伤病士兵的病情状况,并根据病况分派傔人及驴乘协助从行。对不养护伤病士兵及活埋尚未死亡之伤病士兵的检校官及傔人要治罪。

兵法还规定了将领对伤病士兵的抚恤职责,《通典·杂教令》引《大唐卫

①《唐六典》卷三〇《京县畿县天下诸县官吏》,第756页。

②孙继民:《唐代瀚海军文书研究》,第26页。

③〔唐〕李筌:《太白阴经全解》卷四,张文才、王陇译注,岳麓书社,2004年,第238页。

④《唐令拾遗》,第727页。

⑤《通典》卷一四九《兵典·杂教令》,第3819~3820页。

公李靖兵法》曰:"诸将三日一巡本部吏士营幕,阅其食饮粗精,均劳逸,恤疾苦,视医药。有死即上陈,以礼祭葬,优给家室。有死于行阵,同火收其尸,及因敌伤致毙,并本将校具陈其状,亦以礼祭葬吊赠。如但为敌所损,即随轻重优赏。"①

3.律文对伤病将士的抚恤规定

唐律对伤病士兵的医疗救恤也作了规定。《唐律疏议·杂律》云:"诸从征及从行、公使于所在身死,依令应送还本乡,违而不送者,杖一百。若伤病而医食有阙者,杖六十;因而致死者,徒一年。"②从此条律文知,对征行人等伤病者须进行医药救疗,并供给他们饮食。如果伤病者医食有阙,主管官吏要被杖六十;伤病者若因医食不如法而死,主管官吏要被处以徒一年的刑罚。《唐律疏议·杂律》云:"诸丁匠在役及防人在防,若官户、奴婢疾病,在防疾病,主司不为请给医药救疗者,笞四十;以故致死者,徒一年。"③可见,驻防的兵士在镇守处患疾病,所管主司要为其请求医疗救护。若主司不请,或主司已请而主管医药的官司不给医药,使病人未得及时治疗,所管主司和主管医药官司要各受笞刑四十。若患病防人因短于疗治而死亡,所管主司和主医药官司要各被处以徒一年的刑罚。

从兵法和律文的规定来看,政府要求对伤残将士要及时治疗,精心养护。李靖兵法规定,患病将士必须随营,不得放留,这是府兵制时期的情形。自唐中期实行募兵制后,伤残及年老、羸弱的士兵往往被拣退并放还回乡,对伤病将士的及时精心的救护,就更是一种理想。其实法律有对不救疗伤病将士者的惩处规定,本身就说明这种情形实际存在。当然,对伤病将士的救治仍是一种制度性保障,可以起到一定的约束作用。

(二)救治伤病士兵的实际情况

在实际执行中,对伤病将士的处置又不尽如兵法和律文的规定,而有所变通。主要表现在伤病将士可以不随营、可以简择放还等方面。

1.府兵制下的伤病士兵可放留而不随军

如上文所引,李靖兵法规定伤病士兵需在傔人和驴乘的帮助下随军而行。但在实际的从征行军途中,若士兵患病较为严重,可放留而不随军。《通典·抚士》载:"大唐贞观中,太宗亲征高丽,驾次定州,兵士到者,幸定州

①《通典》卷一四九《兵典·杂教令》,第3823页。
②《唐律疏议》卷二六《杂律》,第490页。
③《唐律疏议》卷二六《杂律》,第484页。

城北门亲慰抚之。有从卒一人，病不能起，太宗招至床前，问其所苦，仍敕州县厚加供给。凡在征人欣然，纵有病者，悦以忘疲。"①从"敕州县厚加供给"一句看，此"病不能起"的从卒应是留放在州县，而不用随军了。这是皇帝特许的留放事例。吐鲁番阿斯塔那三五号墓所出《唐西州高昌县下太平乡符为检兵孙海藏患状事》，记载了一个士兵在行军途中因病放留、办理入疾手续及由别人替行的详细情节，文书云：

> 高昌县
> 孙海藏患风痫及冷漏状当残疾。太平乡主者，得上件人辞称：先患风痫，坐底冷漏。昨为差波斯道行，行至蒲昌，数发动。检验不堪将行，蒙营司放留。牒送柳中县安养，并给公验。营司后更牒建忠翷僧僧，患如得损，即令勒赴军所，追来相随。行至交河，患犹未除，交河复已再检不堪前进，得留交河安养，并牒上大军知。今有大军牒，具患状牒州，州符▨（下）县收役讫。今造手实，巡儿恃（持）至，谨连营司▨（患）公验如前，并请检大军牒，患状检验人疾请裁者，依次检营司牒，患状与孙藏状同者，又检波斯道军司牒，得高通达辞称：今知上件见患风痫及冷漏，不堪行动，见留西州交河县将息，情愿替行者。依检交河县牒，患状与状同。侍郎判：依请，县宜准状者。又责保问乡勒▨▨（保）人张丑是等五人，里正杜定护、医▨▨▨（风）▨（痫）▨（冷）▨（漏）有年。
> （下缺）②

前揭杨德炳文对该文书进行过研究，指出文书中的"波斯道军行"是指仪凤四年（679）裴行俭以安抚大食使为名，率兵击败西突厥十姓可汗阿史那都支的军事行动。杨先生认为，"放留办法的出现也不是对随营办法的否定；他们应是并行不悖的"，"在行军途中对患病士兵究竟是采取随营的办法还是采取放留的办法，还是要视具体的时间、地点及军情缓急等情况而定"。③从文书可知，孙海藏早先患风痫及冷漏，属残疾，按理不应征发，却被差发参加波斯道行军，因在行军途中发病，被放留在柳中县安养。营司后来又

---

① 《通典》卷一五二《兵典·抚士》，第3883页。
② 《吐鲁番出土文书》第3册，第488页。
③ 杨德炳：《关于唐代对患病兵士的处理与程粮等问题的初步探讨》。

发函强令他赶赴军所,至交河县又因病发,"不堪前进"而被留养,经过一番复杂的程序,最后经最高指挥官裴行俭的批准,孙海藏便离营安养。从孙海藏放留养病的程序来看:先是大军牒州,州符下县,依次检营司牒,牒状与患状相符,县司再下符太平乡,最后太平乡责问乡里保人张丑是等五人及里正杜定护、医(工)等,证实孙海藏的确患风痫病,最后确定将其留放。可见,唐前期府兵制下,患病士兵放留安养虽有实例,但其办理手续相当复杂,各级官吏严格执行程序,既说明患病士兵需随营这一兵法的约束力,同时也反映了孙海藏患病留放就医的事例不是个案,具有普遍的意义。

2. 募兵制下老弱赢病不任战阵者要被简择放还

开元十一年(723)起,募兵制取代府兵制后,由于存在番满放还之规,伤病士兵的救恤情况相对复杂。

对在番患病士兵,在军中治疗养护,代宗《大历九年夏至大赦文》曰:"其在军将士,有刀箭所伤,久婴沈疾者,勠力疆场,致身锋刃,各委所繇,量给药物,厚加优赏。"[1]

而对赢弱残病不任战阵的在番将士,要拣择放还。玄宗于开元十二年下诏曰:"(其缘边兵士等)有年齿衰暮,或抱病赢弱,即与军司选择,给粮放还。"[2]从诏文看,这是玄宗对边兵老弱赢病者的救恤措施,政府要对被简择放还之老弱赢病的边军给粮。此处所给之粮,当是其返乡路上所必需的口粮,即一般士兵都享有的放还时的身粮("卫士防人以上征行若在镇及番还……并给身粮"[3])。开元二十年四月,玄宗又下诏曰:"其天下诸州镇兵募及健儿等,或年月已久,颇亦辛勤,或老疾尪赢,或单弱贫娄,或亲老孤独,致阙晨昏。言念于斯,深用矜叹。宜委节度使及军州简择,有如此色,一切放还。咸宜精审,以称朕意。"[4]从诏文可知,从开元二十年四月起,对诸镇兵募之赢弱残病的士兵也可以拣择放还。开元二十九年[5],玄宗《放还老病军士诏》曰:"诸军行人,皆远离乡贯,扞彼疆场,动即逾年。言念艰劳,岂忘优恤。有疾病老弱不堪斗战者,委节度拣择放还。"[6]这是玄宗下诏对

<hr>

① 《全唐文》卷四九,第545页。

② 唐玄宗:《恤缘边兵士诏》,《全唐文》卷二九,第329页。参阅〔日〕池田温编:《唐代诏敕目录》,第173页。

③ 《唐六典》卷三《尚书户部·仓部郎中》,第84页。

④ 唐玄宗:《放诸镇兵募诏》,《全唐文》卷三一,第344页。参阅〔日〕池田温编:《唐代诏敕目录》,第189页。

⑤ 参阅〔日〕池田温编:《唐代诏敕目录》,第214页。

⑥ 《全唐文》卷三一,第352页。

诸军行人中的疾病老弱者进行拣择放还。

自玄宗以降,拣择放还已是一种常规性举措。至肃宗乾元初,对拣择放还之羸弱残病不任战阵者,令沿路州县济恤,"兵士有尪弱羸老,并拣择放"[①]。乾元二年(759)三月[②],肃宗《春令减刑德音》亦曰:"诸军兵健,应在行营,有羸老疾病不任战陈者,各委节度使速拣择放还,路次州县,量加济恤。"[③]令沿路州县给予济恤的这种变化,与放还士兵的程粮不足供给有关。元和十三年(818),郑滑节度使司空薛平、陈许节度使李光颜二人受诏率领所部兵入讨东平,至濮阳南七里驻军,"司空薛公因令军卒之战伤疮重者,许其落籍居"[④]。可见此时统军将令不经过任何申请手续,即可决定伤残士兵的落籍留放。

3.对番满放还之患病士兵的救恤

对年满放还之兵募病患者,在常规的程粮之外,要加给驴乘,以示优恤。开元十四年(726)玄宗《给年满兵募程粮诏》曰:"至于兵募,尤令存恤。去给行赐,还给程粮……如病患者,递给驴乘,令及伴侣。"[⑤]

至天宝三载(818)八月,玄宗下《恤彍骑诏》曰:

> 内外厢三卫彍骑等,如闻因当上染患者,番满之后,既不胜皆致还乡,又不容在职掌将息,进退无据,何所依投,沟壑是忧,宜谋朝夕。永言及此,深轸于怀。自今已后,如有此色,宜移就三卫,厨给食料将养,各委左右金吾将军存意检校。所须药物,仍与太常计会,量事供拟,并差医人救疗。[⑥]

内外厢三卫彍骑在番之日,其病患医疗是"在职将息"。番满之后,政府即不再负担其将息之事。玄宗此诏特别处分了当番染患者番满后的医疗将息事宜:将其安养地设在三卫,食料由三卫厨提供,所需医药及医人由太常寺供拟,由左右金吾将军具体监管,这就使患病之内外厢三卫彍骑番满后的医疗将息有了保障。

---

① 《全唐文》卷四五《乾元元年南郊赦文》,第496页。
② 参阅〔日〕池田温编:《唐代诏敕目录》,第275页。
③ 《全唐文》卷四四,第487页。
④ 《太平广记》卷一〇一《释证·僵僧》,第677~678页。
⑤ 《全唐文》卷二九,第332页。参阅〔日〕池田温编:《唐代诏敕目录》,第177页。
⑥ 《全唐文》卷三二,第355页。

若年满放还之士兵在归贯途中患病,其将息问题得自行解决,吐鲁番阿斯塔那五〇九号墓所出之《唐开元二十一年(733)西州都督府案卷为勘给过所事》,即反映了这样一种情况,文书内容如下:

（前略）
仓曹
安西镇满放归兵孟怀福贯坊州
户曹得前件人牒称:去开元廿年十月七日从此发行到柳中,卒染时患,交归不得,遂在柳中安置。每日随市乞食,养存性命,今患得损,其过所粮递并随营去,今欲归贯,请处分者,都督判,付仓检名过者。得仓曹参军李克勤等状:依检案内去年十月四日得交河县申递,给前件人程粮,当已依来递牒仓给粮,仍下柳中县递前讫有实者。安西放归兵孟怀福去年十月已随大例给粮发遣讫,今称染患久在柳中,得损请归,复来重请行粮,下柳中县先有给处以否? 审勘检处分讫,申其过所关户曹准者。关至,准状谨关。
开元廿一年正月廿一日
功曹判仓曹九思 府
（后略）①

放归兵孟怀福至柳中时染患,遂于柳中安置,其养病方式是"每日随市乞食,养存性命",处境可谓悲惨。

此外,在平藩定乱的过程中,唐政府对降顺的伤病藩镇兵也能进行救恤,贞元二年(786)二月②,德宗《加恩被擒将士诏》曰:

李希烈负恩作乱,刼胁平人……其阵上生擒将士马坦然等七百九十人,宜令樊泽给衣服粮食,并却放还,并写前后敕文教命宣示,淮西将士等有能向化者,准赦令一切不问,官爵如初,其伤痍未尽复者,并委医疗,令其得所。其阵上所杀人,宜差所隶官于侧近埋瘗,兼立碑记,无使暴露,郁吾春和,其杜文朝,身领全军,事得縣己,不能归顺,力

<hr>

① 《吐鲁番出土文书》第4册,第282页。
② 是月,李希烈将杜文朝寇襄州,山南东道节度使樊泽击擒之,德宗故颁是诏。参阅《资治通鉴》卷二三二"贞元二年二月"条,第7468页。

屈就擒,待到日当有处分。①

这一举措重在收拢人心,目的一如其前后敕文所宣示的一样,在于使藩镇向化,将士归顺朝廷,客观上也使伤残士兵得到救恤。这种事例在唐后期较多。

(三)对残废将士的经济优待

政府在对伤病将士进行积极的救恤之外,也比较重视对疾废将士的经济优待。唐代兵法规定,士兵"如但为敌所损,即随轻重优赏"②。开元二十五年(737)授田令规定,因战伤及笃疾废疾者,身分地不追减③,都是对伤病将士的经济补偿和优待。

安史乱后,平藩定叛,军队尤其显得重要,而对残废将士的安置和优抚直接影响军队的战斗力,因此,政府加大了优恤力度,对伤病残废将士往往禀给终身。兴元元年(784)平朱泚后,德宗下令:"其功臣已后虽衰老疾患,不任军旅,当分(份)粮赐,并宜全给。"④元和十四年(819)二月廿一日,宪宗平定李师道后下诏曰:"其将士有因战阵伤损尤甚,以致残废者,各委本军厚加优恤,仍勿停解。"⑤太和二年(828)十一月,在连败李同捷后,文宗下诏:"禀战士创废者终身。"⑥太和三年五月十三日,平定李同捷后,文宗又下诏曰:"(长行官健)有因中矢石遂至残废者,各委本军厚加存养,仍给衣粮,终身勿绝。"⑦咸通十年(869)九月,懿宗下诏曰:"因战阵伤损手足永废者,终身不得停给。"⑧显德五年(958)五月,后周世宗也下诏对应行营将士"伤夷残废者,别赐救接"⑨。从上引唐五代帝王对战阵致残士兵的优恤诏令可以看出,全给当份衣粮,终身勿绝,是中晚唐及五代政府优恤伤残将士的一贯政策。

晚唐五代帝王还不定期地对退伍的伤残将士进行赏赐。咸通八年,懿

---

①《全唐文》卷五一,第561页。

②《通典》卷一四九《兵典·杂教令附》,第3823页。

③ 参阅《通典》卷二《食货典·田制》,第31~32页。

④《全唐文》卷四六〇,第4699页。

⑤ 唐宪宗:《平吴元济德音》,《全唐文》卷六二,第669页。参阅〔日〕池田温编:《唐代诏敕目录》,第412页。

⑥《新唐书》卷八《文宗本纪》,第231页。

⑦ 唐文宗:《平李同捷德音》,《全唐文》卷七四,第781页。

⑧《旧唐书》卷一九上《懿宗本纪》,第671页。

⑨《旧五代史》卷一一八《周书·世宗本纪》,第1572页。

宗《疾愈推恩敕》曰:"在军旅行阵,经敌伤害手足眼目,不能营生,亦各赐绢两匹。"①

三、对阵亡将士的安葬

对死亡将士的安葬是抚恤将士的又一重要方面,唐代兵法和律令对此都作了专门的规定。唐中期以降,政府用兵不断,将士死亡无数,对死亡将士的安葬关系着兵源及士兵的战斗力,所以政府对此也颇为重视,屡屡下诏令妥善处理将士的安葬问题。

(一)兵法对死亡将士的安葬规定

对死亡将士的安葬,唐代兵法曰:"诸将三日一巡本部吏士营幕……有死即上陈,以礼祭葬,优给家室。有死于行阵,同火收其尸,及因敌伤致毙,并本将校具陈其状,亦以礼祭葬吊赠。"②死亡将士的安葬程序可分上陈和祭葬。上陈就是把将士的死讯上报,在营将士死讯的上报由营部将领完成;行军及征战中将士的死讯由行阵将校上陈,同时还要申报其因敌伤致毙的情况。对营部死亡将士要求将其以礼祭葬,优待补偿其家室;对行阵死亡的将士,要求同灶的战友为他收尸,以及因伤致死的,都要详细上陈情况,一并以礼祭葬吊赠。

对于死亡兵士的祭葬之礼,兵法规定:"诸兵士死亡祭埋之礼,祭不必备以牲牢,埋不必备以棺椁,务令权宜,轻重折衷。如贼境死者,单酌祭酹,墓深四尺,主将使人临哭。内地非贼庭死者,准前祭哭,递送本贯。"③按此规定,对死亡兵士的祭埋可权宜行事,葬法因死亡地不同而有差异。

在实际执行中,情况又远非兵法所能约束,有些时候,政府为了增强士兵的战斗力,对死难将士的安葬规格比兵法规定的标准略高,往往下诏要地方官备棺椁以葬之,备酒脯以致祭,详参下文。

(二)律文对死亡将士的恤葬规定

兵法之外,唐律也规定,阵亡将士须送还本乡埋葬。唐《军防令》规定:"征行卫士以上,身死行军,具录随身资财及尸,付本府人将还。无本府人者,付随近州县递送。"④"征行"是对从军征讨和从车驾及东宫出行的合称。对在行军中身死的征行卫士,由同一军府的士兵送还本乡;同府无人的,由

①《全唐文》卷八四,第883页。
②《通典》卷一四九《兵典·杂教令附》,第3823页。
③《通典》卷一四九《兵典·杂教令附》,第3820页。
④《唐律疏议》卷二六《杂律》,第490页。

随近州县负责递送。对不送征行身死者还本贯的行为,唐律也作了处罚规定:"诸从征及从行、公使于所在身死,依令应送还本乡,违而不送者,杖一百。"①在将士兵尸体运送还乡时,要具录其随身资财,一并将还。

唐律还规定,死亡将士可以得到政府给予的赙赠。唐《兵部式》具体规定了对死亡将士的赙赠标准:"从行身死,折冲赙物三十段,果毅二十段,别将十段,并造灵轝,递送还府。队副以上,各给绢两匹,卫士给绢一匹,充殓衣,仍并给棺,令递送还家。"②律文对死亡将士殡葬的规定,与兵法的规定存在出入,将领死亡要造灵轝,士兵死亡也要给以棺椁。唐五代对死亡士兵的埋葬规格遵从的是律文的规定。

(三)安葬阵亡将士的实际情况

在兵法的提倡和律文的约束下,也为了增强战斗力的实际需要,政府在安葬阵亡将士方面做了不少具体工作。

在通常情况下,政府要求将死亡将士的骸骨递送还乡。如贞观十五年(641)十一月,太宗在下诏"赠战亡将士官三转、听授其一子"后,还要求"递其尸柩还乡,棺殓而葬焉"③。开元二十二年(734),对契丹的战局取得了重大胜利,玄宗大喜,于次年春的《藉田赦书》曰:"行人及防丁有身亡者,为造棺椁,递还本乡。"④天宝三载(744)八月,玄宗下令:内外厢三卫彍骑等,"死者,各委所由,随事埋瘗,当日牒报本贯,令家人亲族,运致还乡"⑤。十二月二十五日,玄宗下令:"其有阵亡及在军亡殁,骸骨尚未还本贯者,宜令节度使给其棺椁递归本乡。若家内无人,付近亲收葬,仍令所由郡县,量事优恤,使得济办。"⑥至唐后期,政府将递送死亡将士尸体还乡的任务直接指派给所在州县。德宗改元兴元(784)赦曰:"诸道将士有死王事者,各委所在州县给递,送归本管,官为葬祭。"⑦贞元五年(789)韩全义大破贼徒后,德宗下诏:"将士如有身死王事者,委韩全义并给棺椁,送归本道。"⑧

对先未送还乡的战亡骸骨,政府也会再次要求节度使给棺椁递归。开元十三年正月,玄宗《赐兵士葬祭诏》曰:"自开元元年以来,诸军兵士殒殁,

---

① 《唐律疏议》卷二六《杂律》,第490页。

② 《唐律疏议》卷二六《杂律》,第491页。

③ 《册府元龟》(宋本)卷一三五《愍征役》,第149页。

④ 《唐大诏令集》卷七四《开元二十三年籍田赦》,第415页。

⑤ 唐玄宗:《恤彍骑诏》,《全唐文》卷四二,第355页。

⑥ 《册府元龟》(宋本)卷一三五《愍征役》,第149页。参阅《唐大诏令集》卷七四,第417页。

⑦ 《唐大诏令集》卷五《奉天改兴元元年赦》,第28页。

⑧ 〔唐〕令狐楚:《贺破贼兼优恤将士状》,《全唐文》卷五四二,第5498页。

255

骸骨不归坟垅者,宜令军使为造棺,递送本贯,委州县府助其埋殡。"①朝廷要求军使造棺递送本贯,由贯属州县助其埋殡。天宝三载(744)十二月二十五日,玄宗下令:诸军行人"有阵亡及在军亡殁、骸骨未还乡贯者,宜令节度使给官椁递归"②。前文所引武宗平潞州后所下的诏文,也要求将先前随事埋瘗的死亡将士骸骨运回其本乡埋葬。

递送死亡将士还乡的律令在实际执行中也有变通。如贞观十九年(645),太宗亲征高丽时就曾下诏:"从军死亡之徒,恐致湮没,埋人之处,宜立标榜,军回之日,各令将还,并给棺以葬焉。"③会昌四年(844)八月十八日,武宗平潞州后下诏曰:"阵殁将士骸骨,先令所在埋瘗,不许便令将归。今已事平,如家口迁取,委所在州县量事应接发遣。如无亲属来取者,重与改瘗,勿令暴露,仍与设祭。"④从武宗此诏知,在潞州平定之前,政府曾下令阵亡将士就地埋瘗,不得将归本贯。潞州平定后,政府又下此诏,允许死者家人迁取尸骨,并要所在州县量事应接发遣,无人迎取者,也要重新改葬。反映了政府对死事将士葬事的重视。

因战事紧迫,死事将士的骸骨无法及时递送还乡者,也只能就地埋葬。武德八年(625)八月,高祖"令民部尚书皇甫无逸于并州设祭战亡将士"。⑤贞观十九年十月丙午,太宗亲征高丽返回时,"行次柳城,招集战亡人骸骨,设太牢以祭之,太宗恸哭尽哀,军人无不洒泣。兵士观者,归家以言,其父母曰:'吾儿之死,天子哭之,死无所恨。'"⑥此次安葬战亡者骸骨,设太牢之祭,与兵法"祭不必备牲牢"的规定相比可谓隆重,而且天子亲临恸哭,其中虽然有唐太宗"作秀"的成分,但也确实起到了收买军心、民心的效果。龙朔二年(662),郑仁泰等讨铁勒九姓不力,战士死亡十之八九,高宗换契芯何力前往招抚,并下诏曰:"其兵士道死者,令所在差军收瘗之。"⑦开元十三年(725)正月,玄宗下诏曰:"河曲陇外,往岁战场,殂殁无归,阴雨犹哭。言念于此,良用恻然。亦委朔方陇右河西节度使聚敛骸骨,就高燥处同葬。祭以酒脯,高大筑坟,使久远标识。"⑧将河曲陇外往岁战场的死亡将士骸骨

① 《全唐文》卷二九,第331页。
② (唐)孙逖:《天宝三载亲祭九宫坛大赦天下制》,《全唐文》卷三一〇,第3150页。
③⑤⑦《册府元龟》(宋本)卷一三五《愍征役》,第149页。
④ 唐武宗:《平潞州德音》,《全唐文》卷七七,第810页。参阅(日)池田温编:《唐代诏敕目录》,第512页。
⑥ 《通典》卷一五二《兵典·抚士》,第3883页。
⑧ 《全唐文》卷二九《赐兵士葬祭诏》,第331页。

进行了聚敛收葬。至德二载(757)十二月十五日,收复两京后,肃宗下诏曰:"其阵亡人,令所在郡县,收骸骨瘗埋,具酒食致祭,各与追赠。"①肃宗《收葬阵亡将士及慰问其家口敕》曰:"战士阵亡,多委沟壑,已令收瘗,犹虑或遗。抚存哀殁,朕之所切。宜令节度使与郡县长官计会,悉收骸骨,埋葬致祭。仍勘责姓名,续行奏闻,将褒赠其官爵,优恤其妻子。"②从这一诏文可知,肃宗至德年间,虽然政府也频有诏书要求埋瘗死亡将士,但死亡将士不但没被埋葬,还多被委于沟壑。唐代宗平党项后也下令:"用兵以来,城镇曾遭陷没,官健百姓,应被杀伤,亲戚既无,遗骸在野,委所在长吏,差人为收拾,如法埋瘗,仍量事致祭。"③建中元年(780)六月,平四镇、北庭留后刘文喜的泾州叛乱后,德宗"命给事中蒋镇吊祠泾州将士之阵亡者"④。德宗改元兴元(784)赦曰:"其有因战阵杀戮,及捕获伏辜,暴骨原野者,亦委所在逐近便收葬。"⑤贞元六年(790)十一月八日,德宗《南郊赦文》曰:"应诸道自艰难已来,战阵丧殁,及荒凶死亡,骸骨暴露者,长吏各令收瘗奠酹。"⑥

贞元七年,刘昌"初城平凉,当劫盟后,将士骸骨不藏,昌始命瘗之。夕梦若诣昌厚谢者,昌具以闻。德宗下诏哀痛,出衣数百称,官为赛具,敛以棺椁,分建二冢,大将曰旌义冢,士曰怀忠冢,葬浅水原,诏翰林学士为铭识其所。昌盛陈兵卫,具牢醴,率诸将素服临之,边兵莫不感泣"⑦,这是地方官收葬死亡将士骸骨的事例。刘昌得德宗支持后,对死事将士的葬礼盛陈兵卫,又具以牢醴,规格超出了兵法规定,也收到了良好的效果,边兵为之感泣。

长庆元年(821)七月,穆宗下诏:"应经战阵之处,所在州县,收瘗瘗遗骸,仍量事与槽椟,兼以礼致祭。"⑧二年八月癸未,穆宗下诏:汴、宋、郑三州战亡者,"并委本军审勘,具名衔事迹申奏,当与申奖,及加褒赠。仍令本军优给其家,三年不停衣粮,并委所在州县,速为收葬,量事致祭。"⑨。太和三

① 唐肃宗:《收复两京大赦》,《全唐文》卷四四,第491页。参阅〔日〕池田温编:《唐代诏敕目录》,第268页。

② 《全唐文》卷三六七,第3732页。

③ 《唐大诏令集》卷一三〇《平党项德音》,第710页。

④ 《册府元龟》(宋本)卷一三五《愍征役》,第152页。

⑤ 《唐大诏令集》卷五《奉天改兴元元年赦》,第27页。

⑥ 《全唐文》卷五五,第588页。

⑦ 《新唐书》卷一七〇《刘昌传》,第5174页。

⑧ 《册府元龟》(宋本)卷一三五《愍征役》,第152页。

⑨ 《唐大诏令集》卷一二四《破汴州李介敕》,第668页。参阅唐穆宗:《平汴宋德音》,《全唐文》卷六七,第708~709页;〔日〕池田温编:《唐代诏敕目录》,第439页;《新唐书》卷八《穆宗本纪》,第225页。

年(829)五月十三日,文宗《平李同捷德音》曰:"其长行官健阵亡者,并令所在长吏量与收葬,同为祭酹。"①咸通七年(866)懿宗在大赦文中强调:"其诸将士,勇敢用命,当锋残身,义节可嘉……遗骸在野,深可悯嗟……宜令所在长吏访寻收敛,如法瘗藏,仍以酒醪殷勤尊酹。"②咸通十年(869)九月,懿宗下诏曰:"如将士被贼杀害者,委所在州县量事救接,重与改瘗,勿令暴露,兼与设祭。"③光启三年(887)七月,僖宗在讨伐凤翔节度使李昌符时下诏曰:"其陇州城内军吏百姓,不得辄令损伤。《戴礼》之文,务先掩骼。应有未葬骸骨,及横尸在路,委所在长吏速与收敛藏瘗。其自兵荒以来杀伤之处,委所在州县以孟冬赏死事④之日,于北郭除地,用鸡豚设祭,所贵以导和气,且慰幽魂。"后唐明宗《加恩汴州诏》曰:

> 应去年四月一日诸州府军变内,有诖误身没者,并许子孙礼葬。顷以两军对垒,仍废交锋,亡殁甚多,暴露不少,宜令滑濮郓澶卫等州,各据地界内,有暴露骸骨,并与埋瘗,仍差官致祭。其余诸道州府有暴露者,亦委长吏指挥埋瘗。⑤

可知,在战乱频仍、死伤较多之时,对死亡将士的埋葬只能以就地掩埋的方式权宜行事,与兵法的规定更接近。

政府还给阵亡将士立寺祈福。贞观三年(629),太宗颁诏曰:

> 虽复项籍方命,封树纪于邱坟;纪信捐生,丹青著于图史。犹恐九泉之下,尚沦鼎镬,八难之间,永缠冰炭。恻然疚怀,用忘兴寝,思所以树立其福田,济其营魂。可以建义以来交兵之处,为义士凶徒殒身戎阵者,各建寺刹,招延胜侣。⑥

贞观十九年,太宗为悼念出征高丽阵亡的将士,诏令在幽州建寺,未

---

① 《全唐文》卷七四,第781页。参阅〔日〕池田温编:《唐代诏敕目录》,第473页。

② 《唐大诏令集》卷八六《咸通七年大赦》,第489页。

③ 《旧唐书》卷一九上《懿宗本纪》,第671页。

④ 孟冬赏死事当是沿自古代的一种制度,《吕氏春秋》载:"立冬之日,天子亲率三公、九卿、大夫以迎冬于北郊。还,乃赏死事,恤孤寡。"见《吕氏春秋译注》卷十《孟冬纪》,管敏义译注,陈奇猷审订,宁夏人民出版社,1988年,第209页。

⑤ 《全唐文》卷一〇七,第1093~1094页。

⑥ 《全唐文》卷五,第60页。

果。直至武后万岁通天元年（696），于今北京法源寺前街建寺，赐名悯忠寺，安史之乱时改名顺天寺。今北京法源寺内悯忠台遗迹尚存。①

虽然政府对埋葬死亡将士骸骨重视有加，频下诏书要求将领、州县和地方官进行掩埋，但久不埋葬死亡将士骸骨的情况也不在少数。开元十三年（725）正月，玄宗《赐兵士葬祭诏》曰：

> 自开元元年以来，诸军兵士殒殁，骸骨不归坟垅者，宜令军使为造棺，递送本贯，委州县府助其埋殡。河曲陇外，往岁战场，殂殁无归，阴雨犹哭。言念于此，良用恻然。亦委朔方陇右河西节度使聚敛骸骨，就高燥处同葬。祭以酒脯，高大筑坟，使久远标识。②

至开元十三年正月，尚有开元元年以来没有埋葬的将士骸骨。此次朝廷对各地暴露骸骨一并予以掩埋，掩埋方式是军使造棺递送本贯，贯属州县助其埋殡。对河陇朔方之地，委节度使聚敛同葬祭以酒脯。至德中，肃宗也下敕文曰：

> 战士阵亡，多委沟壑，已令收瘗，犹虑或遗。抚存哀殁，朕之所切。宜令节度使与郡县长官计会，悉收骸骨，埋葬致祭。仍勘责姓名，续行奏闻，将襄赠其官爵，优恤其妻子。仍仰本道使者郡县，勿差科其家，庶乎幽明慰怀，知王师之不得已也。③

肃宗至德年间，虽然政府也频有诏书，要求埋瘗死亡将士，但死亡将士不但没被埋葬，还多被委于沟壑。

对阵亡将领的安葬格外重视，往往加倍厚葬，恩及子弟，旨在奖励军功。武德初，骠骑将军刘感戍泾州，为薛仁杲所杀，贼平，高祖购得其尸，祭以少牢。④昆丘道副大总管郭孝恪，破龟兹，龟兹国相那利遁去；后那利率众阴与城内胡为应，孝恪中流矢卒，太宗责孝恪斥候不明而至颠覆，夺其官，后悯其死战，更为举哀；高宗即位，追还官爵，赠待诏游击将军，赙物三

---

① 参阅国家文物局编：《中国文物地图集·北京分册》，科学出版社，2008年，第121页。

② 《全唐文》卷二九，第331页。参阅〔日〕池田温编：《唐代诏敕目录》，第174页。

③ 〔唐〕贾至：《收葬阵亡将士及慰问其家口敕》，《全唐文》卷三六七，第3732页。参阅〔日〕池田温编：《唐代诏敕目录》，第271页。

④ 参阅《新唐书》卷一九一《刘感传》，第5497页。

百段。^①开元中,王君㚟被回鹘瀚海州司马护输杀死,护输弃尸而去,"以丧还京师,官护其葬。诏张说刻文墓碑,帝自书以宠之"^②。镇西、北庭支度行营节度使李嗣业在平定安史之乱时被乱箭所伤,乾元二年(759)卒,诏赠武威郡王,"其赗赠及缘葬事,所司倍于常式,仍令官给灵舆,递还所在。以其子佐国袭其官爵,食实封二百户"^③。后唐指挥使姚洪,长兴中为反贼董璋"然镬于前,令壮士十人刲其肉而食,洪至死大骂。明宗闻之泣下,录其二子,而厚恤其家"^④。后周成德军节度使史彦超在后周围后汉的太原之战中阵亡,后周世宗既惜彦超而愤无成功,"赠彦超太师,优恤其家焉"^⑤。

对死于叛军之手的忠义将领,朝廷更是大力褒奖,恩恤其家,尤加厚葬。贞元元年(785)孔巢父被河中节度使李怀光叛军所杀,德宗"闻之震悼,赠尚书左仆射,仍诏收河中日,备礼葬祭。赐其家布帛米粟甚厚,仍授一子正员官"^⑥。兴元(784)后,颜真卿被叛军李元济所杀,"淮、蔡平,子頵、硕护丧还,帝废朝五日,赠司徒,谥文忠,赙布帛米粟加等"^⑦。陈仙奇为淮西节度使,为别将吴少诚所杀,"赠太子太保,赙布帛、米粟有差,丧事官给"^⑧。

四、对将士家属的救恤

将士之家,壮丁被征,一般情况下即成弱势,往往容易受人欺凌,政府对将士家属的救恤可使其免受欺凌。早在武后时,政府即下令征镇人家口"勿使外人侵欺"^⑨。玄宗也曾下令"征行人家,州县检校,勿使侵欺"^⑩。抚恤将士家属可以解决将士的后顾之忧,增强军队的战斗力。唐五代时期的统治者很注意对将士家属的救恤,不仅抚恤战亡者家属,也救恤从征者家属。

(一)救恤将士家属

政府对将士家属的救恤主要有助营种、免差役和赈给物资等方式,基本出发点在于使将士家属免于贫困。

---

① 参阅《新唐书》卷一一一《郭孝恪传》,第4132页。

②《新唐书》卷一三三《王君㚟传》,第4547~4578页。

③《旧唐书》卷一〇九《李嗣业传》,第3300页。

④《新五代史》卷三三《姚洪传》,第358页。

⑤《新五代史》卷三三《史彦超传》,第364页。

⑥《旧唐书》卷一五四《孔巢父传》,第4096页。

⑦《新唐书》卷一五三《颜真卿传》,第4860~4861页。

⑧《旧唐书》卷一四五《李希烈传附陈仙奇传》,第3944页。

⑨ 唐高宗、武后:《改元载初敕文》,《全唐文》卷九六,第997页。

⑩〔唐〕张九龄:《南郊赦书》,《全唐文》卷二八七,第2913页。

1.助营种

政府要求地方官帮助将士家属营种。太宗贞观二十二年(648)六月,"张行成存问河北从军者家,令州县为营农"①。武则天载初元年(689),要求对"征镇人家口,州县存恤。劝课殷有之家,助其营种,勿使外人侵欺"②。开元二十一年(733)五月玄宗《敕皇太子纳妃》诏曰:"诸道征行人家及鳏寡茕独,委州县长官检校,矜放差科,使安其业;中间有不支济者,量事赈给,仍量助其营种。"③玄宗将征行人家与鳏寡茕独者并提,可见征行人家是需要政府和社会特别照顾的对象。

从太宗、武后和玄宗三朝助将士家属营种的方式来看,政府对从军者家属的救助措施在逐渐发生变化。太宗朝因为存问地区仅在河北,地域范围不广,存恤者自然有限,所以对从军者家要求"州县为营农",没有拣择,也没有动用其他力量。武后时,针对的是所有征镇人家口,所以政府的措施变为由州县存恤,劝课殷有之家助其营种,动用了社会力量,政府在其中似乎只作抚慰性的存恤。至玄宗时期,这种对将士家属的助营种措施已渐臻成熟,具体做法是先由州县长官检校,以放免差科作为统一的优恤方式,使征行人家安业以自食其力。其中的不支济者即较贫困户,才由政府助其营种。反映了政府存恤将士家属的政策也是逐步完善的。

2.赈恤优给

政府也给将士家属以一定的优恤和赈给。唐代田制规定,卫士"因王事没落外藩不还,有亲属同居,其身分之地,六年乃追"④。六年内不追回身分地,其中即含有对卫士家属的存恤之意。

唐代中期以降,政府允许兵募家属随军,并给以田宅安置。《唐六典·尚书兵部》在"天下诸军有健儿"下注曰:

> 旧,健儿在军皆有年限,更来往,颇为劳弊。开元二十五年敕,以为天下无虞,宜与人休息,自今已后,诸军镇量闲剧、利害,置兵防健儿,于诸色征行人内及客户中召募,取丁壮情愿充健儿长住边军者,每年加常例给赐,兼给永年优复;其家口情愿同去者,听至军州,各给田

---

① 《新唐书》卷二《太宗本纪》,第47页。

② 唐高宗、武后:《改元载初赦文》,《全唐文》卷九六,第997页。

③ 《全唐文》卷二八三,第2876页。

④ 《通典》卷二《食货典·田制》,第31页。

地、屋宅。①

开元二十五年(737)以前,健儿按年限来往征戍,颇为劳弊,所以玄宗下敕,愿长住边军者给以永年优复和加常例赐的待遇。也因为是常驻,所以政府允许其家口情愿者同赴军所,并给予田地屋宅安置。从前文所引元结的奏文知,至少在肃宗时期,随军家属至征行地后,只给田地屋宅而不给口粮,他们分食从军者的资粮,并以所分田地耕作自食。至德宗朝,已有给随军家属衣粮的记载,陆贽所撰《令诸道募灵武镇守人诏》曰:"若欲将家口相随,便给资粮同发遣。"②对给随军家属口粮不及时者,政府也予以督促,德宗在《重原宥淮西将士诏》中亦曰:"将士衣赐节料并家口粮赐等,一切并准旧例,以时给付,不得停减。"③

政府还在行幸及庆典时给征人之家以各种形式的赈恤优给。玄宗下了许多优恤将士家属的诏令,开元十一年正月北都巡狩,下令行幸所至处刺史县令存问征行人家。④开元十三年十一月张九龄《东封敕书》云:"行人之家,及鳏寡茕独,并疾病不能自存者,委州县长官倍加存恤。诸军行有文武散官已上者加一阶,白身者赐散勋一转,欠负官物逋悬租调,并宜放免。"⑤开元十六年正月玄宗下诏曰:"诸处行人之家,及鳏寡茕独不能自存者,州县长官亲加优抚,使得存济。"⑥乾元元年(758)十月肃宗《立成王为皇太子德音》云:"其行人家,及羸老单贫,鳏寡茕独,已频有处分,宜令州县长官,倍加优恤。"⑦肃宗《改元上元赦文》曰:"行人家口,所在赈给。"⑧唐德宗改元贞元时也下诏曰:"诸军行营并河中、朝邑被胁从将士家口在京及诸州府者,宜令本道节度、观察使安存赈恤,各令优给。"⑨咸通七年(866)十一月十日,懿宗《大赦文》曰:"其府赴三道(安南、邕管、西川)行营兵,有亲老及妻子在家者,各委本道切加存恤,勿使冻馁恓惶,俾无回顾之忧,以励当锋

①《唐六典》卷五《尚书兵部·兵部尚书》,第156~157页。

②《陆贽集》卷五,第164页。

③《陆贽集》卷三,第106页。

④参阅《旧唐书》卷八《玄宗本纪》,第185页;唐玄宗:《北都巡狩制》,《全唐文》卷二二,第259页。

⑤《全唐文》卷二八七,第2915页。

⑥唐玄宗:《营兴庆宫德音》,《全唐文》卷三七,第408页。

⑦《全唐文》卷四四,第487页。

⑧《全唐文》卷四五,第497页。

⑨《陆贽集》卷二《贞元改元大赦制》,第48~49页。

之志……(其诸将士)如血属单弱,不能自存者,即厚加给恤。"①长兴二年
(931)十二月,后唐明宗"诏三司,所过西川兵士家属,常令赡给"②。显德五
年(958)五月,周世宗下诏曰:"侍卫诸军及诸道将士,各赐等第优给。"③

此外,帝王还比较关注将士家属疾患的救治,在各种诏敕中都有关照
将士家属救治的情况。如开元十三年(725)正月,玄宗分遣蒋钦绪等往河
南等十道,"所至之处,疏决囚徒,宣慰百姓。其有穷乏交不存济,及侍老、
行人之家有疾苦者,各令州县量加医疗及赈恤"④。开元二十四年十月玄宗
《自东都还至陕州推恩敕》亦曰:"鳏寡茕独及征行之家,宜令州县长官亲自
存问,如有疾患,量加医药。使近甸之内,咸有赖焉。"⑤。

以上这些诏书都从不同程度上规定了对将士家属的救恤,但是从玄宗
《申明存恤从征家口诏》"诸军镇行人家,缘其身在征戍,事须优矜。比来频
有处分,令州县长官,存问简较。如闻每事牵挽,不异居人,竟不存恤,是何道
理? 宜令所司,申明前后敕严加处分。如是侵扰,委御史台采访奏闻"⑥可知,
政府优恤将士家属的诏令在执行中存在"牵挽"的情况,落实得并不到位。

3.免差役

免除差役是救恤将士家属的又一重要举措。唐前期,在府兵制下,卫
士家不免杂徭,"初,诸卫府兵,自成丁从军,六十而免,其家又不免杂徭,浸
以贫弱,逃亡略尽"⑦。玄宗朝开始,对征行人家矜放差科,开元二十一年五
月,玄宗《敕皇太子纳妃》曰:"诸道征行人家及鳏寡茕独,委州县长官检校,
矜放差科,使安其业。"⑧天宝六载(747)正月,玄宗《南郊推恩制》云:"天下
百姓,今载应损郡逋租悬调诸色勾征变换等物,及诸延限者,并宜一切放
免。征行之家,每令存恤,差科之际,或未优矜,自今已后,并准飞骑例蠲
免。"⑨该诏书规定了征人家属依飞骑例蠲免的原则。此后,德宗《令诸道募灵
武镇守人诏》中规定能赴灵武镇守者,"如有户贯在州者,蠲免本户差科"⑩。

① 《全唐文》卷八五,第896~897页。

② 《旧五代史》卷四二《唐书·明宗本纪》,第584页。

③ 《旧五代史》卷一一八《周书·世宗本纪》,第1572页。

④ 唐玄宗:《分遣蒋钦绪等往十道疏决囚徒宣慰百姓制》,《全唐文》卷二二,第262页。

⑤ 《全唐文》卷三五,第390页。

⑥ 《全唐文》卷三〇,第334页。

⑦ 《资治通鉴》卷二一二"开元十年八月"条,第6753页。

⑧ 《全唐文》卷二八三,第2876页。

⑨ 《全唐文》卷二五,第287页。

⑩ 《全唐文》卷四六三,第4737页。

至唐后期,对军人家属的抚恤方式是一人从军,全家免于差役,但执行情况恐怕并不好,敬宗就曾在诏文中说:"京畿百姓,多属诸军诸使,或户内一人在军,其父兄子弟不受府县差役。顷者频有制敕处分,如闻尚未遵行,宜委京兆府重举用长庆元年七月十八日赦文条疏闻奏。"①

(二)恤阵亡者家属

政府对死亡将士家属的救恤主要有免差科、优恤赈给和抚恤将士孤遗等方面。

1.免差科

阵亡者之家可以免除其一定时间的差科。前引龙朔二年(662),高宗派契苾何力招抚铁勒九姓,并诏令所在差军收瘗兵士道死者,"仍蠲免其家"②。至德二载(757)十二月戊午,肃宗下诏:"瘗阵亡者,致祭之,给复其家二载。"③给复即免除课役,此诏中免课役时间是两年。至德中,贾至所撰《收葬阵亡将士及慰问其家口敕》亦曰:"战士阵亡,多委沟壑,已令收瘗,犹虑或遗。抚存哀殁,朕之所切。宜令节度使与郡县长官计会,悉收骸骨,埋葬致祭。仍勘责姓名,续行奏闻,将褒赠其官爵,优恤其妻子。仍仰本道使者郡县,勿差科其家。"④可见,对阵亡战士之家的救恤措施是恤其妻子,不差科其家。

2.优恤赈给

前引兵法和律令都规定,对阵亡将士家属要优给、吊赠。吊赠是助营葬,优给则是赈恤家属。唐代田令规定,卫士"身死王事者,其子孙虽未成丁,身分地勿追"⑤。不追身分地,其意在优恤死难者家属。唐初,征吐蕃失利,太宗下诏宣慰剑南将士曰:"其病医及阵亡之家,宜委陈緊与州县相知优恤。"⑥要求将领及州县优恤阵亡者家属,其优恤方式因文义笼统不得而知。玄宗时,曾要求对阵亡者家属中不支济者量事赈济。开元十七年(729)十一月二十二日,玄宗《谒陵大赦文》曰:"诸道战亡人家,仰州县存恤,不支济者量事赈济。"⑦肃宗也要求州县对阵亡人家量事优恤赈给,乾元元年(758),下诏云:"鳏寡茕独,笃疾不能自存,及阵亡人家并捐免户,州县

① 唐敬宗:《受尊号赦文》,《全唐文》卷六八,第724页。
② 《册府元龟》(宋本)卷一三五《憋征役》,第149页。
③ 《新唐书》卷六《肃宗本纪》,第159页。
④ 《全唐文》卷三六七,第3732页。参阅〔日〕池田温编:《唐代诏敕目录》,第271页。
⑤ 《通典》卷二《食货典·田制》,第31页。
⑥ 唐太宗:《宣慰剑南将士诏》,《全唐文》卷八,第105页。
⑦ 《全唐文》卷三九,第427页。

随事优恤赈给。"①代宗要求对阵亡将士的妻子给予赏赐,大历九年(774),下诏曰:"其阵亡将士,仰本路随事优恤,妻子各申锡赉。"②从以上材料来看,唐前期政府关注战亡者家属的恤养,但救恤措施尚未形成定例。同时,从将领与州县"相知优恤",到对其中不支济者的量事赈济和对妻子的赏赐看,政府的救助措施渐趋明确。

从德宗朝开始,对死事将士家属进行一定年限的禀给。建中二年(781)九月,德宗下诏:"禀死事家三岁。"③对死事者家属禀给三年是唐后期至五代较为常见的赈恤方式。但德、宪两朝致力于削藩,用兵既勤,对死士及其家口的赏赐也时见诏书,对阵亡将士家属的优给时间往往较长。兴元元年(784),德宗下诏:"其功臣已后,虽衰老疾患,不任军旅,当分粮赐,并宜全给。身死之后,十年内仍回给家口。其有食实封者,子孙相继,代代无绝。"④功臣身死之后,粮赐仍禀给家属十年,显示了德宗的特别优待。贞元五年(789),韩全义大破吴少诚后,德宗下诏:将士身死王事者,"委全义并给棺椁,送归本道""五年莫停衣粮"⑤,以"五年莫停衣粮"厚恤死于讨平吴少诚的将士。宪宗一度将死事者家属的禀给时间定为五年。元和元年(806)十月五日,宪宗平刘辟后下诏曰:"官军阵亡将士等,并委崇文监军审勘,具名衔事迹申奏,即与褒赠。家口等并委本军优赏,五年不停衣粮,并委所在州县速为收葬,仍量事致祭。"⑥元和十二年十月二十九日,宪宗平吴元济后又颁德音曰:"官军阵亡将士,并委韩宏、裴度与诸军审勘,具名衔事迹申奏,即与褒赠。其家口等,并委本军优赏,仍五年不停衣粮,并所在州县,速为收葬,仍量事致祭于其家。"⑦

元和后期,对死事者家属的禀给恢复为三年。元和十四年二月二十一日,宪宗平李师道后所颁德音曰:"其官军有阵亡将士等,委本军审勘,具名衔事迹申奏,即与褒赠,仍令本军优赏其家,三年不停衣粮,并委所在州县

① 唐肃宗:《乾元元年南郊赦文》,《全唐文》卷四五,第496页。
② 唐代宗:《大历九年夏至大赦文》,《全唐文》卷四九,第545页。
③ 《新唐书》卷七《德宗本纪》,第187页。
④ 《陆贽集》卷一《奉天改元大赦制》,第10页。
⑤ 〔唐〕令狐楚:《贺破贼兼优恤将士状》,《全唐文》卷五四二,第5498页。
⑥ 唐宪宗:《平刘辟诏》,《全唐文》卷五九,第639页。参阅〔日〕池田温编:《唐代诏敕目录》,第379页。
⑦ 唐宪宗:《平吴元济德音》,《全唐文》卷六二,第668页。参阅〔日〕池田温编:《唐代诏敕目录》,第409页。

速与收葬,量事致祭。"①从上引宪宗一朝的材料可以看出,宪宗朝对阵亡将士家属的抚恤方式是"委本军优赏",优赏方式是不停衣粮,时间由开始的五年变为后来的三年,"三年不停衣粮"成为此后直至唐末对阵亡将士家口的抚恤定式。长庆二年(822)八月二十五日,穆宗下诏"瘗汴、宋、郑三州战亡者,廪其家三岁"②,其诏文曰:"(诸军有阵亡将士等)并委本军审勘,具名衔事迹申奏,当与甄奖,及加褒赠。仍令本军优给其家,三年不停衣粮,并委所在州县速为收葬,量事致祭。"③太和三年(829)五月十三日,文宗《平李同捷德音》曰:"其长行官健阵亡者,并令所在长吏量与收葬,同为祭酹。其家口在者,各委本军优恤,仍三年勿绝粮赐。"④

从穆宗开始,对阵亡将士家属的抚恤又有所变化,若死事将士有父兄子弟可填替,则许其填替,以支衣粮;若无人填替,方可三年不停衣粮。长庆三年三月十日,穆宗下诏书曰:"官健有死王事者,三周年不得停本分衣粮,如有父兄子弟,试其武艺,堪在军中承名请衣粮者,先须收补。"⑤会昌四年(844)八月十八日,武宗平潞州后下诏曰:"其行营将士阵亡者,先已有敕,便令子弟填替。如无子弟,三年不停衣粮。"⑥懿宗咸通十年(869)十月制曰:"应阵殁将士有父兄子弟愿从军者,便令本道填替。如无父兄子弟,仍且与给衣粮,三年不得停给。"⑦僖宗《车驾还京师德音》曰:"如身殁王事者,其衣粮并仰给与兄弟男侄。如有父母无给养者,切在安存,勿令冻馁,虽累有处分,可一切施行。"⑧从以上引文可知,从穆宗直至唐末,对死事将士家属的抚恤需要先由子弟充替死者来换取。

虽然五代诸朝财政吃紧,但各朝也都留心于对死事军属的抚恤,梁太祖于开平二年(908)三月壬申下诏:"以去年六月后,昭义行营阵殁都将吏

① 唐宪宗:《平李师道德音》,《全唐文》卷六二,第669页。参阅〔日〕池田温编:《唐代诏敕目录》,第412页。

②《新唐书》卷八《穆宗本纪》,第225页。

③ 唐穆宗:《平汴宋德音》,《全唐文》卷六七,第708~709页。参阅〔日〕池田温编:《唐代诏敕目录》,第439页。

④《全唐文》卷七四,第781页。参阅〔日〕池田温编:《唐代诏敕目录》,第473页。

⑤ 唐穆宗:《优恤将士德音》,《全唐文》卷六七,第706页。参阅〔日〕池田温编:《唐代诏敕目录》,第455页。

⑥ 唐武宗:《平潞州德音》,《全唐文》卷七七,第810页。参阅〔日〕池田温编:《唐代诏敕目录》,第512页。

⑦ 唐懿宗:《平徐州推恩制》,《全唐文》卷八三,第875页。参阅〔日〕池田温编:《唐代诏敕目录》,第552页。

⑧《全唐文》卷八九,第926页。

卒死于王事,追念忠赤,乃录其名氏,各下本军,令给养妻孥,三年内官给粮赐。"①开平三年八月辛亥,梁太祖下制:"诸郡如有阵殁将士,仰逐都安存家属,如有弟兄儿侄,便给与衣粮充役。"②后周太祖在平兖州后下赦文曰:"外诸军将士等,勇于为主,奋不顾身,所有没于王事者,各等第给布绢,仍以本人半分衣粮与本家一年,有亲子者,官中并与收录安排。自军使都头以上,皆与赠官职。"③

3.养阵亡者孤遗

对将士孤遗的恤养是抚恤阵亡将士家属的一个重要方面。武则天改元载初优恤诏令曰:"战亡人格外赠勋两转,回授期亲,其子孤茕者,州县给粮安养。"④肃宗朝元结所上的《请收养孤弱状》曰:

> 当军孤弱小儿都七十六人张季秀等三十九人无父母,周国良等三十七人有父兄在军。
>
> 以前件状如前。小儿等无父母者,乡国沦陷,亲戚俱亡,谁家可归,佣丐未得。有父兄者,其父兄自经艰难,久从征戍,多以忠义,遭逢诛贼。有遗孤弱子,不忍弃之,力相恤养,以至今日。迄令诸将有孤儿投军者,许收驱使;有孤弱子弟者,许令存养。当军小儿,先取回残及回易杂利给养。谨录状上。⑤

当时的兵制为募兵制,兵士家属随军与否采取自愿原则,愿意同去者,由国家给田宅安置,这里的小儿应即随军家属。由于当时国家只为随军家属提供田宅安置,而不提供口粮,所以元结才会有这样的奏请。前引懿宗咸通七年(866)大赦文也要求本道节度使申报阵亡将士的孤弱家属,并厚恤安存之:"其诸将士,勇敢用命,当锋残身,义节可嘉,孤弱是念,并委本道节度使据所申报,各须安存。如血属单弱,不能自存者,即厚加给恤。"⑥

地方长吏在救恤军属方面也很有作为。代宗大历四年(769),马燧被

---

① 《旧五代史》卷四《梁书·太祖本纪》,第60页。
② 《旧五代史》卷四《梁书·太祖本纪》,第71页。
③ 后周太祖:《平兖州在赦文》,《全唐文》卷一二四,第1248页。
④ 唐高宗、武后:《改元载初赦文》,《全唐文》卷九六,第997页。
⑤ 《全唐文》卷三八一,第3867页。另,元结在任水部员外郎参山南东道来瑱府时,给来瑱写过《请给将士父母粮状》的奏文,《请收养孤弱状》奏文也应在此时或稍早。参阅《新唐书》卷一四三《元结传》,第4684~4685页。
⑥ 《唐大诏令集》卷八六《咸通七年大赦》,第489页。

"改怀州刺史。乘乱兵之后，其夏大旱，人失耕稼；燧乃务修教化，将吏有父母者，燧辄造之施敬，收葬暴骨，去其烦苛"①。宪宗元和年间，李逊"代严绶镇襄阳，绶以八州兵讨贼在唐州。既而绶以无功罢兵柄，命高霞寓代绶将兵于唐州，其襄阳军隶于霞寓。军士家口在襄州者，逊厚抚之，士卒多舍霞寓亡归"②。宪宗朝卢坦治东川，"吴少诚之诛，诏以兵二千屯安州，坦每朔望使人问其父母妻子，视疾病医药，故士皆感慰，无逃还者"③。

综上，兵法和律文对恤葬死亡将士都作了相关规定，但在实际执行中，因战争不断，死亡无数，递尸还乡无法保障。为了稳定军心，增强军队的战斗力，政府频频下诏，在安葬阵亡将士方面作了不少努力，这种掩埋多属集体安葬，所以祭埋规格往往高于兵法及律令的规定。在对阵亡将士家属的优恤方面，政府优免其赋役差科，还给予在一定年限内不停阵亡将士衣粮供给的优待。唐后期至五代，政府允许阵亡将士的父兄子弟填替军阵以支取衣粮。此外，收养阵亡将士孤遗也是政府抚恤阵亡将士的一个重要方面。

①《旧唐书》卷一三四《马燧传》，第3690页。参阅《新唐书》卷一五五《马燧传》，第4884页。
②《旧唐书》卷一五五《李逊传》，第4124页。
③《新唐书》卷一五九《卢坦传》，第4960页。

第四章　医疗婚丧救助

由古及今,疾病、婚嫁、丧葬是人生中无法避免且需要着力应对的三件大事,在生产力水平有限的唐五代时期,它们无疑是百姓生活中的重大负担,贫困孱弱的百姓需要国家和社会给予救助,才能勉强应对。为此,本书特设此专章进行考察,以期基本了解唐五代时期政府和民间对百姓在医疗、丧葬、婚嫁方面的救助状况。

第一节　医疗救助

世人生来难免患病。古代社会生产力水平低下,百姓既要承担国家赋税,又要遭受来自各方势力的盘剥,维持日常生计已很艰辛,若是再遭遇大的疾病和疫情,多数家庭往往难以承受。因此,医疗救助也就成为历代政府和民间实施社会救助的重要方面。早在周代,救疾恤病即是治国安邦的必要举措之一,《周礼》之"保息"六方中,"宽疾"居第五。①魏令规定:"孤独病老笃贫不能自存者,三长内迭养食之。"②这里的"三长内"指的是乡里,也就是说北魏时期,孤独病老者由乡里百姓轮流侍养。唐五代时期,政府也很重视救疾恤病之务。唐代还出现了专门救助贫病残弱者的机构——病坊。

近年来,关于唐五代时期的医疗救助,学界已有不少研究成果③,还产

---

① 参阅《周礼注疏》卷一〇《地官司徒·大司徒》,第706页。
② 《通典》卷五《食货典·赋税》,第92页。
③ 参阅于赓哲:《试论唐代官方医疗机构的局限性》,《唐史论丛》第九辑,三秦出版社,2007年;徐正东等:《唐代医事管理与医疗机构设置制度初探》,《医学与哲学(人文社会医学版)》2008年第3期;冷启霞:《唐代的医科学校与医疗卫生管理》,《文史杂志》2011年第6期;张剑光:《三千年疫情》之隋唐五代章节,从疫情概述、重要疫情、医家与疫疾三方面探讨了隋唐五代时期的疫情及其救助情况(江西高校出版社,1998年,第125~194页);等等。

生了不少相关的硕士学位论文①。但已有研究都各有侧重,难全其详。唐五代时期的医疗救助可分为政府和民间两个层面,以下分别进行探讨。

一、政府的医疗救助

政府在建设医疗机构、制定医疗法令、颁布医书药方、提高医生社会地位等方面做了很多建设性工作,为常态医疗和疫灾救助提供了组织机构和制度方面的保障,并积极开展了疫灾的防控救助。此外,政府还为官府奴婢、囚犯、归顺叛军、少数民族及其使臣提供一定的医疗救助。

(一)医疗机构

在医疗服务和管理方面,中央设有殿中省尚药局、宫官尚食局司药、内侍省奚官局、东宫药藏局等机构和相关职官,主要掌管宫廷眷属和中央百官的医疗事务;太常寺下设的太医署统掌全国医疗事务,并培养医疗人才;都督府、州县设医学、医药博士,分管地方百官和百姓的医疗救治事务。这些机构和职官的设置,无疑为医疗救助提供了制度和组织机构的保障和便利。

1.中央医疗机构

唐代殿中省下设的尚药局负责皇帝和大臣的医疗事务。②此外,它还供给北衙禁军医药,"太常每季阅送上药,而还其朽腐者。左右羽林军,给药;飞骑、万骑病者,颁焉"③。宫官尚食局下设司药、典药、掌药各二人,负责宫内的医药事务,"司药掌医方药物之事"④。内侍省下设奚官局主管宫人的医疗事务,"凡宫人有疾病,则供其医药"⑤。此外,唐代两京都设有患坊,给宫人看病,由太常寺太医署负责。"宫人患坊有药库,监门莅出给;医师、医监、医正番别一人莅坊。"⑥唐代墓志中有不少关于患坊的记载,但名

---

① 参阅程锦:《唐代医疗制度研究》,中国社会科学院2008年硕士学位论文;赵芳军:《唐代社会医疗体系研究》,西北师范大学2009年硕士学位论文;贾金成:《唐代家庭医事研究》,暨南大学2010年硕士学位论文;季明稳:《唐代社会医疗若干问题研究》,西北大学2011年硕士学位论文;张净:《唐代官员疾病与医疗探究》,天津师范大学2013年硕士学位论文;等等。

② 《新唐书》卷四七《百官志》,第1219页。

③ 《新唐书》卷四七《百官志》,第1215页。

④ 《唐六典》卷一二《宫官》,第353页。

⑤ 《旧唐书》卷四四《职官志》,第1871页。

⑥ 《新唐书》卷四八《百官志》,第1244~1245页。

称有所不同。①东宫设有药藏局，专门负责东宫内的医疗事务，太子内官还设掌医三人，负责东宫宫女的医疗事务。②

太常寺下设的太医署是统管全国的最高国家医疗机构，在负责文武百官及军队将士的医疗服务外，也负责全国民众的岁时医疗，"诸太医署，每岁常合伤寒、时气疟痢、伤中金疮之药，以备人之疾病者"③。太医署太医令"掌医疗之法……医师、医工、医正疗人疾病，以其全多少而书之以为考课。岁时给药以防民疾"④。太医署的医师、针师等需巡疗疾病，"诸医、针师，医监、医正，量其所能，有病之处，遣为救疗"⑤。太医署也是全国最高的医教学府，其下设的诸药医博士、针博士、按摩博士、咒禁博士，要以医术教授下属的医学生；药园师"以时种莳收采"⑥。其医师、针师、按摩师、咒禁师等人员的聘用，都采用类似国子监的考试方法，考课和升迁与治疗病人的多少紧密相关。"每岁太常试，验其识解优劣，差病多少，以定考等……诸医、针师等巡患之处，所疗损与不损，患处官司录医人姓名案记，仍录牒太常寺，据为黜陟。诸州医师亦准此。"⑦

此外，唐代尚书省六部也有主管医疗的职官。礼部下设的祠部郎中、员外郎各一人，掌医药之事。⑧刑部下设的都官郎中、员外郎各一人，"掌俘隶簿录，给衣粮医药，而理其诉免"⑨。

2.都督府及州县的医疗建制

唐代京兆、河南、太原等府设"医药博士一人，助教一人，学生二十人"；上州设"医学博士一人，正九品下，助教一人，学生十五人"；中州设"医药博士一人，从九品下，助教一人，学生十二人"；下州设"医学博士一人（从九品

---

① 参阅《唐代墓志汇编》，上海古籍出版社，1992年。龙朔007《唐故七品亡典讫墓志铭并序》（第341页）作"坊所"；麟德042《九品亡宫人墓志铭》（第424页）作"坊所"；仪凤020《大唐故亡官墓志铭并序》（第639页）作"患宫坊"；文明003《大唐亡宫六品墓志》（第715~716页）作"东都患坊"；文明006《亡宫八品墓志》（第717页）作"东都患坊"；开元230《八品亡宫年卅墓志铭并序》（第1315页）作"患坊"。

② 参阅《旧唐书》卷四四《职官志》，第1908~1910页。

③〔日〕仁井田陞：《唐令拾遗·医疾令第二十七》，长春出版社，1989年，第652页。

④《新唐书》卷四八《百官志》，第1244页。

⑤《天一阁藏明钞本天圣令校证》，天一阁博物馆、中国社会科学院历史研究所天圣令整理课题组校正，中华书局，2006年，第318~320页。

⑥《旧唐书》卷四四《职官志》，第1876页。

⑦《天一阁藏明钞本天圣令校证》，第318~320页。

⑧ 参阅《新唐书》卷四六《百官志》，第1195页。

⑨《新唐书》卷四六《百官志》，第1200页。

下），学生十人"①。诸州府的医学博士不仅负责教授学生，还"以百药救民疾病"②，医学生"掌州境巡疗"③。此外，诸州府下设的功曹、司功掌医药之事④，"凡诸州每年任土所出药物可用者，随时收采，以给人之疾患。皆预合伤寒、时气、疟、痢等药，部内有疾患者，随须给之"⑤。诸府州医师亦需考课。按照唐代职官设置的相关规定，设在州县的医学博士、助教和学生不仅仅是职官，应该还有专项经费和行医地点，即类似于现在的诊疗机构，他们承担了救民疾病和巡行诊疗的任务，特别是在有伤寒、疟疾、痢病和季节性疾病时，免费向灾民提供药物，"随须给之"，这其实就是对百姓实实在在的医疗救助。

唐代府兵制下，大都督府设"医学博士一人（从八品下），助教一人，学生十五人"；中都督府设"医药博士一人，学生十五人"；下都督府设"医学博士一人，助教一人，学生十二人"⑥。诸军镇仓曹参军事、掌医药。⑦府兵制瓦解后，将士伤病仍由国家给予医疗。唐代宗《大历九年夏至大赦文》云："其在军将士，有刀箭所伤，久婴沈疾者，勠力疆场，致身锋刃，各委所繇，量给药物，厚加优赏。"⑧

此外，病坊是唐代开创的救助病残、乞丐及贫弱的专门机构，也是政府设置的医疗机构之一，我们将在下文专题讨论。

上述医疗机构的设置，覆盖了社会各个阶层，是实施医疗救助的制度和组织架构。

（二）医疗救助措施

政府在设置各级医疗机构负责社会医疗事务外，还在制定医疗法典、整理医疗典籍、推广医方、普及医疗知识、提高医生地位等方面采取了诸多有助于常岁医疗救助的措施。同时，政府是对疫灾进行防控和救助的主要力量。

1.制定医疗法令，颁布医书药方

中国古代医疗法令的制定起步较早，记载较早的有：西晋贾充等撰《令》

---

① 《旧唐书》卷四四《职官志》，第1918~1919页。

② 《旧唐书》卷四四《职官志》，第1920页。

③ 《新唐书》卷四九《百官志》，第1314页。参阅《唐会要》卷八二《医术》，第1802页。

④ 参阅《旧唐书》卷四四《职官志·州县官员》，第1919页。

⑤ 《唐六典》卷三〇《京县畿县天下诸县官吏》，第748页。

⑥ 《旧唐书》卷四四《职官志·州县官员》，第1917页。

⑦ 参阅《新唐书》卷四九下《百官志》，第1320页。

⑧ 《全唐文》卷四九，第545页。

四十篇,第十六篇为《医药疾病》;梁蔡法度等撰《梁令》三十篇,第十篇为《医药疾病》。①唐代在继承前代《医药疾病》法令的基础上,制定了更为完善的医疗法令——《医疾令》。《唐六典·尚书刑部》云:"凡《令》二十有七……二十三曰'医疾'。"②遗憾的是此令已亡佚,《唐令拾遗》《唐令拾遗补》共复原了令文十七条③,天一阁明抄本宋《天圣令》残卷中共保存唐开元《医疾令》三十五条④,这些令文从御药之合和进奉、太医署合药备疾、药园师采药种药、百姓合药救贫民、行军作役处医师配给,到医学生习业及教授、学制、考课、进退等方面都做了相关规定,从中可窥见唐代《医疾令》之大概,它是政府实施医疗服务的制度设计和架构,对保障医疗事业的发展及医疗救助的实施非常重要。其中开元二十五年(737)令中"百姓亦准《医疾令》合和药物,拯救贫民"⑤的条文,是对医疗救助民间贫病百姓的有效律令支持。

在中国古代医疗不发达的情况下,由国家出面整理医书、药方,颁行天下,是政府普及、推广医药验方,实现医疗救助的一个重要方面,对中古百姓的医疗救治非常重要。早在北魏永平三年(510)十月丙申,宣武帝下诏曰:"经方浩博,流传处广,应病投药,卒难穷究。更令有司,集诸医工,寻篇推简,务存精要,取三十余卷,以班九服,郡县备写,布下乡邑,使知救患之术耳。"⑥这是颁医书药方于天下以普及医学知识的最早记载。政府榜示的药方也确实流传于民间,北齐武平六年(575),《道兴造像记》的下方就列了二十九种药方,其中使用多是民众比较容易接触的药材。⑦

唐五代政府沿袭了这一做法,在整理推广医书、颁行药方等方面也多有作为。显庆二年(657),中宗下令检校中书令许敬宗、太常寺丞吕才、太史令李淳风、礼部郎中孔志约、尚药奉御许孝崇并诸名医等二十人,对旧本《本草》进行整理,并增附草药图,至显庆四年撰成。⑧《本草》的重新修订整理,对唐代的医疗事业具有非常重要的意义。开元十一年七月五日,玄宗下诏曰:"每州《本草》及《百一集验方》,与经史同贮。"⑨将医书药方与经书

---

① 参阅《唐六典》卷六《尚书刑部》,第183~184页。

② 《唐六典》卷六《尚书刑部》,第183~184页。

③ 参阅《唐令拾遗》,第722~727页。

④ 参阅《天一阁藏明钞本天圣令校证》。

⑤ 《唐令拾遗·医疾令第二十七》,第652页。

⑥ 〔北齐〕魏收:《魏书》卷八《世宗本纪》,中华书局,1974年,第210页。

⑦ 参阅〔清〕王昶:《金石粹编》卷三五,陕西人民出版社,1990年,页3右~4右上。

⑧ 参阅《唐会要》卷八二《医术》,第1803页。

⑨ 《唐会要》卷八二《医术》,第1805页。

保存在一处,足见统治者对医书的重视。同年九月己巳,玄宗又"颁上撰《广济方》于天下"①,向百姓介绍最基本的治疗常见疾病的医方。天宝五载(746)八月,玄宗再次下诏刊布《广济方》,向百姓普及医疗知识,诏文曰:

> 朕顷所撰《广济方》,救人疾患,颁行已久,计传习亦多。犹虑单贫之家,未能缮写,闾阎之内,或有不知。倘医疗失时,因致横夭,性命之际,宁忘恻隐。宜令郡县长官,就《广济方》中逐要者,于大板上件录,当村坊要路榜示。仍委采访使勾当,无令脱错。②

德宗也曾于贞元十二年(796)二月十三日制《贞元广利方》五卷颁于天下③,刘禹锡撰有《谢赐广利方表》④。该方在当时影响广泛,邻邦新罗也请求颁赐。⑤元和十二年(817)二月,"撰《贞元集要广利方》,宪宗亲为之制序,散题于天下通衢,其方总六千三种,五百八十六首"⑥。至五代后唐时,和凝也奏请"依本朝州置医博士,令考寻医方,合和药物,以济部人。其御制《广济》《广利》等方书,亦请翰林医官重校定,颁行天下"⑦。

据上引文献记载,自开元以降,政府将多种医药经典、治疗常见疾病的简便药方颁行全国,榜示乡里,并委采访使勾当,让各地百姓学习基本的医疗知识,这对贫困百姓获得医疗的意义重大,对后世影响也很大。北宋神宗在元丰年间(1078~1085)命人编撰《太医局方》颁布天下,徽宗在大观年间(1107~1110)命人编撰《太平惠民和剂局方》十卷颁布天下,都是受唐代颁布药方救治百姓病患的影响。⑧

2.提高医生的地位

为提高社会的医疗水平,唐王朝提高了医生的社会地位,从医人员可以入仕为官,唐代太常寺、诸州府的医生、药园生、按摩生、针生均列入诸色入仕之途。《新唐书·选举志》云:"唐取人之路盖多矣,方其盛时,著于令者……太医药童、针咒诸生二百一十一人……尚药童三十人……凡此

---

① 《旧唐书》卷八《玄宗本纪》,第186页。

② 《全唐文》卷三二,第359页。

③ 参阅《唐大诏令集》卷一一四《颁广利方敕》,第595页。

④ 参阅《刘禹锡集》诗文补遗《谢赐广利方表》,第627~628页。

⑤ 参阅《刘禹锡集》卷一七《为淮南杜相公论新罗请广利方状》,第199页。

⑥ 《册府元龟》(宋本)卷一四七《帝王部·恤下》,第245页。

⑦ 《全唐文》卷八五九,第9005页。

⑧ 参阅张剑光:《三千年疫情》,第203~204页。

者,皆入官之门户。"①习医术者可以参选国家官吏,《新唐书·百官志》云:"凡名医子弟试疗病,长官苍覆,三年有验者以名闻。"②名医子弟行医三年,有疗效者可以获授官品。但医生地位的提升也有限定,"凡医术,不过尚药奉御"③,为正五品下阶。

唐肃宗时,开始将医术与明经等同,乾元元年(758)二月五日,肃宗下诏:"自今已后,有以医术入仕者,同明经例处分。"④至乾元三年(760)正月十日,右金吾长史王淑奏:"医术请同明法选人……又尚食药藏局,请同典膳局,太医署请同大乐署。"⑤同时,从医人员一旦入仕为官,便将其救治百姓疾病的成绩将作为其主要的考课内容,以鼓励相关人员积极治病救人。《新唐书·太医署》载:"医师、医正、医工疗病,书其全之多少为考课。岁给药以防民疾。"⑥《旧唐书·职官志》记吏部考功郎中考课官吏的善状有二十七最,"其二十三曰占候医卜,效验居多,为方术之最"⑦。

以上机构、措施的设置和实施对救治百姓常岁的疾患有一定的裨益,但若遇疫灾,政府还另有相应的处置措施。

3.政府对疫灾的防治与救助

疫灾是突发、传播性极强、大面积流行的疾病所造成的灾害,属于群体性灾难,对人畜生命危害极大,往往会造成大量人口死亡,重创百姓的身心健康,严重影响国家的赋税收入和经济水平。与历史上各个时期一样,疾疫是唐五代百姓面临的重大灾害之一,危及国家根本,是政权稳定的重大困扰。因此,对疫灾进行有效的防控和救助,就成为唐五代政府进行医疗救助的重点和稳定政权和社会的一项重要任务。

通常,大的水旱灾害发生后都会引发疾疫,如大中九年(855),江淮数道"因之以水旱,加之以疾疠,流亡转徙,十室九空"⑧。当然,但若救治得力,则可不起疫灾,福州刺史元锡曰:"自永贞以来,陛下每降恤隐之泽,则

---

①《新唐书》卷四五《选举志》,第1180页。

②《新唐书》卷四六《百官志》,第1195页。

③《新唐书》卷四五《选举志》,第1174页。

④《唐会要》卷八二《医术》,第1805页。

⑤《唐会要》卷八二《医术》,第1805~1806页。

⑥《新唐书》卷四八《百官志》,第1244页。

⑦《旧唐书》卷四三《职官志》,第1823页。

⑧《全唐文》卷八一《赈恤江淮埯姓德音》,第852页。

茕嫠保安;发赈救之仁,则疠灾不起。"①按照唐代相关律令的规定,这些疫情的防控与阻断,离不开政府组织的大规模有效医药救助。

统治者也认识到流行疾疫的严重性,需要及时采取措施防治、治疗。武德九年(626)十月,唐太宗就曾有诏文曰:"有遇疢疾,递加询问,为营医疗,知其增损,不幸物故,及遭忧恤,随事慰省,以申情好,务从笃实,各存周厚。"②要求全面掌握疫灾状况,及时加以防控、救治、优恤,实际上就是提供无偿的医药救治。因主客观原因,虽然各个时段对疫灾的防治和救助的重视程度及取得的效果不尽相同,但基本上是按以下两个方面处理应对的。

(1)对疫灾的防控

在大疾疫发生后,政府一般要派遣医疗人员携带药物前往治疗,以控制灾情。以贞观年间为例,贞观十年(636),"关内、河东疾病,命医赍药疗之"③;十五年三月戊辰,"泽州疾疫遣医就疗";十六年夏,"谷、泾、徐、虢、戴五州疾疫,遣赐医药焉";十七年闰六月,"潭、濠、庐三州疾疫,遣医疗焉";十八年自春及夏,"庐、濠、巴、普、彬疾疫,遣医往疗";二十二年九月,邠州大疫,"诏医疗之"④。可见,当出现大面积的疫情时,政府会派遣医疗队伍增援,并携带医药进行救治。

在通常情况下,疾疫发生后,中央在派医疗人员携药前往救疗的同时,也往往下令地方长官根据具体灾情,给灾民以医药、医方及救疗之术等医疗救助和相关救济。如太和六年(832)春,"自剑南至浙西大疫"⑤,五月二十八日文宗《拯恤疾疫诏》曰:"其疫未定处,并委长吏差官巡抚,量给医药,询问救疗之术,各加拯济,事毕条疏奏来。"⑥后梁乾化二年(912)五月梁太祖《暑月施恩诏》云:"凡有疫之处,委长吏简寻医方,于要路晓示。如有家无骨肉兼困穷不济者,即仰长吏差医给药救疗之。"⑦

政府组织人力对死于疫情者进行掩埋,以防止疫情扩散,也是疾疫救助的重要方面。大的疾疫发生后,往往造成大量人口死亡,以致很多暴骨

---

① (唐)元锡:《福州刺史谢上表》,《全唐文》卷六九三,第7111页。元锡于元和十年至元和十四年(815~819年)任福州刺史,参阅郁贤皓:《唐刺史考全编》卷一五一《江南东道·苏州》,第1902页。

② 《册府元龟》(宋本)卷一五九《帝王部·革弊》,第329页。

③ 《旧唐书》卷二《太宗本纪》,第46页。

④ 《册府元龟》(宋本)卷一四七《帝王部·恤下》,第242页。

⑤ 《新唐书》卷三六《五行志》,第957页。

⑥ 《全唐文》卷六九三,第7111页。参阅〔日〕池田温编:《唐代诏敕目录》,第481页。

⑦ 《全唐文》卷一〇一,第1038页。

无人埋葬。为防止病菌传播,消除社会恐慌,唐五代政府也积极掩埋无主骸骨。贞观三年(629),突厥种落"逢灾厉病疫饥馑,死者甚众,暴骸中野,前后相属"。次年九月太宗派人于大业长城以南,搜寻骸骨,一旦发现,立即掩埋。①高宗永淳元年(682)六月,"关中初雨,麦苗涝损,后旱,京兆、岐、陇螟蝗食苗并尽,加以民多疫疠,死者枕藉于路,诏所在官司埋瘗"②。天宝元年(742)三月甲寅,玄宗下诏曰:

> 如闻江左百姓之间,或家遭疾疫,因而致死,皆弃之中野,无复安葬。情礼都阙,一至于斯,习以为常,乃成其弊。自今已后,宜委郡县长官,严加诫约,俾其知禁,勿使更然。其先未葬者,即勒本家收葬,如或无亲族,及行客身亡者,仰所在村邻,相共埋瘗,无令暴露。③

江左百姓出于对疾疫的恐慌,有患病死亡者,家人往往将之弃尸野外,引起朝野恐慌,政府遂下令禁止弃尸,并责令相关人员掩埋尸体。宝应元年(762),代宗《恤民敕》曰:"闻杭越间疾疫颇甚,户有死绝,未削版图……其有死绝家无人收葬,仍令州县埋瘗。"④太和六年(832)春,"自剑南至浙西大疫"⑤,五月庚申文宗下《拯恤疾疫诏》曰:"诸道应灾荒处,疾疫之家,有一门尽殁者,官给凶具,随事瘗藏。"⑥

(2)疫灾后的赈济与蠲免

疫灾发生后,政府会通过赈济物资、减免赋税等措施,对发生疾疫地区的百姓进行救助,以增强其应对灾害的能力,尽快恢复社会生产。元和二年(807)正月,宪宗下诏云:"淮南江南去年已来水旱疾疫,其租税节级蠲放。"⑦太和六年五月,"浙西丁公著奏杭州八县灾疫,赈米七万石"⑧。是月二十八日⑨,文宗下诏曰:诸道灾荒处疾疫之家,"如有口累,疫死一半者,量

① 参阅《册府元龟》(宋本)卷四二《帝王部·仁慈》,第45页。

② 《旧唐书》卷五《高宗本纪》,第110页。

③ 《唐大诏令集》卷一一四《埋瘗暴露骸骨敕》,第596页。

④ 《册府元龟》(宋本)卷一四七《帝王部·恤下》,第245页。

⑤ 《新唐书》卷三六《五行志》,第957页。

⑥ 《册府元龟》(宋本)卷一四七《帝王部·恤下》,第245~246页。

⑦ 《册府元龟》(宋本)卷四九一《邦计部·蠲复》,第1218页。

⑧ 《旧唐书》卷一七《文宗本纪》,第545页。

⑨ 参阅〔日〕池田温编:《唐代诏敕目录》,第481页。

事与本户税钱三分中减一分;死一半已上者,与减一半本户税"①。大中九年(855)七月十三日,宣宗《赈恤江淮百姓德音》云:"近者江淮数道,因之以水旱,加之以疾疠……或今年合征两税钱物,量百姓疾疫处,各委逐州准分数于上供留州留使三色钱内均摊放免。"②

州县地方官在救治地方疾疫中也发挥了重要作用。唐代长江以南流域血虫病流行,当时称为五蛊、飞蛊、水毒、蛊痢、水注、蛊注、血蛊、水胀等。③《朝野佥载》云:"江岭之间有飞蛊,其来也有声,不见形,如鸟鸣啾啾唧唧然。中人即为痢,便血,医药多不差,旬日间必不救。"④大历十四年(779)至贞元三年(787)⑤,韩滉出任浙江东西都团练观察使、润州刺史,所属邑溧水、溧阳两县,"旧多蛊毒",韩滉"欲更其俗,绝其源,终不可得。时有僧住竹林寺,每绢一匹,易药一圆,远近中蛊者,多获全济。值滉小女有恶疾,浴于镇之温汤。即愈,乃尽舍女之妆奁,造浮图庙于汤之右,谋名僧以藏寺事。有以竹林市药僧应之,滉欣然迎置,且求其药方",不久该僧将秘方献给了韩滉,"于是其法流布,仍刊石于二县之市"。⑥韩滉身为当道行政长官,千方百计获得治疗吸血虫病的秘方后,马上公布于众,推广救治。又如崔玄亮为密州刺史时,"密民之冻馁者赈恤之,疾疫者救疗之,骴骼未殡者命葬藏之"⑦。类似记载恕不更举。此外,知识分子在对地方疾疫的治疗中也发挥了应有的作用。⑧

4.一些特殊的医疗救助

政府还对官府奴婢、归顺叛军、囚犯、少数民族及其使臣提供一定的医疗救助。

对官府奴婢之患病者提供医疗救治。《唐六典·尚书刑部》云:官府奴婢

---

① 唐文宗:《拯恤疾疫诏》,《全唐文》卷七二,第757页。

② 《全唐文》卷八一,第853页。

③ 参阅张剑光:《三千年疫情》,第166~167页。

④ 《朝野佥载》卷六,第158页。

⑤ 参阅吴廷燮:《唐方镇年表》卷五《浙西》,第747~748页。

⑥ 〔宋〕周应合:《景定建康志》卷五〇,宋元地志丛书第二册,中国地志学会,1978年,第1532页下。

⑦ 《白居易集》卷六七九《唐故赣州刺史赠礼部尚书崔公墓志铭(并序)》,第6947页。

⑧ 马强《唐宋西南、岭南瘴病地理与知识阶层的认识应对》认为,唐宋时期知识阶层经历了对以瘴病为主的地方性疾病由盲目恐惧悲观到不懈地探索其医学应对方法这一转变过程,其中对瘴气的地理学认识、瘴病的预防及辩证治疗最有成就。(《中国历史地理论丛》2007年第3辑。)

"有疾,太常给其医药"①《唐律疏议·丁防官奴婢病不救疗》云:"诸丁匠在役及防人在防,若官户、奴婢疾病,主司不为请给医药救疗者,笞四十;以故致死者,徒一年。"疏议曰:"丁匠在作役之所,防人在镇守之处,若官户、奴婢在本司上者,而有疾病,所管主司不为请,虽请而主医药官司不给,阙于救疗者,笞四十。'以故致死者',谓不请给医药救疗,以故致死者,各徒一年。"②唐律规定无论官私,必须对患病奴婢进行医治,否则要承担法律责任,这从法律上为奴婢的救助提供了保障,具有开创性意义。

患病囚徒需给予医疗救治,费用由国家承担,病情严重者可由家人入狱侍候。在中央刑部,由都官郎中、员外郎负责囚犯的医疗事宜,刑部"都官郎中、员外郎各一人,掌俘隶簿录,给衣粮医药,而理其诉免"③。大理寺囚的医疗由狱丞具体负责。《新唐书·大理寺》载:"狱丞二人,从九品下。掌率狱史,知囚徒⋯⋯囚病,给医药,重者脱械锁,家人入侍。"④诸州县狱囚的医疗由诸狱长官具体负责,"诸狱之长官,五日一虑囚。夏置浆饮,月一沐之;疾病给医药,重者释械,其家一人入侍,职事散官三品以上,妇女子孙二人入侍"⑤。囚犯患病后,狱官不给衣食医药及慢待者要受刑法惩处。《唐律疏议·囚应给衣食医药而不给》云:"诸囚应请给衣食医药而不请给,及应听家人入视而不听,应脱去枷、锁、杻而不脱去者,杖六十;以故致死者,徒一年。即减窃囚食,笞五十;以故致死者,绞。"疏议曰:

> 准《狱官令》:"囚去家悬远绝饷者,官给衣粮,家人至日,依数征纳。囚有疾病,主司陈牒,请给医药救疗。"此等应合请给,而主司不为请给及主司不即给;准令"病重,听家人入视",而不听;及应脱去枷、锁、杻,而所司不为脱去者:所由官司合杖六十。"以故致死者",谓不为请及虽请不即为给衣粮、医药,病重不许家人入视及不脱去枷、锁、杻,由此致死者,所由官司徒一年。⑥

其实,此举也是从法律层面为囚徒提供了医疗救助的保障,显示了唐朝包

①《唐六典》卷六《尚书刑部》,第194页。
②《唐律疏议》卷二六《杂律》,第484页。
③《新唐书》卷四六《百官志》,第1200页。
④《新唐书》卷四八《百官志》,第1257页。
⑤《新唐书》卷五六《刑法志》,第1410页。
⑥《唐律疏议》卷二九《断狱律》,第549~550页。

容、慈悯之胸怀。

后唐长兴元年(930)四月,因前濮州录事参军崔琼建议,设置了病囚院①,但病囚院存在时间并不长,后晋时囚犯患病已由各地军医看候。"晋天福二年八月,敕下刑部大理寺御史台及三京、诸道州府:'今后或有系囚染疾者,并令逐处军医看候,于公廨钱内量支药价,或事轻者,仍许家人看候。'"②后周广顺三年(953)四月乙亥,后周太祖下诏:"应诸道州府见系罪人……如有疾患,令其家人看承,囚人无主,官差医工诊候,勿致病亡。"太祖又赐诸州诏曰:"狱吏逞任情之奸,囚人被非法之苦,宜加检察,勿纵侵欺。常令净扫狱房,洗刷枷匣,知其饥渴,供与水浆,有病者听骨肉看承,无主者遣医工救疗,勿令非理致毙,以致和气有伤。"③

对归顺叛军之伤残者也给予医疗救治。贞元二年(786)正月,"李希烈将杜文朝寇襄州。二月,癸亥,山南东道节度使樊泽击擒之"④。随后,德宗颁《加恩被擒将士诏》曰:"淮西将士等有能向化者,准赦令一切不问,官爵如初,其伤痍未尽复者,并委医疗,令其得所。"⑤政府给饱经战乱之苦的归顺将士以医疗救助,对收揽民心和稳定社会有积极的意义。

给少数民族和外国使臣的医疗救恤。《新唐书·鸿胪寺》载:"酋渠首领朝见者,给廪食;病,则遣医给汤药;丧,则给以所须。"⑥外国使臣的医疗事务由鸿胪寺典客署负责。唐代在国力强盛、政局稳定时,还对少数民族进行医疗方面的救助。唐玄宗《赐关内河东河西入朝蕃酋等敕》云:

> 嘉尔蕃酋,慕我朝化,相率归附,载变炎凉,而忠恳不渝,明诚勤励。深宜辑乃戎落,捍彼方隅,使烽火无惊,障塞咸谧,必厚赏崇班,当取富贵。朕比加恩贷,尔实安堵,恐衣服未尽充,灾患且未恤,永言于此,良用怃然。……部落有疾苦,量给药物。无令田陇废业,含养失所。递相勉谕,以悉朕怀。⑦

① 参阅《旧五代史》卷一四七《刑法志》,第1967~1968页。
② 《旧五代史》卷一四七《刑法志》,第1968页。
③ 《旧五代史》卷一四七《刑法志》,第1972页。
④ 《资治通鉴》卷二三二"贞元二年正月"条,第7468页。
⑤ 《全唐文》卷五一,第561页。
⑥ 《新唐书》卷四八《百官志》,第1258页。
⑦ 《全唐文》卷三四,第377页。

二、病坊与医疗救助的关系

病坊是唐代开创的救助病残、乞丐及贫民的专门机构,关于唐代病坊的研究,已有文章数篇。日本学者善峰宪雄的《唐朝时代の悲田养病坊》[①]、道端良秀的《中国佛教社会事业の一问题——养病坊につしつ》[②]两文,对唐代病坊进行了开创性研究。国内学者关注病坊研究的时间较晚。孙永如的《唐代"病坊"考》[③]主要考辨了病坊之原委;葛承雍的《唐代乞丐与病坊探讨》[④]从病坊收养乞丐的角度考察了唐代病坊的置废经过;杜正乾的《唐病坊表征》[⑤]探讨了病坊的设置时间、病坊的渊源及其与佛教的关系,并利用敦煌文书探讨了敦煌病坊之资产、经济来源、职事人员和医方等问题。冯金忠撰有《唐代病坊刍议》[⑥]。此外,王卫平在《唐宋时期慈善事业概说》[⑦]中,也涉及了唐代的病坊。病坊是唐代专门的医疗救助机构之一,上述有关病坊的论述或限于某一角度,或有缺失,故有加以补充论述之必要。

(一)病坊的产生

关于病坊的设置时间,学界倾向于武周时。[⑧]刘俊文根据《高昌县勘问来丰患病致死事案卷残卷》[⑨],考订病坊的设置时间在贞观年间。葛承雍《唐代乞丐与病坊探讨》[⑩]亦沿袭此说。冯金忠《唐代病坊刍议》一文反驳了前揭文以所引文书为病坊资料的观点,但仍将病坊产生的时间定在贞观年间。主张武周说者,主要本自《太平广记》卷九五《洪昉禅师》中关于病坊的记载。《太平广记》云:"(洪)昉于陕城中,选空旷地造龙光寺,又建病坊,常养病者数百人。"[⑪]《神僧传》卷六《洪昉传》也载:"(洪)昉于陕城中,选空旷

---

①《龙谷大学论集》第389~390号,1969年。

②《印度学佛教学研究》第18卷第2号,1970年。

③《中国史研究》1987年第4期。

④⑩《人文杂志》1992年第6期。

⑤《敦煌研究》2001年第1期。

⑥《西域研究》2004年第3期。

⑦《史学月刊》2000年第3期。

⑧善峰宪雄、道端良秀、孙永如均主此说,王卫平将病坊的设置时间定在长安年间(701~704)。另那波利贞《唐朝政府的医疗机构と民庶の疾病に对する救济方法に就きての小考》一文也认为病坊之设在长安年间。

⑨收入刘俊文:《敦煌吐鲁番唐代法制文书考释》,中华书局,1989年,第510页。

⑪《太平广记》卷九五《异僧·洪昉禅师》,第633页。

地造龙光寺。又建病坊，常养病者数百人……昉曰：'讲经之事诚不为劳，然昉病坊之中，病者数百，恃昉为命。常行乞以给之。今若留连讲经，人间动涉年岁，恐病人馁死。今也固辞。'"①后洪昉禅师为则天所知，即征之入宫，尊之为师，并下诏："昉所行之处，修造功德，无得遏止。"②武则天于长安年间设使主持悲田养病③，或许即基于对洪昉禅师的敬仰而采取的行动。若根据以上记载推定病坊最早出现在武周时，似乎无可厚非。

但笔者从《中天竺舍卫国祇洹寺图经》卷下查到如下记载：

> 佛故止此院中，大院西巷门西自分六院。南第一院开于三门……裕师又说次小巷北第二院，名圣人病坊院，开门如上，舍利弗等诸大圣人有病投中，房堂众具须皆备，有医方药库常以供给，但拟凡圣非所止。④

该经序题"天和元年龙集辛酉腊朔，久修园律院比丘宗觉（直）谨识"⑤。可知，在北周天和元年（566），佛教文献中"病坊"治病的思想已经传入中国。又《维摩经义疏》卷一《释会处第四》云："三、病坊菩萨道，宜先破之。在病已除，方得修行，复有第二门。既修妙行，行成德满，故有第三门，就此三门。"⑥《维摩经义疏》作者为吉藏，成书于隋仁寿四年（604）。⑦又义净译《根本说一切有部毗奈耶药事》卷一云："所用残药，不应弃掷。若有余病，苾刍求者应与。若无求者，可送病坊，依法贮库。病者应给，不依行者得越法罪。"⑧《根本说一切有部毗奈耶出家事》卷三云："白言：'邬波驮耶，我身在俗，先患其病。'师曰：'汝何不告我。'……问：'邬波驮耶，何故不喜。'师即告曰：'我之住处，乃是病坊，诸有病者，皆投来此。'"⑨《根本说一切有部毗奈耶杂事》卷三五云："或诣病坊施乐（药）之处。此若无者当缘自业，于饮

---

① 大藏经刊行会编：《大藏经》第50册，新文丰出版公司，1983年，第990页下。
② 《太平广记》卷九五《异僧·洪昉禅师》，第635页。
③ 〔唐〕宋璟：《请罢悲田奏》，《全唐文》卷二〇七载："悲田养病，从长安以来，置使专知。"（第2092页）
④ 《大藏经》第45册，第894页上。
⑤ 《大藏经》第45册，第882页下。
⑥ 《大藏经》第38册，第918页上。
⑦ 参阅〔隋〕吉藏：《三论玄义校释》，韩廷杰校，中华书局，2013年，第3页。
⑧ 《大藏经》第24册，第2页中。
⑨ 《大藏经》第23册，第1034页下。

食中而为将息。"①义净在先天二年(713)去世②,可见在先天二年前,佛教典籍中与"病坊"相关的记载已很多。从佛教"病坊"收治病人的思想在北周天和元年(566)已传入中国,而且在隋唐时期的佛典中屡有记载的情况来看,可以肯定佛教中的"病坊"思想与中国早期医疗救助组织的产生渊源匪浅。

南北朝时期,南朝和北朝都出现了类似"病坊"的救助机构。《南齐书·文惠太子传》云:"太子与竟陵王子良俱好释氏,立六疾馆以养穷民。"③此事不晚于永明中(483—493)。南齐太子因好佛教,立六疾馆以养穷民,此处的"六疾馆",只是在名目上与"病坊"有点差别,在功能上恐怕差不多。这很可能是对汉译佛经中"病坊"的实践。永平三年(510)十月,北魏宣武帝下诏在太常寺内设一别馆,专门收养"京畿内外疾病之徒",为其提供免费医疗。④魏宣武帝此举可作为我国最早的专门性的平民医疗救治机构。《梁书·武帝本纪下》载:普通二年(521)春正月辛巳,梁武帝下诏曰:"凡民有单老孤稚不能自存,主者郡县咸加收养,赡给衣食,每令周足,以终其身。又于京师置孤独园,孤幼有归,华发不匮。若终年命,厚加料理。尤穷之家,勿收租赋。"⑤《南史·武帝本纪下》记作:"诏置孤独园以恤孤幼。"⑥梁武帝于普通二年在京师设置孤独园,收养孤儿和单身老人,开启了后世由政府开办救助机构的先河。梁武帝是出了名的佞佛者,此举也许就是受佛教中"病坊"思想的影响,当然也不能排除儒家仁政思想的影响。南北朝时这些医疗救助机构,似乎都和唐代病坊的内涵很接近,只是设置区域有限,往往只限于京师或仅在太常寺。

关于唐代病坊的产生年代,刘俊文主张贞观说的主要根据是阿斯塔那九一号《唐贞观十七年高昌县勘问来丰患病致死事案卷残卷》⑦。兹将其录文转录如下:

---

① 《大藏经》第24册,第382页上。

② 参阅〔唐〕义净:《大唐西域求法高僧传校注》,王邦维校注,第13页。

③ 〔梁〕萧子显:《南齐书》卷二一,中华书局,1972年,第401页。《南史》卷四四《文惠太子长懋传》云:"太子与竟陵王子良俱好释氏,立六疾馆以养穷人。"(第1100页)

④ 参阅《魏书》卷八《世宗本纪》,第210页。

⑤ 〔唐〕姚思廉:《梁书》卷三,中华书局,1973年,第64页。

⑥ 〔唐〕李延寿:《南史》卷七,中华书局,1975年,第201页。

⑦ 《吐鲁番出土文书》第3册将其名称定为"唐贞观十七年(643年)何射门陀案卷为来丰患病致死事"。(第2~3页)

（上缺）

阿射门□（陁）□门陁辩：被问□□（知）委先不与□亲，若为肯好□仍显是□者。谨审，但门□得粮然□为营饭食，恒尔看□□丰虽非的（嫡）亲，是（见）寄□忽收取看养在此边处，并不闲（娴）官□见师为疗，又更不陈文记。其人先患甚风，□是实不虚。如其不信，乞问同住人□（康）□问依实，谨辩。

贞观十七年□

（中缺）

□八月十二□（日）□射既称好□（供）□□（知）委，先不与来□亲，若为肯好供给□不觅医治，仍显是□看并问坊正，来□（丰）□患，若为检校不□致令非理□

（中缺）

既为改更，物（更）□知此。

此宜问□节义坊正麴伯恭□十八。一恭一一。

□□（恭）辩：被问来丰身□（患）□为检校，不申文牒，致□理而死者。谨审：其□（来）□四月内，因患至此，丰□（前）

□赵俊处分，令于坊□□（置），即于何射门陁□人至，□即报。□

（下缺）

刘俊文根据文书记载来丰"因患至此""令于坊□□置"，何射门给来丰"为营饭食""恒尔看□"及寻医救治的责任，认为"此似病坊之制"，此条材料可补史书之缺。冯金忠认为此条并非"病坊"的相关资料，主要原因是对"□节义坊正麴伯恭"一句的断句不同。冯金忠将"节义坊"理解为普通之里坊，麴伯恭自然为坊正。但因此句前缺，若断作"□节义，坊正麴伯恭"，也未尝不可。若按此断句，冯金忠列举的三个反驳刘俊文观点的理由都不能成立[1]，也就不存在所谓的"节义坊"为病坊的问题，而且来丰案件中也无"就亲安置"的例证。那么，冯金忠以"节义坊说"反驳本件非病坊文书，似乎证据不足。而文中讲到何射门陁"得粮然□为营饭食，恒尔看□□丰虽非的（嫡）亲，是（见）寄□忽收取看养在此边处，并不闲（娴）官□见师为疗"，说明来丰的看养人，非其嫡亲，谈不上"就亲安置"的原则。

---

① 第一，从病坊发展史的角度来看，节义坊不可能是病坊。第二，病坊置于居民坊中与唐制不合。第三，来丰案件为病人就亲安置的例证，并非病坊之制。

文书中又提到，"其人先患甚风，☐是实不虚。如其不信，乞问同住人▨（康）"。说明何射门陁不只看养了来丰一个人，还至少有与来丰同住的康某。此"同住人"若理解为与何射门陁同巷人，那么此"同住人"既非来丰亲友，又怎么知道他以前患过什么病呢？再从来丰"因患至此"，被送到该坊安置，即于何射门陁处看养，"为营饭食""见师为疗"，亦说明该坊是一个收养病人的机构。此外，此件文书为高昌县司审讯何射门陁、坊正麴伯恭关于来丰死因的记录。综合以上记载，联系唐代病坊的特征，该坊应该为"病坊"无疑。

仅靠以上记载，说明贞观十七年（643）已经存在"病坊"似乎仍有些不足。但我们还可找到一些相关佐证。《续高僧传》卷二〇云：僧人智严于贞观十七年还归建业，"后往石头城疠人坊住。为其说法……永徽五年二月二十七日，终于疠所"①。冯金忠认为疠人坊就是病坊的早期形态，据此推定病坊大概可追溯到贞观之世。②疠人坊就是病坊之说，虽别无旁证，但可佐证贞观十七年已经存在类似"病坊"的机构，收养患病之人。结合前文论述，在南北朝时期，汉译佛教典籍中的病坊一词早已出现，贞观十七年前，有医疗救治性质的病坊应该已经存在，只不过管理部门尚不明确。因此到武则天长安年间才"置使专知"悲田养病坊，而不是说"始"设病坊或悲田养病坊。

（二）病坊的管理

唐五代病坊的所属关系较为复杂。从《唐贞观十七年高昌县勘问来丰患病致死事案卷残卷》记载的情况来看，病坊似乎受官府管理，经费也来自官府。从目前材料来看，最晚在长安年间，就已置使专知悲田养病，宗旨是"矜孤恤穷，敬老养病"③。由于悲田养病由专使负责收养病人，久而久之又引发了一些社会问题。开元五年（717）宋璟上奏，悲田养病的情形是"骤聚无名之人，著收利之便，实恐逋逃为薮，隐没成奸"，并奏请"罢之。其病患人，令河南府按此（比）分付其家"④。但是玄宗并未同意宋璟的建议，还于开元二十二年，"断京城乞儿，悉令病坊收管，官以本钱收利给之"⑤。P.3262＋P.2626《唐天宝年代敦煌郡会计牒》记载了敦煌郡下属机构的会计牒，其中有郡草坊、阶亭坊、宴设厨、病坊、长行坊，证实了天宝年间诸州

---

① 《大藏经》第50册，第602页下。

② 参阅冯金忠：《唐代病坊刍议》，《西域研究》2004年第3期。

③ 〔唐〕宋璟：《请罢悲田奏》，《全唐文》卷二〇七，第2092页。

④⑤《唐会要》卷四九《病坊》，第1010页。

均设有病坊,而且由官府提供本利钱①,开支由州郡统一勾检。可见,病坊在天宝年间为州的下属机构。

会昌五年(845)七月武宗毁佛之后,十一月李德裕上奏:"今缘诸道僧尼,尽已还俗,悲田坊无人主领,恐贫病无告,必大致困穷。臣等商量,悲田出于释教,并望改为养病坊,其两京及诸州,各于录事耆寿中,拣一人有名行谨信,为乡里所称者,专令勾当。"②可见此前悲田坊由僧尼主管,这与开元二十二年(734)制有所不同。对这个问题的解释有二:一是国家在诸州设置悲田坊、病坊的同时,佛教寺院也自办悲田坊、病坊救助病贫。如洪昉在陕城中,"选空旷地造龙光寺,又建病坊,常养病者数百人"。当然这需要雄厚的财力,不是每个寺院都能办得起。二是由寺院负责具体事宜,政府资助、监督。③显然,从开元二十二年以后,病坊明确由诸州出资办理、审计,而且李德裕也建议将悲田坊更为养病坊,纳入养病坊系统,在两京和诸州均设病坊,在"子录事耆年中",选择乡闾中威望高者担任,由州县长吏具体负责任免等相关事宜。总之,第一种解释比较有说服力。李德裕的建议被武宗采纳④,但次年二月武宗崩,李德裕罢相。大中元年(847)三月,宣宗下诏:"应会昌五年所废寺,有僧能营葺者,听自居之,有司毋得禁止。"⑤当时宣宗君臣旨在反对会昌之政,故僧、尼之弊皆复其旧,李德裕的建议当然也无法顺利推行。懿宗《疾愈推恩敕》云:"应州县病坊贫儿,多处赐米十石,或数少处,即七石、五石、三石。其病坊据元敕各有本利钱,委所在刺史、录事参军、县令纠勘,兼差有道行僧人专勾当,三年一替。"⑥从"委所在刺史、录事参军、县令纠勘,兼差有道行僧人专勾当"一句来看,晚唐诸州县均设病坊,由刺史、录事参军、县令纠勘,并派一些僧人参与。

(三)病坊的经济来源

从性质上看,寺院"病坊"当作"其诸有病者,皆投来此"之地。⑦前引洪昉在陕城中龙光寺,又建病坊,常养病者数百人。后来帝释天王请洪昉讲《大涅槃经》,昉曰:"此事诚不为劳,然病坊之中,病者数百,待昉为命。常行

① 参阅《敦煌社会经济文献真迹释录》第一辑,第468~478页。

② 《唐会要》卷四九《病坊》,第1010~1011页。

③ 参阅孙永如:《唐代"病坊"考》;葛承雍:《唐代乞丐与病坊探讨》。

④ 参阅《旧唐书》卷一八上《武宗本纪》,第607页;《唐会要》卷四九《病坊》,第1010~1011页。

⑤ 《资治通鉴》卷二四八"大中元年二月"条,第8029页。

⑥ 《全唐文》卷八四,第883页。

⑦ 参阅《根本说一切有部毗奈耶出家事》卷三,《大藏经》第23册《律部》,第1034页下。

乞以给之,今若流连讲经,人间动涉年月,恐病人馁死。今也固辞。"①该病坊
设于僧人自建之寺院,所养病者数百,人数亦不少,养恤方式是待僧行乞募
资以给。这是纯粹由僧人自办自筹的恤养病者的慈善机构。

官办的病坊经济上主要靠官府提供本利钱。从《唐贞观十七年高昌县
勘问来丰患病致死事案卷残卷》记载的情况来看,可以大致推测病坊经费
来自官府。到开元五年宋璟指责官府设悲田养病坊为"国家小慈",由此推
断其所需物品当由国家供给,具体供给方式不详。唐前期左右金吾卫也将
破旧敝幕、故毡等给病坊。《新唐书·百官志》云:左右金吾卫条:"凡敝幕、故
毡,以给病坊。"②

开元二十二年(734)以后,病坊由官府提供本钱。开元二十二年十月,
"断京城乞鬼,悉令病坊收管,官以本钱收利以给之"③。敦煌文书
P.3262V+P.2626V《天宝年代敦煌郡会计牒》云:

（前略）
病坊
合同前月日见在本利钱,总一伯(百)三十贯七十二文。
一伯贯文本。
三十贯七十二文利。
合同前月日见在杂药,总九伯五十斤二十枚。
合同前月日见在什物,总九十四事。
（后略）④

而同卷记载"小麦一斗直钱四十九文,粟一斗直钱三十四文"⑤。该病坊的
本钱相当于244石小麦或353石粟,这个数目并不小,利73.6石麦或106石
粟。此条关于病坊本利钱之记载,反映了唐代病坊的广泛设置及官置本钱
收利以给病坊之执行状况。懿宗《疾愈推恩敕》曰:

其病坊据元敕各有本利钱,委所在刺史、录事参军、县令纠勘,兼

---

① 《太平广记》卷九五《异僧·洪昉禅师》,第633~634页。
② 《新唐书》卷四九《百官志》,第1285页。
③ 《李德裕文集校笺》文集卷十二《论两京及诸道悲田坊》,第221页。
④ 《敦煌社会经济文献真迹释录》第一辑,第476页。
⑤ 《敦煌社会经济文献真迹释录》第一辑,第469页。

差有道行僧人专勾当，三年一替。如遇风雪之时，病者不能求丐，即取本坊利钱，市米为粥，均给饥乏。如疾病可救，即与市药理疗。其所用绢米等，且以户部属省钱物充。速具申奏，候知定数，即以藩镇所进贺疾愈物支还所司。[1]

可见，当时的病坊本利钱依然存在，由僧人主管，州县长官纠勘。同时，由这一敕文看，此时的本利钱似乎只够遇"风雪"时用来买粥米，平时病者还得乞讨。病坊内之疾病可救者所需之救疗费用，需要另从户部属省钱物中支给。

武宗会昌五年（845），一度通过给病坊授田来维持病坊的开支。武宗毁佛后，应李德裕之奏，下敕："悲田养病坊，缘僧尼还俗，无人主持，恐残疾无以取给，两京量给寺田拯济，诸州府七顷至十顷，各于本置耆寿一人勾当，以充粥料。"[2]但此制很可能在大中元年（847）三月废止。

病坊的另一经济来源是帝王的赏赐，懿宗曾下诏曰："应州县病坊贫儿，多处赐米十石，或数少处，即七石、五石、三石。"[3]

（四）病坊的评价

悲田养病坊设立后，自然有一定救恤效果，但从国家安危及负担的角度讲，也引发了荫蔽人口、藏匿罪犯、贪污利钱等社会问题。因此开元五年（717）宋璟奏曰："今遂聚无名之人，著收利之使（便），实恐逃逋为薮，隐没成奸……国家小慈，殊乖善政，伏望罢之。其病患人，令河南府按比，分付其家。"[4]而且，病坊在当时人眼里，也成了坐以待食者的居所，《太平广记》载：

> 唐初，秘书省唯主写书贮掌勘校而已。自是门可张罗，迥无统摄官署。望虽清雅，而实非要剧。权贵子弟及好利夸侈者率不好此职。流俗以监为宰相病坊，少监为给事中中书舍人病坊，丞及著作郎为尚书郎病坊，秘书郎及著作左郎为监察御史病坊。言从职不任繁剧者，当改入此省。然其职在图史，非复喧卑，故好学君子厌于趋竞者，亦求为此职焉。[5]

---

①③ 唐懿宗：《疾愈推恩敕》，《全唐文》卷八四，第883页。

② 《唐会要》卷四九《病坊》，第1011页。

④ 〔唐〕宋璟：《请罢悲田奏》，《全唐文》卷二〇七，第2092页。

⑤ 《太平广记》卷一八七《职官·秘书省》，第1405页。

此记载叙述了官场升降玄机,接受病坊救治者被当成吃闲饭的人,贬讽之意也是显而易见的。

在唐代病坊实行的过程中,收养的不全是病人,不少穷人也依靠于病坊。如唐广明元年黄巢起义军所至皆下,朝廷以田令孜率神策、博野等军十万守潼关,富家大族纷纷出钱"佣雇负贩屠沽及病坊穷人,以为战士",结果潼关失守。①

从以上对病坊的梳理中可以看到,病坊兴办之初为僧办的宣扬慈悲、布施贫病之恤病机构。唐贞观末已经存在医疗救治性质的病坊;长安年间官府始置使专知悲田养病坊,使之成为政府主管的慈善机构;开元二十二年(734),断京城乞儿置病坊后,政府还以本钱收利以给病坊,从经济上支持病坊,官办性质更加突出;会昌五年,一度给病坊寺田,以增强病坊的救助能力;懿宗加强了对病坊本利钱的管理,"委所在刺史、录事参军、县令纠勘,兼差有道行僧人专勾当,三年一替"。可以说,唐代病坊救治贫弱阶层的作用在不断增强。

虽然,病坊被统治阶层用来推行仁政、缓和社会矛盾,在救助社会弱势群体,尤其是社会下层的患病者方面起到了一定的作用,但对病坊的历史作用要有个正确的认识。从前文所录《天宝年代敦煌郡会计牒》,该病坊利钱大概刚好够十人一年的开支。再从该病坊中仅有四尺床两张、八尺床两张,被子三张,碗十枚,匙箸各十口等必需的生活用具来看,其中最多能容纳十人。其他州的情形与敦煌郡应该相差不大。因此,在当时的社会生产力和社会制度下,病坊根本无法实际解决弱势群体的伤病救治问题。但是,唐代病坊的设置是儒家仁政思想与佛教慈悲为怀精神的具体实践,它上承南北朝的六疾馆,下启宋元养疾院、福田院、居养院等社会救济机构②,对中国古代社会救助事业的发展仍有着重要意义。

三、民间的医疗救助

政府虽然为社会的医疗事业做了不少努力,但其经费和人数毕竟有限,尤其是社会下层,所能享有的医疗救助更有限。这就需要社会其他各层面的补充。

---

① 参阅《旧唐书》卷二〇〇下《黄巢传》,第5393页。
② 参阅张文:《宋朝社会救济研究》,第162~193页。

(一)亲故之医疗救助

民间日常生活中更多见的是亲戚故旧对患病者提供的财力帮助和养护,这实际上是医疗救助的重要组成部分。罹患重病是一个家庭的沉重负担,往往会导致倾家荡产,即使是相对富足的官宦之家也在所难免。如唐初大诗人卢照邻,在任益州新都尉时患麻风病①,他自述医病情形曰:"母兄哀怜,破产以供医药。属岁谷不登,家道屡困。兄弟薄游近县,创钜未平,虽每分多见忧,然亦莫能取给。海内相识,亦时致汤药,恩亦多矣!"②德宪朝进士张复"佐汴宋,得疾,变易丧心,惊惑不常",其兄张彻得间即视其"衣褥薄厚,节时其饮食,而匕箸进养之",所服之药"多空青雄黄,诸奇怪物,剂钱至数十万",其兄仍"营治勤剧,皆自君手,不假之人。家贫,妻子常有饥色"③。又如杜牧为弟杜颛治病,他本是吏部员外郎,而请求去做湖、杭二州刺史,以求得较高官俸。杜牧前后连上数启,意恳词切,为弟求医治病,辗转南北,所费无数。其堂兄杜慆守浔阳、蕲州时,也鼎力相助,为杜颛医治。④《全唐文》载有阙名撰《为赵侍郎乞归河中侍兄表》曰:

> 比登官序……兄薰顷任河中少尹,先因风痹成疾,手足不理,于今累年。中间迎到上都,臣自躬亲方药,兄以枌榆松槚,尽在河东,怀土之心,暂来辄去。近从数月,颇益沉绵,形貌支离,言词蹇涩。甥侄数辈,年尽儿童,虽在左右,未能侍养。欲重迎至此,在兄则羸瘵难堪;将驰往近关,顾臣为官守所系。……特乞罢臣所职,许以还乡。傥得数岁侍兄,必冀沉疴有间,然后星言匍匐,稽首阙庭。⑤

这位弟弟为侍养患病的兄长而请求罢官还乡,情真意切,很是感人,从中我们也能看出唐五代时期,世人能以救护亲人疾患为己任。

除了亲属救助,朋友之间在患病后互相援助也较为常见。如前文所举卢照邻久患重病,"破产以供医药""家道屡困",其友裴瑾之、韦方质、范履冰等"海内相识",亦"时时供衣药",给予他经济救助。⑥据白居易《与杨虞

① 参阅《新唐书》卷二〇一《卢照邻传》,第5742页;张剑光:《三千年疫情》,第163页。
② 〔唐〕卢照邻:《寄裴舍人遗衣药直书》,《全唐文》卷一六六,第1690页。
③ 《韩昌黎文集校注》卷七《故幽州节度判官赠给事中清河张君墓志铭》,第547页。
④ 参阅《杜牧集系年校注》樊川文集卷第一六《上宰相求湖州第二启》,第566~568页。
⑤ 《全唐文》卷九六二,第9999~10000页。
⑥ 参阅《新唐书》卷二〇一《王勃传附卢照邻传》,第5742页。

卿书》记述,杨虞卿与李宏庆友善,"宏庆客长安中,贫甚而病亟",杨虞卿"为逆致其母,安慰其心,自损衣食,以续其医药甘旨之费",多年如一日。①在墓志资料中,此类记载更是多见,兹不赘举。

(二)民间医生与医疗救助

民间医生在民间医疗救助中发挥了不小的作用,据唐人高彦休《阙史》载:"有常乐王居士者,耄年鹤发,精彩不衰,常持珠诵佛,施药里巷。"②此王居士实际上就是民间医生。又如唐则天末年,益州有一老父,携一药壶于城中卖药,"如此经岁余,百姓赖之,有疾得药者,无不愈"③。唐代张氲,自号洪崖子,人称洪崖先生,隐居姑射山中,"开元十六年,洪州大疫,氲至施药,病者立愈"④。这些民间医生往往有家传秘方,或身怀绝技,医术高明。《太平广记》记载了这样一则故事:

> 长安完盛日,有一家于西市卖饮子。用寻常之药,不过数味,亦不闲方脉,无问是何疾苦,百文售一服。千种之疾,入口而愈。常于宽宅中,置大锅镬,日夜剉斫煎煮,给之不暇。人无远近,皆来取之,门市骈罗,喧阗京国,至有赍金守门,五七日间,未获给付者,获利甚极。时田令孜有疾,海内医工召遍,至于国师待诏,了无其徵。忽见亲知白田曰:"西市饮子,何妨试之?"令孜曰:"可。"遂遣仆人驰乘往取之。……近年,邺都有张福医者亦然,积货甚广,以此有名,为蕃王掣归塞外矣。⑤

记事以类相从,反映了唐末私人行医卖药较为普遍。又如后晋蔡州巡官宗梦征居东京,善医,"开运二年秋,解玉巷东有病者,夜深来召"⑥,像宗梦征这样通晓医术的人,在民间还不少,他们活动自由,病人可随时请到,对民间的医疗救治很有意义。

当然,也存在民间医生坑人的现象。如张籍《赠任道人》云:"长安多病无

---

① 参阅《白居易集》卷六七四,第948页。

② 〔唐〕高彦休:《阙史》卷八四,第254页。

③《太平广记》卷二三《神仙·益州老父》,第154页。

④ 〔宋〕王象之:《舆地纪胜》卷二六《江南西路·隆兴府·仙释·洪崖先生》,中华书局,1992年,第1186页。

⑤《太平广记》卷二一九《医·田令孜》,第1679~1680页。

⑥《太平广记》卷三六七《妖怪·宗梦征》,第2919页。

生计,药铺医人乱索钱。"①对此,唐律也有专门令文严厉禁止。《唐律疏议·医违方诈疗病》曰:"诸医违方诈疗病,而取财物者,以盗论。"疏议曰:"医师违背本方,诈疗疾病,率情增损,以取财物者,计赃,以盗论。监临之与凡人,各依本法。"②处罚不谓不重,但民间仍不乏医德不良的"药铺医人乱索钱"的现象。如前文所引张彻给弟张复治病时,"医饵之药,其物多空青、雄黄诸奇怪物,剂钱至数十万"。这样看来,国家制定相关法律对医疗欺诈行为进行整治,无疑减轻了病患的经济负担,也是对百姓的一种变相的医疗救助。

(三)宗教、迷信与民间医疗救治

虽然政府重视医疗救助,但其最基层的医疗机构也仅设至州一级,加之当时百姓的医疗知识普遍贫乏,得病后往往求助迷信鬼神等。③

佛教在唐五代时期已非常流行,在佛教思想的影响下,世人患病后往往求助于佛门,通过向寺院施舍物品、修建佛门圣物、抄写经文、燃灯、发愿等形式,以求得佛祖保佑。如《太平广记》载:"董吉,于潜人也,奉法三世,至吉尤精进,恒斋戒诵《首楞严经》。村中有病,辄请吉诵经,所救多愈。"④元和中,"光宅坊民失姓名,其家有病者。将困,迎僧持念,妻儿环守之。"⑤上引两条材料反映了唐五代民间求助僧人诵经疗疾的状况。各地现存唐代佛寺窟的供养题记中,为禳病而设者颇多,故不详举。敦煌文献中也保存了大量的病患祈愿文和禳病供养题记,内容多为请求佛祖保佑早日康复。⑥

由于道教盛行,民间患病者也往往求助道教,请道士诵符,治病化灾,如"赵尊师者,本遂州人,飞符救人疾病,于乡里间年深矣"⑦;再如福建崔从事,奉使湖湘,"中途复患痁疾,求药无所。途次延平津庙,梦为庙神赐药三

---

①《全唐诗》卷三八六,第4352页。

②《唐律疏议》卷二五《诈伪律》,第472页。

③ 吴怡洁《行病之灾——唐宋之际的行病鬼王信仰》(《唐研究》第12卷,2006年)一文,探讨唐代行病鬼王信仰的杂糅多源及其所反映的民众的恐惧等问题;于赓哲《〈新菩萨经〉〈劝善经〉背后的疾病恐慌——试论唐五代主要疾病种类》(《南开学报》2006年第5期);陈磊《行走于现实与想象之间——隋唐时期的"疫鬼"和"鬼神致病"》(《史林》2015年第3期)一文,从"疫鬼""疟鬼"和鬼神致病三个方面对当时瘟疫和疾病的认知加以研究,认为好鬼神、好巫在一定程度上是隋唐时人对无法及时有效地就医做出的现实反应。

④《太平广记》卷一一二《报应·董吉》,第772页。

⑤《太平广记》卷三四五《鬼·光宅坊民》,第2732页。

⑥ 参阅黄征、吴伟编校:《敦煌愿文集》,岳麓书社,1995年。

⑦《太平广记》卷七九《方士·赵尊师》,第504页。

丸,服之,惊觉顿愈"①,这反映了民间求助于道术治病的状况,同时也反映了在医疗条件差的中国古代,道士的符咒等道术能为病患带来一定的心理慰藉,客观上起到些许医疗救助的作用。

在疾病多发、医治不力的情况下,政府有时也求助于一些佛道活动。中唐时期,朝廷甚至颁布《劝善经》,令百姓诵读。敦煌文书 P.3036V《佛说劝善经一卷》题:"敕左丞相贾耽,颁下诸州,劝诸众生,每日念阿弥陀佛一千口,断恶行善。今年大热,无人收刈,有数种病死,弟(第)一疟病死,弟(第)二天行死……见闻者递相劝念阿弥陀[佛],不久见太平时。贞元十九年(645)正月二十三日下。"末尾题"天福三年宝宜记",说明此件《劝善经》在中晚唐时期广泛流行。政府这种通过宣扬佛法,来帮助百姓远离疾病的做法,一定程度上助长了民间对佛、道及淫祠鬼神的迷信崇拜,极大地影响了百姓疾病的治疗,以致出现"民间病者,舍医药,祷淫祀"的现象②,不利于民间医疗救治的开展。

此外,南方好尚迷信鬼神、淫祠,这对民间医疗救助的负面影响甚深。《朝野佥载》卷三载:"江淮南好鬼,多邪俗,病即祀之,无医人。"③岭南风俗,"家有人病,先杀鸡鹅等以祀之,将为修福;若不差,即次杀猪狗以礼之;不差,即次杀太牢以祷之;更不差,即命也,不复更祈"④。唐代宗时,罗珦任庐州刺史,"民间病者,舍医药,祷淫祀,珦下令止之"⑤。州刺史的禁令能起多少效用,不得而知,而南方疗病之民俗可见一斑。《朝野佥载》载:"商州有人患大疯,家人恶之,山中为起茅舍。"⑥《太平广记》载:"瓜村有渔人妻得劳疾,转相染著,死者数人。或云:'取病者生钉棺中弃之,其病可绝。'顷之,其女病,即生钉棺中,流之于江。"⑦反映了民间厌弃患病人及阻绝传染病的残忍方式。

以上情况说明唐五代社会医疗救治还很不健全,百姓在救治无门的情况下,只能求助于鬼神等虚幻的东西。此外,墓葬文书中关于注病的书写,可以反映出汉唐间葬送仪式中所蕴含的民众对疾病传播的理解。⑧

---

①《太平广记》卷三一三《神·崔从事》,第2474页。

②⑤ 参阅《新唐书》卷一九七《罗珦传》,第5628页。

③《朝野佥载》卷三,第63页。

④《朝野佥载》卷五,第114~115页。

⑥《朝野佥载》卷一,第2页。

⑦《太平广记》卷二二〇《医·渔人妻》,第1683页。

⑧ 参阅陈昊:《汉唐间墓葬文书中的注(疰)病书写》,《唐研究》第12卷,2006年。

综而言之,唐五代政府通过构建各级医疗机构和队伍,将医疗服务覆盖至社会各方面,客观上为医疗救助提供了制度保障和条件。唐代病坊的创建,开创了救助病残、乞丐及贫弱者的专门机构,对救助社会弱势群体起到了积极作用。政府还通过制定医疗法令,为百姓的医疗救助提供法律保障;通过推广颁示医书药方,普及医疗知识,实际上起到了有效推进医疗救助的作用;提高医者的品级、待遇,激发鼓励医疗从业者,以期提高社会的医疗水平。面对突发的疫灾,政府通常会通过派遣医疗人员携带药物前往治疗,给灾民以医药、医方及救疗之术等医疗救助,并及时掩埋无主骸骨,以控制灾情,在疫灾救助中起到了关键性作用。疫情之后,政府通过赈济、减免赋税等措施对疫区百姓进行救助,以减轻疫情带来的伤害,并增强百姓应对灾害的能力。政府医疗救助架构的设置和覆盖虽广,但其从医者和医疗经费还是相对有限,很难满足广大百姓的实际医疗需要,因此,民间亲故乡邻间的医疗救助、民间医生和宗教迷信等民间医疗救助就成为一种有效补充。

第二节　丧葬救助

中国古代尊奉儒学,强调孝悌,厚葬是世人明孝的途径之一。《史记·苏秦列传》载:齐宣王薨后,湣王即位,苏秦"说湣王厚葬以明孝"[1]。可见,早在战国时期,厚葬习俗就已盛行。六朝时期,虽然战乱频仍,社会动荡,厚葬之风依然存在。[2]唐五代时期,厚葬之风有增无减,为丧葬,"富者越法度以相高,贫者破资产而不逮"[3],"或结社相资,或息利自办,生产储蓄,为之皆空",往往是"生无孝养可纪,没以厚葬相矜。器仗僭差,祭奠奢靡"[4],使得丧葬成为人们的沉重负担,也成为百姓需要救助的重要方面。

一、政府助葬的相关规定

唐五代政府对百姓丧葬的救助主要体现在政策支持上,以下试作梳理。

---

① 〔汉〕司马迁:《史记》卷六九,中华书局,1959年,第2265页。

② 参阅张承宗:《六朝习俗》,第262~264页。

③ 《贞观政要》卷六,第453页。

④ 《李德裕文集校笺》李卫公集补《论丧葬逾制疏》,第719页。

(一)律令对助葬的相关规定

有关丧葬的律令很多[①],具有救助意义的丧葬规定如下:

丧葬无钱者可卖永业田。唐前期实行的均田制,农户不可以随便出卖土地,但因家贫无以供葬者可以出卖永业田。《通典·田制》载开元二十五年(737)令曰:"诸庶人有身死家贫无以供葬者,听卖永业田。"[②]《新唐书·食货志一》亦曰:"唐制……凡庶人徙乡及贫无以葬者,得卖世业田。"[③]此举虽有抱薪救火之嫌,但在当时社会重丧葬的风气下,埋葬亲人往往是一个家庭的头等大事,出卖永业田解决了百姓的燃眉之急。这种鬻卖田宅以埋葬亲人的现象也确实存在,白居易就有一道卖宅葬亲的判文,即《得丁丧亲,卖宅以奉葬,或责其无庙,云:"贫无以为礼"》,判文云:

> 慎终之道,必信必诚;死葬之仪,有丰有省。谅欲厚于卜宅,亦难轻于虑居。丁昊天降凶,远日叶吉,思葬具之丰备,欲祔九原;顾家徒之屡空,将鬻三亩。爱虽深于送死,义且涉于伤生。念颜氏之贫,岂宜厚葬?览子游之问,固合称家。礼所贵于从宜,孝不在于益侈。盖伸破产之禁,以避无庙之嫌。[④]

白居易认为丁某尽卖田舍,用以厚葬的行为"涉于伤生",礼贵从宜,严禁破产办丧事。

丧家可接受亲属的馈赠或向亲属、他人乞贷。《唐律疏议·役使所监临》云:"若有吉凶,借使所监临者,不得过二十人,人不得过五日。其于亲属,虽过限及受馈、乞贷,皆勿论。"[⑤]这无疑给送葬有困难的百姓以很大的方便和安慰。唐代也确实存在通过借贷来送葬的,《唐会要·葬》载,长庆三年(823)十二月,浙西观察使李德裕奏:"缘百姓厚葬……丧葬僭差,祭奠奢靡,仍以音乐荣其送终。或结社相资,或息利自办。"[⑥]正说明了借贷厚葬的情形。

---

① 参阅齐东方:《唐代的丧葬观念习俗与礼仪制度》,《考古学报》2006年第1期;牛志平:《唐代的丧葬礼仪》,《乾陵大化研究》第8辑,2014年。

② 《通典》卷二《食货典·田制》,第31页。

③ 《新唐书》卷五一《食货志》,第1342页。

④ 《白居易集》卷六七,第1411~1412页。

⑤ 《唐律疏议》卷一一《职制律》,第225页。

⑥ 《唐会要》卷三八《服纪·葬》,第815页。

应征、出使、在任军人、官吏丧亡者,官府要送还本乡埋葬。《唐律疏议·从征及从行身死不送还乡》云:"诸从征及从行、公使于所在身死,依令应送还本乡,违而不送者,杖一百。即卒官,家无手力不能胜致者,仰部送还乡,违而不送者,亦杖一百。"疏议曰:

> 《丧葬令》:"使人所在身丧,皆给殡殓调度,递送至家。"……官人在任,以理身死,家道既贫,先无手力,不能自相运致以还故乡者,卒官之所,部送还乡。称"部送"者,差人部领,递送还乡。依令去官家口累弱,尚得送还;况乃身亡,明须准给手力部送。违而不送者,亦杖一百。[①]

允许死于贬所者归葬故里。宣宗《许罪人归葬敕》曰:"先经流贬罪人,不幸殁于贬所。有情非恶逆,任经刑部陈牒,许令归葬。绝远之处,仍量事官给棺椟。"[②]后晋高祖继位后下敕允许后唐罪人的家人收葬其首级。其诏文曰:"王业肇兴,德音屡降,念兹既往,属我维新,宜宏掩骼之仁,以广烛幽之德。其太社内应收掌唐朝罪人首级,并许骨肉或亲旧僚属收葬,其丧葬仪注,聊备饰终,不得过制。仍付所司。"[③]后晋高祖天福四年(939)七月甲子敕:"符彦饶、张继祚、娄英、尹晖等皆受国恩,悉亏臣节,孽非天作,咸实自贻。寻正典刑,屡迁岁月,宜示烛幽之道,用推掩骼之仁,宜令近亲任便收葬。"[④]

中晚唐官员去世后由政府给予赙赠。贞元十年(794)二月,德宗诏令给文武朝臣卒者赙赠,《唐会要》载该诏文云:"应文武朝官有薨卒者,自今已后,其月俸料宜皆全给,仍更准本官一月俸钱,以为赙赠。若诸司三品已上官,及尚书省四品官,仍令有司举旧令闻奏,行吊祭之礼,务从优备。"[⑤]对官员丧葬的赙赠已是优荣而非救助的范畴,但在厚葬风气下,赙赠可以让贫困官员按礼制荣葬。

(二)严禁厚葬,提倡节俭

严禁厚葬,表面上似乎与助葬无关。其实,细加分析,便会发现,严禁过分厚葬,既体恤了民力,又可阻止庶民阶层因盲目崇尚厚葬习俗而破产负债。所以,严禁厚葬是政府爱民恤民的表现,也是政府帮助社会各阶层

---

① 《唐律疏议》卷二六《杂律》,第490~491页。

② 《全唐文》卷八一,第845页。

③ 后晋高祖:《许罪人收葬敕》,《全唐文》卷一一六,第1176页。

④ 《册府元龟》(宋本)卷四二《帝王部·仁慈》,第50页。

⑤ 《唐会要》卷九一《内外官料钱》,第1973页。

正确处理丧葬问题的重要举措。

中国古代重丧葬的风气很盛,官僚阶层尤重厚葬,他们相互攀比,愆礼丧葬。上行下效,丧葬成为世人的沉重负担。因此,唐初,太宗就下诏禁止厚葬之风。贞观十一年(637)太宗诏曰:

> 朕闻死者终也,欲物之反真也;葬者藏也,欲人之不得见也……讥僭侈者,非爱其厚费;美俭薄者,实贵其无危……而勋戚之家多流遁于习俗;间阎之内或侈靡而伤风。以厚葬为奉终,以高坟为行孝。遂使衣衾棺椁,极雕刻之华,灵輀明器,穷金玉之饰。富者越法度以相高,贫者破资产而以不逮。徒伤教义,无益泉壤,为害既深,宜有惩革。其王公已下,爰及黎庶,自今已后,送葬之具有不依令式者,仰州府县官明加检察,随状科罪。在京五品已上及勋戚家,仍录闻奏。①

唐太宗想通过约束世人的重葬习俗,以避免其劳民伤财的严重后果,因此,他下令州县官府严格惩处民间丧葬的违禁行为。但厚葬风气"积习成俗",难以顿改。武则天曾下制严禁丧葬逾礼。②太极元年(712)十一月,太常博士唐绍极力建言对厚葬风俗"按令切敕裁损"③,其《禁奢侈疏》云:"比者王公百官,竞为厚葬……更相扇慕,破产倾资,风俗流行,遂下兼士庶,若无禁制,奢侈日增。望请王公已下送葬明器,皆依令式,并陈于墓所,不得衢路将行。"④睿宗采纳了他的建议。⑤

玄宗朝亦多次下令严禁厚葬,开元二年(714)八月,玄宗《诫厚葬敕》云:

> 近代以来,共行奢靡,迭相仿效,浸成风俗,罄竭家产,多至凋敝……承前虽有约束,所司曾不申明,丧葬之家,无所依准。宜令所司,据品令高下,明为节制。明器等物,仍定色数、长短大小,园宅下帐,并宜禁绝,坟墓茔域,务遵简俭。凡诸送终之具,并不得以金银为饰。如有违犯者,先决杖一百。州县长官不能举察,并贬授远官。⑥

---

① 《贞观政要》卷八,第452~453页。参阅《唐大诏令集》卷八〇《戒厚葬诏》,第462~463页。
② 参阅《唐大诏令集》卷八〇《禁丧葬逾礼制》,第463页。
③ 《新唐书》卷一一三《唐临传附孙唐绍传》,第4185页。
④ 《全唐文》卷二七一,第2752页。
⑤ 参阅《旧唐书》卷四五《舆服志》,第1958~1959页。
⑥ 《唐大诏令集》卷八〇,第463页。参阅《全唐文》卷二一,第245页。

又开元十年八月庚戌,玄宗《禁殡葬违法诏》云:

> 如闻百官及庶人家,殡葬颇违古则……富者逾于礼法,贫者殚其资产,无益于死,徒损于生,伤风败化,斯斁尤甚。自今已后,送终之仪,一依令式。至坟墓所,仍不得聚饮肉食,宜令所繇,严加禁断。更有违者,科违敕罪。①

但厚葬之风并未革除,代宗仍在下诏禁断厚葬,其《申约葬祭式敕》云:

> 葬祭之仪,古有彝范。顷来或逾法度,侈费尤多。自今以后,宜俭约悉依令,不得于街衢致祭,及假造花果禽兽,并金银平脱宝钿等物,并宜禁断。②

至长庆三年(823)十二月,浙西观察使李德裕《论丧葬逾制疏》仍云:

> 应百姓厚葬,及于道途盛陈祭奠,兼设音乐等。闾里编甿,罕知教义,生无孝养可纪,没以厚葬相矜。器仗僭差,祭奠奢靡,仍以音乐,荣其送终,或结社相资,或息利自办,生产储蓄,为之皆空,习以为常,不敢自废,人户贫破,抑此之由。③

宪宗采纳其奏,下《禁厚葬诏》④。此后白居易也指出:“制丧葬之纪……厚费有害于生人,习不知非,浸而成俗,此乃败礼法,伤财力之一端也。”⑤

可以说,终唐之世,虽然一些开明之君意识到厚葬对社会造成的巨大危害,倡导丧事从俭,但厚葬流弊已深,厚葬问题始终没有得到解决。宪宗就曾感慨曰:“厚葬伤生,明敕设禁。但官司慢法,久不申明。愚下相循,遂至违越。”⑥

五代最高统治者也采取了严禁厚葬的政策。后晋天福二年(937)九

---

① 《全唐文》卷二八,第325页。参阅《册府元龟》卷一五九《帝王部·革弊》,第1924页。
② 《全唐文》卷四八,第533页。
③ 《李德裕文集校笺》《丛刊》李卫公集补《论丧葬逾制疏》,第719页。
④⑥ 唐宪宗:《禁厚葬诏》,《全唐文》卷五九,第641页。
⑤ 《白居易集》卷六五《禁厚葬》,第1367页。

月,将作少监高鸿渐上言:"伏睹近年已来,士庶之家死丧之苦。当殡葬之日,被诸色音声伎艺人等作乐搅扰,求觅钱物,请行止绝。"朝廷同意了高鸿渐的上奏①,但士庶厚葬问题仍未能解决。

二、官府埋葬暴骨

在中国古代,天灾人祸不断,其间人口大量死亡,通常只有部分尸体被埋葬,更多的只能暴尸荒野。暴骨不埋有违纲常礼教,有伤社会"风化",更主要的是尸体暴露荒野,容易造成灾疫。所以,掩埋暴骨是礼经令典的要求,"掩骼之义,抑惟先典"②,"掩骼薶胔,礼典所先"③,"掩骼埋胔,国之令典"④,"《戴礼》之文,务先掩骼"⑤;埋葬暴骨可以致和平、序阴阳,"史载葬枯,用彰轸恻,礼称掩骼,将致和平"⑥,"恩推掩骼,义显烛幽,允谐遐迩之心,冀叶阴阳之序"⑦,"宏掩骼之仁,以广烛幽之德"⑧。

(一)埋葬暴骨的原因

除受上述儒家思想影响外,从埋暴骨的实践中,我们可以看到,统治者埋暴骨还出于以下原因:

人们认为暴尸荒野会导致鬼神愤怒,兴殃作害。萧颖士上《为从叔鸿胪少卿论旱请掩骼埋胔表》云:

> 伏惟开元圣文神武皇帝陛下道格上苍,功深下济,叶两仪之高厚,等四序之运行……而水旱小数,时或愆和,一旬不雨,仍延圣虑……盖云暴骨中原,感动和气,疵疠是作,灾害用生。故强死之魂,《传》称为鬼;积尸之气,礼有驱除,不徒言也……未闻有岐昌掩骼之政、秦穆封尸之令,旱暵之故,不亦宜乎? 不然,则《月令》孟春之命,掩骼埋胔;《周礼》蜡氏掌凡国之骴禁,埋而置楬焉,岂虚设也……今陛下当措刑之代,济必封之氓,吏不苛刻,人无怨诉,愆沴之由,有异于彼。愚臣不

---

① 参阅《旧五代史》卷七六《晋书·高祖本纪》,第1007页。
② 唐太宗:《收瘗征辽士卒诏》,《全唐文》卷七,第90页。
③ 《陆贽集》卷一《奉天改元大赦制》,第12页。
④ 唐穆宗:《平汴宋德音》,《全唐文》卷六七,第709页。
⑤ 唐僖宗:《车驾还京师德音》,《全唐文》卷八九,第925页。
⑥ 后梁太祖:《暑月施恩诏》,《全唐文》卷一〇一,第1038页。
⑦ 后晋高祖:《改元大赦文》,《全唐文》卷一一七,第1186页。
⑧ 后晋高祖:《许罪人收葬敕》,《全唐文》卷一一六,第1176页。

敏，窃有所见，谓宜分遣制使，往校边庭，凡战阵之处，骸骨所在，即将埋掩，仍施厉禁。则仪刑万国，仁洽九泉，存亡均雨露之恩，华夷同日月之照，庶膏液与圣私齐运，旱苗将朽骨俱荣。不任(云)云。[①]

萧颖士的观点在当时很有代表性，出于自保，萧氏对玄宗美言有加，但仍婉转表达了若暴骨遍野，会触怒鬼神，"感动和气，疵疠是作，灾害用生"。

人们常将自然界的旱灾归咎于暴骨，因此旱灾发生后，政府往往会下令埋葬暴骨。开元二年(714)正月壬午，"以关内旱，求直谏，停不急之务，宽系囚，祠名山大川，葬暴骸"[②]。僖宗乾符三年(876)二月丙子，"以旱降死罪以下。三月，葬暴骸"[③]。后晋少帝开运三年(946)二月诏："自冬徂春，稍愆雨雪，掩骼埋胔，必契阴灵。将召纯和，宜藏暴露。宜令所在长吏依此掩藏，仍付所司。"[④]

新皇帝登基，希望社会万象随改朝换代焕然一新。暴骨横野，自然与新政格格不入，因此掩埋暴骨成为皇帝推行善政的重要举措。如唐太宗登基不久，便广开"德音"以笼络民心，贞观二年(628)夏四月己卯，"诏骸骨暴露者，令所在埋瘗"[⑤]。宝应元年(762)十二月戊辰，代宗下诏曰："京城内外应有旧骸骨，宜令京兆府即勾当收拾埋瘗，仍令中使与所由计会致祭矣。"[⑥]后唐庄宗同光元年(923)四月制曰："夫掩骼著在前经，敬神垂于古典。告布诸道州县，所在应有暴露骸骨，并勒逐处埋瘗。"[⑦]后晋高祖登基次年五月己卯敕曰："太社内先收掌唐朝罪人首级等，王业肇兴德音屡降，念兹既往，属我惟新，宜弘掩骼之仁，以广烛幽之德。其太社内应收掌唐朝罪人首级，并许骨肉或亲旧僚属收葬。"[⑧]周太祖广顺元年(951)正月敕：

> 含幽育明，哲后法之而致理，掩骼埋胔，贤主著之为令猷。今宝祚维新，璇玑在御，踵姬周之至德，体虞舜之深仁。属三灵改卜之秋，当五兵销偃之际，或坟茔无主，幽窀毁发于夸裏。或战阵亡身，遗骸暴露

①《全唐文》卷三二二，第3268~3270页。

②《新唐书》卷五《玄宗本纪》，第123页。

③《新唐书》卷九《僖宗本纪》，第265页。

④⑧《册府元龟》(宋本)卷四二《帝王部·仁慈》，第50页。

⑤《旧唐书》卷二《太宗本纪》，第34页

⑥《唐大诏令集》卷一一四《收瘗京城骸骨诏》，第597页。

⑦《册府元龟》(宋本)卷四二《帝王部·仁慈》，第48页。

于原野,旅魂无托,言念堪叹。应天下州府管界内,有坟墓被开发者,无人为主,本界官吏量与掩闭,勿令漏露。或战场郊野,有暴骸露骨,亦仰收拾埋瘗以闻。[①]

皇帝改元,也将掩埋暴骨作为顺应天意民情之举。天宝元年(742)三月,玄宗曾下诏委州县长官主持埋葬暴骨。[②]后唐清泰三年(936)十一月后晋高祖改元"天福元年",下诏文曰:"应自举义已来,或有因事抵法之人,及九月十四日后,杀戮贼寇,所在暴露骸骨,未有骨肉收认无主者,委逐处长吏埋瘗。"[③]

(二)埋葬暴骨的措施

对各种暴露在外、无人埋葬的尸体,政府因地制宜地采取措施进行埋葬。

一般情况下,暴骨由州县及其长吏负责掩埋。如开元二年(714)正月,关中饥。玄宗下诏云:本州本军刺史军将境内,"其有僵尸暴骸,无主收敛者,亦仰埋掩"[④]。天宝元年,玄宗《埋瘗暴露骸骨敕》云:"如闻江左百姓之间,或家遭疾疫,因此致死,皆弃之中野,无复安葬……自今已后,宜委郡县长官严加诫约,俾其知禁,勿使更然。其先未葬者,即勒本家收葬;如或无亲族及行客身亡者,仰所在封邻,相共埋瘗。"[⑤]此次埋葬暴尸,政府只起教化、督促作用,具体掩埋工作由家庭、亲族、村邻完成。后晋开运元年(944)春正月,"天下饿死者数十万人,诏逐处长吏瘗之"[⑥]。开运三年二月,后晋少帝《令长吏掩埋暴骸诏》云:"自冬徂春,少愆雨雪,掩骼埋胔,必契阴灵,将召纯和,宜藏暴露。宜令所在长吏依此掩藏,仍付所司。"[⑦]这些诏令,都要求所在州县政府或其长吏掩埋暴骨,官府应该在掩埋暴骨中起主导作用。地方官一般也会积极掩埋无人埋葬的暴骨。如元和末年,崔玄亮为密州刺史时,"密民之冻馁者赈恤之,疾疫者救疗之,胔骼未殡者命葬藏之"[⑧]。

① ⑦ 《册府元龟》(宋本)卷四二《帝王部·仁慈》,第50页。

② 参阅《唐大诏令集》卷一一四《埋瘗暴露骸骨敕》,第596页。

③ 后晋高祖:《改元大赦文》,《全唐文》卷一一七,第1186页。

④ 唐玄宗:《祈雨诏》,《全唐文》卷二六,第298页。参阅《册府元龟》卷一四四《帝王部·弭灾》,第1750页。

⑤ 《唐大诏令集》卷一一四,第596页。

⑥ 《旧五代史》卷八二《晋书·少帝本纪》,第1085页。

⑧ 《白居易集》卷七〇《唐故虢州刺史赠礼部尚书崔公墓志铭(并序)》,第1470页。

若灾害规模较大,人员死亡量较大时,中央政府也往往派遣专使前往灾区,督促地方官吏办好掩埋死者和安抚其家属的工作。如贞元八年(792)八月,德宗下诏曰:"自江淮而及乎荆襄,历陈宋而施于河朔,其间郡邑,连有水灾……应诸州百姓,因水不能自存者,委宣抚使赈给,死者各加赐物,在官为收理埋瘗。"①天福三年(938)正月,后晋高祖下诏"命供奉官张殷祚往魏博管内收藏暴露骸骨"②。乾祐三年(950)春正月丙寅,后汉高祖"分命使臣赴永兴、凤翔、河中,收葬用兵已来所在骸骨。时已有僧聚髑髅二十万矣"③。广顺元年(951)平兖州后,后周太祖下诏云:"兖州自逆臣盗据,多有杀伤,永惟葬配之仁,式示掩骸之义。宜令乐院使黄知筠往兖州,收暴露骸骨,于高地为圹埋葬,祭奠以闻。"④

埋葬暴骨的费用一般由官府承担。宝应元年(762)十二月戊辰,代宗诏曰:"其京城内外应有旧骸骨,宜令京兆府即勾当收拾埋瘗,仍令中使与所由计会致祭。"⑤此处的"计会",主要是针对埋葬及致祭费用。天祐二年(905)四月,哀帝下诏:"应有暴露骸骨,委所在长吏指挥以上供钱收拾埋瘗。"⑥同光元年(923)十二月,后唐庄宗《简收德胜寨等处军士骸骨敕》云:"自十数年来,屡经战阵,杀伤暴露,有足闵嗟。其德胜寨莘县杨刘镇通津镇胡柳陂战阵之所,宜令逐处差人,简收骸骨埋瘗。取系省钱,备酒纸招祭,以慰亡魂。"⑦这两道诏文明确交代了埋葬费用来自官府。

(三)被葬者的身份

从唐五代收葬暴骨的记载来看,被葬暴骨主要来自死于灾疫者、死于战乱者、客死他乡者、被盗古墓尸骨等。

收葬死于灾疫者的情形,本书"医疗救助"一节中已有论述,此处从略。

对阵亡将士的收葬情况,在第三章第四节中已有涉及,此处再举收葬战乱后暴骨者数例。武德三年(620)六月乙卯,隋末战乱局部停息,高祖下令"瘗州县暴骨"⑧。咸通五年(864)正月至三月,云南蛮入寇嶲州、邕州,至

①《唐会要》卷七七《诸使·巡察按察巡抚等使》,第1675页。

②《册府元龟》(宋本)卷四二《帝王部·仁慈》,第50页。

③《旧五代史》卷一三《汉书·隐帝本纪》,第1365~1366页。

④后周太祖:《令黄知筠往兖州收埋暴骨敕》,《全唐文》卷一二三,第1240页。

⑤《册府元龟》(宋本)卷四二《帝王部·仁慈》,第47页。

⑥《册府元龟》(宋本)卷四二《帝王部·仁慈》,第48页。

⑦《全唐文》卷一〇四,第1061页。参阅《册府元龟》卷一三五《帝王部·愍征役》,第1633页。

⑧《新唐书》卷一《高祖本纪》,第11页。

五月丁酉,懿宗下诏"瘗邕、巂州死事者"①。中和四年(884),黄巢起义军退出长安后,六月乙卯,僖宗下诏"瘗京畿骸骨"②。后梁乾化二年(912)五月,梁太祖《暑月施恩诏》云:"应兵戈之地,有暴露骸骨,委所在长吏差人专功收瘗。"③后晋少帝《收瘗骸骨敕》云:

> 契丹违天背惠,猾夏渝盟,无名侵犯于封疆,纵暴杀伤于生聚,毒流数郡……每念蕃寇经过之处,边隅陷没之人,未掩僵尸,何安恨魄?轸伤既切,惠泽宜加。其常定邢洺管界蕃寇经过之处,枉遭杀害,无主收葬者,宜令本州差大将一人,所在收瘗,量事祭奠讫,具事以闻。④

还有收葬前朝阵亡将士和敌方尸体的例子。太宗贞观二年(628)四月己卯,"瘗隋人暴骸"⑤。贞观五年七月甲辰,"遣广州都督府司马长孙师往收瘗隋日战亡骸骨,毁高丽所立京观。八月,遣使于高丽,收隋战亡骸骨,设祭而葬之"⑥。贞观十九年五月,征辽,帝次辽泽,下诏曰:"顷者隋师渡辽,时非天赞,从军士卒,骸骨相望,遍于原野,良可哀叹。掩骼之义,诚为先典,其令并收瘗之。"⑦

玄宗开元二年(714)十月诏曰:"乞力徐等天迷神怒,背义忘恩,悯其下人,制在凶帅,积骸暴露,润草涂原,言念于兹,岂忘恻隐,其吐蕃战死人等,宜令所在州县速与瘗埋,俾有申于吊拯,庶无隔于华裔。"⑧后晋高祖天福元年(936)十一月即位,赦曰:"恩推掩骼,义显烛幽。允谐远迩之心,冀叶阴阳之序。应自举义以来,或有因事抵法之人,及九月十四日后杀戮贼寇,所在暴露骸骨,未有骨肉收认,无主者委逐处长吏指挥埋瘗。"⑨后晋高祖天福二年四月丁亥制:"魏清泰中臣僚内有从珂诛戮者,并许收瘗。"⑩后周显德四年(957)三月《降寿州赦文》云:"寿州管界去城五十里内……曾经阵敌处

① 《新唐书》卷九《懿宗本纪》,第258页。
② 《新唐书》卷九《僖宗本纪》,第276页。
③ 《全唐文》卷一〇一,第1038页。
④ 《全唐文》卷一一九,第1201页。
⑤ 《新唐书》卷二《太宗本纪》,第29页。
⑥ 《册府元龟》(宋本)卷四二《帝王部·仁慈》,第45页。
⑦ 《旧唐书》卷一九九《东夷传·高丽》,第5323页。参阅《新唐书》卷二《太宗本纪》,第44页。
⑧ 《册府元龟》(宋本)卷四二《帝王部·仁慈》,第46页。
⑨ 《册府元龟》(宋本)卷四二《帝王部·仁慈》,第49页。
⑩ 《册府元龟》(宋本)卷四二《帝王部·仁慈》,第50页。

所暴露骸骨，并仰收拾埋瘗。"①

唐律规定对已行刑的死囚，无亲属者，官府给埋葬，并砖铭，以便将来其家人认领。《新唐书·刑法志》云："凡囚已刑，无亲属者，将作给棺，瘗于京城七里外，圹有砖铭，上揭以榜，家人得取以葬。"②后晋高祖天福元年（936）十一月《改元大赦文》云："应自举义已来，或有因事抵法之人，及九月十四日后，杀戮贼寇，所在暴露骸骨，未有骨肉收认无主者，委逐处长吏埋瘗。"③后晋少帝《疏理狱讼瘗埋病亡敕》云："宜令凡有禁系，不得分外追人，百姓死亡，亦仰及时葬送，既无重扰，式叶化风。仍付所司。"④

被盗古墓的尸骨。后唐长兴四年（933）八月帝受尊号毕制曰："诸道凡无主丘墓，自兵革以来经发掘者，宜令观察使刺史差人量事掩瘗。"⑤后晋高祖天福三年八月敕："魏府城下自去岁屯军已来，管界坟墓多经劖掘，虽已曾差使勾当收掩，今更遣太仆卿邢德昭祭奠，其料例宜令度支给付。"⑥后晋高祖天福三年十月戊戌赦曰："仁及枯骨，泽漏重泉，眷哲后之芳踪，乃有国之令典。魏府管内，军兵已来，坟墓所毁，无主者委逐处官吏指挥，随事修整祭奠，仍仰官中给支。"⑦

客死异乡者。唐高宗咸亨元年（670）"冬十月癸酉，大雪，平地三尺余，行人冻死者赠帛给棺木"⑧。赵弘智曾孙矜，举明经，调舞阳主簿，历襄阳丞，"客死柳州，官为敛葬"⑨。

客死的来华使臣。《新唐书·百官志三》鸿胪寺典客署载："酋渠首领朝见者，给廪食；病，则遣医给汤药；丧，则给以所须。"⑩

动物尸体。阙名《对不埋狗判》云："城外多死狗，法司责京兆府不埋。诉非掩骼时。"判曰："惟犬守御，居人是安……流秽行路，彰闻法司；举过从愆，事关京兆。且敝帷从弃，孔圣之义有亏；掩骼候时，周公之礼可守。二途交战，须定是非。执礼而行，斯亦为得。"⑪此条判文不一定是

　　①《旧五代史》卷一一七《周书·世宗本纪》，第1557页。

　　②《新唐书》卷五六《刑法志》，第1410页。

　　③《全唐文》卷一一七，第1186页。

　　④《全唐文》卷一一八，第1200页。

　　⑤《册府元龟》（宋本）卷四二《帝王部·仁慈》，第49页。

　　⑥⑦《册府元龟》（宋本）卷四二《帝王部·仁慈》，第50页。

　　⑧《旧唐书》卷四《高宗本纪》，第95页。

　　⑨《新唐书》卷一〇六《赵弘智传附曾孙赵矜传》，第4043~4044页。

　　⑩《新唐书》卷四八《百官志》，第1258页。

　　⑪《全唐文》卷九八三，第10174页。

真事,但所反映的人们认为动物暴骨有伤风化,官府应当积极掩埋的类似情形应该存在。

(四)改易葬俗

改变民间丧葬陋俗,是政府丧葬救助的一项重要举措。如前所述,当时不少地区都存在着不合礼教的丧葬陋俗,对此,一些地方官比较注意通过引导、教化或下禁约的方式,改变这一状况。

去除江南不掩棺柩的葬俗。《新唐书·席豫传》载:天宝六载(747),席豫进礼部尚书,"凡四以使者按行江南、江东、淮南、河北。南方俗死不葬,暴骨中野,豫教以埋敛,明列科防,俗为之改。"①席豫按行南方州县,教民埋敛暴骨,并设条例惩治,南方葬俗得以改观。贞元七年至贞元十年(791~794),于頔出任湖州刺史②,"州地库薄,葬者不掩柩,頔为坎,瘗枯骨千余,人赖以安"③。于頔葬暴骨千余处,对当地葬俗影响深远,出现了民赖以安的局面。

改易太原浮屠"黄坑"葬俗。关于"黄坑"葬俗,岑仲勉指出:"此实祆教之习俗,所谓黄坑,西人称曰无言台(Silence Tower)","唐人目为浮屠法,由于不辨外教之原委也"④。蔡鸿生指出:"'以尸送近郊饲鸟兽',当即玄奘所记'弃林饲兽'的印度式'野葬',它被太原僧徒实行,正是恪遵天竺古法。"⑤林梅村认为太原鱼氏后人信仰火祆教与"黄坑"有关。⑥崔岩认为,"黄坑"葬俗是佛教"野葬"葬俗,即僧人尸体由其弟子或同寺僧人放置于郊野、山谷,施舍给鸟兽(包括野狗)作食物,然后收遗骨起塔埋葬。⑦关于"黄坑"葬俗,《旧唐书·李暠传》载:

> 太原旧俗,有僧徒以习禅为业,及死不殓,但以尸送近郊以饲鸟兽。如是积年,土人号其地为"黄坑",侧有饿狗千数,食死人肉,因侵害幼弱,远近患之,前后官吏不能禁止。暠到官,申明礼宪,期不再犯,发兵捕杀群狗,其风遂革。⑧

---

①《新唐书》卷一二八《席豫传》,第4467~4468页。

②参阅郁贤皓:《唐刺史考全编》卷一四〇《江南东道·湖州》,第1949页。

③《新唐书》卷一七二《于頔传》,第5199页。参阅《旧唐书》卷一五六《于頔传》,第4129页。

④岑仲勉:《隋唐史》,高等教育出版社,1957年,第301页。

⑤蔡鸿生:《唐代九姓胡与突厥文化》,中华书局,1998年,第27页。

⑥参阅林梅村:《稽胡史迹考》,《中国史研究》2002年第1期。

⑦参阅崔岩:《也谈唐代太原"黄坑"葬俗的宗教属性》,《洛阳大学学报》2003年第3期。

⑧《旧唐书》卷一一二《李暠传》,第3335页。

《新唐书·李暠传》载：

> 开元初，（李暠）为汝州刺史……四迁至黄门侍郎，检校太原以北诸军节度使。太原俗为浮屠法者，死不葬，以尸弃郊饲鸟兽，号其地曰"黄坑"。有狗数百头，习食骴，颇为人患，吏不敢禁。暠至，遣捕群狗杀之，申厉禁条，约不再犯，遂革其风。①

佛教僧徒死后以尸送近郊以饲鸟兽，弃尸郊野，自然会招来饿狼，遂成狼灾；招来饿狗，便成狗祸，严重危害了社会安定。太原地区恶狼成患的记载在北齐就已有之。②从"前后官吏不能禁止""吏不敢禁"等语来看，由于当时佛教在太原很兴盛，力革"黄坑"葬俗的阻力很大，前后官吏禁止，均未成功；李暠也是费了很大气力，先"申明礼宪"以禁之，复"期不再犯"以巩固之。废除"黄坑"葬俗，从防止疾疫、改易葬俗及稳定社会等方面来讲都有积极意义。

改易楚地葬俗。濠州即今凤阳，古代属楚地，"楚俗好巫而信鬼，死者其亲戚不敢穿圹事葬，相传送小屋，号曰殡宫焉，虽在城郭而为之。有土牛瞡蠹棺椁巍然者，有棺椁分坼骸骨纵横者，不独庶人，而士大夫之家有焉"③，其葬俗与古代"魂气归于天，形魄归于地"的传统观念和礼仪是极不相符的。因此，太和六年（832），刘茂复任濠州刺史时④，下令："某月有限，限毕，其家不阙地葬者，笞二十。鳏寡茕独力不任者，绝嗣无主傍无近亲者，刺史以俸钱为营之。"取得了很好的效果，此后，"人无犯令，野无殡宫焉"备受卢子骏赞誉："今刺史彭城刘公，教生者以礼，示之日月，信也；恤死者以仁，除其暴露，义也。合此而智以成之，难乎哉！"⑤

三、民间丧葬互助

民间丧葬主要靠家庭、宗族、邻里、社邑等各种力量互助完成，特别是宗族、社邑是民间助葬的主要力量，这部分内容将在第五、第六章分别论

---

① 《新唐书》卷七八《宗室传》，第3531页。李暠为节度使的时间为开元十五年至十八年。参阅吴廷燮：《唐方镇年表》卷四《河东》，第407~408页。

② 《隋书》卷二二《五行志上》载："（北齐）武平末，并、肆诸州多狼而食人"，"大业元年，雁门百姓间犬多去其主，群聚于野，形顿变如狼而啖噬行人，数年而止"。（第640~641页）

③⑤〔唐〕卢子骏：《濠州刺史刘公善政述》，《全唐文》卷七四六，第7729页。

④ 参阅郁贤皓：《唐刺史考全编》卷一二七《淮南道·濠州》，第1738页。

述。本部分主要论述亲故、邻里等民间力量的助葬。

（一）亲故助葬

在丧亡者家人无力或无人埋葬的情况下，也不乏亲友、故旧助葬者。

唐初，罗士信为裴仁基所礼敬器重，裴仁基被斩后，罗士信"出家财敛葬北邙以报德"[①]，此为故吏助葬。

罗道琮"慷慨尚节义。贞观末，上书忤旨，徙岭表。有同斥者死荆、襄间，临终泣曰：'人生有死，独委骨异壤邪？'道琮曰：'吾若还，终不使君独留此。'瘗路左去。岁余，遇赦归……负之还乡"[②]，这是被流放者帮助同行者归葬的事例。

王义方素与张亮善，"亮兄子皎自朱崖还，依义方。将死，诿妻子，愿以尸归葬，义方许之。以皎妻少，故与之誓于神，使奴负柩，辍马载皎妻，身步从之。既葬皎原武，归妻其家，而告亮墓乃去"[③]，王义方帮朋友张亮的侄子张皎归葬，是为亲友助葬之例。高宗朝，王方翼友赵持满被诛，"尸诸道，亲戚莫敢视，方翼曰：'栾布哭彭越，义也；周文王掩骼，仁也。绝友义，蔽主仁，何以事君？'遂往哭其尸，具礼收葬。金吾劾系，帝嘉之，不罪"[④]，王方翼以大义为凭，收葬被诛杀的朋友赵持满，使其免于暴尸道路。德宗时人何蕃居太学二十年，其间有同在太学，"死丧无归者，皆身为治丧"[⑤]。

乾元三年（760），襄州刺史史翙为乱兵所杀[⑥]，判官于顾收葬遗骸，时人以之为义[⑦]，此乃部下收葬长官。元和十年（815）郑余庆镇兴元时[⑧]，辟孟郊为从事，"辟书下而卒。余庆给钱数万葬送，赠给其妻子者累年"[⑨]，这是幕帅收葬幕僚。元和初年的进士杨敬之，其祖客居灞上，"见闽人濮阳愿，阅其文，大推挹，遍语公卿间。会愿死，敬之为敛葬"[⑩]。开成二年（837），刑部侍郎郭承嘏死后，"家无余财，丧祭所费，皆亲友共给而后具"[⑪]。后晋兵部

<hr />

① 《新唐书》卷一九一《罗士信传》，第5502页。

② 《新唐书》卷一九八《罗道琮传》，第5657页。

③ 《新唐书》卷一一二《王义方传》，第4160页。

④ 《新唐书》卷一一一《王方翼传》，第4134页。

⑤ 《新唐书》卷一九四《何蕃传》，第5572页。

⑥ 按：史翙被杀在乾元三年。参阅《旧唐书》卷一一四《来瑱传》，第3366页。

⑦ 参阅《旧唐书》卷一四六《于顾传》，第3966页。

⑧ 参阅吴廷燮：《唐方镇年表》卷四《山南西道》，第660页。

⑨ 《旧唐书》卷一六〇《孟郊传》，第4205页。

⑩ 《新唐书》卷一六〇《杨凭传附侄杨敬之传》，第4972页。

⑪ 《旧唐书》卷一六五《郭承嘏传》，第4320页。

侍郎吕琦,曾被其父故客赵玉所救,后赵玉患病,吕琦亲自尝药扶侍,赵玉死后,吕琦"为其家主办丧葬"①。

唐人很注重亲故关系,若亲故有丧,不吊孝者会受到礼教的谴责。白居易《得乙有同门生丧亲,将往吊之。其父怒而挞之,使遗缣而已。或诘其故。云:"交道之难"》判文曰:

> 子道贵恭,当从理命;交游重义,盖恤哀情。孝不在于诡随,仁岂忘于恻隐?乙父训乖爱子,道昧择交。况求益之初,无友不如已者;及居丧之际,凡人犹合救之。既罔念于一哀,是不遵于久要。苟知生而不吊,虽赠死以何为?旧馆遇丧,宣父尚宜出涕;同门在戚,王丹未可忘情。纵申遗帛之诚,岂补赠刍之义?肆一杖之怒,父今既爽义方;杜三谏之辞,子也亦亏孝道。宜哉或诘,允矣知言。②

其中列举了不少典故,提倡"及居丧之际,凡人犹合救之",否则便理亏于孝道。可知,亲故吊孝、助葬是当时社会的风尚,因此世人也普遍能为亲故助葬和吊孝,才有上述诸多亲故助葬的实例。

(二)邻里助葬

民间营办丧事,邻里也往往以人力物力相助。唐初,窦建德"尝有乡人丧亲,家贫无以葬,时建德耕于田中,闻而叹息,遽辍耕牛,往给丧事,由是大为乡党所称……父卒,送葬者千余人,凡有所赠,皆让而不受"③。《新唐书·阳城传》载:阳城抚养寡姊痴甥,遇岁饥馁,"山东节度府闻城义者,发使遗五百缣,戒使者不令返。城固辞,使者委而去,城置之未尝发。会里人郑俶欲葬亲,贷于人无得,城知其然,举缣与之"④,这既反映了贫困者借贷以葬亲的实况,也反映了邻里助葬的情况。

若不助邻里治丧,将被视为不义。萧匡名《对助邻妇丧判》云:

> 得闻人有邻妇丧,自三日而不举火。乃力借凶事之给,所以言党人,未获。因主敛争讼。官以先近后远罪具,不伏。
>
> 仲尼讲三王之礼,垂百代之范。临丧宁戚,实先葡蜀之风;力行近

---

①《新五代史》卷五六《吕琦传》,第646页。

②《白居易集》卷六六,第1385页。

③《旧唐书》卷五四《窦建德传》,第2234页。

④《新唐书》卷一九四《阳城传》,第5569页。

仁,更著威仪之则。永惟邻妇,忽奄泉扃(一作宫)……先假借于乡闾,
劬劳之志莫辞,终始之心愈(一作逾)励……且为主敛,缘是善邻,亲疏
之争郁兴,牒诉之喧爰起。官司以公平在虑,剖析存怀。申报礼以明
愆,讨葬章而见(一作告)罚,既叶平邦之典,妙符淳古之风,徒更有词,
终成饰说。①

这是对因给邻妇助营葬事而争讼的判文,反映了唐五代人邻里丧葬互助的
部分情况。判文以"临丧宁戚,实先匍匐之风"的礼义为劝,要求同乡"劬劳
之志莫辞",强调邻里要互助营葬。同题赵泉虬判文曰:

> 邻妇时命先秋,生涯凋落,四德之名尚在,九泉之魄俄沉。存既寡
> 于周亲,没亦感于邻义。既而朱火不举,俯凶事而无从;玄燧未临,仰
> 生人而何托?闻人以蹈危为意,忧济留心,爰行博施之恩,自合无丧之
> 服。论其主敛,则亲属为先;语其科辜,则闻人无罪。②

亦要求邻里要"感于邻义",并"行博施之恩",以助邻妇之丧。

此外,前引天宝元年(742)玄宗《埋瘗暴露骸骨敕》,处置江左死于疫病
而未葬者云:"其先未葬者,即勒本家收葬;如或无亲族及行客身亡者,仰所
在封邻,相共埋瘗。"③从敕文可见,在无亲族收葬时,邻里是世人首选的助
葬者。

(三)路人助葬

一些人在客死他乡,而又无亲人收葬的情况下,有时有素不相识的路
人埋葬。如隋末唐初人张道源,"与客夜宿,客暴死,道源恐主人忽怖,卧尸
侧,至曙乃告,又徒步护送还其家"④。郭震是高宗朝太学生,"家尝送资钱
四十万,会有缞服者叩门,自言'五世未葬,愿假以治丧'。元振举与之,无
少吝,一不质名氏"⑤。又如《太平广记》载:

> 有窦少卿者家于故都。素于渭北诸州,至村店中。有从者抱疾,

---

① 《全唐文》卷九四九,第9860页。
② 〔唐〕赵泉虬:《对助邻妇丧判》,《全唐文》卷九五六,第9927页。
③ 《唐大诏令集》卷一一四《收瘗》,第596页。
④ 《新唐书》卷一九一《张道源传》,第5503页。
⑤ 《新唐书》卷一二二《郭元振传》,第4361页。

寄于主人而前去。历鄜、延、灵夏，经年未归，其从者寻卒于店中。此人临卒，店主问曰："何姓名？"此仆只言得"窦少卿"三字，便奄然无语。店主遂坎路侧以埋之，卓一牌向道曰："窦少卿墓。"①

此条记载滑稽可笑，可视为路人助葬之一例。《太平广记》载：元和十年（815）②，廖有方落第后游蜀，至宝鸡西，适公馆，见一贫病儿郎曰："辛勤数举，未偶知音。"是人随后死去，有方"遂贱鬻所乘鞍马于村豪，备棺瘗之"。后来亡者的姐姐得知此事后，对有方非常感激，赠以财物，有方曰："仆为男子，粗察古今。偶然葬一同流，不可当兹厚惠。"拒受赠物，乡老以义事申州，州将表奏朝廷，文武宰僚，愿识有方，共为导引。后来李逢吉知举，有方及第，改名游卿，声动华夷，被誉为义士。③

此外，还有僧人、道士助葬的情况。④如乾祐三年（950）春正月丙寅，后汉隐帝"分命使臣赴永兴、凤翔、河中，收葬用兵已来所在骸骨；时已有僧聚髑髅二十万矣"⑤。又有尹轨者，太原人，学道，常服黄精华，"有人遭丧，当葬而贫，汲汲无以办。公度过省之，孝子遂说其孤苦，公度为之怆然，令求一片铅。公度入荆山，架小屋，于炉火中销铅，以所带药如米大，投铅中搅之，乃成好银。与之，告曰：'吾念汝贫困，不能营葬，故以拯救，慎勿多言也。'"⑥

第三节　婚嫁救助

婚姻可以序人伦，是传统社会中人们繁衍后代的必要途径。唐太宗曾曰："昔周公治定制礼，垂裕后昆，命媒氏之职，以会男女。每以仲春之月，顺时行令，蕃育之理既宏，邦家之化攸在。"⑦文宗亦曰："故王化首婚姻之

①《太平广记》卷二四二《谬误·窦少卿》，第1870页。
②元和乙未岁为元和十年，参阅《资治通鉴》卷二三九"元和十一年二月"条载："以中书令人李逢吉为门下侍郎、同平章事。"（第7707页）
③参阅《太平广记》卷一六七《气义·廖有方》，第1222页。
④杨森的《敦煌唐宋时期的"助供"》讨论了吐蕃统治敦煌时期，寺院中僧人"为亡者助资赠賻之类"的习俗活动。（《敦煌研究》2006年第5期）
⑤《旧五代史》卷一〇三《汉书·隐帝本纪》，第1365~1366页。
⑥《太平广记》卷一三《神仙·尹轨》，第89页。
⑦唐太宗：《令有司劝勉民闲嫁娶诏》，《全唐文》卷四，第54页。

道,所以序人伦;霸图著胎养之令,所以务生聚。"①婚嫁是社会史的重要问题,关于唐五代婚嫁问题的研究较多,涉及面较广②,但对婚嫁救助方面的讨论则很少,以下试做探讨。

一、政府对百姓婚嫁的救助

唐五代时期,政府对百姓的婚嫁问题较为关注,也从多方面给予督促和救助,这主要体现在政策支持上。百姓婚嫁事宜由相关职官负责,政府还制定了一些减轻百姓婚嫁负担的政策,并鼓励各级官吏和个人对适龄男女在婚嫁方面给予救助。

(一)政府有关婚嫁的职官和婚嫁救助政策

唐五代时期,在中央和地方的职官体系中,有专门负责百姓婚嫁的职官,在中央有户部郎中员外郎③,在地方诸州府,有户曹、司户参军,"凡男女婚姻之合,必辨其族姓,以举其违"④。刺史和县令作为亲民之官,总揽州县各种事宜,监管百姓的婚嫁事宜也是其亲民的范畴。

唐五代政府还将官吏的考课与户口的增减紧密联系在一起,《通典·考绩》云:"诸州县官人,抚育有方,户口增益者,各准见户为十分论,每加一分,刺史、县令各进考一等……若抚养乖方,户口减损者,各准增户法,亦每减一分降一等。"⑤以增户论升迁,意在督促地方官对所辖府州百姓的恤养,一定程度上促进了地方官吏关注百姓婚嫁问题的积极性。政府多次重申增户之法,贞元四年(788)正月"庚戌朔,京师地震。大赦,刺史予一子官,增户垦田者加阶"⑥。会昌六年(846)五月,宣宗也曾下诏:"观察使、刺史交代之时,册书所交户口如能增添至千户,即与超迁;如逃亡至七百户,罢后三年内不得任使。"⑦除逃户因素外,户口的增减与男女是否婚嫁以时的关系至为密切,官员要"抚育有方,增益户口"以进阶加官、获得奖励,就要加强对百姓婚嫁的关注和督促,保证百姓及时婚嫁。因此,不少清明的地方官吏也会对孤贫百姓的婚嫁进行一定的救助。

---

① 唐文宗:《条流僧尼敕》,《全唐文》卷七四,第778页。
② 参阅张国刚:《隋唐五代史研究概要》,天津教育出版社,1996年,第295~299页;胡戟等主编:《二十世纪唐研究》,中国社会科学出版社,2002年,第840~847页。
③ 参阅《新唐书》卷四六《百官志》,第1192页。
④ 《唐六典》卷三〇《三府督护州县官吏·京县畿县天下诸县官吏》,第749页。
⑤ 《通典》卷一五《选举典·考绩》,第371页。
⑥ 《新唐书》卷七《德宗本纪》,第195页。
⑦ 《旧唐书》卷一八《宣宗本纪》,第516页。

唐五代时期,政府具有救助、帮扶性质的婚嫁政策主要有以下几个方面:

1.督促适龄男女及时婚嫁

百姓的及时婚嫁有利于户数的增长和纳税人口的增加,因此政府非常重视适龄男女的婚嫁问题,积极鼓励百姓及时婚嫁。贞观元年(627)二月四日,太宗下诏曰:

> 其庶人男女无室家者,并仰州县官人,以礼聘娶,皆任其同类相求,不得抑取。男年二十、女年十五已上,及妻丧达制之后,孀居服纪已除,并须申以婚媾,令其好合。若贫窭之徒,将迎匮乏,仰于亲近乡里,富有之家,衷多益寡,使得资送。其鳏夫年六十、寡妇年五十已上,及妇虽尚少,而有男女,及守志贞洁,并任其情,无劳抑以嫁娶。刺史、县令以下官人,若能婚姻及时,鳏寡数少,量准户口增多,以进考第。如导劝乖方,失于配偶,准户减少附殿。①

这份诏书可以分为几个层面:首先,百姓无室家之男女,仰州县官员以礼给予聘娶,婚嫁的年龄定在男年二十、女年十五以上。给州县官吏委派的这一任务不只停留在号召上,还要考核并进行奖惩。其次,妻丧满制的鳏夫和服纪已除的寡妇也令其再行嫁娶,其中老年鳏夫寡妇可以不在婚嫁之列;有子女的年轻寡妇愿守贞洁者,也不得强令合婚。最后,对贫困无以婚嫁之男女,政府要求其近亲及乡里之人"衷多益寡,使得资送"。从诏令本身看,太宗此次令地方官府劝百姓婚嫁带有一定的强制性,但对丧乱之后无以婚嫁的男女来说,无疑有着重要的意义。尤其是贫困者,在政府的号召下,由近亲及乡里之人资送婚嫁,这部分人所获得的婚嫁救助是显而易见的。

当然,在现实中,百姓婚嫁常常很难及时,杜牧描述堂兄杜慥的贫困状况曰:"绝俸已是累年。孤外甥及侄女堪嫁者三人,仰食待衣者不啻百口,脱粟蒿藋,才及一餐。"②杜牧有三个已达婚嫁年龄的孤外甥及侄女,因为家境贫困而未婚嫁。白居易也曾感慨:"三十男有室,二十女有归;近代多离乱,婚姻多过期。嫁娶既不早,生育常苦迟。儿女未成人,父母已衰羸。"③

---

① 《唐会要》卷八三《嫁娶》,第1809页。
② 《杜牧集系年校注》樊川文集卷第一六《为堂兄慥求澧州启》,第576页。
③ 《白居易集》卷二《赠友五首并序》,第36页。

白居易诗中所描述的士庶在婚姻及人生方面的无奈,虽是唐后期的情形,其实又何尝不是整个中古社会的普遍现象。

2.抑制不良婚嫁风气

唐五代时期,百姓婚嫁论财和竞奢现象较为普遍,政府对这些不良的婚嫁风气加以限制,是对百姓婚嫁在政策上的支持,也是政府对百姓婚嫁救助的一个重要方面。

(1)限制婚嫁论财的风气

唐代婚姻既注重门第,也看重资财。经历了魏晋南北朝的社会动荡,至唐代尤其是唐中期以后,世家大族已渐趋衰落,"名虽著于州闾,身未免于贫贱"①。在婚嫁之际,这些旧士族往往重求钱财,"自号膏粱之胄,不敦匹敌之仪,问名惟在于窃赀,结褵必归于富室。乃有新官之辈,丰财之家,慕其祖宗,竞结婚媾,多纳货贿,有如贩鬻"②,特别是"山东人尚于婚媾,求于禄利"③。针对这种论财卖婚状况,贞观十六年(642)六月,太宗下诏曰:"自今已后,明加告示,使识嫁娶之序,各合典礼,知朕意焉。其自今年六月禁卖婚。"④太宗的这一禁令收效不佳,大姓既号称"禁婚家",暗中婚聘;有名望的大臣也仍多与他们结婚姻,如李敬玄凡三娶,皆山东旧族。⑤

至显庆四年(659)十月十五日,因李义府的奏请,高宗下诏对婚嫁聘财做了限制,《唐会要·婚嫁》载高宗诏文曰:

> 后魏陇西李宝,太原王琼,荥阳郑温,范阳卢子选、卢浑、卢辅,清河崔宗伯、元孙,凡七姓十一家,不得自为婚姻。仍自今已后,天下嫁女受财,三品已上之家不得过绢三百匹,四品、五品不得过二百匹,六品、七品不得过一百匹,八品以下不得过五十匹,皆充所嫁女赀妆等用,其夫家不得受陪门之财。⑥

此诏具体限制了士族官僚嫁女可受的聘财数量,有利于改变士庶百姓婚聘收高额聘礼的行为。

---

①②④《唐会要》卷八三《嫁娶》,第1810页。

③《旧唐书》卷一九〇《袁朗传》,第4986页。

⑤ 参阅《新唐书》卷一〇六《李敬玄传》,第4052页。

⑥《唐会要》卷八三《嫁娶》,第1811页。李义府为子求婚七姓十家而不得,故有是请,参阅《旧唐书》卷八二《李义府传》,第2769页。

聘礼、嫁妆对门阀士族来说尚是沉重负担,对一般百姓来说,往往会家资倾竭,对本就贫困的百姓来说,则会负债累累。如永州婚嫁俗习"破酒",贫而无力供者,不迎娶而淫奔即例证。①据《新唐书·宋璟传》载:

> 京兆人权梁山谋逆,敕河南尹王怡驰传往按。牢械充满,久未决,乃命璟为京留守,覆其狱。初,梁山诡称婚集,多假贷,吏欲并坐贷人。璟曰:"婚礼借索大同,而狂谋率然,非所防亿。使知而不假,是与为反。贷者弗知,何罪之云?"平纵数百人。②

权梁山以婚集的名义假贷谋逆之资,没有人察觉。事发之后,官吏欲致罪给贷之人,宋璟以"婚礼借索大同"为由,未治罪给贷者,是因为考虑到给贷者未必知情。由此可见,当时为婚嫁而借贷的现象比较普遍。政府限制婚嫁论财是对百姓婚嫁的政策性引导和限制,对贫困百姓的婚嫁无疑具有济困意义。

(2)限制士庶婚嫁铺张

婚姻是人生大事,将婚礼办得尽可能隆重一些,可以说是古今中外世人的普遍心态,也是出现婚嫁铺张现象的主要原因。唐五代时期,政府多次下令限制婚嫁铺张的现象。

唐太宗提倡婚嫁俭约,贞观元年(627),下诏禁断自王公以下婚嫁不合规制之事项,"自王公已下,第宅、车服、婚嫁、丧葬,准品秩。不合服用者,宜一切禁断"③。太极元年(712)十一月,左司郎中唐绍上表曰:

> 士庶亲迎之礼,备诸六礼,所以承宗庙,事舅姑,当须昏以为期,诘朝谒见。往者下俚庸鄙,时有障车,邀其酒食,以为戏乐。近日此风转盛,上及王公,乃广奏音乐,多集徒侣,遮拥道路,留滞淹时,邀致财物,动逾万计。遂使障车礼貺,过于聘财;歌舞喧哗,殊非助感。既亏名教,实蠹风猷,违紊礼经,须加节制,望请婚姻家障车者,并须禁断。④

---

① 参阅《新唐书》卷一九七《韦丹传附子韦宙传》,第5631页。

② 《新唐书》卷一二四《宋璟传》,第4393页。

③ 《贞观政要》卷六,第318页。

④ 〔唐〕唐绍:《禁奢侈疏》,《全唐文》卷二七一,第2753页。

睿宗采纳了这一建议,于十一月十二日下诏曰:"王公已下嫁娶,比来时有障车,既亏风教,特宜禁断。"①障车本是"下俚庸鄙"邀酒食以戏乐的婚俗,却逐渐演变成邀财物的手段,且动逾万计。在唐绍的建议下,睿宗下诏予以禁断。

会昌元年(841)十一月,武宗下诏禁断婚娶时举乐,其诏文曰:"婚娶家音乐,并公私局会花蜡,并宜禁断。"②据《新唐书·武宗本纪》载:会昌元年"十一月壬寅,有彗星出于营室。辛亥,避正殿,减膳,理囚,罢兴作"③。是知,此次武宗禁断嫁娶举乐的真正原因是当时出现了灾异,想以此举弭灾。但在客观上,这一举措体恤了民力,减轻了百姓的婚嫁负担。

3.保护婚嫁的相关权益

唐律保护已达成婚姻的有效性,若一方反悔,须追究相应的责任。《唐律疏议·许嫁女辄悔》曰:

> 诸许嫁女,已报婚书及有私约,而辄悔者,杖六十。(男家自悔者,不坐,不追娉财。)虽无许婚之书,但受娉财,亦是。(娉财无多少之限,酒食非。以财物为酒食者,亦同娉财。)若更许他人者,杖一百;已成者,徒一年半。后娶者知情,减一等。女追归前夫,前夫不娶,还娉财,后夫婚如法。④

从律文知,已报婚书、私相为约、已受聘财,是婚姻关系确立的标志,各具其一,即表示已结成婚姻。若女方悔婚,要罚杖六十。男方悔婚,虽不受惩处,但不得追回聘财,即以聘财为悔婚之资。若女方悔婚而更许他人,惩处要重于仅悔婚者;更许婚且已成婚者,处罚更重。后娶之人若知情也要治罪,女方仍归前夫,前夫不娶者,女方要还回前夫的聘财,与后夫婚姻如旧。这种规定显然有利于婚姻中的男方,但对女方利益及婚姻关系也还是有一定的保护作用。

唐律严禁婚姻中的假冒欺瞒现象,妄冒者要给予惩处。《唐律疏议·为婚妄冒》曰:"诸为婚而女家妄冒者,徒一年。男家妄冒,加一等。未成者,依本约;已成者,离之。"疏议曰:"为婚之法,必有行媒,男女、嫡庶、长幼,当

---

①《唐会要》卷八三《嫁娶》,第1811页。

②《唐会要》卷八三《嫁娶》,第1813页。

③《新唐书》卷八《武宗本纪》,第240页。

④《唐律疏议》卷一三《户婚律》,第253~254页。

时理有契约,女家违约妄冒者,徒一年。男家妄冒者,加一等。'未成者依本约',谓依初许婚契约。已成者,离之。违约之中,理有多种,或以尊卑,或以大小之类皆是。"①可见在婚嫁之前,不仅需要在婚约中注明男女的"尊卑、嫡庶、长幼",而且要讲明残疾与否等各种情况,不得欺诈。唐律禁止妄冒为婚的规定,对防范婚嫁中隐瞒当事人病残等相关情况有积极的意义,维护了婚姻双方的知情权,对其婚后生活的稳定很有意义。

唐律对违越婚期的现象也予以惩治。《唐律疏议·违律为婚恐喝娶》云:"即应为婚,虽已纳娉,期要未至而强娶,及期要至而女家故违者,各杖一百。"②这对防范民间婚嫁中不必要的纠纷有积极的意义。

唐五代政府还对州县婚姻案件的受理时间作了相关规定。显德四年(957)七月,后周世宗《饬州县清厘词状诏》曰:

> 准令诸论田宅婚姻,起十一月一日至三月三十日,州县争论,旧有厘革,每至农月,贵塞讼端。近闻官吏因循,縣此成弊,凡有诉竞,故作逗留,至时而不与尽词,入务而即便停罢,强猾者因此得志,孤弱者无以自伸。起今后应有人论诉物业婚姻,取十一月一日后许陈词状,至二月三十日权停。自二月三十日已前,如已有陈词,至权停日公事未了绝者,仰本处州县亦与尽理勘逐,须见定夺了绝。其本处官吏如敢违慢,并当重责。其三月一日后至十月三十日前,如有婚田词讼者,州县不得与理,若是交相侵夺,情理妨害,不可停滞者,不拘此限。③

这种限期办理民间婚姻纠纷案件的规定,可以督促州县长吏及时审理,避免了拖时延日对百姓身心精力及财力的消耗。唐律保护妇女婚姻权益方面的其他情形,请参阅本书第一章第三节"优恤妇女"。

此外,政府还给百姓婚嫁提供了一些特殊照顾。坊市制度之下,城市实行夜禁,坊市之门启闭定时,并有专门的《监门式》,但允许因婚嫁在应关闭时开启坊门。"依《监门式》:'京城每夕分街立铺,持更行夜。鼓声绝,则

---

① 《唐律疏议》卷一三《户婚律》,第255页。

② 《唐律疏议》卷一四《户婚律》,第271页。

③ 《全唐文》卷一二五,第1259页。参阅《旧五代史》卷一一七《周书·世宗本纪》,第1560~1561页。

禁人行;晓鼓声动,即听行。若公使赍文牒者,听。其有婚嫁,亦听。'"①这是因为当时婚礼在傍晚举行,婚礼内容丰富多彩,为适应婚俗,在夜禁后开城门,为百姓的婚礼提供了方便。唐代也曾一度禁断阴阳术数,但并不禁断用于婚姻卜择的术数,这可视为政策对婚俗的顺应。②

(二)地方政府对百姓婚嫁的救助

唐五代中央政府制定的关于百姓婚嫁的政策和措施,主要依靠各级地方政府具体贯彻实施。前文已提及,州府的司户参军具体负责本州府百姓的婚姻之事,府州刺史总掌本州府之事,对其考核及升迁、奖惩的标准之一是本州府户口多寡及适龄男女是否婚嫁及时。因此,一些清廉的地方长官往往会对所辖州县百姓的婚嫁问题给予一定关注。

元和十五年(820)崔玄亮任密州刺史时③,"男女过时者趋嫁娶之,三月而政立,二年而化行。密人悦之,发于谣咏"④。崔玄亮督促辖境内大龄男女的婚嫁,取得了不错的政绩,深得百姓拥护。又如咸通二年(861)浑侃出任义昌军节度使,"故校有孤女者,时其配偶"⑤。再如南唐李昇秉政,欲收人心,"尝阴使人察视民间有婚丧匮乏者,往往赒给之"⑥,虽然李昇此举旨在收揽人心,民间婚丧匮乏者却因此得到了关注和"赒给"。

地方官比较注意对贬谪官员和没落衣冠户子女婚嫁的救助。元和十三年至十五年孔戣为岭南东道节度使⑦,"士之斥南不能北归与有罪之后百余族,才可用用之,禀无告者,女子为嫁遣之"⑧。柳公绰、柳仲郢父子"更九镇,五为京兆,再为河南……衣冠孤女不能自归者,斥禀为婚嫁"⑨。开成元年(836)冬,卢钧代李从易为广州刺史、岭南节度使,在任期间,婚嫁"自贞元已来,衣冠得罪流放岭表者"之孤儿稚女"凡数百家"。⑩杜牧所撰《牛僧孺墓志铭》谓其:"衣冠单穷,出俸钱嫁其子女,月与食,岁与衣,资送其死

① 《唐律疏议》卷八《卫禁律》,第172页。
② 《资治通鉴》卷二一四"开元二十四年四月"条载:"诸阴阳术数,自非婚丧卜择,皆禁之。"(第6837页)
③ 参阅郁贤皓:《唐刺史考全编》卷七一《河南道·密州》,第1033页。
④ 《白居易集》卷七〇《唐故虢州刺史赠礼部尚书崔公墓志铭(并序)》,第1470页。
⑤ 〔唐〕路岩:《义昌军节度使浑公神道碑》,《全唐文》卷七九二,第8298页。
⑥ 《新五代史》卷六二《李昇传》,第766页。
⑦ 参阅吴廷燮:《唐方镇年表》卷七《岭南东道》,第1031页。
⑧ 《新唐书》卷一六三《孔巢父传附从子孔戣传》,第5009页。
⑨ 《新唐书》卷一六三《柳公绰传》,第5025页。
⑩ 《旧唐书》卷一七七《卢钧传》,第4592页。

丧,凡数百家。"①

在具体帮助地方百姓婚嫁之外,地方官也能以职任之便和在当地的影响力,改变地方的婚俗习惯。中宗朝左御史大夫窦怀贞的从子窦兢"调鄈令,修邮舍道路,设冠婚丧纪法,百姓德之"②。大中十年(856)前后,韦宙被贬为永州刺史③,"初,俚民婚,出财会宾客,号'破酒',昼夜集,多至数百人,贫者犹数十;力不足,则不迎,至淫奔者。宙条约,使略如礼,俗遂改"④。从某种意义上说,对婚姻习俗的改变比单纯的经济援助,意义更为深远。永州婚嫁的破酒习俗,就一度是人们的沉重负担,贫乏无力者只能不迎娶而淫奔,这对社会稳定极其不利。韦宙改变了这种习俗,为民做条约,使知如礼,对永州社会的安定和后世百姓的婚嫁来说,意义无用多言。

一些官吏也以婚嫁救助作为收揽人心的手段。如韦皋于贞元元年(785)拜检校户部尚书,兼成都尹、御史大夫、剑南西川节度使,"在蜀二十一年,重加赋敛,丰贡献以结主恩,厚给赐以抚士卒。士卒婚嫁死丧,皆供其资费,以是得久安其位而士卒乐为之用"⑤。韦皋为政的重点在于所治地方的安定,所以他能多收赋税,以上结主恩,下抚士卒,抚士卒的一个重要方面,即给士卒的婚嫁及死丧提供资费援助。也正因为施政有方,使他得以"久安其位",士卒也乐于为他效力。此事在《唐国史补》中也有记载:"韦太尉在西川,凡事设教。军士将吏婚嫁,则以熟彩衣给其夫氏,以银泥衣给其女氏,又各给钱一万,死葬称是,训练称是。内附者富赡之,远来者将迎之。"⑥可见韦皋救助的士卒数目相当大,他因此得到士卒的拥护。

二、民间的婚嫁救助

唐五代时期,民间的婚嫁救助更多地表现为宗族内和亲朋间的救助,此外,婚嫁救助也是民间社邑的最重要的救助功能之一。关于社邑和宗族的婚嫁救助,请参阅本书第五、第六章,这里仅就家族内和朋友间的婚嫁救助略做补充。

家族内的婚嫁互助十分普遍,主要是家族中优秀成员入仕后,以俸禄

①《全唐文》卷七五五,第7827页。

②《新唐书》卷一〇九《窦怀贞传附从子窦兢传》,第4101页。

③ 参阅郁贤皓:《唐刺史考全编》卷一七一《江南西道·永州》,第2482页。

④《新唐书》卷一九七《韦丹传附子韦宙传》,第5631页。

⑤《资治通鉴》卷二三六"永贞元年七月"条,第7620页。

⑥《唐国史补》卷中,第32页。

作为族内子弟的婚嫁费用。如开元二十一年(733)登进士第的元德秀,"早失恃怙,缞麻相继,不及亲在而娶。既孤之后,遂不娶婚。族人以绝嗣规之,德秀曰:'吾兄有子,继先人之祀。'以兄子婚娶,家贫无以为礼,求为鲁山令"①。元德秀因侄子婚娶无聘礼,所以求鲁山县令的职任,显然是想以俸禄所得资助侄子婚娶。白居易《草堂记》亦曰:"待予异时弟妹婚嫁毕,司马岁秩满,出处行止,得以自遂;则必左手引妻子,右手抱琴书,终老于斯,以成就我平生之志。"②从白居易的人生计划中可以看出,对弟妹婚嫁的营办是作为兄长的社会责任和义务,凭借的大约是他作司马的俸禄。

另一种情形是朋友间的救助,主要是朋友帮助友人的孤幼子女完成婚嫁大事。苏晋与洛阳人张仲之友善,神龙中,仲之因参与谋杀武三思,事发被诛,"晋厚抚仲之子渐,有如己子,教之书记,为营婚宦"③。神龙元年(705)制举擢第的严挺之,"素重交结,有许与,凡旧交先殁者,厚抚其妻子,凡嫁孤女数十人,时人重之"④。邓景山宝应元年(762)遇害,"景山与刘晏善,其后家寒窭,晏屡经纪之,嫁其孤女"⑤。韩愈"性弘通,与人交,荣悴不易……凡嫁内外及友朋孤女仅十人"⑥。又《唐摭言·师友》引《实录》曰:"(韩)愈与人交,其有沦谢,皆能恤其孤,复为毕婚嫁,如孟东野、张籍之类是也。"⑦韩充曾为李元部将,李元以二幼女相托,"李元没,充为嫁二女,周其家"⑧。这是以故吏受托抚养育并婚嫁孤女的事例。太和初,钱徽"与薛正伦、魏弘简善,二人前死,徽抚其孤至婚嫁成立"⑨。

综上所述,虽然政府制定了相关政策,引导、减轻百姓婚嫁负担,并鼓励地方官积极督促、帮助贫寒百姓及时婚嫁,但对民间婚嫁所起的作用很有限,民间的婚嫁更多的还是依靠家族、亲友、社邑等多方力量的支持。

---

① 《旧唐书》卷一九〇《元德秀传》,第5051页。
② 《白居易集》卷四三,第935页。
③ 《旧唐书》卷一〇〇《苏珦传附子苏晋传》,第3117页。
④ 《旧唐书》卷九九《严挺之传》,第3106页。
⑤ 《新唐书》卷一四一《邓景山传》,第4656页。
⑥ 《旧唐书》卷一六〇《韩愈传》,第4203页。
⑦ 《唐摭言校注》卷四《师友》,第99页。
⑧ 《新唐书》卷一五八《韩弘传附弟韩充传》,第4946~4947页。
⑨ 《新唐书》卷一七七《钱徽传》,第5273页。

第五章　民间社邑组织与社会救助

春秋以前的社是农村公社组织,其所奉祀的社神,即村社的保护神。汉代沿用了战国以来里、社合一的旧制,乡以上的县、州、郡国、中央各级机构均置社,由官府祭祀,里社则由居民自己祭祀。

同时,汉代也出现了私社。[①]汉末三国两晋南北朝,战乱频繁,人口流散,由全体里社居民参加的里社制度瓦解,私社得到了快速发展。[②]私社中有以宗族地望关系为纽带的宗社,有按地位和职业结成的社[③],有按性别结社的女人社,有为敬佛而结成的社。本章主要探讨唐五代时期与社会救助相关的社邑。

第一节　国家对社邑的政策

唐初,高祖为恢复和发展生产计,一度鼓励私社的发展。但自高宗起,国家以劳扰百姓为由,开始对不利于地方控制的春秋二社之外的诸种私社采取禁断措施,试图通过鼓励官社、限制私社的政策,将官社发展成为政府在乡里的基层组织。武周时期,社官一度在全国范围内推行。但私社的发展势不可挡,至天宝元年(742),玄宗对社邑祭祀乱象进行干预和整顿,令百姓私社与官社同日致祭,私社取得了合法地位,国家遂转而限制私社的祭祀宰杀和聚敛行为。五代后周时,政府曾一度下令禁断春秋二社之外的

---

①② 参阅宁可:《述"社邑"》,《北京师范学院学报(社会科学版)》1985年第1期。

③ 参阅 P.2991《敦煌官品社于莫高窟素画功德赞文抄(吐蕃时期)》。关于按"地位"结社,本书只是强调同一社的成员社会地位大致相同,有共同的处境,这样才有社员互助的必要。若社员来自不同的阶级,则社邑的互助性就会丧失,也就失去了结社的必要。关于阶级与社的关系,杨际平《唐末五代宋初敦煌社邑的几个问题》(《中国史研究》2001年第4期)一文认为社邑有阶级的差别。

一切祈祷散赛之事。

一、鼓励社邑发展的政策

唐高祖吸取隋文帝利用社仓"节级输粟"以救恤百姓的做法①，于武德元年（618）九月四日，下令置社仓，由常平监官管理，以期达到"庶使公私俱济，家给人足"的目的。但至武德五年十二月，高祖又废除了常平监官。②武德九年，高祖开始鼓励民间私社的发展，"令士民里闾相从立社，各申祈报，用洽乡党之欢"③。高祖想利用建立州县乡里各级社，通过祭社，来"劝农务本，修始报功，敦序教义，整齐风俗"④，达到促进农业生产，百姓安乐的局面。

至贞观二年（628）四月，太宗采纳了戴胄的建议，"天下州县，始置义仓，每有饥馑，则开仓赈给"⑤，从此，社仓备饥荒的功能被义仓代替。《旧唐书·食货志》载："自中宗神龙之后，天下义仓费用向尽。"⑥这为私社的发展提供了空间。

武周时期，社官一度在全国范围内推行，作为政府在乡里的基层组织。《朝野佥载》云："周有逯仁杰，河阳人。自地官令史出尚书，改天下帐式，颇甚繁细，法令滋章，每村立社官，仍置平直老三员，掌簿案，设锁钥。"⑦逯仁杰的做法普及得很快，曾推行到边疆地区。日本京都龙谷大学图书馆藏大谷文书2838《长安三年（703）前后敦煌县牒》云：

（上缺）

乡，耕耘最少。此由社官村正不存农务，即欲加决，正属农非，各决贰拾。敦煌、平康、龙勒、慈惠肆乡兼及神沙，营功稍少，符令节级科决，各量决拾下。洪池乡，州符虽无科责，捡（检）料过非有功，各决五下。其前官执祭，咨过长官，请量决罚讫，申咨。意（？）示。

十六日。

---

① 参阅《旧唐书》卷四九《食货志》，第2122页。

② 参阅《唐会要》卷八八《仓及常平仓》，第1911页。

③《资治通鉴》卷一九一"武德九年二月"条，第5999页。

④《唐会要》卷一〇上《后土》，第258页。

⑤《旧唐书》卷四九《食货志》，第2122~2123页。

⑥《旧唐书》卷四九《食货志》，第2123页。

⑦《朝野佥载》卷四，第92页。

（背面）

二月十六日，社官村正到。

（中空约十行）

合当乡见社官村正到。①

悬泉乡。②

此件文书说明逯仁杰的做法曾推行到西州地区。开元十三年(725)玄宗下制："委使司与州县议作劝农社，使贫富相恤，耕耘以时。"③似乎是鼓励私社发展。此后，又出现了马社，如P.3899V文书记载了开元十四年的马社，由兵府控制，以筹马为目的，是带有迷信色彩的民间互助团体。④吐蕃占领沙州前，沙州官社祭祀盛行。P.2942《归义军时代瓜沙等州公文集》云："沙州祭社广破用，艰虞已来，庶事减省。沙州祭社，何独丰浓？税钱各有区分，祭社不合破用。"

从总的情况来看，唐前期国家力图利用官社、义仓等与民间社邑极为类似的机制来限制民间私社的发展。随着义仓制度的破坏，国家将社邑组织作为基层农业生产组织的尝试基本失败，私社从此得到更多的发展机会，成为乡村互助的重要社会组织形式。

二、限制私社的发展

汉代已出现了私社，魏晋南北朝时期，私社得到快速发展，传统的里社进一步呈现里、社分离的趋势，社向私人团体的方向发展，即愈益私人化、自愿化，愈益摆脱官府的控制。⑤

唐初，因发展生产的需要，高祖对民间私社采取了鼓励的态度。至高宗时，对春秋二社之外的诸种私社开始采取禁断措施，诏文曰：

又春秋二社，本以祈农。如闻除此之外，别立当宗及邑义诸色等

① 以下内容原卷倒书。

② 《大谷文书集成》第一卷，第108~109页。

③ 《资治通鉴》卷二一二"开元十三年二月"条，第6762页。参阅《新唐书》卷一三四《宇文融传》，第4558页。

④ 参阅卢向前：《马社研究——伯三八九九号背面马社文书介绍》，收入北京大学中国中古史研究中心编：《敦煌吐鲁番文献研究论集》第二辑，第361~424页；孟宪实：《唐朝政府的民间结社政策研究》，《北京理工大学学报（社会科学版）》2001年第1期。

⑤ 参阅宁可：《汉代的社》，《文史》第9辑，1980年。

社,远集人众,别有聚敛,递相绳纠,浪有征求。虽于吉凶之家小有裨助,在于百姓非无劳扰。自今已后,宜令官司严加禁断。[1]

从此诏书可知,当时的私社有宗社、邑义等名目,主要作用是社员间婚丧互助,高宗禁断私社的理由表面上是其帮助小,但对百姓劳扰多,其实是社邑团体组织不利于国家对地方的控制。景龙元年(707),中宗又颁布了禁断私社的法令。敦煌文书S.1344《开元户部格》载:"敕:如闻诸州百姓结构朋党,作桳(排)山社,宜令州县严加禁断。景龙元年十月廿日。"从文书知,在开元年间编修户部格时,保留了景龙元年的法令,说明开元年间此条法令仍然有效。吐鲁番出土的《开元十九年(731)正月西州岸头府到来符帖目》亦载:"为百姓设社停废事。"[2]天宝元年(742)十月九日,玄宗敕曰:"社为九土之尊,稷乃五谷之长,春祈秋报,祀典是尊。而天下郡邑所置社稷等,如闻祭事或不备礼……至如百姓私社,宜与官社同日致祭。"[3]此敕是因州县官社祭祀紊乱,于是国家进行了干预和整顿,同时也规范了私社的祭祀活动,令其与官社在时间和礼法上一致,以实现国家对私社的控制,与此同时,私社也取得了合法的地位。孟宪实认为这标志着高宗以来对私社打压政策的最后放弃。[4]

但是,国家对私社祭祀行为的干预还在进行,天宝五载河南道采访使张倚奏请:"诸州府今后应缘春、秋二时,私社望请不得宰杀,如犯者请科违敕罪。"[5]玄宗下制采纳了张倚的建议。但由于私社祭祀、聚会多有宰杀、已成习俗,此制在当时收效不佳,私社祭祀、聚会时,宰杀的情况仍比较普遍。[6]敦煌文书S.446《唐天宝七载册尊号敕》云:"自今已后,天下每月斋日,不得辄有宰煞。"[7]重申了斋日不得屠杀的禁令,同时也说明,天宝年间国家已从禁断私社转为限制私社祭祀、宴集时的宰杀行为,表面上是玄宗

---

① 唐高宗:《禁借服色立私社诏》,《全唐文》卷一三,第159页。
② 费成康主编:《中国的家族法规》,上海社会科学院出版社,1998年,第357页。
③ 唐玄宗:《饬敬祀社稷诏》,《全唐文》卷三二,第354页。
④ 参阅孟宪实:《唐朝政府的民间结社政策研究》,《北京理工大学学报(社会科学版)》2001年第1期。
⑤ 《唐会要》卷四一《断屠钓》,第875页。
⑥ 参阅《唐会要》卷四一《断屠钓》,第855~859页。
⑦ 唐耕耦、陆宏基:《敦煌社会经济文献真迹释录》第四辑,全国图书馆文献缩微复制中心,1990年,第260页。唐玄宗:《加应道尊号大赦文》,《全唐文》卷三九,第428页与本件略有出入。

信奉道教的结果,实际是国家对民间利用私社聚敛,与国家分割民间财赋的限制。五代后周窦俨建议,禁断除春秋二社之外的一切祈祷散赛之事①,自然包括私社的许多祭祀、聚会活动。

第二节　社邑与社会救助

祈农是传统社邑祭祀的主要内容,也是社邑流行的主要原因。②唐代官私社邑设立的初衷即祈求风调雨顺,保佑农业生产的正常进行。《隋书·礼仪志二》载:"百姓则二十五家为一社,其旧社及人稀者,不限其家。春秋祠水旱,祷祈祠具,随其丰约。"③《唐会要·后土》载,咸亨五年(674)五月己未,高宗诏曰:"春秋二社,本以祈农。"④敦煌文书 S.6537V《大唐新定吉凶书仪》云:"春秋二社,后稷神也。"私社迅速发展的另一原因是士族的衰亡,士族对宗族内部的救助、防卫功能逐渐减弱,私社随之兴起。在这一转变过程中,曾有一种"宗社"。宁可先生在《述"社邑"》一文中认为汉代的"宗单",似即宗社的滥觞。武德九年(626),唐高祖《亲祀太社诏》云:"四方之民,咸勤殖艺,随其性(姓)类,命为宗社。京邑庶士,台省群官,里闬相从,共尊社法。"⑤从"随其姓类,命为宗社"来看,"宗社"应该是以某个宗族为主体,吸收其他宗族成员结成的社。敦煌文书 Дx.11038《索望社案一道》抄云:

> 谨立索望社案一道　盖闻人须知宗,约宗亲以为本,四海一流之水,出于崐仑之峰。万木初是一根,分修(条)垂枝引叶。今有仑之索望骨肉,敦煌极传英豪,索静胤为一派,渐渐异息为房,见此逐物意移,绝无尊卑之礼,长幼各不忍见,恐辱先代名宗。所有不律之辞,已信后犯。
>
> 一、自立条后,或若社户家长身亡,每家祭盘一个;已(以)下小

---

① 参阅〔唐〕窦俨:《上治道事宜疏》,《全唐文》卷八六三,第9047页。
② 参阅宁可:《述"社邑"》,《北京师范学院学报(社会科学版)》1985年第1期。
③《隋书》卷七《礼仪志》,第141页。
④《唐会要》卷一〇上《后土》,第258页。
⑤《唐令拾遗》,第374页,《唐会要》卷一〇上《后土》,第257页;《唐会要》卷二二《社稷》,第489页。

口,两家祭盘一个。着孝准前。更有贫穷无是(室)亲男兄弟,便须当自吃食,一齐擎举,不得踏高作其形迹。如有不律之辞,罚浓(醲)醶(腻)一筵。

一、自立条后,或有荣(营)凶逐吉,件若耳闻帖行,便须本身应接,不得停滞,如有停帖者,重罚一席。①

此件宗族成员结社以相互救助的文书,说明原来武断乡曲的士族到唐五代时期在乡村中的势力已不断衰落,自救的能力减弱,宗族的影响力不足以进行乡村同宗族内的自救,宗族内部也不得不采取结社的办法。敦煌地区还发现同宗兄弟结社者,实际上也是一种宗社组织。如S.6424V《宋乾德六年(968)十月社官阴乞德等请宾头卢波罗上座疏》云:

□(谨)请西南方鸡捉(足)山镇(宾)头炉(卢)波罗坠尚(上)坐和尚。

右今月廿三日阴族兄弟就佛堂子内设供,于(依)时讲(降)假(架),誓受佛敕,不舍仓(苍)生,兴运慈□国。

乾德六年戊辰岁十月 日社官阴乞德录事阴怀庆记。

又S.6424V《宋开宝八年(975)十月兄弟社社官阴幸恩等请宾头卢波罗坠和尚上座疏》云:

谨请西南方鸡捉(足)山宾头卢波罗坠上座和尚

右今月八日南澹部洲萨世界大宋国沙州阴族兄弟,就于本居佛堂子准旧设供。伏愿誓授佛敕,不舍苍生,兴运慈悲,依时降假(驾)。谨疏。

开宝八年十月 日兄弟社官阴幸恩等疏。

这两件文书虽然属宋代,但距五代不远,加上敦煌地区当时的封闭性,它仍能反映唐五代时期敦煌地区同姓兄弟结社的风气。又如Дx.1413《某年七月十九日所立社条》云:

---

① 郝春文:《〈敦煌写本社邑文书辑校〉补遗(四)》,收入张涌泉等:《姜亮夫、蒋礼鸿、郭在贻先生纪念文集》,上海教育出版社,2003年,第368~386页。

（上缺）

　　　　　　　□▨□

　　　　　　　罚一筵,▨□

　　　　　　　阴款律单、女一娘子、录▨(事)

　□　　□□□□　　虞候潘布、新妇索二娘子、齐

　□□　□□□□　　虞员通、新妇一娘子、安孝顺、

　□□□□□　□子　新妇四娘子、康康三、新

　□

　□□□□□亲族互相劝勉,总要眷属,丰化礼仪,切

　□□□□□生之时,不令悃(急)慢,如有高逸,不听上下,

　□□□□□来者,录事不准别格,事须重罚。如

　□□□□□上人逐情,放却罚人,不存条案者,更须重

　□□□□世代不停,劫石不坏,用留后凭。

　　　　　　　七月十九日立条。[1]

社人名单按社人、社人新妇或女儿排列,当是以家族为单位的结社。同时期敦煌地区发现的其他社邑文书,也有包括社人家属的情况,但家属一般不再注明,只是在社条中强调"亲族互助劝勉,总要眷属",说明此类私社包括亲属关系在内,是同宗"宗社"向不分姓氏的普通私社过渡的一种私社。

一、结社与救助

私社是地方民众自发、自愿组成的共同祭拜,并对社内婚丧嫁娶、远行、修造、疾病等大事进行互助的组织。私社的宗旨是"济苦救贫",敦煌文书S.2041《巳年至大中年间(847~860)儒风坊西巷社社条》曰:"结义相和,脤(赈)济急难,用防凶变……所置义聚,备凝凶祸,相共助诚(成),益期脤(赈)济急难。"S.527《后周显德六年(959)正月三日女人社再立条件》云:"夫邑仪(义)者,父母生其身,朋友长其值(志),遇危则相扶,难则相救。"[2]S.6537V《十五人结社社条(文样)》云:"饥荒俭世,济危救死……凡论邑义,济苦救贫。社众值难逢灾,赤(亦)要众坚。忽有谘众投告,说苦道贫,便须

---

① 郝春文:《〈敦煌社邑文书辑校〉补遗(一)》,《首都师范大学学报(社会科学版)》1999年第4期。

② S.6537V《上祖社条(文样)》略同。

割己从他,赤(亦)令满他心愿。"①S.6537V《某甲等谨立社条(文样)》云:"更有诸家横遭厄难,亦须众力助之,不得漫说异言。"

社邑的救助功用,主要表现在丧葬互助、婚聘互助、危难相扶、生产互助、行业互助等方面。以下分别进行讨论。

(一)丧葬互助

唐五代时期的厚葬风气,以及官方、民间的丧葬救助,前文已有论述,这里主要讨论社邑内的丧葬互助情况。关于唐代社邑的丧葬互助,宁可、郝春文《敦煌社邑的丧葬互助》一文已经做了深入研究,兹在此基础上就相关问题再做进一步探讨。

隋末唐初,社会大乱,乡间细民不堪重负,一旦家中遭丧亡之事,多结社相资以送葬。《新唐书·韦挺传》载,贞观初,承隋大乱之后,风俗薄恶,韦挺上疏曰:"又闾里细人,每有重丧,不即发问,先造邑社,待营办具,乃始发哀。至假车乘,雇棺椁,以荣送葬。既葬,邻伍会集,相与酣醉,名曰出孝……官司习俗,弗为条禁。望一切惩革,申明礼宪。"②反映了百姓依靠邑社治丧的状况。此上疏的主要目的在于请求朝廷制止百姓有丧不报,而通过社邑"以荣送葬"的"薄恶风俗"。长庆三年(823)十二月,李德裕也曾上书请禁断民间结社办理丧葬祭奠,其文略云:

> 缘百姓厚葬,及于道途盛设祭奠,兼置音乐等。闾里编甿,罕知报义,生无孝养可纪,殁以厚葬相矜。丧葬僭差,祭奠奢靡,仍以音乐荣其送终。或结社相资,或息利自办,生业以之皆空。习以为常,不敢自废。人户贫破,抑此之由。今百姓等丧葬祭,并不许以金银锦绣为饰,及陈设音乐。其葬物涉于僭越者,勒禁。结社之类,任充死亡丧服粮食等用。伏以风俗之弊,诚宜改张,缘人心习于僭越,莫肯循守,才知变革,寻则骧违。臣今已施行,人稍知劝,若后人不改,积渐还淳。伏请臣当道自今以后,如有人却置,准法科罪。其官吏以下,不能节级惩责,仍请常委出使郎官御史访察。所冀遐远之俗,皆知宪章。③

① S.6537V中《十五人结社社条(文样)》《某甲等谨立社条(文样)》《上祖社条(文样)》三件社邑文书与P.3730V《某甲等谨立社文样》均大致写于归义军初期。参阅宁可、郝春文:《敦煌社邑文书辑校》,江苏古籍出版社,1997年,第43~44页。

② 《新唐书》卷九八《韦挺传》,第3902页。

③ 《唐会要》卷三八《服纪·葬》,第815页。参阅《李德裕文集校笺》《丛刊》李卫公集补《论丧葬逾制疏》,第719页。

文宗采纳了李德裕的建议。但此次禁断私社，延续的时间并不是很长，而且因中晚唐国力的衰弱，实行的地域很有限。敦煌地区在大中九年（855）又出现了私社记载①，晚唐徐夤《经故广平员外旧宅》曰："门巷萧条引涕洟，遗孤三岁著麻衣。绿杨树老垂丝短，翠竹林荒著笋稀。结社僧因秋朔吊，买书船近葬时归。平生欲献匡君策，抱病犹言未息机。"②也描述了民间结社助营丧葬的情形。

不仅乡里细民结社助葬，而且一些士族也会为本宗族建立社邑，资助钱物，以帮助本宗族内成员养生送死。如苗晋卿在"展礼先茔"之后，"迨乎将去，仍以余资，一里置社，备养生送死之具"③。

在私社的诸多互助形式中，以丧葬互助最为重要。S.6537V《十五人结社社条（文样）》云："一旦禀四大，生死常流，若不逐告（吉）追凶，社更何处助佐。"私社是民间丧葬互助的重要组织，社邑也常被民间视作备"养生送死之具"。P.3544《大中九年（855）九月廿九日社长王武等再立条件凭》，就规定了社人家中若有凶丧，必须助葬等。

敦煌文书中保存了大量乡里百姓结社互助丧葬的记载。一般私社的社条都将助葬作为首要任务。如S.6537V《某甲等谨立社条（文样）》云："凡为邑义，先须逐告（吉）追凶。诸家若有丧亡，便须匍匐成以立（竖），要车齐心成车，要轝亦乃一般。忽若录事帖行，不拣三更夜半，若有前劫（却）后到，罚责致重不轻。"S.8160《940年前后（？）亲情社社条》云："凡为合社者，或有追赠死亡，各自家中同居合活，不谏（拣）厚薄，╱╱侄男女十岁与（已）上，总以赠例，各遂净粟一斗。"P.3489《戊辰年（968？）正月廿四日旌坊巷女人结社社条》云："自荣生死者，纳面一斗，须得齐同。"P.3989《唐景福三年（894）五月十日敦煌某社社条》云："若有凶祸之时，便取主人指㧑，不间车轝，便虽（须）营办，色物临事商量。"P.3544《大中九年（855）九月廿九日社长王武等再立条件凭》云："敦煌一群（郡），礼义之乡，一为圣主皇帝，二为建窟之因，三为先亡父母，追凶就吉，共结量（良）缘。"S.2041《巳年至大中年间（847~860）儒风坊西巷社社条》云："所置义聚，备拟凶祸，相共助诚（成），益期脤（赈）济急难。"S.527《后周显德六年（959）

① 参阅P.3544《大中九年（855）九月廿九日社长王武等再立条件凭》。
② 〔唐〕徐夤：《经故广平员外旧宅》，《全唐诗》卷七〇八，第8146页。
③ 〔唐〕王维：《魏郡太守河北采访处置使上党苗公德政碑》，《全唐文》卷三二六，第3310页。

正月三日女人社再立条件》云："社内荣凶逐吉,亲痛之名,便于社格,人各油一合,白面一斤,粟一斗。便须驱驱,济造食饭及酒者。若本身死亡者,仰众社盖白眈拽,便送赠例,同前一般。其主人看待,不谏(拣)厚薄轻重,亦无罚责。"

关于社邑丧葬互助的具体情况,敦煌文书中保留了丰富的资料。主要表现在以下几个方面。

1. 丧家依靠社人操办丧事

社邑的日常事务由三官管理,所以,通常社人在家中遇到凶丧时,"主人须投状"社司,社司三官根据已经定好的社条,共同商量,决定纳赠的物品及数量[1],由录事发放转帖[2]。录事帖行以后,"不拣三更夜半,若有前劫(却)后到,罚责致重不轻"[3]。社司转帖通知社人具体交纳的助葬物品、数量及交纳的时间、地点;社人见到转帖后必须立即携带纳赠物品,到指定聚集地点;社人交纳齐后[4],由社司一起交给丧家。在丧葬期间,社司尽量按主人的意愿操办丧事。P.3989《唐景福三年(894)五月十日敦煌某社社条》云："若有凶祸之时,便取主人指执,不间车舆,便虽(须)营办,色物临事商量。"但具体操办还是由社司组织负责。

社人要帮助丧家置办饭菜,以供其亲友和社人在丧葬期间食用。S.527《后周显德六年(959)正月三日女人社再立条件》云："社内荣凶逐吉……便须驱驱,济造食饭及酒者。"饭菜的标准由社司根据社条,临时商量决定。如S.6537V《十五人结社社条(文样)》云："色物赠例,勒截(载)分明。奉帖如行,不令欠少,荣凶食饭,众意商量,不许专擅改移,一切从头勒定。"

唐五代世人重厚葬,士庶丧葬往往愆越礼制,送葬过程中需要很多的葬具,这些葬具也由社司集体操办。其中最重要的丧具是车、轝[5],唐代颁

---

① S.6537V《十五人结社社条(文样)》云："诸家若有凶祸……色物赠例,勒截(载)分明。奉帖如行,不令欠少,荣凶食饭,众意商量,不许专擅改移,一切从头勒定。"

② 参阅S.2041《巳年至大中年间(847~860)儒风坊西巷社社条》。P.3489《戊辰年(968?)正月廿四日旌坊巷女人结社社条》云："一、或有凶事荣亲者告保(报)录事,行文放帖,各自兢兢,一一指实,记录人名目。"

③ S.6537V《某甲等谨立社条(文样)》。

④ 北新882《丙申年四月廿日博望坊女人社社条》云："录事帖行,众社齐来,停登税聚。"

⑤ 参阅《唐会要》卷三二《舆服下·辂车》,第682页;《通典》卷八六《礼典·凶礼》,第2351页。

布有专门的"车轝仪注格"①，车、轝属于较高地位者或埋葬地较远的情况下才能使用的，政府也限制违制赁葬车，如宪宗《禁厚葬诏》云："厚葬伤生，明敕设禁。但官司慢法，久不申明。愚下相循，遂至违越。其违制赁葬车人六人，各决四十。"②但官方对民间社邑的厚葬风气约束力很有限，社邑往往是丧家"要车齐心成车，要轝赤（亦）须递轝"③。S.5520《社条（文样）》也记载："结义已后，但有社人内身迁故，赠送营办葬义（仪）车轝。一仰社人助成，不德（得）临事疏遗，勿合乖笑，仍须社众改□送至墓所。"由于民间盛行用车、轝送葬，所以敦煌地区还出现了专门提供此项服务的车社、轝社，如S.4525《十世纪末都司付什物历》中就有轝子社、车社、邀轝社。④此外，还有一家操办丧事时，有多个社邑助葬，提供灵车、香轝的情况。如P.2856《唐乾宁二年（895）三月十一日僧统和尚营葬榜》云："僧统和尚迁化，今月十四日葬。准例排合葬仪，分配如后：灵车仰悉弘潘社慈音律师、喜庆律师，香轝仰亲情社法惠律师、庆果律师，邀轝仰子弟庆林律师、智刚律师，钟车仰中团……"

社司要给亡者"盖白耽拽"。《通典》云："奠祭之具及器藏物，皆覆以白练。"⑤S.6537V《上祖社条（文样）》云："若本身死者，仰众社盖白耽拽，便送赠例同前一般。其主人看侍厚薄，不谏（拣）轻重，亦无罚青（责）。"S.527《后周显德六年（959）正月三日女人社再立条件》云："若本身死亡者，仰众社盖白耽拽，便送赠例，同前一般。其主人看待，不谏（拣）厚薄轻重，亦无罚责。"

厚葬不仅在于器物方面，而且社员要共同举哀、送葬、浇酒。如S.778《王梵志诗集》卷上云："遥看世间人，村坊安社邑。一家有死生，合

---

① （唐）阙名：《请定检勘非理死亡及丧葬仪制奏（天成元年十二月御史台）》，《全唐文》卷九七〇，第10066~10068页。

② 《全唐文》卷五九，第641页。

③ S.6537V《十五人结社社条（文样）》。S.6537V《某甲等谨立社条（文样）》云："一、凡为邑义，先须逐告（吉）追凶。诸家若有丧亡，便须衠匍成以立（竖），要车齐心成车，要轝亦乃一般。"

④ 考本件"福昌"见P.3881V《宋太平兴国六年（981）正月一日某寺招提司算会应在人上欠》、S.4660《戊子年（988）六月廿六日兄弟社安定阿姊你身亡转帖》，则本件的年代当为10世纪末。此件虽为宋代文书，记载信息却可反映唐五代的风俗。参阅唐耕耦、陆宏基：《敦煌社会经济文献真迹释录》第三辑，全国图书馆文献缩微复制中心，1990年，第50页。

⑤ 《通典》卷七九《礼典·凶礼》，第2143页。

村相就泣。"①据 P.4525/₍₁₁₎《宋太平兴国七年(982)二月立社条一道(文样)》云：

> 或若社众等尽是凡夫种子。生死各续,掩就黄泉,须则一朝死亡之间,便须心生亲恨,号叩大哭。或若荣葬之日,不得一推一后,须要临去之日,尽须齐会,攀棺擘上此车,合有吊酒一瓮,随车浇酹,就此坟墓,一齐号叩。若是生死及建福、然(燃)灯齐会之日,或有后到者,罚酒半瓮;全不来,罚酒一瓮。

S.5629《敦煌郡某乙等社条一道》云："及至葬送,亦须痛烈,便供亲兄弟一般轻(经)轝,不许僧(憎)嫌嬔(秽)污,若有不亲近擎轝者,其人罚醴酼(腻)一筵。其社人及父母亡没者,吊酒一瓮,人各粟一斗。此外更许例行。"

2.社众助葬物品的方式

民间社邑丧葬互助的最主要形式是社众集体给丧家提供实物援助,援助实物的多少及形式,由社邑成员在入社时自由选择。从敦煌社邑文书来看,社邑丧葬互助大体有两种形式。一种是社人集体给丧家一般性的纳赠物品,一种是在一般性纳赠基础上增加三驮名目。②

社人集体给丧家纳赠物品助葬的形式比较普遍,这是社邑助葬的主要形式。一般在社邑的社条中就已经做了明确规定。如S.2041《巳年至大中年间(847—860)儒风坊西巷社社条》云："一、所置义聚,备拟凶祸,相共助诚(成),益期脤(赈)济急难。一、所置赠孝家,助粟一斗,饼二十翻,须白净一尺八寸,如分寸不等,罚麦一汉斗,人各二十翻。"S.527《后周显德六年(959)正月三日女人社再立条件》云："一、社内荣凶逐吉,亲痛之名,便于社格,人各油一合,白面一斤,粟一斗。"P.3489《戊辰年(968?)正月廿四日旌坊巷女人结社社条》云："自荣生死者,纳面一斗。"S.5629《敦煌郡某乙等社条一道》云："其社人及父母亡没者,吊酒一瓮,人各粟一斗。"S.5520《社条(文样)》云："▨(社)内各取至亲父娘兄弟一人轻(经)吊例,人各粟五升,俏(绢)色▨(物)一匹,看临事文帖为定。"Дx.11038《索望社案一道》抄云："自立条后,或若社户家长身亡,每家祭盘一个。"这些社条都规定了社众要向丧家纳赠助葬物品。

---

① 朱凤玉:《王梵志诗研究》(下册),学生书局,1987年,第7页。
② 宁可、郝春文《敦煌社邑的丧葬互助》一文称作"'立三驮目举名请赠'的办法"。

丧家获纳赠一般限制丧亡者的年龄在十岁以上。S.2041《巳年至大中年间（847~860）儒风坊西巷社社条》云："丙寅年三月四日上件巷社，因张曹二家众集商量，从今已后，社内十岁已上有凶祸大丧者准条赠。"S.8160《公元九四〇年前后（？）亲情社社条》云："一，凡为合社者，或有追赠死亡，各自家中，同居合活，不谏（拣）厚薄，▨▨侄男女十岁与（已）上，总以赠例，各遂净粟一斗。"

此外，P.4525/₁₁、S.6537V3（三件）、北新882、Дх.11038等社条文书中均规定了社人及其十岁以上家属丧亡后，该社社众要给予物力和人力的助葬。

敦煌的一些社邑在一般纳赠的基础上，还另外设三驮请赠。关于三驮请赠，宁可和郝春文先生称作"立三驮目举名请赠"，大致是社人可向社邑请求"立三驮名目"，列名登记在案，缴纳三驮（粮食之类）之后，再请"上驮局席"，宴请社众一次，便取得了"请赠"的资格，死亡时，社众按规定纳赠物品（可能还帮助营葬），但其详难明，只能试作一些解释。①

三驮，敦煌社邑文书中或作"三大"②，或作"三件"。有此记载的相关文书共有十二件。③其实，仔细读一下以下相关社条，就会发现同一社条中在"三驮"赠的办法之外，还存在普通的每个社人向丧家纳赠的规定，说明"三驮"赠是在社邑通常纳赠的基础上，另外由社司给丧家的纳赠。如S.2041《巳年至大中年间（847~860）儒风坊西巷社社条》云：

> 所置赠孝家，助粟一斗，饼二十翻，须白净一尺八寸，如分寸不等，罚麦一汉斗，人各二十翻。……丙寅年三月四日上件巷社，因张曹二家众集商量，从今已后，社内十岁已上有凶祸大丧者准条赠。不限付名三大（驮），每家三赠了，须智（置）一延（筵），酒一瓮，然后依前例，终如（而）复始。

从此件记载来看，"三驮"赠是在社邑普通丧葬纳赠之外的又一种助葬方式，"不限付名三大"。社人可自由选择是否参加"三驮"赠，而且，参加"三

---

① 参阅宁可、郝春文：《敦煌社邑的丧葬互助》，《首都师范大学学报（社会科学版）》1995年第6期。

② 宁可、郝春文的《敦煌社邑的丧葬互助》已指出"大"应为"驮"定的讹写。

③ 参阅S.2041、S.6537V（三件）、P.3730V、S.6005、S.8160、P.3556V、Дх.1388、S.2596V、P.3636V、P.3544。

驮"赠的家庭,在使用完"三驮"赠后,再置办一次酒席并交纳一瓮酒,仍可再请"三驮"赠。S.6537V《上祖社条(文样)》云:

> 一,社内有当家凶祸,追胸(凶)逐吉,便事亲痛之名。传亲外喜,一于社格,人各赠例麦粟等。若本身死者,仰众社盖白耽拽,便送赠例同前一般。其主人看侍厚薄,不谏(拣)轻重,亦无罚青(责)。若三驮,传亲外喜,回一赠。

又S.6537V《十五人结社社条(文样)》云:

> 诸家若有凶祸,皆须匍匐向之。要车齐心成车,要礜赤(亦)须递礜。色物赠例,勒截(载)分明。奉帖如行,不令欠少,荣凶食饭,众意商量,不许专擅改移,一切从头勒定……应有追凶格律。若立三驮名目,举名请赠。若丞(承)葬,得者合行,亦须勒上驮局席。

又S.8160+S.8160V《公元九四〇年前后(?)亲情社社条》云:

> 一,凡为合社者,或有追赠死亡,各自家中同居合活,不谏(拣)厚薄,▨▨俚男女十岁与(已)上,总以赠例,各遂净粟一斗。……各自齐得两赠了者,弟(第)三赠便有上三驮,好酒一角,亲情破除,其勾当虞候王▨▨

从以上实例均可看出,"三驮"赠是在社邑的普通助葬之外,另外增加的助葬内容。

"三驮"赠是社人在普通助葬之外,自愿增加的请赠内容,参加社邑的人可以自由选择助葬的形式。S.6005《敦煌某社补充社约(十世纪上半叶)》云:

> 伏以社内先初合义之时,已立明条,封印讫。今缘或有后入社者,又未入名,兼录三驮名目。若件件开先条流,实则不便。若不抄录者,伏恐陋(漏)失,互相泥寞。遂众商量,勒此备案,应若三驮满者,再上局毕,便任各自取意入名。若三驮满,未上局者,不得请赠。余有格律,并在大条内。若社人忽有无端是非行事者,众断不得,即须开条。

若小段事，不在开条之限。故立此约，烈（列）名如后。┐

社长　阿兄侄男

社老善慈　阿兄通侯^{通侯}阿嫂

文智^{贝友身请赠}阿兄文进文进阿嫂

武怀俊^{阿姑请一赠上了}

录事　阿耶　阿娘

光善侄女一赠阿姑一赠　阿娘 妹师

满海^{母请一赠}　阿娘 阿兄

灵应 阿兄　阿嫂

宝护父请一赠身请一赠 阿婆^{三驮了}阿耶

绍法^{母请一赠} 阿娘▨（妹）

▨　▨（阿）▨

（下缺）

从"今缘或有后入社者，又未入名，兼录三驮名目"一句来看，兼录"三驮"名目是入社者额外增加的内容。而且"三驮名目"，要社人入社时，或入社后提出申请，登记在案。S.2596V《唐咸通七年（866）八月三日投社人王赞赞状》云："已后社内若有文帖行下，赞赞依例承文帖知，承三驮。"社人请赠"三驮"的前提，是向社司交纳满"三驮"，并置"上驮局席"之后，可以获得三次丧葬请赠的机会，每次一驮。本件文书中，社人名后注明了为家属请一赠、二赠者，也有本身一赠者，说明该社人参加了三驮请赠，并已获得请赠。"阿婆三驮了"，大概是社人宝护已"父请一赠，身请一赠"，加上"阿婆"正好是三赠，表示"三驮"已经请完。①又如Дх.1388《请赠人名目》载：

（上缺）

□▨▨法▨▨

王▨大请一增（赠）。周大妻一赠

▨▨▨▨请一赠。令狐兴荣母一赠。

▨▨▨

---

① 宁可、郝春文的《敦煌社邑的丧葬互助》认为，"阿婆三驮了"似乎说明阿婆已纳了三驮，未请上驮局席。而保护本人及其父则已手续完备。

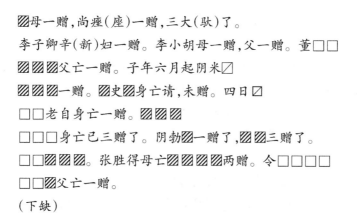

▨母一赠，尚痤（座）一赠，三大（驮）了。

李子卿辛（新）妇一赠。李小胡母一赠，父一赠。董□□

▨▨▨父亡一赠。子年六月起阴米▨

▨▨▨一赠。▨史▨身亡请，未赠。四日▨

□□老自身亡一赠。▨▨▨

□□▨身亡已三赠了。阴勃▨一赠了，▨▨三赠了。

□□▨▨。张胜得母亡▨▨▨▨两赠。令□□□□

□□▨父亡一赠。

（下缺）

郝春文先生推测此件文书应在吐蕃时期[1]，是社人向社司请赠三驮的记录。亦证明"三驮"赠的确在敦煌社邑丧葬互助活动中实行过，"三大（驮）了"就是指三驮已经请完。另外，P.3556V《十世纪中期社户名单》中也有三驮的记载。社人请"三赠了"，还需置办一次酒席，答谢全体社人。如S.2041《巳年至大中年间（847~860）儒风坊西巷社社条》云："不限付名三大（驮），每家三赠了，须智（置）一延（筵），酒一瓮，然后依前例，终如（而）复始。"S.8160V《公元九四〇年前后（？）亲情社社条》云："各自齐得两赠了者，弟（第）三赠便有上三驮，好酒一角，亲情破除，其勾当虞候王▨▨。"P.3730V《某甲等谨立社牒》云："人家若丧亡，巡行各使三件，更要偏赠，便有上驮局席。"

三驮是社人交纳给社司的，因此三赠应该由社司提供。社司有仓储，社人纳赠的三驮由社司仓储保管。S.2041《巳年至大中年间（847~860）儒风坊西巷社社条》云："一、所置义聚，备拟凶祸，相共助诚（成），益期脤（赈）济急难……一、所有科税，期集所敛物，不依期限齐纳者，罚油一胜，用贮社。"P.3636《后晋丁酉年（937）社人吴怀实遣兄王七承当社事凭》云："社户吴怀实自丁酉年初春，便随张镇使往于新城，其乘安坊巷社内使用三赠，怀实全断所有，罚责非轻，未有排批（比），社人把却绵绫二丈，无物收赎。"社人吴怀实私自占有该社储存的三赠，并擅自将社司布帛借给社人，理应受责罚。P.3544《唐大中九年（855）九月廿九日社长王武等再立条件凭》云："社内三大（驮）者，有死亡，赠四尺祭盘一，布二丈，借色布两匹半。其赠物及欠少一色，罚酒半瓮。（下缺）"本件因下缺，内容似有些歧义，从第一句来

---

① 参阅郝春文：《〈敦煌写本社邑文书辑校〉补遗（四）》。

看,给丧家纳赠应该是由社司提供,但从第二句来看似乎由社人提供,只是增加了纳赠的数量。

社人向丧家纳赠的物品主要是丧葬所需的实物,一般丧家都要提供客人饭食、购买丧葬物品,在丧葬完毕后还要举办宴席。丧家在丧葬中开销很大,普通家庭都难以承受,因此社邑丧葬互助在某种程度上满足了民众的需求。社人纳赠物品一般分粮油类、布帛类、柴草类、酒类等。

粮食类的粟、麦、面、饼、油、酒等物,供丧家作吊祭死者的祭盘、出殡醵酒及吊丧者饮食之用,其中饼实际上用来作祭盘和招待客人。[①]敦煌各社规定的丧葬纳赠物品种数量不一,通常在身亡转帖中规定每次具体的纳赠内容。本书据敦煌文书中保存的42件身亡转帖制成《唐五代宋初敦煌社邑身亡转贴纳赠分析简表》[②](见本书附录表四),从其中的记载情况来看,纳粮食类者39例,纳布帛者20例,纳酒者16例,纳柴草者11例。纳粮食类中,每人只纳粟一斗的情况最多,共有15例;只纳粟二斗者仅1例;纳麦、面两类者1例;纳粟、饼者6例;纳麦、粟、面者1例;纳麦、粟、饼者2例;纳粟、油、饼者2例;纳粟、饼者5例;纳粟、油、面者2例;纳粟、面者1例;只纳饼者4例。只纳粮食者5例[③];只纳布帛者有1例;只纳酒1例[④];无只纳柴草情况;只纳粮食、布帛两类者12例;只纳粮食、酒类者12例;无只纳布帛、酒类的实例;纳粮食、布帛、草三类者7例;而纳粮食、布帛、酒、柴四类者仅有1例。[⑤]

再从丧亡者的身份来看,根据附录表四可制作下表。

---

① 《唐会要》卷三八《服纪·葬》载:开元二十九年正月十五日敕:"其庶人先无步数,请方七步,坟四尺。其送葬祭盘,不得作假花果及楼阁,数不得过一牙盘。"(第811页)P.5003《某年九月四日社户张六身亡转帖》云:各赠"祭盘麦各三升半。"P.3544《唐大中九年九月廿九日社长王武等再立条件》云:"社内三大(驮)者,有死亡,赠四尺祭盘一。"P.4987《兄弟社转帖》云:"祭盘准旧例。"

② 见本书附录表四。

③ 其中包括S.3011V转帖,其纳赠部分有残缺。

④ 即P.3897,其纳赠部分残缺。

⑤ 参阅P.2817V。

亡者身份	仅纳一类物品（包括残缺或未写完的情况）		纳两类物品		纳三类物品		纳四类物品		合计	
	文书数量（件）	比例	文书数量（件）	比例	文书数量（件）	比例	文书数量（件）	比例	文书数量（件）	比例
社人本人	3	23.08%	7	53.85%	2	15.38%	1	7.69%	13	100%
社人妻子	1	8.33%	7	58.33%	4	33.33%	0	0.00%	12	100%
社人父母	1	12.50%	6	75.00%	1	12.50%	0	0.00%	8	100%
社人子女	0	0.00%	3	100.00%	0	0.00%	0	0.00%	3	100%
社人兄弟妹嫂	1	25.00%	3	75.00%	0	0.00%	0	0.00%	4	100%
身份不明	0	0.00%	2[①]	100.00%	0	0.00%	0	0.00%	2	100%
合计	6	14.29%	28	66.67%	7	16.67%	1	2.38%	42	100%

可以看出，亡者为社人本人及其妻子的情况下，纳赠数量与规格基本一致，且处于较高水平；亡者为社人父母、子女或其他家人的情况下，纳赠低于社人及其妻子的纳赠规格。社人为官吏，其家人有丧亡者4例，3例纳赠两类物品，1例纳赠三类，比普通社人纳赠的平均水平略高，没有明显的差距。从以上统计情况来看，丧亡者在家庭中的身份对社邑的丧葬纳赠影响不是很明显，社人及家庭成员丧亡后的纳赠规格，是社邑根据社条和具体的需要而定。

另外，此42件身亡转帖中，没有纳赠社人亡夫的情况，看来敦煌地区虽有女人社，但其在助葬方面的活动相对有限。

（二）造舍及婚嫁救助

造舍和婚嫁作为百姓生活中的大事，普通百姓很难靠自家力量完成，同样需要家族及社邑给予帮助，社邑是社人修建房舍及婚嫁时的重要互助组织，如S.6537V《某甲等谨立社条（文样）》云："厶（某）甲等谨立社文：……若有立庄造舍，男女婚姻，人事少多，亦乃莫绝。"S.6537V《十五人结社社条（文样）》云："凡论邑义，济苦救贫……若有立庄修舍，要众共成，各各一心，阙者帖助。"

---

① 其中1例为至少纳赠两类，纳赠部分有残缺，但在纳酒之后，又规定"人各……"

敦煌文书中不仅社条给我们提供了这方面的证据，还保存有社人互助建舍造房的实例。P.5032《戊午年（958年）前渠人孙仓仓垒舍转帖》云：

> 渠人转帖
> 　　右缘孙仓仓就都里，请垒舍一日，人各粟一斗（却下社武通子），锹锸一事。帖至，限今月八日限辛时于庄头取齐。捉二人后到，罚酒一角；全不来，罚酒半瓮。其帖各自示名定（递）过者，不得停滞；如滞帖者，准条科罚。帖周
> 　　（下缺）①

社人互助修舍，不仅无偿提供劳力、工具，还要纳赠实物，是一种典型的民间互助形式。唐宋以来，这在广大农村非常普遍，即使在当今西部农村，建房时还存在类似的互助形式。

社邑对社内男女婚嫁的救助，是社邑互助的一项重要内容。上引敦煌社邑文书中，已有规定社人帮助社内男女婚聘方面的条文。关于男女喜事的转帖仅见一件，即S.6981V《壬戌年十月十七日亲情社南街都头荣亲转帖》，文书云：

> 兄弟　转社
> 　　右缘南街都头荣亲，人各床薄毡褥盘碗酒等，准于旧例。帖至，限今月十八日卯时于主人家并身取齐。如有后到，罚酒一角；全不来者，罚酒半瓮。其帖速递相分付，不得亭（停）滞；如滞帖者，准条科罚。帖周却赴（付）本司，用凭告罚。
> 　　壬戌年十月十七日录事津帖。
> 　　社官阇梨（小阇梨）、大押衙、鹰坊、流信、富德☐
> 　　（后缺）

本件转帖的事由是南街都头家有喜事，规定"人各床薄毡褥盘碗酒等，准于旧例"。与身亡转帖不同的是此类转帖规定纳赠的物品主要是生活用品，可能是供新人结婚使用。

---

① 文中"吴通子"又见同卷《戊午年（958）六月六日渠人社孙灰子身亡转帖》，则两件文书的时间相当，即戊午年（958）前后。参阅宁可、郝春文：《敦煌社邑文书辑校》，第374~375页。

（三）出行救助

社人出行，同社之人也要提供一定的援助，这种援助主要是针对远行和承担某种力役的社人。如S.6537V《十五人结社社条（文样）》云："若有东西出使，远近一般，去送来迎，各自总有。"S.1475V《申年（816?）五月社人王奴子等状》云：

> 社司状上
>
> 　右奴子等，先无兄弟姊妹男女至亲及远行条件奥（馂）脚。今因李子荣斋，对社人商量，从武光晖远行及病损致酒，社人置条件：
>
> 　社内至亲兄弟姊妹男女妇远行，回及亡逝，人各助借布一匹吊问。远行一千里外，去日，缘公事送酒一瓮；回日，馂脚置酒两瓮。如有私行，不在送限，请依此状为定。如后不依此状，求受重罚，请处分。如有重限出孝，内（纳）酒两瓮。
>
> 　牒件状如前，谨牒。
>
> 　申年五月　日社人王奴子等牒
>
> 　（以下社人署名省略）

因给王奴子馂脚，引发了重修社条关于馂脚纳赠的事宜，规定凡因公事远行者，社人要赠酒两瓮，若私事远行不予赠酒。又如S.5759《社人索庭金等状》云：

> 社人索庭金等
>
> 　右社内有人远行□奥（馂），所行人事，用上勤劳，□从今已后，有洗奥（馂）及▨□直家坐，如其有洗奥（馂）者，□看临事，便宜破除□今日已后，一依此状为定。□罚一席，请处分。
>
> 　（下缺）

此件文书残缺严重，年代不详，大概在中晚唐到五代时期，所说亦为社内人远行。文书中"洗馂"即"馂脚"，是指为出行人送行，社众要为其纳赠物品。

（四）患病救助

社人患病或病愈，同社人要提供赠助。敦煌社邑文书的一些社条中就明确规定了救助患病社人的义务。S.1475V《申年五月廿三日社司馂脚转帖（吐蕃时期）》云：

五月廿三日,与武光晖起病馈脚,人各粟二斗,并明日辰时于赵庭琳家纳。如违不纳,罚酒半瓮。五月廿一日,赵庭琳咨。璘。

可见,吐蕃统治时期敦煌地区存在社内疾病救助的措施。S.6300《宋丙子年(976)二月沙州乾元寺僧随愿共乡司判官李福绍结为弟兄凭》云:

丙子年二月十一日,乾元寺僧随愿共乡司判官李福绍结为弟兄,不得三心二意,便须一肚作个。或有一人,所作别心,对大佛刑罚。其弟兄所有病患之日,便▨(须)看来,一人看端正,二乃兄弟名幸,有甚些些,不▨(得)倍(背)逆,便仰昔向同心,便欢悦之地。此师兄▨(与?)弟,不凭文字,愿山河为誓,日月证盟,地转天回,执凭为验耳。

弟兄乾元寺白禅院大法师兼上座随愿(押)

弟子书手李福绍(押)

此件文书虽属宋代,考虑到敦煌地区的特殊性,它仍能反映唐五代时期敦煌地区兄弟结社的风气。在此件弟兄凭中,二人结为兄弟主要是为了在生病期间相互照应。此类现象在唐五代时期也较为常见,湛贲《别慧山书堂》云:"卷帘晓望云平槛,下榻宵吟月半窗。病守未能依结社,更施何术去为邦。"[1]"病守未能依结社"一句,应当是对当时私社组织救助患病社人现象的描述,可见当时世人通过结社以救恤病患的情况较为普遍。

社邑成员疾病互助的形式对后世产生了深远影响,宋代吕大钧作《吕氏乡约》中"患难相恤"条云:"三曰疾病。小则遣人问之,稍甚则亲为博访医药。贫无资者,助其养疾之费。"[2]稍后朱熹《增损吕氏乡约》中"患难相恤"关于"疾病"一条并未对此作多少改动。[3]《吕氏乡约》的内容与唐五代宋初敦煌发现的社条极为相似,实际上是对唐宋时期社邑互助组织的一些社会功能在区域、范围上的扩大,吕氏看到当时社邑组织在民间很受欢迎,其乡约遂直接吸收了社条的内容。因此,我们可以从《吕氏乡约》中关于疾病救助的思想,大致判断唐五代社邑在疾病互助方面的形式。

---

① 〔唐〕湛贲:《别慧山书堂》,《全唐诗》卷四六六,第5294页。

② 陈俊民辑校:《蓝田吕氏遗著辑校》,中华书局,1993年,第566页。

③ 参阅《朱子全集》卷七四《晦庵先生朱文公集》,第3594~3603页。

(五)行业性结社互助

唐五代时期,还存在一些行业性的社邑组织,主要是同一行业的人共同组织社邑,从事生产、敬佛等互助活动,此类组织在全国比较普遍。

房山石经题记中记载唐代的社邑,起于开元十年(722),迄于乾宁元年(894)。以社邑的组成方式可分为:以行业命名的行业性社邑,以行政区划命名的地区性社邑。其中最多的是纺织品行业的社邑,有小彩帛行社、彩帛行邑、丝绸彩帛行邑、丝绵彩帛行邑、丝绢帛行邑、丝绵行邑、绢行社、绢行邑、大绢行社、丝绢彩帛行社、布绢行社、布行社等。其次为日用百货类社邑,有白米行社、白米行邑、米行社、幞头行邑、屠行邑、肉行邑、市杂货行邑、长店邑、油行邑、磨行邑、炭行邑、五熟行邑、生铁行邑、椒笋行邑、菓子行邑、靴行邑、诸行石经邑等。①以上行业性社邑的大量出现,主要集中在天宝和贞元年间,占总数的90%。除了反映出幽州范阳作为唐代统治东北的经济文化重镇,也说明同行业手工业者结成社邑,进行集体协作、互助的现象十分普遍。这一点可以从敦煌文书中关于渠社的相关记载中得到证明。

敦煌文书中保存了十多件与渠人和渠社相关的文书,那波利贞和郝春文两位先生已对其进行了深入研究。②郝春文先生认为,渠人的活动可分为两大类,一类是同渠用水百姓为完成"渠河口作"而进行的放水、修理渠堰、河口、泻口等活动;另一类为渠社成员内部的经济和生活方面的互助活动。③其实,敦煌文书中记载的渠社,就是人们为完成前一类活动而结成的社,有一定的行业性特征,但和其他社一样也进行丧葬互助、春秋局席、相互帮工等。④

敦煌地区还存在不少以行业立社的社邑组织。前文已论述了敦煌社邑在丧葬互助活动中往往要为死者提供车、舆送葬,舆子社、车社、邀舆社就是专门为丧家提供车、舆服务的社邑组织,有时也指代在丧葬互助中提供车、舆等服务的亲情社等一般性社邑。如P.2856V《唐乾宁二年(895)三

---

① 参阅唐耕耦:《房山石经题记中的唐代社邑》,《文献》1989年第1辑。

② 参阅〔日〕那波利贞:《关于唐代农田水利的规定》(三),《史学杂志》1943年第54篇第3号;郝春文:《敦煌的渠人与渠社》,《北京师范学院学报(社会科学版)》1990年第1期。

③ 参阅郝春文:《敦煌的渠人与渠社》,《北京师范学院学报(社会科学版)》1990年第1期。

④ 参阅P.4003《宋壬午年(982)十二月十八日渠社转帖》、P.5032《宋戊午年(958)六月六日渠人社孙灰子身亡转帖》、P.5032《宋戊午年(958)前后渠人孙仓仓垒舍转帖》,郝春文《敦煌的渠人与渠社》已对这个问题进行了详细的探讨。

月十一日僧统和尚营葬牓》云：

> 营葬牓：
>
> 僧统和尚迁化，今月十四日葬，准例排合葬仪，分配如后：
>
> 灵车仰悉刌潘社慈音律师、喜庆律☐、香轝仰亲情社慈惠律师、庆果律师、邈轝仰子弟庆休律师、智刚律师。钟车仰中团张速☐、李体体、朱神德。毂车仰西团史兴子、张兴晟。九品往生轝，诸僧尼寺各一。生仪轝仰当寺。

说明在同一次丧葬中至少有两个社邑组织为丧家提供车、轝类的葬仪工具。

此外，唐五代时期还存在马社、牛社等社邑组织，社人就某方面达成互助协作的关系。《旧唐书》载：长庆元年（821）正月，"灵武节度使李听奏请于淮南、忠武、武宁等道防秋兵中取三千人衣赐月粮，赐当道自召募一千五百人马骁勇者以备边。仍令五十人为一社，每一马死，社人共补之，马永无阙"[①]，穆宗同意了这一奏请。此马社的成立，主要是为了共同给官府养马，减轻百姓负担。又《新唐书》载：大中十年（856）前后韦宙出为永州刺史，"民贫无牛，以力耕，宙为置社，二十家月会钱若干，探名得者先市牛，以是为准，久之，牛不乏"[②]。这也是一种由地方官号召贫民组建的社邑，通过结社，贫民集体凑钱买牛，既减轻了社众个体的负担，又满足了贫民对耕牛的需要。

（六）社邑防范安全

私社组织往往被统治阶级所利用，成为地方基层组织，进行集体自卫，以维护乡村秩序。《新唐书》载：显庆年间，百济经历福信及浮屠道琛叛乱后，"僵尸如莽"，刘仁轨统兵镇守，遂"瘗埋吊祭"暴尸，"劝课耕种，为立官社，民皆安其所。遂营屯田，以经略高丽"[③]。五代后周窦俨《上治道事宜疏》云：

> 如郑州新郑一县，团结乡社之人，名为义营。分立将佐，一户为

---

① 《旧唐书》卷一六《穆宗本纪》，第484页。

② 《新唐书》卷一九七《韦丹传附子宙传》，第5631页。

③ 《新唐书》卷一〇八《刘仁轨传》，第4083页。

贼,则累其一村。一户被劫,则罪其一将。大举鼓声之所,壮丁云集。贼徒至多,不过一二十数。义营所聚,动及百人,贼人奔逃,无有免者。见今郑州封内,唯新郑独免夺襄。顷岁尉氏强民,潜往密县行劫,回入新郑疆界,杀获苦无漏遗。岂止自部之中,不留凶愿,兼令涉境之寇,难出网罗。①

文中"乡社之人",显然是指乡里之人和社邑之人。关于此事,《资治通鉴》载:

> 中书舍人窦俨上疏请:"令盗贼自相纠告,以其所告赀产之半赏之;或亲戚为之首,则论其徒侣而赦其所首者。如此,则盗不能聚矣。又,新郑乡村团为义营,各立将佐,一户为盗,累其一村;一户被盗,罪其一将。每有盗发,则鸣鼓举火,丁壮云集,盗少民多,无能脱者。由是邻县充斥而一境独清。请令他县皆效之,亦止盗之一术也。"帝善之。②

窦俨的建议得到了后周世宗的称赞。利用民间力量组建的新郑义营,成功地利用了地方的社邑组织,为击退盗贼和维持治安起了积极的作用。

由于社邑组织是社会最底层的民间组织,在某种程度上代表了最底层的社会力量,因此有时社邑组织还被统治者利用,组建成武装力量。如《资治通鉴》载:开运元年四月"丁未,缘河巡检使梁进以乡社兵复取德州"。胡三省注云:"乡社兵,民兵也。时契丹寇掠,缘河之民,自备兵械,各随其乡,团结为社,以自保卫。"③说明"社"是当时民兵组织的基本单位,在保家自卫当中发挥了重要作用。

唐末五代地方政府还利用社邑组织,防御盗贼。如 P.3379《后周显德五年(958)二月社录事都头阴保山等团保牒》云:

(上缺)

令狐粉堆_{左手中指节}、令狐憨奴_{左手中指节}、令狐苟儿_{左手中指节}、

令狐保住_{左手中指节}、令狐保昇_{左手中指节}、令狐再盈_{左手中指节}、

---

①《全唐文》卷八六三,第9046页。

②《资治通鉴》卷二九三"显德四年九月"条,第9572页。

③《资治通鉴》卷二八四"开运元年四月"条,第9270页。

（3~15行略）

右通前件三人团保，或有当盗窃，不敢覆藏，后有败漏，三人同招惩犯。谨录状上。

牒件状如前，谨牒。

显德五年二月　日社录事都头阴保山等牒。①

本件文书共二十行，首缺尾残，前十五行均按三人一行书写，应该是按三个社人为一团保，目的是防范"盗窃"。该牒由社录事都头阴保山书写，文书纸张尾部及骑缝有"瓜沙等州观察使新印"的钤印，说明此社邑已被归义军政府利用，成为官府统治的社会基层工具。②

到了宋代，乡社武装在乡村很普遍，社祭活动中往往有武装表演。乡社武装不时会造成械斗、骚乱等不良事件，还会参与镇压农民起义。③

二、结社救助分析

结社的宗旨是济苦救贫，主要表现在丧葬互助、婚嫁互助、危难相扶、生产互助等方面，社邑成员在家庭发生丧亡、婚嫁、危难之时，可以得到社众集体的援助，暂时渡过难关。但是，社邑成员在接受其他成员赞助的同时，必须承担社邑规定的各种责任，包括负担社邑的各种费用和提供救助社人所需的资助物品。这些费用累积起来，数目也相当惊人，逐渐变成了社人的负担。一旦社人承担不起这些费用，就必须退社。也就是说真正贫困的人是参加不了社邑，也得不到社邑组织救助的。因此，社邑救助还存在不少局限。

---

① 宁可、郝春文：《敦煌社邑文书辑校》，第743~745页。

② 本件人名多见于与官吏有关的文书。如王员住、杨友员、索友定三人另见 S.3978《宋丙子年（976）七月一日司空迁化纳赠历》，张友住见 P.3231《宋癸酉年至丙子年（973~976）平康乡官斋籍七件》，张祐庆、令狐富盈又见 P.3721《宋己卯年（979）十一月廿六日冬至月料官员》，索留住又见 Дх.2149V《后周戊午年（958）四月廿五日寒食座设付酒历》，康来儿见北图周66号《宋辛酉年（961）四月廿四日安丑定妻身亡转帖》，安丑胡见 S.6198《十世纪后半叶纳赠历》，张善才见 P.3541《张善才邈真赞》，以上可考诸人名均可判定为僧俗官吏，唯张富通见 S.4489《宋雍熙二年（985）六月慈惠乡百姓张再通牒》，为百姓。

③ 参阅宁可：《述"社邑"》，《北京师范学院学报（社会科学版）》1985年第1期。

（一）节日祭祀负担

奉祀、祭拜是社邑的重要职能。在许多节日时，社邑都要举办斋会和局席，所需费用原则上由社人平均分担。

1.斋会纳赠

唐五代私社的节日祭祀主要有春秋二社、三长斋、建福斋、燃灯斋等，其中以春秋二社最为重要。S.6537V郑余庆《大唐新定吉凶书仪》云："春秋二社，后稷神也。"春秋二社为每年农历二月春分、八月秋分前后的戊日举行祭社。[①]敦煌文书中保存有不少《社日相迎书》[②]，反映了春秋二社祭祀之盛。

中和节是社邑的又一个重要节日。贞元五年（789）正月，德宗下诏"以二月一日为中和节，以代正月晦日，备三令节数"[③]，中和节之日，"士庶以刀尺相问遗，村社作中和酒，祭勾芒以祈年谷"[④]。

中晚唐民间社邑还庆玄宗降诞日——千秋节。《唐会要》云："开元十七年八月五日，左丞相源乾曜、右丞相张说等，上表请以是日为千秋节，著之甲令，布于天下，咸令休假……士庶以丝结承露囊，更相遗问，村社作寿酒宴乐，名赛白帝。报田神。制曰：'可。'至天宝二年八月一日，刑部尚书、兼京兆尹萧炅，及百寮请改千秋节为天长节，制曰：'可。'至宝应元年八月三日敕：'八月五日，本是千秋节，改为天长节，其休假三日宜停，前后各一日。'"[⑤]此后，肃宗、代宗、德宗、顺宗降诞日，均休假一天，村社均须宴乐。大概在元和初，李元素上《请禁以降诞日为节假奏》，宪宗遂废除了降诞节休假制度，仅存千秋节。[⑥]

在名目众多的节日期间，私社都要举行斋会，社人均需为斋会纳赠所需物品。P.3544《唐大中九年（855）九月廿九日社长王武等再立条件凭》云："社内每年三斋二社，每斋人各助麦一斗，每社各麦一斗、粟一斗。其社官录[事]行下文帖，其物违时，罚酒一角。其斋正月、五月、九月，其社二月、八月，其斋社违月，罚麦一硕，决杖卅，行香不到，罚麦一斗。""三斋"，就

---

① 参阅宁可：《述"社邑"》，《北京师范学院学报（社会科学版）》1985年第1期。

② P.2646、P.3284、S.2200、P.3502V、P.3691、S.5636。

③《旧唐书》卷一三《德宗本纪》，第367页。

④《太平御览》卷三〇《时序部十五·中和节》，第141页。

⑤《唐会要》卷二九《节日》，第631页。参阅（唐）张说：《请八月五日为千秋节表》，《全唐文》卷二二三，第2252页。

⑥ 参阅《全唐文》卷六九五，第7133页。

是正月、五月、九月三斋,"二社",就是二月、八月春秋二社。从本件文书的记载来看,一年五次设斋,社人需各纳麦一斗,社日纳麦粟各一斗,一年就得交纳七斗麦粟。此外,一年内还免不了丧事、喜事、局席纳赠,每个社人一年参加社邑活动的纳赠恐怕不下一石麦粟。

私社成员在三斋、二社日纳物的情况很普遍,很多社条中都有这方面规定。如 S.527《后周显德六年(959)正月三日女人社再立条件》云:"社内正月建福一日,人各税粟一斗,燃油一盏脱塔印砂。" P.4525/₁₁《宋太平兴国七年(982)二月立社条一道(文样)》云:"燃灯斋食,舍施(施舍)功德,各人麻一斗,先须秋间齐遂,押硙转转主人。又有新年建福一日,人个各𬂩饼一双,粟一斗,然(燃)灯一盏,团座设食。" S.5629《敦煌郡某乙等社条一道》云:"一、春秋二社,每件局席,人各油麦粟,主人逐次流行。" S.6537V《某甲等谨立社条(文样)》云:"春秋二社旧窥(规),建福三斋本分,应有条流,勒截(载)俱(具)件,一别漂(标)……逐年正月,印沙佛一日,香花佛食,斋主供备。" S.6537V《上祖社条(文样)》云:"一、凡有七月十五日造于兰盘兼及春秋二局,各纳油面,仰缘(录)事于时出帖纳物。"

有些社邑斋日纳赠规格较高,S.6537V《十五人结社社条(文样)》云:"三长之日,合意同欢,税聚头面净油,供养僧佛,后乃众社请斋,一日果中,得百年余粮。一、春秋二社旧规,逐根原赤(亦)须饮宴,所要食味多少,计饭料各自税之。五音八乐进行,切须不失礼度。"此社邑斋日纳赠标准不低,需"五音八乐进行,切须不失礼度"。

不过,敦煌文书中保存的社条多不完整,关于私社社众斋日纳赠规定的记载并不完善,肯定还有脱漏,无法尽其全貌。

2. 社邑局席纳赠

私社举行祭祀、斋会时,往往要举办局席,这些费用原则上须社人平均分担。如上文 S.5629《敦煌郡某乙等社条一道》之中的"主人逐次流行",就是指社人轮流主办局席,负责具体局席事宜;局席所须花费需社人共同分担,即"人各油麦粟"。吐鲁番出土的《丁丑年九月七日石作卫芬倍社再立条章》云:

　　一、去丁丑年九月七日石作卫芬倍社,周而复始,时敨教难,再三条章。三人作社,已向尊(?)社邑同丽(?)不得卷(善)果,□□□者,罚好布一段,社家仕(使)用。

□社官 胡疑耶　宋社官三十月倍

▨(十)▨(一)月　曹社官　冯平直　宋副使　十二月王荣▨(禄)

□三老　郭都使　来年正月安平直　刘孝□

□老　二月赵满奴　朱晟子　□小君　三月□

□　鞠宪子 尹国庆　四月梁都兰□　杨□□

□□君　五月安国义　何主　石愿德　六月石▨(进)

□□□□　杨胡　七月何▨

（下缺）①

此件文书残缺严重,但保存了社人轮流举办局席的宝贵材料,按文书记载,该社局席按三人一组承办,按月份依次排序,周而复始。敦煌文书中尚未发现这种承办方式,一般都由一个社人单独承办,其他社人助资;但每月举行一次局席的社,在敦煌地区同样存在,承办者在一些文书中称"月直"。S.5788《某年十一月一日社司转帖（吐蕃）》云：

　　社司　转帖
　　右咨诸公等,先已商量送物,并限［今］月十三十四日取齐。故违不送。今更限今月廿二日午时于莲台▨(寺)▨(门)前取身（齐）并物。不到者,罚［酒］半瓮,并须月直纳物,亦须知前后。如月直不存勾当,局席不如法及不办,重科。其帖速违准条。十一月廿一日杨让帖。
　　社官李祥。
　　社长杨岸。
　　（中间为社人名及签名,省略）
　　龙毛毛、马大奴、李善奴、董憨奴,到被处,如违,罚。杨让。^{已上差副月直。屈}

这件转帖中的"月直",不但自己要纳物,而且具体负责此次局席的筹办,

① 宁可、郝春文:《敦煌社邑文书辑校》,第63~65页。

若月直不按规定承办局席，将受"重科"。①除月直外，还配三人为副月直，其余社人，只要交纳自身份额即可。此件文书的成员与S.5825《某年四月一日社司设斋转帖（吐蕃统治时期）》中的二十人姓名相同，说明两件文书是同一社之物。S.5825《某年四月一日社司设斋转帖（吐蕃统治时期）》云：

　　社司　转帖
　　五日斋头李社官
　　右前件斋准条，人各助麦一斗，其麦限五日之前纳。如违，准条科罚。其帖递相分付，帖周却送。四月一日社长杨岸。
　　（以下人名略）

此件文书中的斋头实际上就是月直，说明该社至少在每年的四月要举行局席活动。又如北图周62《某年闰四月三日五月设斋转帖》云：

　　社司　转帖
　　五月斋头李俊
　　右前件人次当今月行斋，准条合有助麦一斗。请至限五日已前送纳。如违，准条科罚。其帖速递送本司。闰四月三日孔奕帖。
　　（后略）②

P.2679piece3《年代不详社司转帖》云：

---

① 从"月直"的名称来推断，其职能应该是按月举行局席，另一种解释是按月负责社司事务。敦煌文献和唐代史籍中尚未找到"月直"的具体职能，但《吕氏乡约》中"主事"条云："约正一人或二人，众推正直不阿者为之，专主平决赏罚当否。直月一人，同约中不以高下，依长少轮次为之，一月一更，主约中杂事。"（《蓝田吕氏遗著辑校》，第567页。）这里的"直月"，应该就是"月直"，是吕大钧采用了民间社邑组织中职事人员的名称。朱熹《增损吕氏乡约》中"患难相恤"条云："右患难相恤之事，凡有当救恤者，其家告于约正，急则同约之近者为之告约正，命月直遍告之，且为之纠集而程督之"，"直月率钱具食"。（《朱子全集》卷七四《晦庵先生朱文公集》，第3594~3603页。）可见吕氏、朱氏乡约中的"直月"，是每月主持乡约杂务的人，其职能介于社邑中的录事、月直之间，显然乡约中的"直月"，其实就是唐五代时期的"月直"。

② 郝春文：《〈敦煌社邑文书辑校〉补遗（二）》，《首都师范大学学报（社会科学版）》2000年第2期。

348

（上缺）

▨限今日脚下月直家取齐。捉二人后到,罚酒一角;全不来,罚酒半瓮。其帖各自示名递过者。▢

（下缺）

此件社司转帖要求将所纳物直接交到月直家中,说明月直就是此次局席的承办者。若月直在承办社司局席的过程中误事的话,要受到处罚。S.5823《寅年十一月社司月直令狐建充次违例牒(吐蕃时期)》云:

> 社司月直令狐建充次
>
> 右件人次当充使,不依众烈(例)。往日已前所差者,并当日营造。今被推延,故违众烈(例)。请处分。
>
> 牒件状如前,谨牒。
>
> 寅年十一月　日杨谦让　牒。①

社邑月直轮流举办一周后,通常要举行一次结案局席,然后重新开始。如S.327V《己丑年十月七日巷社结案局席残卷》云:

> 己丑年十月七日巷社一周▢结案局席,羊价麦▨(三)▢张虞候就仓门来帐麦一▨(斗)▢▨(斗)。正月▢。②

虽然S.2041、P.3707、P.4991、Дх.1439A、S.2242、S.11353等社邑文书中均出现"月直",但尚未发现同一社每月都举行局席的实例。《吕氏乡约》"聚会"条云:"每月一聚,具食;每季一会,具酒食。所费率钱,合当事者主之。"③至少反映了唐宋时期社邑组织有每月聚会的习俗,只是吕大钧力图将其规范化、普遍化。另据元代《龙祠乡社义约》载:"议定每年设社。除夏忙月不会,余月皆会。七月为首,三月住罢。上轮下次,周而复始。"④说明元代社邑按月轮流办局席,但在农忙季节停办,其做法当受唐五代社邑习

---

① 杨谦让,又见于S.5816《寅年节儿为杨谦让打伤李条顺处置凭》,为吐蕃统治时期的人。

② 宁可、郝春文:《敦煌社邑文书辑校》,第196页。

③ 《蓝田吕氏遗著辑校》,第567页。

④ 焦进文、杨富学校注:《元代西夏遗民文献"述善集"校注》,甘肃人民出版社,2001年,第23页。

俗的影响。考虑到敦煌的现实需要和农民的负担,每月都举行社司局席,似乎不符合实际情况。

此外,像举行造社条等社司事务局席时,也要纳赠物品。如 P.2032《净土寺己亥年(939)诸色入破历算会稿》云:"二月八日社人及僧斋时用。面六斗五升、油升半、粟二石一斗,卧酒沽酒,九日屈郎君孔目及看新社人兼造社条等用。"

(二)丧葬纳赠负担

敦煌文书中保存了唐代至宋初的 42 件丧亡转帖,约 39 件纳赠历[①],从中可以大致了解社人丧葬纳赠的情况。

因敦煌文书中的纳赠历较多,下文选取具有代表性的两件纳赠历以作说明。反映普通百姓身亡纳赠的 S.4472V《宋辛酉年(961)十一月廿日张友子新妇身故聚赠历》云:

> 辛酉年十一月廿日张友子新妇身故聚赠历。
>
> 张录事油面粟柴。
>
> 高社官。
>
> 李僧正,粟油柴饼(饼)。
>
> 赵法律,粟饼(饼)柴,白粗褐二丈[②]。
>
> 李法律,柴粟面油,白粗褐二丈。
>
> 李阇梨,油粟面柴,白细褐二丈五尺。
>
> 慕容营田,粟饼(饼)。
>
> 安再恩,粟柴面,紫斜褐二丈五尺。
>
> 安再昌,柴饼(饼)粟,白粗褐二丈一尺,紫褐非(绯)斜褐,内一接一丈,付杜善儿。
>
> 杜善儿,粟柴面油,白细褐二丈六。
>
> 梁押衙,油粟饼(饼)柴,白斜褐二丈二尺。
>
> 梁庆住,粟柴油,紫粗褐白斜褐,内一接二丈。
>
> 王丑子,面粟,非(绯)褐白褐裙段,内四接二丈二。
>
> 张清忽,饼(饼)粟,紫直裙丈七。

---

① 可参阅《敦煌社邑文书辑校》《敦煌社邑文书辑校》补遗(二)《〈敦煌社邑文书辑校〉补遗(三)》《〈敦煌写本社邑文书辑校〉补遗(四)》。

② 原文书文字右侧有"⌐"形符号,表示已经交纳。以下用下划线代替。

马再定,併(饼)粟,白粗褐,内一接二丈二尺。

马友顺,粟併(饼)油柴,白粗褐五十尺。

马丑定,油併(饼)粟,白细褐七尺,白斜褐一丈四尺。

马佛住,併(饼)油粟柴,淡粗碧褐二丈,又白粗褐二丈。

画住奴,粟併(饼)油柴,白粗褐丈八。

画兵马使,粟併(饼)油柴,白粗褐二丈。

董流进,粟併(饼)油柴,白昌褐丈三。

李粉定,油粟面柴,白褐、非(绯)淡褐,内接三段二丈。

李粉堆,面油粟柴,粗逃(桃)花褐一丈八尺。

王员松,油粟面,白粗褐一丈一尺,淡斜褐一丈七尺。

高虞候,油面。

令狐盈德,粟面柴,碧粗褐二丈。

令狐章祐,油面粟柴,白粗褐丈三。

康再晟,併(饼)油粟柴,白细褐二丈六尺。

平弘住,粟併(饼)柴油,白细褐三丈四尺。

翟万住,柴併(饼)粟油,白细褐二丈八尺。

宋定子,粟併(饼)油柴,白粗褐一匹。

马愿清,油粟柴併(饼),淡粗碧褐丈八,绯衣襕七尺,故破。

龙保庆,粟併(饼)柴油,淘(桃)花斜褐一丈六尺。

孟流三,粟并(饼)。

王友子,併(饼)粟油柴,立机二丈,碧褐七尺,故破内一接。

梁定奴,面油粟,白细褐三丈。

梁猫奴,柴併(饼)粟油,白细褐三丈二尺。

王进员,粟併(饼)柴,非(绯)褐二丈。

王继德,油粟併(饼)柴,白粗褐二丈。

王应儿,併(饼)粟。

王义信,粟併(饼)油柴,粗碧褐二丈,又白粗褐丈六。

王兵马使,粟并(饼)柴油,白粗褐三丈。

王残子,併(饼)粟柴油,细紫褐七尺,绯粗褐丈三内一接。

王灰进,併(饼)粟油柴,淡白粗褐二丈。

安万端,併(饼)粟,碧褐裙段内接一丈八尺。

孙义成,併(饼)柴粟粟,白粗褐十五尺。

杜恩子,併(饼)粟柴,绯斜褐丈二,粗紫褐七尺,绯直褐四尺。

张清儿,粟饼(饼),白细褐,又非(绯)粗褐,内两接三段三丈。

宋承长,豆饼(饼)柴油,桃花褐,白褐,内接二丈八尺。

王保定,柴饼(饼)粟油,白粗褐二丈,黑斜褐丈六。

见付凶家饼(饼)七百八十(押),又付凶家油三十合(押),又付凶家柴三十三束,又后付饼(饼)廿(押),又后付粟三石四斗(押),又后领饼(饼)廿(押),又饼(饼)廿。①

社人张友子为平康乡百姓②,纳赠历中,共有50人纳赠物品,其中纳饼者35人,纳面者13人。从见付凶家账目中无付面的记载,说明纳面是以面代饼。③而纳赠饼实际上就是向凶家纳盘或纳斋。那么每份盘或斋④,究竟是多少个饼?本件文书中见付饼780个,但纳饼者只有35人,加上13人以面代饼,相当于共有48人纳赠饼,平均每人纳赠16.25个,与实际情况不符。考虑到本件纳赠历中见付凶家后又付饼3次,均为20个,我们推测这实际上就是一份斋的数量。此外,据Дx.11038《索望社案一道》载:"自立条后,或若社户家长身亡,每家祭盘一个;已(以)下小口,两家祭盘一个。"说明祭盘有时可以纳半份,上引文书中纳赠饼780个,正好是30人纳一副盘(20个饼),18人纳半副盘(10个饼),也可证明以上推断。

本件中纳赠布帛共计105.5丈,按纳赠总数50人,平均每人纳赠2.1丈,若按实际纳赠数43人,则人均纳赠2.5丈。纳赠布帛主要是粗

---

① 本件底卷的编号为S.4472V,底卷首尾完整,共五十三行,字迹清楚。原文首题"辛酉年十一月廿日张友子新妇身故聚赠历",纪年为"辛酉年"。郝春文《敦煌社邑文书辑校》已考定为建隆二年(961)(第420~424页)。本件底卷的正面《右街僧录云辩与缘人遗书抄》有纪年"广顺元年",按正面先抄,背面后抄的惯例,则本件文书中的"辛酉年"当为建隆二年。本件底卷中的人名"张友子、张清忽",又见于P.3231《甲戌年(974)十月十五日平康乡官斋历》,"梁庆住"又见于S.2894V《壬申年十二月廿一日常年建福转帖抄》,其年代于《敦煌社邑文书辑校》中已考订为973年(第260页),则本件底卷的年代当为建隆二年。

② 参阅P.3231《宋癸酉年至丙子年(973~976)平康乡官斋籍七件》。

③ P.5003《某年九月四日社户张六身亡转帖》云:"右件社户,今月四日申时身亡,葬宜五日殡送。为缘日速,准条合有吊赠。借(纳)布人各一匹,领巾三条,祭盘麦各三升半,赠面各三升半。"因为"日速",所以其中无纳饼的记载,而只有麦及面等。

④ 北图周字62《丑年(809)正月十二日仁德妻亡纳赠历》云:"丑年正月十二日仁德妻亡,布一匹,尺盘。"P.3544《大中九年(855)九月廿九日社长王武等再立条件凭》云:"一、社内三大(驮)者,有死亡,赠四尺祭盘一,布二丈,借(纳)色布两匹半。其赠物及欠少一色,罚酒半瓮。"说明吐蕃占领沙州时期,私社丧葬纳赠盘的规格是四尺,这里的四尺,只能理解成四尺盘盛饼,而不能理解成四尺纺织品。

细白褐、紫褐、黑褐,均为毛织品,可能是在丧葬仪式上用作拽白、盖白、孝布等。

此外,还要纳赠粟、油、柴,按社条通常规定的情况,当是粟1斗,油1升,柴1束,但实际情况是纳粟34斗,按实际纳赠人数47人,平均每人纳赠0.7斗,若按一般社条规定纳赠粟1斗的话,则此件文书中付主人粟的总数不够,这可以有两种解释,一是社人已纳足粟,一部分已被用于丧葬仪式;二是社人纳赠短斤少两造成。纳油30合,按实际纳油人数34人,则平均每人约0.9合。纳柴33束,按实际纳柴人36人,则平均每人约0.9束。也就是说每个社人在此次丧葬中要纳赠20个饼,0.7斗粟,0.9合油,0.9束柴,2.5丈褐。当时昌褐1尺折麦粟1斗,褐布1尺折0.6斗麦粟[1],柴1束折麦1.2斗[2],油1斗折麦2硕[3],则一次社邑助葬,每人折合纳赠麦粟一共18.6斗。若折合当时的工价,当作每月1驮或汉斗6.67斗[4],则18.6斗就相当于2.7月的劳动收获,还另加20个饼。当然,丧家收到的布帛,并不是全部用于丧葬,可能有些盈余,可以用作下次轮到自己向别人纳赠的物品,这也可适当减轻社人的负担。但除了布帛类所占值15斗外,社人每次助葬至少也要出3.6斗麦粟,负担不能谓之轻。

关于官员身亡的纳赠历。S.2472V《宋辛巳年(981)十月廿八日荣指挥葬巷社纳赠历》载:

> 龙录事,粟并(饼)油柴。
> 辛巳年十月廿八日荣指挥葬巷社纳赠历:
> 李社官,并(饼)。
> 龙社长,粟并(饼)油柴,紫绵绫帛绵绫帛练一丈九尺。
> 氾宅官。
> 氾愿昌,粟并(饼)油▨(柴),绯绵绫丈五一接两段。
> 氾团头,粟并(饼)油柴,生绢半匹。
> 氾富通,粟并(饼)油柴,孔什德绢招。
> 孔幸子,粟并(饼)油柴,故烂半幅碧绢生绢内三接计丈五。

---

① 参阅 P.3631《辛亥年(951)正月廿九日善因愿通等七人将物色折债抄录》。
② 参阅 P.6002《辰年某寺诸色入破历算会牒残卷》,郑炳林:《晚唐五代敦煌贸易市场的物价》,《敦煌研究》1997年第3期。
③④ 参阅郑炳林:《晚唐五代敦煌贸易市场的物价》,《敦煌研究》1997年第3期;宁可、郝春文:《敦煌社邑的丧葬互助》,《首都师范大学学报(社会科学版)》1995年第6期。

孔押衙，粟并（饼）油柴，天下破碎烂罗底接续无数二丈二尺。

孔保定，粟并（饼）油柴，帛绵绫一丈八尺。

孔什德，粟并（饼）油柴，生绢一匹，氾富通二人招。

僧高继长，粟并（饼）油柴，生绢绯绵绫一丈五尺，当处分付主人。

高员郎，粟并（饼）油柴，半幅旧紫绵绫，又半幅破碎帛练共计二丈七尺。

李保成，粟并（饼）油，高虞候绢招。

高留奴，生粟并（饼）油柴，半幅黄画帔子，通计二丈四尺。

李残子，粟并（饼）油柴，帛绵绫绯绵绫故烂生绢，又绢帛绵绫二丈三尺。

高虞候，粟并（饼）油柴，生绢一匹，李保成二人招。

高团头，粟并（饼）油柴，黄绢淡绯绢二丈四尺。

高段子，粟并（饼）油柴，故绯绵绫七尺，又绿绢，又淡绿绢四接二丈。

安幸昌，粟并（饼）油柴，故破帛绵绫，又破碎罗底接续无数三丈二尺。

安痴憨，粟并（饼）油柴，绯绵绫二丈四尺。

李团头，粟并（饼）油柴，次丝帛绵绫，共计二丈。

李留德，粟并（饼）油柴，淡紫绫子绯绵绫半幅，共计二丈四尺。

李留儿，粟并（饼）油柴，淡红绢衫子身半帛半垢浣，共计二丈二尺。

龙押衙，粟并（饼）油柴，紫绵绫烂绵绸二丈一尺。

龙员遂，粟并（饼）油柴，帛绵绫碧绵绫二丈二尺。

龙定德，粟并（饼）油柴，绣裙二丈。

彭不籍，奴粟并（饼）油柴，张佛奴绢招。

孔德寿，粟并（饼）油柴，生绢一匹。

高住员，粟并（饼）油柴。

李马踏，粟并（饼）油柴，黄画帔子绯绵绫，共计一丈三尺。

张佛奴，粟并（饼）油柴，碧绢一匹，彭丑奴二人招。

高员祐，粟并（饼）油帛柴，帛练紫绵绫内接一丈六尺，继长又安幸昌粟并（饼），留奴送，又孔什德粟并（饼）付安幸昌。

见付主人油三十一合；饼五百四十枚，又二十；粟两石，柴三十一束（押）。

辛巳年十一月一日因为送指挥众社商量：自后三官则破油一般，

虞候破粟一斗。其赠粟分付凶家,饼更加十枚,斋麦两硕,黄麻八斗。每有纳赠之时,须得齐纳一般,不得欠少,自后长定。①

从付主人"饼五百四十枚,又二十"一句,亦可佐证,纳饼即赠盘,每副盘为饼20个。按本件纳饼540枚,而纳饼实际人数32人,可以推断其中22人纳全副(20个饼),10人纳半副(10个饼)。从本件纳赠情况看,此次给丧家纳油31合,实际纳油31人,平均每人纳1合。纳粟2石,按实际纳赠人数31人,平均每人纳赠0.6斗,这跟一般社条规定的1斗相差较大。纳柴31束,实际纳赠人数为30人,平均每人约1束多一点。按当时的生绢1匹值五岁耕牛1头②,3匹绢值五岁骒马1头③,1匹生绢折麦27石,1匹生熟绢折麦粟18石,1匹绵绫折麦粟88石④,则本件社人平均纳2丈绢帛,至少值6石麦粟,加上每人纳赠油1合、粟0.6斗、柴1束为3.8斗,共计123.8斗,若按每月雇工价6.67斗,则相当于18.6个月的劳动价值。同时本件纳赠布帛主要是帛、练、绵、绫、绯、绣等,价格远远高于褐。这是否就说明社邑对官吏在纳赠方面丰厚一些,还有待于进一步探讨,因为我们尚未发现同一社的普通百姓纳赠历。而本件纳赠者中只有四位可确定为低级官吏,两个团头尚不能确定是否为官吏,其他社人均无法确定身份,因此难以判断该社是否为低级官吏组成的社。显然,按这样高的纳赠标准,普通人是难以承受的。⑤

(三)私社的阶级性

其实在唐五代,私社救助的范围还是很有限的。结社的前提是社人能提供最基本的纳赠物品,利用集体的力量对抗个体的困厄。就拿保存社邑

---

① 本件底卷的纪年为"辛巳"。同卷有《愿文》,题有"大王继崇佛法",而在唐宋时期敦煌称"大王"者有曹议金(931)、曹元忠(964~974)、曹延禄(984~1002)。由此可以推断《愿文》的抄写时间当在931~1002年或其后,本件底卷的写作时间大体与此相当。与此时期相当的"辛巳年"为太平兴国六年(981)。文中张佛奴又见于S.4987《戊子年七月安三阿父身亡转帖》,其年代已考定为988年。若两张佛奴为同一人,则辛巳年为981年不误。参阅《敦煌社邑文书辑校》,第442页。

② P.4083《后周丁巳年(957)正月十一日通颊百姓唐清奴买牛契》。

③ 参阅李盛铎旧藏《宋癸未年(983)十一月河西百姓史喜苏买骒马契》,收入〔日〕山本达郎、〔日〕池田温等编:《敦煌吐鲁番社会经济史文书》第三卷《契券》,东洋文库,2001年,第49页。

④ 参阅郑炳林:《晚唐五代敦煌贸易市场的物价》,《敦煌研究》1997年第3期。

⑤ 参阅宁可、郝春文:《敦煌社邑的丧葬互助》,《首都师范大学学报(社会科学版)》1995年第6期。

文书较多的敦煌地区来说，毛汉光先生认为，当时敦煌地区在小康生活线上的居民约占36%，在生存线上者占40%，在生存线以下者则占24%^①，可以认为有64%的人应付不了丧葬等生活重大事项带来的沉重负担。在这种情况下，民间自发结社，通过社人互助的形式来减轻家中遇到重大事件时的负担。

由于私社是民间自发的组织，其活动经费也只能由社人共同承担。私社积累的集体物资是私社救助社人的关键。当然也有少数达官贵人为私社提供资金支持的，如苗晋卿荣居显位后，慷慨解囊，专门为家乡"一里置社，备养生送死之具"，但这毕竟是少数，更多的是靠社人共同承担救助所需物资。

私社进行社会救助活动的前提是入社成员交纳一定的入社费用，社司用以充当活动经费，社邑文书中一般称其为"税聚"^②。北新882号《博望坊巷女人社社条稿》载："众社齐来，停登税聚。"S.2041《巳年至大中年间（847~860）儒风坊西巷社社条》云："所有科税，期集所敛物，不依期限齐纳者，罚油一胜，用贮社。"S.6537V《十五人结社社条（文样）》云："三长之日，合意同欢，税聚头面净油，供养僧佛，后乃众社请斋，一日果中（种），得百年余粮。"又P.3234V《净土寺油入破历（十世纪上半叶）》云："行像社聚物得油一胜。……油胜半食看行像社聚物用。"而且如前所论，社内局席和救助活动，也都需要社人交纳一定的物品。

从敦煌文书来看，私社税聚的数量客观上影响了国家的税收，于是政府下诏对私社的聚敛进行限制。咸亨五年（674）五月，高宗《禁僭服色立私社诏》云："春秋二社，本以祈农。如闻除此之外，别立当宗，及邑义诸色等社，远集人众，别有聚敛，递相绳纠，浪有征求。"^③说明私社存在"聚敛"的现象，且影响很大，以致成为国家禁断社邑的一个重要借口。S.446《唐天宝七载（748）册尊号赦》曰："闻闾阎之间，例有私社，皆预畜生命，以资宴集。仁者之心，有所不忍，亦宜禁断。仍委郡县长官切加捉搦。"^④此条赦文说

① 参阅毛汉光：《敦煌吐鲁番居民生存权之个案研究》，收入项楚、郑阿财主编：《新世纪敦煌学论集》，巴蜀书社，2003年，第310~330页。

② 参阅郝春文：《敦煌私社的"义聚"》，《中国社会经济史研究》1989年第4期；郝春文：《再论敦煌私社的"义聚"》，《首都师范大学史学研究》第2辑，中国文史出版社，2004年，115~133页。

③ 《全唐文》卷一三，第159页。

④ 《敦煌社会经济文献真迹释录》第四辑，第261页。唐玄宗：《加应道尊号大赦文》，《全唐文》卷三九，第428~431页与本件略有出入。

明,天宝年间国家已从禁断私社转移到限制私社祭祀、宴集时宰杀牲畜,实际上是限制民间利用私社聚敛,与国家分割民间财赋的行为。后周窦俨《上治道事宜疏》云:

> 诏僧佞佛,相扇成风……小民无知,竞作斋赛。一岁之内,数数有之。是则债利之劫民也,将倍于公赋。斋赛之蠹民也,又等于王租。欲民之饶,终不可致。莫若已债节费,归利于民。起于来年,不得通债,今岁见偿之者,但令以本债偿之,留其利余。为民不债之备,则民食资半矣。夫阳秋之候,豺獭尚祭。民祭里社,自古而然。宜于二社之辰,得以祭余,共相饮食。其余祈祷散赛之事,严禁罢之,则民食又资其半矣。民食既足,则民力普存。民力普存,则稽事敦业。稽事敦业,财用益丰。因其利而利之,则国富刑清,天下知礼节矣。①

窦俨建议对除春秋二社之外的一切祈祷散赛之事,均加禁断,自然包括了私社的许多祭祀、聚会活动。不仅是窦俨,从最高统治者到一般官僚都清楚地认识到,民间社邑的义聚损耗了民力,影响了国家赋税,因此朝廷屡屡下令以禁止私社的发展。

另一方面,由于社邑税聚的数量较大,社邑一般都专门设立社仓,于是出现了负责社仓的管理者侵吞社邑财产的现象。据P.3636《后晋丁酉年(937)社人吴怀实遣兄王七承当社事凭》云:

> 社户吴怀实自丁酉年初春,便随张镇使往于新城,其乘安坊巷社内使用三赠,怀实全断所有,罚责非轻,未有排批(比),社人把却绵绫二丈,无物收赎。今又往新城去,今遣兄王七口承,比至怀实来日,仰兄王七追赠。或若社众齐集,破罚之时,着多少罚责,地内所得物充为赠罚。若物不充,便将田地租典,取物倍(赔)社,或若怀实身东西不来,不管诸人,只管口承人王七身上。恐后无人承当社事,故勒口承人押署为验。丁酉年五月廿五日。
> 　社人吴怀实(押)
> 　口承人男富盈(押)

---

①《全唐文》卷八六三,第9043~9048页。

見人吴永保(押)口承人兄吴王七(押)

社人吴怀实一度挪用该社的三赠及社人被罚充公的物品,理应受责罚,但因其出使新城,社内举行活动的花费只能从其土地所产物品中充替。

像吴怀实这样侵吞社司公共财产者并非个别现象,如Дx.2166《某社三官破斛斗历》载:

（前缺）

吃用。粟二斗,社官涛麦顿定用。粟一斗,三官王富昌店破用。又粟二斗,看薛头、米判官用。麦两硕、黄麻一硕,五月斋料用。麦二斗、粟三斗,▨斗用。又粟二斗,三官就马住儿店吃用。四月十二日粟二[斗],三官就马住儿店破用。黄麻一斗,付社官用。王富昌店三官两件破粟四斗。之[知]见。廿日就安家吃酒,用五升。五月二日三官就宋住子家吃酒,破粟三斗。六月十日看索通定沽酒,用粟三斗。麦两硕、粟两硕,三官买巷家牛肉用。八月一日麦三斗,三官就菜家店破用。[八]月二日麦一斗,社官就康家店破用。尝申买羊麦粟五石。沽酒用,□七石四斗。买胡并(饼)麦四斗。十日菜家店三官麦一斗。▨▨后用麦一斗,令狐家店。安法律、录事。▨一斗。九月十二日三官就悲田院破粟一斗。廿三日麦三斗□三官及两团头破用。

此件文书前缺,内容不全,是社司三官使用社邑斛斗的记载,文书仅存四月至九月逐月逐笔的斛斗破历,共计粟42斗,黄麻11斗,麦55斗,麦粟50斗,不明物75斗,酒5升,合计233斗5升。从以上所破斛斗的用途看,基本上都是三官个人消费,未见对社人救助的开支,而且以上消费均可以入账,说明是符合社条规定的。黄正建先生认为,18~59岁的人每日食量为2.2升,全年约合8石。[①]姜伯勤《上海藏本敦煌所出河西支度营田使文书研究》一文认为,唐人每人年食量"折成唐大石为六石"[②]。而上海藏本河西支度营田文书中,丁男给粮数量为8石、丁妻5石、中男7石、中小5石、小男4石、

---

① 参阅黄正建:《敦煌文书与唐五代北方地区的饮食生活》,《魏晋南北朝隋唐史资料》第11辑,1993年。

② 姜伯勤:《上海藏本敦煌所出河西支度营田使文书研究》,收入北京大学中国中古史研究中心编:《敦煌吐鲁番文献研究论集》第二辑,第329~360页。

黄男3石。无论按照哪种结果,233斗5升粮食,足足是五口之家一年的口粮,说明社官管理的这笔社邑财产,数目不会太少。另一方面也说明,民间社邑互助组织也存在着不少问题,虽然在丧葬等大事上可减轻社人一定的负担,却也加重了社人日常生活的负担。至少,社官平日的生活开销就转嫁到了社人的头上,实质是社官对社人的一种剥削。

一旦社人无力提供最基本的义聚、纳赠,社邑活动就无法开展,交不起费用的社人也就必须退社。如吐蕃占领前后的沙州,就有社人因贫穷无力交纳社邑纳赠而退社的记载,S.5698《癸酉年(853?)三月十九日社司准社户罗神奴请除名状》曰:

> 癸酉年三月十九日,社户罗神奴及男文英义子三人,为缘家贫阙乏,种种不员。神奴等三人,数件追逐不得,伏讬(乞)三官众社赐以条内除名,放免宽闲。其三官知众社商量,缘是贫穷不济,放却神奴。宽免后,若神奴及男三人家内所有死生,不关众社。
>
> (原文书此为止)①

而且社条一般都规定对退社者要给予相应的处罚,一般罚酒席一桌,然后棒打赶出。S.527《后周显德六年(959)正月三日女人社再立条件》云:"若要出社之者,各人抉杖三棒后,罚醴局席一筵,的无免者。"P.3489《戊辰年(968?)正月廿四日旌坊巷女人结社社条》曰:"右入社条件,在后不承文帖及出社者,罚醴腻(腻)筵。"S.5629《敦煌郡某乙等社条一道》云:"若有不药(乐)社事,罚麦五驮,举社人数,每人决丈(杖)五棒。"

无力负担社邑纳赠者要被退社,且要受罚,这不只是在敦煌地区,在其他地区也是如此。如卢纶《村南逢病叟》云:"双膝过颐顶在肩,四邻知姓不知年。卧驱鸟雀惜禾黍,犹恐诸孙无社钱。"②形象地描述了贫困农民为交纳社钱而苦恼的心理。

另外,敦煌地区不少官品社的存在,也说明了社邑的阶级性。P.2991《敦煌官品社于莫高窟素画功德赞文抄(吐蕃时期)》云:"则有敦煌官品社

---

① 原文无首题,"癸酉年",为干支纪年,应属归义军统治时期。《敦煌社邑文书辑校》(页709)据文中"男文英"又见P.2738杂写"咸通十年己丑六月八日男文英母因是",认为两件文书的文英很可能为同一人,所以将本件底卷中的癸酉年定为大中七年(853)。

② 〔唐〕卢纶:《村南逢病叟》,《全唐诗》卷二七七,第3147页。

某公等人彩集崇建矣。"此件中的官品社为敬佛所设,它同时也说明社邑也存在按阶级或阶层组建的情况。因为只有社人存在共同的利益并且经济水平相当,社邑的互助行为才能维持相对的公平。如果社邑成员社会地位悬殊,贫富相差很大,则不但社邑互助很难实行,还会使社邑变成富家大族控制、剥削、压迫百姓的工具,与社邑互相救助的宗旨背道而驰,起不到真正救助贫困百姓的作用。

第六章　宗族姻亲与民间救助

　　宗族是指同一父系的亲族,即父之党①;姻亲则是由婚姻关系所结成的亲族。宗族在中古社会中的重要地位是土地关系制约的结果。中古社会,小农经济占统治地位,一家一户是一个生产、消费单位,这种脆弱的经济条件将同宗族的小农紧密地联系在一起,人们的生存靠父子兄弟共同辛勤劳作、同甘共苦。因此,孝悌及敦亲睦族思想一直是中古社会思想文化的核心内容。同时,在唐初朝廷推行重母族的礼制原则下,姻亲关系十分密切,一度表现为"大凡人情,于外族则深,于宗属则薄"的现象。②

　　唐中宗景龙年间(707~710),太平、安乐二公主相争,武平一谏曰:"《书》曰:'克明俊德,以亲九族,九族既睦,平章百姓。'《诗》曰:'协比其邻,婚姻孔云。'是知亲族以辑睦为义也。"③雍睦保家的风气为当时社会所崇尚,源乾耀的族曾孙源洧"以雍睦保家,士友推之"④。亲族辑睦,同甘共苦,在当时人看来是天经地义的事,薄己而厚奉亲族的现象较为普遍。初唐时人刘德威"闺门友穆,接物宽平,所得财货,多以分赡宗亲"⑤。玄宗时人卢怀慎清俭,不营产业,"所得禄俸,皆随时分散,而家无余蓄,妻子匮乏"⑥。卢怀慎随时分散俸禄,首先肯定是分给亲族。卒于开元二十一年(733)的李元纮,"在政事累年,不改第宅,仆马弊劣,未曾改饰,所得封物,皆散之亲族"⑦。咸通四年(863)三月,李蟾检校礼部尚书⑧,《唐语林》载:"李尚书蟾

---

① 参阅《尔雅》卷四《释亲》,第2592~2593页。
② 参阅《旧唐书》卷一八七《景让传》,第4891页。因不是本书重点,这里不展开讨论。
　另,本书所述姻亲救助主要指寡妻孤甥依养外家的情况。
③ 《新唐书》卷一一九《武平一传》,第4294页。
④ 《新唐书》卷一二七《源乾曜传附源洧传》,第4451页。
⑤ 《旧唐书》卷七七《刘德威传》,第2677页。
⑥ 《旧唐书》卷九八《卢怀慎传》,第3069页。
⑦ 《旧唐书》卷九八《李元纮传》,第3075页
⑧ 参阅《旧唐书》卷一九《懿宗本纪》,第654页。

性仁爱,厚于中外亲戚,时推为首。尝为一簿,遍记内外宗族姓名,及其所居郡县,置于左右。"①薄己以厚亲党、以俸禄及赏赐分散亲族者,见于史籍的还有刘弘基、萧瑀、李百药、窦怀贞、崔沔、唐休璟、杨绾、苏瑰、薛戎、翟光邺等。②《唐语林》亦载:"元和已后,大僚睦亲旧者,前辈有司徒郑公,中间有杨詹事凭、柳元公,其后李相国武都公宗闵。"③在这种亲族辑睦思想及社会风尚的影响下,宗族姻亲在民间社会救助中有着举足轻重的作用。

　　亲族之间应互相救助是当时社会普遍认同的一种观念,在财力允许的情况下,世人都会分遗馈赠一些贫困的宗属亲旧。《太平广记》中有这样一则故事:薛氏二子野居伊阙,资用甚丰。一日,一道士病渴索水,因机行骗,言某地有黄金等财物,道士曰:"此下有黄金百斤,宝剑二口。其气隐隐,浮张冀间。张冀洛之分野,某寻之久矣。黄金可以分赠亲属甚困者。其龙泉自佩,当位极人臣。某亦请其一,效斩魔之术。"④这实际是一个骗局,该道士也是一个江湖骗子,但提到以黄金分赠亲属甚困者,说明济宗属亲旧之困是当时社会的一种较为普遍的意向。再如《太平广记》载:郑洁妻李氏讲造福之事曰:"布施者,不必造佛寺,不如先救骨肉间饥寒。如有余,即分锡类。更有余,则救街衢间也,其福最大。"此事在开成五年(840)四月中旬。⑤可见当时人在以冥报故事劝勉世人积德行善时,也以救济亲族为先。可以说这种认识是宗族姻亲间进行救助的思想基础。

　　关于宗族与姻亲的研究,成果较多⑥,在论及宗族及姻亲的社会功能时,对其救助功能都有所涉及,这对我们的研究具有一定的借鉴意义。

---

① 《唐语林校证》卷一《德行》,第21页。
② 参阅《新唐书》卷九〇《刘弘基传》,第3766页;《新唐书》卷一〇一《萧瑀传》,第3950页;《新唐书》卷一〇二《李百药传》,第3974页;《新唐书》卷一〇九《窦怀贞传》,第4101页;《新唐书》卷一二九《崔沔传》,页4478;《新唐书》卷一一一《唐休璟传》,第4151页;《旧唐书》卷一一九《杨绾传》,第3437页;《新唐书》卷一二五《苏瑰传附苏颋传》,第4402页;《新唐书》卷一六四《薛戎传》,第5047页;《旧五代史》卷一二九《翟光邺传》,第1699页。
③ 《唐语林校证》卷一《德行》,第13页。
④ 《太平广记》卷二三八《诡诈·薛氏子》,第1838页。
⑤ 《太平广记》卷三八〇《再生·郑洁》,第3209页。
⑥ 有吕思勉的著作《中国宗族制度小史》,冯尔康、常建华等编著的《中国宗族社会》,李文治、江太新的著作《中国宗法宗族制和族田义庄》,徐扬杰的著作《中国家族制度史》,杨际平等的《五—十世纪敦煌的家庭与家族关系》,魏承思的论文《唐代家庭结构初探》,李浩的博士论文《唐代的乡村组织研究》,邢铁的《唐宋时期"同居合活"家庭简说》,等等。

第一节 宗族救助

宗族救助,即亲姻族属中同姓亲属间的救助,这在民间救助中占有相当大的比重。其主要表现方式有助养同宗之孀妇幼孤、济助同宗贫困之家、同宗之灾难共济以及同宗之婚丧互助等。

一、宗族内孀妇孤幼的助养

李燕捷《唐人年寿研究》一书的《唐代样本男女死亡人口年龄构成比例表》中,样本男性共2164人,其中21至50岁去世的男性435人,占成人总死亡率的20.07%。[①]按此比例,唐代孀妇幼孤的数目较为可观。这些孀妇幼孤的生活无非以下几种情况:留养于夫家、母子相依而活、依养于本家、孀妇携子改嫁等。其中孀妇幼孤依养夫家的情况比较普遍,这是同宗互救的重要表现。如贞观名相王珪"奉寡嫂,家事咨而后行。教抚孤侄,虽其子不过也"[②]。贞观中,赵弘智"事寡嫂甚谨,抚孤侄以慈爱称"[③]。武后时人徐彦伯"事寡嫂谨,抚诸侄同己子"[④]。大历十二年(777),李俨壮年身亡,其妻为范阳卢韶女,"一子越在襁褓,哭泣无主。其仲兄武进尉迅,衔天伦之哀,谋及卜筮,以是月既望,抱其孤送君之丧"[⑤]。李迅既然能抱孤送弟李俨丧,抚恤孤寡的任务,当也由其承担。《全唐文》有一件养寡嫂疾的判文:"颜甲养寡嫂疾,求药无出。有童子授之,化鸟而去。邻告妖异,甲不伏。"[⑥]判文所记事有点荒诞,但弟事寡嫂的现象应该是可信的。该判文判颜甲"行不违仁""义终可尚""固足当仁",既合于情理,又为弟事寡嫂之义行张势,起到了旌表社会上夫家善事孀妇的行为。

民间孤儿寡母依靠夫族兄弟时,往往合籍而居,以使双方在经济上紧密联系在一起,敦煌籍帐文书中就有这方面的内容,杨际平等先生也认为

---

① 参阅李燕捷:《唐人年寿研究》,文津出版社,1994年,第173~174页。

② 《新唐书》卷九八《王珪传》,第3889页。

③ 《旧唐书》卷一八八《赵弘智传》,第4922页。

④ 《新唐书》卷一一四《徐彦伯传》,第4202页。

⑤ 《梁肃文集》卷五《墓志铭·陇西李君墓志》,第168页。

⑥ 〔唐〕阙名:《对嫂疾得药判》,《全唐文》卷九七六,第1025~1026页。

这种户籍上的合籍行为,其家庭互助含义十分明显。①如P.3354《唐敦煌郡敦煌县龙勒乡都乡里天宝六载籍》云:

(上略)

　　户主杜怀奉载四十五岁　上柱国开元十七载十月二日授,甲头父奴。下下户。空。不课户。^{卢思元,曾开,祖苟}

　　亡兄男崇真载三十七岁　卫士武骑尉开元十八载闰六月廿日授,曾开。祖奴,父头。空。^{甲头李处明}

　　真男钦论载八岁　小男^{天宝三载籍后死空}

　　真女玉儿载一十三岁　小女^空

　　真女玉儿载一十二岁　小女^空

　　亡兄女法仙载二十八岁　中女^空

　　亡兄妻氾载四十六岁　寡^空

　　亡兄男崇宾载二十三岁　白丁^空

　　亡兄妻张载三十六岁　寡^空

　　(下略)②

此件文书中杜怀奉和两个亡兄的妻子氾氏、张氏合籍,包括两个侄子、一个侄女、一个男孙、两个孙女。从文书记载的情况来看,张氏无子,自然无依靠,与亡夫弟合籍也顺理成章;氾氏有两个成年的儿子,但老大有一男二女,均幼,难以承担抚养老小的责任;老二虽已二十三岁,但尚未婚聘。因此,二嫂举家与杜怀奉合籍,很可能是要依靠杜怀奉的帮助。又如悬泉乡户主唐元钦与亡兄妻孙氏及子侄二人合籍,户主唐大昭与亡兄妻白氏合籍③;效谷乡百姓邯寿寿便与亡弟寡妻孙氏合籍④;龙勒乡某百姓与亡兄妻

① 参阅杨际平、郭锋、张和平:《五—十世纪敦煌的家庭与家族关系》,岳麓书社,1997年,第215页。

②《敦煌社会经济文献真迹释录》第一辑,第183页。

③ 参阅S.514V《唐大历四年(749)沙州敦煌县悬泉乡宜禾里手实》,《敦煌社会经济文献真迹释录》第一辑,第206~207页。

④ 参阅P.3557《武则天大足元年(701)沙州敦煌县效役乡籍》,《敦煌社会经济文献真迹释录》第一辑,第130页。

张氏合籍①，户主曹思礼与亡弟妻王氏、亡兄男合籍②，都是此类情况。此外，还有同亡叔妻合籍的，如安大忠与亡叔妻张氏、亡叔钦妻张氏合籍③，合籍目的应该都是为了更便利地进行亲族救助。

助养孤幼是宗族内救助的一个重要方面。如颜真卿"每与诸子书，但戒严奉家庙，恤诸孤，讫无它语"④，在书信中训诫子弟时，特别以严奉家庙和恤养族内诸孤为要。宗族内养育孤幼的现象较为普遍。中宗朝宰相崔玄暐，"三世不异居，家人怡怡如也。贫寓郊墅，群从皆自远会食，无它爨，与昇尤友爱。族人贫孤者，抚养教励"⑤。玄宗时人韦绳，"长文辞，抚养宗属孤幼无异情"⑥。后周太祖佐汉之时，圣穆皇后卒，遂礼聘淑妃杨氏，"妃睦族抚孤，宜家内助，甚有力焉"⑦。从史籍记载可见，宗族抚养孤幼较常见的情形有三种，一是叔父养，一是兄姊养，一是母训养。

叔父养育孤幼的记载较为多见。宇文士及"抚幼弟及孤兄子，以友爱见称"⑧。韦夏卿"抚孤侄，恩逾己子，早有时称"⑨。终唐之世，抚孤子同或甚于己子，见于史册的还有王珪、赵弘智、徐彦伯、阳峤、柳公绰等⑩。此外，孤幼依叔父的事例还很多，任瓌"父七宝，陈将忠之弟，为陈定远太守。瓌早孤，忠抚爱甚"⑪。员半千生而孤，"为从父鞠爱，羁丱通书史"⑫。岑文本

---

① 参阅 P.2592《唐天宝六载（747）敦煌郡敦煌县龙勒乡都乡里籍》，《敦煌社会经济文献真迹释录》第一辑，第161页。

② 参阅 P.3354《唐天宝六载（747）敦煌郡敦煌县龙勒乡都乡里籍》，《敦煌社会经济文献真迹释录》第一辑，第164~165页。

③ 参阅 S.514V《唐大历四年（769）沙州敦煌县悬泉乡宜禾里手实》，《敦煌社会经济文献真迹释录》第一辑，第194~195页。

④《新唐书》卷一五三《颜真卿传》，第4859页。

⑤《新唐书》卷一二〇《崔玄暐传》，第4317~4318页。

⑥《新唐书》卷一一八《韦绳传》，第4270页。

⑦《旧五代史卷》一二一《周书·后妃列传·淑妃杨氏》，第1600页。

⑧《旧唐书》卷六三《宇文士及传》，第2410页。

⑨《旧唐书》卷一六五《韦夏卿传》，第4298页。

⑩ 参阅《新唐书》卷九八《王珪传》，第3889页；《旧唐书》卷一八八《赵弘智传》，第4922页；《新唐书》卷一一四《徐彦伯传》，第4202页；《旧唐书》卷一八五《阳峤传》，第4814页（《新唐书》卷一三〇《阳峤传》，第4493页）；《旧唐书》卷一六五《柳公绰传》，第4250页。

⑪《新唐书》卷九〇《任瓌传》，第3775页。

⑫《新唐书》卷一一二《员半千传》，第4161页。

从子长倩,"少孤,为文本鞠爱"①。杨贵妃"幼孤,养叔父家"②。薛迅"性深敦叙,纯厚睦亲,在官之时,俸禄尽分诸族;满秩之后,抚育孤幼数房,咸得物情,无失轻重"③。独孤郁"始生而孤,与朗育于伯父氾"④。独孤郁子晦幼孤,"世父右拾遗朗,茹终鲜之痛,抚之如不孤"⑤。贾𫗦少孤,"从父全观察浙东,𫗦往依之,全尤器异,收恤良厚"⑥。孔纬少孤,"依诸父温裕、温业,皆居方镇,与名公交,故纬声籍早达"⑦。郭思谟二兄"不永介福,俱已先世。遗孤凡十有三人,或在髫龀,或居褓褓。公抚之育之,出入腹之,子渐乎义方,女媖于他族。人不知其诸父,盖孝悌之至也"⑧。孙逖在祭亡弟时称:"在先后而相恤,抚遗孤而流动(恸)。"⑨是知在其弟亡故后,由他抚养兄长的遗孤。太府少卿兼万州刺史贺若璿夫人元氏,"在孕而孤,鞠育于叔父相国颍川公"⑩。崔述在仲兄、伯兄相继亡殁后,"犹子之解巾结襟,先于己子,故不举火之日,男未仕,女未行,其于疾则十起,衣无常主,虽伯鱼稚春,不能加焉"⑪。李虚中兄弟六人,先死者四人,一人信道去官不营人事,"四门之寡妻孤孩","衣食百须,皆由君(李虚中)出。自初为伊阙尉,佐河南水陆运使,换两使,经七年不去,所以为供给教养者。及由蜀来,辈类御史皆乐在朝廷进取,君独念寡稚,求分司东出"⑫。梁太祖朱温的文惠皇后王氏谏太祖曰:"朱二与汝俱从黄巢,独死蛮岭,其孤皆在午沟,汝今富贵,独不念之乎?"太祖乃悉召存诸子以归。⑬

---

①《新唐书》卷一〇二《岑文本传附子长倩传》,第3968页。

②《新唐书》卷七六《杨贵妃传》,第3463页。

③《唐代墓志汇编》贞元一〇五号《唐故河南府密县丞河东薛府君墓志铭并叙》,第1913页。

④《新唐书》卷一六二《独孤郁传》,第4994页。

⑤《权德舆文集》卷一六《墓志铭·独孤氏亡女墓志铭(并序)》,第194页。按:此墓志立于元和十年以后。

⑥《新唐书》卷一七九《贾𫗦传》,第5320页。

⑦《旧唐书》卷一七九《孔纬传》,第4649页。

⑧〔唐〕孙翌:《苏州常孰县令孝子太原郭府君墓志铭(并序)》,《全唐文》卷三〇五,第3104页。

⑨〔唐〕孙逖:《祭亡弟故左羽林军兵曹参军文》,《全唐文》卷三一三,第3184页。

⑩〔唐〕独孤及:《唐太府少卿兼万州刺史贺若公故夫人河南郡君元氏墓志铭》,《全唐文》卷三九一,第3977页。

⑪《权德舆文集》卷一六《墓志铭·唐故给事郎使持节房州诸军事守房州刺史赐绯鱼袋崔公墓志铭》,第211页。

⑫《韩昌黎文集校注》卷六《殿中侍御史李君墓志铭》,第440页。按:此墓志立于元和八年以后。

⑬参阅《新五代史》卷一三《梁家人传·太祖文惠皇后王氏传》,第128页。

在父亡弟幼的情况下，兄长若已具备抚养能力，则孤幼的抚养往往由兄长来承担。如刘德威卒后，其子刘审礼"抚继母男延景，友爱甚笃。所得禄俸，皆送母处，以资延景之费；而审礼妻子处饥寒，晏然未尝介意"①。裴寂"幼孤，兄鞠之"②。姚璹"少孤，抚弟妹以友爱称"③。张嘉贞"少孤，与弟嘉佑相恃以长"④。毕构初丧继母时，"有二妹在襁褓，亲加鞠养，咸得成立"⑤。李承"幼孤，其兄晔养之"⑥。韩愈"生三岁而孤，养于从父兄"⑦。章全益，梓州涪城人，"少孤，为兄全启所鞠"⑧。陈饶奴"年十二，亲并亡，嫠弱居丧，又岁饥，或教其分弟妹可全性命。饶奴流涕，身丐诉相全养。刺史李复异之，给资储，署其门曰：'孝友童子。'"⑨另外，也有父母亡后，姊不嫁以抚育年幼弟妹的。濮州鄄城人贾孝女，年十五，父为族人玄基所杀，"孝女弟强仁尚幼，孝女不肯嫁，躬抚育之"⑩。当然，《孝义传》和《列女传》所记载的事例有点像现在的楷模和榜样人物，但古今相通，当权者所提倡的也是社会所看重和仿效的，其社会引领意义不容低估。

嫠妇幼孤自活，即寡母抚孤也是较为常见的现象。⑪欧阳询子通，"少孤，母徐氏教其父书"⑫。孔若思少孤，"母褚氏亲自教训，遂以学行知名"⑬。薛播伯父元暖卒后，"其子彦辅、彦国、彦伟、彦云及播兄据、㧑并早孤幼，悉为林氏所训导，以至成立，咸致文学之名"⑭。元稹"八岁丧父，家贫无业。母兄乞丐以供资养"⑮。杨收七岁丧父，家甚贫，其母长孙夫人"知书，亲自教授"⑯。颜真卿"少孤，母殷躬加训导。既长，博学，工辞章，事亲孝"⑰。杨

---

① 《旧唐书》卷七七《刘德威传附子刘审礼传》，第2677~2678页。
② 《新唐书》卷八八《裴寂传》，第3736页。
③ 《旧唐书》卷八九《姚璹传》，第2902页。
④ 《新唐书》卷一二七《张嘉贞传》，第4442页。
⑤ 《旧唐书》卷一〇〇《毕构传》，第3115页。
⑥ 《新唐书》卷一四三《李承传》，第4686页。
⑦ 《旧唐书》卷一六〇《韩愈传》，第4195页。
⑧⑨ 《新唐书》卷一九五《章全益传》，第5591页。
⑩ 《新唐书》卷二〇五《贾孝女传》，第5820页。
⑪ 参阅徐庭云：《隋唐五代时期的"寡母抚孤"》，《北京理工大学学报（社会科学版）》2000
　　年第1期。
⑫ 《旧唐书》卷一八九《欧阳询传附子欧阳通》，第4947页。
⑬ 《旧唐书》卷一九〇《孔若思传》，第4983页。
⑭ 《旧唐书》卷一四六《薛播传》，第3955~3956页。
⑮ 《旧唐书》卷一六六《元稹传》，第4334页。
⑯ 《旧唐书》卷一七七《杨收传》，第4597页。
⑰ 《新唐书》卷一五三《颜真卿传》，第4854页。

凭"少孤,其母训道有方。长善文辞,与弟凝、凌皆有名"①。李绅六岁而孤,"母卢,躬授之学"②。董昌龄"少孤,受训于母"③。张承休夫人秦氏"敬事君子,训成诸孤,当代之孟母也"④。这些都是唐五代时期寡母抚孤的典型,由于被抚养者后来大多或登高第,或居显位,故被载入史册。至于史籍未载之普通百姓家庭中由寡母抚养孤幼子女者当更多。寡母抚孤有时也是受死去丈夫的嘱托。樊彦琛临死之前嘱托妻魏氏云:"死生,常道也。幸养诸孤使成立,相从而死,非吾取也"⑤。

二、宗族内孤贫子弟的教育

科举制度极大地推动了家族教育的发展,天宝以后,"太平君子唯门调户选,征文射策,以取禄位,此行己立身之美者也。父教其子,兄教其弟,无所易业,大者登台阁,小者仕郡县,资身奉家,各得其足,五尺童子,耻不言文墨焉"⑥。五代人王定保更是一语中的,"三百年来,科第之设,草泽望之起家,簪绂望之继世;孤寒失之,其族馁矣;世禄失之,其族绝矣"⑦。正是因为科举是起家继世的重要途径,世人极其重视家学教育。同族收养孤幼子弟,对孤幼子弟的教育也自然被纳入家族教育之中。

(一)家学对同宗族孤贫子弟的教育

唐五代的家学教育主要沿用传统的家庭教育方式,一般由家族成员给子弟传授学业,对族内孤幼的教育也是如此。如上所引,王珪"教抚孤侄,虽其子不过也"。崔玄暐也是"族人贫孤者,抚养教励"。柳元方"少孤,季父建抚字训道,通《左氏春秋》,贯历代史,旨画罗列,接在视听,嗜为文章,辞富理精"⑧。白敏中"少孤,承学诸兄"⑨。寡母抚孤之事例,多数都兼有教授知识之举。宗族中孤寒子弟的教育主要依靠宗亲家学,在制度上还没有

---

①《新唐书》卷一六〇《杨凭传》,第4970页。

②《新唐书》卷一八一《李绅传》,第5347页。

③《旧唐书》卷一九三《董昌龄传》,第5149页。

④《张说集校注》卷二二《墓志·恒州长史张府君墓志铭》,熊飞校注,中华书局,2013年,第1066页。

⑤《新唐书》卷二〇五《樊彦琛传》,第5820页。

⑥《通典》卷一五《选举典·历代制下》,第358页。

⑦《唐摭言校注》卷九《好及第恶登科》,第180~181页。

⑧〔唐〕柳宗元:《万年县丞柳君墓志》,《全唐文》卷五九〇,第5961页。按:此墓志立于贞元十二年以后。

⑨《新唐书》卷一一九《白敏中传》,第4305页。

什么保证。晚唐五代出现了宗族书院、学田等宗族的公共教育设施,这为宗族孤寒子弟接受教育提供了一定的保障。

(二)宗族学院与宗族内孤寒子弟的教育

由于科举取士的兴盛,唐后期至五代,一些有一定经济基础和社会地位的宗族逐渐开始设立学院(或称为学堂、书院、书堂等),供子弟读书习业,以应对科举考试。在这些宗族中,对孤幼子弟的教育当在本族的学院里进行。如韩愈家中就有学院,"有疏从子侄自江淮来,年甚少,韩令学院中伴子弟"[1]。裴佶曾在姑姑家的学院中休息。[2]李德裕"未出学院,盛有词藻,而不乐应举"[3]《酉阳杂俎·怪术》载:"至开成初,在城亲故间,往往说石旻术不可测。盛传宝历中,石随钱徽尚书至湖州,常在学院,子弟皆'文丈'呼之。"[4]后晋崔棁姑姑家也办有学院,"晋太常卿崔棁游学时,往至姑家,夜与诸表昆季宿于学院"[5]。宗族成员若出资设立学院,往往召集宗亲前来读书,这就给同宗孤寒子弟提供了一个读书的机会。

唐五代士庶宗族设立书院、学堂的现象很普遍。如广德二年(764)四月五日,赵郡李华《卢郎中斋居记》载有卢氏书堂。[6]晚唐杜荀鹤家族也设立学堂,供子弟读书。其《题弟侄书堂》诗曰:"何事居穷道不穷,乱时还与静时同。家山虽在干戈地,弟侄常修礼乐风。窗竹影摇书案上,野泉声入砚池中。少年辛苦终身事,莫向光阴惰寸功。"[7]《和舍弟题书堂》曰:"兄弟将知大自强,乱时同葺读书堂。"[8]见于史载的家族书堂还有翁承赞的漆林书堂[9]、周匡物的读书堂[10]、王昌龄的裴六书堂[11],白居易在通德里宅中也有

---

① 〔唐〕段成式:《酉阳杂俎》卷一九《广动植类·草篇》,中华书局,1981年,第185页。

② 参阅《唐国史补》卷中,第43页。

③ 《唐语林校证》卷一《言语》,第50页。

④ 〔唐〕段成式:《酉阳杂俎》卷五《诡习》,第57页。

⑤ 《太平广记》卷四六七《水族·崔棁》,第3852页。

⑥ 参阅《全唐文》卷三一六,第3211页。

⑦ 〔唐〕杜荀鹤:《题弟侄书堂》,《全唐诗》卷六九二,第7968页。

⑧ 〔唐〕杜荀鹤:《和舍弟题书堂》,《全唐诗》卷六九二,第7971页。

⑨ 参阅〔唐〕萧项:《赠翁承赞漆林书堂诗》,《全唐诗》卷七二六,第8324页。

⑩ 参阅〔唐〕周匡物:《自题读书堂》,《全唐诗》卷四九〇,第5550页。

⑪ 参阅〔唐〕王昌龄:《裴六书堂》,《全唐诗》卷一四一,第1433页。

书堂[1]，李绅在长安新昌里宅中有学堂[2]。

唐后期至五代，宗族学院、书堂的大量创办，对宗族培养族内子弟起了积极的促进作用，也保证了宗族内贫弱孤幼子弟就学。唐末大顺元年（890），《江州陈氏义门家法》中对书堂有这样的记载：

> 立书堂一所于东佳庄，弟侄子姓有赋性聪敏者，令修学。稍有学成应举者，除现置书籍外，须令添置。于书生中立一人掌书籍出入，须令照管，不得遗失。
>
> 立书屋一所于住宅之西，训教童蒙。每年正月，择吉日起馆，至冬月解散。童子年七岁，令入学，至十五岁出学。有能者，令入东佳。逐年于书堂内次第抽二人归训，一人为先生，一人为副。其纸笔墨砚，并出宅库，管事收买应付。[3]

家法中关于书堂、书屋的条款中有两点值得重视，一是宗族书堂面向当地陈氏子弟聪敏者，培养其参加科举考试，所需书籍由宗族负担；二是书屋面向当地整个陈氏宗族七至十五岁子弟，请先生和学习费用由宗族承担。关于陈氏书堂的创建及规模，南唐徐锴《陈氏书堂记》曰：

> 为书楼堂庑数十间，聚书数千卷。田二十顷，以为游学之资。子弟之秀者，弱冠以上，皆就学焉。自龙纪以降，崇之子蜕、从子渤、族子乘登进士第，近有蔚文尤出焉，曰逊曰范，皆随计矣。四方游学者，自是宦成而名立，盖有之。[4]

陈氏书堂有堂庑数十间，聚书数千卷，规模不小，说明在书堂就读的宗族子孙数目可观。而书堂有学田二十顷，作为族中子弟入院读书与参加科举考试的游学之资，在很大程度上解决了包括贫弱子弟在内宗族子弟的教

---

① 参阅《刘禹锡集》卷三四《乐天少傅五月长斋广延缁徒谢绝文友坐成睽间因以戏之》，第492页。

② 参阅〔唐〕李绅：《新昌宅书堂前有药树一株今已盈拱前长庆中于翰林院内西轩药树下移得才长一寸仆夫封一泥丸以归植今则长成名之天上树》，《全唐诗》卷四八〇，第5462页。

③ 费成康主编：《中国的家族法规》，第240页。

④《全唐文》卷八八八，第9279~9280页。

育问题,从而为宗族培养了新的仕宦者,或光大门第,或维系门第的不衰,借以进一步提高本宗的地位。陈氏书院开启了设置学田的先河,对宋以后的宗族教育产生了深远影响。

(三)宗族与入仕

宗族在子弟入仕方面也发挥着重要作用。唐前期,在各种入仕途径中,门荫比较重要,到唐后期五代,门荫逐渐衰落。[①]门荫受益最大的是宗族中的直系子弟,有时甚至会出现以高荫转假宗人的情况。如李怀远"早孤贫好学,善属文。有宗人欲以高荫相假者"[②]。虽然李怀远以假荫为耻,予以拒绝,但此条材料说明,当时确有宗人"以高荫相假者"。

荐拔族人任官是宗族提携族内贫寒子弟最常见的方式。如荥阳郑还古"有堂弟浪迹好吹觱篥,投许昌军为健儿,还古使使召之,自与洗沐,同榻而寝。因致书所知之为方镇者,求补他职。姻族以此重之"[③]。严砺为严震之宗人,"贞元十五年,严震(时任兴元尹)卒,以砺权留府事,兼遗表荐砺才堪委任"[④]。刘瞻"咸通初升朝,累迁太常博士。刘瑑作相,以宗人遇之,荐为翰林学士"[⑤]。《太平广记》载:"乾符中,卢携在中书,以宗人无掌文柄者,乃擢群从陕虢观察使卢渥,司礼闱。"[⑥]乾宁中,宰臣崔昭纬"待胤以宗人之分,屡加荐用"[⑦]。光化三年(900),"朱全忠表陕州兵马留后朱简乡里同宗,改名友谦,乞真授节钺"[⑧]。

由于提携同宗子弟现象很普遍,竟然出现假冒宗亲,求取荐拔的荒唐之事。如咸通十四年(873),王凝案察长沙日,有新授柳州刺史王某者,"将赴所任,抵于湘川",诈称自己是王凝侍郎的从侄通郎,王凝起初信以为真,后来查阅王氏家谱,发现通郎早已去世,才揭穿了此人的谎言。[⑨]新任柳州刺史,职位不低,却冒充王凝已故的从侄,其目的即为了拉个宗亲关系,希

---

① 参阅毛汉光:《唐代荫任之研究》,《中央研究院历史语言研究所集刊》第55本第3分册,1984年,459~542页。

②《旧唐书》卷九〇《李怀远传》,第2920页。

③《因话录》卷三《商部》,第85页。

④《旧唐书》卷一一七《严震传附严砺传》,第3407页。

⑤《旧唐书》卷一七七《刘瞻传》,第4605页。

⑥《太平广记》卷二五一《诙谐·赵崇》,第1953页。

⑦《旧唐书》卷一七七《崔昭纬传》,第4582页。

⑧《旧唐书》卷二〇上《昭宗本纪》,第766页。

⑨ 参阅《太平广记》卷二三八《诡诈·王使君》,第1836页;郁贤皓:《唐刺史考全编》卷二八八《岭南道·柳州》,第3283页。

望王凝能在仕途上助其一臂之力。晚唐举子也往往通过与远宗叙宗党,为其延誉,如"唐光化中,苏拯与乡人陈涤同处。拯与考功郎中苏璞,初叙宗党,璞故奉常涤之子也。拯既执贽,寻以启事温卷"①。

三、宗族内的济贫

无论疏远或共居,同宗族人在经济方面都有着密切的联系。像江州陈氏宗族,有共同的房产、地产、钱财、学校等,并由专人掌管。②宗族的丰厚资产为救助宗族中的贫弱者提供了可靠的保证。宗族中的仕宦者也为宗族救助提供了大量经济来源。

宗族内的经济互救,是士族保持门第不衰,寒素免于饥寒困窘的重要手段。早在东汉末年,崔寔《四民月令》中就规定了族人恤鳏寡、孤幼、济贫、助丧葬等措施。③唐末韩鄂撰《四时纂要》,继承了这种季节性救恤宗人的思想:"是时(四月)也,是谓乏月,冬谷既尽,宿麦未登,宜赈乏绝,救饥穷。九族不能自活者,救。"④可见救助贫弱宗人,在中古时期是世人的一种共识,也是社会上的普遍现象,以致人们将其记入总结农事的书籍中,作为指导性条款。

宗人对族内贫困者平常的接济也很普遍,同宗内仕宦、富裕之宗人往往承担救济贫困宗人的主要责任。如唐初李袭誉"居家俭,厚于宗亲,禄禀随多少散之"⑤。萧瑀归唐后,得还关内田宅,"瑀尽以分宗族,独留庙室奉祠"⑥。太宗时人王珪,"宗族匮乏,周恤之,薄于自奉"⑦。景云元年(710),朝廷赐唐休璟实封一百户,"休璟初得封时,以绢数千匹分散亲族"⑧。窦怀贞"生平所得俸禄,悉散亲族无留蓄,败时,家惟粗米数石而已"⑨。杨仲昌"常分父邑租振宗党"⑩。崔沔"俭约自持,禄禀随散宗族,不治居宅,尝作

① 《太平广记》卷二四二《谬误·苏拯》,第1870页。
② 参阅《江州陈氏义门家法》,费成康主编:《中国的家族法规》,第238~243页。
③ 参阅〔日〕谷川道雄:《中国中世社会与共同体》,马彪译,中华书局,2004年,第323~324页。
④ 〔唐〕韩鄂原编:《四时纂要》,缪启愉校释,农业出版社,1981年,第116页。
⑤ 《新唐书》卷九一《李袭誉传》,第3791页。
⑥ 《新唐书》卷一〇一《萧瑀传》,第3950页。
⑦ 《新唐书》卷九八《王珪传》,第3699页。
⑧ 《旧唐书》卷九三《唐休璟传》,第2980页。
⑨ 《新唐书》卷一〇九《窦怀贞传》,第4101页。
⑩ 《新唐书》卷一二〇《杨仲昌传》,第4315页。

《陋室铭》以见志"①。苏颋,"性廉俭,所得俸禄,尽推与诸弟,或散之亲族,家无余资"②。薛苹历三镇,"凡十余年,家无声乐,俸禄悉以散诸亲族故人子弟"③。仆射柳公绰家行为士林仪表,"宗族穷苦无告,因公而存立优泰者,不知其数"④。崔绍父直,"元和初亦从事于南海,常假郡符于端州。直处官清苦,不蓄羡财,给家之外,悉拯亲故"⑤。毕诚"既贵,所得禄奉,养护宗属之乏,无间然"⑥。刘瞻"为人廉约,所得俸以余济亲旧之婆困者,家不留储"⑦。刘崇龟"及镇番方,京国亲之贫乏者,俟其濡救"⑧。五代后周时人翟光邺,因"亲族累重,粝食才给""虽食禄日久,家无余财",以致家无居舍,"任金吾日,假官屋数间,以蔽风雨""人不堪其忧,光邺处之晏如也"。⑨

由于官僚肩负着兴旺宗族的使命,故入仕者往往视救助贫弱宗人为己任。王勃《送劼赴太学序》曰:"吾被服家业……幸以薄伎,获觅戎役。尝耻道未成而受禄,恨不得如古君子四十强而仕也。而房族多孤,飦粥不继,逼父兄之命,睹饥寒之切,解巾捧檄,扶老携幼,今既至于期矣。"⑩从引文可知,王勃"逼父兄之命",受家族厚望,出仕的目的便是解决"房族多孤,飦粥不继""饥寒之切"。李正字"不忍其三族之寒饥,聚而馆之,疏远毕至,禄不足以养;李生虽欲不从事于外,其势不可得已也"⑪。崔涓"为孀姊幼弟孤侄主衣食,遂求署小职于淮泗间"⑫。以上所举的这些人做官是因为房族困窘,其所得俸禄当然有相当部分是用来救助这些困乏的族人。

与此相反,做官任职,若不奉济宗亲,则为时人所不齿。如萧至忠"虽清俭刻己,然简约自高,未尝接待宾客,所得俸禄,亦无所赈施。及籍没,财帛甚丰,由是顿绝声望矣"⑬。神龙二年(706),魏元忠"谒告上冢,诏宰相诸

① 《新唐书》卷一二九《崔沔传》,第4478页。
② 《旧唐书》卷八八《苏颋传》,第2881页。按:苏颋开元十五年卒。
③ 《旧唐书》卷一八五《薛苹传》,第4832页。
④ 《因话录》卷二《商部》,第77页。
⑤ 《太平广记》卷三八五《再生·崔绍》,第3068页。
⑥ 《新唐书》卷一八三《毕诚传》,第5380页。
⑦ 《新唐书》卷一八一《刘瞻传》,第5353页。
⑧ 《太平广记》卷二三八《诡诈·刘崇龟》,第1836页。
⑨ 《旧五代史》卷一二九《翟光邺传》,第1699页。
⑩ 《全唐文》卷一八一,第1838页。
⑪ 《韩昌黎文集校注》卷四《送湖南李正字序》,第278页。
⑫ 《唐代墓志汇编》开成一号《唐故邕管招讨判官试左清道率府兵曹参军清河崔公墓志铭并序》,第2169页。
⑬ 《旧唐书》卷九二《萧至忠传》,第2971页。

司长官祖道上东门,赐锦袍,给千骑四人侍,赐银千两。元忠到家,于亲戚无所赈施"①。魏元忠衣锦还乡,"于亲戚无所赈施",成为世人指斥的污点,因此史家特意记载此事,以凸显其有背宗亲救助的时代风尚。郑余庆常对人说:"禄不及亲友而侈仆妾者,吾鄙之。"②唐末崔烈"俸禄之所获乎,不及于昆弟亲戚矣,不施于邻里乡党矣",因此被牛希济大加讥讽。③

在宗族近属互救之外,也不乏对远亲的救助。上文李正字即聚族之饥寒者馆而养之,不论亲疏之别。卒于永泰二年(766)的岭南节度判官宗羲仲,"从官之禄利,散沾于疏属;承家之资产,悉付与同生。宗族之所嗟称,僚友之所景慕者也"④。卒于大历五年(770)的太子宾客卢正己,"禄及疏远,家无长物,在贵居陋,乐而不更"⑤。徐铉《唐故文水县君王氏夫人墓铭》载:王夫人讳畹,"虽门族素盛,而世途多故。禄赐所入,赒给无遗。丰约同之,亲疏如一"⑥。薛戎"笃于恩义,尽用其禄以周亲旧之急,有余颁施之内外亲,无疏远皆家归之"⑦。杜牧《唐故尚书吏部侍郎赠吏部尚书沈公行状》写沈传师:"兄弟甥侄,虽绝服者,入门饮食衣服,指使其奴婢,无二等。亲戚故旧,周给所得,皆出俸钱,不以家为。"⑧穆员母裴氏,"中外孤幼,以先公之禄为待哺待絮者,其来如归。太夫人所以衣服饮食之,盖有竭无倦,有不足无不均,有孤茕老幼之先,无亲疏厚薄之别"⑨。

不少大宗族内亲族相聚而居,宗族内部财产共有,如"张公艺九世同居"⑩。像张氏这样的大宗族合门而居的情况,在唐五代并不少见。刘审礼历工部尚书,"再从同居,家无异爨,合门二百余口,人无间言"⑪。《新唐书·李纲传》云:"自纲五世同居,安仁、安静复以义烈闻,世称李氏不衰。"⑫唐初

---

① 《新唐书》卷一二二《魏元忠传》,第4345页。
② 《新唐书》卷一六五《郑余庆传》,第5061页。参阅《旧唐书》卷一五八《郑余庆传》,第4166页。
③ 参阅〔唐〕牛希济:《崔烈论》,《全唐文》卷八四六,第8885页。
④ 〔唐〕豆卢诜:《岭南节度判官宗公神道碑》,《全唐文》卷四三九,第4482页。
⑤ 〔唐〕常衮:《太子宾客卢君墓志》,《全唐文》卷四二〇,第4293页。
⑥ 《全唐文》卷八八七,第9272页。
⑦ 《韩昌黎文集校注》卷七《唐故朝散大夫越州刺史薛公墓志铭》,第521页。
⑧ 《杜牧集系年校注》樊川文集卷第一四,第510页。
⑨ 〔唐〕穆员:《秘书监穆公夫人裴氏元堂志》,《全唐文》卷七八五,第8215页。
⑩ 《新唐书》卷一九五《张公艺传》,第5578页。
⑪ 《旧唐书》卷七七《刘审礼传》,第2677~2678页。
⑫ 《新唐书》卷九九《李纲传》,第3910页。

宋兴贵"累世同居，躬耕致养，至兴贵已四从矣"①。《新唐书·杜暹传》载："自高祖至暹，五世同居。暹尤恭谨，事继母孝。"②累世同居的宗族受到政府的表彰和鼓励，如前引宋兴贵家，至唐初已至四从，高祖闻而嘉之，武德二年（619），下诏曰："（宋兴贵）同居合爨，累代积年，务本力农，崇谦履顺。弘长名教，敦励风俗，宜加褒显，以劝将来。可表其门闾，蠲免课役。布告天下，使明知之。"③天福四年（939）正月户部《奏李自伦孝义状》云："深州司功参军李自伦六世义居，奉敕准格处分。按格敕节文，孝义旌表，苟存虚滥，不可褒称。必在累世同居，一门和睦，尊卑有序，财食无私，遐迩钦承，乡闾推伏。州县亲加按验，状迹殊尤，简覆既同，准令申举，方得旌表。"④这种大家族合门而居，在经济互助方面的表现更为明显。

经济互保是中下层宗族经济互助的重要方式，主要是由宗族成员为贫弱家庭因贫困而进行的借贷、买卖、雇工、分家等重要经济活动提供担保，以帮助其通过这些方式摆脱暂时的困境。敦煌吐鲁番文书中的契约文书为我们提供了宗族经济互保的很多实例。如S.1285《后唐清泰三年（936）敦煌百姓杨忽律哺卖舍契》署押如下：

> 出卖舍主杨忽律哺 左头指
> 出卖舍主母阿张 右中指
> 同院人邓坡山（押）
> 同院人薛安昇（押）
> 见人薛安胜（押）
> 见人薛安住（押）
> 见人吴再住（押）
> 见人押衙 邓万延（押）
> 邻见人 高什德
> 邻见人兵马使邓兴俊（押） 邻见人张威贤 （知）

此契的买舍人是薛安子和富子兄弟二人，从署押情况看，九位见人（保人）中有三位是买舍人的同姓宗人。保人在民间契约关系中扮演着重要角色，

① ③《新唐书》卷一八八《宋兴贵传》，第4919~4920页。

②《新唐书》卷一二六《杜暹传》，第4421页。

④《全唐文》卷九七四，第1014页。参阅《新五代史》卷三四《李自伦传》，第373页。

唐五代立契约一般都需要保人,若立契的一方毁约,保人须承担连带责任。①因为有担保制度,雇工与便贷等通常仅由家人充当口承人或保人,族人很少介入其中;而订立租佃、便绢布、雇用或博买牛马等契约,多数要有族人担保。②族人为宗族成员担保契约,使其获得急需的物品,无疑是一种有益的宗族救助。

当然,与"累世同居""兄弟义居"相对的就是兄弟"分家析产",这在民间更为普遍,兄弟间的财产纷争也很多。③实际上在中古社会,大家族不断地走向分解,累世同居共财的家族始终不是中古家族的主要形态。④即便如此,兄弟分家后,由于父祖的财产相对集中,在兄弟均分财产的原则下,也会造成宗族聚居。在多数情况下宗族内每个家庭财产是独立的,但保持一定数量的公有财产。如敦煌文书保存的一些分家书中,兄弟分家别居后,往往共同居住在一个院内,还存在共用房舍、道路、水井、牛畜等情况。⑤这种亲族在日常经济生活中的较密切联系,是宗族内相互救助的基础。

四、宗族内的婚丧互助

族人的婚丧是族内大事,属告宗之例。《通典·事宗礼》云:"奉宗加于常礼,平居即每事谘告。凡告宗之例:宗内祭祀、嫁女、娶妻、死亡、子生、行来、改易名字,皆告……若宗内吉凶之事,宗子亦普率宗党以赴役之。"⑥同宗人需提供人力和物力帮助。

(一)宗族内的婚嫁互助

唐五代时期的婚姻沿袭"六礼",只是随当事人及其家庭的尊卑、贫富而繁简不同,当时士庶之家的婚嫁都力求隆重。在举行婚礼时,宗亲一般

---

① 参阅《唐会要》卷八八《杂录》云:"宝历元年正月七日敕节文:'应京城内有私债,经十年已上,曾出利过本两倍,本部主及元保人死亡,并无家产者,宜令台府勿为征理。'"(第1919页)

② 参阅杨际平、郭锋、张和平:《五—十世纪敦煌的家庭与家族关系》,第225页。

③ 参阅张国刚:《唐代家庭与家族关系的一个考察》,《中国社会历史评论》第3卷。

④ 参阅冻国栋:《读姚崇〈遗令〉论唐代的"财产预论"与家族形态》,收入朱雷主编:《唐代的历史与社会》,武汉大学出版社,1997年,第509页。

⑤ 参阅 S.2174《后梁天复玖年(909)闰八月十二日神沙乡百姓董加盈兄弟分家契》、P.3744《九世纪中期沙州僧张月光张日兴兄弟分家书》、北图周字14《令狐留留叔侄与东四防(房)兄弟分产书》。

⑥《通典》卷七三《礼典·事宗礼》,第1999页。

都要前往祝贺,并要送上一份贺礼。对贫寒之家而言,这种贺礼也起到资助的效果。敦煌文书中就记载了不少荣亲目,如P.6981V《壬戌年十月十七日亲情社南街都头荣亲转帖》,就是以宗亲为主的亲情社,为南街都头家婚嫁喜事纳赠物品的记载。此外,在整个婚礼的烦琐仪程中,也始终离不开族人的帮助,即《事宗礼》所说的"赴役之"。

对于贫寒之家的婚姻,族人需付出更多的帮助。唐初政府就很重视贫弱百姓的婚嫁问题,鼓励宗亲对族内贫弱之家的婚聘积极资助。太宗贞观元年(627)二月下诏云:"民男二十、女十五以上无夫家者,州县以礼聘娶;贫不能自行者,乡里富人及亲戚资送之。"①这一诏令是基于族内人有互相资助的义务而颁布的。终唐五代之世,在礼仪规定及政府的提倡下,帮助同族人婚嫁的记载也不少。如代宗时人徐岱,"字处仁,苏州嘉兴人也。家世以农为业……婚嫁甥侄之孤遗者,时人以此称之"②。韩愈"与人交,始终不少变""凡内外亲若交友无后者,为嫁遣孤女而恤其家"③。崔沔"累历清要,所得禄秩,但奉烝尝,资嫂姊,给孤幼,营甥侄婚姻而已"④。又如柳公绰"族孙立疾病,以儿女托公。及廉察夏口,嫁其孤女,虽箱箧刀尽微物,悉手自阅视以付之"⑤。颜春卿与颜真卿同五世祖,春卿"临终,捉真卿臂曰:'尔当大吾族,顾我不得见,以诸子诿汝。'后真卿主其昏嫁"⑥。这里,颜春卿临终对颜真卿以"大族"为嘱咐,并托以诸子,颜真卿也不负所托,为其子主持婚嫁。卒于长庆三年(823)的崔倰"仁孝友爱,内外死丧婚嫁之不能自持者,莫不己任之"⑦。韦正贯"笃孝睦亲,群昆弟之贫与子姓之孤者,收接如归,婚配慰荐,惟恐不得其所"⑧。

唐末已出现将族内男女的婚嫁之事纳入家法的现象。大顺元年(890)《江州陈氏义门家法》云:

> 立勘司一人,掌卜勘男女婚姻之事,并排定男女第行。置长生簿

① 《新唐书》卷二《太宗本纪》,第27页。
② 《旧唐书》卷一八九《徐岱传》,第4975页。
③ 《新唐书》卷一七六《韩愈传》,第5265页。
④ 〔唐〕颜真卿:《通议大夫守太子宾客东都副留守云骑尉赠尚书左仆射博陵崔孝公宅陋室铭记》,《全唐文》卷三三八,第3428页。
⑤ 《因话录》卷二《商部》,第77页。
⑥ 《新唐书》卷一九二《颜真卿传附颜春卿传》,第5532页。
⑦ 《元稹集》卷五四《有唐赠太子少保崔公墓志铭》,第582页。
⑧ 〔唐〕萧邺:《岭南节度使韦公神道碑》,《全唐文》卷七六四,第7945页。

一本,逐年先抄每月大小节气,转建于簿头,候诸房诞育男女,令书时申报,则当司随时上簿……男年十八以上,则与占勘新妇,稍有吉宜,付主事依则施行求问,至二十以上成纳。……女则候他家求问,也属勘司着当。①

不仅如此,陈氏族内成员的婚嫁费用,均由宗族共同承担。

男女婚嫁之礼,凡仪用钗子一对,绯绿彩二段,饷仪钱五贯,色绢五匹,彩绢一束。酒肉临时酌当。迎娶时花粉匣、鞋履、箱笼等各一副,巾带钱各一贯文,并出管事纽配。女则银十两,随意打造,物件市买,钱三贯文,出库司长分派,诸庄供应。②

这就将族人的婚嫁用宗法的形式明确为宗族之事,对族人进行婚嫁资助成为宗族成员责无旁贷的义务。

鉴于宗族在族人婚嫁方面发挥的重要作用,宗族对子弟的婚嫁拥有一定的决定权。如《新唐书·史思明传》载:"思明少贱,乡里易之。大豪辛氏有女,方求婿,窥思明,告其亲曰:'必嫁我思明。'宗属不可,女固以归。"③辛氏女最后虽然还是嫁给了史思明,但宗属在族人婚嫁方面的发言权仍是不可忽视的。

(二)宗族内的丧葬互助

唐五代时期,人们对丧葬的重视要甚于婚嫁。礼制对宗人参与葬礼的规定也比参与婚礼的规定为多,区分宗族亲疏的缌麻、祖免之称即由丧礼中对亲族服制的规定而来。《事宗礼》中要求"宗子率宗党赴役"的吉凶事中,丧事应当是最主要的凶事。一般情况下,宗族中成员死亡后,三从的缌麻亲都有义务参加助葬活动。④敦煌文书中保存了族内成员死后,宗族吊哀的情况。如P.3718《范海印写真赞》云:"示(尔)乃六亲号叫,牧童睹而齐辛;九族哀鸣,举世耆徒悼咽。"⑤P.3556《□庆德邈真赞》云:"六亲无望,九

① 费成康主编:《中国的家族法规》,第239~240页。
② 费成康主编:《中国的家族法规》,第241页。
③《新唐书》卷二二五《史思明传》,第6426~6427页。
④ 参阅杨际平、郭锋、张和平:《五一十世纪敦煌的家庭与家族关系》,第227页。
⑤ 姜伯勤、项楚、荣新江:《敦煌邈真赞校录并研究》,台湾新文丰出版公司,1994年,第277页。

族悲伤。"①P.3556《曹阇梨邈真赞》云："六亲哀恸,九戚声酸。"②P.3556《张戒珠邈真赞》云："六亲哀切,恨珠溺于深泉,九族悲号,痛光沉于大夜。"③S.2204《董允变文》云："六亲今日来相送,随东(车)直至墓边傍。"④P.3518《张保山邈真赞》云："五子号叫,二女咸悲。六亲哽噎于临丧,邻里停春而泗泪。厶宗奉执手,付嘱再三,命撰高文,希申数字。"⑤北8438《八相变一》云："六亲号叫,九族哀啼。"⑥此类记载很多,不再一一列举。以上实例反映的是六亲、九族的哀吊,实际上六亲、九族不仅需参加丧礼,而且要纳赠物品助葬。

除了在丧葬仪程中的义务帮助外,对宗族内孤贫及其他原因无力为葬者,宗人亦有义务积极助葬。如唐初李大亮,"葬宗族无后者三十余柩"⑦。贞元十八年(802)云麾将军王恒汎卒,"兄恒滔、恒沔、弟恒清,仁孝一门,义冠前古,称家之有,竭营丧事"⑧。李涛乾元元年(758)卒,临时葬在衢州,从父弟涵"减月俸以庇丧具",于大历九年(774)归葬于洛阳。⑨刘奉芝上元元年(760)卒,"至于大小敛服,涂车刍灵,启殡祖庭,备物致用,皆取制于右监门大将军伯将军(其兄)"⑩。崔衍"俭约畏法,室无妾媵,禄稍周于亲族,葬埋嫁娶,倚以济者数十家"⑪。李藩父卒,"家富于财,亲族吊者,有挈去不禁,愈务散施,不数年而贫"⑫。崔玄亮处世,"自宗族及朋执间,有死无所归,孤无所依者,公或祭之葬之,或衣之食之,或婚之嫁之,侯齐二家之类是也"⑬。大中八年(854)赵宗庆卒,先由女婿董氏权葬,后来"公之令弟宗祐与幼侄坚、

① 姜伯勤、项楚、荣新江:《敦煌邈真赞校录并研究》,第283页。
② 姜伯勤、项楚、荣新江:《敦煌邈真赞校录并研究》,第336页。
③ 姜伯勤、项楚、荣新江:《敦煌邈真赞校录并研究》,第345页。
④ 项楚:《敦煌变文选注》,中华书局,2006年,第298页。参阅潘重规:《敦煌变文集新书》,文津出版社有限公司,1994年,第925页。
⑤ 姜伯勤、项楚、荣新江:《敦煌邈真赞校录并研究》,第295页。
⑥ 潘重规:《敦煌变文集新书》,第579页。
⑦ 《新唐书》卷九九《李大亮传》,第3913页。
⑧ 《唐代墓志汇编》贞元118号《唐故云麾将军王公墓志铭并序》,第1923~1924页。
⑨ 参阅《唐代墓志汇编》大历35号《皇五从叔祖故衢州司士参军府君墓志铭并序》,第1783页。
⑩ 《唐代墓志汇编》上元1号《唐故朝议郎行内侍省内寺伯上柱国刘府君墓志铭并序》,第1747页。
⑪ 《新唐书》卷一六四《崔衍传》,第5042页。
⑫ 《旧唐书》卷一四八《李藩传》,第3997页。
⑬ 《白居易集》卷七〇《唐故虢州刺史赠礼部尚书崔公墓志铭(并序)》,第1471页。

殷,礼备迁葬,即以己亥年八月丙申陈脯醢之奠,备遣车之仪,迁袝长兄于先茔之次"①。崔郾"不藏赀,有辄周给亲旧,为治其昏(婚)丧"②。五代后唐之朱汉宾,"及致仕,东还亳郡,见乡旧亲戚沦没者,有茔兆未办,则给以棺敛"③。一些族人在发迹之后,还要改葬宗亲,如景云元年(710),唐休璟受赐实封后,"以家财数十万大开茔域,备礼葬其五服之亲,时人称之"④。

宗族在族内成员丧葬大事中的救助职能,也使其获得了相当的发言权。如李孝女闻父亡,间道奔丧,"既至,父已葬,号踊请开父墓以视,宗族不许"⑤,虽然最后在李孝女以刀刺心的力争下得以开棺,但宗族先前不许开棺,说明宗族在族内成员的丧葬事务中具有很高的发言权,葬事中的很多方面由宗族成员共同商定。

此外,同姓宗族成员往往结成亲情社,主要目的之一就是在社人死后提供丧葬援助。详见本书第四章第二节"社邑与社会救助"之丧葬互助。

五、宗族在抗灾、避难中的救助作用

宗族在灾难之际的救助功能也很突出。战乱之际,同宗往往聚集自保。如隋末唐初的刘君良"累代义居,兄弟虽至四从,皆如同气,尺布斗粟,人无私焉","属盗起,闾里依之为堡者数百家"。⑥李君球,齐州平陵人,"属隋乱,纠合宗党,保固村闾,外盗不敢侵逼,以功累授齐郡通守"。⑦安史之乱的社会动荡中,宗族也较好地发挥了自保功能,荥阳郑会,"唐天宝末,禄山作逆,所在贼盗蜂起,人多群聚州县。会恃其力,尚在庄居,亲族依之者甚众"⑧。《唐国史补》载:"元结,天宝之乱,自汝濆大率邻里,南投襄汉,保全者千余家。"⑨崔祐甫给宰相常衮的信中说,自己有兄姐十人,"顷属中夏覆没,举家南迁,内外相从,百有余口"⑩。广德初年,吐蕃入寇,李观"率乡里

①《唐代墓志汇编续》大中五三号《唐故天水赵公墓志铭并序》,第1007页。
②《新唐书》卷一六三《崔郾传》,第5018页。
③《旧五代史》卷六四《朱汉宾传》,第857页。
④《旧唐书》卷九三《唐休璟传》,第2980页。
⑤《新唐书》卷二〇五《李孝女传》,第5826页。
⑥《旧唐书》卷一八八《刘君良传》,第4919页。
⑦《旧唐书》卷一八五《李君球传》,第4789页。
⑧《太平广记》卷三七六《再生·郑会》,第2989页。
⑨《唐国史补》卷上,第21页。
⑩〔唐〕崔祐甫:《上宰相笺》,《全唐文》卷四〇九,第4190页。

子弟千余人守黑水之西,戎人不敢近"①。朱泚之乱时,德宗幸奉天,时仓卒变起,羽卫不集,数日间贼来攻城,赵隐之父赵植"以家人奴客奋力拒守,仍献家财助军赏"②。此次拒守从表面上看是效忠皇帝,但主要还是为保护本宗族的利益少受损害。唐末黄巢之乱,盐州五原人孙惟最在黄巢军攻克长安后,"率其乡里子弟,得义兵千人,南攻巢于咸阳"③。唐五代的宗族虽然在特殊的情况下形成具有一定力量的宗族武装,但与魏晋南北朝时期的宗族武装有本质的区别,唐五代的宗族武装主要出于宗族自保,无割据现象。

灾害之际,宗族也很好地体现了它的救恤与自保功能。如萧复"广德中,岁大饥,家百口,不自振,议鬻昭应墅。宰相王缙欲得之,使弟纮说曰:'以君才宜在左右,胡不以墅奉丞相取右职?'复曰:'鬻先人墅以济孀单,吾何用美官,使门内馁且寒乎?'"④萧复的回答是王缙不曾料及的,"缙憾之,乃罢复官。沉废数年,复处之自若"⑤。萧复之族遇岁饥而不振,卖掉昭应别墅可以救饥,也可用以换取不低的官职,萧复以族人之难为先,而置个人升迁于不顾,族人以此渡过了饥寒之难。又,上蔡县开国侯臧怀恪,"笃睦群从,纠绥宗族,吉凶赡恤,终始无渝"⑥。

即使未入仕的普通宗族成员,在灾荒之际也会积极救助宗亲中的贫弱者。甄逢"幼而孤,及长,耕宜城野,自力读书,不谒州县。岁饥,节用以给亲里;大穰,则振其余于乡党贫狭者。朋友有缓急,辄出家赀周赡,以义闻"⑦。海州刺史裴克谅夫人李氏,"抚下若子,敬夫如宾;衣食之余,傍给五服亲族之饥寒者。又有余,散沾先代仆使之老病者。又有余,分施佛寺僧徒之不足者"⑧。这都是唐五代时人以自身的力量帮助同宗族人应对灾荒的记载。

宗族的救灾济难还体现在对落难子女的救赎方面。天宝末毕炕为广平太守,安禄山陷城,家破,其子坰始四岁,"以细弱得不杀,为赏口。河北

①《旧唐书》卷一四四《李观传》,第3912页。

②《旧唐书》卷一七八《赵隐之传》,第4621页。

③《新五代史》卷四三《孙德昭传》,第474页。

④《新唐书》卷一〇一《萧复传》,第3955页。

⑤《旧唐书》卷一二五《萧复传》,第3551页。

⑥〔唐〕颜真卿:《唐故右武卫将军赠工部尚书上柱国上蔡县开国侯臧公神道碑铭》,《全唐文》卷三四二,第3468页。

⑦《新唐书》卷一九四《甄逢传》,第5568页。

⑧《白居易集》卷六八《海州刺史裴君夫人李氏墓志铭(并序)》,第1427页。

平,宗人宏以财赎出之"①。毕坰虽得不死,却沦为赏口,赖宗人毕宏赎取,才得以改变命运。安禄山之乱中,颜真卿之宗属为贼劫掠者多,史思明归国,时颜真卿为蒲州刺史,令族子泉明到河北求宗属,泉明"一女及姑女并流离贼中,及是并得之,悉钱三万赎姑女还,取赀复往,则己女复失之。(袁)履谦及父故将妻子奴隶尚三百余人,转徙不自存,泉明悉力赡给,分多匀薄,相扶挟度河托真卿。真卿随所归资送之"②。这里,颜泉明即受族叔颜真卿之命去河北搜求安史之乱中流散的宗属。

晚唐五代时期,还出现了宗族内设医生为族人提供医疗救助的情况。《江州陈氏义门家法》云:"立二人学医,以备老少疾病,须择谙识药性方术者。药材之资,取给主事之人。"③陈氏族内成员的医疗及药费由宗族共同承担,对宗族成员的医疗救治,有非常重要的意义。这种情况,在唐五代史籍中虽不多见,但其产生应是受到当时宗族内类似医疗救助形式的影响。

第二节　姻亲互救

姻亲即由婚姻关系所结成的亲族,这是唐五代时期人们在宗族之外最重要的社会关系。据韩愈所撰《李郱墓志铭》载:天宝中,李岌生郱,"未晬以卒,无家,母抱置之姑氏以去,姑怜而食之。"后李郱得知本末,遂苦学以自立,"姑氏子弟莫敢为敌。浸传之闻诸父,诸父泣曰:'吾兄尚有子耶。'迎归而坐问之,应对横纵无难"④。李郱幼孤后其父尚有兄弟,却仍养于其母族。大中年间,王修本妻韦氏在王修本卒后,"夫之族无家可依,归于季父母弟之党"⑤。从上引材料可知,姻亲在唐五代时期的社会救助中也占有重要地位。

一、姻亲间恤养孀妇幼孤

在传统礼制下,出嫁女与娘家的关系被列为小宗,《仪礼注疏·丧服》云:"妇人虽在外,必有归宗,曰小宗。"注曰:"归宗者,父虽卒,犹自归,宗其

①《新唐书》卷一二八《毕构传附子毕炕传》,第4461页。

②《新唐书》卷一九二《颜杲卿传》,第5532页。

③ 费成康主编:《中国的家族法规》,第240页。

④《韩昌黎文集校注》卷七《中大夫陕府左司马李公墓志铭》,第543页。

⑤《唐代墓志汇编》大中143号《唐故太原王府君夫人韦氏墓志铭并序》,第2363页。

为父后持重者,不自绝于其族类也。"①据此,在亲情关系之外,出嫁女与娘家的关系被礼制规定为小宗的服属关系。出嫁女子一旦失去夫家的依靠,通常投靠娘家。《唐律疏议·夫丧守志而强嫁》曰:"诸夫丧服除而欲守志,非女之祖父母、父母,而强嫁之者,徒一年。"疏议曰:"妇人夫丧服除,誓心守志,唯祖父母、父母得夺而嫁之。"②从律文知,对寡居妇女的再嫁,只有其祖父母、父母处置。与此相应,在寡母孤幼的救助和抚养方面,作为外族的祖父母、父母也有一定的责任。"服纪之制,始变于唐太宗"③,从唐初开始,朝廷所订礼制出现了偏重母族的倾向,在贞观十四年(640)、高宗末年及开元改律时,分别加重了对亲舅父、生母及外祖父、姨舅的服制④,这种改制使外亲关系日渐密切,也更加重要。"大凡人情,于外族则深,于宗属则薄"⑤。所以,妇女在丈夫死后携子回娘家是一种较为普遍的现象。⑥由此,唐五代时期外族抚养寡女孤甥较为常见。

有关唐五代孤幼依姻亲抚养的记载较多。唐初李大亮"死之日,家无珠玉可以为唅,唯有米五石、布三十端。亲戚孤遗为大亮所鞠养,服之如父者十五人"⑦,李大亮生前的生活并不优裕,却抚育了不少的亲戚孤遗,其中便包含姻亲遗孤。武后时人郑孝本"抚孤无隔于外姻,博施不崇于内实"⑧。张承祚季女早年守寡,携孤子依娘家父母为生。⑨开元二十年(732)的《太原王公怡墓志铭》载:王怡"在疚之辰,年才卅岁,母氏鞠育,迄于成长",又谓其"夙承闺训,小依外家,不空成宅之言,弥结舅甥之义"⑩。张恪子骘"襁

①《仪礼注疏》卷三〇《丧服》,第1111页。

②《唐律疏议》卷一四《户婚律》,第265页。

③〔清〕顾炎武著,〔清〕黄汝成集释:《日知录集释》卷五,秦克成点校,岳麓书社,1994年,第203页。

④参阅《旧唐书》卷二七《礼仪志》,第1019~1036页。

⑤《旧唐书》卷一八七下《景让传》,第4891页。

⑥参阅李润强:《唐代依养外亲的孀妇幼孤家庭考察》,《中国古代史论萃——庆贺历史学家金宝祥先生九十华诞论文集》,甘肃人民出版社,2004年,第235~262页。

⑦《旧唐书》卷六二《李大亮传》,第2390页。

⑧〔唐〕孙逖:《沧州刺史郑公墓志铭》,《全唐文》卷三一三,第3181页。

⑨参阅《唐代墓志汇编》开元519号《唐故绵州涪城县丞吴郡张府君墓志铭并序》,第1512页。

⑩《唐代墓志汇编》开元350号《唐故朝散郎行潞州长子县尉太原王公墓志铭并序》,第1398页。

褓衰麻,育于舅氏"①。樊泽"少孤,依外家客河朔"②。申屠澄贞元九年
(793)自布衣调补濮州什邡尉,"其于厚亲族,抚甥侄,洎僮厮养,无不欢
心"③。武陟县主簿杜密曾经受舅父薛迅的抚养,贞元十七年(801)薛迅死
后,杜密为其所撰墓志曰:"宣密生长外家,沐恩难报,抒词呓笔,捧砚增
悲。"④韩弘"少孤,依母族。刘玄佐即其舅也"⑤。牛僧孺,七岁而孤,"依倚
外族周氏"⑥。王凝"少孤,宰相郑肃之甥,少依舅氏"⑦。敬宗朝尚书裴武
"抚甥侄,为中表所称"⑧。不仅士庶姻亲之间抚养寡孤的情况比较常见,皇
族宗室也是如此,太宗曾孙巘"性介直,面刺人短。历官清白,居室不能庇
风雨。收恤甥侄,慈爱过人,家无留储,公卿合赙乃克葬"⑨。总之,孤孀依
养外族的情况在当时很普遍,这在敦煌变文中也有反映。如S.7《故圆鉴大
师二十四孝押座文》云:"切要抚怜于所使,倍须安恤向孤孀。姑姨舅氏孤
孀子,收向家中赐宠光。"⑩

以上都是较为笼统的孀妇幼孤依养于姻亲的记载,如细加分析,可概
括为以下几种。

一是孤幼依养于外祖。如封常清"外祖犯罪流安西效力,守胡城南门,
颇读书,每坐常清于城门楼上……外祖死,常清孤贫"⑪,可见封常清少孤,
由外祖抚养。孙逖父嘉之"四岁而孤,无所怙恃。外祖刘士杰,因官居于潞
之涉县,府君自幼及长,外族焉依"⑫。元行冲"少孤,为外祖司农卿韦机所
养"⑬。吕向"少孤,托外祖母隐陆浑山"⑭。韦丹"蚤孤,从外祖颜真卿学,擢

---

① 《张说集校注》卷二〇《唐处士张府君墓志铭》,第1004页。

② 《新唐书》卷一五九《樊泽传》,第4952页。

③ 《太平广记》卷四二九《虎·申屠澄》,第3487页。

④ 《唐代墓志汇编》贞元一〇五号《唐故河南府密县丞河东薛府君墓志铭并叙》,第1913页。

⑤ 《旧唐书》卷一五六《韩弘传》,第4134页。

⑥ 〔唐〕李珏:《故丞相太子少师赠太尉牛公神道碑铭(并序)》,《全唐文》卷七二〇,第
7406页。

⑦ 《旧唐书》卷一六五《王凝传》,第4299页。

⑧ 《唐语林校证》卷一《德行》,第14页。

⑨ 《新唐书》卷八〇《太宗诸子》,第3569页。

⑩ 潘重规:《敦煌变文集新书》,第23页;《敦煌变文校注》,黄征、张涌泉校注,中华书局,
1997年,第1154~1155页。

⑪ 《旧唐书》卷一〇四《封常清传》,第3207页。

⑫ 〔唐〕孙逖:《宋州司马先府君墓志铭》,《全唐文》卷三一三,第3182页。

⑬ 《旧唐书》卷一〇二《元行冲传》,第3176页。

⑭ 《新唐书》卷二〇二《吕向传》,第5758页。

明经,调安远令"①。

二是外族兄弟养寡姊妹及外甥,这是孀妇幼孤依养姻亲的最常见的情况。高士廉,其妹"先适隋右骁卫将军长孙晟,生子无忌及女。晟卒,士廉迎妹及甥于家,恩情甚重"②。高宗时人裴守真,"养寡姊谨甚,士推其礼法。永淳初,关中旱,悉禀禄奉姊及诸甥,与妻息恶食不赡也"③。神龙元年(705)的《汝州长史崔公(暟)墓志》云:"杜续,公(崔暟)之姊婿,以主客郎中终,而兄亦早殁。公奉嫂及姊,尽禄无匮。"④可见崔暟在姐夫死后,侍养姐姐和外甥。玄宗朝济阴郡参军崔义邕,"虑姊之茕立,忧甥之多艰,公室素贫,尽禄无匮"⑤。卢复"乃能上为寡姊,下为孤甥,求为雁门主簿"⑥。肃代时人穆宁,"事寡姊以悌闻"⑦。德宗时人阳城,"寡妹依城居,其子四十余,痴不知人,城常负以出入"⑧。颜真卿母"中年孀嫠,遗孤十人,未能自振"。赖其兄殷践猷"悉心训奖,皆究恩意,故能长而有立"⑨。李公辅"室有孀姊妹挈孤甥者数房,孀与孤者亡无怙之恤"⑩。王仙客,"建中朝臣刘震之甥也。初,仙客父亡,与母同归外氏……如是者凡数岁,而震奉孀姊及抚仙客尤至"⑪。杨虞卿"奉寡姊,亲护其夫丧;抚孤甥,誓毕其婚嫁"⑫。另外,德宗建中二年(781)《大唐故宣州宣城县尉李府君夫人贾氏墓志铭并序》载:夫人贾嫔,"居丧而动必合礼,遂贞其节,洁其名,守其嫠矣。以从父之弟住于兹邑,因臻焉"⑬。这是孀妇依养于从父弟的情形。

三是妹养寡姊。冀州鹿城女子王阿足,"早孤,无兄弟,唯姊一人。阿足初适同县李氏,未有子而夫亡。时年尚少,人多聘之。为姊年老孤寡,不能舍去,乃誓不嫁,以养其姊……及姊丧,葬送以礼"⑭。由于王氏

---

① 《新唐书》卷一九七《韦丹传》,第5629页。

② 《旧唐书》卷六五《高士廉传》,第2441页。

③ 《新唐书》卷一二九《裴守真传》,第4473页。

④ 《唐代墓志汇编》大历〇六二号,第1802页。

⑤ 《唐代墓志汇编》天宝一九五号《故济阴郡参军博陵崔府君墓志铭并序》,第1667页。

⑥ 〔唐〕李华:《与表弟卢复书》,《全唐文》卷三一五,第3195页。

⑦ 《旧唐书》卷一五五《穆宁传》,第4155页。

⑧ 《新唐书》卷一九四《阳城传》,第5569页。

⑨ 〔唐〕颜真卿:《曹州司法参军秘书省丽正殿二学士殷君墓碣铭》,《全唐文》卷三四四,第3497页。

⑩ 〔唐〕穆员:《京兆少尹李公墓志铭》,《全唐文》卷七八四,第8205页。

⑪ 《太平广记》卷四八六《杂传记·无双传》,第4002页。

⑫ 《白居易集》卷四四《与杨虞卿书》,第948页。

⑬ 《唐代墓志汇编》建中六号,第1825页。

⑭ 《旧唐书》卷一九三《王阿足传》,第5145页。

的做法有点超乎常人，所以她也被载入《列女传》中。卢卓《唐陇西李府君夫人范阳卢氏墓志铭》载：卢氏"以元和十二年五月十六日，终于妹婿巩县丞陇西李伯华之官舍"①，卢氏去世于妹婿之官舍，说明她很有可能是依养于妹及妹婿的。

此外，还有侄子抚养寡姑幼弟、孀妇幼孤依养于季父母弟之党的情形。前者如卒于开元十九年（731）的咸阳县丞郭君，以"分宅字孤，谓之已任"，其夫人安定梁氏"柏舟之誓，年在幼冲，诸姑始孩，一生所寄，送往过礼，抚存以慈"②。五代后晋人王瑜，"有姑寡居，来归其家，以前夫遗腹有子，经数年不产"③。后者如王修本妻韦氏，在大中年间王修本死后，有幼孤金儿"夫之族无家可归，归于季父母弟之党"④。

而在外族收养孀妇幼孤及孀妇幼孤投靠外家的过程中，还有不少值得注意的现象，例如一些外族往往同时抚养了好几个孤幼外甥。肃宗乾元元年（758）《唐武德县令杨府君夫人秦氏墓志铭》载：秦氏在丈夫死后，帮助抚养外孙，有"出自窦、裴、卢等三姓之孙数人，皆能鞠育，慈过燥湿之恩；爰及箴规，长遂婚姻之盛"⑤。又李揆之家养孀孤百口，他与元载不和，"及载登相位，因揆当徙职，遂奏为试秘书监，江淮养疾。既无禄俸，家复贫乏，孀孤百口，丐食取给。萍寄诸州，凡十五六年，其牧守稍薄，则又移居，故其迁徙者，盖十余州焉"⑥。《唐安平县男□□崔公夫人陇西县君李氏墓志铭并序》载：崔公夫人李金"抚甥侄慈，接姻戚义，下逮支庶，弗略幼贱，致其忠爱，加之敬慎"，"至德元载，先公至自蜀，中外相依，一百八口"，"家既窘乏，依于季叔太傅，娣姒同居，甥侄皆在"。⑦这个大家庭有包括出嫁女、外甥在内的一百零八口成员，为了躲避战乱，得到接济，他们先后两次迁徙。大历十才子之一的卢纶有诗曰："衰荣同族少，生长外家多"⑧，与其姨弟裴均"相悲得成长，同是外家恩"⑨，从诗文可知，卢纶和裴均都曾依养于他们的外家。

---

① 吴钢主编：《全唐文补遗》第三辑，三秦出版社，1996年，第170页。

②〔唐〕常衮：《咸阳县丞郭君墓志铭》，《全唐文》卷四二〇，第4288页。

③《旧五代史》卷九六《王瑜传》，第1274页。

④《唐代墓志汇编》大中一四三号《唐故太原王府君夫人韦氏墓志铭并序》，第2363页。

⑤《唐代墓志汇编》乾元〇〇一号，第1734页。

⑥《旧唐书》卷一二六《李揆传》，第3561页。

⑦《唐代墓志汇编》贞元〇六二号，第1881页。

⑧〔唐〕卢纶：《赴池州拜觐舅氏留上考功郎中舅》，《全唐诗》卷二七六，第3137页。

⑨〔唐〕卢纶：《送姨弟裴均尉诸暨》，《全唐诗》卷二七六，第3125页。

另外，出现有些孀妇孤幼转投数家的现象。如李翱岳母韦氏，先后携孤女依养于父家、伯姊家。据《昌黎韩君夫人京兆韦氏墓志铭》载：韦氏"有女子一人，其生七月而孤。夫人之母前既不幸矣，夫人以其女归于其父，居数年，其父又不幸。夫人泣血食贫，养其子有道……犹有董氏伯姊继衣食仁之焉。不数年，董氏姊又不幸，夫人于是天下无所归托矣"①。又"段文昌从弟某者，贞元末，自信安还洛……梦一女年二十余，形悴衣败，前拜曰：'妾姓郑名琼罗，本居丹徒。父母早亡，依于孀嫂。嫂不幸又没，遂来扬子寻姨。'"②。从这一故事可以看到，此女父母孀嫂相继亡殁后，不得不由丹徒前往扬子投靠其姻亲——姨母。令狐楚在《为崔仲孙弟谢手诏状》中云："臣生代未谐，遭家不造，婴孩之日，长养于外家；童冠之年，因依于伯姊。容身寄食，以至于今"③。状文中明确称，崔仲孙弟也是先养于外家，后又依于其姊。

　　收恤幼孤之外族一般都能善待被收养者。卒于开成年间的冯殖夫人吴氏，生前"内以行纯而孝，若侄若甥，孀女孤儿，远千里者，必提而聚之，慈抚义教，至于成长，而不自知其孤也……夫人寒必先孤之衣也，夫人饥必先孤而食也"④，善待幼孤可谓周到。但与此同时，也不乏薄待孤幼的情形，王维《戏题示萧氏甥》曰："怜尔解临池，渠爷未学诗。老夫何足似，弊宅倘因之。芦笋穿荷叶，菱花胃雁儿。郗公不易胜，莫著外家欺。"⑤《太平广记》载："天宝初，会稽主簿季攸有女二人，及携外甥孤女之官。有求者，则嫁己女，己女尽而不及甥。甥恨之，因结怨而死，殡之东郊。"⑥

　　姻亲收养孀妇孤幼者，往往同时负责幼孤的婚嫁和孀妇的丧葬。前面所举宗族对宗内孤贫者婚嫁的事例中，救恤之人往往是兼及孤幼甥侄，所以此处不再赘述。对孀妇的丧葬，如张说之姊为临淄李伯鱼妻，李伯鱼被"出为青州司功而卒。夫人寡居无子，以归宗焉，长安二年，四十有八，倾逝于康俗里，殡于永通门外。景龙三年，家疚居贫，季弟说鬻词取给，冬十月，安厝伯姊于万安山阳"⑦。

---

　　①《唐代墓志汇编》贞元一二一号，第1925～1926页。

　　②《太平广记》卷三四一《鬼·郑琼罗》，第2707～2708页。

　　③《全唐文》卷五四一，第5493页。

　　④《唐代墓志汇编》开成四号《唐陕虢都防御押衙朝议郎试抚州司马上柱国冯夫人吴氏阴堂志》，第2171页。

　　⑤〔唐〕王维：《戏题示萧氏甥》，《全唐诗》卷一二六，第1280页。

　　⑥《太平广记》卷三三三《鬼·季攸》，第2645页。

　　⑦〔唐〕张说：《李氏张夫人墓志铭》，《全唐文》卷二三二，第2346页。

二、姻亲在教育与仕进方面的救助作用

寡母幼孤归依外族,幼孤的教育也就主要由寡母及外族来负责。寡母之于幼孤的教育,已在本章第一节"宗族救助"之"宗族内孤贫子弟的教育"中论及,这里仅就外族对孤幼外甥的教育进行探讨。如上所举,封常清多所历览,是赖外祖之教导。韦丹早孤,"以甥孙从太师鲁公真卿学"[1],最终明经擢第。卒于元和七年(812)的李素,"生七岁丧其父,贫不能家,母夫人提以归,教育于其外氏"[2]。刘茂贞"出于吴郡张氏,幼孤,复无弟兄,依外族而就学,克勤业而有成。年廿一,明经登第。元舅平仲以公人器不常,志在成立,遂以女妻之"[3]。

在元稹受教育的经历中,母亲、姨兄和姊夫都充当了重要的角色,集中反映了依养外亲家庭之孤幼的教育状况。其《同州刺史谢上表》称:"幼学之年,不蒙师训。因感邻里儿稚,有父兄为开学校,涕咽发愤,愿知诗书。慈母哀臣,亲为教授。"[4]当母亲无法胜任对他的教育时,又改由姨兄胡灵之教诗赋,"忆昔凤翔城……诗律蒙亲授"[5]。姊夫陆翰教经书,"时尚在凤翔,每借书于齐仓曹家,徒步执卷,就陆姊夫师授,栖栖勤勤,其始也若此"[6]。冯殖夫人吴氏,"若侄若甥,孀女孤儿,远千里者,必提而聚之,慈抚义教"[7]。穆员母裴氏,对"甥姪群从之众,贤愚恭狠之差,太夫人用不愠不校,不欺不伐,积为至德,以妪煦之。不违直心而曲顺其理,不越中制而各厚其宜"[8]。

此外,私人书院也接纳宗族姻亲子弟入院读书,在第二章"对特殊人群的救助"中已有论及。这些家族收恤姻亲中之孀妇幼孤,对孤幼的教育当也在宗族书院之中进行。

对贫寒孤弱者在仕进中的提携,是姻亲救助的重要方面,且非常普遍。

① 《韩昌黎文集校注》卷六《唐故江西观察使韦公墓志铭》,第374页。

② 《韩昌黎文集校注》卷六《唐故河南少尹李公墓志铭》,第369页。

③ 《唐代墓志汇编》大和三一号《唐故泗州司仓参军诸道盐铁转运等使巡覆官刘府君墓志》,第2118页。

④ 《元稹集》卷三三《同州刺史谢上表》,第383页。

⑤ 《元稹集》卷一一《答姨兄胡灵之见寄五十韵并序》,第123页。

⑥ 《元稹集》卷三〇《诲侄等书》,第355页。

⑦ 《唐代墓志汇编》开成四号《唐陕虢都防御押衙朝议郎试抚州司马上柱国冯夫人吴氏阴堂志》,第2171页。

⑧ 〔唐〕穆员:《秘书监穆公夫人裴氏元堂志》,《全唐文》卷七八五,第8215页。

贫困落拓之人往往会求助于姻族中有权势者，以获取一官半职。如《太平广记》载："崔相国圆，少贫贱落拓，家于江淮间，表丈人李彦允为刑部尚书。崔公自南方至京，候谒，将求小职。"①令狐楚《为崔仲孙弟谢手诏状》载，崔仲孙弟"生代未谐，遭家不造，婴孩之日，长养于外家；童冠之年，因依于伯姊。容身寄食，以至于今。李说念臣以密亲，署臣以散职，誓将裨补，义不依违"②。可见，李说以崔氏为密亲，所以给他署以散职。又邢群撰《唐故郑县丞邢府君夫人陇西县太君墓志铭》载：太和年间，陇西县太君因丈夫早逝，"家贫，莫有庇赖；不能去华，寄假佛宇，衣食无所自，而需若有余。诸昆有请揭诸甥就官者，夫人曰：有家有室，非浪言也，决不从请。其不徇迹而图远也如是。由是，诸子果承训有立"③。从上引材料可见，提携姻族孤贫为官，在当时较为普遍。但也存在不接受这种帮助的情况。

为了给孤寒者求官职，姻亲往往还需要请托。如崔圆之表丈人李彦允，在为崔圆求官职时，即请托他的故交杨国忠。《太平广记》载："李公云：'江淮路远，非求进之所。某素熟杨司空，以奉托。'时国忠以宰相领西川节度，崔既谒见，甚为杨所礼，乃奏崔公为节度巡官，知留后事。"④

三、姻亲奉养与助葬

在抚养孤幼孀妇之外，姻亲之中还存在其他一些奉养情形。如出嫁女儿侍奉生病的父母，《刘浚墓志》载："天后召文献夫人曰：'年老抱疾，几女在旁？'对曰：'妾有男及妇，殊胜于女。'"⑤从武则天所问语可知，唐人在父母年老有病时，有女儿（主要指出嫁女）侍候生病父母的传统。又刘寂妻夏侯父丧明，"时刘已生二女矣，求与刘绝，归侍父疾"⑥。夏侯氏为了能侍奉失明的父亲，竟然与丈夫刘寂绝离。父死后，夏侯氏又孝事后母。夏侯氏为父守丧至孝，得到朝廷旌表，并被载入《列女传》中。

老人可以依养于女儿女婿。李玙夫人宋氏，"乾元元年，随长女从夫于洋州。二年正月二十五日，终于某居，享年五十七。遂权窆焉，路难不克反葬故也。有才子二人，曰兴、曰殷……永泰二年，兴请命于上，迎夫人丧，至

①④《太平广记》卷一四八《定数·崔圆》，第1069页。

②《全唐文》卷五四一，第5493页。

③ 吴钢主编：《全唐文补遗》第三辑，第193页。

⑤《唐代墓志汇编》开元三〇四号，第1366页。

⑥《新唐书》卷二〇五《刘寂妻夏侯传》，第5819页。

自洋州"①。这里,李玙夫人儿女俱全,仍依养于女儿女婿家,应当是个特例。但老人在无儿子时,则可顺理成章地由女儿女婿奉养。李翱岳母韦氏,在女儿嫁于李翱之后,即归依李氏,由李氏助养,据《昌黎韩君夫人京兆韦氏墓志铭》载:韩弇夫人韦氏"有女子一人,其生七月而孤。夫人之母前既不幸矣,夫人以其女归于其父,居数年,其父又不幸。夫人泣血食贫,养其子有道……犹有董氏伯姊继衣食仁之焉。不数年,董氏姊又不幸,夫人于是天下无所归托矣……殿中君从父弟愈,孝友慈祥,贞元十六年,以其女子归于陇西李翱,夫人从其女子依于李氏焉"②。从墓志可知,李翱岳母韦氏携孤女先依于父,后依于伯姊,在无所依托时,由夫之从父弟韩愈将其女儿嫁于李翱,韦氏也依养于女儿女婿。柳宗元所撰《伯祖妣赵郡李夫人墓志铭》载:柳宗元伯祖母生一男早卒,女三人,皆得良婿,"以诸婿之良,诸女之养,无不得意焉"③,是知柳宗元伯母也得女儿女婿之奉养。

出嫁女收养娘家孤幼。开元十三年(725)的穆员《秘书监穆公夫人裴氏元堂志》云:"太夫人(穆员母)自痛早孤,终鲜兄弟……本族凋落,蒸尝殆旷,鞠孤兄子,以涕泣教之,使学古入官,承家主祭,乃至宗从之祀,兴废断绝,太夫人是赖者非一。"④《吕君夫人李氏墓志》云:夫人"嘉胤五六,育之不倦;甥侄二八,情拊弥勤"⑤。陶英夫人清河张氏妹婿"中年夭丧。甥等偏孤,缞服未练……夫人抚育,视之如子。每寒暖浣濯,其归一揆。迄于成人,讵使亏乏。每长筵家会,语诸亲曰:子如甥焉,甥如子矣。及夫人之终,贤甥感夫人鞠育之恩,痛夫人倾弃将及,与姨兄偕服缞绖,次烈苫庐"⑥。嗣曹王故太妃郑氏,以建中三年(782)冬十月九日卒,太妃生前"挈今之嗣王与女子子,洎夫族之叔妹未冠笄者,与本族凋丧之遗无告者,合而家之。居无生资,勤俭自力。仁以恤,智以图,使夫饥待我粒,寒待我纩,婚姻宦学蒸尝之礼,待我以时"⑦。

出嫁女资助兄弟婚娶。太和五年(831)《范阳卢府君妻清河崔夫人墓志铭》载:崔谠伯姊于洛阳,其姊叹息言曰:"吾念晨昏之违,未尝少宁其心

① 〔唐〕独孤及:《唐故朝散大夫中书舍人秘书少监顿邱李公墓志》,《全唐文》卷三九一,第3980页。
② 《唐代墓志汇编》号贞元一二一,第1925~1926页。
③ 《全唐文》卷五九〇,第5970页。
④ 《全唐文》卷七八五,第8215页。按,裴氏夫人卒于开元十九年正月二十七日。
⑤ 吴钢主编:《全唐文补遗》第二辑,三秦出版社,1995年,第485页。
⑥ 吴钢主编:《全唐文补遗》第一辑,三秦出版社,1994年,第247页。
⑦ 〔唐〕穆员:《嗣曹王故太妃郑氏墓志铭》,《全唐文》卷七八五,第8213页。

也。河洛,衣冠所萃,且家世之旧,尔其图之。"随后倾其财力为崔谠操办婚事,"乃侍板舆徙家,夫人缔构储峙,唯惧己力之不足,异时孜孜以昆弟婚。仕后,时为虑闻。一有所遂,即拜庆高堂,喜形于色……经始婚媾,夫人实殚其财力"①。颜真卿《杜公神道碑》载:杜济夫人韦平促,因丈夫死,遂留子婿秘书监校书郎范阳卢少康守家,与子扶柩归葬先茔。②

有些老人在无子或子幼的情况下,死后的葬事也由女婿操办。大历七年(772),高武光病重弥留之际,托后事于"银青光禄大夫兼绛州别驾赵公廉,公之爱婿也"③。贞元十五年(799),处士侯高"不幸得心疾",遂留其子狗儿于李翱家,在归庐山途经江西时卒,"其子婿王适使佣吉勉求君(侯高)所如,值君卒,吉勉以君丧殡于袁州之野,而复于适。适又死,适之妻使吉勉来告于翱,翱以狗儿归适妻。居二年,适妻又死,狗儿尚童,翱虑吉勉之短长不可期,则君之丧终不坟矣,故使吉勉往葬之,而识其墓,以示狗儿"④。柳宗元伯祖母生一男早卒,"女三人,皆得良婿……(贞元十六年)终于平康里。自小敛至于大敛,比及葬,则二婿实主之"⑤。《唐故尚书屯田员外郎于府君夫人京兆韦氏墓志铭并序》云:夫人讳懿仁,元和二年(807)卒,女婿崔泽"感东床之选……以元和二年八月廿九日,护夫人之丧,于兴平县衬屯田府君之茔"⑥。武宗时御史大夫韦温生四子三女,临终前却召女婿张复鲁曰:"三稚女得良婿,死以是托。墓宜以池州刺史杜牧为志。"⑦将葬事托于女婿,由此可知当时社会上由女婿葬岳父母的事并不鲜见。卒于太和八年(834)的楚州兵曹参军刘鋆,"嗣子欢郎,年未志学""未能主葬",有女三人,长婿杨氏"报泰山之恩泪,送逝川之落室"。⑧《唐故天水赵公墓志铭》也载:大中八年(854)赵宗庆卒,宗庆"生二男二女,长子坚,童年也,次子殷,幼岁也……长女适于天水董氏,佳婿哀情,送终以礼。公之令弟宗祐与幼侄坚、殷,礼备迁葬,即以己亥年八月丙申陈脯醢之奠,备遗车之仪,迁衬长兄于

① 吴钢主编:《全唐文补遗》第一辑,第300页。

② 参阅〔唐〕颜真卿:《京兆尹御史中丞梓遂杭三州刺史剑南东川节度使杜公神道碑铭》,《全唐文》卷三四四,第3489页。

③ 〔唐〕卢虔:《御史中丞晋州刺史高公神道碑》,《全唐文》卷四四四,第4526~4527页。

④ 〔唐〕李翱:《故处士侯君墓志》,《全唐文》卷六三九,第6456~6457页。

⑤ 〔唐〕柳宗元:《伯祖妣赵郡李夫人墓志铭》,《全唐文》卷五九〇,第5970页。

⑥ 《唐代墓志汇编》元和一〇一八号,第1962页。

⑦ 《杜牧集系年校注》樊川文集卷第八《唐故宣州观察使御史大夫韦公墓志铭(并序)》,第374页。

⑧ 〔唐〕景炎:《唐故楚州兵曹参军刘府君墓志铭(并序)》,《全唐文》卷七五七,第7865页。

先茔之次"①。

还有外甥服丧送葬舅舅的情况。如《唐故朝请大夫行晋州洪洞县令敬公墓志铭并序》云：敬守德开元廿八年（740）卒，"有一子洪奴，年甫韶龀，故丧事所给，皆在公之甥殿中侍御史赵良器之弟良弼"②。开成元年（836）檀州刺史周元长卒，"仲弟应长，躬主丧事，礼备饬终……外生（甥）男姜氏曰景异，感如存之念，报分食之恩，衣纕经以嗣之。哀亦甚矣"③。

妻族兄弟送葬出嫁姊妹及夫婿，如崔暟姊婿杜续以主客郎中卒，暟兄亦早殁，崔暟"奉嫂及姊，尽禄无匮。其后相次沦亡，公（暟）家贫，厄丧莫给，乃鬻僮马以葬"④。元和三年（808），澄城县主簿韦孟明卒，其兄念弟，由华阴"奔赴与榇"，其夫人河南元氏"兄前华阴县丞汶等，卜其年十一月廿四日，迁府君与夫人合祔于万年县白鹿原"⑤。

晚辈丧亡，依靠外族长辈助葬的情况，如刘弼撰《大唐故王府君墓志铭》云：贞元八年（792）左骁卫大将军卒，"妻杨氏抚幼痛亡，悲号泣血。舅袁韶，汝南令族，立性清规，悲恋既深，躬□丧事。本兵马使、开府、兼太子詹事、长沙郡王安公等，忠义行首，故旧不移，祭敬发筵，哽咽庭宇"⑥。《唐故夫人段氏墓志铭》云：元和八年段夫人卒，夫人有子六人，"年俱幼种"，"外王公礼同庐杖，哀异鼓盆，称家有无，竭营丧事"⑦。

此外，其他姻亲助葬的情况也不少。《大唐故崔府君墓志铭》曰：贞元十七年洛阳尉崔可准卒，"有子一人，当小学之年，未任丧事。而姊兄郑氏主之，哀过其丧，仁姊之志也"⑧，此姊兄郑氏，应当为姊婿之兄。柳宗元《先太夫人河东县太君归祔志》载：先太夫人卢氏（柳宗元母）卒于元和元年五月十五日，"其孤有罪，衔哀待刑，不得归奉丧事以尽其志，侄泊太夫人兄之子宏礼承事焉"⑨，这是娘家侄子承办丧事的情况。柳宗元于元和十四年

①《唐代墓志汇编续》大中〇五三号，第1007页。

②《唐代墓志汇编》开元五〇七号，第1503~1504页。

③《唐代墓志汇编续》开成一四号《故幽州卢龙节度都押衙银青光禄大夫检校太子宾客使持节檀州诸军事檀州刺史兼殿中侍御史充威武军团练等使汝南周府君墓志铭》，第933页。

④《唐代墓志汇编》大历六二号《有唐朝散大夫守汝州长史上柱国安平县开国男赠卫尉少卿崔公墓志》，第1801~1802页。

⑤《唐代墓志汇编续》元和一八号《唐故同州澄城县主簿韦府君墓志铭并序》，第813页。

⑥《唐代墓志汇编续》贞元二七号，第751~752页。

⑦《唐代墓志汇编续》元和四三号，第830~831页。

⑧《唐代墓志汇编续》贞元〇六四号，第781页。

⑨《全唐文》卷五九〇，第5968页。

(819)十一月八日卒,"有子男二人:长曰周六,始四岁;季曰周七,子厚卒乃生。女子二人,皆幼。其得归葬也,费皆出观察使河东裴君行立。行立有节概,重然诺,与子厚结交,子厚亦为之尽,竟赖其力。葬子厚于万年之墓者,舅弟卢遵"①葬事由故交出资,舅弟经办。其他事例不一一列举。

四、姻亲家族间的经济互助

姻亲家族间的经济互助也较为突出,集中地体现在姻亲之间互济贫困方面。唐初宇文士及"好周恤亲戚故人"②,为时所称。高宗时人裴守真,"养寡姊谨甚,士推其礼法。永淳初,关中旱,悉禀禄奉姊及诸甥,与妻息恶食不赡也"③。欧阳琟"禄俸之余,必赒亲族之贫者。先畴旧业,悉畀群从,一簪不私于其身"④。崔述对"群从族姻均禄直以赒其乏"⑤。卢迈也将"所得禀赐,皆赈姻旧之乏"⑥。罗珦"早孤贫,笃志好学,舅氏徐吏部浩,器以远大,以其兄之子妻之"⑦。吕乡筠"常以货殖贩江西杂货,逐什一之利。利外有羡,即施贫亲戚,次及贫人,更无余贮"⑧。郑余庆"少砥砺,行己完洁。仕四朝,其禄悉赒所亲,或济人急,而自奉粗狭"⑨。前述柳宗元卒后,子嗣尚幼,由舅弟卢遵归葬,卢遵既葬宗元,又"经纪其家,庶几有始终者"⑩。卒于长庆元年(821)的薛戎,"欢爱亲戚,及为大官,远近多归之。衣食婚嫁之外无余财"⑪。《太平广记》载:吕用之父璜卒后,乾符初,群盗攻郪州里,"用之既孤且贫,其舅徐鲁仁赒给之"⑫。刘瞻"为人廉约,所得俸以余济亲旧之窭困者,家不留

---

① 《韩昌黎文集校注》卷七《柳子厚墓志铭》,第514页。

② 《新唐书》卷一〇〇《宇文士及传》,第3933页。

③ 《新唐书》卷一二九《裴守真传》,第4473页。

④ (唐)颜真卿:《游击将军左领军卫大将军兼商州刺史武关防御使上柱国欧阳使君神道碑铭》,《全唐文》卷三四三,第3486页。

⑤ 《权德舆文集》卷一六《墓志铭·唐故给事郎使持节房州诸军事守房州刺史赐绯鱼袋崔公墓志铭》,第211页。

⑥ 《新唐书》卷一五〇《卢迈传》,第4816页。

⑦ 《权德舆文集》卷一三《墓志铭·唐故太中大夫守太子宾客上柱国襄阳县开国男赐紫金鱼袋罗公墓志铭(并序)》,第155页。

⑧ 《太平广记》卷二〇四《笛·吕乡筠》,第1555页。

⑨ 《新唐书》卷一六五《郑余庆传》,第5061页。

⑩ 《韩昌黎文集校注》卷七《柳子厚墓志铭》,第514页。

⑪ 《元稹集》卷五三《唐故越州刺史赠左散骑常侍薛公神道碑文铭》,第573页。

⑫ 《太平广记》卷二九〇《妖妄·吕用之》,第2304页。

储"①。刘崇龟以清俭自居,"及镇番方,京国亲之贫乏者,俟其濡救"②。

此外,姻亲之间散施俸禄、资财,也可以视作是姻亲间经济互助的表现,较为普遍。刘弘基临终前,将家产分散,给诸子奴婢各十五人,田五顷,"余悉散之亲党"③。李百药"好奖荐后进,得俸禄与亲党共之"④。卒于大足元年(701)七月的崔讷妻刘氏,"友爱洽乎姒娣,任恤周乎姻戚"⑤。《右豹韬卫大将军赠益州大都督汝阳公独孤公燕郡夫人李氏墓铭》载:夫人能将将军所获赏赐"散于宗姻,可谓贵而好礼,富而能惠者已"⑥。窦怀贞"生平所得俸禄,悉散亲族无留蓄,败时,家惟粗米数石而已"⑦。崔沔"累历清要,所得禄秩,但奉烝尝,资嫂姊,给孤幼,营甥侄婚姻而已"⑧。唐休璟"初得封时,以绢数千匹分散亲族,又以家财数十万大开茔域,备礼葬其五服之亲,时人称之"⑨。李袭誉"居家俭,厚于宗亲,禄禀随多少散之"⑩。裴遵庆子向"能以学行持门户,内外亲属百余口,禄俸必均,世称其孝睦"⑪。杨绾俭约,"未尝问生事,禄禀分姻旧,随多寡辄尽"⑫。苏颋性廉俭,"奉禀悉推散诸弟亲族,储无长赀"⑬。薛戎"悉奉禀赒济内外亲,无疏远皆归之。既病,以所有分遗之曰:'吾死矣,可持为归资!'众皆哭而去"⑭。卒于元和四年(809)的王叔雅,"虽临郡佐幕,以亲洁自约,禄俸所入,皆均亲爱,故不胜其贫。轊车既还,亦无以葬"⑮。五代时人翟光邺"雍睦亲族,粗衣粝食,与均有无,而光邺处之晏然,日与宾客饮酒聚书为乐"⑯。

---

① 《新唐书》卷一八一《刘瞻传》,第5353页。

② 《太平广记》卷二三八《诡诈·刘崇龟》,第1836页。

③ 《新唐书》卷九〇《刘弘基传》,第3766页。

④ 《新唐书》卷一〇二《李百药传》,第3974页。

⑤ 〔唐〕张说:《司属主簿博陵崔讷妻刘氏墓志铭》,《张说集校注》卷二二,第1095页。

⑥ 《张说集校注》卷二六《墓志铭》,第1257页。

⑦ 《新唐书》卷一〇九《窦怀贞传》,第4101页。

⑧ 〔唐〕颜真卿:《通议大夫守太子宾客东都副留守云骑尉赠尚书左仆射博陵崔孝公宅陋室铭记》,《全唐文》卷三三八,第3428页。

⑨ 《旧唐书》卷九三《唐休璟传》,第2980页。

⑩ 《新唐书》卷九一《李袭誉传》,第3791页。

⑪ 《新唐书》卷一四〇《裴遵庆传》,第4647页。

⑫ 《新唐书》卷一四二《杨绾传》,第4665页。

⑬ 《新唐书》卷一二五《苏颋传》,第4402页。

⑭ 《新唐书》卷一六四《薛戎传》,第5047页。

⑮ 〔唐〕许志雍:《唐故江南西道观察判官监察御史里行太原王公墓志铭》,《全唐文》卷七一三,第7322页。

⑯ 《新五代史》卷四九《翟光邺传》,第554页。

姻亲还会结成亲情社,以实现经济互助,这种现象在敦煌文书中亦有所反映。S.8160《公元九四〇年前后(?)亲情社社条》曰:

(上略)

　　凡为合社者,或有追赠死亡,各自家中同居合活,不谏(拣)厚薄,▨▨侄男女十岁与(已)上,总以赠例,各遂净粟一斗。□▨▨▨甥(外)甥索少弘　录事王庆住

　　(下缺)

从文书可知,结社的目的在于"追赠死亡,各自家中同居合活",入社者有侄男女、外甥等姻亲。

　　由于姻亲家族之间的特殊关系,经济上的相互救助被认为是合情合理的事。若在困厄时姻亲不予救助,往往会引发相互间的嫌隙与仇恨,如五代后晋开运元年(944)三月,"太常丞王绪弃市。绪家于青州,常致书于杨光远,绪有妾之兄慊绪不为赒给,遂告与光远连谋,密书述朝廷机事,遂收捕斩之"[1]。

　　姻亲是社会救助中的重要力量,在恤孀孤、教育孤贫子弟、奉养姻亲、经济贫困及助丧葬等方面发挥着重要作用。尤其是在重母族的礼制倡导之下,当时的人们往往是宗属姻亲并重,这在唐五代人的传记中表现得尤其突出,记其抚孤,则甥侄连言,述其散俸,则宗亲并称。

　　总体而言,唐五代的宗族姻亲救助,与汉魏南北朝时期的宗族姻亲救助有很大的相似之处,尚停留在宗族内和姻亲间自发救助的阶段,缺乏物质和制度保障,基本上依靠个人的德行和财产。宗族和姻亲救助,主要分为两类形式:一是将个人的俸禄、赏赐以及财产分给同宗和姻亲,以救助贫困者。二是收养、抚恤同宗、姻亲中的孤幼,帮助同宗、姻亲进行丧葬。唐末五代出现了类似宋代义庄的族田[2],对后世宗族救助制度影响深远。

---

① 《旧五代史》卷八二《晋书·少帝本纪》,第1089页。
② 参阅李文治、江太新:《中国宗法家族制和族田义庄》,社会科学文献出版社,2000年;豆霞、贾兵强:《论宋代义庄的特征与社会功能》,《华南农业大学学报(社会科学版)》2007年第3期。

结　语

　　唐五代的社会救助吸取了前代社会救助的经验,较之前代在诸多方面有所完善,为宋代社会救助的重大进步奠定了基础。但由于时代的局限,唐五代社会救助还存在很多不足。

一、唐五代社会救助的主要特征

　　综合前文论述,唐五代时期的社会救助具有如下特征:

　　首先,政府起组织领导作用,其具体的救助行为与政治、经济形势紧密相关。在灾害救助中,中央政府是救灾的主体,尤其是唐前期,中央政府统一决策管理,调动人力、物力、财力,协调指挥地方的救灾工作,遣使直接代表中央政府参与地方救灾,是唐代特有的救灾形式。唐后期,在两税制和藩镇割据的政治生态下,中央集权体制被削弱,中央政府和地方政府协作救灾。在常岁救助中,救助主体是政府和社会力量,政府在社会救助中起组织和领导作用,中央政府主要通过制定相关政策、律令,对社会救助事宜予以规定和指导,由地方政府督促实施。对特殊人群的救助,以政府力量为主,民间力量为辅。特殊人群基本上由官府供给粮料,但仍有部分群体生活困顿,对他们的救助体现在帮助其摆脱生存困境,主要有赋税优免、医疗救济、养老、丧葬补助及家属助养等。对弱势人群的救助方面,民间力量承担了主要任务,救助主体以近亲为主,次及乡里村坊和邻里。在制定律令、政策对日常社会救助进行规范和指导之外,政府也进行了一些具体的救助,如对高年及鳏寡孤独残疾者的赏赐和对贫穷官僚的赏赐接济等。

　　政府所进行的社会救助明显表现出与政治、经济形势的紧密关联性。在帝王求治心切的时期,他们较关注百姓疾苦,对社会救助亦较为重视。同时,财力又是政府进行社会救助的物质基础,若政府财政不足或本身窘迫、入不敷出,对社会救助也就无暇顾及。这在灾害救助方面体现得比较明显,唐前期,政局相对稳定,国力强盛,救灾活动较为密集且成效显著;唐后期至五代,政局动荡不安,中央财力困窘,救灾活动明显少于唐前期,实际效果也大不如前,因灾蠲免时效性也较差,还多是无法征收的逋租悬调。因此,虽然唐五代政府和民间的社会救助较之前代均有长足发展,但在发生战乱和灾荒时,社会救助仍无法保障灾民和弱势群体的生计。

其次,呈现出较明显的法制化、制度化的特点。明确将灾害奏报、灾害损免、侍丁制度、弱势人群优先依养于近亲邻里的救恤程序,行之令文。此外,在赋税制度方面,唐代的赋役令对老人、鳏寡孤独、残疾、妇女等均有明确的减免规定,从法律上保护了这些人减免赋役的权利;在刑罚方面,相关律令中对老人、鳏寡孤独、残疾、妇女、小儿的违法行为作了从轻处罚的规定。对官员、学生、将士等特殊群体在俸禄、课税等方面也制定了相关的优恤政策。在民众医疗、婚嫁、丧葬方面,唐五代政府也都制定了不少救恤性的政策与律令。

再次,劝化民风,依靠民间力量实现日常社会救助。政府日常救助行为的主要目的在于示范天下,宣教、劝化民众互助共济,调动民间力量解决具体的社会问题。如陈子昂云:"陛下遂躬籍田亲蚕,以劝天下之农桑;养三老五更,以教天下之孝悌。"[1]穆质云:"以陛下养高年之礼著于上,则乡党不废尚齿之仪。"[2]李翱云:"教其父母使之慈,教其子弟使之孝,教其在乡党使之敬让,羸老者得其安,幼弱者得其养,鳏寡孤独有不人病者皆乐其生。"[3]柳宗元亦曰:"诚使古之为政者,非春无以布德和令,行庆施惠,养幼少,省囹圄,赐贫穷,礼贤者。"[4]不可否认,在社会物质生活相对贫乏的情况下,政府通过宣传及表彰,以期劝化百姓,树立民间互助共济的风尚,也不失为一种较有效的策略。民间力量包括民众个体和民间组织,而民间组织中的宗族和社邑在社会救助中起了非常重要的作用。随着士族中央化和官僚化程度的加强、士族在乡村势力的衰落,地方宗族在乡村社会救助中的作用也随之减弱,社邑组织则开始兴起和活跃,民众通过结社等方式相互"济苦救贫",在某种程度上补充了国家和宗族救助的不足。

政府对弱势人群减免赋役可使其自安,对贫困者加以救恤,可体现仁政,唐五代政府在社会救助中大致执行这一理念。李翱在《平赋书(并序)》中即说:"鳏寡孤独有不人疾者,公与之粟帛;能自给者,弗征其田

① 〔唐〕陈子昂:《谏政理书》,《全唐文》卷二一三,第2154页。

② 〔唐〕穆质:《对贤良方正能直言极谏策(问陆贽作)》,《全唐文》卷五二四,第5327页。

③ 〔唐〕李翱:《平赋书(并序)》,《全唐文》卷六三八,第6440页。

④ 〔唐〕柳宗元:《时令论上》,《全唐文》卷五八二,第5878页。

桑。"①在唐五代政府明确对鳏寡孤独的46次赏赐中,有19次是专门针对其中尤其贫困不济者,在对高年的赏赐中,也有4次是特别针对贫弱尤甚不能自存者的。可见,对贫弱人口的这种救恤方式是当时的一种基本救助思想。

复次,唐五代社会救助面较广,从突发灾害到日常生活,从老人到幼小,从弱势群体到特殊人群,从出生、婚嫁到老病、死亡,基本覆盖了社会各个阶层中需要救助的人,也涉及社会生活的各个方面。

最后,唐五代时期在社会救助方面也有较多创新,如病坊的设立,对高年老人的给侍制度,官僚致仕制度,设置宗族书院、宗族学田,还完善了残疾人按等级减免赋税,等等,对后世的社会救助有开先河之功。

二、唐五代社会救助的历史地位

唐五代处于唐宋变革期中,明显表现出了承前启后的特点,作为此段历史中的一个方面,社会救助也体现了这种变化趋势。

首先,社会救助的法制化及制度化,在中国古代社会救助史上具有重要意义。尽管早在《礼记·曲礼》中就有"大夫七十而致事"的思想,由秦至隋,各朝按不同标准给五品以上、七十岁以上的官员致仕,但始终没有法律作为依据。②唐代在官员致仕方面作了一系列的制度规定,保证了对年老体弱官员的恤养。官员致仕后获得的俸禄,为其养老提供了物质保障。

此外,唐代律令对唐以前已有的社会救助措施更加细致地加以规定。如《唐律》继承并规范了秦《田律》中的灾害奏报损免制度;制定了相对系统的维护水利堤防安全和火灾防范等关于灾害预防的律令;依据《周礼》中养老、慈幼、恤孤、助残的社会救助思想,从土地分配、赋役减免、刑罚宽免等层面制定了救助弱势群体的相关律令;将鳏寡茕独不能自存者的恤养诉诸律令;关于国家给残疾人减免赋税等救助措施,秦汉魏晋南北朝均有不同程度的实行,但相关的律令规定比较模糊③,唐朝则制定了"三疾令",将残疾人分"残疾、废疾、笃疾"三等,等级不同,减免赋税和宽免刑罚的程度也不同。这种法制化和细致化,对社会救助制度的健全和

①《全唐文》卷六三八,第6440页。

② 参阅朱大渭:《两晋南北朝官员致仕刍议》,《中国史研究》1987年第1期。

③ 参阅张荣强:《说"罚俉"——吴简所见免役资料试释》,《文物》2004年第12期。

实施有着重要的意义。

其次,政府在社会救助方面有一些重要的创新。比如,创立对高年老人、笃疾者的给侍制度,是唐代政府在解决养老、助残问题上的一种开创性举措,是儒家学说的具体实现;病坊是中国古代首次在全国范围内由政府主持设置的救助机构,专门救助贫病残丐等弱势人群,与六朝时期短暂及局部设置的"六疾馆""孤独园"有着质的差别。通观整个唐代,病坊在中央和州县分布较广泛,且长期存在。虽然,在当时的社会生产力和社会制度下,病坊根本无法完全解决弱势群体的医疗救治及恤养问题,但其对宋以后类似社会救助机构的设置和普及有着积极的示范作用。北宋时在开封设置的东西两福田院,就是直接仿照唐代的病坊而建立的。宋代出现的其他救贫恤穷养病组织,也无不从病坊受到启发,并将其功能和作用更加细化、明确而已。唐代病坊的设置对中国古代社会救济事业的发展有着重要意义,这是值得肯定的。

再次,随着唐五代士族的不断衰亡,在家族内部宗族对同宗贫弱成员发挥了重要救助作用。如江州陈氏义门办有学院,有供给子弟读书费用的学田,还有专负婚嫁之责的开勘司及专司族人医疗救助的学医等,这表明唐五代家族组织已初具宋代以后义庄的形态,它的出现为宋代及之后义田义庄等救助组织的出现开启了先河。

虽然宗族、姻亲在唐五代民间救助中发挥了很大作用,但是民间累世同居与分析而居的情况同时存在。累世同居的往往是世家大族,宗族姻亲救助力度自然比较强。分析而居者,往往为庶民阶层,本来无同居的经济基础,这样的同宗家庭,就很难有效进行相互救助。也就是说,宗族救助必须依靠宗族内若干主干家庭的经济实力,一旦这些家族没落,宗族救助就无法保障。

最后,庶民往往通过结社等方式,与乡里异姓形成相互"济苦救贫"的组织,以补充国家和宗族救助的不足。然而,社邑组织也不是民间救助的救星,其本身也存在不少缺陷。私社的祭祀、局席、丧葬、婚嫁等大额的活动费用均须社人平均分担,往往成为社人的负担,甚至存在所缴费用超过赋税的情况,不少人不得不退社,这也意味着社邑组织对真正贫困的百姓,并不能提供有效的救助。

附　录

表一　唐五代帝王赏赐高年表①

时间	赏赐地区	赏赐对象	赏赐	赏赐原因	资料来源
武德三年（620）	稷州	父老	置酒高会，赐帛	幸稷州	《册》卷五五
武德五年三月	京城	父老	赐帛	宴父老	《册》卷五五
武德九年八月	关内及蒲、芮、虞、泰、陕、鼎六州	民八十以上	赐粟帛	太宗即位	《新》卷二
		百岁	加版授		
贞观三年（629）四月	天下	高年八十以上	粟二石	御太极殿（立太子）	《册》卷五五、《新》卷二
		九十以上	三石		
		百岁	加绢二匹		
贞观四年七月	天下	民年八十以上	赐有差	疾愈	《新》卷二
贞观四年十月	岐、陇二州	八十以上	赐物	幸陇州	《册》卷五五
		百岁以上	尤加优恤		
贞观四年十月	咸阳、始平、武功三县	年八十以上	赐物	行经咸阳、始平、武功三县	《全》卷五太宗《赦岐陇二州诏》
贞观五年十二月	新丰	高年	赐帛	幸温汤新丰	《册》卷五五
贞观六年三月	雍、岐、幽三州	民八十以上	粟帛	幸九成宫	《新》卷二
贞观六年五月	岐州	父老	赐帛	行幸	《册》卷五五

---

① 表中《册》为《册府元龟》之省称，《旧》为《旧唐书》之省称，《新》为《新唐书》之省称，《全》为《全唐文》之省称。

时间	赏赐地区	赏赐对象	赏赐	赏赐原因	资料来源
贞观六年九月	不详	故老	赐帛	幸庆善宫	《册》卷五五
贞观十一年正月	长安	父老	赐以谷帛	宴长老	《册》卷五五
贞观十一年二月	天下	民百岁以上	给侍五人	如洛阳宫	《新》卷二
贞观十一年三月	洛阳	父老	宴于干元殿,赐以粟帛	幸洛阳宫	《册》卷五五
贞观十一年	个人	颍州人甄权,时年一百零三岁	拜朝散大夫,赐以粟帛、被褥、几杖	车驾在洛阳,幸甄权宅	《册》卷五五
贞观十二年二月	洛阳	父老	赐帛有差	幸洛阳	《册》卷五五
贞观十二年冬十月	始平	高年	粟帛有差	狩于始平	《旧》卷三、《新》卷二
贞观十三年正月	三原县	人年八十以上	赐物有差	朝于献陵	《册》卷五五
贞观十四年正月	魏王宅同里	老人	赐物有差	幸魏王宅	《册》卷五五
贞观十五年正月	所过州	赐高年	谷帛	如洛阳	《册》卷五五
贞观十五年四月	洛州	民八十以上	赐物	有事于泰山	《新》卷二
贞观十五年五月	并州	父老	仍赐物遣之	请临幸	《册》卷五五
贞观十五年十一月	所经之县	高年	遣使存问,赐帛各有差	蒐于伊阙	《册》卷五五
贞观十六年十一月	所过六县	高年	毡衾粟帛	猎于武功、猎于岐山之阳	《新》卷二
贞观十七年四月	天下	民八十以上	粟帛	立晋王治为皇太子	《新》卷二

时间	赏赐地区	赏赐对象	赏赐	赏赐原因	资料来源
贞观十七年六月	并州	父老	赐宴及物以遣之	并州父老诣阙贺	《册》卷五五
贞观十七年十一月	凉州	男子年七十以上	量给酒米	以凉州贞石表瑞	《册》卷五五、《新》卷二
贞观十八年正月	雍州	父老百岁以上	毡被袍各一,帛十匹,粟十石	将以征高丽	《册》卷五五
		九十以上	物五段,粟五石		
		八十以上	物三段,粟一石		
贞观十八年十月	雍州	父老	赐粟帛	宴雍州父老	《新》卷二
贞观十八年十一月	郑、汝、怀、泽四州	高年	宴赐之	至洛州(行幸)	《新》卷二
贞观十八年十一月	洛州	父老一百九十人	宴于仪鸾殿,班赐有差	行幸	《册》卷五五
贞观十九年二月	所经州县	高年	赐粟帛	发洛阳征辽	《册》卷五五
贞观十九年二月	个人	河阳女子吕,年百岁	赐毡、帛袍各一,绵帛十段	幸行,次河阳	《册》卷五五
贞观十九年二月	个人	女子翟、张,并年百岁	赐物如河阳	次汲县	《册》卷五五
贞观十九年三月	个人	平棘张道鸿	赐以衣服	次平棘张道鸿之庐	《册》卷五五
贞观十九年十月	营州	父老年七十以上	赐缯、帛、绫、锦等	次营州	《册》卷五五
贞观二十年	太原	父老	宴之,赐物有差	幸并州	《册》卷五五
贞观二十年二月	所过地区	高年	粟	发并州	《新》卷二、《册》卷五五
贞观二十年七月	灵州	高年	粟帛有差	幸灵州	《册》卷五五

时间	赏赐地区	赏赐对象	赏赐	赏赐原因	资料来源
贞观二十年八月	京城	父老	赐食及粟帛	北阙召见	《册》卷五五
贞观二十年八月	泾州	高年	粟帛	次泾州	《新》卷二
贞观二十二年二月	所经地区	高年	粟帛有差	幸玉华宫	《旧》卷三
贞观二十三年五月	天下	八十以上	赐粟帛	以甘雨	《册》卷五五、《全》卷八太宗《甘雨降大赦诏》
贞观二十三年六月	天下	民八十以上	粟帛	高宗即位	《新》卷三
永徽六年（655）十月	天下	民八十以上	粟二石、帛三段	立宸妃武氏为皇后，丁巳，大赦	《新》卷三、《册》卷五五
		百岁以上	粟五石、帛十段		
显庆元年（656）正月	天下	八十以上	粟帛	立代王弘为皇太子，改元	《新》卷三
显庆元年正月	京城	老人	宴	宴请	《册》卷五五
		八十以上	赐物各有差		
显庆二年二月	洛阳	父老百岁以上	毡被一具、袍一领、丝绢十段、粟二十石，仍遣使就家存问	幸洛阳	《册》卷五五
		九十以上	丝、绢五段		
显庆二年十一月	郑州	八十以上	粟、帛	如许州，乙巳猎于潩南，壬子讲武于新郑	《新》卷三
显庆二年闰十二月	所经地区	八十以上老人	毡、袍、绵及粟有差	驾幸东都	《册》卷五五
显庆四年闰十月	所过州县	民八十以上	毡、衾、粟、帛	如东都，皇太子监国	《新》卷三

403

时间	赏赐地区	赏赐对象	赏赐	赏赐原因	资料来源
显庆五年正月	长平	父老	布帛	次长平（行幸）	《新》卷三
显庆五年二月	并州及所过州县	民年八十以上	版授刺史、县令，赐酺三日	行幸	《新》卷三
显庆五年三月	不详	妇人八十以上	版授郡君，赐毡衾粟帛	皇后宴亲族	《新》卷三
龙朔元年（661）九月	个人	河南县妇人张氏，年一百三岁	赐绢三十匹、毡被一具	驾幸河南县	《册》卷五五
乾封元年（666）正月	天下	民年八十以上	版授下州刺史、司马、县令，妇人郡、县君	改元大赦	《新》卷三、《册》卷五五
		七十以上至八十	赐古爵一级		
乾封二年九月	岐州	高年	粟帛	如岐州	《新》卷三
总章二年（669）九月	岐州管内	高年	衣物粟帛各有差	至岐州，高祖初仕隋为扶风太守	《旧》卷四、《册》卷五五
咸亨元年（670）十一月	京城	父老	宴、节级赐物及黄帔	将幸东都	《册》卷五五
咸亨二年十一月	所过地区	老	遣使存问	如许州	《新》卷三
上元三年（676）三月	所过地区	八十以上老人	赐帛	自汝州还	《册》卷五五
仪凤元年（676）三月	汝州（？）	民八十以上	赐帛	如东都	《新》卷三

时间	赏赐地区	赏赐对象	赏赐	赏赐原因	资料来源
弘道元年（683）十二月	天下	老人百岁以上者、妇人	版授下州刺史、郡君	改元大赦	《册》卷五五、《全》卷一三高宗《改元宏道大赦诏》
		九十以上者、妇人	上州司马、县君		
		八十以上者、妇人	县令、量赐粟帛		
光宅元年（684）二月	天下	老人	版授官，赐粟帛	立皇帝、皇后、皇太子，改元为文明	《新》卷四
光宅元年九月	天下	诸年八十已上	各赐粟二石，绵帛二段	改文明元年为光宅元年	《全》卷九六武则天《改元光宅赦文》
		九十已上	赐粟三石，绵帛三段		
		百岁已上	赐粟五石，绵帛五段。并依旧例版授		
景龙二年（708）二月	天下	妇人八十以上	版授郡、县、乡君	有星陨于西南，大赦	《新》卷四
太极元年（712）正月	天下	老人年九十以上	版授下州刺史、绯衫牙笏	籍田大赦	《册》卷五五
		八十以上	版授上州司马、绿衫木笏		
先天元年（712）正月	天下	九十以上	版授下州刺史	改元太极	《新》卷五
		八十以上	上州司马		
开元二年（714）九月	京师	侍老	宴于含元殿庭	作兴庆宫	《新》卷五
		九十以上	几、杖		
		八十以上	鸠杖		
		妇人	亦如之，赐于其家		

405

时间	赏赐地区	赏赐对象	赏赐	赏赐原因	资料来源
开元二年九月	天下诸州	侍老	令州县遂稳便设酒食,一准京城,赐几杖	召见侍老	《册》卷五五
		妇人	则送几、杖于其家		
开元三年十月	所过地区	侍老九十以上	各赐物四段,绵布各一束	如鄜	《新》卷五、《册》卷五五
开元六年十月	河南府及怀、汝、郑三州	父老	赐帛		《新》卷五
开元十一年正月	东都	侍老	赐物	如东都	《新》卷五
开元十一年正月	并州	侍老八十以上、妇人	版授上县令、赐物五段,县君、赐绯	如并州,改并州为北都	《新》卷五、《旧》卷八、《全》卷二二玄宗《北都巡狩制》
		九十以上、妇人	版授上州长史、赐物七段,郡君、赐绯		
		百岁以上、妇人	版授上州刺史、赐物十段,郡夫人、赐紫		
	潞州	父老已下	各赐物三匹	次潞州	
开元十一年十一月	太原府	高年	粟帛	亲祠南郊礼毕大赦	《新》卷五、《册》卷五五
		百岁老人	赐帛五段、粟五石,县令至其家存问给付		
开元十一年十二月	所过地区	年九十以上	各赐物四段,绵布各一束	幸凤泉汤	《全》卷二六玄宗《幸凤泉汤诏》

时间	赏赐地区	赏赐对象	赏赐	赏赐原因	资料来源
开元十三年正月	十道	侍老			《全》卷二二玄宗《分遣蒋钦绪等往十道疏决囚徒宣慰百姓制》《册》卷八四
开元十三年十月	河南、北五百里内(所过)	父老	赐帛(二匹)	如兖州，次濮州	《新》卷五、《册》卷五五
开元十三年十一月	徐、曹、亳、许、仙、豫六州	父老	各赐帛二匹	封禅	《新》卷五、《全》卷二八七张九龄《东封赦书》
		侍老年百岁已上者、妇人	版授下州刺史、郡君		
		年九十已上者、妇人	版授上州司马、县君		
		年七十已上者、妇人	版授县令，量赐粟帛		
		其预见大礼侍老	各别加侍丁一人		
开元十三年十二月	京兆	父老	各赐帛以遣之	至东都，京兆父老拜贺	《册》卷五五
开元十五年十月	畿内	侍老九十已上	量赐酒面	自东都还至陕州	《全》卷三五玄宗《自东都还至陕州推恩敕》
开元十七年十一月	诸州	侍老百岁以上	赐绵帛十段	谒陵大赦	《册》卷五五、《全》卷三九《谒陵大赦文》
		九十以上	赐五段		
		八十以上	赐三段		
开元二十年十月	潞州	高年	赐粟帛	如潞州	《新》卷五
开元二十年十一月	诸州	侍老百岁已上	帛赐粟七石	祠后土毕	《全》卷二八七张九龄《后土赦书》
		九十已上	赐粟五石		
		八十已上	赐粟三石所由速付，勿淹旬日		

407

时间	赏赐地区	赏赐对象	赏赐	赏赐原因	资料来源
开元二十三年正月	天下	侍老百岁以上	版授上州刺史	耕籍田大赦	《新》卷五、《册》卷五五
		九十以上	版授中州刺史		
		八十以上	版授上州司马		
		七十以上	所繇量给酒肉，各令存问		
开元二十四年八月千秋节	京兆	父老	宴敕并宜坐食讫乐饮兼赐物	千秋节	《册》卷五五
开元二十六年七月	天下	侍老八十以上	粟帛加版授，赐粟三石、帛三匹	册皇太子赦	《新》卷五、《册》卷五五
		百岁以上	赐粟五石、绵帛五段并假板授		
开元二十七年二月	天下	侍老百岁以上、妇人	版授下州刺史、郡君，赐粟五石，绢帛五段	群臣上尊号曰开元圣文神武皇帝	《新》卷五、《册》卷五五、《全》卷三一〇孙逖《开元二十七年册尊号大赦天下制》
		九十以上，妇人	版授上州司马、县君，粟三石，绢帛三段		
		八十以上，妇人	版授县令、乡君，粟二石，绵帛二段		
	京城	父老	宜共赐物三千段		
天宝元年(742)正月	天下	侍老八十以上	委县官每加存问，仍量赐粟帛	改元	《新》卷五

时间	赏赐地区	赏赐对象	赏赐	赏赐原因	资料来源
天宝三载十二月	天下	侍老	粟帛	祀九宫贵神	《新》卷五、《册》卷五五
		百岁以上	绵帛五段、粟三石		
		八十以上	绵帛三段、粟二石		
天宝六载正月	天下	侍老	粟帛	有事于南郊,大赦	《新》卷五
		百年以上	赐绵帛五段、粟三石		
		八十以上	绵帛三段、粟二石,仍令长官存问		
天宝七载五月	京城	父老	赐物人十段	群臣上尊号曰开元天宝圣文神武应道皇帝	《新》卷五、《册》卷五五、《全》卷三九玄宗《加应道尊号大赦文》
		七十以上、妇人	版授本县令、县君		
		六十以上	版授县丞		
	天下	侍老百岁以上、妇人	版授上郡太守、郡君,赐酒面		
		九十以上、妇人	版授上郡司马、县君,赐酒面		
		八十以上、妇人	版授县令、乡君,赐酒面		
天宝八载闰月	天下	男子七十、妇人七十五以上,至八十以上依例程处分	皆给一子侍(仍自简择)	大赦,群臣上尊号曰开元天地大宝圣文神武应道皇帝	《新》卷五
天宝十载正月	天下	侍老	赐粟帛	有事于南郊	《新》卷五、《册》卷五五
		百岁以上	赐绵帛五段、粟五石		
		八十以上	绵帛三段、粟三石		
		丈夫七十五以上、妇人七十以上	绢帛五段、粟二石		

时间	赏赐地区	赏赐对象	赏赐	赏赐原因	资料来源
天宝十三载二月	天下	侍老百岁以上、妇人	版授本郡太守、郡夫人,各赐绵帛五段,粟三石	群臣上尊号曰开元天地大宝圣文神武证道孝德皇帝,大赦	《新》卷五、《册》卷五五、《全》卷四〇玄宗《加证道孝德尊号大赦文》
		九十以上、妇人	版授郡长史、郡君		
		八十以上、妇人	版授县令、县君,各赐绵帛二段,粟二石		
天宝十四载八月	天下	侍老	赐米		《新》卷五
天宝十五载七月	天下	耆寿	各赐物五段	即位,改元至德	《新》卷六《肃宗本纪》《册》卷五五、《全》卷四四肃宗《即位大赦文》
		侍老	版授太守、县令,各赐物五段		
至德二载(757)十月	凤翔	父老	版授官	肃宗坐镇凤翔初步打败安庆绪	《新》卷六
至德二载十二月	天下	父老八十以上	版授,加绯衣、银鱼(板授有差,并赐绯鱼袋,授太守县令)	复京师	《新》卷六、《册》卷五五、
上元二年(761)九月	天下	侍老	版授官,先授者叙进之	去"乾元大圣光天文武孝感"号,去"上元"号,大赦	《新》卷六、《册》卷五五、《全》卷四五《赦文》
广德二年(764)二月	天下	九十以上	版授刺史	亲祠南郊	《册》卷五五
		七十以上	版授上佐县令		

时间	赏赐地区	赏赐对象	赏赐	赏赐原因	资料来源
兴元元年（784）正月	天下	年九十已上者	刺史县令就门存问	改元大赦	《全》卷四六〇陆贽《奉天改元大赦制》
兴元元年六月	兴元府	父老	加版授	朱泚伏诛，以梁州为兴元府	《新》卷七、《册》卷五五
兴元元年七月	凤翔府	八十以上	版授刺史	次凤翔	《新》卷七
兴元元年七月	京兆府	耆寿年八十已上	并与版授刺史仍赐紫	平朱泚后车驾还京大赦	《全》卷四六〇陆贽《平朱泚后车驾还京大赦制》
		八十已下	并与版授本县令，仍赐绯		
	诸州府	耆寿年八十已上	并与版授本县令，仍赐绯		
	天下	侍老耆寿	亦各与版授官		
		如年九十已上者	州县长吏岁时躬亲省问		
贞元二十一年（805）二月	天下	百姓九十以上、妇人	版授上佐、县君，赐米二石，绢两匹，仍令本部长吏就家存问	顺宗御丹凤楼（即位），大赦天下	《新》卷七、《旧》卷一四、《册》卷五五
		百岁已上、妇人	版授下州刺史、郡君，赐米五石绢二匹，绵一屯，羊、酒		
元和元年（806）正月	天下	民高年者	米、帛、羊、酒	改元大赦	《新》卷七、《全》卷六三

411

时间	赏赐地区	赏赐对象	赏赐	赏赐原因	资料来源
元和元年六月	天下	百姓有父母祖父母八十以上者	粟二斛、物二段	尊母为皇太后	《新》卷七
		九十以上	粟三斛、物三段		
元和二年正月	天下	高年	米帛羊酒加版授	有事于南郊	《新》卷七
元和七年十一月	魏、博、贝、卫、澶、相六州	高年	赐粟帛	田兴以六州归于有司	《新》卷七
元和十三年正月	天下	百姓高年	赐米帛羊酒有差	平淮西	《全》卷六三宪宗《平淮西大赦文》
元和十四年二月	淄青管内	高年废疾,并鳏寡茕独贫弱尤甚者	委观察到日差官存问,并量与粟帛	平李师道	《全》卷六二宪宗《平李师道德音》
元和十四年七月	天下	百姓百岁以上	各赐米五石,绢二匹,纯绵一屯,羊、酒有差	册尊号大赦	《全》卷六三宪宗《上尊号赦文》、《册》卷五五
		九十以上	各赐米三石,绢两匹,仍令本县令就家存问		
元和十五年二月	天下	高年	粟帛	即位大赦	《新》卷八
元和十五年十一月	镇、赵、深、冀	高年不能自存者	就给粟帛	成德军观察支使王承元以镇、赵、深、冀四州归于有司	《册》卷五五、《新》卷八

时间	赏赐地区	赏赐对象	赏赐	赏赐原因	资料来源
长庆元年（821）正月	天下	百姓高年者	赐粟及绵绢有差	郊祀，礼毕，赦	《全》卷六六穆宗《南郊改元德音》《册》卷五五
长庆元年三月	管内（卢龙军）	高年不能自存	差官就问，给赐粟帛	卢龙军节度使刘总归	《册》卷五五
长庆元年七月	天下	百姓九十已上	委所在长吏量加存恤	册尊号	《全》卷六五〇元稹《长庆元年册尊号赦》
宝历元年（825）正月	天下	百姓高年者上县以上每县十人，中县五人，下县三人，并以县界年最高者充数	人各赐米三石，绢两匹，仍版授上佐县君，并委令长赍粟帛就家宣赐讫，具名本道，一时闻奏。其米及绢，仍令上供数内申报	改元、南郊赦	《全》卷六八敬宗《南郊赦文》
宝历元年四月	天下	百姓九十已上	委所在长吏量加存问	受尊号	《全》卷六八敬宗《受尊号赦文》
太和三年（829）十一月	天下百姓妇人	年九十已上	各赐米五石，绢两匹，绵一屯，羊酒有差，版授下州刺史郡君	南郊赦	《全》卷七五文宗《南郊赦文》
		八十已上	各赐米三石，绢两匹，版授上佐县君		

413

时间	赏赐地区	赏赐对象	赏赐	赏赐原因	资料来源
会昌二年(842)四月	天下百姓	年九十已上	委所在长吏量加存问	加尊号	《全唐文》卷七八武宗《加尊号赦文》
会昌五年正月	天下	百姓年九十上	委所在长吏以留州物量加存恤	加尊号后郊天	《全》卷七八武宗《加尊号后郊天赦文》
大中元年(847)正月	天下	百姓九十已上	各赐绢三匹	改元赦	《全》卷八二宣宗《大中改元南郊赦文》
		八十已上	各赐绢两匹,仍委长吏斋帛就家宣赐		
大中二年正月	天下	百姓年九十上	委所在长吏量加存问	受尊号	《全》卷八二宣宗《受尊号赦文》
大中十三年十月	天下	耆老	粟帛	即位大赦	《全》卷八五懿宗《即位赦文》、《新》卷九
		八十已上者	各赐绢两匹,粟二石		
		九十已上者	各赐绢三匹,仍加板授		
咸通七年(866)十一月	天下	百姓年九十已上	各赠米五石,绢两匹,绵一屯,羊、酒有差,仍令本县令就家存问	蝗虫灾	《全》卷八五懿宗《大赦文》
咸通八年十一月	不详	民年七十而痼疾	帛	疾愈,避正殿	《新》卷九
光启元年(885)三月	天下	父老有年九十以上者	赐帛二匹,粟五石,仍令所在以上供物支付	车驾还京师(平叛)	《全》卷八九僖宗《车驾还京师德音》、《新》卷九
光启三年七月	天下	民九十以上	粟帛	平叛	《新》卷九

时间	赏赐地区	赏赐对象	赏赐	赏赐原因	资料来源
大顺二年（891）四月	天下	民年八十以上	长吏存恤	有彗星入于太微（灾异），大赦，避正殿，减膳，彻乐	《新》卷十
景福元年（892）	淮南、浙西、宣州三道	其乡间父老八十以上	委所在长吏量加优恤，庶便栖迟		《全》卷九二昭宗《平孙儒德音》
天复元年（901）	天下	高年鳏寡八十已上	委所在长吏切加安恤	改元	《全》卷九二昭宗《改元天复赦文》
同光元年（923）四月	诸道管内	有高年逾百岁者	给复，永俾除名	即位，改元制	《册》卷五五
		八十至九十者	免一子		
同光元年十月	天下	年过八十者		御崇元殿降德音	《册》卷五五、《册》卷一五四
天成二年（927）十月	汴州	年八十以上	免一丁差役	安重海既构任圜之祸恐人非之思市恩于众以掩己过，为下诏蠲除之	《册》卷五五、《新五代史》卷二四《安重海传》
天福二年（937）四月	天下	百姓有年八十以上者	免一丁差徭	入汴州	《册》卷五五
天福六年八月	邺都（魏州）	耆老八十以上	与板授上佐	帝幸邺都	《册》卷五五

表二 唐五代帝王恤赏鳏寡茕独一览表①

时间	地域范围	恤赏对象	恤赏方式	恤赏原因	共恤人	资料来源
武德元年（618）五月	天下	鳏寡孤独	量加赈恤	改元	孝悌力田	《全》卷一高祖《改元大赦诏》
武德三年二月	益州	鳏寡孤独	量加赡恤	宣扬朝典，进擢廉平	孝弟（悌）贞节	《全》卷二高祖《遣使安抚益州诏》
武德四年六月四日	河南诸州	鳏寡孤独	以时恤理	平王世充侵虐		《全》卷二高祖《赦河南诸州诏》
武德九年八月九日	天下	鳏寡孤独，不能自存者	量事优恤	即位大赦	老人、孝节义贞顺、高年、硕学等	《全》卷四太宗《即位大赦诏》
贞观三年（629）四月	天下	鳏寡孤独，不能自存	州县长官，量加赈恤	赐孝义高年	逃户初还家无粮贮	《全》卷五太宗《赐孝义高年粟帛诏》
贞观四年二月十八日	天下	鳏寡孤独，不能自存者	州县量加赈济	大赦天下		《全》卷五太宗《大赦诏》
贞观四年十月一日	岐陇二州	鳏寡笃疾	亦加赐物	观省民风（行幸）	并武功县旧军主帅	《全》卷五太宗《赦岐陇二州诏》
贞观九年三月十六日	天下	鳏寡孤独，不能自存者	所在官司，量加赈恤	频年不稔，水雨为灾	大辟以下囚徒	《全》卷五太宗《水潦大赦诏》
贞观十三年正月	三原县	鳏寡孤独	赐物各有差	朝于献陵（行幸）	孝子顺孙、义夫节妇、有笃疾者	《旧》卷二五《礼仪志五》
贞观十五年四月	洛州	茕独鳏寡	米二斛	有事于泰山	疾病不能自存者	《新》卷二《太宗本纪》
贞观十九年二月	所过州县	鳏寡	粟帛	如洛阳宫以伐高丽	高年	《新》卷二《太宗本纪》

① 表中的《全》《册》《新》《旧》《敕》分别为《全唐文》《册府元龟》《新唐书》《旧唐书》《唐代诏敕目录》的简称；另，材料多见者，只出其一，不一一列举。

416

时间	地域范围	恤赏对象	恤赏方式	恤赏原因	共恤人	资料来源
贞观二十年二月	所过州县	鳏寡	粟	伐高丽所过	高年	《新》卷二《太宗本纪》
贞观二十年八月	泾州	鳏寡	粟帛	次泾州	高年	《新》卷二《太宗本纪》
贞观二十三年三月	天下	鳏寡茕独	量加赈贷	甘雨降大赦	笃疾者	《全》卷八太宗《甘雨降大赦诏》
永徽三年（652）正月	天下	鳏寡茕独	量加赈恤务令得所	去秋少雨，冬来无雪，春作方始	笃疾之徒	《全》卷一一高宗《恩宥囚徒诏》
咸亨二年（671）十一月	所过州县	鳏寡	遣使存问	如许州	疾老	《新》卷三《高宗本纪》
弘道元年（683）	天下	鳏寡茕独，不能自存者	量加赈恤	改元	笃疾不能自存者	《全》卷一三高宗《改元宏道大赦诏》
光宅元年（684）	天下	鳏寡茕独，不能自存者	并加赈恤	改元	笃疾之徒不能自存者	《全》卷九六武皇后《改元光宅赦文》
载初元年（690）	天下	鳏寡孤独，不能存立者	量加赈恤	改元	笃疾等不能存立者	《全》卷九六武皇后《改元载初赦文》
先天二年（713）七月	行幸所至处	鳏寡茕独	令刺史县令存问，如有单贫不济不能存活者，量加赈给	北都巡狩	百年老病、及行人家，其侍老仍各赐物三段	《全》卷二二元宗《北都巡狩制》
开元十一年（723）春正月	所至州县	鳏寡茕独	存问	北都巡狩所至	高年、征行人家	《旧》卷八《玄宗本纪》
开元十一年十一月	天下	鳏寡茕独	亦令州县倍加矜恤，使得存济	南郊赦		《全》卷二八七张九龄《南郊赦书》
开元十三年十一月	天下	鳏寡茕独	委州县长官倍加存恤	东封赦	行人之家、疾病不能自存者	《全》卷二八七张九龄《东封赦书》

417

时间	地域范围	恤赏对象	恤赏方式	恤赏原因	共恤人	资料来源
开元十六年正月	天下	鳏寡茕独,不能自存者	州县长官亲加优抚,使得存济,量事矜放差科	营兴庆宫、河北水灾	诸处行人之家	《全》卷三七玄宗《营兴庆宫德音》
开元二十一年五月	天下	鳏寡茕独	委州县长官检校,矜放差科,使安其业	敕皇太子纳妃	不支济之征行人家,赈给,助其营种	《全》卷二八三张九龄《敕皇太子纳妃》
开元二十三年八月	天下	鳏寡茕独	免今岁税米之半	江南水灾		《旧》卷八《玄宗本纪》
开元二十四年十月	畿内	鳏寡茕独	令州县长官亲自存问,有疾患量加医药	自东都还至陕州	征行之家	《全》卷三五玄宗《自东都还至陕州推恩敕》
天宝十三载(754)二月九日	天下	鳏寡茕独,乏绝者	量加赈给	加尊号		《全》卷四〇玄宗《加证道孝德尊号大赦文》
乾元元年(758)四月	天下	鳏寡茕独	州县随事优恤赈给	南郊赦	笃疾不能自存,及阵亡人家并捐免户	《全》卷四五肃宗《乾元元年南郊赦文》
乾元元年十月	天下	鳏寡茕独	已频有处分,宜令州县长官,倍加优恤	立皇太子	其行人家,及羸老单贫	《全》卷四四肃宗《立成王为皇太子德音》
上元二年(761)九月	天下	鳏寡茕独,不能存立者	委刺史县令量中赈恤	去上元年号	天下侍老	《全》卷四五肃宗《去上元年号大赦文》
大历五年(770)	天下	鳏寡孤独	委州府县吏取诸色官物,量事赈给	大赦	老幼贫穷,不能自存者	《全》卷四一五常衮《大历五年大赦天下制》

418

时间	地域范围	恤赏对象	恤赏方式	恤赏原因	共恤人	资料来源
大历九年四月	天下	鳏寡孤独，不能自存者	仰所在州府长官，每事以诸色官物量加赡恤，令其得所	夏至大赦	困穷无主	《全》卷四九代宗《大历九年夏至大赦文》
兴元元年（784）正月	天下	鳏寡茕独不，能自活者	并委州县长吏量事优恤	改元	孤老	《全》卷四六〇陆贽《奉天改元大赦制》《敕》
兴元元年二月	京畿及同华等州	先尽鳏寡孤茕目下不济者	务令均给，全活流庸	春种	贫人	《全》卷四六三陆贽《赐种子赈给贫人诏》
贞元九年（793）十一月	天下	鳏寡茕独，不能自存者	委刺史县令各加优恤	冬至大礼	八十已上	《全》卷四六一陆贽《贞元九年冬至大赦制》
元和七年（812）十月	魏博管内	高年茕独、孤废疾，不能自存	委田兴差官存问，仍量给粟帛	宣慰魏博	天宝遗人	《全》卷五七宪宗《宣慰魏博制》
元和十四年二月	淄青管内	鳏寡茕独、贫弱尤甚者	委观察到日差官存问，并量与粟帛	平李师道	高年废疾	《全》卷六二宪宗《平李师道德音》《敕》
元和十五年十一月	成德军四州之内	孤独废疾，不能自存者	差官就问，量给粟帛	王承元愿赴阙廷	有高年茕独	《全》卷六四穆宗《宣慰镇州制》
太和六年（832）春正月	京城内	鳏寡孤独，不能自济	委京兆尹两县令量加赈恤讫	逾月雨雪，寒气尤甚	瘖聋跛躃穷无告者	《全》卷七四文宗《雨雪赈济百姓敕》
	诸道雨雪过多处	鳏寡孤独，不能自济	委所在长吏量事优恤			

时间	地域范围	恤赏对象	恤赏方式	恤赏原因	共恤人	资料来源
光启三年（887）七月	天下	鳏寡孤独者	委所在切加存恤，无使恓惶	车驾还京师	瘖聋跛躄	《全》卷八九僖宗《车驾还京师德音》
大顺二年（891）	天下	鳏寡孤独	委所在长吏量加优恤，庶便栖迟	平孙儒	乡闾父老八十以上并瘖聋跛躄者	《全》卷九二昭宗《平孙儒德音》
天复元年（901）	天下	鳏寡八十已上	委所在长吏切加安恤，其有不幸者，量与葬送，仍存抚孤裔	改元	高年八十已上	《全》卷九二昭宗《改元天复赦文》
乾化二年（912）五月	两京及诸州府	鳏寡孤独	委长吏量加赈恤	暑月	废疾不济者	《全》卷一〇一后梁太祖《暑月施恩诏》
同光元年（923）四月	天下	茕嫠鳏寡	勉致噢咻，遍加惠养	改元	逋毒孤贫	《全》卷一〇五后唐庄宗《改元同光赦文》
同光元年十月	天下	鳏寡孤独，无所告者	仰所在各议拯救	平汴州	义夫节妇、孝子顺孙	《全》卷一〇五后唐庄宗《平汴州大赦德音》

420

表三 唐宗室搜求任用一览表

时间	任用皇族范围	任用条件	任用方式	资料来源
开元十一年(723)十一月十六日	宗室中	孝悌才术为众所知,仍在卑任者	委宗正具以名奏	张九龄《南郊赦书》
乾元元年(758)二月五日	皇五等已上亲及九庙子孙	有才学政理	委宗正寺拣择闻荐	肃宗《册太上皇尊号赦文》
贞元元年(785)十一月	宗子中	有德行才能者	宗正卿具以名闻,当别奖任	陆贽《冬至大礼大赦制》
贞元二十一年二月二十四日	宗子中	有才用者	委宗正卿以名闻,量才叙用	顺宗《即位赦文》
元和二年(807)正月三日	宗子中	有才用者	委中书门下量才叙用	宪宗《南郊赦文》六三
元和十四年七月十三日	宗子中	有才行可称者	委宗正寺及所在长吏具以名闻,仍委中书门下量才叙用	宪宗《上尊号赦文》
元和十五年二月五日	宗子	有才行者	悉以名闻奏,仍委中书门下量才叙用	穆宗《登极德音》六六
太和元年(827)正月十三日	太皇太后第二等已上亲,大行皇帝皇太后第一等亲		委中书门下量才叙用	文宗《太和改元赦文》
太和三年十一月十八日	太皇太后皇太后二等已上亲,皇后三等已上亲		委中书门下择有才行者量与改官,无官者与出身	文宗《南郊赦文》
太和七年八月七日	诸王等	宜以今年以后,相次出阁	且授紧望已上州刺史上佐,观其才能,续有序用	文宗《册立皇太子德音》
大中元年(847)正月十七日	太皇太后皇太后二等已上亲,皇三等已上亲		委中书门下择有才行者量与改官,无官者与出身	宣宗《大中改元南郊赦文》八二

时间	任用皇族范围	任用条件	任用方式	资料来源
咸通七年（866）十一月十日	宗子	有行义文学吏事堪有清实者	令宗正寺搜择具名闻奏，委中书门下量才叙用	懿宗《大赦文》
		如在郡县，年已蹉跎，士行可奖，困于寒馁	宜委所在长吏，随分驱策优假	
乾符二年（875）正月七日	宗室	有材行可升，沦落在升	宗正卿专加察访，旋申尚书门下，量材处分	僖宗《南郊赦文》
	惠安皇太后缌麻已上亲		各委所在搜访闻奏	
天复元年（901）四月十五日	其宗室子孙	自兴德行在及光化元年放出身、合许非时参选者	委本司准旧例处分，不得逾滥，仍令吏部切加磨勘	昭宗《改元天复赦文》九二

表四　唐五代宋初敦煌社邑身亡转帖纳赠分析简表①

表家	亡者	纳赠粮食	吊酒	布帛	柴	纳赠人中之官吏	时间	卷号
王张六	本人	祭盘麦各三升半，赠面各三升半		布人各一匹，领巾三条		一人	吐蕃占领时期	P.5003
李再兴	本人	粟二斗		色[物]两匹		不明	乾宁三年(896)	P.3070V
程平水	妻	饼廿，粟一斗		色物一匹	一束	残缺	乾宁间(894—898)	P.3211V
张贤者	阿婆	粟一斗	一瓮			一人	903年？	S.6981
康郎	妻	粟一斗	一瓮			六人	925年？	P.3164
张员通	妻	粟一斗	一瓮			一人	925年前后	S.5139V
郭保员	弟身	麦一斗、粟一斗、饼廿		鲜净色物三丈		不明	944年	P.2842V
索押牙	妻	粟一斗、饼廿		绫绢色物二丈	一束	六人	10世纪	P.5032
张康三	本人	麦一斗、饼廿		人各绫绢，先(鲜)净色物半匹		残缺	10世纪上半叶	北图殷41V
裴富定	妻	饼廿，升油、粟			柴	三人	957年	P.3555+P.3288
傅郎	母	粟一斗	吊酒			三人	958年	P.3707
温押牙	阿嫂	粟一斗	吊酒			三人	958年	P.5032
贺保新	父	粟、并(饼)、油		鲜净楪(鍱)褐色物三仗(丈)	柴	五人	10世纪中叶	P.3889

① 参阅宁可、郝春文辑校：《敦煌社邑文书辑校》；郝春文辑校：《〈敦煌社邑文书辑校〉补遗(一)》《〈敦煌社邑文书辑校〉补遗(四)》；(日)山本达郎、池田温辑校：《敦煌吐鲁番社会经济史文书》第三卷《契券》。

丧家	亡者	纳赠粮食	吊酒	布帛	柴	纳赠人中之官吏	时间	卷号
安丑定	妻	麦一斗,粟一斗,饼廿		褐布色匆(物)两匹		不明	961年	北图周66
张愍儿	母	粟一斗	一瓮			三人	967年	S.5632
张吉昌	本人	饼卅翻		(有残缺)		残缺	967年?	S.3011V
李达	兄弟	油粟(有残缺)		净褐缲色物三仗(丈)		二人	972年	P.4991
戚新	妻	油一合		鲜净褐布色物一匹		三人	972年	S.6003
裴留奴	妻	面一斤,油一合,粟一斗		鲜净缕绢色物三丈	一束	原文无署名	973年	S.2894V4
汜再昌	妻	面一斤,油一合,粟一斗		鲜净绫绢色物三丈	一束	原文无署名	973年	S.2894V4
刘员定	妻	粟一斗	一瓮			三人	丙戌	Дх.1439A
安定	阿姊师	粟一斗				十二人	988年	S.4660
安三	阿□	粟一斗,祭盘准旧例(饼)				一人	988年	P.4987
某官	母	粟一斗	一瓮			残缺	□末年	S.7931
张昌进	本人	粟一斗	一瓮	褐布色物二丈		三人	某年	S.2242
缺名	缺	鲜□,□斗		残缺	一束	残缺	不明	S.10184+S.9929
缺名	缺	残缺	吊酒	残缺		残缺	不明	P.3897
王郎	本人	粟一斗	一瓮			三人	10世纪	S.3714
索宝定	本人	粟一斗	一瓮	土褐布色物一匹	一束	无	981年	P.2817V

丧家	亡者	纳赠粮食	吊酒	布帛	柴	纳赠人中之官吏	时间	卷号
张员住	本人	粟一斗	一瓮			残缺	不详	S.2078V1
索庆庆	本人	面一斗、粟一斗		色物半匹		不明	申年	P.T.1102
何子升	女	粟一斗、[饼]三十		布褐色两匹		五人	庚子	S.2162
刘宅官	女	粟一斗	一瓮			十人	壬寅	S.5486
梁进通	本人	饼二十		弘（红）非（绯）色细褐布二杖（丈）伍尺	一束	一人	口巳	Дx.4032
石口住	男	粟口口	吊酒			一人	丙午	Дx.2256
邓南山	母	粟一斗	一瓮			尾残	967年	北图L.2433
程富住	阿耶	饼廿		人各鲜净色物三丈	一束	原文无署名	不详	北图能34号
阎羊丝	本人	麦一斗、粟一斗、面一斤				原文无署名	不详	北图国2号
口紧记	妻	粟		残缺		尾残	不详	Дx.1346
李兆兆	本人			色物两匹			9世纪	S.3365V
仁德	妻	四尺祭盘（饼）		布一匹		原文无署名	丑年	北图周53V
李富朵	本人	粟一斗、饼卅			一束	原文无署名	不详	Дx.6063V

参考文献*

一、古籍类

[1]〔战国〕左丘明著,〔晋〕杜预注:《左传》,上海:上海古籍出版社 2016年版。

[2]〔汉〕班固:《汉书》,北京:中华书局1962年版。

[3]〔汉〕司马迁:《史记》,北京:中华书局1959年版。

[4]〔梁〕萧子显:《南齐书》,北京:中华书局1972年版。

[5]〔北齐〕魏收:《魏书》,北京:中华书局1974年版。

[6]〔南北朝〕颜之推撰,檀作文译注:《颜氏家训》,北京:中华书局 2007年版。

[7]〔唐〕白居易撰,顾学颉校点:《白居易集》,北京:中华书局1979年版。

[8]〔唐〕杜牧撰,吴在庆校注:《杜牧集系年校注》,北京:中华书局 2013年版。

[9]〔唐〕杜佑撰,王文锦、王永兴等点校:《通典》,北京:中华书局1988 年版。

[10]〔唐〕段成式:《酉阳杂俎》,北京:中华书局1981年版。

[11]〔唐〕范摅:《云溪友议》,《唐五代笔记小说大观》,上海:上海古籍 出版社2000年版。

[12]〔唐〕韩鄂原编,缪启愉校释:《四时纂要》,北京:农业出版社1981 年版。

[13]〔唐〕韩愈撰,马其昶校注,马茂元整理:《韩昌黎文集校注》,上海: 上海古籍出版社1986年版。

---

*参考文献除古籍类按时间排序,其余均以作者姓氏音序排序。

[14]〔唐〕贾公彦疏:《仪礼注疏》,〔清〕阮元校刻:《十三经注疏》(上),北京:中华书局1980年影印版。

[15]〔唐〕贾公彦疏:《周礼注疏》,〔清〕阮元校刻:《十三经注疏》(上),北京:中华书局1980年影印版。

[16]〔唐〕孔颖达疏:《礼记正义》,〔清〕阮元校刻:《十三经注疏》(上),北京:中华书局1980年影印版。

[17]〔唐〕李德裕撰,傅璇琮等校笺:《李德裕文集校笺》,石家庄:河北教育出版社2000年版。

[18]〔唐〕李林甫等撰,陈仲夫点校:《唐六典》,北京:中华书局1992年版。

[19]〔唐〕李筌著,张文才、王陇译注:《太白阴经全解》,长沙:岳麓书社2004年版。

[20]〔唐〕李延寿:《南史》,北京:中华书局1975年版。

[21]〔唐〕李肇:《唐国史补》,上海:上海古籍出版社1957版。

[22]〔唐〕梁肃撰,胡大俊等整理点校:《梁肃文集》,兰州:甘肃人民出版社2000年版。

[23]〔唐〕刘恂:《岭表录异》,北京:中华书局1985年版。

[24]〔唐〕刘禹锡撰,卞孝萱校点:《刘禹锡集》,北京:中华书局1990年版。

[25]〔唐〕陆贽撰,王素点校:《陆贽集》,北京:中华书局2006年版。

[26]〔唐〕权德舆著,霍旭东校点:《权德舆文集》,兰州:甘肃人民出版社1999年版。

[27]〔唐〕魏徵等:《隋书》,北京:中华书局1973年版。

[28]〔唐〕吴兢撰,谢保成集校:《贞观政要》,北京:中华书局2003年版。

[29]〔唐〕萧嵩等:《大唐开元礼》,北京:民族出版社2000年版。

[30]〔唐〕姚思廉:《梁书》,北京:中华书局1973年版。

[31]〔唐〕义净原著,王邦维校注:《大唐西域求法高僧传校注》,北京:中华书局1988年版。

[32]〔唐〕元稹撰,冀勤点校:《元稹集》,北京:中华书局1982版。

[33]〔唐〕张说著,熊飞校注:《张说集校注》,北京:中华书局2013年版。

[34]〔唐〕张鷟:《龙筋凤髓判》,北京:中国政法大学出版社1996年版。

[35]〔唐〕张鷟撰,赵守俨点校:《朝野佥载》,北京:中华书局1979年版。

[36]〔唐〕长孙无忌等撰,刘俊文点校:《唐律疏议》,北京:中华书局1983年版。

[37]〔唐〕赵璘:《因话录》,上海:上海古籍出版社1957年版。

[38]〔五代〕王定保撰,姜汉椿校注:《唐摭言校注》,上海:上海社会科学院出版社2003年版。

[39]〔后晋〕刘昫:《旧唐书》,北京:中华书局1975年版。

[40]〔后蜀〕何光远撰,焦杰点校:《鉴诚录》,新世纪万有文库《唐·五代·宋笔记十五种》(二),沈阳:辽宁教育出版社2000年版。

[41]〔宋〕陈舜俞:《庐山记》,丛书集成初编本,北京:中华书局1985年版。

[42]〔宋〕李昉等:《文苑英华》,北京:中华书局1966年版。

[43]〔宋〕李昉等编:《太平广记》,北京:中华书局1961年版。

[44]〔宋〕李昉等编:《太平御览》,北京:中华书局1960年版。

[45]〔宋〕李焘撰,〔清〕黄以周等辑补:《续资治通鉴长编》,上海:上海古籍出版社1986年版。

[46]〔宋〕欧阳修、〔宋〕宋祁:《新唐书》,北京:中华书局1975年版。

[47]〔宋〕欧阳修:《新五代史》,北京:中华书局1974年版。

[48]〔宋〕司马光编著,〔元〕胡三省音注:《资治通鉴》,北京:中华书局1956年版。

[49]〔宋〕宋敏求编:《唐大诏令集》,北京:中华书局2008年版。

[50]〔宋〕王谠撰,周勋初校证:《唐语林校证》,北京:中华书局1987年版。

[51]〔宋〕王溥:《唐会要》,北京:中华书局1955年版。

[52]〔宋〕王钦若等编:《册府元龟》(明本),北京:中华书局1960年版。

[53]〔宋〕王钦若等编:《册府元龟》(宋本),北京:中华书局1989年影印版。

[54]〔宋〕邢昺疏,〔清〕阮元校刻:《十三经注疏·尔雅注疏》,北京:中华书局1980年影印版。

[55]〔宋〕邢昺疏:《孝经注疏》,〔清〕阮元校刻:《十三经注疏》(下),北京:中华书局1980年影印版。

[56]〔宋〕薛居正等:《旧五代史》,北京:中华书局1976年版。

[57]〔宋〕郑樵:《通志》,杭州:浙江古籍出版社1998年版。

[58]〔宋〕周应合:《景定建康志》,宋元地志丛书第二册,台北:中国地志学会1978年印行版。

[59]〔宋〕朱熹撰,戴扬本、曾抗美校点:《晦庵先生朱文公集》,《朱子全集》,上海:上海古籍出版社2002年版。

428

[60]〔明〕李贤等:《明一统志》,西安:三秦出版社1990年版。

[61]〔明〕徐光启著,石声汉校注:《农政全书校注》,上海:上海古籍出版社1979年版。

[62]〔清〕曹寅等编,王全校点:《全唐诗》,北京:中华书局1960年版。

[63]〔清〕陈崇砥:《治蝗书》,清同治十三年(1874)刻本。

[64]〔清〕董诰等编:《全唐文》,北京:中华书局1983年版。

[65]〔清〕顾炎武撰,〔清〕黄汝成集释,秦克成点校:《日知录集释》,长沙:岳麓书社1994年版。

[66]〔清〕王昶:《金石粹编》,西安:陕西人民出版社1990年版。

[67]大藏经刊行会编:《大藏经》,台北:新文丰出版公司1983年版。

二、出土文献

[1]俄罗斯科学院东方研究所圣彼得堡分所等合编:《俄藏敦煌文献》(共十七册),上海:上海古籍出版社1992~2001年版。

[2]黄永武主编:《敦煌宝藏》(共一四〇册),台北:新文丰出版公司1981—1986年版。

[3]桥栋、李献奇、史家珍编:《洛阳新获墓志续编》,北京:科学出版社2008年版。

[4]上海古籍出版社等合编:《法藏敦煌西域文献》(共三十四册),上海:上海古籍出版社1995~2005年版。

[5]唐耕耦、陆宏基编:《敦煌社会经济文献真迹释录》第一辑,北京:书目文献出版社1986年版。

[6]唐耕耦、陆宏基编:《敦煌社会经济文献真迹释录》第二辑,北京:全国图书馆文献缩微复制中心1990年版。

[7]唐耕耦、陆宏基编:《敦煌社会经济文献真迹释录》第三辑,北京:全国图书馆文献缩微复制中心1990年版。

[8]唐耕耦、陆宏基编:《敦煌社会经济文献真迹释录》第四辑,北京:全国图书馆文献缩微复制中心1990年版。

[9]中国文物研究所、新疆维吾尔自治区博物馆、武汉大学历史系编:《吐鲁番出土文书》第3册,北京:文物出版社1996年版。

[10]中国文物研究所、新疆维吾尔自治区博物馆、武汉大学历史系编:《吐鲁番出土文书》第4册,北京:文物出版社1996年版。

[11]〔日〕山本达郎、〔日〕池田温等:《敦煌吐鲁番社会经济史文书》第三卷《契券》,东京:东洋文库2001年版。

[12]〔日〕小田义久编:《大谷文书集成》第一卷,京都:法藏馆1983年版。

[13]〔日〕小田义久编:《大谷文书集成》第二卷,京都:法藏馆1990年版。

三、学术专著

[1]蔡鸿生:《唐代九姓胡与吐厥文化》,北京:中华书局1998年版。

[2]岑仲勉:《隋唐史》,北京:高等教育出版社1957年版。

[3]陈高华等:《中国风俗通史·魏晋南北朝卷》,上海:上海文艺出版社2000年版。

[4]陈俊民辑校:《蓝田吕氏遗著辑校》,北京:中华书局1993年版。

[5]陈明光:《唐代财政史新编》,北京:中国财政经济出版社1991年版。

[6]陈业新:《灾害与两汉社会研究》,上海:上海人民出版社2004年版。

[7]邓拓:《中国救荒史》,北京:北京出版社1998年版。

[8]费成康主编:《中国的家族法规》,上海:上海社会科学院出版社1998年版。

[9]冯尔康、常建华等编著:《中国宗族社会》,杭州:浙江人民出版社1994年版。

[10]龚书铎主编:《中国社会通史》,太原:山西教育出版社1996年版。

[11]古怡青:《唐代府兵制度兴衰研究》,台北:新文丰出版公司2002年版。

[12]郭郛等:《中国飞蝗生物学》,济南:山东科技出版社1991年版。

[13]国家文物局编:《中国文物地图集:北京分册》,北京:科学出版社2008年版。

[14]韩国磐:《隋唐五代史纲》,北京:人民出版社1979年版。

[15]郝春文:《中古时期社邑研究》,上海:上海古籍出版社1997年版。

[16]侯力:《科举制度与唐代社会》,长沙:岳麓书社1998年版。

[17]胡宝华:《唐代监察制度研究》,北京:商务印书馆2005年版。

[18]胡戟等主编:《二十世纪唐研究》,北京:中国社会科学出版社2002年版。

[19]黄惠贤、陈锋主编:《中国俸禄制度史》,武汉:武汉大学出版社1996年版。

[20]黄征、吴伟编校:《敦煌愿文集》,长沙:岳麓书社1995年版。

[21]黄征、张涌泉校注:《敦煌变文校注》,北京:中华书局1997年版。

[22]姜伯勤、项楚、荣新江:《敦煌邈真赞校录并研究》,台北:新文丰出版公司1994年版。

[23]焦进文、杨富学校注:《元代西夏遗民文献"述善集"校注》,兰州:甘肃人民出版社2001年版。

[24]李斌城、李锦绣、张泽咸、吴丽娱、冻国栋、黄正建:《隋唐五代社会生活史》,北京:中国社会科学出版社1998年版。

[25]李锦绣:《唐代财政史稿》(上、下卷),北京:北京大学出版社1995、2001年版。

[26]李锦绣:《唐代制度史略论稿》,北京:中国政法大学出版社1998年版。

[27]李均明:《秦汉简牍文书分类辑解》,北京:文物出版社2009年版。

[28]李文治、江太新:《中国宗法宗族制和族田义庄》,北京:中国社科文献出版社2000年版。

[29]李晓林、王绪瑾主编:《社会保障学》,北京:中国财政经济出版社1997年版。

[30]李燕捷:《唐人年寿研究》,台北:文津出版社1994年版。

[31]刘海峰:《唐代教育与选举制度综论》,台北:文津出版社1991年版。

[32]刘金章主编:《现代社会保障通论》,天津:天津科学技术出版社1996年版。

[33]刘俊文:《敦煌吐鲁番唐代法制文书考释》,北京:中华书局1989年版。

[34]卢向前:《唐代西州土地关系述论》,上海:上海古籍出版社2001年版。

[35]吕思勉:《中国宗族制度小史》,《中国制度史》,上海:上海教育出版社1985年版。

[36]马世骏等:《中国东亚飞蝗蝗区的研究》,北京:科学出版社1965年版。

[37]么振华:《唐代自然灾害及其社会应对》,上海:上海古籍出版社2014年版。

[38]孟繁峰、刘超英主编:《隋唐五代墓志汇编》,天津:天津古籍出版

社 1991 年版。

[39]闵祥鹏:《中国灾害通史·隋唐五代卷》,郑州:郑州大学出版社 2008 年版。

[40]宁可、郝春文辑校:《敦煌社邑文书辑校》,南京:江苏古籍出版社 1997 年版。

[41]牛志平:《唐代婚丧》,西安:西北大学出版社 1996 年版。

[42]潘重规:《敦煌变文集新书》,台北:文津出版社 1994 年版。

[43]沙知录校:《敦煌契约文书辑校》,南京:江苏古籍出版社 1998 年版。

[44]宋大川:《唐代教育体制研究》,太原:山西教育出版社 1998 年版。

[45]宋家钰:《唐朝户籍法与均田制研究》,郑州:中州古籍出版社 1988 年版。

[46]宋靖:《唐宋中书舍人研究》,哈尔滨:黑龙江大学出版社 2010 年版。

[47]苏振芳:《社会保障通论》,北京:中国时代经济出版社 2001 年版。

[48]孙继民:《唐代瀚海军文书研究》,兰州:甘肃文化出版社 2002 年版。

[49]孙绍骋:《中国救灾制度研究》,北京:商务印书馆 2004 年版。

[50]《天一阁藏明钞本天圣令校证》,天一阁博物馆、中国社会科学院历史研究所天圣令整理课题组校正,北京:中华书局 2006 年版。

[51]吴钢主编:《全唐文补遗》第一辑,西安:三秦出版社 1994 年版。

[52]吴钢主编:《全唐文补遗》第二辑,西安:三秦出版社 1995 年版。

[53]吴钢主编:《全唐文补遗》第三辑,西安:三秦出版社 1996 年版。

[54]吴廷燮:《唐方镇年表》,北京:中华书局 1980 年版。

[55]向淑云:《唐代婚姻法与婚姻实态》,台北:台湾商务印书馆 1991 年版。

[56]徐好民:《地象概论:自然之谜新解》,北京:北京图书馆出版社 1998 年版。

[57]徐连达:《唐朝文化史》,上海:复旦大学出版社 2003 年版。

[58]徐扬杰:《中国家族制度史》,北京:人民文学出版社 1992 年版。

[59]阎守诚主编:《危机与应对:自然灾害与唐代社会》,北京:人民出版社 2008 年版。

[60]杨际平、郭峰、张和平:《五—十世纪敦煌的家庭与家族关系》,长沙:岳麓书社 1997 年版。

[61]杨廷福:《唐律初探》,天津:天津人民出版社 1985 年版。

[62]郁贤皓:《唐刺史考全编》,南京:江苏古籍出版社1987年版。

[63]张承宗:《六朝习俗》,南京:南京出版社2002年版。

[64]张弓:《唐朝仓廪制度初探》,北京:中华书局1986年版。

[65]张国刚:《唐代政治制度研究论集》,台北:文津出版社1994年版。

[66]张国刚主编:《隋唐五代史研究概要》,天津:天津教育出版社1996年版。

[67]张剑光:《三千年疫情》,南昌:江西高校出版社1998年版。

[68]张荣芳:《唐代京兆尹研究》,台北:台湾学生书局1987年版。

[69]张文:《宋朝社会救济研究》,重庆:西南师范大学出版社2001年版。

[70]赵贞:《唐代的天文历法》,郑州:河南人民出版社2019年版。

[71]郑学檬主编:《中国赋役制度史》,上海:上海人民出版社2000年版。

[72]中国大百科全书总编辑委员会《社会学》编辑委员会、中国大百科全书出版社编辑部:《中国大百科全书·社会学卷》,北京:中国大百科全书出版社1991年版。

[73]中国社会科学院历史研究所等合编:《英藏敦煌文献》(共十四册),成都:四川人民出版社1990~1995年版。

[74]周绍良、赵超主编:《唐代墓志汇编续》,上海:上海古籍出版社2001年版。

[75]周绍良主编:《唐代墓志汇编》,上海:上海古籍出版社1992年版。

[76]朱凤玉:《王梵志诗研究》,台北:台湾学生书局1987年版。

[77]〔美〕郑麒来:《中国古代的食人:人吃人行为透视》,北京:中国社会科学出版社1993年版。

[78]〔日〕池田温:《中国古代籍帐研究—概观·录文》,东京:东京大学出版社1979年版。

[79]〔日〕池田温编:《唐代诏敕目录》,西安:三秦出版社1991年版。

[80]〔日〕谷川道雄著,马彪译:《中国中世社会与共同体》,北京:中华书局2002年版。

[81]〔日〕仁井田陞:《唐令拾遗》,东京:东方文化学院东京研究所刊,昭和八年(1933)。

四、论文

[1]鲍智:《气温变暖致使全球疾病大流行》,《国外科技动态》1992年。

[2]陈国钧:《中国历代救济事业概述》,《新社会》1951年第15卷第6—7期。

[3]陈国生:《唐代自然灾害初步研究》,《湖北大学学报(哲学社会科学版)》1995年第1期。

[4]陈寒:《唐代公主的婚配特点及分析》,《人文杂志》1998年第3期。

[5]陈昊:《汉唐间墓葬文书中的注(疰)病书写》,《唐研究》第12卷,2006年。

[6]陈可畏:《唐代河患频发之研究》,收入《史念海先生八十寿辰学术文集》,西安:陕西师范大学出版社1996年版。

[7]陈磊:《行走于现实与想象之间——隋唐时期的"疫鬼"和"鬼神致病"》,《史林》2015年第3期。

[8]陈丽:《唐宋时期瘟疫发生的规律及特点》,《首都师范大学学报》2009年第6期。

[9]陈明光:《略论唐代的赋税"损免"》,《中国农史》1995年第1期。

[10]陈明光:《唐朝的两税三分制与常平义仓制度》,《中国农史》1988年第3期。

[11]陈明光:《唐朝的侍老制度》,《文史知识》1991年第11期。

[12]陈明光:《唐宋田赋的"损免"与"灾伤检放"论稿》,《中国史研究》2003年2期。

[13]陈守实:《我国历史上的义仓制度》,《解放日报》1961年7月7日。

[14]崔岩:《也谈唐代太原"黄坑"葬俗的宗教属性》,《洛阳大学学报(社会科学版)》2003年第3期。

[15]邓洪波:《唐代地方书院考》,《教育评论》1990年第2期。

[16]丁建定:《唐代的社会救助制度及其管理》,《社会保障评论》2017年第2期。

[17]丁建定:《唐代社会保障:思想、实践及其评价》,《中国人民大学学报》2014年第1期。

[18]冻国栋:《读姚崇〈遗令〉论唐代的"财产预论"与家族形态》,收入朱雷主编:《唐代的历史与社会》,武汉:武汉大学出版社1997年。

[19]豆霞、贾兵强:《论宋代义庄的特征与社会功能》,《华南农业大学学报(社会科学版)》2007年第3期。

[20]杜正乾:《唐病坊表征》,《敦煌研究》2001年第1期。

［21］冯金忠：《唐代病坊刍议》，《西域研究》2004年第3期。

［22］傅安华：《唐代玄宗以前的户口逃亡》，《食货》1935年第1卷第4期。

［23］傅尚霖：《中国家庭制度及生活上的几个特点》，《清华周刊》1931年第35卷第4、5、6期。

［24］葛承雍：《唐代乞丐与病坊探讨》，《人文杂志》1992年第6期。

［25］龚山友：《古代农村救济制度考》，《大道》1934年第6期。

［26］龚胜生：《隋唐五代时期疫灾地理研究》，《暨南史学》第3辑，2004年。

［27］龚胜生：《中国疫灾的时空分布变迁规律》，《地理学报》2003年第6期。

［28］郭桂坤：《唐代宗室进士考》，《北京大学学报》2013年第4期。

［29］郭海文：《唐代公主的择偶标准》，《河南师范大学学报》2010年第2期。

［30］郭林、丁建定：《隋唐五代灾害及其防救措施评析》，《山东社会科学》2013年第6期。

［31］韩国磐：《科举制和衣冠户》，收入韩国磐：《隋唐五代史论集》，北京：生活·读书·新知三联书店出版社1979年版。

［32］韩国磐：《渠堰使和唐代水利灌溉的管理》，《求索》1997年4期。

［33］韩国磐：《唐代灌溉业的发达》，《光明日报·史学33号》，1954年。

［34］郝春文：《〈敦煌社邑文书辑校〉补遗（一）》，《首都师范大学学报（社会科学版）》1999年第4期。

［35］郝春文：《〈敦煌社邑文书辑校〉补遗（二）》，《首都师范大学学报（社会科学版）》2000年第2期。

［36］郝春文：《〈敦煌社邑文书辑校〉补遗（三）》，《首都师范大学学报（社会科学版）》2001年第4期。

［37］郝春文：《〈敦煌写本社邑文书辑校〉补遗（四）》，收入张涌泉等：《姜亮夫、蒋礼鸿、郭在贻先生纪念文集》（《汉语史学报专辑》总第三辑），上海：上海教育出版社2003年版。

［38］郝春文：《〈唐末五代宋初敦煌社邑的几个问题〉商榷》，《中国史研究》2003年第1期。

［39］郝春文：《敦煌的渠人与渠社》，《北京师范学院学报（社会科学版）》，1990年第1期。

[40]郝春文：《敦煌私社的"义聚"》，《中国社会经济史研究》1989年第4期。

[41]郝春文：《再论敦煌私社的"义聚"》，收入《首都师范大学史学研究》第二辑，北京：中国文史出版社2004年版。

[42]郝春文：《中古时期儒佛文化对民间结社的影响及其变化》，收入《1993年国际唐文化学术讨论会论文集》，上海：上海人民出版社1994年版。

[43]何兹全：《中古时代之佛教寺院》，《中国经济》1934年第2卷第9期。

[44]黄福銮：《中国宗族的互助周济》，《崇基学报》1962年第2卷。

[45]黄云鹤：《唐代举子游丐之风——〈太平广记〉所见唐代举子生活态之一》，《古籍整理研究学刊》2004年第1期。

[46]黄正建：《敦煌文书与唐五代北方地区的饮食生活》，收入《魏晋南北朝隋唐史资料》第11辑。

[47]姜伯勤：《上海藏本敦煌所出河西支度营田使文书研究》，收入北京大学中国中古史研究中心编：《敦煌吐鲁番文献研究论集》第二辑，北京：北京大学出版社1983年版。

[48]焦杰：《中晚唐公主"难嫁"原因新探：从太和年间的公主入道现象说起》，《厦门大学学报（哲学社会科学版）》2013年第4期。

[49]介永强：《唐代宗室管理制度论略》，《陕西师范大学学报》2003年第1期。

[50]靳强：《唐代自然灾害问题述略——侧重于灾害资料的统计与分析》，收入《魏晋南北朝隋唐史资料》第二十辑，2003年。

[51]雷闻：《祈雨与唐代社会研究》，收入《国学研究》第8辑，北京：北京大学出版社2002年版。

[52]冷启霞：《唐代的医科学校与医疗卫生管理》，《文史杂志》2011年第6期。

[53]黎圣伦：《我国历代敬老养老制度》，《中山学术文化集刊》1957年第2卷。

[54]李才栋：《唐代书院的创建与功能》，《江西教育学院学报（社会科学版）》，2000年第1期。

[55]李汉桥：《唐代官吏致仕制度的兴废》，《党政干部论坛》1988年第3期。

[56]李穆：《从性别角度看唐代的养老政策》，《科技信息》，2007年第1期。

[57]李润强：《唐代依养外亲的孀妇幼孤家庭考察》，收入田澍主编：《中国古代史论萃——庆贺历史学家金宝祥先生九十华诞论文集》，兰州：甘肃人民出版社2004年版。

[58]李邵鸿：《西汉参考仓制考》，《中国史研究》1998年第3期。

[59]李胜伟：《唐代疫病流行与政府应对措施浅论》，《河南师范大学学报》2013年第1期。

[60]李翔：《唐代致仕制度初探》，《中国史研究》1991年第1期。

[61]李彦群：《论唐代皇家教育失败的原因及影响》，《赤峰学院学报》2016年第3期。

[62]李正宇：《敦煌学郎题记辑注》，《敦煌学辑刊》1987年第1期。

[63]李正宇：《唐宋时代的敦煌学校》，《敦煌研究》1986第1期。

[64]李志生：《论唐代公主政策的阶段性特点》，《中国史研究》1997年第4期。

[65]梁坚：《中国古代的养老制度》，《台湾省立博物馆科学年刊》1952年第6期。

[66]梁云谷：《中国救济事业之史的探讨》，《仁爱月刊》1936年第1卷第12期。

[67]林梅村：《稽胡史迹考》，《中国史研究》2002年第1期。

[68]刘定远：《中国家族制度的起源》，《厦大社会学刊》1933年第1卷第1期。

[69]刘海峰：《唐代乡村学校与教育的普及》，《教育评论》1990年第2期。

[70]刘俊文：《唐代水害史论》，《北京大学学报》1988年第2期。

[71]刘松林：《浅谈我国古代的养老制度》，《文史杂志》1999年第6期。

[72]刘兴云：《浅议唐代的乡村养老》，《史学月刊》2007年第8期。

[73]刘志明、王玥：《唐代社会保障制度初探》，《西部法学评论》2014年第6期。

[74]卢厚杰：《论唐代贫民生活与社会救济》，《唐都学刊》2015年第11期。

[75]卢向前：《马社研究——伯三八九九号背面马社文书介绍》，收入北京大学中国中古史研究中心编：《敦煌吐鲁番文献研究论集》第二辑，北京：北京大学出版社1983年版。

[76]罗彤华：《唐代病坊隶属与经营问题小考——中国社会救济事业的进展》，《魏晋南北朝隋唐史资料》2005年第22辑。

[77]马强:《唐宋西南、岭南瘴病地理与知识阶层的认识应对》,《中国历史地理论丛》2007年第3辑。

[78]毛汉光:《敦煌吐鲁番居民生存权之个案研究》,收入项楚、郑阿财主编:《新世纪敦煌学论集》,成都:巴蜀书社2003年版。

[79]毛汉光:《唐代荫任之研究》,《中央研究院历史语言研究所集刊》第55本第3分册,1984年,第459~542页。

[80]么振华、孙小燕:《五代十国灾害救治特征略论》,《平顶山学院学报》2019年第6期。

[81]么振华:《关于官吏渎职行为对唐代灾害救济影响的考察》,《求索》2010年第11期。

[82]么振华:《唐朝的因灾蠲免程序及其实效》,《人文杂志》2005年第3期。

[83]么振华:《唐代民间的自助与互助救荒》,《兰州学刊》2008年第11期。

[84]么振华:《唐代因灾移民政策简论》,《兰州学刊》2010年第9期。

[85]么振华:《唐代自然灾害及救灾史研究综述》,《中国史研究动态》2004年第4期。

[86]么振华:《唐人对地震的认识与存恤》,《唐都学刊》2008年第11期。

[87]蒙曼:《公主婚姻与武周以后的政局》,《中国典籍与文化》2002年第4期。

[88]孟宪实:《敦煌社邑的分布》,收入赦春文主编:《敦煌文献论集:纪念敦煌藏经洞发现一百周年国际学术研讨会论文集》,沈阳:辽宁人民出版社2001年版。

[89]孟宪实:《试论唐宋时期敦煌民间结社的组织形态》,《敦煌研究》2002年第1期。

[90]孟宪实:《唐朝政府的民间结社政策研究》,《北京理工大学学报(社会科学版)》2001年第1期。

[91]宁可、郝春文:《敦煌社邑的丧葬互助》,《首都师范大学学报(社会科学版)》1995年第6期。

[92]宁可:《汉代的社》,《文史》第9辑,北京:中华书局1980年版。

[93]宁可:《述"社邑"》,《北京师范学院学报(社会科学版)》1985年第1期。

[94]宁欣:《唐朝巡院及其在唐后期监察体系中的作用和地位》,《北京

师范学院学报》1989年第6期。

[95]牛志平:《唐代的丧葬礼仪》,《乾陵大化研究》2014年第8辑。

[96]潘孝伟:《论唐朝宣抚使》,《中国史研究》1999年第2期。

[97]潘孝伟:《唐代减灾思想和对策》,《中国农史》1995年第1期。

[98]潘孝伟:《唐代减灾行政管理体制初探》,《安庆师院社会科学学报》1996年第4期。

[99]潘孝伟:《唐代减灾与当时经济政治之关系》,《安庆师院社会科学学报》1995年第4期。

[100]潘孝伟:《唐代救荒措施的总体特征》,《安庆师范学院学报》1993年第3期。

[101]潘孝伟:《唐代义仓研究》,《中国农史》1984年第4期。

[102]潘孝伟:《唐代义仓制度补议》,《中国农史》1998年第3期。

[103]彭炳金:《〈医疾令〉所见唐代医疗立法》,《兰台世界》2014年第2期。

[104]彭炳金:《论唐代的医学教育与考试制度》,《南阳师范学院学报》2005年第11期。

[105]朴春泽:《唐代逃户的发生原因及其影响》,《中国史研究》(韩国)2,中国史学会,1997年。

[106]齐东方:《唐代的丧葬观念习俗与礼仪制度》,《考古学报》2006年第1期。

[107]屈弓:《关于唐代水利工程的统计》,《西南师范大学学报》1994年第1期。

[108]全汉昇:《中古佛教寺院的慈善事业》,《食货》1935年第1卷第4期。

[109]冉万里:《略论唐代公主的婚姻生活》,《西北大学学报》2002年第4期。

[110]任立鹏:《试析唐代转运仓布局变化的原因》,《湖南工业职业技术学院学报》2010年第6期。

[111]僧铁:《历代饥馑史》,《东方杂志》10卷8号,1914年。

[112]邵正坤:《论汉代国家的仓储管理制度》,《史学集刊》2003年第4期。

[113]盛会莲:《论唐代的三疾救恤》,《中国经济史研究》2007年第1期。

[114]盛会莲:《试析唐代政府对皇族的救恤政策》,《浙江师范大学学报(社会科学版)》2021年第1期。

[115]盛会莲:《试析唐五代时期民间的养老状况》,《中国经济史研究》2014年第1期。

[116]盛会莲:《试析唐五代时期政府对贫困官员的救恤政策》,《浙江师范大学学报(社会科学报)》2019年第1期。

[117]盛会莲:《试析唐五代时期政府之养老政策》,《浙江师范大学学报》2012年第1期。

[118]盛会莲:《唐五代时期政府对伤病将士的救恤》,《首都师范大学学报(社会科学版)》2016年第4期。

[119]宋锡民:《唐代的水利建设》,《山东大学文科论文集》1981年第2期。

[120]孙关龙:《中国历史大疫的时空分布及其规律研究》,《地域研究与开发》2004年第6期。

[121]孙俊:《略论唐代宗室制度及其影响》,《北方论丛》2012年第4期。

[122]孙永如:《唐代"病坊"考》,《中国史研究》1987年第4期。

[123]唐耕耦:《房山石经题记中的唐代社邑》,《文献》1989年第1辑。

[124]唐耕耦:《唐代水车的使用与推广》,《文史哲》1978年第4期。

[125]唐长孺:《关于武则天统治末年的浮逃户》,《历史研究》1961年第6期。

[126]唐长孺:《唐代的客户》,收入《山居存稿》,北京:中华书局1989年版。

[127]童圣江:《唐代地震灾害时空分布初探》,《中国历史地理论丛》2002年第4期。

[128]万军杰:《试析唐代的乡里村学》,《史学月刊》2003年第5期。

[129]王宝娟:《唐代的天文机构》,收入《中国天文学史文集》第五集,北京:科学出版社1989年版。

[130]王超:《古代官吏的退休制度》,《历史知识》1981年第5期。

[131]王洪军:《唐代水利管理及其前后兴修中心的转移》,《齐鲁学刊》1999年第4期。

[132]王寿南:《唐代灾荒的救济政策》,收入《庆祝朱建民先生七十华诞论文集》,台北1978年。

[133]王卫平:《唐宋时期慈善事业概说》,《史学月刊》2000年第3期。

[134]王先进:《唐代的家庭养老》,《固原师专学报》2006年第1期。

［135］王新野：《论唐代义仓地税兼及两税法的内容》，《文史哲》1958年第4期。

［136］王又怀：《论盛唐时期的水利建设》，《陕西师范大学学报》1995年第3期。

［137］魏承思：《唐代家庭结构初探》，《社会科学研究》1986年第2期。

［138］魏恤民：《试论〈唐律疏议〉中的有关养老敬老思想》，《咸宁师专学报》1995年第2期。

［139］翁俊雄：《开元、天宝之际的逃户》，《历史研究》1991年4期。

［140］翁俊雄：《武则天时期狭乡民户徙就宽乡问题》，收入《唐史学会论文集》，西安：三秦出版社1989年版。

［141］吴孔明：《浅议唐代的自然灾害——读〈资治通鉴〉札记》，《渝西学院学报》2004年第1期。

［142］吴怡洁：《行病之灾——唐宋之际的行病鬼王信仰》，收入《唐研究》第12卷，2006年。

［143］夏晓臻：《唐代病坊考述》，《阜阳师范学院学报》1997年第4期。

［144］夏炎：《论唐代版授高年中的州级官员》，《史学集刊》2005年第2期。

［145］肖公权：《唐末五代的民生论》，《民族》1936年第4卷第1期。

［146］徐庭云：《隋唐五代时期的"寡母抚孤"》，《北京理工大学学报（社会科学版）》2000年第1期。

［147］徐正东等：《唐代医事管理与医疗机构设置制度初探》，《医学与哲学（人文社会医学版）》2008年第3期。

［148］许正文：《唐代官吏退休制度述略》，《陕西师范大学继续教育学报》2001年第11期。

［149］薛平拴：《唐代关中地区的自然灾害及其影响》，《陕西师范大学学报》1998年第12期。

［150］严耕望：《唐代士人多读书山寺》，《大陆杂志》1951年第2卷第4期。

［151］严耕望：《唐人习业山林寺院之风尚》，收入《唐史研究丛稿》，新亚研究所1969年版。

［152］严耕望：《唐人习业山林寺院之风尚——兼论书院制度起源》，《民主评论》1954年第5卷第2期。

［153］阎守诚：《唐代的蝗灾》，《首都师范大学学报》2003年第2期。

[154]阎守诚:《唐代的农田水利建设》,《晋阳学刊》1986年第2期。

[155]杨兵、王希隆:《对唐代几种社会救济形式的辨析》,《社科纵横》2003年第6期。

[156]杨德炳:《关于唐代对患病兵士的处理与程粮等问题的初步探讨》,收入唐长孺主编:《敦煌吐鲁番文书初探》,武汉:武汉大学出版社1983年版。

[157]杨际平:《隋唐均田下的逃户问题——兼谈宇文融括户》,《中国社会经济史研究》1986年第4期。

[158]杨际平:《唐末五代宋初敦煌社邑的几个问题》,《中国史研究》2001年第4期。

[159]杨森:《敦煌唐宋时期的"助供"》,《敦煌研究》2006年第5期。

[160]杨钰侠:《试论南北朝时期的赈灾之政》,《中国农史》2000年第2期。

[161]于赓哲:《〈新菩萨经〉〈劝善经〉背后的疾病恐慌——试论唐五代主要疾病种类》,《南开学报》2006年第5期。

[162]于赓哲:《疾病与唐蕃战争》,《历史研究》2004年第5期。

[163]于赓哲:《试论唐代官方医疗机构的局限性》,收入《唐史论丛》第九辑。

[164]于赓哲:《唐代的医学教育及医人地位》,《魏晋南北朝隋唐史资料》2003年第20辑。

[165]余欣:《唐宋敦煌妇女结社研究——以一件女人社社条文书考释为中心》,东京都立大学《人文学报》2002年第325号。

[166]袁野:《唐代的洪涝灾害——两〈唐书·五行志〉有关记载研究》,《首都师范大学学报》2006年第1期。

[167]曾一民:《唐代的赈恤政策》,收入黄约瑟、林天蔚主编:《唐宋史研究——中古史研讨会论文集之二》,香港大学亚洲研究中心1987年版。

[168]张国刚:《关于唐朝的老人问题》,《光明日报》2005年10月18日第7版。

[169]张国刚:《墓志所见唐代寡居妇女的生活世界》,收入《纪念西安碑林九百二十周年华诞学术研讨会论文集》,北京:文物出版社2008年版。

[170]张国刚:《唐代寡居妇女的生活世界》,《安徽师范大学学报(人文社会科学版)》2007年第3期。

[171]张国刚:《唐代家庭与家族关系的一个考察》,《中国社会历史评论》2001年第3卷。

[172]张剑光:《唐代江南的疫病与户口》,《上海师范大学学报》2007年第5期。

[173]张剑光等:《唐代的蝗灾及其防治》,《南都学坛》1997年第1期。

[174]张荣强:《说"罚估"——吴简所见免役资料试释》,《文物》2004年第12期。

[175]张圣颖、王春玲:《气候与传染病发病的关系》,《中外健康文摘》2010年第14期。

[176]张文:《中国古代减灾制度述论》,《中国经济史研究》2004年第1期。

[177]张学锋:《唐代水旱赈恤、蠲免的实效与实质》,《中国农史》1993年第1期。

[178]张泽咸:《唐代的衣冠户和形势户》,《中华文史论丛》1980年第3期。

[179]章权材:《义仓是公共性实物积累吗》,《学术月刊》1965年第11期。

[180]赵贞、张毅:《从律令到判:唐代天文政策试论》,《广西大学学报》2012年第1期。

[181]赵贞:《两唐书〈天文志〉日食记录初探》,《史学史研究》2010年第1期。

[182]赵贞:《乾元元年(758)肃宗的天文机构改革》,《人文杂志》2007年第6期。

[183]赵贞:《唐代的天文观测与奏报》,《社会科学战线》2009年第5期。

[184]赵贞:《唐代的天文管理》,《南都学坛》2007年第6期。

[185]赵贞:《唐代天文人才的培养与任用》,《石家庄学院学报》2011年第5期。

[186]赵贞:《唐五代官方星占中的星官占卜》,《洛阳师范学院学报》2006年第3期。

[187]赵贞:《唐五代日食的发生及对政治的影响》,《西北师大学报》2005年第5期。

[188]甄尽忠:《论唐代的旱灾与政府赈济》,《衡水学院学报》2012年第2期。

[189]甄尽忠:《论唐代的水灾与政府赈济》,《农业考古》2012年第1期。

[190]郑炳林:《晚唐五代敦煌贸易市场的物价》,《敦煌研究》1997年第3期。

[191]钟文:《古代官吏的退休制度》,《文史知识》1999年第2期。

[192]周一良:《隋唐时代之义仓》,《食货》(半月刊)1935年2卷6期。

[193]周一谋:《唐代的医事制度与医学教育》,《中医药文化》1991年第1期。

[194]朱大渭:《两晋南北朝官员致仕刍议》,《中国史研究》1987年第1期,收入《六朝史论》,北京:中华书局1998年版。

[195]朱利民、王尚林:《唐代乡学考》,《人文杂志》1993年第3期。

[196]朱睿根:《隋唐时代的义仓及其演变》,《中国社会经济史研究》1984年第2期。

[197]竺可桢:《中国近五千年来气候变迁的初步研究》,《中国科学》1973年第2期。

[198]〔日〕船越泰次:《唐后期的常平义仓》,收入氏著《唐代两税法研究》,汲古书院1996年版。

[199]〔日〕道端良秀:《中国佛教社会事业の一问题——养病坊につしつ》,《印度学佛教学研究》1970年第18卷第2号。

[200]〔日〕高桥继男:《唐代后半期巡院的地方行政监察业务》,收入刘俊文主编:《日本中青年学者论中国史》(六朝隋唐卷),上海:上海古籍出版社1995年版。

[201]〔日〕今堀诚二:《支那中世的常平仓》,《历史》第17卷,1942年;第18卷,1943年。

[202]〔日〕铃木俊:《关于唐代户籍与税制的关系》,《东亚》7:9,1934年。

[203]〔日〕那波利贞:《关于唐代农田水利的规定》(三),《史学杂志》1943年第54卷第3号。

[204]〔日〕那波利贞:《论唐代的社邑》(上、中、下),《史林》1938年第23卷第2、3、4号。

[205]〔日〕那波利贞:《论中晚唐五代依佛教信仰组织的社邑》(上、下),《史林》1939年第24卷第3、4号。

[206]〔日〕那波利贞:《唐钞本杂抄考——唐代庶民教育史研究之一资料》,收入《唐代社会文化史研究》。

[207]〔日〕那波利贞:《唐朝政府の医疗机构と民庶の疾病に对する救

济方法に就きての小考》,《史窗》第17、18号(《京都女子大学史学学科十周年纪念论集》),1960年。

[208]〔日〕那波利贞:《唐代社会文化史研究》,东京:创文社1974年版。

[209]〔日〕山崎宏:《唐代の义邑法社と俗讲に就いて》,《史学集志》1938年第49卷第7号。

[210]〔日〕善峰宪雄:《唐朝时代の悲田养病坊》,《龙谷大学论集》1969年第389~390号。

[211]〔日〕中川学:《关于唐代逃户、浮客、客户的备忘录》,《一桥论丛》50:3,1963年。

[212]〔日〕竺沙雅章:《敦煌出土"社"文书研究》,《东方学报》1964年,第35册。

五、学位论文

[1]陈毅千:《唐代官方救灾研究》,四川师范大学2008年硕士学位论文。

[2]程锦:《唐代医疗制度研究》,中国社会科学院2008年硕士学位论文。

[3]付爽:《唐代救助鳏寡孤独三疾人群研究》,暨南大学2008年硕士学位论文。

[4]高云波:《唐代疫疾流行与社会主要应对机制研究》,云南师范大学2019年硕士学位论文。

[5]何子慧:《汉唐两代灾荒若干问题研究》,河北师范大学2010年硕士学位论文。

[6]黄美:《论唐代社会救助问题》,安徽大学2014年硕士学位论文。

[7]季明稳:《唐代社会医疗若干问题研究》,西北大学2011年硕士学位论文。

[8]贾金成:《唐代家庭医事研究》,暨南大学2010年硕士学位论文。

[9]靳强:《唐代的自然灾害若干问题研究》,武汉大学2013年博士学位论文。

[10]李浩:《唐代的乡村组织研究》,山东大学2003年博士学位论文。

[11]李军:《灾害危机与唐代政治》,首都师范大学2004年博士学位论文。

[12]李少娜:《中国古代善待弱势群体制度的法理分析》,浙江财经大学2017年硕士学位论文。

[13]刘娜:《唐代社会救助研究》,山西财经大学2011年硕士学位论文。

[14]刘洋:《唐代黄河、长江流域的水患与蝗灾》,首都师范大学2004年硕士学位论文。

[15]柳敏:《论唐政府的救荒——唐代灾荒史料研究》,陕西师范大学2002年硕士学位论文。

[16]马朝:《唐代养老问题研究》,西北大学2014年硕士学位论文。

[17]马晓明:《〈天盛律令〉与〈唐律疏议〉中的矜恤政策比较》,陕西师范大学2013年硕士学位论文。

[18]毛阳光:《唐代救灾研究》,首都师范大学2003年博士学位论文。

[19]盛会莲:《唐五代社会救助研究》,浙江大学2005年博士学位论文。

[20]孙明霞:《唐代的社会救济政策探析》,山东师范大学2008年硕士学位论文。

[21]王春花:《唐代老年人口研究》,山东大学2011年博士学位论文。

[22]王颜:《论唐宋时期社会救助机制的变化及特点》,陕西师范大学2007年硕士学位论文。

[23]杨勇:《论唐代社会对家庭的救助研究》,曲阜师范大学2009年硕士学位论文。

[24]张净:《唐代官员疾病与医疗探究》,天津师范大学2013年硕士学位论文。

[25]张立波:《唐代调粟法研究——从调粟法看唐代救灾特点》,浙江大学2005年硕士学位论文。

[26]张伟民:《唐前期因灾赋役蠲免与义仓赈贷制度探析》,首都师范大学1997年硕士学位论文。

[27]张叶航:《唐代未成年人保护制度探析》,复旦大学2012年硕士学位论文。

[28]赵芳军:《唐代社会医疗体系研究》,西北师范大学2009年硕士学位论文。

[29]郑秋灾:《唐代疫灾防治研究》,中央民族大学2012年硕士学位论文。